Informatik aktuell

Herausgeber: W. Brauer
im Auftrag der Gesellschaft für Informatik (GI)

W0255664

Klaus G. Troitzsch (Hrsg.)

Informatik als Schlüssel zur Qualifikation

GI-Fachtagung „Informatik und Schule 1993“
Koblenz, 11.-13. Oktober 1993

Springer-Verlag
Berlin Heidelberg New York
London Paris Tokyo
Hong Kong Barcelona
Budapest

Herausgeber

Klaus G. Troitzsch
Universität Koblenz-Landau
Sozialwissenschaftliche Informatik
Rheinau 1, D-56075 Koblenz

CR Subject Classification (1993): K.3.0, K.3.1, K.3.2

ISBN-13:978-3-540-57256-5 e-ISBN-13:978-3-642-78529-0
DOI: 10.1007/978-3-642-78529-0

Dieses Werk ist urheberrechtlich geschützt. Die dadurch begründeten Rechte, insbesondere die der Übersetzung, des Nachdrucks, des Vortrags, der Entnahme von Abbildungen und Tabellen, der Funksendung, der Mikroverfilmung oder der Vervielfältigung auf anderen Wegen und der Speicherung in Datenverarbeitungsanlagen, bleiben, auch bei nur auszugsweiser Verwertung, vorbehalten. Eine Vervielfältigung dieses Werkes oder von Teilen dieses Werkes ist auch im Einzelfall nur in den Grenzen der gesetzlichen Bestimmungen des Urheberrechtsgesetzes der Bundesrepublik Deutschland vom 9. September 1965 in der jeweils geltenden Fassung zulässig. Sie ist grundsätzlich vergütungspflichtig. Zuwiderhandlungen unterliegen den Strafbestimmungen des Urheberrechtsgesetzes.

© Springer-Verlag Berlin Heidelberg 1993

Satz: Reproduktionsfertige Vorlage vom Autor/Herausgeber

33/3140-543210 – Gedruckt auf säurefreiem Papier

Vorwort

Zum fünften Male wird die Fachtagung „Informatik und Schule" vom Fachbereich 7 „Ausbildung und Schule" der Gesellschaft für Informatik durchgeführt, dieses Mal in Kooperation mit dem Fachbereich Informatik der Universität Koblenz–Landau. Die früheren Tagungen trugen die Leitthemen „Informatik als Herausforderung an Schule und Ausbildung" (Berlin 1984), „Informatik-Grundbildung in Schule und Beruf" (Kaiserslautern 1986), „Zukunftsperspektiven der Informatik in Schule und Beruf" (München 1989) und „Informatik: Wege zur Vielfalt beim Lehren und Lernen" (Oldenburg 1991). Diese 5. Fachtagung steht unter dem Thema „Informatik als Schlüssel zur Qualifikation".

Zentrales Thema dieser Fachtagung ist eine ausführliche Darstellung der reichhaltigen Einsatzmöglichkeiten von Computern zum Lehren und Lernen. Dies betrifft die diversen Ausbildungsbereiche genauso wie das notwendige lebensbegleitende Lernen zur Erlangung von Schlüsselqualifikationen. Wesentlich sind sowohl theoretisch entwickelte Methoden, die gezielt auf Informatikmittel zurückgreifen, als auch praktisch realisierte Unterrichtsformen, die auf geeigneten Computeranwendungen und deren Integration basieren.

Die Art der Einbeziehung des Computers in den Unterricht, die Motivation dazu, die Gestaltung und Entwicklung der Applikation, die wissenschaftlichen und theoretischen Grundlagen und die validierten Erfahrungen sind als Gesamtheit von besonderem Interesse. Schwerpunkte sollten vor allen Dingen auf informatischen, didaktischen und pädagogischen Aspekten sowie auf deren gegenseitiger Beeinflussung liegen.

Angesprochen waren für diese Fachtagung alle Personen, die sich in den genannten Qualifikationseinrichtungen mit den skizzierten Computeranwendungen im Unterricht praktisch und theoretisch befassen. Erbeten wurden Beiträge aus Forschung und Entwicklung zu den folgenden Themenbereichen:

- Wissensrepräsentationen und Wissensstrukturierung
- Hypertext- und Hypermedia-Methoden
- Deduktive Systeme
- Informations- und Datenbanksysteme
- (Intelligente) Benutzerschnittstellen und Dialogmodellierung
- Modellbildung und Simulation
- Evaluierung von Lehr- und Lernumgebungen
- Software-Engineering-Methoden zur Entwicklung von Lehr- und Lernumgebungen
- Pädagogische und didaktische Modelle für Computeranwendungen im Unterricht
- Multimedia und Telekommunikation
- Architekturen für Lehr- und Lernumgebungen

Der Call for Papers hat ein lebhaftes Echo ausgelöst. Wir haben ein breites Spektrum von Beiträgen erhalten, von denen etwa die Hälfte in die Tagung und in diesen Band aufgenommen wurde. Damit sind alle eben genannten Themenbereiche abgedeckt.

Mit den Hauptvorträgen sollen die wichtigsten Anliegen der Tagung markiert werden:

- Friedrich Buttler und Werner Dostal vom Institut für Arbeitsmarkt- und Berufsforschung umreißen in ihrem Beitrag das Thema der gesamten Tagung,
- Tom van Weert untersucht die Rolle der Informatik als Teil der Allgemeinbildung,
- Peter Gorny und Karl Sarnow beschreiben Möglichkeiten der computergestützten Kommunikation im Unterricht und
- Peter Heyderhoff läßt zehn Jahre Bundeswettbewerb Informatik Revue passieren und zieht eine Bilanz des hier Geleisteten.

In die Tagung integriert sind zwei Workshops, von denen einer — zur Didaktik des Informatik-Unterrichts — in diesem Band dokumentiert ist. Der andere befaßt sich mit der Geschichte der Datenverarbeitung im Unterricht.

***

Eine Fachtagung dieser Größenordnung ist nur mit vielen ehrenamtlichen Helfern zu organisieren, von denen hier nur einige wenige als Mitglieder des Organisationsausschusses sichtbar werden. Ihnen und den vielen hier nicht genannten sei für ihre Arbeit bei der Vorbereitung und Durchführung der Tagung herzlich gedankt.

Die finanzielle Unterstützung durch Spenden aus der Wirtschaft und ein Zuschuß des Ministeriums für Wissenschaft und Weiterbildung Rheinland-Pfalz haben es uns ermöglicht, die Tagung angemessen zu gestalten.

Schließlich sei allen Referentinnen und Referenten und den Mitgliedern des Programmausschusses für die inhaltliche Ausgestaltung dieser Fachtagung gedankt.

Koblenz, im Juli 1993

Programmausschuß

Wolfgang Arlt, Berlin
Wolf Böhm, Speyer
Jürgen Ebert, Koblenz
Jürgen Freytag, Hamburg
Peter Gorny, Oldenburg
Peter Heyderhoff, Sankt Augustin
Winfried Hosseus, Mainz
Immo O. Kerner, Dresden
Kurt Lautenbach, Koblenz
Barbara Mathea, Mainz
Rolf Oberliesen, Hamburg
Thomas Pätzold, Berlin
Hermann Saterdag, Mainz
Sigrid Schubert, Chemnitz
Renate Schulz-Zander, Dortmund
Günter Siegel, Berlin
Franz Stetter, Mannheim, stv. Vorsitz
Klaus G. Troitzsch, Koblenz, Vorsitz

Organisationsausschuß

Kurt Lautenbach, Koblenz, Vorsitz
Klaus G. Troitzsch, Koblenz, stv. Vorsitz
Christine Harms, St. Augustin
Lucia Sassen-Heßeler, St. Augustin
Rosemarie Strödter, Koblenz

Inhaltsverzeichnis

Kapitel 1

Friedrich Buttler, Werner Dostal: Informatik als Schlüsselqualifikation

1.1 Die Bedeutung von Informatik und Computerqualifikationen im Beschäftigungssystem

1.1.1 Die Informationsgesellschaft

Der Übergang von mittelalterlichen Agrargesellschaften in Industriegesellschaften wurde im nachhinein als „Industrielle Revolution" klassifiziert. Wirtschaftsgeschichtliche Untersuchungen haben deutlich gemacht, daß diese Revolution erhebliche Zeiträume erforderte und daß sie in den verschiedenen Ländern zeitverschoben stattfand. Auch heute noch gibt es Gesellschaften, die sich in dieser Umstellungsphase befinden.

Die Definition der Industriegesellschaft basierte einerseits auf neuen technischen Geräten und technikgeprägten Infrastrukturen, insbesondere aber darauf, daß ein erheblicher Teil der Erwerbstätigen in jenem industriellen Sektor beschäftigt wurde. Nicht umsonst haben sich die Industrieunternehmen des vorigen Jahrhunderts durch monumentale Bauten mit rauchenden Schornsteinen in ihrer Werbung dargestellt. Werkstätten voller Arbeiter waren Aushängeschild, lange Arbeitszeiten, körperlich übermäßig belastende Kinder- und Frauenarbeit haben diese Zeit geprägt.

Die hochentwickelten Industriestaaten schwenken mittlerweile in eine nachindustrielle Phase ein, und es ist recht umstritten, wie diese nachindustrielle Gesellschaft aussehen wird.

Neben Definitionen wie „Dienstleistungsgesellschaft" oder „Freizeitgesellschaft" oder „Rentnergesellschaft" ist die Definition einer „Informationsgesellschaft" plausibel und erklärt manche Entwicklungen, die anderweitig nur schwer einzustufen sind. Leitfossil der Informationsgesellschaft ist der Computer, die dabei dominanten Qualifikationen Informatikqualifikationen oder Computerqualifikationen. Sie werden immer wieder als Schlüsselqualifikationen bezeichnet.

Die Informationsgesellschaft läßt sich ebenso wie die Industriegesellschaft über die Dominanz der Beschäftigung messen und abgrenzen. Eine institutionelle Abgrenzung, wie dies bei der Agrar- und bei der Industriegesellschaft möglich war, in denen der Arbeitsplatz auch branchenmäßig, unternehmensbezogen und räumlich zu verorten war, ist bei der Informationsgesellschaft wegen der zeitlichen und räumlichen Entkopplungpotentiale nicht mehr möglich.

Information versteckt sich in traditionellen Sektorstrukturen und spielt heute in jeder Berufstätigkeit eine mehr oder weniger große Rolle, auch in Beschäftigungen im primären oder sekundären Sektor. Deshalb dürfte es sinnvoll sein, die Definition der Informationsgesellschaft nicht auf institutionelle sektorale Strukturen abzustützen, sondern auf die Art der Tätigkeit von Arbeitskräften. Das IAB nutzt schon seit längerer Zeit neben der Sektor- und der Berufszuordnung eine Tätigkeitszuordnung, um aktuelle Erwerbsstrukturen zu beschreiben und um zukünftige zu prognostizieren (Prognos/IAB).

Informationsgesellschaft bedeutet also, daß ein erheblicher Teil der Erwerbstätigen Aufgaben leistet, die schwerpunktmäßig auf Informationen aufgebaut sind oder die mit Informationen verknüpft sind. Eine Quantifizierung dieses Informationsbereiches erfolgt nun dadurch, daß jene Erwerbstätigen zusammengefaßt werden, deren Tätigkeitsschwerpunkt aus Informationstätigkeiten besteht. Sie bilden den Informationsbereich, ohne daß weiter unterschieden wird, ob sie zuvor dem primären, sekundären oder tertiären Sektor zugeordnet waren.

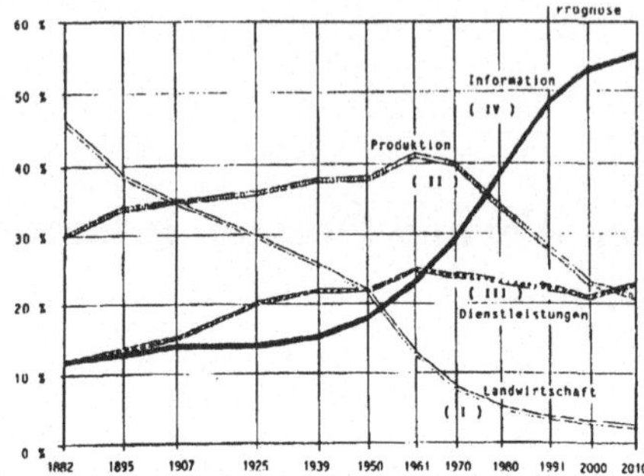

Abbildung 1.1: Das Vier-Sektoren-Modell 1882–2010 (Quelle: Dostal, IAB, 1993)

Die Entwicklung dieses Informationsbereichs über die letzten 110 Jahre (Bild 1.1) zeigt zunächst eine geringe Bedeutung dieser Informationstätigkeiten. Mittlerweile ist er größer als die traditionellen Sektoren, wenn diese ohne die Erwerbstätigen in Informationstätigkeiten betrachtet werden.

1.1.2 Der Computer als Arbeitsmittel

War vorhin vom „Leitfossil Computer“ die Rede, dann läßt sich auch über diesen Weg die Bedeutung der Informationsgesellschaft unterstreichen. Die Mikroelektronik wurde mehrfach als Auslöser einer „zweiten industriellen Revolution“ bezeichnet. So wie seinerzeit industrielle Produktionsstrukturen die handwerklichen Erzeugungs- und Denkstrukturen veränderten, so wird erwartet, daß die computerisierte Informationsverarbeitung die traditionellen Informationsstrukturen verändere. Die Programmierbarkeit von Computern erlaubt neue Arbeitsformen, sodaß es durchaus neue Erkenntnisse liefert, wenn die Verbreitung „programmgesteuerter Arbeitsmittel“ regelmäßig erfaßt wird. Untersuchungen dieser Art zeigen eine massive Zunahme der Nutzung dieser programmgesteuerten Arbeitsmittel an den Arbeitsplätzen (Bild 1.2).

Die dominante Nutzung dieser Arbeitsmittel ist in den letzten Jahren deutlich angestiegen. Es ist es aber von Bedeutung, daß diese programmgeseuerten Arbeitsmittel auch zusätzlich genutzt werden, daß in vielen Berufen und Sektoren zunächst andere Arbeitsmittel dominieren, die programmgesteuerten also ihre Bedeutung im Spektrum einer Vielzahl von Arbeitsmitteln erst ausbauen müssen. Computer sind auf dem besten Wege dazu (siehe dazu [JS93]).

1.2 Die Professionalisierung in der Informatik

1.2.1 Das Denkmodell der Computerkern-, -misch- und -randberufe

Die folgende Betrachtung bezieht sich ausschließlich auf die Bedeutung der Informatik in der Erwerbsarbeit. Natürlich hat die Informatik auch gesellschaftliche Auswirkungen außerhalb der Arbeitswelt, doch diese sind so vielgestaltig und komplex, daß sie es verdienen, weit differenzierter behandelt zu werden, als es in einem derartigen Einführungsvortrag möglich ist.

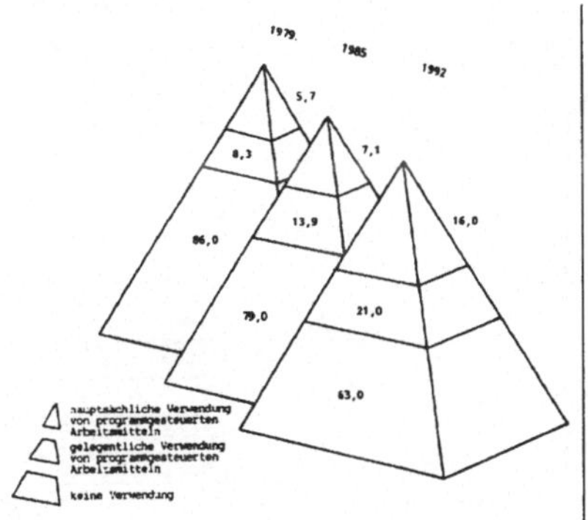

Abbildung 1.2: Verwendung von programmgesteuerten Arbeitsmitteln in Deutschland (West) (Quelle: BIBB-IAB-Erhebung 1991/92)

Die Wurzeln der Informatik als Wissenschaft sind älter als der Computer. Speziell in Europa ist die Informatik nie als bloße „Computer Science" gesehen worden, da es immer um die Theorie und die Grundlagen der Informatik, nicht um die jeweils aktuelle Realisierungs- und Anwendungsmöglichkeiten ging. Der schnelle Wandel der Computerhard- und -software, in dem wir heute stehen, erlaubt es nicht, Informatik an einen momentanen Entwicklungstand dieser Technik auszurichten.

In Deutschland sind die ersten Computer ohne Informatik eingesetzt worden. Auch heute noch kennt die Mehrheit der Computernutzer nur elementare Teile der Informatik, alle anspruchsvollen Inhalte sind nur Eingeweihten zugänglich. Praktische Nutzung ist auch ohne diese vertieften Kenntnisse möglich, wie dies tagtäglich von Millionen von Arbeitskräften bewiesen wird. Wozu ist dann Informatik nötig?

Die Bewertung der wissenschaftlichen Informatik ist nicht eindeutig:

Mit dem Slogan „Nichts ist praktischer als eine gute Theorie" haben die Informatiker versucht, den Computernutzern die Informatik nahezubringen, bislang mit geringem Erfolg.

Informatik wird aus der Sicht der Anwendungspraxis als übertheoretisiert, wenig verständlich und praxisfern gesehen, und solange die Computer auch von angelernten Nichtinformatikern genügend beherrscht werden, ließe sich möglicherweise auf diese Informatik verzichten. Zudem würden die Programme immer bedienungsfreundlicher, erklärten sich selbst und somit sei eine ausgebaute Informatik überflüssig. Lediglich bei der Neukonzeption von Informationssystemen könne ein Informatiker nicht schaden, wenn ihm rechtzeitig die Flügel gestutzt würden, damit er nicht allzuweit abhebe.

Das Problem der Informatikqualifikationen im Beschäftigungssystem liegt in der Unterschiedlichkeit der Anforderungen. Um hier Transparenz zu schaffen, hat die Gesellschaft für Informatik (GI) bereits vor über zehn Jahren eine Übersicht erstellt, in der unterschieden wird zwischen

- Elementarer Informatik: Beschäftigte mit geringen DV-Kenntnissen,
- Systembezogener Informatik: DV-Spezialisten und
- Fachspezifischer Informatik: Beschäftigte mit guten bis sehr guten DV-Kenntnissen.

Diese drei Gruppen wurden dann in der Folge als Computerrand-, Computerkern- und Computermischberufe bezeichnet. Diese Unterscheidung diente lediglich der besseren Zuordnung bzw. Abgrenzung, um die Bedeutung des Computerbezuges zu differenzieren. Eine Neudefinition von Berufen war damit nicht beabsichtigt.

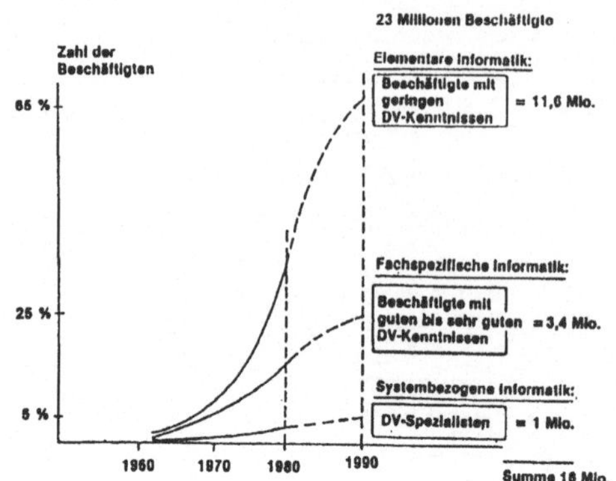

Abbildung 1.3: Beschäftigung an den Arbeitsplätzen mit EDV (Quelle: Gesellschaft für Informatik, ca. 1980)

Die GI hat um 1980 auch quantitative Schätzungen abgegeben (Bild 1.3). Für die systembezogene Informatik wurde für 1990 ein Anteil von 5 % an den Erwerbstätigen erwartet, für die Fachspezifische Informatik von 20 % und für die Elementare Informatik von 40 %. Somit wurde für 1990 in der Summe bei 65 % der Erwerbstätigen ein Informatikbezug erwartet.

Werden diese prognostizierten Zahlen mit der heutigen Realität verglichen, dann wird deutlich, daß dieser prognostizierte Bedarf heute zwar möglicherweise besteht, von den Erwerbstätigen höchstens nur zur Hälfte abgedeckt werden kann. Abgesehen von der Schwierigkeit der Zuordnung sind diese Werte noch lange nicht erreicht. Wie bei Technikprognosen üblich, wurde die kurzfristige Entwicklung überschätzt. Längerfristig könnten diese Werte aber durchaus erreicht werden.

1.2.2 Informatik und DV-Kenntnisse

Für unser Thema ist aber die in dieser Verlautbarung der GI erfolgte Gleichsetzung von DV-Kenntnissen mit Informatik von Bedeutung. Handelt es sich hier um dasselbe?

Grundsätzlich ist der Blickwinkel jeweils ein anderer:

Informatik bedarf nicht unbedingt des Computers. Es wäre durchaus denkbar, eine Informatik ohne eine praktische Computernutzung zu definieren. Allerdings ist der Computer als Werkzeug der Informatik hilfreich und nützlich. Er steht aber grundsätzlich nur in seiner aktuellen Ausprägung zur Verfügung, während die Informatik von allgemeinen Prinzipien der Informationsverarbeitung ausgeht, die möglicherweise erst von noch zu entwickelnden Computern realisiert werden können. Die Informatik muß deshalb von der eher zufällig vorhandenen Computerinfrastruktur abstrahieren, um ihre Theorien entwickeln zu können.

DV-Kenntnisse oder Computerqualifikationen sind demgegenüber aus der praktischen Anwendung von Computern und der mit ihnen ausgestatteten Geräte und Systeme definiert. Sie verändern sich mit den Nahtstellen, die sich zwischen Menschen und Computern ergeben und lassen sich nur kurzfristig festlegen. Möglicherweise ist die Informatik die Wurzel dieser DV-Kenntnisse, vielleicht lassen sich diese DV-Kenntnisse in informatikorientierten Kategorien gliedern und beschreiben. Die heutigen Computerbenutzer stehen der Informatik aber fern: Sie haben „handwerkliches“ Erfahrungswissen ohne unterlagerte Theorie. Aus historischer Sicht sind die Computerqualifikationen, wie sie heute an den Arbeitsplätzen eingesetzt werden, aus der bisherigen Nutzung abgeleitet worden und umfassen daher lediglich die unmittelbar verwendbaren DV-Kenntnisse. Nur wenige dieser Angelernten haben es geschafft, die Grundlagen der Informatik kennenzulernen und sie einzusetzen.

Die Informatik ist damit aber in guter Gesellschaft. Die meisten Wissenschaftsgebiete haben sich von einer „Kunde" zu einer Wissenschaft entwickelt, da auf diesem Wege auch die spätere Nutzung der so weiterentwickelten Wissenschaft erleichtert wurde. Heute stellt sich die Frage, ob DV-Kenntnisse und Informatik sich konvergent oder divergent zueinander verhalten. Viele Stimmen gehen eher von einer Divergenz aus und konstatieren eine Polarisierung in Computerspezialisten — bezeichnet als Informatiker — und Computeranwender — mit erforderlichen DV-Kenntnissen. Dazwischen stehen die Mischberufe, die als Kitt zwischen diesen beiden Gruppen als erforderlich gesehen werden und die aus ihrer Genese in der Berufspraxis heute eine hohe Wertschätzung genießen.

1.3 Bewertung von Berufsqualifikationen auf dem Arbeitsmarkt

1.3.1 DV-Kenntnise als Zusatzqualifikation

Mit neuer Technik entstehen heute keine neuen Berufe mehr. Qualifikationen in bezug auf neue Technik werden von den traditionellen Berufen aufgenommen und in die übrigen Qualifikationen integriert. Zusammen mit dem Trend zur Reduzierung der Vielfalt der Berufe erfolgt eine immer deutlichere Konzentration auf aufgabenbezogene Kernberufe. Dies ist in besonderer Weise dann erkennbar, wenn diese neue Technik Werkzeugcharakter hat und die zu leistenden Aufgaben nur unwesentlich verändert.

Allerdings können diese neuen technikbezogenen Qualifikationen von so hoher Bedeutung sein, daß sie die Arbeitsmarktgängigkeit massiv verändern, bei ihrem Fehlen die Chancen auf Vermittlung auch bei guten traditionellen Qualifikationen weitgehend verhindern, beim Vorhandensein die Vermittlung so massiv begünstigen, daß aus nur schwer vermittelbaren Arbeitslosen plötzlich Stars am Arbeitsmarkt werden.

Die Bundesanstalt für Arbeit hat seit 20 Jahren Erfahrungen mit der Vermittlung von DV-Kenntnissen an Problemgruppen des Arbeitsmarktes und wurde mit hohen Einmündungsquoten — sie lagen bei Computerkernberufen 1992 bei knapp 90 %, in allen Berufen lediglich bei etwa 65 % — in Beschäftigung belohnt. Der auf dem Arbeitsmarkt deutlich erkennbare Engpaß an Computerqualifikationen konnte durch entsprechende Nachschulung von anderweitig Qualifizierten zumindest teilweise ausgeglichen werden.

Bei diesen Bemühungen standen weniger die Umschulung als die Fortbildung im Vordergrund. Absolventen derartiger Maßnahmen haben ihre erste Berufsqualifikation weiterhin nutzen können. Daraus ergab sich dann der berufliche Einsatz in einem Rand- oder Mischberuf.

Inwieweit die bisherigen Qualifikationen dabei verlorengingen, läßt sich heute an viele Beispielen erkennen, es läßt sich aber nicht grundsätzlich bestimmen, da Interessenkoalitionen und Atavismen derartige Veränderungen nicht zulassen oder erheblich verzögern. In der Praxis ist es aber immer wieder sehr deutlich, daß traditionelle Qualifikationen, wie beispielsweise das fehlerfreie Bedienen einer Tastatur, wie dies von Schreibkräften und Datentypisten jahrelang gefordert wurde, mit der leichten Korrekturmöglichkeit auf computerisierten Schreibmaschinen oder Computern nicht mehr den Stellenwert früherer Zeiten beanspruchen kann.

Sicherlich muß für die computerbezogenen Qualifikationen Platz geschaffen werden, was in derartigen Berufen leicht erfolgen kann. Schwieriger wird es dann, wenn vom Curriculum her kein Verzicht von anderen Fächern möglich oder durchsetzbar ist. Dann weiten sich die Ausbildungsgänge aus und werden möglicherweise auf eine höhere Ebene angehoben.

1.3.2 Informatik als Fachqualifikation

Die Informatik hat sich von „oben“ her entwickelt, d.h. sie ist als Wissenschaft definiert worden, ohne daß detailliert die spätere Berufstätigkeit Gestaltungsmerkmal für die Inhalte und die Abgrenzung der Fachdisziplin bestimmend war. Ganz selbstverständlich wurde unterstellt, daß im Boom der Computerentwicklung und -anwendung für die in diesem Fach Ausgebildeten günstige Beschäftigungsbedingungen bestünden.

Trotz aller Zweifel sind die Beschäftigungsmöglichkeiten der Informatiker recht gut, wie die Vermittlungsberichte der Fachvermittlungsdienste bezeugen und wie dies auch durch die wiederholten Untersuchungen der GI deutlich werden. Trotzdem gibt es einige Phänomene, die hier keine so eindeutigen Aussagen erlauben (Bild 1.4).

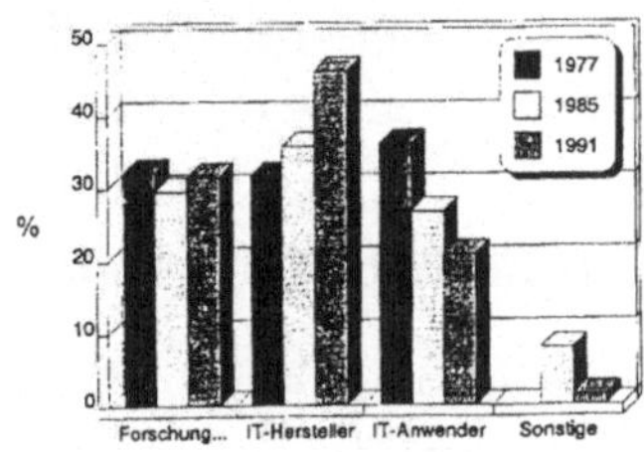

Abbildung 1.4: Tätigkeitsbereiche der Informatiker (Quelle: Fachausschuß 7.4 der Gesellschaft für Informatik: GI-Umfrage 1991/92 [GI92])

Da ist zunächst die Tatsache, daß Informatiker sich vor allem in den Bereich Forschung, Lehre und Ausbildung begeben. Dies ist einerseits Folge des Auf- und Ausbaus von Informatikausbildungs- und Forschungseinrichtungen. 1977 wurde dieses Phänomen als Start- und Entwicklungscharakteristikum einer neuen Disziplin gedeutet, doch 1991/92 war dieser Trend in gleicher Weise zu erkennen, sodaß jetzt eher eine andere Deutung naheliegt: Informatiker finden in diesem Bereich die gewünschten Arbeitsstrukturen, da ihnen die Computeranwendung keine zielreinen Entfaltungsmöglichkeiten bietet.

So sind die Informatiker kaum in der Computeranwendung zu finden. Hier dominieren die angelernten Computerfachleute. Informatiker finden offenbar in diesem Umfeld nicht die ihnen gemäßen Arbeitsinhalte und Arbeitsbedingungen. Umgekehrt werden sie von den Arbeitgebern in diesem Feld als zu theoretisch, zu anspruchsvoll und zu wenig flexibel eingeschätzt. Angelernte, darunter auch umgeschulte Akademiker, seien besser einzusetzen.

Die Hard- und Softwarehersteller dagegen haben sich mit den Informatikern angefreundet. Sie können offenbar jene Arbeitsstrukturen anbieten, in denen sich die Informatiker entfalten können, in denen sie sich wohlfühlen. Daneben haben diese Hersteller anspruchsvollere und schwierigere Aufgaben anzubieten, in denen die Angelernten schnell an ihre Kompetenz- und Leistungsgrenzen stoßen. Wegen der derzeit schwierigen Geschäfts- und Arbeitsmarktlage in diesem Sektor sind aber die aktuellen Arbeitsmarktchancen der Informatiker in diesen Branchen nicht allzu rosig.

1.3.3 Mischberufe auf dem Arbeitsmarkt

Der hohe Bedarf nach Computerfachleuten der letzten 20 Jahre konnte durch die Absolventen einschlägiger Informatikausbildungen bei weitem nicht gedeckt werden. Heute noch sind etwa 80 % der Computerfachleute „Angelernte“. Meist sind sie über einen Randberuf in einen Mischberuf umgestiegen. Sie vereinen also in ihrer Person Computerqualifikationen und Anwendungsqualifikationen.

Für Computeranwender sind diese Fachleute offenbar ideal, da sie persönlich das Potential einer Integration von Informatik und Anwendung gewährleisten. Sie arbeiten in geringer Arbeitsteiligkeit, nutzen die Computerinfrastruktur pragmatisch und in den Augen ihrer Kollegen aus anderen Unternehmens- und Verwaltungsbereichen sind sie solide Integratoren und nicht so abgehoben wie die „echten" Informatiker. Außerdem sind auch die Leiter der DV-Abteilungen mehrheitlich aus dieser Gruppe, und diese ziehen ähnlich strukturierte Mitarbeiter an sich.

Auf diese Mischberufe sind heute noch die meisten Arbeitsplätze für Computerspezialisten hin ausgerichtet, die Arbeitsteiligkeit ist gering, die Beherrschung von Komplexität begrenzt. Folge sind unwirtschaftliche Informationsstrukturen, ein sog. „Anwendungsstau" und Lücken bei Sicherheit, Reliabilität und Qualität der geleisteten Arbeit.

Die mangelnde Professionalisierung in diesem Bereich ist international ähnlich, es gibt keine schnellen Rezepte, hier bessere Berufstrukturen zu realisieren. Allerdings sollten langfristige Konzepte entwickelt werden, mit denen die Computerentwicklung und -anwendung aus dieser geringen Professionalität in vergleichbare Arbeitsteiligkeitsformen umsteigen kann, wie sie bei Ingenieuren oder Medizinern schon lange bestehen.

Mischberufe sind aus der Sicht der Berufsforschung die kurzfristige Antwort auf neue Anforderungen, die zunächst keine eindeutigen Berufszuordnungen erlauben. Erst nach einer längeren Lern- und Zuweisungsphase lassen sich die neuen Aufgaben im Rahmen möglicherweise leicht modifizierter Kernberufe leisten. Mischberufe haben deshalb nur eine Übergangsfunktion und ihr Auftreten signalisiert Änderungsbedarf in den vorhandenen Berufsabgrenzungen. In einer längerfristig konsolidierten, arbeitsteiligen Berufswelt haben sie keinen Platz.

1.4 Der Schlüsselqualifikationsansatz und seine Bedeutung für DV- und Informatikqualifikationen

1.4.1 Der Schlüsselqualifikationsansatz

Der Begriff der Schlüsselqualifikationen ist eingängig und taucht insbesondere in Festreden häufig auf. Im Laufe der Jahre hat er eine Beliebigkeit erfahren, die ernsthafte Interpretationen erschwert. Der Begriff ist positiv belegt und wird von den verschiedensten Akteuren für die unterschiedlichsten Ziele genutzt. In seiner 20jährigen Geschichte ist dieser Ansatz mißbraucht worden und ist zunehmend unschärfer geworden. Es ist deshalb sinnvoll, sich auf die frühe Definition und Abgrenzung von Mertens [Mer74] zu beziehen und die wesentlichen Elemente seines Begriffes neu zu bedenken:

- Der Integrationsaspekt von allgemeiner und beruflicher Bildung:

  „Jede Bildung ist mehrwertig. ... Es ist sinnlos geworden, von allgemeiner und beruflicher Bildung zu sprechen" [Mer74, S. 37]. Dies wird auch in der Diskussion um die Gleichwertigkeit von berufspraktischer und theoretischer Ausbildung thematisiert.

- Die mangelnde Prognostizierbarkeit zukünftiger Bildungserfordernisse:

  „Die wirtschaftswissenschaftliche Arbeitsmarktforschung soll Berufsstrukturen künftiger Jahrzehnte angeben, aus denen dann adäquate Ausbildungsstrukturen abgeleitet werden sollen. Sie kann aber lediglich Strukturtrends der Vergangenheit wiedergeben und fortschreiben." [Mer74, S. 38]. Dies ist nicht das Ergebnis unfähiger Prognostiker, sondern liegt in der Struktur marktwirtschaftlicher Prozesse, in denen innovative und somit nicht voraussagefähige Entwicklungen eine wichtige Rolle spielen.

- Als Bildungsziel sollten daher „Schlüsselqualifikationen" gelten:

„Schlüsselqualifikationen sind demnach solche Kenntnisse, Fähigkeiten und Fertigkeiten, welche nicht unmittelbaren und begrenzten Bezug zu bestimmten, disparaten Tätigkeiten erbringen, sondern vielmehr

1. Die Eignung für eine große Zahl von Positionen und Funktionen als alternative Optionen zum gleichen Zeitpunkt, und
2. die Eignung für die Bewältigung einer Sequenz von (meist unvorhersehbaren) Änderungen von Anforderungen im Laufe des Lebens."

Schlüsselqualifikationen werden unterschieden in

- Basisqualifikationen
- Horizontalqualifikationen
- Breitenelemente
- Vintage-Faktoren.

1991 wurde der Ansatz sozusagen aus der Rückschau neu bedacht: „Das Konzept der Schlüsselqualifikationen von Mertens ist eine logische Konsequenz aus der Beobachtung der Veränderung des Arbeitsmarktes. Demgemäß sind psychologische bzw. lernpsychologische Begründungen bei ihm nicht anzumahnen. Für die Umsetzung in der beruflichen Aus- und Weiterbildung ist eher eine anthropologisch-pädagogische Begründung zu suchen." [BKZ91, S. 372]

Diese Begründung steht noch aus. Zusammenfassend kann aber angemerkt werden, daß die so definierten Schlüsselqualifikationen eine herausragende Bedeutung für das Arbeitsmarktgeschehen und für Bildungs- und Beschäftigungssystem insgesamt haben.

1.4.2 Bedarf nach Schlüsselqualifikationen durch Informationstechnik

Daß die Frage nach den Schlüsselqualifikationen mit der Verbreitung der Informationstechnik besonders intensiv diskutiert wurde, hat verschiedene Gründe: Der vergleichsweise hohe Abstraktionsgrad dieser miniaturisierten, softwareorientierten Technik erlaubt traditionelle Lernformen des Probierens, Auseinandernehmens und Zusammenbauens sowie vergleichbarer paralleler personeller Aktionen nur in Ausnahmefällen. Daneben gibt es eine Vielzahl von Nutzungserleichterungen, die aber nur unwesentlich die Qualifikationsbarrieren erniedrigen. Zudem ist der technische Wandel in diesem Umfeld von besonderer Auffälligkeit, sodaß die Vintage-Faktoren hier massiv wirken.

Als wesentliche Schlüsselqualifikation hat aus diesem Grunde bereits Mertens die „Informiertheit über Informationen" als Horizontalqualifikation in den Mittelpunkt seiner Überlegungen gestellt [Mer74, S. 41]. In einer Zeit, in der Informationen mehrheitlich in computergestützten Informationssystemen aufbewahrt werden, sind somit die instrumentellen Qualifikationen zu Nutzung dieser Informationen eigentliche Schlüsselqualifikationen.

1.4.3 DV-Qualifikationen als Schlüsselqualifikationen

Sind die breit vermittelten DV-Qualifikationen auch Schlüselqualifikationen? Betrachtet man die arbeitsmarktpolitischen Erfolge der Anpasungsfortbildung in computerbezogenen Qualifikationen, dann läßt sich zumindest aus Sicht der Vermittlung der Absolventen derartiger Maßnahmen diese Frage bejahen.

Es kann davon ausgegangen werden, daß die Bundesanstalt für Arbeit in den letzten 20 Jahren im Rahmen der Förderung der Fortbildung und Umschulung die Vermittlung von computerbezogenen Qualifikation besonders intensiv unterstützt hat. Schätzungen gehen davon aus, daß etwa

10 % der so Geförderten in Computerkernberufe eingemündet, und daß mindestens bei der Hälfte der übrigen Schulungen Computerrandqualifikationen vermittelt worden sind.

Werden aber die in diesen Kursen vermittelten Inhalte kritisch bewertet, dann stellt sich schnell heraus, daß hier zwar einige Informatikgrundlagen enthalten sind, im Vordergrund aber das Einüben marktgängiger System- und Anwenderprogramme nebst einigen Fertigkeiten im Umgang mit der Hardware stehen, die dem Anspruch der Schlüsselqualifikationen weniger genügen. Nach Mertens sollten nämlich „die Vermittlung spezialisierter Fertigkeiten gegenüber deren übergeordneten strukturellen Gemeinsamkeiten zurücktreten“ [Mer74, S. 40].

Heute wird aber „der Umgang mit dem Computer“ als zentrale Schlüsselqualifikation gesehen [BKZ91, S. 367]. Diese Qualifikation wird auf dieselbe Ebene verortet wie juristischer Sachverstand und Vertrautheit mit dem angelsächsischen Sprachraum.

1.4.4 Informatik als Schlüsselqualifikation

Dieser Widerspruch, daß Computerqualifikationen von ihrer Arbeitsmarktbedeutung sehr wohl, von ihren Inhalten nicht als Schlüsselqualifikationen tragen, wird durch die Informatik zumindest ansatzweise gelöst. Werden Informatik und Computerqualifikationen unterschieden — wie dies auch bei Fachleuten nicht immer erfolgt — und werden Struktur und Inhalte der Informatik in ihrem Wesen richtig erkannt, dann ergibt sich sehr wohl eine Synthese: Informatikqualifikationen erfüllen die Kriterien an Schlüsselqualifikationen, wenn sie über die aktuellen Fertigkeiten im „Umgang mit dem Computer“ hinausgehen, wenn sie Basisqualifikationen, also die grundlegenden Theorien, Horizontalqualifikationen, also Zugangs- und Nutzungsfähigkeiten zu anderen Qualifikationsdomänen, Breitenelemente, also Kenntnis und Nutzungsfähigkeiten der computerisierten Infrastruktur sowie Vintage-Faktoren, also die jeweilige Anpassung der Qualifikationen nicht nur an neue Computergenerationen, sondern auch an neue Struktur- und Einsatzkonzepte der Informationsverarbeitung im umfassenden Sinne enthalten.

Die Kritik an der „Abgehobenheit“ der Informatik, die von angelernten Computeranwendern immer wieder geäußert wird, fällt bei dieser Betrachtungsweise in sich zusammen. Nur die Informatik ist in der Lage, als Schlüsselqualifikation zu wirken, bloße instrumentelle Computerqualifikationen sind es nicht. Die wachsende Komplexität der Informationsverarbeitung im professionellen und außerberuflichen Bereich wird sehr schnell deutlich machen, daß Informatik kein aufgesetzter Luxus, sondern notwendige Grundlage für die Informationsgesellschaft ist.

Literatur

[BKZ91] G. P. Bunk, M. Kaiser, R. Zedler: Schlüsselqualifiaktionen — Intention, Modifikation und Realisation in der beruflichen Aus- und Weiterbildung. Mitteilungen aus der Arbeitsmarkt- und Berufsforschung 2/1991, S. 365–374.

[Dos88] W. Dostal: Der Informationsbereich. In: D. Mertens (Hg.): Konzepte der Arbeitsmarkt- und Berufsforschung. Eine Forschungsinventur des IAB. 3. Auflage Nürnberg 1988, S. 858–880.

[GI92] Fachausschuß 7.4 der GI (R.L. Baber, W. Dostal, D. Rohlfing, J.-P. Rotermund, E. Schwarz, B. Wix): Zur Berufssituation der Informatiker 1991. Ergebnisse der Mitgliederbefragung der GI 1991/92. Informatik-Spektrum 6/1992, S. 335–351.

[JS93] R. Jansen, F. Stooß (Hg.): Qualifikation und Erwerbssituation im geeinten Deutschland. BIBB/IAB-Erhebung 1991/92. Berlin 1993.

[Mer74] D. Mertens: Schlüsselqualifikationen. Thesen zur Schulung für eine moderne Gesellschaft. Mitteilungen aus der Arbeitsmarkt- und Berufsforschung 1/1974, S. 36–43.

[Pro89] Prognos AG (P. Hofer, I. Weidig, H. Wolff): Arbeitslandschaft bis 2010 nach Umfang und Tätigkeitsprofilen. Beiträge zur Arbeitsmarkt- und Berufsforschung 131.1 (Textband) und 131.2 (Anlageband), Nürnberg 1989.

Kapitel 2

Tom J. van Weert: Informatik als Teil der Allgemeinbildung

Zusammenfassung

Gesellschaftliche Entwicklungen

Unsere Gesellschaft verändert sich schnell von einer angebotsgesteuerten in eine nachfragegesteuerte. Mit dieser Veränderung änderen sich auch die Organisationsformen: ausgehend von komplexen Hierarchien für Massenproduktion über kleinere, produktorientierte Teamarbeitsorganisationen bis hin zu innovativen, kundengesteuerten Informationsnetzen. Die Entwicklungen in der Informationstechnologie fördern diese Veränderungen. Die Folgen für den Arbeitsplatz sind tiefeingreifend: Man arbeitet nicht mehr verantwortungslos, individuell in starker Tayloristischer Arbeitsteilung, sondern stets verantwortungsvoll, als Teamarbeiter mit kräftiger Computerunterstützung. Es ist klar, daß die von der Gesellschaft erwartete Allgemeinbildung ihrer Bürger dadurch stark beeinflußt wird. Statt nur repetitiver Fähigkeiten im Lesen, Schreiben und Rechnen werden kreative intellektuelle Fähigkeiten wie Analysieren, Abstrahieren und Modellieren verlangt. Eine neue Art von Alphabetismus wird erforderlich.

Entwicklungen im allgemeinbildenden Unterricht

Die allgemeinbildenden Fächer folgen den gesellschaftlichen Veränderungen auf zweierlei Art: In den Lernzielen stehen nun kreative intellektuelle Fähigkeiten zentral, deshalb muß sich der Inhalt der Fächer änderen. Aber auch die Lehr- und Lernaktivitäten selbst werden sich änderen: Unterstützt durch in den Unterricht integrierte Informationstechnologie studieren die Schüler und Schülerinnen viel selbständiger im Teamverband. Lernaktivitäten werden immer häufiger fachübersteigend ausgeführt werden; auch hierdurch wird sich der Inhalt der Fächer änderen.

Die Rolle der Informatik

Informationstechnologie (angewandte Informatik) wird in Zukunft in allen allgemeinbildenden Fächern integriert sein. Auch die Informatik selbst wird man darin integrieren, und zwar in Form anwendungsorientierter Informatikmethoden (Modellier- und Programmiermethoden sowie Entwurf von Datenstrukturen) — der neue Alphabetismus! Bisweilen wird darüberhinaus auch anwendungsorientierte Informatik als allgemeinbildendes Wahlfach angeboten werden. Die traditionelle Informatik wird man dagegen nur in der Berufsbildung finden.

2.1 Informatik — was ist das?

2.1.1 Informatik als wissenschaftliche Disziplin

Eine wissenschaftliche Disziplin ist ein Wissens- und Forschungsgebiet, wo man systematisch Fakten, Prinzipien und Methoden feststellt durch Hypothesen und Experimente. Die wissenschaftliche Disziplin Informatik kann man mit drei Paradigmen beschreiben [Denn89]:

- Theorie, basierend auf mathematischen Prinzipien und Methoden,
- Modellierung durch Abstraktion, basierend auf experimentellen naturwissenschaftlichen Prinzipien und Methoden,
- Entwurf, basierend auf ingenieurwissenschaftlichen Prinzipien und Methoden.

Die Theorie beschäftigt sich mit Relationen zwischen abstrakten Objekten. Modelle, aufgebaut aus diesen Objekten und Relationen, ermöglichen es, Vorhersagen über Prozesse in der Welt zu machen, die experimentell überprüft werden können. Und schließlich ermöglicht Entwurf es uns, spezifische Modelle zu realisieren als konkreten Apparat, der für uns nützliche Aktionen ausführt.

2.1.2 Anwendungen der Informatik: Informatiktechnologie

Innerhalb der Disziplin Informatik kann man sich einerseits wissenschaftlich auf die Informatik selbst richten. Aber da auch ihre vielfältigen Anwendungen ökonomisch wichtig sind, arbeitet man andererseits in dieser Disziplin auch anwendungsorientiert. Die Summe der realisierten Anwendungen der Informatik nennt man eine Technologie: Informatiktechnologie.

2.1.3 Informationstechnologie

Ist die Bindung zwischen Informatik und einer anderen Disziplin oder Technologie sehr stark, können die zwei sich vereinigen in einer informatischen Disziplin oder Technologie. Ein Beispiel dafür ist Telekommunikation, wo traditionelle Kommunikationstechnologie und Informatiktechnologie miteinander verbunden sind unter dem Namen Telematik. Mit „Informationstechnologie“ wird öfters die Vereinigung der Informatiktechnologie mit allen anderen nahe verwandten Technologien angedeutet. In der Informationstechnologie ist die Informatiktechnologie die Schlüsseltechnologie, die Innovationen in anderen, etablierten Technologien ermöglicht.

2.2 Informatiktechnologie in der Gesellschaft

2.2.1 Informationssysteme

Automatisierung der Betriebsprozesse begann mit mechanischer Automatisierung des primären Prozesses, also des Produktionsprozesses. Das Fließband ist dafür das typische Beispiel. Computerautomatisierung begann jedoch bei den sekundären, administrativen, Betriebsprozessen. Heutzutage sind Informationsysteme aus ihnen nicht mehr wegzudenken. Wurden zuerst nach dem Leitprinzip „Economy of scale“ einfache administrative Prozesse automatisiert, werden heute im Sekundärprozeß professionelle Angestellte an ihrem Arbeitsplatz unterstützt durch persönliche Softwarewerkzeuge, Management-Informationssysteme (MIS), Entscheidungs-Informationssysteme (Decision Information Systems, DIS) und dergleichen. Und morgen wird unser persönliches ‚intelligentes‘ Informationssystem, über ein Datennetz verbunden mit den Systemen anderer, uns mehr oder weniger autonom vertreten.

2.2.2 Technische Systeme

Mechanische Automatisierung der primären Betriebsprozesse hat eine lange Tradition; dahingegen ist Computerisierung relativ jung. Die ersten Computer waren zu langsam und zu klein, um komplizierte Prozesse wie zum Beispiel Fertigungsroboter zu steuern. Heute aber hat man Computer Assisted Design (CAD), Computer Assisted Manufacturing (CAM), Computer Integrated Manufacturing (CIM) und so weiter. Auch sogenannte „Embedded Software“ findet man in immer mehr Geräten, von medizinischen Apparaten bis hin zum CD-Spieler.

2.2.3 Die Mensch-Maschine-Schnittstelle: Sprache

Viel hat sich geändert, aber Computer sind noch immer nicht leicht zu „bedienen“. Statt über Maus und Tastatur zu kommunizieren würden wir lieber mit ihnen in unserer eigenen Sprache reden. Optimale Mensch-Maschine-Kommunikation ist ökonomisch sehr wichtig; deswegen werden die Entwicklungen im Bereich der Spracherkennungssysteme und der künstlichen Intelligenz gefördert [Stra89].

2.2.4 Sprachverständnis erfordert Wissen

Sollen Computer intelligent mit Menschen zusammenarbeiten und sprachlich kommunizieren, müssen sie über riesige Informationsmengen verfügen, die möglichst zweckmäßig organisiert sein sollten. Nach einer Periode überspannter Erwartungen ist die Forschung im Bereich der künstlichen Intelligenz und der Wissensrepräsentation heute nicht unerfolgreich und werden einfache, aber effektive Expertensysteme (Knowledge systems) entwickelt.

2.3 Informatik studieren, was bedeutet das?

2.3.1 Kerninformatik

Wenn man Informatik studiert um ihrer selbst willen, sprechen wir von ‚Kerninformatik‘. Zu ihr gehören beispielsweise: Automatentheorie, Compilerbau, formale Sprachen, Komplexitätstheorie.

2.3.2 Anwendungsorientierte Informatik

Die ‚anwendungsorientierte Informatik‘ beschäftigt sich dagegen mit Prinzipien, Modellen, Techniken und Methoden, die angewandt werden können in breiten, gesellschaftlich wichtigen Anwendungsgebieten. So geht es in der Wirtschaftsinformatik beispielsweise um die Anwendung von Informationssystemen in sekundären Betriebsprozessen (im Dienstleistungssektor auch in Primarprozessen), in der technischen Informatik um die Steuerung primärer Betriebsprozesse, in der Sprachinformatik um Sprachsysteme, in der kognitiven Informatik um Expertensysteme.

2.3.3 Informatik in informatischen Disziplinen

Die Informatik hat darüberhinaus auch starke Beziehungen zu manchen anderen Disziplinen [Weer92a], die ohne ihre Prinzipien, Methoden und Techniken nicht auskommen beim Entwurf einer Spezifikation oder eines Modells, das auf ein Computer zum „Leben“ gebracht werden sollen. In solch einer sogenannten ‚informatischen Disziplin‘ findet man üblicherweise dreierlei: Elemente aus der anwendungsorientierten Informatik, Elemente aus der Disziplin selbst und Elemente, bei denen Informatik und die Disziplin integriert sind. Es ist diese Integration, die eine Disziplin zu einer informatischen Disziplin macht. An der Universität Nimwegen gibt es zum Beispiel die folgenden informatischen Disziplinen: informatische Sprachwissenschaft, informatische kognitive Psychologie, informatische Medizin, informatische Naturwissenschaften. In ihnen Informatik studieren heißt anwendungsorientierte Informatik und „disziplinintegrierte Informatik" studieren. Für informatische Disziplinen sind folgende Elemente der anwendungsorientierten Informatik wichtig: Modellierungsmethoden und -techniken, Entwurf von Datenstrukturen, Programmiermethoden und -techniken, Programmieren in einer problemnahen hohen Programmiersprache, Software Engineering und Methoden und Techniken für Mensch-Maschine-Kommunikation.

2.3.4 Angewandte Informatik: Informationstechnologie

Im Unterricht findet man auch ‚angewandte Informatik'. Hier geht es nur um Benutzung von Informationstechnologie, nicht um Methoden und Techniken der Disziplin Informatik. Wie überall in der Gesellschaft wird auch im Unterricht mehr und mehr Informationstechnologie angewandt, durch Schüler wie Lehrer. Alphabetismus in der Informationstechnologie wird in Zukunft von jedem erwartet werden.

2.4 Entwicklungen in der Gesellschaft

Gesellschaftliche Veränderungen Unsere Gesellschaft verändert sich schnell von einer angebotsgesteuerten in eine nachfragegesteuerte, und die Organisationsformen ändern sich mit: von komplexen Hierarchien für Massenproduktion über kleinere, produktorientierte Teamarbeitsorganisationen zu innovativen, kundengerichteten Informationsnetzen [Weer92]. Für die Arbeit hat das tiefgreifende Folgen: man arbeitet heute nicht mehr verantwortungslos, individuell in starker tayloristischer Arbeitsteilung, sondern partizipiert verantwortungsvoll, als Teamarbeiter in multidisziplinären Teams. An die Allgemeinbildung, die Jugendliche auf die Gesellschaft vorbereiten soll, werden deswegen neue Anforderungen gestellt: Es geht weniger um repetitive Fähigkeiten beim Lesen, Schreiben und Rechnen, als um kreative intellektuelle Fähigkeiten wie Analysieren, Abstrahieren und Modellieren. Eine neue Art von Alphabetismus wird erforderlich [Weer88].

2.4.1 Automatisierung, Informatisierung, Kommunikatisierung

Die Entwicklungen in der Informationstechnologie [Kost90] fördern diese gesellschaftlichen Veränderungen.

Automatisierung: Unterstützung des Verwaltungsprozesses

In der ersten Stufe dieser Entwicklungen hat die Informatik dazu beigetragen, den administrativen Prozeß zu automatisieren. So wie die schon ältere mechanische Automatisierung Produktionsarbeiter ihren Beruf kostete, hat dies manchen Büroangestellten Arbeitslosigkeit gebracht.

Informatisierung: Persönliche Qualifizierung

Die Miniaturisierung der Chips ermöglichte die Entwicklung von Werkzeugen zur persönlichen Unterstützung am Arbeitsplatz: die Qualifizierung des Individuums. Diese persönliche Qualifizierung unterstützt und fördert verantwortungsvolle individuelle Arbeit.

Kommunikatisierung: Persönliche Qualifizierung im Prozeß

Die Integration von Arbeitsplatzrechnern in lokalen, regionalen, nationalen und internationalen Kommunikationsnetzen ebnet den Weg zu „intelligenten" Computern, die uns als autonome persönliche Mitarbeiter in der Kommunikation mit ebensolchen „Computervertretern" unterstützen bei der Lösung von Problemen wie der Delegation von Aufgaben oder dem Treffen von Verabredungen [Rose92]. Die gesellschaftlichen Entwicklungen in Richtung multidisziplinärer Teamnetzorganisationen fördern diese Kommunikatisierung.

2.5 Gesellschaftliche Forderungen an den Unterricht

2.5.1 Andere Fähigkeiten

Eine Gesellschaft, die tiefeingreifende organisatorische und technologische Veränderungen durchmacht, braucht Bürger, die ausgebildet sind in immer höheren konzeptuellen und kommunikativen Fähigkeiten [Weer93], [Ruiz93]. Die Allgemeinbildung muß sich anpassen: von Low-Tech- nach High-Tech-Fähigkeiten, von routinemäßigen nach akademische Fähigkeiten, von einfachen intellektuellen Fähigkeiten (Lesen, Schreiben, Rechnen) nach höheren (Analysieren, Abstrahieren, Modellieren).

2.5.2 Verantwortung für das eigene Lernen

Die gesellschaftlichen Veränderungen erfordern Bürger mit Sozialgefühl, Zivilcourage und ethischer Bildung. Im allgemeinbildenden Unterricht müssen Schüler nicht mehr ausgebildet werden zu Mitgliedern bestimmter Gruppen, sondern zu kreativen, selbstexpressiven und kooperativen Menschen. Dazu werden sie auch für ihr eigenes Lernen verantwortungsbewußt werden müssen. Die Informationstechnologie wird helfen „das eigene Lernen to besitzen" [Rush89].

2.5.3 Flexible Schulorganisation

Die Gesellschaft verändert sich von einer angebotsgesteuerten in eine nachfragegesteuerte. Entsprechend werden sich auch die Organisationsformen im Unterricht ändern: von komplexen Hierarchien für Massenunterricht über kleinere, lernproduktorientierte Teamunterrichtsorganisationen zu flexiblen, schülergesteuerten Kommunikationsnetzen. Die Entwicklungen in der Informationstechnik fördern diese Veränderungen [Weer92].

2.5.4 Integrierte Informationstechnologie

Eltern erfahren als Mitglieder der Gesellschaft, daß Informationstechnologie das Individuum in seinen Aktivitäten neu qualifiziert, wenn nur diese Technologie in den Aktivitäten integriert ist. Sie wünschen für ihre Kinder dasselbe: diese sollen zur Allgemeinbildung informationstechnologische Fähigkeiten lernen, die integriert sind mit anderen Fähigkeiten. Deswegen kann man erwarten daß zur Allgemeinbildung Informationstechnologie immer weiter in die Fächer integriert wird [Ruiz93].

2.5.5 Multi-disziplinärer Teamunterricht

Arbeit wird immer mehr in multidisziplinären Teams ausgeführt. Die Allgemeinbildung soll darauf vorbereiten. Es ist zu erwarten, daß hierbei auch Zusammenarbeit von Schülern in interdisziplinären Teams eine immer größere Rolle im Unterricht spielen wird.

2.6 Entwicklungen im allgemeinbildenden Unterricht

Die Entwicklung der Informationstechnologie im Unterricht und des Informatikunterrichtes kann man an Hand der drei obengenannten Entwicklungsstufen vorhersagen.

2.6.1 Automatisierung zur Unterstützung des Unterrichtsprozesses

In der ersten Entwicklungsstufe, Automatisierung, wurde der Computer eingesetzt zur Unterstützung des Unterrichtsprozesses: Computer Assisted Instruction (CAI), computerunterstützte Beratung und computerunterstütztes Examinieren. Im Lernprozeß kamen Computer höchstens als Lehrstoff vor.

2.6.2 Informatisierung: Persönliche Qualifizierung beim Lernen

In der zweiten Entwicklungsstufe, Informatisierung, wird das Individuum sowohl im Unterrichtsprozeß als auch im Lernprozeß unterstützt. Im Unterrichtsprozeß werden persönliche Aufgaben wie Entwicklung von didaktischen Materialien und Verwaltung von Lernresultaten unterstützt. Im Lernprozeß wird der Computer zum persönlichen Werkzeug der Schüler [Gorny86]:

- zum Lernen von einfachen Fähigkeiten (Drill and Practice),
- zum Lernen von Konzepten (Tutorial),
- zum Entdecken von Konzepten (Guided Discovery Learning),
- zum Denken und zur intellektuellen Entwicklung (Micro worlds),
- zur persönliche Informationsverarbeitung,
- zur persönliche Unterstützung.

2.6.3 Kommunikatisierung: Persönliche Qualifizierung im Lernprozeß

Die Kommunikatisierung, die dritte Entwicklungsstufe, findet man bislang nur selten im Unterricht. Es gibt aber Experimente, wie in Frankreich am Lycee Pilote Innovant im Parc Futuroscope [Sams92]. Und auch auf Kommunikatisierung beruhende Konzepte wie: „Dein eigenes Lernen besitzen" [Rush89], deuten auf den Fortgang dieser Entwicklungen. Auch kann man auf Grund entsprechender Entwicklungen außerhalb der Schule erwarten, daß sich die Organisationsformen der Bildung unter dem gesellschaftlichen Druck stark ändern werden [Weer92].

2.7 Informatikunterricht

2.7.1 Automatisierung: Lernen über Automatisierung.

In der Entwicklungsstufe Automatisierung beschäftigt sich der Informatikunterricht mit dem Erstellen einfacher Programme in einer bestimmten Programmiersprache und mit, beispielsweise, der Organization des Rechenzentrums.

2.7.2 Informatisierung: Bürgerinformatik und Angewandte Informatik

Am Anfang der nächsten Entwicklungsstufe, Informatisierung, findet man Informatik angewandt (Gebrauch der Informationstechnologie) im Computeralphabetismusunterricht (Bürgerinformatik), aber auch als eigenständigen Fachunterricht [Weer84]. Später in dieser Entwicklungsstufe wird Informatik immer mehr angewandt in anderen Lerngebieten, und der Informatikunterricht selbst, das heißt der Unterricht in Prinzipien und Methoden der Informatik, kommt in vielen europäischen Ländern mehr oder weniger isoliert zu stehen.

2.7.3 Kommunikatisierung: Neuer Alphabetismus

Die dritte Entwicklungstufe, Kommunikatisierung, hat im Unterricht gerade erst angefangen. Auf Grund der Entwicklungen in der Informatik und in der Gesellschaft kann man Änderungen im Inhalt des (angewandten) Informatikunterrichtes, im Inhalt anderer Lerngebiete und im Unterrichtsprozeß selbst erwarten. Die Änderungen im Inhalt des (angewandten) Informatikunterrichtes werden im folgenden ausgearbeitet.

2.8 Informatik als Teil der Allgemeinbildung: Schlüssel zur Qualifikation

2.8.1 Ein neuer Alphabetismus

A. P. Ershov hat 1981 auf der IFIP World Conference ‚Computers in Education' prophezeit, daß der traditionelle Alphabetismus um die Fähigkeit zum Programmieren erweitert werden würde [Ersh81]. Ershovs Metapher läßt sich weiterentwickeln: der traditionelle Alphabetismus wird erweitert werden um die Fähigkeit, komplexe dynamische konzeptuelle Modelle in exekutierbaren Symbolen (generalisierten Programmen) auszudrücken [Weer88]. Dies wird durch eine Gesellschaft mit immer komplizierteren, auf Kommunikationsnetzen basierten Organisationsformen erfordert. Dazu müssen andere, höhere intellektuelle Fähigkeiten kommen wie Analysieren, Abstrahieren und Modellieren. Diese aus der anwendungsorientierten Informatik entlehnten Fähigkeiten werden als „Disziplinintegrierte Informatik" Teil von informatischen Disziplinen. Es ist zu erwarten, daß dieser neue Alphabetismus im Laufe der gesellschaftlichen Entwicklungen langsam in die oberen Stufen des allgemeinbildenden Unterrichts Eingang finden wird als Schlüssel zur weiteren Qualifikation.

2.8.2 Alphabetismus in der Informationstechnologie für alle

Die Informationstechnologie ermächtigt das Individuum. Die Gesellschaft (und die Eltern) fordern zur Allgemeinbildung, daß die Jugendlichen Informationstechnologie lernen, um die Kompetenz zu erwerben, sie integriert anzuwenden. Diesen Alphabetismus in „Anwendungen der Informatik" wird man deswegen in anderen Disziplinen als in der Informatik lernen als Schlüssel zur allgemeinbildenden Qualifikation. Man kann erwarten, daß diese Entwicklung sich kräftig im allgemeinbildenden Unterricht durchsetzen wird.

2.8.3 Anwendungsorientierte Informatik für Wenige

Es ist dagegen nicht zu erwarten, daß im allgemeinbildenden Unterricht Kerninformatik gelehrt werden wird. Elemente der anwendungsorientierten Informatik wird man im allgemeinbildenden

Unterricht finden zur Unterstützung der „disziplinintegrierten Informatik", nämlich: Modelliermethoden, Programmiermethoden und Entwurf von Datenstrukturen. Und vielleicht hat die anwendungsorientierte Informatik in den höheren Stufen des allgemeinbildenen Unterrichts als Wahlfach einen Platz, zur Vorbereitung auf Weiterbildung. In solch einem Wahlfach können auch weitere Elemente der Anwendungsorientierten Informatik (Software Engineering und Methoden und Techniken für Mensch-Maschine-Kommunikation) aufgenommen werden. In der höheren Berufsbildung wird man Kerninformatik nur in den Lehrplänen für wenige Berufe finden, anwendungsorientierte Informatik jedoch öfters, meistens in Verbindung mit — oder als „disziplinintegrierte Informatik" integriert in — informatische Disziplinen. Die angewandte Informatik (Informationstechnologie) findet man natürlich überall.

Literatur

[Denn89] P. J. Denning, Computing as a Disciplin, Comm. ACM 32 (1989) 9–23.

[Ersh81] A. P. Ershov, Programming: the second literacy, in: R. Lewis and D. Tagg (eds.), Computers and education (North-Holland Publ. Co., Amsterdam, 1981), p. 1–7.

[Gorny86] P. Gorny, „ATEE's proposal for a Teacher Education Syllabus ‚Literacy in Information Technology'", in: B. Sendov and I. Stanchev (eds.), Children in an Information Age (Pergammon Press, Oxford, 1986). p. 111–122.

[Kost90] C. H. A. Koster, Academische Berufsbildung für technisch orientierte Informatiker?, eine Rede gehalten zum Symposium „Technisch orientierte Informatiker: Aufgaben, Funktionen und Ausbildung", Niederländische Gesellschaft fur Informatik, 16 Januar 1990.

[Rose92] S. J. Rosenschein, Distributed intelligent agents, in: P. H. Vogt (ed.), Personal computers and intelligent systems, Information Processing '92, Volume III (Elsevier Science Publishers B. V., Amsterdam, 1992), p. 61–63.

[Ruiz93] F. R. Ruiz i Tarrago, Integration of Information Technology into Secondary Education: Main issues and perspectives, in: T. J. van Weert (ed.), Guidelines for Good Practice, IFIP Working Group 3.1 (International Federation for Information Processing, Geneva, 1993) p. 7–15.

[Rush89] N. J. Rushby, Owning your learning, in: J. D. Tinsley and T. J. van Weert (eds.), Educational software at the secondary level (Elsevier Science Publishers B. V., Amsterdam, 1989) p. 91–95.

[Sams92] F. Samson, The computer as an educational aid for developing the pupils' autonomy: An experiment carried out at the Lycee Pilote Innovant, in: B. Samways and T. J. van Weert (eds.), The impacts of informatics on the organization of education (Elsevier Science Publishers B. V., Amsterdam, 1992), p. 137–148.

[Stra89] D. Straub and J. Wetherbe, Information Technologies in the 1990's: An organizational impact perspective, Comm. ACM 32 (1989) p. 1328–1339.

[Weer84] Basislehrgang Informatik ‚Bürgerinformatik' für alle Schüler, in: W. Alt und K. Häfner (eds.), Informatik als Herausforderung an Schule und Ausbildung (Springer Verlag, Berlin, 1984) p. 47–56.

[Weer88] T. J. van Weert, Literacy in the Information Age, in: Bl. Sendov and I. Stanchev (eds.), Children in the Information Age (Pergamon Press, Oxford, 1988) p. 109–122.

[Weer92] T. J. van Weert, Informatics and the organization of education, in: B. Samways and T. J. van Weert (eds.), The impacts of informatics on the organization of education (Elsevier Science Publishers B. V., Amsterdam, 1992), p. 15–24.

[Weer92a] T. J. van Weert, Application Oriented Informatics and Informational Disciplines: A symbiosis bridging the gap, in: R. Aiken (ed.), Information Processing 92, Volume II (Elsevier Science Publishers B. V., Amsterdam, 1992) p. 144–150.

[Weer93] T. J. van Weert, Education and Informatics: From discovery to maturity, in: B. Samways and D. C. Johnson (eds.), Informatics and changes in learning (Elsevier Science Publishers B. V., Amsterdam, 1993) in preparation.

Kapitel 3

Peter Gorny, Karl Sarnow: Computergestützte Kommunikation im Unterricht

3.1 Einleitung

In diesem Doppelvortrag gehen wir von der Hypothese aus, daß das Potential der Informationstechnik für das Lehren und Lernen erst voll wirksam wird, wenn man sie kombiniert mit der Kommunikationstechnik: der „Computer" wird zum „Communicator"! Durch diese Verknüpfung greift die Technik in den Lernprozeß an seiner wichtigsten und empfindlichsten Stelle ein: in die Dialoge zwischen Lehrern und Lernern, zwischen den Lernern untereinander und zwischen Lernern und Außenstehenden.

Die technischen Möglichkeiten beeinflussen die Kommunikationsformen. Sie werden damit neue Verhaltensweisen initiieren und neue Formen des Lehrens und Lernens hervorbringen. Wie immer beim Einsatz von Technik für menschliches Handeln werden nicht alle Effekte positiv sein, so daß ein unkritischer Einsatz der Kommunikationstechnik auch Schaden anrichten kann. Deshalb wird — über die Netze — weltweit über diese Einflüsse diskutiert.

Im Folgenden werden wir zuerst die zu erwartenden oder schon erkennbaren Veränderungen nach kommunikationstheoretischen und didaktischen Aspekten untersuchen und anschließend im zweiten Teil über unterrichtspraktische Erfahrungen berichten.

Es ist hier nicht der Ort für eine umfassende Darstellung aller Auswirkungen der Kommunikationstechnik in jeder Form von Unterricht und Lernen. Wir wollen — trotz der umfassenden Ausgangshypothese — keine ferne Zukunftsvisionen entwickeln, sondern uns auf die für (Hoch-)Schulen heute oder in näherer Zukunft erreichbaren Möglichkeiten beschränken. Wir reden also nicht über weltweite Videokonferenzen über Breitbandkanäle und nicht über Multimediavernetzung der Schulen (mit Text, Ton und Bild), sondern über die zeichengebundene Kommunikation (d.h. mit geschriebener Sprache und u.U. mit zeichencodierten Bild- und Ton-„Dokumenten") auf Nachrichtenübertragungsmedien wie dem herkömmlichen Telefon, den X.25- oder den ISDN-Verbindungen.

3.2 Peter Gorny: Kommunikationstheoretische und didaktische Aspekte

3.2.1 Die allgemeine Ausgangssituation

Wir können heute realistisch davon ausgehen, daß in wenigen Jahren die Schulen im Sekundar- und Tertiärbereich (d.h. Gesamtschulen, Hauptschulen, Realschulen, Gymnasien, Berufsbildenden Schulen und Hochschulen) für Lehrer und Schüler, Dozenten und Studenten leicht zugängliche Computerarbeitsplätze mit Netzanschlüssen bereitstellen werden und daß viele Lehrer und Lerner auch privat Computer als Kommunikationsgerät nutzen können. (Während heute nur wenige Lehrer einen PC nutzen, hat schon jeder zweite Siebtkläßler zu Hause einen PC und 70 % der Schüler haben Zugang zu einem Computer. Vgl. [RK93]) Wir beschränken uns auf das öffentliche Bildungswesen im weiteren Sinne, verkennen aber nicht, daß wesentliche Impulse gerade von den kommerziellen betrieblichen und überbetrieblichen Ausbildungseinrichtungen ausgehen, für die ganz andere ökonomische Bedingungen gelten.

Schon heute ist auch die erforderliche Kommunikationstechnik weit verbreitet: es gibt inzwischen tausende von kleinen und großen „Bulletin-Board-Systems" und „Mailboxen" in Deutschland — privat oder kommerziell betrieben — und die weltweiten quasi-öffentlichen Netze wie *Internet* mit geschätzt mehr als einer halben Million Teilnehmern und *Bitnet* mit ebenfalls mehreren Hunderttausend Nutzern. Zu den großen kommerziellen Netzen gehören zum Beispiel *CompuServe* und *AmericaOnline*, während sich Netze wie *FidoNet* (international) und *ComLink* (Deutschland) im wesentlichen auf privaten Initiativen stützen. Im Bildungsbereich sind insbesondere das amerikanische *AT&T Learning Network* und britische *Campus2000* zu nennen, die allerdings beide nur für geschlossene Benutzergruppen zugänglich sind. Die unterschiedlichen technischen Gegebenheiten der verschiedenen Systeme stellen noch große Hindernisse dar, ebenso wie die z.T. hohen Kosten der Nutzung für das (öffentliche) Bildungswesen prohibitiv wirken. Jedoch ist schon heute eine Standardisierung der Technik in Arbeit, z.B. durch Normung der Anforderungen an „Asynchronous Conferencing Systems" und „Group Communication" [ISO93]. Eine Verknüpfung der verschiedenen Netze durch „Gateways" schreitet schnell voran und die Möglichkeiten billiger Zugänge zu den Netzen (z.B. zum Ortstarif) werden für Schulen schnell größer.

Auf eine Darstellung der heutigen Technik und ihrer Handhabung wird hier verzichtet, denn heute sind viele ausreichende Beschreibungen verfügbar (z.B. [Sa91, Ke92]).

3.2.2 Formen der Telekommunikation

Grundsätzlich bieten die Netze heute eine ganze Reihe von Kommunikationsformen an. Dieser Bericht beschränkt sich auf diejenigen Formen, die in näherer Zukunft auch für Schulen technisch und finanziell in Frage kommen. Insbesondere die direkte (online-) Rechnerkopplung mit den Internet-Diensten „ftp" (file transfer protocol zum direkten Transportieren von Dateien) und „telnet" (Login in einen fremden Rechner über eine schnelle Datenverbindung) lassen wir deshalb noch außer acht und beschränken wir uns im wesentlichen auf die asynchrone textuelle Kommunikation. Unter asynchroner Kommunikation sei in unserem Zusammenhang das Senden einer Nachricht verstanden, die ein oder mehrere Empfänger erst deutlich zeitversetzt, d.h. viele Minuten oder Stunden später, erhalten („Briefe"). Mit textueller Kommunikation ist eine Übertragung auf der Basis eines Zeichencode, z.B. ASCII, gemeint. Zum Beispiel werden Techniken für eine direkte pixelweise Bildübertragung damit ausgeschlossen.

Der einzige hier zu betrachtende Fall der synchronen Kommunikation ist das Szenario im vernetzten Computerfachraum. Anfänglich wurde vermutet, daß es hilfreich sein könnte, wenn der Lehrer von seinem Rechner aus die Bildschirminhalte der Schülergeräte einsehen kann, um sie mithilfe kurzer Nachrichten beraten zu können — es hat sich in der Praxis jedoch herausgestellt, daß die meisten Lehrer doch lieber zu den Schüler gehen und dort direkt vor dem Bildschirm die Zweifelsfragen diskutieren. (Die Vernetzung wird dann aber immer noch als Zugriff auf den gemeinsamen großen Datenspeicher („Fileserver") und zur Systempflege, d.h. zur Bereinigung der Festplatten in den einzelnen Rechnern, benötigt.) Wenn eine solche Rechnerkonfiguration mit geeigneter Mailsoftware ausgestattet wird, bietet sie auch die erste Basis für asynchrone Kommunikation.

Lassen Sie uns einige Möglichkeiten asynchroner Kommunikation für Unterrichtsszenarien betrachten (Tabelle 3.1):

Typisches Szenario	Kommunika-tionspartner	Dialog-initiator	Zweck	Typischer Anwendungs-bereich
„Rundbrief“ „Virtueller Klassenraum mit Frontalunterricht“	1 Lehrer — viele Lerner	Lehrer	Vermittlung von Stoff	Fernstudium
„Einzelprüfung	1 Lehrer — 1 Lerner	Lehrer	Prüfung	Fernstudium
„Sprechstunde“	1 Lerner — 1 Lehrer	Lerner Stoff	Rückfragen zum Studium Beratung in persönl. Fragen	Schule
„Seminar“ „Virtueller Klassenraum“	1 Lehrer — viele Lerner	alle	Diskussion themengebunden	Schule Studium
„Briefwechsel“	1 Lerner — 1 Lerner beliebiger Themen	beide	Diskussion	beliebig
„Arbeitsgruppe“ „Ungesteuerte Diskussionsgruppe“ „Projektgruppe“	Viele Lerner	alle	Diskussion nicht starr gebunden, gemeinsame Bearbeitung einer Aufgabe	Schule Studium
„Briefpartnerschaft“ „Klassenpartnerschaften“	Mehrere Lernergruppen	alle	Kooperation mehrerer Klassen, gemeinsame Bearbeitung einer Aufgabe	Schule
„Moderierte Diskussion“ Auswahl der zu verteilenden Beiträge durch den Moderator	1 Moderator — viele Teilnehmer	Moderator	Diskussion themengebunden	Schule Studium
„Ungesteuerte geschlossene Diskussionsgruppe“	Viele Lerner (1 Verwalter der Teilnehmerliste)	alle	Diskussion nicht starr themengebunden	Schule Studium
„Projektarbeit“ (auch schulübergreifend) „weltweit“	Viele Lerner mit indirektem Datenaustausch	alle	Sammlung und/oder Auswertung themengebundener Daten	Schule Studium
„Umfrage“	1 Lerner viele andere Personen	Lerner	Befragung zu unterrichtsrelev. Themen	Schule Studium

Tabelle 3.1: Einige Kommunikationsformen mit asynchroner Telekommunikation zwischen Lehrern und Lernern

In dieser Tabelle ist kein Hinweis auf die technische Realisierung der jeweiligen Kommunikationsform enthalten, denn zu jeder der Formen gibt es unterschiedliche Hard- und Software-Systeme, die mehr oder weniger gut den Unterrichts- und Lernprozeß unterstützen, oder, bescheidener gesagt, weniger oder mehr behindern. Bei geschlossenen Lernergruppen lassen sich diese Systeme am leichtesten nutzen. Je größer die Teilnehmerzahlen werden und geographisch voneinander getrennt sind, umso eher ist die Wahrscheinlichkeit gegeben, daß das Gesamtsystem „inhomogen“ wird, d.h. daß sich die genutzten Rechner und die Kommunikationssoftware („Mailer“) unterscheiden. Schließlich können auch die Netze für einige wünschenswerte Funktionen („Dienste“) technisch inkompatibel sein. Dann bleibt nichts anderes, als eine Ersatzlösung zu suchen, die dann für die

Beteiligten etwas umständlicher zu bedienen ist.

Zum Beispiel sind für offene oder geschlossene Diskussionsrunden besonders die „Anschlagbretter“ (Newsgroups) geeignet. Man kann für kleinere Gruppen spezielle Bretter einrichten, die nur bestimmten Teilnehmern zum Schreiben und Lesen zugänglich sind, oder öffentliche Bretter als Diskussionsforen zu bestimmten Themen mit oder ohne „Moderator“ nutzen. Ein Moderator kann die eingehenden Nachrichten filtern oder auch kürzen. Gegenwärtig gibt es weltweit zugänglich einige tausend „Themenbretter“ im Internet, auf denen täglich mehr als hunderttausend Anschläge („Postings“) eingetragen werden. Die größten Themenbereiche sind natürlich wissenschaftsbezogen, z.B. für Informatik oder für die Naturwissenschaften, aber es gibt auch Diskussionsrunden z. B. zum Fahrradfahren, zu Heavy-Metal-Gruppen oder über Tolkien. Für die Schulen sind die „Bretthierarchien“ schule.*, school.* und k12.* von Interesse (Tabelle 3.2).

Das Absenden einer Nachricht an eine Newsgroup entspricht dem Anpinnen eines Anschlags am Schwarzen Brett. Die Empfänger erhalten die Nachricht erst auf eigene Initiative: sie müssen zum Schwarzen Brett gehen, oder, in unserem Fall, die Newsgroup aufrufen. Im Gegensatz dazu gehen die Sendungen über Verteilerlisten automatisch an alle eingetragenen Empfänger („Massendrucksachen“). Trotz dieses Nachteils — man bekommt viel unerwünschte „junk mail“ — müssen bei internationalen großen Unterrichtsvorhaben meist die Verteilerlisten verwendet werden, weil die Newsgroups oft außerhalb des Internet nicht für normale Teilnehmer zugänglich sind. (In einer im Entwurfsstadium befindlichen internationalen Norm werden die insgesamt für Gruppendiskussionen erwünschten Netzdienste definiert. Vgl. [ISO93]).

3.2.3 Einige Lehr- und Lern-Szenarien

In Tabelle 1 wurden bereits einige Hinweise über die Einsatzmöglichkeiten zum Lehren und Lernen gegeben. Wir wollen an einigen der Szenarien aus Tabelle 1 beispielhaft verdeutlichen, wie sich Telekommunikation in Unterrichtsvorhaben eingliedern läßt.

Szenario 1: Das Virtuelle Klassenzimmer Schulunterricht ist gekennzeichnet durch Lerngruppen, die üblicherweise in einem Raum zusammen mit einem Lehrer oder einer Lehrerin an einem gemeinsamen Thema arbeiten. Diese Situation wird im „virtuellen Klassenzimmer“ abgebildet. Dabei ist es nicht mehr zwingend, daß alle Beteiligten gleichzeitig und in einem Raum anwesend sind. Auch die veränderte Rolle des Lehrers als Wissensvermittler einerseits und Berater andererseits kann über Telekommunikation unterstützt werden. Es kann Lernstoff verteilt werden, die Schüler können Fragen stellen, es kann gemeinsam diskutiert und sogar gemeinsam ein Text erstellt werden. Es ist allerdings fraglich, ob für die allgemeine Schule diese Unterrichtsformen wünschenswert sind, denn die Auflösung der Lerngruppe verringert die Möglichkeiten des sozialen Lernens und betont noch stärker als jetzt den kognitiven Aspekte. Offenbar empfinden die Beteiligten diesen Mangel, der durch die Begrenzung auf textuelle Nachrichten entsteht, und suchen Ventile durch eingeschobene Diskussionen zu unterrichtsfernen Themen und durch Nutzung „quasi-non-verbaler“ Ausdrucksmittel (siehe Abschnitt 2.4).

Szenario 2: Mehrere Klassen arbeiten zusammen Das erste Szenario läßt sich leicht auf mehrere Lernergruppen (Klassen) erweitern und gewinnt damit sofort eine ganz andere Bedeutung: unter Anleitung von Lehrern diskutieren die Schüler der Klassen ein bestimmtes Thema. Beispiele dafür hat es in den Fächern Geographie, Gegenwartskunde, Umwelterziehung, Mathematik und Biologie gegeben. Wenn die Diskussion zwischen Klassen in verschiedenen Kulturkreisen geführt wird, wird auch häufig der Fremdsprachenunterricht eingebunden (Schlagwort: Klassenpartnerschaften). Zwischen englischen, belgischen und dänischen Schulen wurde beispielsweise in der Sekundarstufe I die Lokalgeographie der eigenen Stadt für die anderen Klassen beschrieben und

Ausgewählte Newsgroups des Internet

schule.* (Deutschland)
schule.allgemein
schule.geistwiss
schule.info
schule.jufo
schule.mathe
schule.natwis
schule.org
schule.polhist
schule.sprachen
schule.umwelt.aquadata
schule.zeitung

school.* (Europa)
school.general
school.project.esp
school.project.pluto
school.pupils
school.subjects.humanities
school.subjects.languages
school.subjects.science
school.teachers

k12.* (vorwiegend USA;
K-12 = Kindergarten bis 12. Klasse)
k12.chat. (chat = quatschen)
k12.chat.elementary (Grundschule)
k12.chat.junior (Sek I)
k12.chat.senior (Sek II)
k12.chat.teacher
k12.ed.art (ed = education)
k12.ed.business
k12.ed.comp.literacy (ITG)
k12.ed.health-pe (pe = physical education)
k12.ed.life-skills
k12.ed.math
k12.ed.music
k12.ed.science
k12.ed.soc-studies
k12.ed.special (Sonderschulen)
k12.ed.tag (tag = talented and gifted)
k12.ed.tech
k12.comp.literacy
k12.lang.art
k12.lang.deutsch-eng
k12.lang.esp-eng
k12.lang.francais
k12.lang.russian

(Die Namen sprechen hoffentlich für sich selbst)

comlink.* (Deutschland; kleine Auswahl)
comlink.bildung.aktionen
comlink.bildung.allgemein
comlink.bildung.beruf
comlink.bildung.diskussion
comlink.bildung.schule
comlink.bildung.uni
comlink.europa.*
comlink.fluechtlinge.*
comlink.geschichte.*
comlink.kultur.*
comlink.oekologie.*
comlink.utopien.*

alt.* (USA; alternatives: kleine Auswahl)
alt.architecture
alt.atheism
alt.culture.*
alt.cyberpunk
alt.desert-storm
alt.education.disabled
alt.education.distance
alt.fan.tolkien
alt.music.*
alt.philosophy.*
alt.politics.*
alt.religion.*
alt.rodney-king
alt.sci.*

rec.* (USA; recreation: Freizeit)
rec.antiques
rec.bicycles
rec.climbing
rec.kites
rec.music.beatles
rec.music.classical
rec.music.reggae
rec.outdoors.fishing
rec.skiing
rec.woodworking

comp.* (International; Informatik)
(ca. 200 Gruppen)

sci.* (International; Naturwiss.)
(ca. 150 Gruppen)

Tabelle 3.2: Einige „Anschlagbretter" des Internet mit Bezug zu Schule und Unterricht

dann die Unterschiede und Gemeinsamkeiten diskutiert. Da in diesem Fall alles auf Englisch geschrieben wurde, hatten die englischen Schüler die Aufgabe übernommen, die Texte zu korrigieren — manchmal mit Mißverständnissen bei Wortspielen (Libotton 1991):

Belgische Schülerin:

```
We are 14 girls in our class and Torsten is the one and lonely boy....
```

Englischer Schüler:

```
You wrote:
> We are 14 girls in our class and Torsten is the one and lonely boy....
You made a mistake:                                    / only
```

Wenn die Telekommunikation nur für den Fremdsprachenunterricht eingesetzt wird, gibt es allerdings einige Komplikationen: Ist die Sprache der Partnerklasse jeweils Unterrichtsfach (z.B. Dänisch und Portugiesisch)? Wenn nein: welche Sprache sollen die Schüler für die Kommunikation verwenden? Wenn jedoch z.B. eine deutsche und eine französische Schule zusammenarbeiten: wie schreiben die deutschen Schüler, wie die Franzosen? Es sei allerdings angemerkt, daß dieses methodische Problem nach unseren Beobachtungen zwar den Lehrern Kopfschmerzen bereitet, die Schüler — sofern man sie läßt — schnell ein eigenes Verfahren praktizieren und mal die eine oder die andere Sprache benutzen: für die Lehrer eine didaktische Herausforderung.

Szenario 3: Projektgruppen Der Übergang von Diskussionsgruppen unter Anleitung von Lehrern zu stärker selbstorganisierten Projektgruppen ist fließend. Sicherlich ist es für Schüler der Sekundarstufe II leichter, selbständig zu arbeiten und auch die Kommunikation mit Schülern an anderen Orten zu praktizieren. Zum Beispiel lief im ersten Halbjahr 1993 eine von PLUTO-Schulen initiierte Diskussion zum Thema Ausländerfeindlichkeit. PLUTO European Educational Network ist eine EG-geförderte Kooperation von Schulen und Hochschulen mit dem Ziel der praxisnahen Lehrerfortbildung (vgl. [Go93]). In dieser Diskussion wurde deutlich, daß sich Lehrer häufig ebenso leidenschaftlich an der Diskussion beteiligen wie die Schüler — ohne Anspruch auf eine Sonderrolle und als gleichrangige Partner.

Szenario 4: Befragungen von Außenstehenden Eine für viele Fächer verlockende Möglichkeit bietet sich durch Befragungen, die in Fragebogenform entweder gezielt an eine Liste von Personen versandt oder frei in offenen Verteilerlisten oder Newsgroups angeboten werden. Dieses Szenario stellt die geringsten methodischen Anforderungen an den Lehrer, da die Schüler einzeln oder in kleinen Gruppen wie bei örtlich gebundenen Erkundungen für einige Zeit selbständig arbeiten können und dann erst das Ergebnis in der Klasse präsentieren. Da die Verteilung und Rücksendung der Fragebögen über das Netz läuft, wird der organisatorische und zeitliche Aufwand für die Schüler verringert und die Kosten für die Schule niedrig gehalten.

Das Thema Ausländerfeindlichkeit hat viele europäische Schulen angeregt, Fragebogen über die Netze zu verteilen. Es hat eine Vielzahl von Antworten gegeben, die anschließend von den Schülerinnen und Schülern in der Klasse ausgewertet und diskutiert wurden.

Szenario 5: Projekte mit Sammlung und/oder Auswertung von Daten Die Nutzung von Datenbanken für den Unterricht ist inzwischen „lokal" vielfach erprobt. Es ist deshalb naheliegend, auch externe über Netz erreichbare Datenbanken einzubeziehen. Prinzipiell kommen sowohl vorhandene Informationssysteme und selbsterstellte Datenbanken dafür in Frage. Die meisten Informationssysteme sind jedoch nicht über normale Internet-Verbindungen erreichbar und ihre Nutzung ist meist gebührenpflichtig. Deshalb scheiden viele der großen wissenschaftlichen Fachdatenbanken und kommerziellen Presse-Datenbanken für normale Schulen aus. Dagegen lassen sich Standarddatenbanksysteme nutzen, indem die Datenstrukturen („Schemata") von den Schülern oder Lehrern selbst definiert und mit Daten gefüllt werden. Wenn zusätzlich über die Netze die Möglichkeit geschaffen wird, auch Daten anderer Schulen aufzunehmen, so können parallel laufende Unterrichtsvorhaben kooperieren.

Im Projekt Aquadata, von dem unten berichtet wird, wird eine sehr große Datensammlung zu der Qualität eines in der Nähe der jeweilgen Schule fließenden Gewässers von den beteiligten Schülerinnen und Schülern selbst zusammengetragen und dann in einem zweiten Schritt mit den Daten anderer Schulen aggregiert und verglichen. Bescheidenere Beispiele wurden im Geographieunterricht zur städtischen Umgebung der jeweiligen Schulen, z.B. mit Fünftklässlern zur Nutzungsart der Gebäude entlang der Hauptstraße, praktiziert und mit den Ergebnissen aus Städten in anderen Ländern verglichen.

Dieses Szenario legt eine fachübergreifende projektähnliche Unterrichtsform nahe und wird auch in Projektwochen beider Sekundarstufen angewendet.

Szenario 6: Sprechstunde Bei diesem Szenario sucht ein Lerner bei einem Lehrer Auskunft, Rat und Hilfe. Natürlich ist dieser Kommunikationsprozess normalerweise nicht auf den Austausch sprachlicher Nachrichten beschränkt. Deshalb ist gerade hier die Gefahr des Verdorrens sozialer Beziehungen zwischen den Beteiligten besonders groß. Es hat sich aber nach meinen Beobachtungen an amerikanischen Hochschulen mit starkem Vernetzungsgrad gezeigt, daß Electronic Mail in der Tat lediglich für die organisatorischen Vorklärungen von persönlichen Gesprächen verwendet wird. Mein Eindruck ist es, daß die über E-Mail verabredeten und vorgeklärten Beratungsgespräche zwar seltener, aber dafür intensiver geführt werden. In diesem Zusammenhang wird ein neuer Begriff eingeführt, der in einer kanadischen Abhandlung zum Thema „Telementoring: An Examination of the Potential for an Educational Network“ [Wi93] an vielen heute schon praktizierten Beispielen erläutert wird, u.a. an der „Fernberatung“, die im Projekt PLUTO European Educational Network von der Universität Oldenburg aus den beteiligten Lehrern geboten wird [Go93].

3.2.4 Veränderungen des Sprachgebrauchs und der sozialen Prozesse

Natürlich ist es von entscheidender Bedeutung für die Nutzung der Telekommunikation, wie die Lerner untereinander und mit den Lehrern diskutieren, also, ob diese Technik die Sprachgewandtheit und Ausdrucksfähigkeit der Lerner stärkt. Das gilt sicherlich für alle Fächer, nicht nur für den muttersprachlichen oder fremdsprachlichen Unterricht. Lassen Sie uns zuerst einige allgemeine Beobachtungen zusammentragen, die wir immer wieder bei der Durchsicht von Schüler- und Studententexten gemacht haben, die aber durch andere Beobachter z.B. von wissenschaftlichen Diskussionsgruppen bestätigt werden und die ein offenbar weitgehend altersunabhängiges Verhaltensmuster aufzeigen:

- Die verwendete Sprache ist durchgehend wesentlich salopper, alltagsnäher als sonst geschriebene Sprache.
- Konventionelle Formen der brieflichen Korrespondenz werden ignoriert (Strukturierung in Anrede, Einleitungsfloskeln, Schlussfloskeln usw.). Neue Strukturen entwickeln sich langsam und werden durch netzweit verteilte Empfehlungen etabliert: „Netiquette“.
- Es gibt offenbar ein erhebliches Bedürfnis, die fehlende nonverbale Kommunikation auszugleichen. Das wird von den Teilnehmern durch Einfügungen in der Sprache der Comics kompensiert.

  `"** WOW **"`, `"**Schluchz**"`, `"**SEUFZ**"` sind Beispiele dafür. Außerdem gibt es ein mehrere hundert Symbole umfassendes Repertoir von „Smileys“, die aus Druckzeichen zusammengesetzt sind und durch Linksneigen des Kopfes erkennbar werden:

  `:-)`   `8-(`   `;-)`

Diese drei sollen Vergnügen, eine große Enttäuschung und ein verschmitzes Zwinkern (die vorhergehende Bemerkung ist nicht ganz ernst gemeint) signalisieren.

- Rangunterschiede (Professor — Student, Lehrer — Schüler, Chef — Mitarbeiter) und andere Merkmale (Geschlecht, ethnischer Hintergrund, Religion) spielen eine wesentlich geringere Rolle — oft werden sie nicht einmal wahrgenommen. Teilnehmer mit Behinderungen (z. B. Körperbehinderung, Sprachbehinderung, Blindheit) oder große Hemmungen, sich in Gruppen zu Wort zu melden („face-to-face-Diskussion" — abgekürzt „f2f") sind nicht länger benachteiligt, weil sie wegen des asynchronen Charakters der Kommunikation die vorhergehenden Beiträge in Ruhe analysieren und ihre Antwort formulieren können.
- Die Teilnehmer neigen — trotz der „Netiquette" — schnell zu persönlichen Angriffen oder Vorwürfen („flames"). Manches wird als verletzende Bemerkung verstanden, weil ein Verfasser einem anderen Teilnehmer bestimmte Motive für seine Äußerungen unterstellt. Oft wehren sich die Betroffenen dann heftig und leiten so langwierige Nebendiskussionen ein.
- Es gibt eine kaum zu unterdrückende Tendenz zu „Verzweigungen" in der Diskussion, die manchmal sogar dazu führen, daß das ursprüngliche Thema nicht weiter verfolgt wird. (Nur durch einen Moderator der Newsgroup oder einen Verwalter der Verteilerliste können die unerwünschten Beiträge herausgefiltert und deren Absender auf die Unangemessenheit ihres Verhaltens hingewiesen werden. Derartige Interventionen führen allerdings sofort zu langen Netz-Diskussionen über „Zensur".)
- Es gibt keine andere Form der textuell gebundenen (Tele-)Kommunikation, die so motivierend auf Schüler und Lehrer wirkt, und die Teilnehmer anregt, so oft wie technisch möglich den Nachrichtenaustausch zu nutzen, d.h. oft viele Male pro Tag.

Diese empirischen Beobachtungen haben natürlich die Wissenschaftler angeregt, nähere Untersuchungen anzustellen. So wurden zum Beispiel an meiner Universität mehrere Arbeiten über den Sprachgebrauch im Englischunterricht gemacht.

Frauke Vuß [Vu93] hat bei der Analyse einer längerwährenden Diskussionsrunde zwischen 12- bis 14-jährigen Schülern in Aurich und in der Bronx (New York) festgestellt, daß sehr viele „colloquialisms" und Reduzierungen verwendet werden und die Texte äußerst figurativ sind, d.h. von Idiomen und Metaphern wimmeln. Auch die Syntax bleibt nicht verschont: unvollständige grammatische Konstrukte (Ellipsen) zwecks Tipp- und Zeitersparnis, falsche Referenzen und Interjektionen prägen die Texte. Trotzdem kommt die Autorin zu dem Schluß, daß E-Mail in Bezug auf den Wortschatz der Schüler, ihrer Fähigkeit, Texte zu verstehen und zu produzieren, eine Bereicherung des Englischunterrichts darstellt.

Donath faßt seine Erfahrungen mit E-Mail-Briefpartnerschaften im gymnasialen Englischunterricht zusammen mit den Feststellungen, daß

- die Textproduktion ungemein motivierend war, weil reale Kommunikationspartner als reale Leser darauf warteten,
- die Wörterbucharbeit fast automatisch ablief,
- die Schüler über die landeskundlichen Aspekte mehr erfahren konnten, als das je mit einem Schulbuch möglich gewesen wäre,
- wegen des erweiterten Wortschatzes derartige Partnerschaften in höheren Klassen (9 oder 10) ergiebiger sind, zumal sie auch in themenzentrierte Projekte münden können. (Donath 1993)

In einer anderen Untersuchung [Sp93] werden Sprechakte nach ihren Funktionen der Kategorien „Darstellung", „Ausdruck" und „Appell" in E-Mail-Texten und Lehrbuch-Texten verglichen. Die Darstellung von Sachverhalten wird in Schüler-E-Mail zurückgedrängt, während der Ausdruck von Gefühlen und Interessen sowie Appelle massiv zunehmen. Daraus schließt die Autorin für den kommunikativen Fremdsprachenunterricht, daß ein paralleler Einsatz von Lehrbuch und E-Mail im Englischunterricht wünschenswert scheint und förderlich für die allgemeine Kommunikationsfähigkeit des Schülers wäre.

In einem (nur) elektronisch verbreiteten Artikel „Abductive multiloguing — the semiotic dynamics of navigating the net" vertritt Shank [Sh93] die These, daß die Kommunikation in Dialogen und „Multilogen" über Netze weder als gesprochene noch als geschriebene Kommunikation, sondern als semiotische Kommunikation angesehen werden muß. Er leitet daraus einige Thesen zu den Einsatzmöglichkeiten ab, die weit über das hier angesprochene Spektrum hinausreichen.

In den oben geschilderten Szenarien wurde angedeutet, wie sich die herkömmlichen Kommunikationsprozesse beim Lehren und Lernen teilweise abbilden lassen auf die computergestützte Kommunikation und welche Einflüsse diese Veränderung auf die zwischenmenschlichen Beziehungen haben könnte.

Eine Flut von Arbeiten und Diskussionsbeiträgen zu diesen Fragen fließt über die Netze und findet auch Niederschlag in speziellen Tagungen und Veröffentlichungen. So landeten auf meinem Computer oder im Briefkasten allein in den Jahren 1992 und 1993 die Ankündigungen zu mindestens 14 Tagungen und Konferenzen, die die Auswirkungen der Telekommunikation auf das Bildungswesen und ihre Möglichkeiten für den Einsatz beim Lehren und Lernen zum Thema hatten. Die prominenteste Tagung, „Teleteaching'93", die von der International Federation of Information Processing veranstaltet wurde, hat im August 1993 (also nach der Drucklegung dieses Tagesbandes) in Trondheim den Themenbereich in über 200 Vorträgen und Präsentationen umfassend behandelt (vgl. [TT93]). In den elektronischen Zeitschriften wie „EJOURNAL", „DISTED" (Online Journal on Distant Education), „ICS Electrozine: Information, Communication, Supply" oder „Arachnet Electronic Journal on Virtual Culture" (mit der bibliographischen Seriennummer ISSN 1068–5723 versehen!) erscheinen regelmäßig ausführliche Artikel zu allen Aspekten der Telekommunikation. In den Diskussionsgruppen wie „CMC" („Computer-mediated Communication", „Edutel" (Educational Telecommunication), TSCL-list (Telecommunication-supported cooperative learning) werden didaktische und methodische Fragen diskutiert. Es werden neue Organisationen gebildet, wie zum Beispiel die GLOSAS — GLObal Systems Analysis and Simulation Association, die gegenwärtig die telekommunikationsgestützten Einrichtungen Global Pacific University (GPU), Global Latin American University (GLAU) and Global European University (GEU) aufbaut.

Nur exemplarisch seien hier noch einige elektronische oder papierne Veröffentlichungen genannt. Die weltweit größte Informatiker-Vereinigung, die Association for Computing Machinery, New York, widmet dem Bildungsbereich „k–12" (Kindergarten bis 12. Klasse) ein Themenheft ihrer Zeitschrift. Mehrere Artikel befassen sich mit den Möglichkeiten der Netznutzung (ACM 1993). Ebenfalls LOGIN, die Zeitschrift der Fachgruppe Informatik und Schule der Gesellschaft für Informatik, hat jüngst in mehreren Heften ausführlich über schulische Anwendungen der Telekommunikation berichtet.

Alle diese Aktivitäten lassen erahnen, daß die Telekommunikation noch gar nicht abschätzbare Impulse auf das Bildungswesen ausüben und tiefgreifende Veränderungen insbesondere beim Kommunikationsverhalten der Lehrer und Lerner verursachen wird. In den bescheidenen technischen Möglichkeiten, die heute in den Schulen und Hochschulen gegeben ist, werden die ersten Symptome dieser Veränderungen allerdings schon sichtbar.

3.3 Karl Sarnow: Unterrichtspraktische Aspekte und Anwendungsbeispiele

3.3.1 Einsatzformen computergestützter Kommunikation im Unterricht

Computergestützte Kommunikation hieß zunächst nichts weiter, als daß ein Computer als Schreibmaschine mit angeschlossener Telefonleitung benutzt wird. Der zu übermittelnde Text wird mittels Tastatur und Textverarbeitungsprogramm erfaßt und mittels Modem über eine Telefonleitung versandt. Diese Arbeitsweise wird im folgenden als elementare Arbeitsweise bezeichnet. Im Laufe der Zeit sind die Ansprüche an Kommunikation gestiegen. Mittlerweile gehört auch die Übermittlung binärer Daten in den Bereich der computergestützten Kommunikation. Um binäre Daten bei computergestützter Kommunikation einsetzen zu können, bedarf es einen erhöhten Aufwandes vor dem Versand der Nachrichten. Im folgenden Artikel wird deshalb von Telekommunikationsprojekten mit erhöhtem Bedarf an Informationstechnologie (IT-Bedarf) gesprochen.

Elementare Arbeitsweise

In vielen Schulen ist mittlerweile ein Computerraum mit einem Klassensatz an Computern vorhanden. Eine solche Schule kann mit einer geringen zusätzlichen Ausstattung an einem Telekommunikationsprojekt mitarbeiten. Im einfachsten Fall reicht es, wenn der Lehrer mit Hilfe eines Modems eine in der Nähe befindliche Mailbox benutzt. Später wird man die Anschaffung eines Schulmodems mit einer eigenen Telefonleitung anstreben, damit die privat entstehenden Kosten von der Schule getragen werden.

Bei der Durchführung eines Telekommunikationsprojektes sind verschiedene Phasen zu unterscheiden. In dem erwähnten Computerraum findet lediglich die aktive Phase eines Telekommunikationsprojektes statt. Vor der aktiven Phase sind Vorbereitungen erforderlich, die im normalen Klassenzimmer ablaufen können (Vorbereitungsphase). Auch die Auswertung der Ergebnisse des Projektes (Auswertungsphase, Rücklaufphase) stellen keine besonderen räumlichen Anforderungen. Die Abläufe der beiden letzten Phasen unterscheiden sich wenig vom üblichen Unterricht. Die aktive Phase eines Telekommunikationsprojektes ist dagegen von der Ausrüstung der Schule und der Vorbildung der Schüler abhängig. Die in diesem Abschnitt beschriebene Arbeitsweise charakterisiert Einstiegsprojekte in der Telekommunikation. Bei der elementaren Arbeitsweise wird eine minimale technische Ausrüstung vorausgesetzt (Modem und DFÜ-Programm). Bereits diese geringe Investition ermöglicht eine erfolgreiche Mitarbeit in Projekten der computergestützten Kommunikation.

Ablauf im Unterricht In der aktiven Phase sitzen die Schüler im Informatikraum an den Rechnern und bedienen im einfachsten Fall ein Textverarbeitungsprogramm. Der erarbeitete Text wird vom Lehrer auf einer Diskette gesammelt und mittels Modem und DFÜ-Programm an eine Mailbox ausgeliefert, welche die Schülertexte dann an die elektronischen Adressen der Kommunikationspartner ausliefert. Umgekehrt fließen die Antworten in die Mailbox des Lehrers, werden von ihm ausgedruckt und an die Schüler verteilt. Die Austeilung der Antworten wird ebenso wie die Vorbereitung eigener Texte außerhalb der aktiven Phase im normalen Unterricht geschehen.

Ist im Computerraum ein lokales Netzwerk vorhanden, wird die Arbeit für den Lehrer erleichtert. In diesem Fall können die Schüler ihre Nachrichten im Netzwerk hinterlegen. Der Lehrer braucht nun nur noch die Nachrichten aus dem Netzwerk zusammenkopieren. Ist zusätzlich noch ein Mailprogramm (Programm für den Austausch computergestützter Kommunikation) im Netzwerk vorhanden, können die Schüler ihre Nachrichten auch direkt versenden, was den Reiz der

Mitarbeit natürlich erhöht. Diese zusätzliche technische Aufwand ist aber für die Mitarbeit keineswegs zwingend notwendig.

Nutzen für den Schulunterricht Diese Möglichkeit wird hauptsächlich bei internationalen Kommunikationsprojekten benutzt, bei der die Nachrichten an eine Projektadresse gesendet werden und von dort an alle Teilnehmer eines internationalen Projektes verteilt werden („Verteilerlisten"). Besonders geeignet ist eine derartige Kommunikationsform überall dort, wo die Erstellung von Unterrichtstexten besondere Bedeutung für die Schüler besitzt. Das ist in besonderer Weise im Bereich des Fremdsprachenunterrichts der Fall. Die alte, fast vergessene Tradition des Briefschreibens erfährt somit eine Renaissance. Von besonderem Reiz ist allein schon der Begriff Fremdsprache, weil anders als im traditionellen Fremdsprachenunterricht der Begriff „Fremd" verschwimmt. Was für den deutschen Schüler eine Fremdsprache, ist für den ausländischen Partnerschüler möglicherweise seine Muttersprache. Aber auch eine Kommunikation zwischen Partnern in einer Sprache, die beiden nicht als Muttersprache dient, vertieft das Gefühl, daß alle Menschen nahezu überall auf der Welt als Ausländer zu Hause sind.

Bereits die Organisation der aktiven Phase bewirkt ein Aufbrechen der üblichen Unterrichtsstruktur. Dieser Methodenwechsel wird von Schülern gern aufgenommen. Der Einsatz technischer Hilfsmittel wirkt zudem motivierend auf technisch interessierte Schüler, gerade in den Fächern, in denen diese Schüler normalerweise weniger motiviert mitarbeiten.

Auf der anderen Seite kann Technik frustrierend wirken, wenn Schüler unvorbereitet an einem Telekommunikationsprojekt mitwirken sollen. Es ist daher wichtig, auch technisch weniger interessierten Schülern einen Zugang zur Bedienung moderner Standardsoftware zu ermöglichen. Telekommunikation bietet also eine einsichtige Begründung für die Beschäftigung mit moderner Informationstechnologie und führt so auch Schüler mit geringen technischen Interessen an die Nutzung der Computertechnologie heran. Ist der Kontakt zu einer ausländischen Schule erst einmal hergestellt, wird der Wunsch nach einem Besuch in dem Maße geweckt, wie persönliche Mitteilungen ausgetauscht werden. Hier entsteht ein beachtliches Maß an Sprachfertigkeit, weil kein Lehrbuchstoff „abgehakt" wird, sondern die persönliche Mitteilung eines Schulkameraden und potentiellen Gastgebers beantwortet wird.

Telekommunikationsprojekte mit erhöhtem IT-Bedarf

In den Naturwissenschaften besteht neben dem Bedarf nach verbalem Austausch der Bedarf nach Austausch von Daten, die mit IT-Werkzeugen benutzbar sind. Insbesondere Tabellenkalkulationsprogramme und Datenbankprogramme werden als Werkzeuge im naturwissenschaftlichen Unterricht verwendet. Computergestützte Kommunikation sollte in diesen Fächern also die Benutzung von derartigen Programmen anregen.

Ablauf im Unterricht In der Vorbereitungsphase werden auf vorbereiteten Erfassungsbögen eigene Daten gesammelt. Dies kann als Hausaufgabe oder im Verlauf von Exkursionen geschehen. In der aktiven Phase werden diese Daten dann in ein geeignetes Erfassungsprogramm eingeben und versandt. Mit dem Rückfluß der Daten von den Projektpartnern beginnt dann die Auswertungsphase, in der die o.g. Werkzeuge verwendet werden. Abweichend vom Unterricht in fremdsprachlichen Fächern und den gemeinschaftskundlichen Fächern findet folglich die Auswertungsphase eines naturwissenschaftlichen Telekommunikationsprojektes ebenfalls im Computerraum statt. Bisher haben zwei naturwissenschaftliche Projekte mit erhöhtem IT-Bedarf einen weiteren Verbreitungsgrad gefunden: Das Statistikprojekt des europäischen Schulprojekts (ESP) [Sa93] und das BioNet/AquaData-Projekt [WSB91]. Der Versand der Daten bringt in beiden Fällen technische Schwierigkeiten mit sich, da es sich bei den benutzten Daten um Binärdateien handelt. Es sind spezielle Vorbereitungen zu treffen, um diese Binärdateien ohne Datenverlust versenden zu können.

Neben den auszutauschenden Daten gehört zur Auswertungsphase in jedem Fall noch eine verbale Phase, in der die Ergebnisse der verschiedenen Projektpartner diskutiert werden können.

Nutzen für den Schulunterricht Der besondere Nutzen von Telekommunikationsprojekten mit erhöhtem IT-Bedarf liegt unter anderem in der Anregung zum Einsatz moderner IT-Werkzeuge für die Auswertung. Ein weiterer Reiz liegt in der Veröffentlichung der eigenen Arbeit über die eigene Schule hinaus in einem öffentlichen Forum. Ist die Datenerfassung zudem noch mit einer Exkursion verbunden, ist ein weiterer offensichtlicher Anreiz für das Projekt vorhanden.

In der Schulpraxis wird der Computer sehr häufig als Simulationswerkzeug eingesetzt. Dies hat den Befürwortern eines Computereinsatzes in der Schule den Vorwurf eingebracht, sie wollten die praktische naturwissenschaftliche Arbeit durch eine überzogene Theoretisierung ersetzen. Bei der hier geschilderten Projektarbeit trifft das genaue Gegenteil zu. Der Computer nimmt, wie auch in der außerschulischen Praxis, Werkzeugcharakter an. Das Werkzeug Computer wird benötigt um eine bestimmte Auswertung zu erhalten, die ohne denselben schwer oder gar nicht zu erhalten wäre.

Wird dagegen die Nutzung moderner IT-Werkzeuge in der konkreten Unterrichtssituation als störend empfunden, ermöglicht computergestützte Kommunikation eine arbeitsteilige Projektarbeit über die Grenzen des eigenen Schulgeländes hinweg. Findet man z.B. an der eigenen Schule beim Informatikkurs kein Interesse für die Auswertung einer Datenbank oder einer Tabellenkalkulation, dann ist die Situation an einer benachbarten Schule vielleicht genau anders gelagert: dort sucht im Idealfall der Informatikkurs verzweifelt nach einer sinnvollen Anwendung für eine Datenbankrecherche. Da mittels computerunterstützter Kommunikation die Übermittlung binärer Daten kein Problem ist, sollte es möglich sein, die Interessen beider Teilnehmer miteinander zu verbinden, so daß beide Gruppen ein sinnvolles Ergebnis ihrer Arbeit schaffen können.

3.3.2 Unterrichtsbeispiele zur elementaren Arbeitsweise

Unterrichtsbeispiel: „Das Bild des Anderen"

Im Rahmen des europäischen Schulprojektes ESP laufen viele Projekte im Fremdsprachenbereich nach dem unter 1.1 beschriebenen Muster ab. Als Beispiel sei eine Sequenz aus dem Projekt „Das Bild des Anderen" zitiert. Es handelt sich um ein Projekt in deutscher Sprache, in dem Schüler des Augustinus College (Klasse 9) in Amsterdam mit gleichaltrigen Schülern aus Humlebaek bei Kopenhagen in deutscher Sprache miteinander in Verbindung treten. Beide Schulen sind einer integrierten Gesamtschule vergleichbar. Beide Klassen haben Deutsch als erste Fremdsprache gewählt. Die dänischen Schüler sprechen kein holländisch, die holländischen Schüler sprechen kein dänisch. Höhepunkt dieses Projektes war der Besuch der holländischen Schüler bei ihren dänischen Partnern.

```
                                      Amsterdam, 12. Juni 1992
Liebe Ann Soffie,
Wie geht es? Mir
geht es gut. Es hat mir toll gefallen in Danemark,und du?
Es war da warm und toll.Ich fand Tivoli am tollsten,es war da gemuetlich.
Was ich eigenlich das Tollste finde,ist die Rueckreise,unser Bus ging ka-
putt!!!!!!!!!!!!!
Wir waren in Holland um 8 Uhr morgens.Ich fand Dienstagabend nicht toll, ich
weisse nicht warum,aber es hat mir nicht toll gefallen.Und der Spaziergang fand
```

```
ich auch nicht toll,ich hatte Beinschmerzen.Du auch? Ich danke deine Schwester
fuer ihre Zeichnung,deine Eltern fuer alles ,besondes fuer euere Freundlichkeit
und natuerlich danke ich du auch fuer alles.
        Vielen danke ,Gruesse Negar 2BB

*****
                              Amsterdam , 12.06.1992
Lieber Kasper,
Wie geht es?Mir geht es gut.Ich moechte Deinen Eltern danken.Die Reise war lang

und toll.Wir haben uns viel belustigt  vor allem im Tivoli und in der Stadt.
Am Strand haben wir uns viel unterhalten und amuesiert.Mal im Ekspirimentarium
und
den Orientierungslauf habe ich mich nicht zu viel amuesiert. Die Stadt Kopenha-
gen
war Spitze,aber die Preise waren hoch.Das hatte ich fast vergessen: Ich habe
herrlich geschlafen,und herrlich gegessen. Und wann ist Dein Geburtstag? Der
meine ist am 22.07.1978.
Das Schloss Kronborg und das Museum Louisiana fand ich langweilig,weil ich mo-
derne Museen mehr mag mit Popstars und Filmstars sowie Madame Tussaud.
Am 13.07.1992 haben wir die Sommerferien.Wann haben sie Deine Sommerferien? Ich
hoffe, Dich nochmals wiederzusehen.
Viele Gruesse
Radjesh
```

Unterrichtsbeispiel: „Deutsche Wiedervereinigung“

Ein besonderer Vorteil computerbasierender Kommunikation besteht in der enormen Geschwindigkeit, mit der Nachrichten übermittelt werden. Diese Eigenschaft ist bei aktuellen politischen Anlässen wichtig. Ein Unterrichtsbeispiel, welches die aktuellen politischen Ereignisse benutzt, ist ein Projekt, welches am Tag der deutschen Wiedervereinigung am Gymnasium Großburgwedel veranstaltet wurde. Die Partner aus dem europäischen Schulprojekt haben den Schülern des Gymnasium Großburgwedel ihre Sorgen und Wünsche geschrieben. Anschließend haben unsere Schüler auf die aktuellen Fragen geantwortet. Projekte dieser Art sind nur mittels elektronischer Kommunikation möglich.

```
Hallo Gymnasium Grossburgwedel.

Wiedervereinigung :
1) Will Deutshland ein Grossmacht in Europa werden, wenn ihr
   wiedervereinigt werdet ?
2) Glaubt ihr dass es Westdeutschland schaden will ?
3) Ist es gut noch 20 Millionen Einwohner zu werden ?
4) Findet ihr dass die Wiedervereinigung zu schnell gehen?
5) Habt ihr einige Vorurteile gegen den Ostdeutschen ?
6) Glaubt ihr dass es die Westdeutsche Wirtshaft schaden
   will ?
Wir glauben dass Deutschland in Europa dominieren will,
sowohl in NATO und EG.
Beide Ost-und Westdeutschland sind grosse Sportnationen,
```

und wir glauben dass das vereinigte Deutschland grosser
einfluss in die Zunkunft haben wird.

Viele Gruesse Jacob Bender, Lars Heinel und Dan Hansen.

Ein Deutschkollege von mir (Wouter Schuster) hat mit seiner 9. Klasse (Hauptschule) Fragen zum Thema Wiedervereinigung formuliert:

1. Hast Du schon Jungen und Maedchen aus der DDR getroffen?
2. Sind sie anders als BRD-Jugendliche?
3. Hast Du Verwandten in der DDR?
4. Hast Du sie schon besucht?
5. Warst Du schon einmal in der DDR?
6. Wird das Leben in 'Deutschland' anders als frueher?
7. Was war Dein erster Gedanke als die Berliner Mauer abgerissen wurde?
8. Hast Du ein Stueck Stein von der Mauer?
9. Hast Du das Popkonzert 'The Wall' gesehen?
10. Willst Du in der DDR wohnen?

Ich nehme an, dass diese Fragen Deinen Schuelern richtig an die Haut geht!?
Die 9. Klasse freut sich natuerlich auf die Antwort!

Hier nun drei Antworten, wie sie von Schülern des Gymnasium Großburgwedel abgeschickt wurden:

Hallo Jacob, Lars, Dan und alle anderen! Viele Gruesse aus Deutschland nach Daenemark ! Hier die Antworten auf eure Fragen:

1) Wir wollen keine Grossmacht werden, die die anderen Voelker beherrscht oder unterdrueckt. Wir wollen in Frieden und Freiheit mit den Voelkern leben und zum Nutzen aller dasein.

2) Wir hier in Westdeutschland werden zunaechst Nachteile dadurch haben, dass wir viel Geld in der ehemaligen DDR investieren muessen und dadurch der Lebensstandart nicht so schnell wie sonst steigen wird. Aber uns ist wichtiger, dass es den Menschen in der ehemaligen DDR - im Vergleich zu uns - nicht immer schlechter geht.

3) Es geschieht nun einmal zwangslaeufig, dass wir mehr Einwohner werden, aber das duerfte nicht bedenklich sein.

4) Ich fand wie viele, dass die Wiedervereinigung zu schnell ging, aber darauf hatten wir keinen Einfluss, nur die Politiker.

5) Es gibt in der Bevoelkerung ein paar Vorurteile gegnueber den Ostdeutschen, z.B., dass sie keine eigene Meinung haben, aber das ist nicht die Schuld der Menschen, sondern der kommunistischen Regierung.

6) Nein, das glaube ich nicht; es wird zwar viel Geld fuer die ehemalige DDR gebraucht, aber dafuer kann die Wirtschaft zusaetzliche Produkte fuer Ostdeutschland produzieren.

Ich hoffe und glaube, dass Deutschland weder die NATO noch die EG dominieren wird, sondern seinen Teil zum Ganzen beitragen wird.

HERZLICHE GRUESSE vom Gymnasium Grossburgwedel
Christian Hanisch

-

Liebe Patricia!
Wir freuen uns sehr ,dass Du die Wiedervereinigung positivsiehst.Wir konnten es auch kaum glauben, dass nach so vielen Jahren endlich wieder alle frei sind. Das Leben in der ehemaligen DDR war unglaublich ungerecht.Wir im Westen muessen ihnen jetzt helfen ihre Vergangenheit zu bewaeltigen. Sicherlich treffen dabei gegensaetzliche Meinungen aufeinander. Das muessen wir durch Kompromisse loesen. Dies gilt auch fuer die Abtreibungsregelung,was eine sehr emotionale Sache ist. In der ex-DDR wird in den Schulen jetzt natuerlich eine Umerziehung stattfinden muessen.Die Luegen des ehemaligen Regimes duerfen nicht weiterhin verbreitet werden.Hier im Westen wird sich schulisch wohl kaum etwas veraendern.
Alles Gute wuenschen Dir Deine Julia und Maren !

-

Lieber Wouter Schuster und liebe Klasse 9 !

Wir wollen die von Euch gestellten Fragen beantworten.
Ja,wir haben schon Jungen und Maedchen aus der DDR getroffen. Ausserdem ist heute eine Klasse aus Magdeburg bei uns zu Gast. Im Rahmen eines Schueleraustausches wollen wir uns besserkennenlernen. Sie sind Menschen, wie du und ich. Wir selbst haben keine Verwandten in der ehemaligen DDR,dennoch waren wir schon einmal dort und haben "Ossis" kennengelernt. Abgesehen davon,dass wir jetzt ein "Volk"sind, wird alles beim Alten bleiben.
Mit dem Abriss der Berliner Mauer wurde uns klar, dass die Mauer bald nicht mehr steht, und die Wiedervereinigung vor der Tuer steht.Ich habe mir natuerlich gleich ein Stueck Mauer ergattert. Ich habe das Popkonzert "The Wall"im Fernsehen verfolgt.
In der DDR moechte ich nicht wohnen,da die Haeuser dort in einer sehr schlechten Verfassung sind.
Wir hoffen,dass wir damit eure Fragen beantwortet haben!
Schoene Gruesse aus dem wiedervereinigten Deutschland!
Holger und David

3.3.3 Unterrichtsbeispiele für Projekte mit erhöhtem IT-Bedarf

Unterrichtsbeispiel: „Statistikprojekt“

Das älteste Projekt dieser Kategorie ist das Statistikprojekt des ESP. Es wurde ursprünglich zwischen dem Gymnasium Großburgwedel und dem Instituto Bachillerato Principe Felipe in Madrid gestartet. Mit Hilfe eines Tabellenkalkulationsprogrammes werden Daten eines Fragebogens ausgewertet. Die Daten liegen anonymisiert vor. Ziel des Projektes ist es, Schüler mit den Methoden der beschreibenden Statistik vertraut zu machen. Da Statistik in den meisten Lehrplänen im Fach Mathematik in der Mittelstufe enthalten ist, bietet sich eine Einbindung des Projekts in den normalen Unterricht an. In der Vorbereitungsphase füllen die Schüler als Hausarbeit den Fragebogen zusammen mit ihren Eltern aus. Die Mitarbeit erfolgt ausschließlich auf freiwilliger Basis. Der Fragebogen enthält folgende Fragen:

```
1) Alter:
2) Geschlecht:
3) Anzahl Kinder in der Familie:
4) Dein Gewicht in kg:
5) Deine Größe in cm:
6) Wieviele Stunden in der Woche machst Du Hausaufgaben:
7) Wieviele Stunden in der Woche siehst Du fern:
8) Rauchst Du:
9) Wieviele Geschwister hat dein Vater (incl.)  in seiner Familie:
10) Wieviele Geschwister hat deine Mutter (incl.)  in ihrer Familie:
11) Raucht dein Vater:
12) Raucht deine Mutter:
13) Wie groß ist dein Vater (cm):
14) Wie groß ist deine Mutter (cm):
15) Wieviel wiegt dein Vater (cm):
16) Wieviel wiegt deine Mutter (cm):
```

Der Fragebogen enthält sowohl numerische als auch logische Angaben, so daß die ganze Bandbreite der beschreibenden Statistik in der Mittelstufe erfaßt wird (Mittelwert, Streuung, absolute/relative Häufigkeit, Verteilungsgesetze). Unterrichtlich interessant ist auch die Analyse der nicht beantworteten Fragen (z.B. nach dem Gewicht, die vor allem von Müttern häufig nicht beantwortet wird).

Nach der aktiven Telekommunikationsphase werden die Daten in der Auswertungsphase mit einem Tabellenkalkulationsprogramm bearbeitet. Tabellenkalkulationsprogramme haben gegenüber den Datenbankprogrammen den Vorteil eines leicht zu übersehenden Datenaufbaus und einer einfach zu erstellenden Grafik, die nach den Erfahrungen im Informatikunterricht Schüler sehr leicht faszinieren kann. Der Vergleich der Kinderzahlen in Großburgwedeler Familien mit denen in Madrider Familien ist ein Beispiel für solch eine Grafik, die von einer Gruppe fortgeschrittener Schüler erstellt wurde (Bild 3.1).

Unterrichtsbeispiel: „BioNet-AquaData-Projekt“

Dieses Projekt ist das zur Zeit am weitesten entwickelte Telekommunikationsprojekt. Es nutzt die Technologie verteilter Datenbanksysteme, um ein Umweltmonitoring im Bereich des Gewässerschutzes zu realisieren. Es ist von der Initiative BioNet entwickelt worden und wird z.Z.. in Niedersachsen in einem landesweiten Modellversuch „AquaNet“ erprobt, in das die Erfahrungen aus dem Statistikprojekt eingeflossen sind.

Ziel des Projektes ist es einen Meinungsaustausch zwischen interessierten Lehrkräften zu ermöglichen. Außerdem sollen Daten, die im Rahmen von Umweltprojekten und des Biologieunterrichts im Bereich der Ökologie von Fließgewässern anfallen, für weitergehende Interpretationen genutzt werden. In der Vergangenheit wurden vielfach die mühsam gesammelten Meßdaten nicht weiter genutzt, was auf die beteiligten Schüler demotivierend wirken kann. Werden die Daten dagegen gesammelt und anderen zur Verfügung gestellt, ist ein Nutzen der eigenen Arbeit offensichtlich.

Neben physiographischen Daten über das zu untersuchende Gewässer werden biologische und chemische Zustandsgrößen erfaßt, die eine Bestimmung der Gewässergüte ermöglichen. Darüber

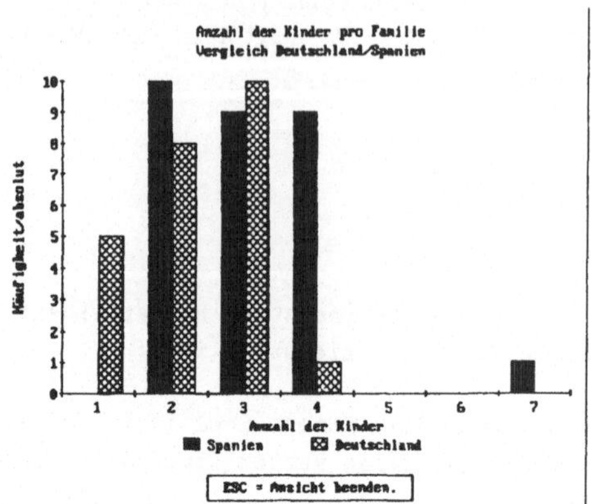

Abbildung 3.1: „Statistikprojekt“ — Vergleich Deutschland/Spanien — Anzahl der Kinder pro Familie

hinaus ergibt sich durch die Vielfalt erfaßbarer Zustandsgrößen eine große Bandbreite unterrichtlichen Anspruchs. Es ist ohne weiteres möglich, mit einer Klasse aus dem oberen Mittelstufenbereich eine Bestimmung der Gewässergüte nach der Methode von Woodiwiss oder die Erfassung der Physiographie eines Gewässers vorzunehmen. Auf der anderen Seite des Anspruchsspektrums stehen die Bestimmung der Gewässergüte nach der Methode des Saprobienindex und der chemischen Indizes, die für Klassen aus dem Bereich der gymnasialen Oberstufe interessant sind. Die gesteigerte Sensibilität gegenüber Umweltproblemen läßt sich in diesem Projekt nicht nur für die Fächer Chemie und Biologie nutzen. Geographie (Physiographie), Statistik (Datenbankauswertung) und Informatik (Datenbankabfragen) sind auf einem höheren Abstraktionsniveau gleichzeitig Nutznießer der erhobenen Daten für ihren eigenen Unterricht und Lieferant von Interpretationen für die erfassenden Fächer. Eine derartige Zusammenarbeit ist ohne die Nutzung computergestützter Kommunikation kaum vorstellbar, weil selten an einer Schule Informatiker, Biologen und Chemiker dieselben Unterrichtsziele koordiniert verfolgen. Bei einer großen Zahl von Schulen im Netzwerk ist es dagegen einfach, einen Arbeitspartner zu finden, der sich einer Problemstellung annimmt und in seinem Unterricht bearbeitet.

Die drei Arbeitsphasen in diesem Projekt gliedern sich in die Feldarbeit (Exkursion mit Datenerhebung und Ausfüllen der Protokollblätter), die Erfassung (Eingabe in die Masken des Erfassungsprogramm und Versand der Daten) und die Interpretation der Gesamtdatei bezüglich einer konkreten Fragestellung. Als bisher einziges Projekt bietet das AquaData-Projekt eine Datenbank-QBE-Fernabfrage, bei der automatisch das Ergebnis der Abfrage an den Absender zurückkommt. Diese Eigenschaft gibt den Schülern in der Auswertungsphase Gelegenheit, mit moderner Datenbankfernabfragetechnik zu experimentieren. Da die AquaData-Datenbank vom Gymnasium Großburgwedel betrieben wird, ist eine Beschäftigung mit dieser für die Informatik und IT interessanten Variante ohne die sonst üblichen hohen Benutzungsgebühren möglich.

Daß sich die Benutzung der Datenbankabfrage in diesem Projekt lohnt, zeigt das Beispiel der Wedel, eines Baches, der der Stadt Burgwedel seinen Namen gegeben hat (Bild 3.2). Hier sinkt z.B. die Nitratbelastung von der Quelle (im Bereich der maximalen Nitratkonzentration aller bisher eingegangenen Messungen) kontinuierlich mit dem Abstand von der Quelle. Die niedrigste gemessene Nitratkonzentration liegt hinter dem Ausgang des Burgwedeler Klärwerks vor, woraus allerdings nicht die Forderung nach mehr Klärwerken abzuleiten ist. Geht man dieser Erscheinung nach und sucht nach weiteren Daten über Klärwerke, bestätigt sich diese Einzelmessung in dem bisher einzigen weiteren vergleichbaren Datensatz. Dies ist bei weitem keine gesicherte statistische Analyse. Aber nachdem im Netz dieser Hinweis veröffentlicht wurde, kann nunmehr gezielt

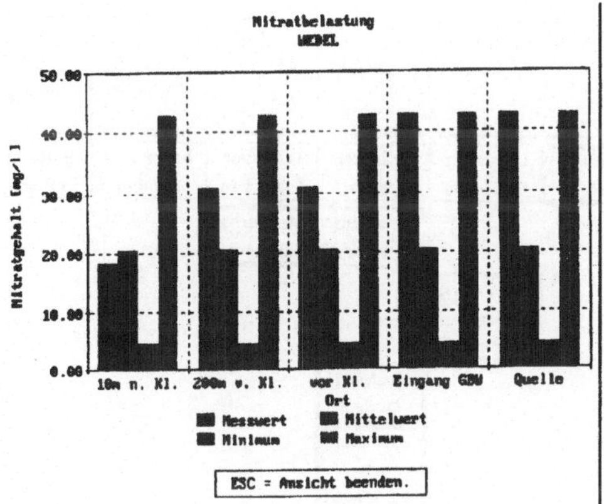

Abbildung 3.2: Projekt Aquadata — Nitratbelastung der Wedel

auf die Dokumentation eines solches Effektes hin gearbeitet werden, der den Schülern auch die umweltpolitische Bedeutung solcher Untersuchungen veranschaulicht.

3.3.4 Fächerübergreifende Aspekte computergestützter Kommunikation

Es gibt kaum ein Fach, dessen Curriculum nicht durch die Aktivität in einem Telekommunikationsprojekt berührt würde. Bild 3 zeigt einige Projekte, die fachspezifische Anforderungen in den wichtigsten Aufgabenfeldern abdecken. Es wurde versucht, die Bedeutung für das entsprechende Fach (Schwerpunkt) in einer dreistufigen Skala zu berücksichtigen: geringer Anteil, normaler Anteil, starker Anteil. In der Abbildung sind auf der Abszisse die Abkürzungen für Projekte aufgelistet, die teilweise nicht in den Unterrichtsbeispielen erläutert sind und deshalb hier kurz erwähnt werden:

Physikprojekt: Ein Projekt, in dem Schüler den jährlichen Energieverbrauch zu Hause ermitteln und in eine Datenbank eingeben. Europaweiter Austausch.

Whitbread: Ein Projekt, in dem die Whitbread-Segelregatta um die Welt verfolgt wird. Globaler Informationsaustausch.

Remembering: Schüler fragen ihre Eltern und Großeltern über deren persönliche Situation während des 2. Weltkriegs. Ergebnis: Über die Fronten der ehemaligen Kriegsgegner hinweg haben die Menschen ähnliche Erlebnisse.

Zeitung: Das Newspaper-Projekt. In der Entstehungsphase. Mitarbeiter von Schülerredaktionen können sich weltweit Artikel zusenden und in der eigenen Schülerzeitung nutzen.

Man kann Bild 3.3 entnehmen, daß es nahezu für jedes Unterrichtsfach Nebenaspekte der computergestützten Kommunikation gibt und die fächerübergreifenden Aspekte schwerpunktmäßig nicht im Bereich moderner Informationstechnologie liegen. Dies ist lediglich bei zwei Projekten der Fall, dem Statistikprojekt und dem BioNet-AquaData-Projekt. Charakteristischerweise enthält gerade das AquaData-Projekt mehrere Schwerpunkte, die je nach persönlicher Disposition auch von der hier veröffentlichten Darstellung abweichen können. Es ergibt sich also eine Symbiose verschiedener Interessenlagen, die in dieser Form im herkömmlichen Unterricht nicht erreichbar ist. Im Idealfall bildet sich an einer Schule in derselben Klasse eine Interessengemeinschaft von Lehrern, deren Fächer an einem Projekt in besonderer Weise beteiligt sind. Ein anderer Aspekt

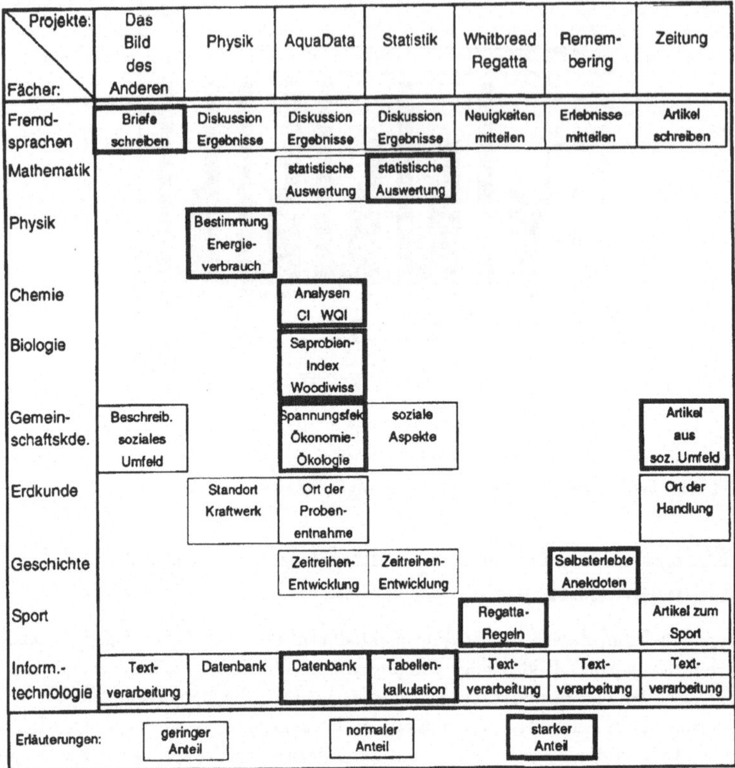

Abbildung 3.3: Verteilung der Aktivitäten auf die traditionellen Unterrichtsfächer in einigen Projekten

des fächerübergreifenden Ansatzes von Telekommunikationsprojekten besteht in der bereits angedeuteten fächer- und schulübergreifenden Zusammenarbeit in Form arbeitsteiliger Auswertung. Eine solche arbeitsteilige Auswertung ist nichtauf die naturwissenschaftlichen Fächer beschränkt: beispielsweise könnte eine Sprach-Klasse in einem fremdsprachlich laufenden Projekt den „Übersetzungsdienst“ leisten.

3.3.5 Mängel und Beschränkungen computergestützter Kommunikation im Unterrichtseinsatz

Der großflächige Einsatz computergestützter Kommunikation wird vor allem im Fremdsprachenbereich durch rückständige Technologie nachhaltig behindert. Wie sollen etwa Kollegen im Fach Französisch ihren Schülern erklären, daß sie beim Gebrauch der computergestützten Kommunikation auf die bisher mit großem Eifer gelernten Besonderheiten der französischen Sprache (Accent aigu — Accent circonflex) nunmehr komplett verzichten müssen, weil in den internationalen Datennetzen und den zur Zeit noch benutzten Betriebsystemen große Konfusion um die Sonderzeichen herrscht? Gerade der saubere Gebrauch der Sonderzeichen ist für Sprachunterricht unverzichtbar und darf durch technologische Rückständigkeit nicht zugeschüttet werden. Ein Beispiel für einen derartigen „akzentlosen“ Text nehmen wir aus einem Projekt, das französische Primarschulen während der olympischen Winterspiele in Albertville 1992 weltweit initiiert haben:

```
NOUS VOUS ANNONCONS QUE NOUS AVONS UNE PREMIERE ECOLE PRIMAIRE QUI
SOUHAITE CORRESPONDRE AVEC DES CAMARADES EUROPEENS. IL S'AGIT
D'ENFANTS DE 9 A 12 ANS, EN QUATRIEME ET CINQUIEME ANNEE PRIMAIRE. [...]
VOICI LES COORDONNEES DE L'ECOLE: ECOLE ALLEZARD, 94000 CRETEIL.
INSTITUTRICE: MADEMOISELLE CATHERINE SEGUENOT,
DIRECTEUR: MONSIEURGERARD DELARUE
CES ENFANTS ONT COMMENCE L'APPRENTISSAGE DE L'ALLEMAND ET PARTI-
CIPENT A UN PROJET EUROPE AVEC LES AUTRES ECOLES DE LA VILLE.
CETTE CLASSE A UN PREOJET DE JOURNAL PAPIER SUR LES JEUX OLYMPIQUES
D'HIVER D'ALBERTVILLE, QUI POURRAIT ETRE DIFFUSE EN TELEMATIQUE.
Y AURAT-IL DES ECOLES INTERESSEES DANS VOTRE PAYS ?
RACHEL COHEN
```

Hinzu kommt eine eher abschreckend wirkende Benutzungsoberfläche der normalen Computersoftware, die einem Einsatz im Sprachunterricht entgegensteht. Begriffe wie „einfach handhabbar" oder „intuitive Benutzerführung" sind für die meisten existierenden Kommunikationsprogramme eher Fremdworte. Mit der Folge, daß viele Kollegen im Fremdsprachenunterricht lieber erst mal auf den Einsatz dieser sinnvollen Technologie verzichten.

Eine Lösung dieser doppelten Problematik ist natürlich schon vorhanden. Moderne Betriebsysteme mit graphischen Benutzeroberflächen (GUI: Graphical User Interface) bieten durchweg sowohl den geforderten Benutzerkomfort als auch den neuen ISO-8-Bit-Zeichensatz, bei dem die Verwendung aller europäischen Sonderzeichen kein Problem mehr ist.

Leider sind die in den Schulen bereits vorhandenen Rechner nur in sehr beschränktem Maße in der Lage, vom Nutzen dieser neuen Softwaregeneration Gebrauch zu machen. Es ist daher von den Schulträgern zu fordern, daß bei Neu- und Ersatzanschaffungen von Hardware, der Einsatzfähigkeit moderner GUI-Systeme mit ISO-Zeichensatz die notwendige Aufmerksamkeit geschenkt wird. Ohne eine entsprechende Neuorientierung in der Beschaffungspolitik für Schulen wird im Fremdsprachenbereich (außer Englisch) der Einsatz computergestützter Kommunikation die Ausnahme bleiben.

Literatur

[Go93] Gorny, Peter (1993): PLUTO — in Siebenmeilenstifeln durchs Globale Dorf. LOGIN 13(1993), Nr. 2 (In Vorbereitung).

[ISO93] ISO — International Standards Organisation (1993), Joint Technical Committee 1/SC 18, WG 1: Drafts for „Group Communication", „Preliminary User Requirements for Group Communication" and „User Requirements for Asynchronous Computer Conferencing", 1993.

[Ke92] Kehoe, Brendan (1992): Zen and the Art of the Internet. A Beginner's Guide to Internet. Chester, PA, 1992. (Über Internet vom Autor zu beziehen: brendan@cs.widener.edu)

[Ra93] Rautenhaus, Heike, u.a. (Hg): Telekommunikation im Englischunterricht. Bericht aus einem Seminar der anglistischen Fachdidaktik. Oldenburger Vor-Drucke 185/93. Carl v. Ossietzky Universität Oldenburg. Zentrum für pädagogische Berufspraxis.

[RK93] Rohe-Krebeck, Kerstin (1993): Staatsexamensarbeit. Fachbereich Mathematik, Carl v. Ossietzky Universität Oldenburg, 1993.

[Sa91] Sarnow, Karl (1991): Computer-Konferenzen. Eine Einführung. PLUTO European Educational Network — German National Node. Carl v. Ossietzky Universität Oldenburg, Fachbereich Informatik, 1991.

[Sa93] Sarnow, Karl (1993): Das europäische Schulprojekt ESP. LOGIN 13(1993), Nr. 2. (In Vorbereitung).

[Sh93] Shank, Gary (1993): „Abductive Multiloguing — The Semiotic Dynamics of Navigating the Net“. Arachnet Electronic Journal on Virtual Culture. ISSN 1088–5723. 1(1993), Issue 1. (listserv@kentvm.kent.edu)

[Sp93] Sporea, Claudia (1993): Die Rezeption von Sprachfunktionen im kommunikativen Fremdsprachenunterricht. [Ra93]

[TT93] TeleTeaching '93 — Learning and working independent of time and distance. Proceedings Int'l Conference Trondheim, Norway — August 20–25, 1993. Elsevier — North-Holland, Amsterdam 1993. (In Preparation)

[Vu93] Vuß, Frauke (1993): Der Wortschatz. In: Rautenhaus 1993.

[WSB91] Weigelt, Christiane, und Schidlowski-Boos, Sabine (1991); Schulen im Dialog; Biologie heute. Nr. 385(1991), S. 12.

[Wi93] Wighton, David (1993): Telementoring: An Examination of the Potential for an Educational Network. Sidney, B.C., 1993 (Über Internet vom Autor zu beziehen: dwighton@cln.et.bc.ca)

Kapitel 4

Peter Heyderhoff: Zehn Jahre Bundeswettbewerb Informatik — Eine Bilanz

4.1 Einleitung

Der Bundeswettbewerb Informatik besteht, nachdem er im letzten Jahr die Internationale Informatik-Olympiade in Deutschland ausgerichtet hat, nunmehr seit zehn Jahren. Am 18. Juli 1983 wurde der Kooperationsvertrag zwischen der Gesellschaft für Informatik (GI) und der Gesellschaft für Mathematik und Datenverarbeitung (GMD) zur Durchführung von Bundeswettbewerben für Informatik unterzeichnet.

4.1.1 Wie fing alles an?

Bereits 1980 hatte der Fachausschuß Ausbildung der GI einen ersten Jugendwettbewerb zur Computerprogrammierung ausgerichtet. Den Anstoß dazu gab damals der zweite Weltkongreß in Computer-Ausbildung in Lusanne, in dessen Rahmen ein internationaler Jugend-Programmierwettbewerb durchgeführt wurde. Die dabei gewonnenen Erfahrungen hatten zur Ausschreibung des zweiten Jugendwettbewerbs ermutigt, der dann 1982/83 gemeinsam mit der GMD ausgerichtet wurde. Die Siegerehrung fand am 1. Juni 1983 in Schloß Birlinghoven statt. Der dritte Wettbewerb hieß dann offiziell schon Bundeswettbewerb Informatik, wurde aber noch im Stil der ersten beiden Jugendwettbewerbe nämlich mit von den Teilnehmern selbst gewählten Aufgaben abgewickelt. Danach wurde er in einen leistungsorientierten Schülerwettbewerb mit fest vorgegebenen Aufgaben umgewandelt und in dieser Konzeption vom Bundesminister für Bildung und Wissenschaft (BMBW) und der Kultusministerkonferenz der Länder gefördert. Nach dieser neuen Konzeption, die bis heute im Wesentlichen unverändert beibehalten ist, wird er gemeinsam von BMBW, GI und GMD getragen.

4.1.2 Was hat sich geändert?

Ein Zeitraum von zehn Jahren bedeutet für das noch sehr junge Fach Informatik bereits eine erstaunlich lange Tradition. Man bedenke, welche Situation vor zehn Jahren an den Schulen bestand: 1983 wurde an gerade mal 106 Gymnasien Nordrhein Westfalens Informatik unterrichtet, ein Fach, das soeben die Hürde eines Schulversuchs genommen hatte und 1979 in den Fächerkanon der gymnasialen Oberstufe aufgenommen worden war. Nur solche Schulen konnten Informatik anbieten, die wenigstens über vier Schülerarbeitsplätze und Systeme mit den Programmiersprachen Pascal oder Elan verfügten. PCs im heutigen Sinne gab es noch gar nicht. Einige wenige Schulen hatten Minirechner, deren geringe Leistung sich vier Terminals teilten. Andere Schulen hatten vier Mikrorechner. Es gab auch viele Schulen, die zwar nicht Informatik unterrichteten aber einen Mikrorechner für Vorführzwecke hatten. In behördlich vorgeschriebener Minimalausstattung bestand ein Mikrorechner aus einem Prozessor (Intel 8080), einem Speicher von 16 kB und einem Kassettenrecorder-Laufwerk. Gängige Software war Basic und das Mikro-Betriebssystem CP/M. Die GMD mit ihrem universitären Partner hatte für die nachfolgende Prozessorreihe Z80 und 8086 ein Betriebssystem EUMEL erfunden, das nach dem Timesharing-Prinzip und mit einem virtuellen Speicherkonzept, abgestützt auf Disketten, arbeitete. In effizienter Weise ermöglichte es die gemeinsame und gleichzeitige Nutzung eines Mikroprozessors und seiner Software von bis zu acht Schülerarbeitsplätzen aus. Kommando- und Programmiersprache war einheitlich Elan. Warum sich dieses Konzept nicht durchgesetzt hat, soll hier nicht erörtert werden. Heute sind die Mehrzahl der Gymnasien mit PCs in Klassenstärke ausgerüstet. Sogar in der Sekundarstufe I sind nach jüngsten Erhebungen bereits 82 % aller Hauptschulen, Realschulen und Gymnasien mit Computern versorgt. In den Schulen stehen durchschnittlich 16 Computer mit 6 Druckern und Zubehör. Fast jeder Teilnehmer am Bundeswettbewerb hat seinen eigenen PC zu Hause. Jeder einzelne PC ist heute leistungsfähiger als jene Rechenanlage, über die vor 10 Jahren eine ganze Schule verfügte.

4.2 Ziele, Ergebnisse und Auswirkungen

Wie hat nun in diesen zehn Jahren der Bundeswettbewerb Informatik die Situation an den Schulen beeinflußt. Was waren seine Ziele und wie hat er sie erreicht. Betrachten wir im folgenden zunächst die ursprünglichen Ziele des Wettbewerbs und stellen diesen dann einige Beobachtungen und Ergebnisse gegenüber.

4.2.1 Was wird angestrebt?

Der Bundeswettbewerb Informatik will der fachwissenschaftlichen Förderung interessierter und begabter Jugendlicher in den allgemeinbildenden und beruflichen Schulen dienen.

Informatik bekanntmachen Er soll möglichst viele Jugendliche anregen, sich mit Inhalten und Methoden der Informatik, mit Möglichkeiten der Anwendung und mit Fragen des Einsatzes von informationstechnischen Systemen zu befassen.

Methodenwissen entwickeln Er soll bei den Jugendlichen mehr Verständnis für die analytisch-formalen und die konstruktiv-ingenieurmäßigen Methoden und für gesellschaftliche Relevanz dieser Technik hervorrufen.

Begabungen fördern Er soll den Jugendlichen helfen, ihre Talente zu entdecken und die Begabten zu besonderen Leistungen anspornen und fördern.

Schule verbessern Er soll Impulse für eine verbesserte Ausbildung in der Schule geben, aber keine hardware-bezogenen Spezialkenntnisse und keine Tricksologie oder Bastlermentalität unterstützen.

Öffentlichkeit informieren Schließlich soll er in der Öffentlichkeit für die Anliegen der Informatik werben.

Insgesamt gesehen will der Bundeswettbewerb Informatik das Bewußtsein für die wachsende Bedeutung der Informatik in unserem Staat fördern.

4.2.2 Was wird erreicht?

Der Bundeswettbewerb Informatik gehört zu den anerkannten und geförderten Schülerwettbewerben der Bundesrepublik Deutschland und steht unter der Schirmherrschaft des Bundespräsidenten.

Er wurde in der Lehrerschaft von Jahr zu Jahr bekannter und hat das Schulfach Informatik zunehmend beeinflußt. Der Wettbewerb ist an allen allgemeinbildenden Schulen der Sekundarstufe II eingeführt und ist mindestens so erfolgreich wie die übrigen mathematisch-naturwissenschaftlichen Wettbewerbe. Bei Schülerinnen und Schülern hat er dazu beigetragen, die Informatik bekannter und beliebter zu machen.

Breitenwirkung Der Bundeswettbewerb wird jährlich in drei Runden durchgeführt. Die erste Runde erreicht eine große Breitenwirkung und Motivation durch attraktive allgemeinverständliche Aufgaben. Er regt dazu an, den Computer nicht nur als Spielzeug zu betrachten, sondern als leistungsfähiges Werkzeug zu entdecken, mit dem man selber Spielerisches und Nützliches programmieren kann. Auch hat sich gezeigt, daß im Laufe der Jahre die Bereitschaft zur Teamarbeit bei der Aufgabenlösung zugenommen hat.

Leistungsanreiz Die zweite Runde ist ein Leistungswettbewerb, eine richtige Herausforderung für Schülerinnen und Schüler, die im Informatik-Unterricht schon erfolgreich mitgearbeitet haben. Mit selbsterworbener Tricksologie und Herumprobieren sind die anspruchsvollen Aufgaben kaum zu lösen. Sie fordert hohes fachliches Können und das unter Beweis stellen eigener Kreativität.

Hochbegabtenauslese Die dritte Runde, die jeweils als Klausur mit einer ausgewählten kleinen Teilnehmermenge durchgeführt wird, dient der Hochbegabtenauslese als deren Ergebnis die Bundessieger in die Studienstiftung des deutschen Volkes aufgenommen werden. Lehrer, die als Begleitpersonen an der Endrunde teilnehmen, bestätigen immer wieder, in welch hohem Maße der Wettbewerb das Verständnis für Informatik und den Leistungswillen ihrer Schüler gefördert hat.

Die Spitzengruppe Die Bundessieger und die Endrundenteilnehmer des Wettbewerbs sind in der Regel hoch begabte, und sehr breit interessierte Jugendliche. Sie ergreifen dankbar die Gelegenheit im Endrundenkolloquium gleichgesinnte Gesprächsparter zu finden, die sie zu Hause meist nicht haben. Untereinander halten sie zum Teil noch jahrelang guten Kontakt, treffen sich z.B. auf der CeBIT-Messe und publizieren ein eigenes kleines Informationsblatt genannt „Maylbocks". Ein beeindruckendes Beispiel gelungener Kooperation ist die gemeinsame Herausgabe eines umfangreichen Fachbuchs „Die Grafik Connection" von 754 Seiten und mitgelieferter Public-Domain-Software durch zehn Endrundenteilnehmer des vierten Bundeswettbewerbs. Das Buch vermittelt einen Einblick in die Programmierung mathematisch orientierter Computergraphik, stellt ein professionelles und portables Grafiksystem vor und zeigt, wie beispielhaft auf dieser Grundlage Grafikanwendungen implementiert werden können. Es werden die Themen „Rosetten und Spiralen", „Rekursive Kurven und Graphen", „Landschaften aus dem Computer", „Fraktale in der komplexen Ebene", „Objektorientiertes Raytracing" und „Hyperwürfel und Artverwandtes" von den jungen Autoren vorgestellt. Besonderer Wert wurde auf Anschaulichkeit, Genauigkeit und Verständlichkeit gelegt.

4.2.3 Was sind die Auswirkungen?

Oft wird in Gesprächen mit Lehrern von diesen hervorgehoben, wie anregend die Aufgabenstellungen des Wettbewerbs für ihren eigenen Unterricht und für Projektgruppen sind. Die Herausgabe aller Aufgaben und Lösungen der Wettbewerbe mit didaktischen Hinweisen als Buchreihe in einem Schulbuchverlag wird als besonders hilfreich empfunden. In neueren Lehrbüchern wird auf das umfangreiche Übungsmaterial des Bundeswettbewerbs gerne Bezug genommen und die Inhalte sind deutlich von der Konzeption der Wettbewerbsaufgaben beeinflußt.

Das öffentliche Interesse an dem Wettbewerb konnte durch eine auffallende Gestaltung der jährlichen Ausschreibungsplakate und durch gezielte Presseinformationen immer wieder geweckt werden. Die Gesellschaft für Informatik und die GMD wurden bei interessierten Jugendlichen als Träger des Wettbewerbs bekannt.

4.2.4 Zusammenfassung

Insgesamt läßt sich also eine im wesentlichen positive Erreichung der vorgegebenen Ziele feststellen. Im folgenden sollen nun einige Aspekte weiter vertieft werden.

4.3 Höhepunkt: Olympiade in Deutschland

Einen bleibenden Eindruck weit über unser Land hinaus bewirkte die Durchführung der vierten Internationalen Informatik Olympiade vom 12.–21. Juli 1992 in Deutschland. Die Anzahl der teilnehmenden Nationen verdoppelte sich genüber den Vorjahren. Es beteiligten sich über 50 Nationen aus allen Kontinenten. Der Bundeswettbewerb Informatik war Träger der Veranstaltung und brachte sein ganzes Know How ein. Über hundert Personen, die in irgendeiner Weise dem Bundeswettbewerb, der GI und der GMD verbunden waren, bildeten die fachlichen Komitees und ermöglichten diesen Erfolg. Mit großer Selbstverständlichkeit halfen auch viele Endrundenteilnehmer im Organisationskomitee und im Technischen Komitee.

Im Internationalen Vergleich zeigte es sich, daß der deutsche Informatikwettbewerb international zu den ältesten und erfolgreichsten derartigen Wettbewerben zählt.

4.4 Wieviele beteiligten sich?

Gesamtüberblick Von 1981 bis 1993 haben an den Wettbewerben insgesamt 15918 Schülerinnen und Schüler teilgenommen von denen 63 Bundessieger wurden. Abbildung 4.1. zeigt die Verteilung der Teilnehmer über Jahre und Runden.

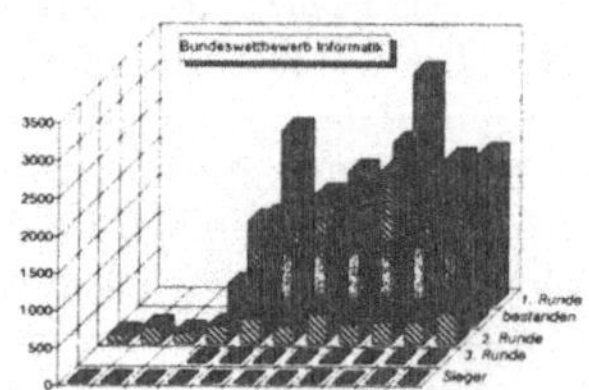

Abbildung 4.1: Verteilung der Teilnehmer über Jahre und Runden

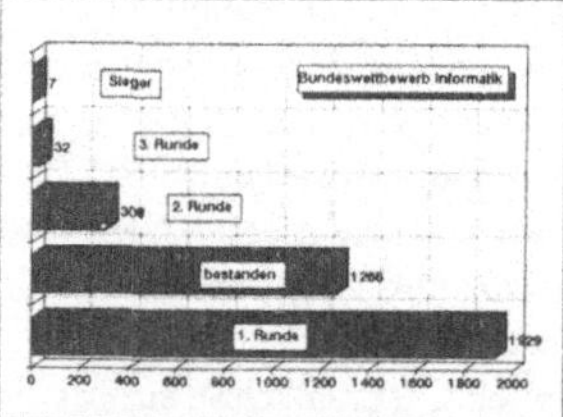

Abbildung 4.2: Verteilung der Teilnehmer auf die Runden im langjährigen Mittel

Die Runden Abbildung 4.2 zeigt die Verteilung der Teilnehmer auf die Runden im langjährigen Mittel. Es fällt auf, daß die Schwelle zur zweiten Runde sehr hoch ist. 49 % aller Teilnehmer schaffen zwar die erste Runde, resignieren aber angesichts der hohen Anforderungen der zweiten Runde.

Altersverteilung Abbildung 4.3 zeigt die Altersverteilung der Teilnehmer in den letzten vier Jahren. Bei den Zwanzigjährigen und Älteren ist ein erheblicher Teil bereits im Studium.

Länderbeteiligung Abbildung 4.4 zeigt die Verteilung der Teilnehmer über die Länder in den Jahren 1992, 1989 und 1986. Die neuen Bundesländer sind hier nicht dargestellt, weil ihr Anteil 1989 und früher noch nicht bestand. Aber das hat sich seit 1990 geändert. Die

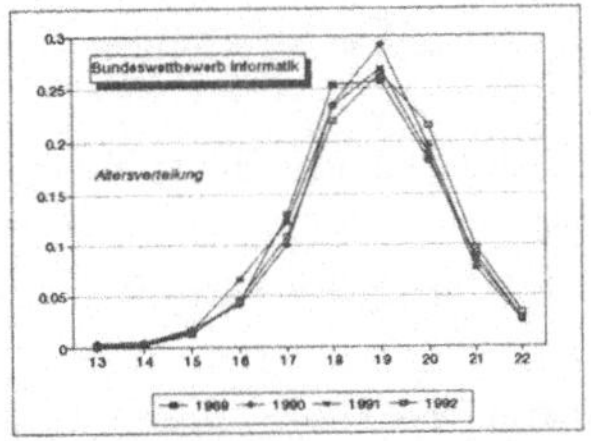

Abbildung 4.3: Altersverteilung der Teilnehmer in den letzten vier Jahren

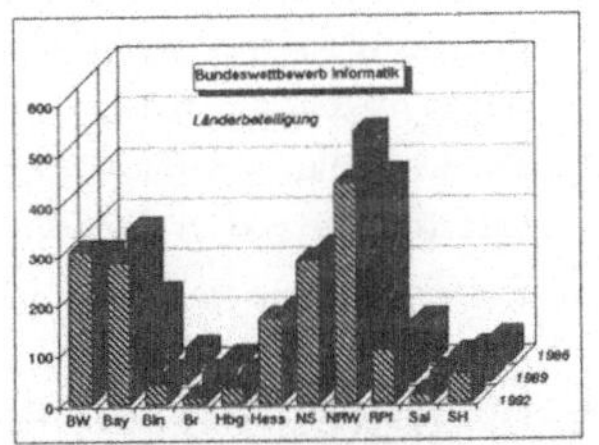

Abbildung 4.4: Verteilung der Teilnehmer über die Länder in den Jahren 1992, 1989 und 1986

neuen Bundesländer haben schon an der Endrunde des achten Wettbewerbs 1989/90 mit zehn Schülern teilgenommen, von denen drei als Sieger ausgezeichnet wurden. Seit dem sind sie voll integriert und mit wachsenden Teilnehmerzahlen dabei. 1990 waren es 198, 1991 205 und 1992 296 Personen.

Sonstige Der Mädchenanteil ist konstant und sehr gering. Er liegt bei 2 % in allen Runden. Auch zwei Bundessiegerinnen gab es bereits.

Hauptschulen, Realschulen, Berufsschulen, Gewerbeschulen, Berufsfachschulen und Fachoberschulen beteiligen sich, von wenigen Ausnahmen abgesehen, überhaupt nicht am Bundeswettbewerb.

4.5 Womit wurde das erreicht?

Aushängeschild des Wettbewerbs sind die acht Aufgaben, die jährlich in der ersten und zweiten Runde zu lösen sind. Sie stammen aus verschiedenen Problemfeldern der Informatik und sollen möglichst viele Jugendliche ansprechen und zusätzlich zur Teamarbeit anregen.

4.5.1 Der Aufgabenausschuß

Für den Bundeswettbewerb Informatik wurden von einem Aufgabenausschuß, dem zehn Informatik-Experten aus Schule und Hochschule angehören, bisher etwa 200 Aufgabenideen erzeugt, diskutiert, bewertet, gesammelt oder verworfen. Aus diesen wurden in den letzten acht Jahren 64 Aufgaben entwickelt, die dann in den Aufgabenblättern des Bundeswettbewerbs vorgestellt wurden. Hier eine Übersicht über die Aufgaben:

4.5.2 Die Aufgaben der ersten Runde

1. Aufgabentyp: Geometrie Algorithmen mit mehrfachen Iterationen oder rekursiver Grafik

1. Spirolateral-Kurven (Aus mehreren Figuren auf den Bildungsalgorithmus schließen und diesen implementieren)
2. Baum des Pythagoras (Diese Figur, die sich rekursiv aus rechtwinkligen Dreiecken mit aufgesetzten Quadraten zusammensetzt, soll auf dem Bildschirm gezeichnet werden)
3. Tanz der Schildkröte (Rekursive Schachtelung einfacher Linienmuster und ihre Darstellung auf dem Bildschirm)
4. Computer Komposition (Tonfolgen sollen mit Hilfe von Abbildungsregeln transformiert und variiert werden)

5. Fluch des Pharao (Darstellung von Fraktalen im Sierpinski-Dreieck, d.h. einer Punktmenge, die durch Hintereinanderausführung von drei zentrischen Streckungen auf sich selbst abgebildet wird)
6. Sicht im Baumraster (Darstellung und Analyse von Überdeckungen, die in einem idealisierten matrixförmigen Wald von Bäumen entstehen)
7. Reise auf dem Ikosaeder (Finden eines kürzesten Weges über alle Seitenflächen eines Ikosaeders)
8. Öl sickert durch Erdschichten (Darstellung der Simulation des Sickervorgangs in einem diskreten Tropfen/Schichten-Modell)

2. Aufgabentyp: Textverarbeitung mit Zeichenkettenbehandlung und Mustererkennung

1. Entschlüsseln einer Nachricht (Ein Software Werkzeug erstellen, mit dem verschlüsselte Nachrichten im Dialog schrittweise entschlüsselt werden können)
2. Zufallsgedichte (Wähle eine einfache Satzstruktur und eine Vokabelmenge. Ein Programm soll hieraus sich reimende Verse erzeugen)
3. Computer-Kurzschrift (Platzsparendes Ablegen und Rekonstruieren von Texten mit Hilfe von Kürzeln, die das Programm selbst ermittelt)
4. Fauler Kompromiß zweier Texte (Ein Abschluß-Kommunique soll durch Auffinden und Aneinanderreihen möglichst langer gleichlautender Teilfolgen der Texte erzeugt werden)
5. Wortvariationen Krogufant (In einer dreiteiligen Wortliste soll durch möglichst sparsames Blättern in den unabhängigen Teillisten ein Übergang zu einem anderen dreisilbigen Wort gefunden werden.)
6. Syntaxcheck mit Halleluja (Für gegebene Texte soll geprüft werden, ob sie einer bestimmten formalen Sprache angehören)
7. Eine verrauschte Nachricht aus dem All (Aus einer mehrfach wiederholten verrauschten Nachricht soll die richtige Nachricht rekonstruiert werden)
8. Fragebogenauswertung (Entwicklung eines Software-werkzeuges, das folgende Phasen unterstützt: Einlesen der Fragen, Antworten und Auswahlkriterien, Durchführung und Auswertung der Befragung und Ergebnisausgabe)

3. Aufgabentyp: Technik Modellbildung und Datenabstraktion

1. Steuerung eines Roboterarms (Die Spitze eines aus drei Gliedern bestehenden Arms, die alle drei unabhängig voneinander beweglich sind, soll von einem Start zu einem Zielpunkt geführt werden)
2. Verladen von Schuhkartons (Man fasse Kartons optimal zu Paletten zusammen, sodaß eine gegebene LKW-Ladefläche mit ihnen vollständig gefüllt werden kann)
3. Ampel im Streß (Interaktives Programm, das die kürzesten Grünphasen ermittelt, sodaß die Autoschlange eine vorgegebene Länge langfristig nie überschreitet und darüberhinaus das Verhalten an vorgegebene Ankunftswahrscheinlichkeiten und an den Verkehr anpasst)
4. Gruppendynamik (Bei vorgegebener Matrix von Sym- und Antipatien soll modelliert und dargestellt werden, wie sich Partygäste schrittweise so auf dem Parkett bewegen, daß sie einer optimalen Wunschentfernung zustreben)
5. Nand or Nor (Ein Gattermodell, das dem Benutzer ein durch Zufall vorbestimmtes Gatter zum Erraten vorlegt, simuliert und die Interaktion protokolliert)

6. Eine zündende Idee (Modellierung eines antiken Zeitzünders mit zwei Zahnrädern, die ein Feuersteinpaar tragen und bei Kollision zünden. Die Zündzeit soll für verschiedene Zahnradgrößen und Steinpositionen errechnet werden)
7. Rekonstruktion verlorener Gefäße (Aus erhaltener Füllkurve soll die Form der Krüge berechnet werden)
8. Kreisintelligenz (Das streng geregelte Verhalten auf sich berührenden Kreisbahnen laufender Ameisen soll modelliert und protokolliert werden)

4. Aufgabentyp: Wirtschaft Zuordnungs-, Verteilungs-, und Optimierungsprobleme

1. Aktienkurs-Analyse (Ermittlung der besten Einkaufs- und Verkaufstage auf Grund der Aktienkurse eines längeren Zeitraums)
2. Optimaler Standort (Ermittlung des besten Standorts für ein Lager, das Restaurants, die an der gleichen Straße liegen, beliefert)
3. Goldgräberclaim (Finde den kürzesten Zaun um eine ebene Punktmenge)
4. Erbteilung (Verschiedene wertvolle Goldmünzen sollen auf zwei Erben gerecht aufgeteilt werden)
5. Fischeinkauf mit Nebenbedingungen (Mit beschränktem Geldbeutel sollen Zierfische eingekauft werden, jedoch nur solche, die sich vertragen. Das Programm erzeuge einen optimalen Einkaufsvorschlag)
6. QUAD-Spiel (Beim Antippen sollen Spielfelder und gewisse Nachbarfelder nach vorgegebenen Regeln ihre Farbe wechseln. Ein Modell für die Spielfelder und ihre Regeln soll programmiert werden)
7. Ein Katzenpuzzle (Für ein Puzzle mit neun Feldern soll ein Programm geschrieben werden, das das Puzzle durch ausprobieren löst)
8. Reiterhofprobleme (vgl. den Beitrag von Gasper in diesem Band [14.4.3, S. 121] (Ein Programm soll eine optimale Zuordnung von Reitern und Pferden unter Berücksichtigung gegebener Fähigkeiten und Wünsche ermitteln)

5. Aufgabentyp: Simulation und Stochastik 1. Simulation von Widerstandsnetzen (Die in einem einzugebenden Netz von elektrischen Widerständen fließenden Ströme und anliegenden Potentiale sollen berechnet werden)

2. Polyell von Stochastika (Im Kreise reitende Reiter versuchen, jeweils den Vordermann vom Pferd zu stoßen; jeder trifft mit gewisser Wahrscheinlichkeit; simuliere solche Wettkämpfe und ermittle die Chancen jedes Reiters)
3. Streichholz-Strategiespiel (Finde und programmiere eine gute Strategie für das bekannte NIM-Spiel)
4. Mendels Land (Die Vererbung von vorgegebenen dominanten und rezessiven Merkmalen bei Schmetterlingen ist zu simulieren)
5. Freitag der 13te (Ermittle die Häufigkeitsverteilung der auf einen dreizehnten fallenden Wochentage in vorgegebenen Zeiträumen)
6. Das geblitzte Mosaik (Simuliere die Zerstörung eines großen Mosaiks durch zufällige Blitzeinschläge)
7. Das jüngste Gerücht (Simuliere die Ausbreitung eines Gerüchts und eines Dementis durch mehrheitliche Meinungsbildung bei zufälliger Informationsweitergabe in einer Personenmatrix)
8. Verschiebungsvektor (In einem Brettspiel mit 2*5 Steinen wird abwechselnd gezogen. Bei jedem Zug können auch mehrere eigene Steine im gleichen Maße verschoben werden. Ziel ist die Bildung eines Quadrats eigener Steine)

4.5.3 Wie sieht eine Musterlösung aus?

Als Beispiel wird im folgenden willkürlich die Aufgabe „1.5: Fluch des Pharao“ herausgegriffen und ausführlich dargestellt:

Aus der Idee, die Fraktalfigur Sierpinskidreieck, zu einer Aufgabe auszubauen, entwickelte der Aufgabenausschuß folgende

Problemstellung:

Im Königsdreieck zwischen drei Pyramiden befindet sich irgendwo der Eingang zur Gabkammer Tutramses. Sein Fluch vereitelte bisher, daß Schatzsucher ihn finden. Der Fluch bewirkt, daß der Schatzsucher sich immer nur geradlinig auf eine der drei Pyramiden zubewegen kann, wobei er aber immer nur die Hälfte der Strecke schafft und dann neu ansetzen muß. Gibt es im Königsdreieck Stellen, die ein Schatzsucher niemals erreichen kann?

Lösungsidee: Zum Ziel führen möglichst viele Iterationen über die folgenden Schritte:

- Zufällige Auswahl einer der drei Pyramiden
- Berechnung der neuen Position des Schatzsuchers.

Halbformale Programmdokumentation:

```
wähle die Eckpunkte A B C eines Dreiecks;
wähle einen davon verschiedenen Punkt P;
für i von 1 bis Anzahl
        zeichne Punkt P;
        wähle A, B oder C als Punkt Q;
        bestimme Mittelpunkt von PQ;
        nimm ihn als neuen Punkt P.
```

Pascalprogramm:

```
PROGRAM pharao; USES graph3;
VAR px, py, zufall: integer;
        i, anzahl: longint;
        qx, qy : ARRAY[1..3] OF integer;
BEGIN
read(qx); read(qy);
read(px); read(py); readln(anzahl)
hires; randomize;
FOR i := 1 TO anzahl DO BEGIN
        draw (px, py, px, py, 1);
        zufall := random (3) + 1;
        px := (qx[zufall] + px) DIV 2;
        py := (qy[zufall] + py) DIV 2;
END {FOR};
readln
END {pharao}.
```

Ablaufprotokoll: Probeläufe, bei denen für jede erlaubte Position des Schatzsuchers ein Punkt ausgegeben wurde, zeigen nach vielen tausend Versuchen ein überraschendes Bild, nämlich kein Chaos, sondern ein Fraktales Dreieck mit eingeschachtelten und je auf ein Viertel verkleinerten und umgedrehten Kopien der Grundfigur. Mit steigender Anzahl von Versuchen wird das Bild deutlicher. Es gibt, wie man unmittelbar sieht, große innere Dreicksflächen, die der Schatzsucher niemals erreicht.

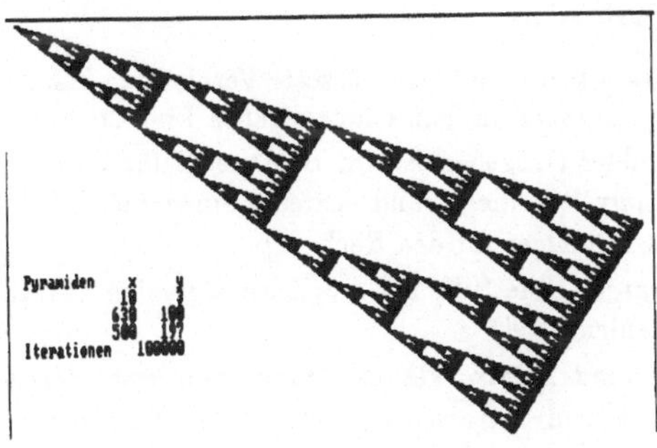

Abbildung 4.5: Fraktales Dreieck aus der Aufgabe „Fluch des Pharao“

Kommentar: Diese Aufgabe ist auch gerade in didaktischer Hinsicht eine besondere Perle. Aus einer sehr abstrakten Aufgabenidee wird durch eine packende Einkleidung eine attraktive und motivierende Aufgabe. Einmal verstanden, erweist sie sich als sehr leicht und unmittelbar in ein Programm umsetzbar. Die Bilder, die das Programm produziert sind überraschend und schön. Sie regen dazu an, über den Hintergrund der Aufgabe nachzudenken und führen zu einem hochmodernen Forschungsgegenstand der Informatik, hier zu Fraktalen und iterierten Funktionensystemen.

4.5.4 Aufgaben der zweiten Runde

6. Aufgabentyp: schwierig

1. Schnitte durch einen Würfel (Welche Schnittmuster ergeben sich? Wie lassen sich diese gut auf dem Bildschirm darstellen?)
2. Ähnlichkeit von Zeichenketten (Definiere ein Ähnlichkeitsmaß und schreibe ein Programm, das in einem Lexikon alle zu einer Eingabe ähnlichen Zeichenfolgen findet)
3. Das Wetter von Morgen (Programmiere eine Wettervorhersage, die im langjährigen Mittel mit einer vorgegebenen Tabelle durchschnittlicher Wetterdaten einer Region übereinstimmt)
4. Schlangenjagd (Schreibe einen Dschungelgenerator, der eine Zeichenschlange in einer zufälligen Buchstabenmatrix versteckt. Schreibe einen Dschungelanalysator, der die Anzahl der in einem Dschungel versteckten Zeichenschlangen vorgegebenen Inhalts ermittelt. Zeichenschlangen reihen Buchstaben horizontal, vertikal oder diagonal aneinander)
5. Wie groß ist das Katastrophengebiet (Ermittle zu einem Polygonzug, dessen Eckpunkte in einem karthesischen geographischen Koordinatensystem gegeben sind, die Flächengröße der vom Polygon umschlossenen Fläche)
6. Fliegende Teppiche (Überprüfe für einen gegebenen Webregelsatz ob ein Teppich der Regel entspricht)
7. Ein Kreuzworträtsel-Generator (Konstruiere ein Werkzeug, das möglichst weitgehend automatisch Kreuzworträtsel vorgegebener Form und Größe für einen ebenfalls vorgegebenen Wortschatz erzeugt)

8. Simulation einer Tankstelle (Simuliere die Warteschlangen, die sich vor den Zapfsäulen und Kassen einer Autobahntankstelle bilden)

7. Aufgabentyp: schwieriger

1. Wege im Quadratgitter (Finde die kürzeste Verbindung von A nach B in einem schachbrettartigen Straßennetz, in dem einige Straßen Einbahnstraßen oder gesperrt sind)
2. Ein Mini-Assembler (Gegeben ist ein Befehlssatz für einen Rechner und ein Musterprogramm. Analysiere dieses und schreibe einen möglichst intelligenten Assembler, Interpreter und Debugger für den Rechner)
3. Flinkes Rätselraten (Eine Hilfe zur möglichst schnellen Entschlüsselung der bekannten Symbol- und Zahlenrätsel)
4. Römischer Verbund (Entwickle ein Programm zur Erzeugung von Fließenverlegungsplänen, mit dem Terrassen im sogenannten Römischen Verbund belegt werden, der zu weit durchgehende oder sich kreuzende Fugen vermeidet)
5. CNC-Interpreter (Ein Programm, das eine CNC-Befehlsfolge interpretiert und die Bahn der Mittelachse des Fräskopfes zeichnet)
6. Tangram-Konstruktor (Ein Programm, das alle überhaupt möglichen konvexen Tangramfiguren konstruiert)
7. Replace, eine Markov-Maschine (Replace ist eine formale Sprache zur Formulierung von Substitutionsanweisungen. Es ist ein Interpreter zu schreiben, der bei der Entwicklung von Replaceprogrammen nützlich ist. Damit ist ein Replaceprogramm für numerische Rechenoperationen zu entwickeln, sodaß damit alles Rechnen auf Zeichenersetzung zurückgeführt wird)
8. Der geplagte Bürobote (Dieser soll durch eine Routenplanungshilfe unterstützt werden, die die jeweils kürzesten Postwege in einem vorgegebenen Bürohaus ermittelt)

8. Aufgabentyp: sehr schwierig

1. Beugung deutscher Verben (Entwickle ein Programmsytem für ein Computer Sprachlabor, in dem Verben mit Stamm und Konjunktionsformen eingegeben und ganze Verbtafeln ausgegeben oder abgefragt werden können)
2. Fahrzeitoptimierung eines Roboters (Ein programmgesteuertes Fahrzeug soll sich auf einem Schachbrett von Feld zu Feld von einem Start zu einem Zielfeld bewegen. Grundbefehle hierfür sind vorgegeben und benötigen bestimmte Zeiten. Gewisse Felder sind gesperrt. Finde den schnellsten Weg)
3. Binäres Auge (Die Ziffern 0, 1 und weitere sollen erkannt werden. Schreibe ein Erkennungsprogramm und einen Testbildgenerator, der stochastisch gestörte Bilder erzeugt)
4. Programm Profiler (Ein nützlicher Werkzeugkasten für die Programmentwicklung: Der Profiler soll zu testende Programme erst mit Wanzen versehen, dann ausführen und danach angeben, wie häufig die verschiedenen Programmzweige durchlaufen wurden)
5. Diskothek „Rosa Lu“ (In einer sehr verwinkelten Diskothek sollen möglichst wenige Lampen im Raum so verteilt werden, daß kein Fleck mehr unbeleuchet bleibt)
6. Möbelpacker im Flachland (Gegeben sei ein Gebäudegrundriß mit einem eingetragenen Möbelstück (z.B. großer runder Tisch). Entwickle ein Programm, das für dieses Möbel einen Transportweg durch den Grundriß ins Freie findet.)
7. Turingmaschinen (Schreibe einen Interpreter für eine Turingmaschine und entwickle anspruchsvolle Turing-Programme)
8. Symbolische Umformungen (Schreibe ein Pascalprogramm, das mathematische Formeln differenzieren und vereinfachen kann)

4.5.5 Wie wird bewertet?

Bewertet wird jeweils durch ein etwa 40-köpfiges Expertenteam in einer zweitägigen Klausurtagung. In der ersten Runde wird binär bewertet. Eine Aufgabe ist gelöst, wenn zwei Korrektoren keinen Mangel gefunden haben. Jedoch in der zweiten Runde wird mit einer differenzierenden Punktwertung gearbeitet. Eine mängelfreie Minimallösung ergibt 100 Punkte. Für Mängel und Formfehler gibt es Minuspunkte, für inhaltliche Vorzüge und kreative Erweiterungen Pluspunkte. Formfehler sind das Fehlen oder gravierende äußere Mängel der verlangten Dokumentationsteile (Lösungsidee, Programmdokumentation, Ablaufprotokoll, Programm). Inhaltliche Vorzüge einer Lösung bestehen in der Qualität des Algorithmus, soweit sie sich in meßbaren Größen aus dem Ablaufprotokoll entnehmen läßt.

Bewertungskriterien: Am Beispiel des Kreuzworträtselgenerators (Aufgabe 6.7) soll unser Bewertungsverfahren erläutert werden. Wir vergaben 100 Punkte vorweg und akkumulierten dazu: —40 Punkte wenn zu wenig Rätselbeispiele, —30 Punkte wenn Eingabeparameter „Anteil" fehlt, —20 Punkte wenn ein Kreuzwortfeld leer geblieben ist, —10 Punkte wenn Wortliste fehlt, —5 Punkte wenn ein ungekreuztes Wort vorkommt, +10 Punkte für Rätsel mit vorgebbarem Schwierigkeitsgrad oder variabler Form oder Aufwandsabschätzungen, +20 Punkte für Verwendung einer Vokabeldatei, 10 Punkte für interaktive Nachkorrekturmöglichkeit des fertigen Rätsels oder Vorgabe bestimmter Worte im Rätsel, 30 Punkte für den Interaktionskomfort jederzeit im Erstellungsprozeß eingreifen zu können durch einfügen oder löschen von Wörtern, 10 Punkte für automatische Berücksichtigung von Querverweisen in den Erklärungen, 20 Punkte für einen selbstlernenden Generator, 10 Punkte für einen Kreuzungsanteil von mehr als 50 %, 10 weitere Punkte für einen Kreuzungsanteil von mehr als 62 % und mehr als 80 %.

Beachten Sie bitte, daß dies nur ein Beispiel ist und jede Aufgabe völlig andere Bewertungskriterien erfordert.

4.5.6 Aufgaben der dritten Runde

9. Aufgabentyp: Teamarbeit

1. Ähnlichkeitsmaße bei Zeichenfolgen (Unterschiedliche Maße finden, Datenstrukturen und Algorithmen erarbeiten. Diese analysieren nach Geschwindigkeit, Platzbedarf, Korrektheit, Sprachabhängigkeit, praktischer Brauchbarkeit)
2. Punkt zu Punkt Verbindungen auf einem Gitter (Punkte einer Punktmenge sind mit korrespondierenden Punkten einer zweiten Menge möglichst kreuzungsfrei und auf kürzestem Wege zu verbinden)
3. Scanner (Finde, analysiere und diskutiere Verfahren zur automatischen Erkennung fortlaufender Texte)
4. Optimales Zuschneiden (Finde, analysiere und diskutiere Verfahren zur Verteilung von Schnittmustern auf endlose Stoffbahnen, sodaß minimaler Verschnitt entsteht)
5. Formeleditor (Entwickle in Teamarbeit einen dialogfähigen Editor zur Eingabe und Bearbeitung mathematischer Formeln)
6. CIM-Fabrik (Finde, analysiere und diskutiere Konzepte und Ideen für die Logistik in einer CIM-Fabrik)
7. Keyword in Context Generator (Für Literaturrecherchen hat sich die KWIC-Konkordanz bestens bewährt. Entwickle streng nach der Methode des modularen Design hierfür einen Generator und diskutiere die Entwurfstechnik)

4.5.7 Aufgaben der Olympiaden

10. Aufgabentyp: Klausur

1. Busverbindungen (Für ein gegebenes Buslinien-Netz ist zu prüfen ob jede Stelle A von jeder anderen Stelle B erreichbar ist, es sollen alle Wege von A nach B angezeigt werden und es soll die kürzeste Verbindung von A nach B gefunden werden)
2. Chinesische Kisten (Gleichviele Kisten der Sorte A und B und eine leere Doppelkiste stehen in einer Reihe. Alle A sollen vor alle B gebracht werden durch Vertauschen von Kistenpaaren mit der leeren Doppelkiste)
3. Zahlenschieber (In einer 4*4-Matrix stehen die Zahlen 1..14 und zwei leere Felder. Durch Verschieben von Zahlen auf Leerfelder sollen die Zahlen sortiert werden)
4. Bewachung einer Kunstgalerie (Es soll ein Dienstplan für die Wachmannschaft einer Kunstgalerie unter Berücksichtigung zahlreicher Bedingungen und Sonderfälle erstellt werden)
5. Olympische Springer (In einer 5*5-Matrix sollen alle Felder in 25 Rösselsprüngen erreicht werden. Abweichend vom Schach springen die Pferde waagerecht oder senkrecht über zwei Felder oder diagonal über ein Feld)
6. Eine Reduktionsmaschine (Objekte der R-Maschine sind S-Terme (d.h. Termdarstellungen binärer Bäume). Es gibt nur eine Reduktionsregel, die (((SA)B)C) reduziert zu ((AC)(BC)). Schreibe eine R-Maschine, die S-Terme einliest und dann schrittweise oder freilaufend reduziert)
7. Inseln im Meer (Eine Karte der Inseln im Meer soll rekonstruiert werden aus codierten Informationen über ihre horizontalen und ihre vertikalen Gruppierungen in einem vorgegebenen Raster)
8. Bergsteigen (Ein Bergsteigerverein hat Mitglieder mit unterschiedlichem täglichem Nahrungsverbrauch und Trageleistung. Ein Programm soll einen Einsatzplan für eine Teilgruppe erstellen, die mit minimaler Mannschaft und minimalem Konsum das gesteckte Ziel erreicht)

4.6 Wie geht es weiter?

Wenn wir uns fragen, welche Ziele des Bundeswettbewerb nicht oder nur schwach erreicht wurden, dann ist als Mangel vor allem zu nennen, daß nicht alle Zielgruppen in gleicher Weise erreicht wurden. Trotz begleitender Untersuchungen und größten Anstrengungen wurde es nicht erreicht, den Mädchenanteil über 2 % zu steigern. Das muß dringend geändert werden. Ebenso wurde die Gruppe der Berufs- und Fachschüler in der Sekundarstufe II überhaupt nicht erreicht, was im Widerspruch zur ursprünglichen Absicht der Initiatoren steht. Auch sollte die angestrebte Altersgruppe für den Wettbewerb nach unten hin korrigiert werden, damit er nicht zu einem Studentenwettbewerb wird. Wir stellen daher ausblickend die

1. Frage: Was sollen künftig die Zielgruppen des Wettbewerbs sein?

Mit zunehmender Verbreitung der Informationstechnischen Grundbildung stellt sich die

2. Frage: Soll der Wettbewerb inhaltlich und niveaumäßig auf die Informationstechnische Grundbildung ausgerichtet werden?

Wenn man bedenkt, daß jeder Teilnehmer der zweiten Runde weit über hundert Arbeitsstunden in seine Lösung investiert hat, muß man die Frage nach der Aufwand/Nutzen Relation stellen.

3. **Frage:** Ist es zu verantworten, den Teilnehmern einen so extrem hohen Einsatz in der zweiten Runde abzuverlangen?

   Eine weitere kritische Betrachtung unserer ursprünglichen Ziele läßt erkennen, daß die Bewußtmachung der gesellschaftlichen Relevanz der Informatik von unseren Aufgaben praktisch nicht geleistet wird.

4. **Frage:** Wie müßten Aufgaben aussehen, die zum Nachdenken über die gesellschaftliche Relevanz der Informatik anregen?

   Inhaltlich basiert der Wettbewerb auf dem Informatik-Paradigma, das vor 16 Jahren in den GI-Empfehlungen zur Informatikausbildung festgeschrieben wurde und das den sachzentrierten Algorithmenbegriff in den Mittelpunkt stellte. Die Informatik startete einerseits mit dem mathematischen Paradigma der Turingmaschine und andererseits mit dem produktspezifischen Paradigma des v.Neumann-Automaten. Inzwischen werden in ihr viele Paradigmen nebeneinander benutzt und neue kommen hinzu wie Objektorientierung und Neuronale Netze. Die Entwicklung in unserer Wissenschaft ist stürmisch vorangeschritten und es muß geprüft werden, ob heute die Aufgabenkonzeption nicht angepaßt werden sollte. Als Orientierung hierzu bieten sich die auf dieser Fachtagung vorgestellten neuen GI-Empfehlungen zum Informatikunterricht an.

5. **Frage:** Soll die Aufgabenkonzeption nach den neuen GI-Empfehlungen für den Informatikunterricht ausgerichtet werden und künftig eine menschzentrierte Sicht der Informatik unterstützen?

Literatur

[Ba90] R. Baumann: „Didaktik der Informatik“, Klett 1990

[Ba92] R. Baumann: „Problemlösen und Programmieren in Pascal“, Vogel 1992

[Br76] W. Brauer u.a.: „Zielsetzungen und Inhalte des Informatikunterrichts, Empfehlungen der GI“, Zentralblatt für Didaktik der Mathematik 1976

[BP91] J. Burkert, R. Peschke: „Weiterentwicklung des Informatikunterrichts“, HIBS Wiesbaden 1991, ISBN 3-88327-241-8

[CS86] V. Claus, A. Schwill: „Informatikkenntnisse von Jugendlichen, untersucht am Beispiel der drei Bundeswettbewerbe Informatik“, Informatik-Spektrum 9, 1986

[Cl88] V. Claus: „Bericht über den Bundeswettbewerb Informatik“, Informatik-Spektrum 1988

[ES90] S. Egner, M. Sperber: „Die Grafik Connection“, Heim-Verlag Darmstadt 1990, ISBN 3-923250-80-0

[Fo92] M. Fothe: „Aufgaben zur Informatik“, Cornelsen 1992

[Ha83] H. Haas u.a.: „Mikroelektronik und Schule“, Tagungsbericht, FEOLL Paderborn 1983

[He92] H.-W. Hein: „International Olympiads in Informatics. What is a proper programming competition task?“ IFIP World Congress Madrid 1992

[H92a] P. Heyderhoff: „Final Report International Olympiad in Informatics 1992“, GMD Bonn

[H92b] P. Heyderhoff: „Informatik in Deutschland, eine Informationsbroschüre für die Teilnehmer der 4. Internationalen Informatik-Olympiade in Informatik“, GMD Bonn 1992

[Hy84] P. Heyderhoff: „Didaktik der Schulinformatik“, Informatik-Fachberichte 90, Springer 1984

[Hy93] P. Heyderhoff: „Aufgaben und Lösungen des Bundeswettbewerbs Informatik", Klett Stuttgart 1989-1993, ISBN 3-12-71075-01, 3-12-71076-09, 3-12-71077-06, 3-12-71078-03, 3-12-71079-00

[La92] M. Lang: „Computernutzung in Schulen 1992", IPN-Blätter 1993

Kapitel 5

Jürgen Freytag: Das Studium der Informatik an Fachhochschulen

Zusammenfassung

Die Hälfte aller Informatiker mit Hochschulabschluß haben an einer Fachhochschule studiert. Diesem Hochschultyp bescheinigen Wirtschaft und Industrie, daß er bei kurzer Studiendauer erfolgreich für die Praxis ausbildet. Für den Ausbildungserfolg gibt es vier Gründe: Erstens der Praxisbezug der Curricula und der Professoren, zweitens die breite Überdeckung der Qualifikation für Studium und Beruf, drittens die Stoffvermittlung in direktem Kontakt zum Professor und viertens das Studium in Gruppen, in denen die Studierenden sich gegenseitig motivieren, kontinuierlich zu arbeiten. — Die verschiedenen Studiengänge Allgemeine Informatik, Technische Informatik und Wirtschaftsinformatik laufen vom ersten Semester an getrennt und können so optimal auf das Studienziel zugeschnitten werden. Dadurch kann in 150 Semesterwochenstunden ein Studium mit ausreichender Breite und Tiefe angeboten werden, das in 8 Semestern studierbar ist.

5.1 Fachhochschulen und Informatik

Fachhochschulen (FH) haben in Fachkreisen einen hervorragenden Ruf. Dies zeigt sich z.B. in den folgenden Zitaten des Deutschen Industrie- und Handelstages und des Wissenschaftsrates:

„Fachhochschulabsolventen haben heute zudem eine gute Chance, bei beruflicher Bewährung in leitende Unternehmerbereiche aufzusteigen. Diese Entwicklung bestätigt die Qualität der Fachhochschulausbildung aus Wirtschaftssicht.“ [1]

„Ihr Studienangebot betont die Problemstellungen der beruflichen Praxis und die für berufliche Aufgaben erforderlichen Erfahrungen, wissenschaftlichen Erkenntnisse, Methoden und konstruktiven Ansätze. ... Die an den Fachhochschulen ausgebildeten Absolventen finden ihren Weg ins Beschäftigungssystem ohne nennenswerte Probleme.“ [2]

Obwohl etwa jeder zweite Informatiker an einer Fachhochschule studiert hat [10], wissen Abiturienten häufig nicht, daß sie zwischen einem mehr anwendungsbezogenen und einem mehr theoretischen Studium wählen können. Da das Studienangebot den Neigungen und Fähigkeiten des Studierenden entsprechen muß, ist die Wahl des richtigen Hochschultyps entscheidend für den Studienerfolg.

Mit diesem Beitrag soll das Informatikstudium an Fachhochschulen stärker bekannt gemacht werden. Dabei wird aus Platzgründen nur auf die Lehre eingegangen und nicht auf die anwendungsbezogene Forschung und Entwicklung. Weitere Informationen erhält man z.B. in [3], [4], [5], [6], [7] und [8] und von allen Fachhochschulen mit Informatikstudiengängen. Alle Zahlenangaben beziehen sich auf die westlichen Bundesländern, da es in den östlichen Bundesländern erst seit dem Herbst 1992 Fachhochschulen gibt [8].

5.2 Informatik an Fachhochschulen und an Universitäten

Informatik kann man in Deutschland seit etwa 1970 entweder an einer Fachhochschule oder an einer Universität studieren. Die Tabelle 5.1 zeigt die zahlenmäßige Bilanz von 1990/91. Die Zahl der Bewerbungen ist an Fachhochschulen über doppelt so hoch wie an Universitäten. Da sich viele Studierende auf mehrere Studienplätze bewerben, erhält an den Universitäten letztlich jeder einen Studienplatz, während an den Fachhochschulen viele Bewerber keinen Studienplatz bekommen, und zwar besonders in der Wirtschaftsinformatik. Die Zahl der Studierenden an Fachhochschulen ist — im wesentlichen bedingt durch die kürzere Studiendauer — um etwa ein drittel kleiner, die Zahl der Absolventen ist jedoch 20 % größer. Absolventen- und Anfängerzahlen können nicht verglichen werden, da die Zahl der Anfänger in den letzten Jahren stark gestiegen ist.

Das Studium an einer Fachhochschule ist 2 bis 4 Semester kürzer und hat erheblich mehr praktische als theoretische Anteile. Als Folge des stärkeren Praxisbezugs und der sehr viel intensiveren Betreuung durch die Professoren betragen die Abbrecherquoten an Fachhochschulen nur etwa 35 % gegen über fast 70 % an den Universitäten. Ein FH-Studium bietet zur Zeit noch keine unmittelbare Möglichkeit zu promovieren. Dies wird sich in wenigen Jahren ändern. Erste Modell-Promotionen nach Abschluß eines kurzen Ergänzungsstudiums laufen bereits heute.

	Univ.	FH	Fachhochschulen aufgeschlüsselt			
			Allg.	Inf.	Wirtsch.-	IOSA [1]
	1990	1991	Inform.	Inform.	inform.	
Hochschulen [2]	27	38	14	18	12	12
Bewerbungen	ca 7.500	16.153	4.099	5.004	4.167	2.883
Anfänger	4.859	4.766	1.406	1.586	791	983
Absolventen	1.946	2.394	594	912	456	432
Studierende	29.651	19.162	5.303	6.521	3.257	4.081

1) IOSA = Informatik ohne spezielle Ausrichtung

2) Bei der Aufschlüsselung ist die Zahl der vollzügigen Studiengänge angegeben (mehrere pro Hochschule möglich).

Tabelle 5.1: Informatik an Hochschulen der westlichen Bundesländer 1990/91

Im Gegensatz zu den Universitäten gibt es an Fachhochschulen vier unterschiedliche Informatik-Studiengänge. Dabei ist in der Technische Informatik (TI) das Hauptfach fest mit dem Nebenfach Elektrotechnik gekoppelt. Die Wirtschaftsinformatik (WI) hat als festes Nebenfach die Betriebswirtschaft. In der Allgemeinen Informatik (AI) hat das Nebenfach einen geringeren Umfang und ist frei wählbar (Prozeßdatenverarbeitung, Telekommunikation, Betriebsinformatik etc.). Die in der Tabelle 5.1 mit IOSA bezeichneten Studiengänge sind anders strukturiert. Sie bieten den Studierenden nach einem breit angelegten Grundstudium die Möglichkeit, sich im Hauptstudium entweder mehr in Richtung Technischer Informatik oder mehr in Richtung Wirtschaftsinformatik zu entwikeln.

Durch die starke Anwendungsorientierung des Studiums wird ein bei Universitätsabsolventen häufig beobachteter Praxisschock zuverlässig vermieden. In der freien Wirtschaft erhalten Absolventen der Fachhochschule wegen der kürzeren Einarbeitungszeit [4] in etwa die gleichen Anfangsgehälter wie ihre Kommilitonen von den Universitäten. In der Gehaltsentwicklung gibt es bei gleichwertigen Leistungen praktisch keine Unterschiede. Im öffentlichen Dienst hat sich die Formel des Wissenschaftsrates — gleichwertig aber verschiedenartig — noch nicht durchgesetzt, so daß wegen der schlechten Bezahlung nur sehr wenige FH-Absolventen in den öffentlichen Dienst gehen.

5.3 Tätigkeitsfelder, Berufsaussichten, Qualifikation

5.3.1 Tätigkeitsfelder

Informatiker sind quer durch alle Branchen tätig. Fast jede Firma, die in größerem Umfang Rechner zur Lösung ihrer Aufgaben einsetzt, beschäftigt Informatiker. Die am meisten ausgeübte Tätigkeit ist Software-Entwicklung also Systemanalyse, EDV-Organisation, Organisations- und Anwendungsprogrammierung sowie Beratung von Fachabteilungen. Dies ist für Absolventen der Allgemeinen Informatik kaum anders [5] und unterscheidet sich bei der Technischen Informatik [6] im wesentlichen nur dadurch, daß die Tätigkeiten sich nicht auf kommerzielle Systeme beziehen, sondern auf Systeme aus der Produktion (CAD, CAM und CIM) und dem technisch-wissenschaftlichen Bereich.

5.3.2 Berufsaussichten

Die Berufsaussichten für Informatiker sind gut, da einem aufgestauten Bedarf von ca. 30.000 Informatikern und einem jährlichen Bedarf von etwa 8.000 nur knapp 4.500 Absolventen (FH und UNI) pro Jahr gegenüberstehen [9]. Die Anfangsgehälter sind entsprechend hoch und betragen derzeit DM 65.000 und mehr pro Jahr. Frauen und Männer haben gleich gute Berufschancen.

5.3.3 Qualifikation Studium, Qualifikation Beruf

Studierende der Informatik sollten Abstraktionsvermögen besitzen und theoretische Kenntnisse sowie Mathematik für etwas Praktisches, Hilfreiches halten. Sie sollten Kreativität und Phantasie mitbringen und die Bereitschaft, sich in fremde Gebiete einzuarbeiten. Es sollte ihnen naheliegen, komplexe Probleme sinnvoll zu zerlegen, Vorgänge in einen logischen Ablauf zu bringen, vor dem Handeln zu planen und zielgerichtet zu arbeiten. Eine Umfrage unter Absolventen zeigt [4], daß alle diese Eigenschaften auch für den späteren Beruf wichtig sind und sich also die Qualifikation für Fachhochschulstudium und Beruf weitgehend deckt.

Für die Tätigkeit eines Informatikers sind die kommunikativen Fähigkeiten genauso wichtig wie die fachlichen. Hard- und Softwaresysteme werden heute ausschließlich im Team erstellt, wobei die Kommunikation eine entscheidende Rolle spielt. Hinzu kommt die Kommunikation mit den Anwendern, die häufig über Erfolg oder Mißerfolg eines Projektes entscheidet. Dabei geht es primär darum, die wahren Anforderungen an ein System herauszufinden und die Schnittstelle zwischen dem System und dem Benutzer zu konzipieren (für die Benutzerschnittstelle werden bis zu 80 % des Aufwandes investiert). Einen weiteren kommunikativen Bereich bieten die zahlreichen Leitungsaufgaben. Bereits ein Team von ca. 5 Informatikern hat üblicherweise einen Gruppenleiter. Im Bereich Wirtschaftsinformatik sind fast 40 % der Absolventen in leitenden Funktionen tätig [4].

5.3.4 Frauen als Informatikerinnen

In allen Studiengängen zeigt sich, daß Frauen häufig eine besondere Begabung für das Informatikstudium mitbringen. In Allgemeiner Informatik und Wirtschaftsinformatik beträgt der Anteil an Studentinnen etwa 20 %, in der Technischen Informatik knapp 10 %. Der Frauenanteil ließe sich sicher vergrößern, wenn man den Schülerinnen verdeutlichen könnte, daß Informatiker auf vielen Tätigkeitsfeldern mehr mit Menschen zu tun haben als mit Rechnern.

5.4 Charakteristika des Studiums

5.4.1 Gliederung und Dauer des Studiums

Gliederung und Regelstudienzeit

Die Fachhochschule bildet in der Allgemeinen Informatik zum Diplom-Informatiker (FH) aus, in der Technischen Informatik zum Diplom-Ingenieur (FH) und in der Wirtschaftsinformatik zum Diplom-Wirtschaftsinformatiker (FH). Als achtsemestriges Studium steht einer EG-weiten Anerkennung nichts im Wege. Mindestens sechs der acht Semester sind Studiensemester an der Hochschule, die mit einer Vorlesungszeit von 18 Wochen deutlich länger sind als an Universitäten. Die restlichen 2 Semester sind entweder ein Studiensemester in der Praxis und ein siebtes Semester für Abschlußprüfung und Diplomarbeit oder zwei Praxissemester, wobei Abschlußprüfung und Diplomarbeit ins sechste Studiensemester an der Hochschule integriert sind. Studierende ohne Industriepraxis müssen meist ein Grundpraktikum absolvieren, und zwar an einigen Fachhochschulen vor Studienbeginn an anderen ganz oder teilweise in der vorlesungsfreien Zeit zwischen den ersten Studiensemestern.

Effektive Studiendauer

Die tatsächliche Studiendauer liegt mit 8-9 Semestern kaum über der Regelstudienzeit von 8 Semestern. Nur Studierende, die während der Vorlesungszeit mehr als etwa 10 Stunden pro Woche erwerbstätig sind, benötigen länger. Die kurze Studiendauer wird wesentlich gefördert durch das Studium in Gruppen (Semestergruppen, Praktikumsgruppen, Übungsgruppen), durch den ständigen, motivierenden Kontakt zu den Professoren und durch die studienbegleitende Leistungskontrolle.

Fast alle Studierenden befürworten die hohe Zahl von Prüfungen, weil sie den dadurch entstehenden Zwang zum kontinuierlichen Arbeiten für unverzichtbar halten. Außerdem wissen die Studierenden dadurch nach 1-2 Semestern, ob ein erfolgreicher Abschluß möglich ist. Abbrecher, die auf 3-4 weitgehend verschenkte Jahre zurückblicken müssen, sind daher an Fachhochschulen erfreu- licherweise selten.

5.4.2 Praxisbezug der Lehre und der Lehrenden

Moderne, langfristig gültige und praxisrelevante Lehrinhalte erklären die von Wirtschaft und Wissenschaft einhellig gelobte Qualität der Fachhochschulabsolventen nur zum Teil. Noch entscheidender als was gelehrt wird, ist wie und von wem gelehrt wird. Das Wie ist geprägt durch den persönlichen Kontakt zwischen Professoren und Studierenden ab dem ersten Semester. Nur die individuelle Unterweisung jedes einzelnen Studierenden in den Praktika bringt Informatiker hervor, die effizient und professionell Softwaresysteme erstellen können.

Die Lehre wird an Fachhochschulen fast ausschließlich von den Professoren durchgeführt. Diese haben vor ihrer Tätigkeit als Hochschullehrer mindestens fünf — im Durchschnitt achteinhalb — Jahre einschlägige berufliche Praxis erworben. Diesen Praxisbezug erhält sich der Hochschullehrer durch angewandte Forschung und Entwicklung, die er i.a. in Kooperation mit Industrie und Wirtschaft durchführt. Dabei sieht der Lehrende, wo die Probleme der Praxis liegen und wie Diplomanden und Absolventen mit der Lösung zurechtkommen.

5.4.3 Ausbildungsformen

Ein Studiensemester an der Hochschule umfaßt 18 Wochen „Vorlesungszeit“, von denen 16 der Wissensvermittlung dienen und 2 Wochen für Prüfungen benötigt werden. Jede Vorlesungswoche besteht aus etwa 20 Stunden Vorlesungen in seminaristischer Form und etwa 6 Stunden Praktika, wobei in jedem Semester etwa 3 Praktika parallel laufen. Für jedes Praktikum haben die Studierenden umfangreiche Vor- und Nachbereitungarbeiten zu erledigen. Diese führen sie — genau wie Übungen und Vorlesungs-Nachbereitung — in selbstgebildeten Gruppen durch. Dadurch stützen sich die Studierenden in ihrer Lernbereitschaft, werden teamfähig und entwikeln Initiative, Integrationsfähigkeit und effektive Arbeitsstrategien. Dies sind Dinge, die später im Beruf sehr nützlich sind.

Vorlesungen

Um einen engen Kontakt zwischen Professor und Studierenden zu ermöglichen, erfolgen Vorlesungen in seminaristischer Form mit Gruppen von etwa 25 bis maximal 50 Studierenden. Dabei sind Fragen jederzeit möglich. In den Vorlesungen werden nicht nur Konzepte, Methoden und wissenschaftliche Erkenntnisse vermittelt, sondern nach dem Motto: „Nichts ist praktischer als eine gute Theorie", wird die Anwendung in Beispielen und Fallstudien geübt. Die dafür erforderliche Zeit wird gewonnen, indem praxiserfahrene, didaktisch begabte Professoren den Stoff so aufbereiten, daß er von den Studierenden rasch aufgenommen werden kann.

Praktika, Projekte, Workshops

Praktikumsgruppen umfassen maximal ca. 15 Studierende und setzen sich meist aus 5-8 Kleingruppen von 2-3 Studierenden zusammen. Praktika werden von dem Professor durchgeführt, der die zugehörige Vorlesung hält. Sie dienen der Anwendung des Vorlesungsstoffs und der Vermittlung derjenigen Fertigkeiten (wie z.B. ein professioneller Programmierstil), für die eine individuelle Unterweisung erforderlich ist. Dazu werden die Lösungen kleiner und mittlerer Aufgaben im Detail mit dem Professor durchgesprochen. Akzeptiert werden nur ingenieurgemäße Leistungen. So müssen z.B. die Programme aus unabhängigen, leicht verständlichen, klar strukturierten, änderungsfreundlichen Moduln bestehen, deren Schnittstellen sauber definiert sind. Daß die Programme die Testdaten korrekt verarbeiten, ist selbstverständlich.

In höheren Semestern gibt es Projektpraktika oder Workshops, in denen Gruppen von etwa 10 Studierenden über eine Zeit von 1-2 Semestern gemeinsam größere Aufgaben lösen. Das ist eine gute Vorbereitung für die spätere Berufstätigkeit. Die Studierenden werden teamfähig und erfahren, daß Projektorganisation schwierig aber unverzichtbar ist.

Praxissemester

Bei Studiengängen mit einem Studiensemester in der Praxis (kurz Praxissemester), liegt dieses i.a. im fünften Semester. Gibt es zwei Praxissemester, so liegen diese im dritten und sechsten Semester. Im Praxissemester erhalten die Studierenden einen Eindruck von der Arbeit, die Informatiker in einer Firma zu leisten haben. Sie wenden ihre an der Hochschule erworbenen Fertigkeiten an, vertiefen sie dadurch und erfahren, daß sie schon eine Vielzahl praxisrelevanter Dinge gelernt haben. So wird ihre Motivation für die weiteren Studiensemester an der Hochschule erheblich gesteigert. Viele Studierende beziehen aus ihrem Praxissemester Anregungen für Studien- und Diplomarbeiten und manche lernen bereits ihre erste Arbeitsstelle kennen.

Studienarbeit und Diplomarbeit

Nach dem (zweiten) Studiensemester in der Praxis fertigen die Studierenden — als Vorübung für die Diplomarbeit — in etwa 6 Wochen eine Studienarbeit an. Bei der Diplomarbeit soll in 3-6 Monaten ein Problem aus einem beruflichen Tätigkeitsfeld selbständig unter Anwendung wissenschaftlicher Methoden und Erkenntnisse bearbeitet werden. Mehr als die Hälfte aller Diplomarbeiten werden in enger Zusammenarbeit mit der Industrie durchgeführt, wobei die Studierenden i.a. eine monatliche Unterstützung oder eine erfolgsabhängige Prämie erhalten.

5.4.4 Prüfungen

Studienbegleitend wird der Stoff einer oder mehrerer Vorlesungen nach 1-2 Semestern in einer Klausur geprüft. Bei Praktika werden Konzeption, ingenieurgemäße Durchführung und Dokumentation bewertet. Bei Software-Praktika hat sich — in den ersten Semestern — eine zusätzliche Prüfung am Ende des Praktikums bewährt, in der die Studierenden in vier Stunden allein eine kleine Aufgabe bewältigen müssen. Diese Praktikumsprüfungen sind eine hervorragende, von den Studierenden akzeptierte Methode, die Eignung für die praktischen Anteile der Berufstätigkeit festzustellen.

Die Zwischenprüfung (Vordiplom) wird studienbegleitend abgelegt und besteht aus etwa sechs benoteten Klausuren und etwa ebensovielen unbenotete Prüfungen. Die Abschlußprüfung umfaßt die studienbegleitenden Prüfungen des Hauptstudiums, die schriftlichen oder mündlichen Prüfungen am Ende des Studiums und die Diplomarbeit.

5.5 Ausbildungsgrundsätze und Ausbildungsinhalte

Die Curricula können hier nicht im Detail geschildert werden. Nur die Ausbildungsgrundsätze und die gemeinsamen Studieninhalte werden dargestellt und anschließend die verschiedenen Studiengänge kurz charakterisiert.

5.5.1 Allgemeine Grundsätze und Ausbildungsinhalte

Auf der Basis einer soliden Grundausbildung werden vor allem Dinge vermittelt, die wahrscheinlich noch in 10 Jahren Bestand haben und solche, die in der Praxis häufig gebraucht dort aber nur schwer nachgeholt werden können. Vor allem müssen die Studierenden ein Fundament erhalten auf dem sie sich selbständig neue Methoden und Inhalte erarbeiten können. Zu den für Informatiker unabdingbaren Fertigkeiten gehören

- das Denken in abstrakten Konzepten,
- die präzise, verständliche Beschreibung von Sachverhalten und Tätigkeiten sowie
- die Beherrschung von Vortrags- und Präsentationtechniken.

  Da viele Studierenden hierbei erhebliche Probleme haben, müssen diese Dingen bei jeder Gelegenheit geübt werden.

Zu den Inhalten des Grundstudiums gehören stets die Mathematik und die für das Nebenfach benötigten Grundlagen. Im Hauptstudium werden dann die studiengangsspezifischen Vertiefungsfächer angeboten. Unabhängig von der Ausrichtung der einzelnen Studiengänge müssen aus heutiger Sicht Kenntnisse in folgenden Bereichen vermittelt werden:

- Programmkonstruktion und Programmierung auf der Basis prozeduraler und objektorientierter Konzepte,
- Aufbau von Rechnern, Rechnernetzen und Betriebssystemen,
- Algorithmen und Datenstrukturen,
- Automaten und formale Sprachen sowie formale Spezifikation,
- Methoden des Software-Engineering für den gesamten Software-Lifecycle mit Berücksichtigung der Qualitätssicherung und unter besonderer Betonung

- der Systemanalyse und des Systementwurfs mit einem CASE-Tool,
- der Datenmodellierung für relationale Datenbanksysteme und
- des Entwurfs von Benutzeroberflächen mit problem- und benutzerspezifischen Tools,

- sozioökonomische Wirkungsfelder der Informatik und andere gesellschaftswissenschaftliche Themen wie z.B. Technikfolgenabschätzung,
- Betriebswirtschaftslehre, Rechnungswesen und Betriebliche Informationssysteme sowie
- funktionale und logische Programmierung und wissensbasierte Systeme.

Da sich viele wichtige Teilgebiete der Informatik (z.B. Grafik, Bildverarbeitung, Fuzzy Logic, Neuronale Netze, hochparallele Systeme, verteilte Systeme, Robotik, Simulation, CAD, CAM, CIM) nicht ausreichend in den Pflichtfächern unterbringen lassen, gibt es ein großes Angebot von Wahlpflichtfächern.

5.5.2 Studienziele und Studieninhalte der Informatik-Studiengänge

Durch die Aufteilung in 3 „Hauptstudiengänge“ Allgemeine Informatik, Technische Informatik und Wirtschaftsinformatik wird trotz kurzer Studiendauer ein hoher Ausbildungsstand erreicht. Die Hauptstudiengänge können Studienschwerpunkte enthalten, wie z.B. Systemprogrammierung, Prozeßdatenverarbeitung oder Telekommunikation. Spezialstudiengänge wie Medizinische Informatik, Medieninformatik oder Produktionsinformatik geben zusätzliche Alternativen.

Um die 150 SWS Lerndeputat effizient einsetzen zu können, erfolgt die Ausbildung in den 3 Hauptstudiengängen vom ersten Semester an getrennt. Dadurch kann man sich z.B. in der Technischer Informatik ausführlich mit Fourierreihen-Entwicklung und Laplace-Transformation beschäftigen, während diese Inhalte in der Wirtschaftsinformatik fehlen und dadurch genügend Zeit für Op- timierungs- und Prognoseverfahren zur Verfügung stehen.

5.5.3 Studienziele und Studieninhalte

Die Tabelle 5.2 zeigt schematisch, wie die Curricula aufgebaut sind. Um die Studierbarkeit im Rahmen der Regelstudienzeit zu erhalten, sollte das Lerndeputat — ohne Studien- und Diplomarbeit — die in der Tabelle angegebenen 150 SWS nicht wesentlich überschreiten. Nachfolgend werden die Ziele und Spezifika der Ausbildung kurz beschrieben.

Allgemeine Informatik

Dieser Studiengang bildet aus für eine Tätigkeit in den weiten Bereichen des Software-Engineering, und zwar sowohl im kommerziellen wie im technisch-wissenschaftlichen Sektor. Die vielfältigen Aufgaben auf diesem Gebiet umfassen all das, was mit der Entwicklung und dem Einsatz von Programmsystemen verknüpft ist: Analyse und Design, Programmierung und Test, Implementierung und Dokumentation, Pflege und Wartung.

Kennzeichnend für den Studiengang ist eine besonders breite und tiefe Ausbildung in Fächern wie Algorithmen und Datenstrukturen, funktionale und logische Programmierung, Expertensysteme, Datenbankdesign und Systemdesign. Dabei kommt der Projektarbeit im Team eine außerordentliche Bedeutung zu. An manchen Fachhochschulen werden im Hauptstudium Schwerpunkte wie System- programmierung oder Telekommunikation angeboten.

Technische Informatik

Der Studiengang Technische Informatik bietet die Grundlage für eine Ingenieurtätigkeit an Computern vom Mikroprozessor bis hin zur Großrechenanlage. Die vielfältigen Aufgaben auf diesem

Themenblöcke der Curricula	Beispiele für typische Fächer aus den Themenblöcken Nicht in allen Studiengängen gibt es alle angegebenen Fächer!	Typische SWS AI	TI	WI
Mathematik	Analysis, Algebra, Numerik, Stochastik, Graphentheorie	22	20	22
Elektrotechnik	Grundschaltungen, Digital-, Meß- und Regelungstechnik	6	20	0
Hardware-Grundlagen	Rechnertechnik, Maschinennahe Programmierung	8	8	0
Hardware-Vertiefung	Rechnerstrukturen, Mikroprozessorsysteme, Signalverarbeitung	0	16	0
Organisation von Rechnern	Betriebssysteme, Prozeßsteuerung, Rechnernetze, verteilte Systeme	10	14	0
Software-Grundlagen	(objektorientierte) Programmkonstruktion, Datenstrukturen, Algorithmen, Funktionale und logische Programmierung	22	14	18
Software-Theorie	Automaten und formale Sprachen, Formale Spezifikation	8	8	8
Software-Vertiefung	Software-Engineering, Datenbankdesign, Kommunikations- und Netzdesign, Prozeßsteuerung, Expertensysteme, Compiler	28	16	24
Betriebswirtschaftliche Grundlagen	Betriebswirtschaftslehre, Rechnungswesen, Industriebetriebslehre	4	4	16
Informatik in speziellen Betriebswirtschaftslehren	Administrative Systeme, dispositive Systeme, Produktionsplanungssysteme, CIM-Systeme	10	4	26
Wahlpflichtfächer	Wechselnde Spezialgebiete sowie kommerzielle und technisch-wissenschaftliche Anwendungen	20	14	24
Gesellschafts-Wissenschaften	Datenschutz, Sozialorientierte Informationstechnik, Technikfolgenabschätzung, Führungstechnik, Projektmanagement, Rhetorik	10	10	10
Summe		150	150	150

Tabelle 5.2: Typische Anteile von Themenblöcken in Informatikstudiengängen an Fachhochschulen (SWS = Semesterwochenstunden, AI = Allgemeine Informatik, TI = Technische Informatik, WI = Wirtschaftsinformatik)

Gebiet gehen von der Projektierung über Entwicklung, Fertigung, Einsatzplanung und Betrieb bis hin zu Vertrieb und Wartung von Programm- und Rechnersystemen.

Für diese Aufgaben ist ein breites Wissen in elektrotechnischen Fächern unabdingbar. Aufbauend auf einer zweisemestrigen Grundvorlesung werden Fächer wie Meßtechnik, Schaltungstechnik, Digitaltechnik und Regelungstechnik behandelt. Ein unverzichtbarer Schwerpunkt ist eine detaillierte Kenntnis der Hard- und Software von Multitasking-Mikroprozessorsystemen. Darauf aufbauend werden Themen wie Entwurf von Rechnersystemen, Prozeßsteuerung und CAM behandelt.

Wirtschaftsinformatik

Typische Arbeitsfelder des Wirtschaftsinformatikers sind die Entwicklung von Informations- und Anwendungssystemen für den kommerziellen Bereich. Dabei geht es im wesentlichen um administrative Systeme zur Auftragsabwicklung, Lagerhaltung und Kostenrechnung, um dispositive Systeme zur Produktionsplanung, Fertigungsvorbereitung und Fertigungssteuerung und um Systeme zur Unterstützung des Managements.

Der Wirtschaftsinformatiker benötigt mithin ein solides Wissen in Allgemeiner Betriebswirtschaftslehre (BWL), Rechnungswesen und Industriebetriebslehre sowie in Vertriebskontrolle und Vertriebslenkung. Schwerpunkte der Ausbildung sind insbesondere Daten- und Bürokommunikationssysteme und integrierte Informationssysteme.

Literatur

[1] „Stellungnahme des Wissenschaftsrates zu den Perspektiven der Fachhochschulen in den 90er Jahren"; Köln 1991; ISBN 3-923203-28-4

[2] „Zum Profil der Fachhochschulen im differenzierten Hochschulwesen"; Empfehlungen des Deutschen Industrie- und Handelstages, Februar 1990

[3] „Studien- und Berufswahl"; Verlag K.H.Bock, Bad Honnef; ISBN 3-87066-152-6

[4] Bischoff, R.: Wirtschaftsinformatik an Fachhochschulen; Studium, Angewandte Forschung und Transfer, 2. erw. Auflage, Springer-Verlag, Berlin 1992; ISBN 3-540-55159-X

[5] Bundesanstalt für Arbeit (Hrsg.): Diplom-Informatiker / Diplominformatikerin (Fachhochschule); Allgemeine Informatik und Medieninformatik; Blätter zur Berufskunde, Bd. 2 „ I A 31, verfaßt von Gerd Böhme, Nürnberg 1991; W. Bertelsmann Verlag KG, Bielefeld

[6] Bundesanstalt für Arbeit (Hrsg.): Diplom-Ingenieur / Diplomingenieurin, Diplom-Informatiker / Diplominformatikerin (Fachhochschule); Technische Informatik / Ingenieur-Informatik); Blätter zur Berufskunde, Bd. 2 — I A 33, verfaßt von Horst Nielinger, Nürnberg 1990; W. Ber- telsmann Verlag KG, Bielefeld

[7] W. Brauer, W. Haacke, S. Münch, unter Mitarbeit von G. Böhme: Studien- und Forschungsführer Informatik, 2. Auflage, Springer-Verlag Berlin 1989; ISBN 3-540-51214-4, ISBN 0- 387-51214-4

[8] G. Christaller: Studienführer Informatik an Fachhochschulen in den neuen Bundesländern, Fachbereichstag Informatik, Berlin 1992

[9] „Diplom-Informatiker und Diplom-Informatikerinnen", Fachvermittlung für besonders qualifizierte Fach- und Führungskräfte, Arbeitsmarkt-Information 4, 1989

[10] W. Dostal et al.: „Zur Berufssituation der Informatiker 1991", Informatik Spektrum 6/92, Seite 335-351

Kapitel 6

Werner Burhenne: Der Studiengang Allgemeine Informatik an Fachhochschulen

6.1 Klassifikation der Studiengänge Informatik an Fachhochschulen

Informatikstudiengänge an Fachhochschulen (FH) existieren seit der Gründung der Fachhochschulen im Jahr 1971. Der Beginn der Informatik-Ausbildung an diesen Institutionen datiert daher etwa zur gleichen Zeit wie der Beginn der Informatik-Ausbildung an Universitäten und Technischen Hochschulen (Uni-TH).

Ein gravierender Unterschied ist jedoch bereits bei der Bezeichnung der entsprechenden Studiengänge von Anfang an zu erkennen. Nimmt man die erst in späterer Zeit entstandenen universitären Wirtschaftsinformatik-Studiengänge einmal aus, so werden Informatik-Inhalte an Uni-TH-Fachbereichen in der Regel zunächst unabhängig von speziellen Ausrichtungen vermittelt; eine Vertiefung in theoretischer, praktischer oder angewandter Informatik erfolgt erst im Hauptstudium.

Im Gegensatz hierzu wurde bei der FH-Informatik von Anfang an eine Trennung der einzelnen Studiengänge in Allgemeine Informatik (AI), Technische Informatik (TI) und Wirtschaftsinformatik (WI) vorgenommen. Diese Differenzierung, die bereits mit dem Grundstudium beginnt, ist zurückzuführen auf das allgemeine Ausbildungsziel der Fachhochschulen mit seiner starken Anwendungs- und Praxisorientierung (und ist in den Anfängen natürlich auch durch die jeweiligen Gründungsprofessoren/innen beeinflußt worden). Gleichwohl gibt es selbstverständlich in allen drei genannten Studiengängen Möglichkeiten zur Spezialisierung bzw. Vertiefung; diese Schwerpunktsbildungen sind je nach Standort und personeller Ausstattung stärker oder weniger stark ausgeprägt und gehören zum individuellen Profil des einzelnen Fachbereichs.

In den zwanzig Jahren nach Gründung der ersten FH-Fachbereiche hat sich die genannte Dreiteilung im wesentlichen erhalten, wenn auch an einigen Fachhochschulen etwas abweichende Bezeichnungen eingeführt wurden. So bilden sich derzeit u.a. in den „neuen“ Bundesländern „neue“ Bezeichnungen heraus, hier ist etwa von Produktionsinformatik oder auch (in Anlehnung an die Uni-TH-Bezeichnung) von Angewandter Informatik die Rede. Unabhängig von diesen Namensgebungen hat die bundesweite Vereinigung der Informatik-Studiengänge an Fachhochschulen — der Fachbereichstag Informatik — die genannte Unterscheidung bisher beibehalten und spricht daher auch in den offiziellen Verlautbarungen von Allgemeiner, Technischer oder Wirtschaftsinformatik. [1]

Abweichend von dieser Klassifikation findet man im FH-Bereich vereinzelt Informatik-Studiengänge mit der Bezeichnung „Medieninformatik“, die in der Tat ein von den übrigen Studiengängen fachlich abweichendes Programm anbieten. Sie werden mit Recht nicht in das obige Schema eingeordnet und daher bei Veröffentlichungen als eigenständige vierte Gruppe im Bereich der FH-Studiengänge Informatik erwähnt. [1, 2]

6.2 Besonderheiten des Studiengangs Allgemeine Informatik

6.2.1 Zur Definition des Begriffs „Allgemeine Informatik"

Vergleicht man die offiziellen Bezeichnungen von FH-Informatik-Studiengängen „Allgemeine Informatik" mit den entsprechenden Lehrinhalten oder auch mit der jeweiligen Schwerpunktsbildung, so fällt auf, daß sich in vielen Fällen die Definition des Studiengangs eher aus einer Negativbeschreibung ableiten läßt: „Allgemeine Informatik an Fachhochschulen befaßt sich mit der praxis- und anwendungsorientierten Informatik, die nicht ausschließlich der Technischen oder Wirtschaftsinformatik zuzuordnen ist." (Tatsächlich finden sich in vielen Studienprogrammen AI auch Schwerpunktsbildungen wie Prozeßautomatisierung oder etwa Betriebsinformatik, ohne daß dies zu einer veränderten Bezeichnung des Gesamtstudiengangs führt.)

Eine derartige Definition eines Studiengangs AI wird jedoch nicht der grundsätzlichen Bedeutung seiner Ausbildungsinhalte gerecht. Eher muß man konzidieren, daß die Namensgebung bzw. Zuordnung eines Programms zu der entsprechenden Gruppe anfänglich ohne große Diskussion über die Benennung erfolgte und später — bis in die heutige Zeit — keine bessere Bezeichnung gesucht bzw. gefunden wurde. (Übrigens bezeugt auch diese Tatsache die praktische Orientierung der Institution Fachhochschule und ihrer Mitglieder; nicht die Bezeichnung ist wesentlich sondern das Ausbildungsziel.)

Nach wie vor soll jedoch der Begriff „Allgemeine" Informatik zum Ausdruck bringen, daß nicht das Erlernen von Fakten — wie zum Beispiel technische Details der Rechner-Hardware oder Einzelheiten bei der Einführung von betrieblicher Datenverarbeitung — im Vordergrund steht, sondern das Studium der Software-Entwicklung ganz „allgemein", d.h. die Beschäftigung mit dem Software-Lebenszyklus in all seinen Facetten und unter Berücksichtigung des zugehörigen Umfeldes.

Aus dem hier mit Priorität versehenen Ausbildungsziel könnte man leicht eine Bezeichnung „Softwaretechnik" für einen solchen Studiengang herleiten (wie zum Teil auch geschehen), dies wird jedoch von vielen Fachleuten als zu eingrenzend und nicht genügend charakterisierend erachtet. „Softwaretechnik" im engeren Sinn gehört schließlich auch zum Handwerk eines Technischen Informatikers und eines Wirtschaftsinformatikers.

6.2.2 Beschreibung der Ausbildungsziele

Eine Beschreibung des Studiengangs Allgemeine Informatik orientiert sich also an den Zielsetzungen: Konzeption, Realisierung und Einsatz von Software, wobei Aufgabenstellungen sowohl aus der Systemprogrammierung wie auch aus der Anwendungsprogrammierung mit einem der unterschiedlichsten Anwendungsbereiche gemeint sein können. Ohne auf konkrete Lehrveranstaltungskataloge bereits hier einzugehen, kann man jedoch Lernziele bzw. Lehrinhalte formulieren, die für einen Studiengang AI eine gemeinsame charakterisierende Plattform darstellen:

- Analyse von Aufgabenstellungen im Hinblick auf den Einsatz von Informationstechniken
- Analyse von Benutzeranforderungen
- Modellierung von komplexen Systemen
- Auffinden von Algorithmen, Datenstrukturen und deren Bewertung sowie zugehörige Methoden
- Design und Entwurf von Lösungskonzepten
- Auswirkungen des Software-Einsatzes auf das Umfeld

- Software-Ergonomie
- Methoden und Vorschläge zur Realisierung und zur Implementierung von Software
- Einsatz von CASE-Tools
- Test und Dokumentation
- Präsentation und Schulung
- Pflege und Wartung

Darüber hinaus werden zur Unterstützung dieser Ausbildungsinhalte — wie bereits unter 6.1 erwähnt — die in der heutigen Praxis vorkommenden Anwendungsbereiche untersucht, Lehrveranstaltungen hierzu werden zum Teil auch in Form von alternativen Studienschwerpunkten oder Vertiefungsrichtungen angeboten.

Zur Bewältigung all dieser Programmpunkte müssen die notwendigen theoretischen Grundlagen sowie die Methoden und Techniken einer modernen Informationsverarbeitung studiert werden, ohne dabei die praktische Anwendung aus den Augen zu verlieren. Als Postulat für eine sinnvolle Kombination bei der Vermittlung von Studieninhalten kann man schließlich formulieren: So viel Theorie wie nötig, so viel Praxis wie möglich. [2]

Eine weitere typische Kennzeichnung eines Studiengangs AI besteht darin, daß in hohem Maße Projektarbeit mit Kleingruppen bzw. ganz allgemein Teamarbeit gefördert wird. Die Einbindung dieser Arbeitstechniken in ein Studienprogramm, in dem der Aspekt der Software-Entwicklung die höchste Priorität besitzt, versteht sich von selbst, wenn man die Praxis bei der Produktion von komplexen Softwaresystemen im Alltag zu Grunde legt.

6.3 Studieninhalte und Studienprogramme

6.3.1 Empfehlungen der Gesellschaft für Informatik

Die Gesellschaft für Informatik (GI) hat im Jahre 1984 „Neue Empfehlungen für das Informatikstudium an Fachhochschulen" veröffentlicht, in denen unter anderem Richtwerte zum Anteil bestimmter Themenblöcke am Studiengang Allgemeine Informatik genannt werden. [3] Wenngleich diese Empfehlungen in absehbarer Zeit von den entsprechenden Gremien überarbeitet werden müssen, um der rasanten Entwicklung der Informatik Rechnung zu tragen, sollen dennoch die inhaltlichen Aussagen etwas näher beschrieben werden. Die erwähnten Themenblöcke berücksichtigen dabei vor allem folgende Aspekte:

- im Grundstudium wird außer den üblichen informatikspezifischen Inhalten ein sehr großer Anteil an fachfremden jedoch gleichermaßen wesentlichen Grundlagen aus dem mathematisch-naturwissenschaftlichen, dem physikalisch-technischen, dem wirtschaftswissenschaftlichen und dem sozialwissenschaftlichen Bereich zu vermitteln sein,
- im Hauptstudium gehören zu den zum Gesamtkomplex Software gehörigen Themen die Verankerung von Anwendungsfächern und die Möglichkeit der individuellen Studienplanung durch Wahlpflichtfächer.

Damit erhält man folgende Themenblöcke mit ihren in der GI-Empfehlung genannten Anteilwerten:

Mathematik	10 %
Physikalisch-technische Grundlagen	5 %
Wirtschaftswissenschaften	5 %
Allgemeine Fächer	5 %
Theoretische Grundlagen der Informatik	10 %
Methoden und Verfahren	15 %
Systemarchitekturen	10 %
Hardware	5 %
Software	15 %
Anwendungen	10 %
Wahlpflichtfächer	10 %

Dabei muß man berücksichtigen, daß manche Themenblöcke sowohl im Grund- wie auch im Haupt- oder Fachstudium angesiedelt sind. In welcher Weise einzelne Fachveranstaltungen diesen Themenblöcken zugeordnet werden, kann man den zitierten Veröffentlichungen entnehmen. [3, 4]

6.3.2 Charakterisierung der bestehenden Studiengänge

Interessant ist in diesem Zusammenhang eine Untersuchung der bestehenden Studiengänge AI an den Fachhochschulen (berücksichtigt wurden 17 Studiengänge, durchweg in den alten Bundesländern). [5]

Sie zeigt zwei besonders interessante Erscheinungen: einerseits fällt der Mathematikanteil de facto höher aus als dies in den Empfehlungen vorgesehen ist, andererseits erscheint der Bereich „Theoretische Grundlagen der Informatik" nur selten direkt mit einer entsprechenden Lehrveranstaltung im Programm und dann mit einer vergleichsweise geringen Stundenzahl. Eine mögliche Interpretation dieser Tatsache führt zu der Vermutung, daß in Fachhochschulstudiengängen häufig die theoretischen Grundlagen für eine Informatikausbildung in den Mathematikbereich verlagert werden. Ein weiterer Grund dürfte darin zu sehen sein, daß Teile der universitären theoretischen Informatik (der sogenannten Kerninformatik) zugunsten einer breiten und praxisorientierten Softwarediskussion entfallen, was unter den oben genannten Zielsetzungen auch sehr sinnvoll ist.

Auffälliges, weil allen Programmen gemeinsames Merkmal der untersuchten Studiengänge ist das Auftreten von explizit benannten Lehrveranstaltungen mit dem Titel „Software-Engineering" bzw. „Softwaretechnik" und einer der zentralen Bedeutung dieses Bereichs entsprechenden Stundenzahl, häufig in Verbindung mit einem Projektstudium.

Ein weiterer erwähnenswerter Aspekt ist die Vielzahl von praktischen Übungen, bei denen im Team von in der Regel zwei bis vier Studierenden die in den Vorlesungen oder Seminaren vermittelten Lehrinhalte umgesetzt werden. Diese für die Fachhochschulausbildung generell charakteristische Ausbildungsform ist besonders in einem Studiengang Allgemeine Informatik gefragt, um die vielfältigen Aspekte bei der Software-Entwicklung praktisch erproben zu können.

Was die angebotenen Anwendungsbereiche angeht, so werden gerade hier aktuelle Entwicklungen der Informatik aufgegriffen, so daß man zumindest in dieser Hinsicht von einer modernen Ausbildung in der Allgemeinen Informatik sprechen kann. In einigen Fällen werden den Studierenden verschiedene Anwendungsveranstaltungen zur Auswahl zur Verfügung gestellt, so daß diese ihren Neigungen entsprechend aus solchen Wahlpflichtkatalogen oder Wahlpflichtclustern ihr Vertiefungsstudium zusammenstellen können. Aus der Fülle der unterschiedlichsten Angebote sollen hier einige aufgezählt werden:

- Bürokommunikation
- Spezielle Datenbankanwendungen
- Netzwerke und Telekommunikation

- Graphische Software
- Bildverarbeitung und Mustererkennung
- Computer-aided- oder computer-integrated-Techniken
- Wissensbasierte Systeme — Expertensysteme
- Prozeßrechneranwendungen
- Robotik
- Technisch-wissenschaftliche Anwendungen
- Informatik und Umwelt

Ein erst in letzter Zeit jedoch nur in einigen der bestehenden Studienprogramme eingearbeiteter Bereich befaßt sich mit Fragen der Auswirkung von Informatik auf Gesellschaft respektive ihrer Umkehrung. Hier werden die vom Fachbereich Informatik und Gesellschaft der GI 1986 veröffentlichten Themenvorschläge zumindest zum Teil übernommen und in seminaristischer Form aufbereitet. [6, 7]

6.3.3 Exemplarische Studiengänge

Die Lehrinhalte eines Studiengangs AI sollen am Beispiel zweier konkreter Studienprogramme exemplarisch dargestellt werden. Es handelt sich hierbei um die Studiengänge der Fachhochschule Darmstadt sowie der Fachhochschule Schmalkalden. Die Auswahl geschieht u.a. aus folgenden Gründen: Der Studiengang in Darmstadt steht für ein „klassisches", bereits zum Beginn des Wintersemesters 1977 entwickeltes, jedoch mehrfach revidiertes und damit „gewachsenes" Programm. Es zeichnet sich trotz einiger unverkennbarer und historisch zu erklärender Schwächen aus durch eine starke Wahlmöglichkeit und eine in dieser Breite wahrscheinlich nicht übertroffene Ansammlung von Lehrveranstaltungen. Auf der anderen Seite steht der erst zum Wintersemester 1992 eingeführte Studiengang der Fachhochschule Schmalkalden für ein ausgewogenes und modernes Programm, das die oben erwähnten Ausbildungsziele berücksichtigt, wobei allerdings einige lokal bedingte Spezifika zu erkennen sind.

Studiengang Allgemeine Informatik am Fachbereich Informatik der Fachhochschule Darmstadt Die Regelstudienzeit beträgt sieben Semester. Sie umfaßt ein dreisemestriges Grundstudium mit insgesamt 69 Semesterwochenstunden (SWS), ein dreisemestriges Hauptstudium mit 80 SWS und ein Prüfungssemester (12 SWS) zur Durchführung der Diplomarbeit und zum Abschluß der Diplomprüfung.

Der Studiengang gliedert sich außerdem in ein gemeinsames Studium, „Fundament" genannt, das für alle Studierenden verbindlich ist und ein Vertiefungsstudium in sieben Schwerpunkten mit unterschiedlichen Anwendungsbereichen, von denen die Studierenden zwei wählen müssen; im Einzelnen sind dies die Vertiefungsschwerpunkte:

- Systemprogrammierung
- Prozeßdatenverarbeitung
- Technisch-wissenschaftliche Anwendungen
- Betriebsinformatik
- Telekommunikation
- Graphische Datenverarbeitung
- Künstliche Intelligenz

Von den im Fundament verankerten Lehrveranstaltungen entfallen auf die in 3.1 erwähnten Blöcke folgende Anteile (in Klammern die in der GI-Empfehlung genannten Richtwerte):

Mathematik	24	12.50 %
Physikalisch-technische Grundlagen	5	6.25 %
Wirtschaftswissenschaften	5	6.25 %
Allgemeine Fächer	15	6.25 %
Theoretische Grundlagen der Informatik	0	12.50 %
Methoden und Verfahren	16	18.75 %
Systemarchitekturen	7	12.50 %
Hardware	12	6.25 %
Software	16	18.75 %

(Die Themenblöcke „Anwendungen" und „Wahlpflichtfächer" entfallen in dieser Übersicht, s.auch die folgenden Erläuterungen. Die Prozentzahlen beziehen sich daher jeweils auf die Summe der angegebenen Themenbereiche.)

In den sieben genannten Vertiefungsschwerpunkten werden jeweils etwa 25 SWS anwendungsspezifische Lehrveranstaltungen angeboten, die jedoch nur zum Teil verpflichtend sind. Etwa 30 SWS (d.h. rund 20 Mindeststundenzahl) entfallen auf freie „Wahlpflichtstunden", die aus dem Gesamtangebot des Fachbereichs ausgewählt werden können. Dieses Angebot umfaßt im Hauptstudium außer dem Fundament und den Schwerpunkten weitere Wahlpflichtfächer und drei Wahlpflichtcluster mit den Themengebieten „Datenschutz", „Gesellschaft und Informatik" sowie „Informatik International", so daß hier im Jahresrhythmus über 300 SWS unterschiedliche Lehrveranstaltungen zum Studium zur Verfügung stehen.

Studiengang Allgemeine Informatik am Fachbereich Informatik der Fachhochschule Schmalkalden Das Studienprogramm umfaßt ein dreisemestriges Grundstudium mit 74 SWS, ein dreisemestriges Hauptstudium mit 77 SWS, ein Berufspraktisches Semester sowie ein Prüfungssemester. Die Lehrveranstaltungen des Hauptstudiums gliedern sich in Pflichtveranstaltungen und in sechs Wahlpflichtcluster, von denen die Studierenden vier auswählen müssen. Die Cluster stehen für die verschiedenen Themengebiete (Anwendungsbereiche):

- Datenbanken
- Netzwerke
- Wissensbasierte Systeme
- Benutzer-Service
- Automatisierungssysteme
- Umwelt-Monitoring

Von den im Pflichtbereich verankerten Lehrveranstaltungen entfallen auf die in 3.1 erwähnten Blöcke folgende Anteile: (in Klammern die in der GI-Empfehlung genannten Richtwerte)

Mathematik	15	12.50 %
Physikalisch-technische Grundlagen	5.5	6.25 %
Wirtschaftswissenschaften	5.5	6.25 %
Allgemeine Fächer	15	6.25 %
Theoretische Grundlagen der Informatik	7.5	12.50 %
Methoden und Verfahren	17	18.75 %
Systemarchitekturen	12	12.50 %
Hardware	7.5	6.25 %
Software	15	18.75 %

(Die Themenblöcke „Anwendungen" und „Wahlpflichtfächer" werden auch hier nicht berücksichtigt, d.h. die Prozentzahlen beziehen sich wieder jeweils auf die Summe der angegebenen Themenbereiche)

In den sechs genannten Vertiefungsschwerpunkten werden jeweils 9 SWS anwendungsspezifische Lehrveranstaltungen angeboten.

6.4 Zusammenfassung und Ausblick

Studienprogramme der Allgemeinen Informatik entwickeln sich in besonderem Maße dynamisch durch ihre Abhängigkeit von Innovationen im Bereich der Informationstechnik und der Informationsverarbeitung. Da der Anteil der Softwareausbildung relativ hoch ist, bedarf es hier einer ständigen Berufsfeldanalyse; dies wurde zum Beispiel beim Entwurf des Programms der Fachhochschule Schmalkalden entsprechend berücksichtigt. [5]

Da Fachhochschulen schon seit Beginn ihrer Gründung — und in vielen Fällen bedingt durch ihre örtliche Lage — mittelständische Unternehmen als Technologietransfer-Partner kennen, wird bei Berufsfeldanalysen dem lokalen Umfeld eine besondere Bedeutung zukommen. Durch Praxissemester von Studierenden, Praxis- bzw. Forschungssemester von Lehrenden, Projektarbeiten z.B. im Zusammenhang mit der Durchführung von Diplomarbeiten oder auch Lehraufträgen für Praktiker wird der ständige Kontakt mit der beruflichen Außenwelt gepflegt. Diese Komponente wird gerade bei der Entwicklung von neuen Studiengängen eine wesentliche Rolle spielen.

Als kennzeichnend für einen AI-Studiengang lassen sich demnach folgende Charakeristika angeben:

- eine breite theoretisch fundierte Grundausbildung
- Schwerpunktsetzung bei der Software-Entwicklung im umfassenden Sinn
- Teamarbeit und Projektstudium als wesentlicher Bestandteil der Ausbildung
- Wahlmöglichkeiten in verschiedenen Anwendungsbereichen auch in Abhängigkeit von örtlichen Gegebenheiten

Unabhängig von der erwähnten Dynamik bei der Gestaltung von einzelnen Studienprogrammen und gerade auch im Hinblick auf die in den letzten zehn Jahren stark veränderte „Software-Landschaft" scheint es jedoch angebracht, die oben zitierten allgemeinen Empfehlungen der Gesellschaft für Informatik zu überdenken und zumindest einen ähnlich gearteten Rahmen für die Entwicklung von Studiengängen Allgemeine Informatik zu erarbeiten. Dies wird in absehbarer Zeit in Zusammenarbeit des entsprechenden GI-Ausschusses mit dem Fachbereichstag Informatik geschehen.

Literatur

[1] Fachbereichstag Informatik an Fachhochschulen u. Gesellschaft für Informatik: Memorandum über Stand und Entwicklungsmöglichkeiten der Informatik an Fachhochschulen 5. Auflage 1992

[2] Bundesanstalt für Arbeit (Hrsg.): Diplom-Informatiker / Diplominformatikerin (Fachhochschule) — Allgemeine Informatik — Medieninformatik; Blätter zur Berufskunde, Bd. 2 — I A 31, verfaßt von G. Böhme, Nürnberg 1991; W. Bertelsmann Verlag KG Bielefeld

[3] Arbeitskreis 7.1.2 (Informatik an Fachhochschulen) im Fachausschuß 7.1 (Informatik an Hochschulen) der Gesellschaft für Informatik: Neue Empfehlungen der Gesellschaft für In-

formatik für das Informatikstudium an Fachhochschulen; Informatik-Spektrum, Bd. 7, Heft 3, 1984

[4] J. Freytag: „Das Studium der Informatik an Fachhochschulen"; in diesem Band

[5] H.E. Erbs, A. Sefrin: „Der Studiengang Informatik an der Fachhochschule Schmalkalden: Zielsetzungen, Hintergründe, Argumente" — Arbeitsbericht 93/1 des Fachbereichs Informatik der Fachhochschule Schmalkalden 1993

[6] Fachbereich 8 der Gesellschaft für Informatik: Empfehlungen zur Einbeziehung der gesellschaftlichen Aspekte der Informatik in die Informatik-Ausbildung; Informatik-Spektrum, Bd. 9, Heft 1, 1986

[7] W. Burhenne, G. Weber: „Zur gesellschaftlichen Verantwortung in der Informatik"; in Querschnitt — Beiträge aus Forschung und Entwicklung der Fachhochschule Darmstadt — , 4. Ausgabe; Darmstadt, 1990

Kapitel 7

Klaus Werner Wirtz: Wirtschaftsinformatik an Fachhochschulen

Zusammenfassung

Die Wirtschaftsinformatik als anwendungsorientierte Wissenschaft beschäftigt sich mit dem Aufbau, der Arbeitsweise und der Gestaltung rechnergestützter betrieblicher Informations- und Kommunikationssysteme. Für diese Aufgaben werden sowohl wirtschaftswissenschaftliche — speziell betriebswirtschaftliche — als auch Informatikkenntnisse und -fähigkeiten verlangt. Insofern setzt sich — bei allen Unterschieden — die Hochschulausbildung in Wirtschaftsinformatik aus den beiden Kerngebieten Wirtschaftswissenschaften und Informatik zusammen. An einigen Fachhochschulen hat sich die Wirtschaftsinformatik aus Betriebswirtschaftslehre-, an anderen aus Informatikstudiengängen entwickelt. Die heutigen Studienangebote der Fachhochschulen in Wirtschaftsinformatik lassen sich grob wie folgt klassifizieren:

- Wirtschaftsinformatik im Fachbereich Wirtschaft, typischerweise mit Abschluß als Diplom-Betriebswirt/in, evtl. mit Zusatz „Wirtschaftsinformatik";
- Wirtschaftsinformatik im Fachbereich Informatik, typischerweise mit Abschluß als Diplom-Informatiker/in, evtl. mit Zusatz „Wirtschaftsinformatik";
- Wirtschaftsinformatik in einem eigenen Fachbereich, typischerweise mit Abschluß als Diplom-Wirtschaftsinformatiker/in.

7.1 Was ist Wirtschaftsinformatik?

Die Wirtschaftsinformatik als anwendungsorientierte Wissenschaft beschäftigt sich mit dem Aufbau, der Arbeitsweise und der Gestaltung rechnergestützter betrieblicher Informations- und Kommunikationssysteme. Bei solchen Systemen steht der Gesichtspunkt der Informatikanwendung mit dem Ziel der Unterstützung und teilweisen Automatisierung betrieblicher Abläufe im Vordergrund, wobei vor allem drei Aspekte zu beachten sind. Zum ersten ist der Einsatz von Informatikprodukten nie Selbstzweck, sondern muß stets durch beabsichtigte und nachzuprüfende Effizienzsteigerungen gerechtfertigt werden. Zum zweiten handelt es sich bei diesen Systemen immer um Mensch-Maschine-Systeme, in denen Menschen und Hardware-Software-Komplexe bei der Aufgabenerfüllung zusammenarbeiten. Hieraus ergeben sich ergonomische Fragestellungen, insbesondere solche der menschengerechten Gestaltung der Berührungspunkte („Schnittstellen") zwischen menschlichen Sachbearbeitern und Programmsystemen. Zum dritten ist die Zeit der alleinstehenden, punktuellen Lösungen betrieblicher Teilaufgaben vorbei; betriebliche Informations- und Kommunikationssysteme müssen im Gesamtzusammenhang und langfristig geplant und gestaltet werden, was die Wirtschaftsinformatik in den Rang einer strategischen Komponente der Unternehmensplanung und -führung erhebt.

Die Akzentverschiebung von singulären Lösungen operativer Probleme zu integrierten, langfristig geplanten Gesamtsystemen wird heute auch unter dem Oberbegriff „Informationsmanagement“ angesprochen: Dieser Ansatz betont die Bedeutung der Informationen als Produktions- und Wettbewerbsfaktor und betreibt die Versorgung aller Unternehmensteile mit den benötigten Informationen.

7.2 Entwicklung der Wirtschaftsinformatikausbildung an den Hochschulen

Nachdem 1967 der erste Studiengang Informatik im Rahmen des Mathematikstudiums an der Universität München eingerichtet worden war, kreiste die Diskussion in den Jahren 1968/69 um die Frage, ob anwendungsorientierte Informatik-Studiengänge nötig seien. Ein Gutachten des BMwF von 1968 verneinte diese Frage; im Gegenzug erschien 1969 ein BIFOA-Memorandum, das diese Frage bejahte und dabei den Gegenstand der Betriebsinformatik (= Wirtschaftsinformatik) bereits im wesentlichen so definierte, wie er oben in Kapitel 1 umrissen wurde [Bi92, 119ff]. Erste betriebswirtschaftliche Lehrstühle mit Datenverarbeitungsausrichtung wurden 1968 an der Hochschule für Sozial- und Wirtschaftswissenschaften in Linz sowie 1970 an den Universitäten Karlsruhe und Erlangen-Nürnberg gegründet; der erste vollzügige Studiengang Wirtschaftsinformatik an deutschen Hochschulen wurde 1971 an der Fachhochschule Furtwangen errichtet. Ein ziemlich kontinuierlicher Ausbau folgte. Heute kann man unter vielen verschiedenen Ausbildungsangeboten zahlreicher Fachhochschulen und Universitäten wählen, die vom Vollstudiengang Wirtschaftsinformatik bis zum Neben- oder Wahlfach Wirtschaftsinformatik in betriebswirtschaftlichen oder Informatik-Studiengängen reichen. Dem Interessenten an einem Wirtschaftsinformatikstudium bietet sich also ein breites, damit aber auch schwer übersehbares Spektrum möglicher Beschäftigungen mit diesem Thema. Ein Ziel dieses Beitrags liegt darin, die Ausbildungsangebote der Fachhochschulen grob zu klassifizieren und damit ein wenig Transparenz zu schaffen. Dies geschieht im wesentlichen auf der Basis gut zugänglicher Unterlagen [Bi92, GI84, GI90], aus denen bei Bedarf weiterführende Informationen entnommen werden können.

7.3 Arten des Studiums der Wirtschaftsinformatik an Fachhochschulen

Das generelle Ziel der Wirtschaftsinformatikausbildung an Fachhochschulen lautet, Absolventen hervorzubringen, die den praktischen Einsatz von Informatikprodukten aller Art in Unternehmen beurteilen, planen und realisieren können. Um dieses Ziel zu erreichen, müssen in der Ausbildung die Kernfächer Betriebswirtschaftslehre und Informatik vermittelt werden, wobei der betriebswirtschaftliche Anteil auf die Lösung betrieblicher Aufgaben mittels Datenverarbeitung hinarbeiten sollte und umgekehrt der Informatikanteil auf den praktischen Einsatz in der Unternehmung bezogen sein sollte. Daneben dürfen die allgemeinen Ziele jedes Studiums nicht vernachlässigt werden, zu denen z.B. gehören [Bi92, 6f]:

- Vermittlung eines breiten Grundlagenwissens;
- Vermittlung der Fähigkeiten zu wissenschaftlichem und praxisorientiertem Arbeiten sowie zu systematischem Denken und Handeln, die zur Analyse und konstruktiven Lösung von Problemen beitragen;
- Vermittlung von Sachkompetenz und sozialer Kompetenz;

- Vermittlung der Einstellung, daß das im Studium erworbene Wissen durch Weiterbildung und Anpassung an sich ändernde Tätigkeitsfelder dauernd fortentwickelt und aktualisiert werden muß.

Konkret hat sich die Wirtschaftsinformatik an einigen Fachhochschulen aus Betriebswirtschaftslehre-, an anderen aus Informatikstudiengängen entwickelt (vgl. Abbildung 7.1). Die heutigen Studienangebote der Fachhochschulen lassen sich grob wie folgt klassifizieren:

- Wirtschaftsinformatik im Fachbereich Wirtschaft, typischerweise mit Abschluß als Diplom-Betriebswirt/in, evtl. mit Zusatz „Wirtschaftsinformatik";
- Wirtschaftsinformatik im Fachbereich Informatik, typischerweise mit Abschluß als Diplom-Informatiker/in, evtl. mit Zusatz „Wirtschaftsinformatik";
- Wirtschaftsinformatik in einem eigenen Fachbereich, typischerweise mit Abschluß als Diplom-Wirtschaftsinformatiker/in.

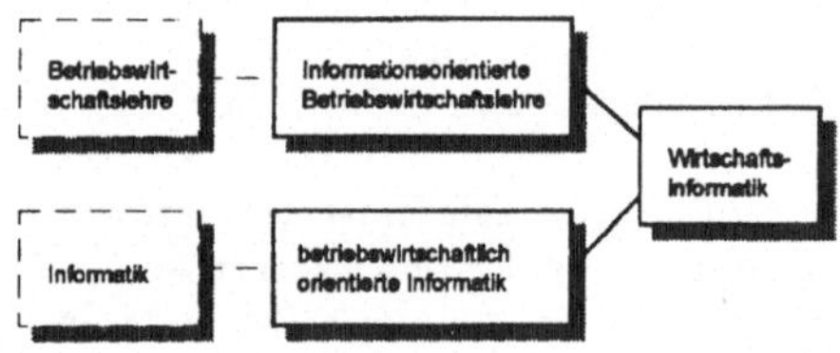

Abbildung 7.1: Der Weg zur Wirtschaftsinformatik [Bi92, 3]

Es kann nicht Ziel dieses kurzen Beitrags sein, die Studienordnungen einzelner Fachhochschulen genauer aufzuschlüsseln oder gar miteinander zu vergleichen; weitergehende Informationen geben z.B. der Studienführer „Wirtschaftsinformatik an Fachhochschulen" [Bi92] oder die einzelnen Fachhochschulen. Eine individuell vorzunehmende Betrachtung der Studienangebote könnte vielleicht folgende Überlegungen einbeziehen: Studienangebote in Fachbereichen Wirtschaft sind häufig aus Betriebswirtschaftsstudiengängen entwickelt worden; solche Studiengänge können nach zunehmenden Wirtschaftsinformatik- und (Kern-)Informatikanteilen geordnet werden. Studienangebote in Informatik-Fachbereichen haben ihren Ursprung oft in Informatikstudiengängen; hier kann umgekehrt nach steigenden Wirtschaftsinformatik- und Betriebswirtschaftsanteilen sortiert werden. Eigens für die Wirtschaftsinformatik gegründete Fachbereiche bieten gute Voraussetzungen für eine ausgewogene Repräsentation aller wichtigen Fächer.

7.4 Studieninhalte

Einen Überblick über Studieninhalte bietet Abbildung 7.2. Ein Vollstudium Wirtschaftsinformatik beinhaltet also Grundlagenfächer wie Betriebswirtschaftslehre und (theoretische) Informatik, Methoden der Informatik, die für betriebliche Anwendungen relevant sind (u.a. System- und Programmentwurfsmethoden, Datenmodellierungsmethoden und Programmierung), sowie Anwendungen in speziellen Betriebswirtschaftslehren wie beispielsweise Marketing, Personalwesen oder Materialwirtschaft. Daneben wird schon während des Studiums der Bezug zur betrieblichen Realität hergestellt, sei es durch die in vielen Bundesländern obligatorischen Praxissemester oder durch Studien- und Diplomarbeiten in Unternehmen. Dieser unmittelbare Kontakt zur Praxis erlaubt den Studenten, das Wissen, das sie in der Ausbildung erwerben, auf reale Problemstellungen anzuwenden; er bietet ihnen außerdem die Möglichkeit, potentielle Arbeitgeber auf sich aufmerksam zu machen.

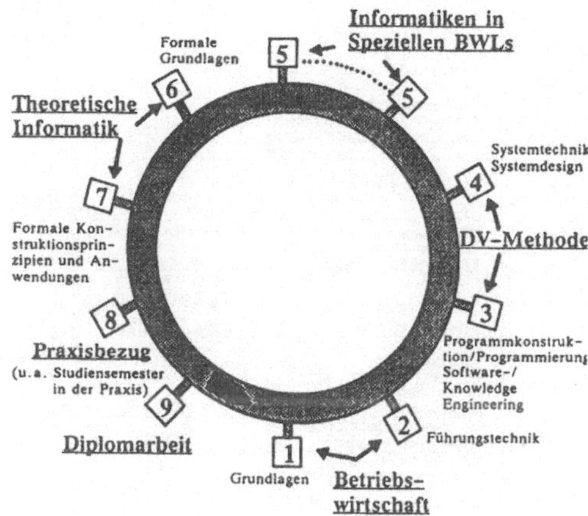

Abbildung 7.2: Studieninhalte der Wirtschaftsinformatik [Bi92, 7]

Konkrete Studieninhalte variieren je nach Fachhochschule und nach Art des Studienangebots. Die Gesellschaft für Informatik (GI) hat Empfehlungen für Studieninhalte erarbeitet. Eine Empfehlung betrifft das Informatikstudium an Fachhochschulen einschließlich der Vollstudiengänge Wirtschaftsinformatik ([GI84], auch in [Bi92, 133ff]); eine zweite betrifft die Wirtschaftsinformatik als Fach in wirtschaftswissenschaftlichen Studiengängen an Fachhochschulen ([GI90]; auch in [Bi92, 143ff]). Aus der zweiten Empfehlung ist beispielhaft in Abbildung 7.3 ein Stufenmodell für die Integration der Wirtschaftsinformatik in wirtschaftswissenschaftliche Studiengänge wiedergegeben, das verschiedene mögliche Intensitäten der Beschäftigung mit Wirtschaftsinformatik beschreibt.

Als Bezugsrahmen für die Einordnung konkreter Studieninhalte sei noch einmal auf den Grundgedanken der Integration betrieblicher Teilinformationssysteme verwiesen; Abbildung 7.4 stellt ein idealtypisches (Gesamt-)Informationssystem dar, das horizontal nach operativen Funktionen der Unternehmung gegliedert ist und von unten nach oben die Transformation und zunehmende Verdichtung der anfallenden Primärinformationen zeigt. In ein solches Raster lassen sich die einzelnen Datenverarbeitungsanwendungen einordnen und in Zusammenhang setzen; die horizontale Richtung betont den Aspekt der Integration zwischen den betrieblichen Funktionen, die vertikale Richtung stellt die integrierte Informationsverwendung in den Vordergrund, die von kurzfristigen Administrationsaufgaben bis zu langfristigen strategischen Planungsaufgaben reicht. Ausgehend von einer solchen ganzheitlichen Betrachtung kann man über die Analyse der Probleme bei der Planung, Realisierung und Einführung dieses Informationssystems zu sämtlichen Inhalten der Wirtschaftsinformatik vorstoßen, ohne den Bezug zur Betriebswirtschaft zu verlieren.

7.5 Berufsfelder

Der Wirtschaftsinformatiker kennt die betrieblichen Aufgaben und kann beurteilen, welche Informatikprodukte zur Lösung dieser Aufgaben sinnvoll und effizient einzusetzen sind. Von da-

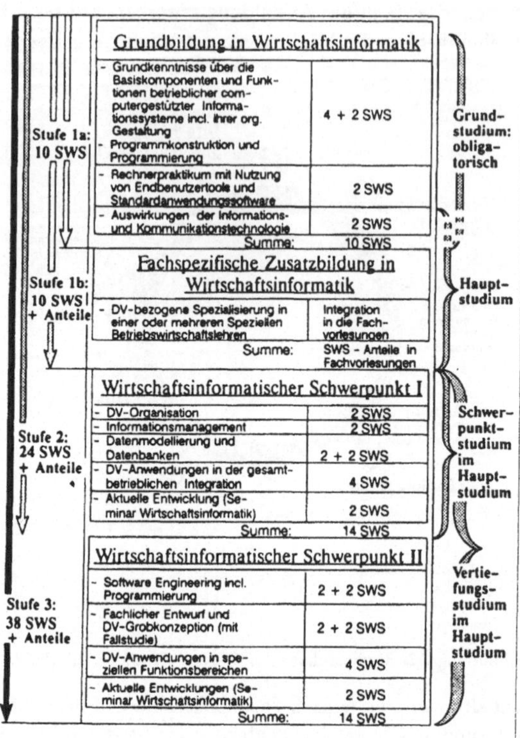

Abbildung 7.3: Stufenmodell für die Integration der Wirtschaftsinformatik in wirtschaftswissenschaftliche Studiengänge [Bi92, 147]

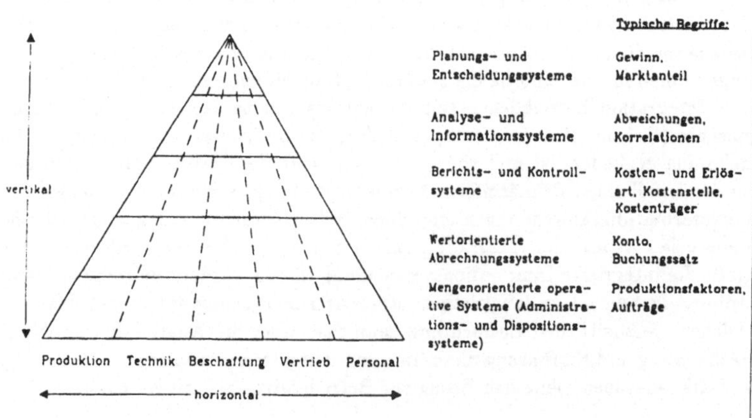

Abbildung 7.4: Informationssystem der Unternehmung [Sc90, 27]

her verfügt er über eine breite Qualifikation, die ihn generell für Berufe befähigt, die mit der Verwendung der Datenverarbeitung in der Unternehmung befaßt sind. Die „traditionellen" Berufsfelder innerhalb der Unternehmung tragen — bei durchweg uneinheitlicher Terminologie —

Bezeichnungen wie Systemplaner, Systemanalytiker, Softwareentwickler, Software Engineer, Anwendungsentwickler, Anwendungsprogrammierer, Organisationsprogrammierer, DV-Organisator. Bei diesen Berufen steht die Analyse, Planung und Realisierung innerbetrieblicher Informationssysteme im Vordergrund, einschließlich der Bewältigung aufbau- und ablauforganisatorischer Veränderungen, die im Rahmen der Planung und Einführung von Informationssystemen durchzuführen sind. Daneben werden Fachleute für spezielle Gebiete gesucht, z.B. Bürokommunikation, Logistik, DV-Controlling, DV-Revision, Einführung von MIS/EIS (Management/Executive Information Systems). Bei diesen Positionen ist der wirtschaftsinformatische Gehalt offensichtlich; bei anderen, eher techniknahen Stellen ist er verdeckt vorhanden, z.B. Telekommunikationsspezialist, Datenbankadministrator oder Netzwerkmanager.

Bei Unternehmungen, die Informatikleistungen erbringen, z.B. Softwarehäuser, Hersteller usw., gibt es das Berufsfeld des Beraters, der dem Kunden gegenüber Beratungs- und Betreuungsaufgaben wahrnimmt. Diese Position erfordert eine große Bereitschaft und Fähigkeit zur schnellen Einarbeitung und analytischen Durchdringung der Probleme des Kunden. Spezielle Beratungsleistungen werden z.B. auf den Gebieten Sicherheit der Informationsverarbeitung, Qualitätssicherung, Methoden- und Werkzeugeinsatz, Aus- und Weiterbildung erbracht. Bei großen Anwendern finden sich auch interne Beratungsfunktionen dieser Art, ebenso Koordinationsfunktionen z.B. für DV-Beschaffung oder IDV (Individuelle Datenverarbeitung).

Hardware- und Standardsoftwarehersteller und Distributoren benötigen Vertriebsbeauftragte für ihre Produkte. Das Spektrum der Aufgabengebiete reicht von Akquisition, Kundenpflege und Verkauf bis hin zu Ausarbeitung, Angebot und Präsentation von Konzeptionen und Gesamtlösungen.

Der Aufstieg in Leitungsfunktionen ist — wie in allen Gebieten — mit einer Veränderung der Arbeitsinhalte verbunden; Managementfunktionen treten in den Vordergrund. Damit werden auch Managereigenschaften wie strategisches und konzeptionelles Denken, Personalverantwortung, Durchsetzungsvermögen und Kostenbewußtsein wichtig.

In diesem Kapitel können nur wenige Aspekte möglicher Berufstätigkeiten in der Wirtschaftsinformatik angesprochen werden. Sie sind einer ausführlicheren Analyse [Bi92, 9ff] entnommen, die auf einer Auswertung von Stellenangeboten in den Jahren 1986, 1988 und 1990 basiert.

Literatur

[•] **Studienführer und Empfehlungen**

[Bi92] Bischoff, Rainer, Wirtschaftsinformatik an Fachhochschulen: Studium, angewandte Forschung und Transfer, 2. Aufl., Berlin ...: Springer 1992

[GI84] GI-Arbeitskreis 7.1.2, Neue Empfehlungen der Gesellschaft für Informatik für das Informatikstudium an Fachhochschulen, in: Informatik-Spektrum, Bd. 7/1984, S. 187–191

[GI90] Arbeitsgruppe „Wirtschaftsinformatik in wirtschaftswissenschaftlichen Studiengängen an Fachhochschulen" im FA 7.1 der GI, Wirtschaftsinformatik in wirtschaftswissenschaftlichen Studiengängen an Fachhochschulen, in: Informatik-Spektrum, Bd. 13/1990, S. 289–292

[•] **Einführungs- und Übersichtsliteratur**

[Bl90] Bleimann, Udo, Dippel, Dieter, Turetschek, Günter, Wente, Klaus W., Betriebsinformatik: Informationsverarbeitungssysteme in Unternehmen und Verwaltungen. Hanser Studienbücher, München, Wien: Hanser 1990

[Ge91] Gerken, Wolfgang, Betriebliche Datenverarbeitung. Integrierte Dialogverarbeitung in Terminal- und Rechnernetzen, Mannheim, Wien, Zürich: BI 1991

[Ha92] Hansen, Hans Robert, Wirtschaftsinformatik I. UTB 802, 6. Aufl., Stuttgart: Fischer 1992

[Ku90] Kurbel, Karl, Strunz, Horst (Hrsg.), Handbuch Wirtschaftsinformatik, Stuttgart: Poeschel 1990

[Me90] Mertens, Peter (Hrsg.), Lexikon der Wirtschaftsinformatik, 2. Aufl., Berlin, ...: Springer 1990

[Me91] Mertens, Peter, Integrierte Informationsverarbeitung 1. Administrations- und Dispositionssysteme in der Industrie, 8. Aufl., Wiesbaden: Gabler 1991

[MG91] Mertens, Peter, Griese, Joachim, Integrierte Informationsverarbeitung 2. Planungs- und Kontrollsysteme in der Industrie, 6. Aufl., Wiesbaden: Gabler 1991

[Sc90] Scheer, August-Wilhelm, EDV-orientierte Betriebswirtschaftslehre. Springer-Lehrbuch, 4. Aufl., Berlin, Heidelberg, New York: Springer 1990

[•] **Aktuelle Aktivitäten der Wirtschaftsinformatiker an Fachhochschulen**

[Bi92] Bischoff, Rainer, Gipper, Hans, Schwanenberg, Peter, Wirtz, Klaus Werner (Hrsg.), Wirtschaftsinformatik morgen: Prinzipien strategischer Softwareentwicklung, Ludwigshafen: Kiehl 1992

Kapitel 8

Friedrich Pieper: Technische Informatik an Fachhochschulen

8.1 Informatik und Interdisziplinarität

So wie die Mathematik in Naturwissenschaft und Technik traditionell eine unentbehrliche Hilfswissenschaft ist, wirkt auch die Informatik in Wissenschaften hinein, denen sie als Dienstmagd nützen bzw. in denen sie ihre Anwendungsfelder finden kann. Sie tut dies umfassender als die Mathematik, denn sie benötigt die Mathematik bereits ihrerseits als ein Fundament, fügt aber zahlreiche neue wissenschaftliche Erkenntnisse und Methoden hinzu, die heute unter dem Schlagwort *Anwendung moderner Technologien* unentbehrlich geworden sind und sich mit einer Eigendynamik weiterentwickeln, wie sie intensiver in kaum einer anderen Wissenschaft zu beobachten ist. Die Folgen der Anwendung moderner Technologien rücken immer mehr ins öffentliche und auch ins wissenschaftliche Interesse. Philosophen, Linguisten, Soziologen, Kulturhistoriker und viele andere Wissenschaftler und intellektuelle Meinungsbildner befassen sich mit zunehmendem Interesse, zunehmender Intensität und zunehmender Kompetenz mit diesen Themen. Man spricht statt von einer dritten oder vierten *industriellen* bereits viel umfassender von einer *kulturellen Revolution*, die der modernen Gesellschaft durch moderne Technologie, speziell durch die Informations- und Kommunikationstechniken beschert wird.

Auf die Informatik als eine der wichtigsten, wenn nicht *die* wichtigste wissenschaftliche Säule dieser Entwicklung muß deren Reflexion gerade in der kritischen und engagierten gesellschaftlichen Elite notwendig zurückwirken. Klage über die reine Wissenschaft als mißbrauchte Dienstmagd ist ebenso unangebracht wie nutzlos. Vielmehr begründet dies geradezu — soviel vorweg — die Informatik als eigenständige moderne Wissenschaft, allerdings mit besonderer Ausrichtung auf Interdisziplinarität — deutlicher wohl, weil so exponiert, als jede andere Wissenschaft.

Diese Rolle der Informatik als exponierte eigenständige Wissenschaft mit besonderem Zwang zur Interdisziplinarität begründet andererseits auch ihre besondere Rolle in ihren Anwendungsfeldern. Dabei ist unerheblich, herauszufinden, was Ursache, was Wirkung ist, ob also die Informatik ihre Anwendungen oder die Anwendungen die Informatik ins öffentliche Interesse gerückt haben. Tatsache ist, daß heute die Informatik mit ihren Anwendungsfeldern auf besondere Weise im Brennpunkt öffentlichen Interesses steht. Diese Situation hat sich in den fast 25 Jahren, auf die die Informatik in Deutschland heute zurückblicken kann, allerdings erst allmählich und besonders deutlich erst in den letzten Jahren entwickelt. Gleichwohl gab es von Anfang an eine besondere Ausrichtung der neu gegründeten Informatik auf ihre Anwendungsfelder.

8.2 Technische Informatik

Daher ist es kein Zufall, daß sich die Informatik an den Fachhochschulen für Technik von Anfang an auch in ihren technischen Anwendungen etabliert hat. Schon 1970 gab es die ersten Neugründungen von Informatik-Fachbereichen an Fachhochschulen, und zwar in Furtwangen und Ulm, wobei in Ulm damals schon die *technische Informatik* gegründet wurde. Dies ergab sich einerseits aus dem Auftrag der Fachhochschulen, wissenschaftlich und praxisorientiert auszubilden, andererseits ist hier bereits die o.g. besondere Situation in der Informatik zu erkennen. Als Konsequenz dieses Gründungsansatzes verleihen auch heute noch die Fachbereiche *technische Informatik* an Fachhochschulen fast ausnahmslos den Titel *Dipl. Ing. (FH)* statt des in den anderen Informatik-Fachbereichen vergebenen Titels *Dipl. Inf. (FH)*. Der feine Unterschied von nur *1 bit* im ASCII-Zeichensatz[1] ist dennoch programmatisch.

Technische Informatik befaßt sich mit der Anwendung von Informatik in *technischen Prozessen*. Diese häufig gegebene Definition läßt in ihrer Unschärfe fast jede Auslegung zu. Man lasse beispielsweise auch die Kultur*techniken* Lesen und Schreiben in dieser Definition zu. Obgleich es weitgehenden Konsens darüber gibt, was mit *technischen Prozessen* gemeint ist, seien die wichtigsten **Anwendungsfelder** näher umrissen:

- *Automatisierungstechnik:* Automatisierung von Maschinen, Fahrzeugen, Haushaltsgeräten etc. mit Microprozessoren bzw. Microcomputern;
- *Prozeßtechnik:* Steuerung und Regelung technischer Prozesse z.B. in Kraftwerken mit Computer-Unterstützung;
- *Leittechnik:* Überwachung und Leitung komplexer technischer Abläufe, z.B. Verkehrsleitsysteme, Kommunikationssysteme;
- *Betriebs- und Meßdatenerfassung (BDE, MDE):* Gewinnung technischer und betrieblicher Daten und deren Nutzung zur Steuerung von Prozessen;
- *Produktionsplanung und -steuerung (PPS):* Steuerung industrieller Produktionsprozesse, Abbildung der komplexen Logistik von Fabrikationsprozessen mit Hilfe von Computersystemen.
- *Integration (CIM):* Integration von Verfahren aus den genannten Anwendungsfeldern zu komplexen Systemen.

Bekanntlich — d.h. von einer interessierten Öffentlichkeit durchaus bewußt wahrgenommen — bietet die Informatik zum — wo auch immer — Anwenden eine fast täglich wachsende Vielfalt von Mitteln, Methoden, Werkzeugen in Hard- und Software, um deren solide hand- (besser: kopf-) werkliche Beherrschung es selbstverständlich zunächst in jedem Informatik-Studium gehen muß. Ein Verständnis der wesentlichen Zusammenhänge und Vorgänge im jeweils gegebenen Anwendungsfeld ist danach ebenso wichtig, um die Fähigkeit zu erwerben, *angemessene* Lösungen für typische Aufgaben dieses Anwendungsfeldes entwerfen und realisieren zu können. Daher bieten die Studiengänge der technischen Informatik Lehrveranstaltungen zu technischen Fächern wie

- Elektrotechnik,
- Meß- und Sensortechnik,
- Regelungstechnik,
- Elektronik und Bauelemente

[1] ord('f') =102 = $1100110^{(2)}$, ord('g') = 103 = $1100111^{(2)}$.

an, deren Umfang bis zu 50 Prozent des gesamten Fächerangebots ausmachen kann[2]. Den Inhalt solcher Fächer wird man jedoch auch im weiteren Sinne zum Handwerkszeug technischer Informatiker/innen rechnen müssen.

Damit stellt sich die Frage, wie in Studiengängen der technischen Informatik denn Einsicht und Verständnis für die *eigentlichen* technischen Anwendungsfelder vermittelt werden kann und soll. Diese Frage begleitet die technische Informatik seit Anbeginn und hat wohl an allen Hochschulen, die technische Informatik als Studiengänge anbieten, zu ständigem Überdenken der Studien-*inhalte* geführt. Wenigstens zwei Antworten hat die Auseinandersetzung mit diesem Problem hervorgebracht:

- jede konkrete, nicht zu triviale Aufgabe in einem Anwendungsfeld stellt an die zu findende Lösung jeweils konkrete neue Anforderungen, die in keinem noch so detaillierten Studienplan antizipiert werden können;
- um in einem Anwendungsfeld als Fachmann oder Fachfrau wirklich kompetent mitreden zu können, gibt es nur den Weg des Vollstudiums des betreffenden Anwendungsfaches;

und diese Antworten haben wohl auch bewirkt, daß sich zumindest in den Semestern des Haupt- oder Vertiefungsstudiums der technischen Informatik deutlicher als in vielen anderen — auch technischen — Studiengängen als Lehr**form** bzw. Lehr**methode** etabliert hat:

- *Projektstudium* mit Gruppenarbeit an exemplarischen konkreten Projekten technischer Anwendungsfelder.

Mit dieser Aussage ist keineswegs behauptet, daß andere Studiengänge weniger Projektstudien anbieten oder weniger praxisorientiert seien als im Schnitt die Studiengänge der technischen Informatik; aber in der technischen Informatik ist diese Methode auf besondere Weise zugleich unverzichtbar und gefährlich — unverzichtbar, weil jeder Ingenieur und jede Ingenieurin der technischen Informatik wenigstens ein Projekt durchgestanden haben muß, um ‚die Sprache der Anwender' verstehen zu können, gefährlich, weil Spezialisten für Klärwerksautomatisierung, Verkehrsleittechnik, Geschirrspülmaschinensteuerung, Paketsortiermaschinensensortechnik etc. etc. in der Öffentlichkeit nicht gerade den Eindruck erwecken werden, für die Lösung technischer Zukunftsprobleme besonders kompetent zu sein.

Kompetenz und — als ihre Voraussetzung — Professionalität als Ingenieur/in der technischen Informatik wird man/frau erst nach etlichen Berufsjahren erworben haben — wenn überhaupt. Das Studium der technischen Informatik soll die Befähigung vermitteln, Kompetenz und Professionalität im Berufsleben erreichen zu können.

Die **Lernziele** auf dem Weg dorthin heißen

- Beherrschung von *Werkzeug* und *Methoden*,
- Verständnis der *Konzepte* und *Prinzipien* zur Lösung von Problemen.

Erst wer diese Ziele erreicht hat, kann von sich behaupten, Probleme souverän überblicken zu können, statt sich von ihnen beherrschen zu lassen. Diese Souveränität wird zunehmend unverzichtbar für das Vertrauen der Öffentlichkeit in die Kompetenz der Repräsentanten moderner Technologien — wenn ein solches Vertrauen überhaupt noch zu rechtfertigen ist.

Längst geht es in der Anwendung moderner Technologien nicht mehr nur um den ‚Stand der Technik', dessen Einsatz fraglos sei. Technologie und Anwendungsfeld sind längst nicht mehr klar

[2]Eine Erhebung über das Fächerangebot aller Studiengänge der technischen Informatik an deutschen Fachhochschulen wird derzeit vom Fachbereichstag Informatik durchgeführt; das Ergebnis wird zur Fachtagung in Koblenz vorgetragen.

zu unterscheiden — so beschreibt beispielsweise ‚CIM' schon mehr ein Lösungskonzept der technischen Informatik zur Behebung früher von ihr begangener Fehler als tatsächlich ein technisches Anwendungsfeld.

Informatik ‚wo auch immer' angewendet, wird niemanden, der sich — mit Recht — öffentlich für die Folgen interessiert, von souveräner Lösungskompetenz überzeugen.

Kapitel 9

Stephan Karczewski: Die Ausbildung zum Mathematisch-technischen Assistenten. Die Förderung von Schlüsselqualifikationen in der innerbetrieblichen Ausbildung

9.1 Einleitung

Seit mehr als 30 Jahren bildet die Hoechst AG (neben anderen Firmen der chemischen Industrie) Mathematisch-technische Assistenten aus. Die Ausbildung existierte also schon vor der Etablierung der Informatik an den Hochschulen. Die Einrichtung des Ausbildungsganges wurde nötig, um eine Gruppe von Fachleuten zur Bedienung der damals aufkommenden Großrechenanlagen heranzubilden.

Die Ausbildung zum Mathematisch-technischen Assistenten (im innerbetrieblichen Sprachgebrauch hat sich die Abkürzung *MATA* durchgesetzt, die im folgenden auch mitunter benutzt wird) fußt seit jeher auf zwei Säulen: der Mathematik und der Informatik. Sie hat sich im Laufe der Jahre insbesondere im Bereich der Informatik gewandelt. Stand zu Beginn (in den 60er Jahren) fast ausschließlich das Erlernen von Programmiersprachen im Vordergrund, so sind mittlerweile die Informatik-Inhalte erheblich differenziert worden. Betriebsintern wird heute vielfach auch von der Ausbildung zum *Industrie-Informatiker* gesprochen.

Die *Informatik-Ausbildung* umfaßt mittlerweile alle Bereiche des Software-Engineering. Zu den Lehrgebieten zählen moderne Programmiersprachen-Konzepte, Datenbanken und Datenmodellierung, Software-Technik, Kommunikationstechnik. Neben den üblichen Unterrichtsformen werden auch Projektarbeiten in Gruppen angefertigt.

Hierbei werden auch *Schlüsselqualifikationen* — wie kommunikative Fähigkeiten und Teamfähigkeit — im Unterricht vermittelt, in dem teilweise praktische Anwendungen in den Theorieteil integriert werden. Ein Vorteil der innerbetrieblichen Ausbildung liegt darin, daß Unterrichtsinhalte in Zusammenarbeit mit der Informatik-Fachabteilung bzw. den Anwendungsabteilungen ausgearbeitet und gelehrt werden können.

9.2 Organisatorischer Rahmen

Die Ausbildung zum Mathematisch-technischen Assistenten ist bei der Industrie- und Handelskammer Frankfurt nicht in Form einer Ausbildung geregelt, sondern in Form einer *Fortbildung*. Im folgenden wird trotzdem von Ausbildung gesprochen, da es sich tatsächlich um eine Erstausbildung handelt. Der scheinbar geringe Namensunterschied (Ausbildung, Fortbildung) hat organisatorisch zur Folge, daß für die Aus- (Fort-) zubildenden keine Berufsschulpflicht besteht. Die Hoechst AG hat daher — wie einige weitere Firmen im Rhein-Main-Gebiet — eine *betriebsinterne* Gruppe von

Dozenten, die den Unterricht in Mathematik und Informatik übernimmt.

Voraussetzung für die Teilnahme an der Ausbildung sind das Abitur und gute mathematische Kenntnisse und Begabung, erworben in der Regel im Mathematik-Leistungskurs mit guten bis wenigstens befriedigenden Leistungen.

Unterricht und praktische Ausbildung laufen bei der Hoechst AG *parallel*. Bis auf die ersten 6 Monate der Ausbildung sind die Auszubildenden in etwa zur Hälfte in einer Fachabteilung, in der sie den Informatik-Alltag kennenlernen. In der übrigen Zeit werden sie im werkseigenen Computer-Lernzentrum unterrichtet.

Die Hoechst AG hat zwei *interne Zwischenprüfungen* eingeführt. Diese ergänzen die *Kammer-Abschlußprüfung*, die aus den Prüfungen in Mathematik (Lineare Algebra, Analysis), Fachrechnen (Numerische Mathematik, Stochastik), Fachbericht (Informatik-Fächer), Programmierung und Hausarbeit bestehen. Ein nach den Unterrichtsfächern differenziertes internes Abschlußzeugnis bietet größere Aussagekraft als das nur aus zwei Noten (Kenntnisprüfung, Fertigungsprüfung) bestehende IHK-Abschlußzeugnis. Ähnlich wie in Hochschulen werden zur Überprüfung der Leistungen Klausuren geschrieben, mündliche Prüfungen abgehalten und praktische Arbeiten am Computer — zum Teil in Projektgruppenarbeit — angefertigt.

9.3 Der Informatik-Unterricht in der Ausbildung

Der Informatik-Unterricht hat sich in den vergangenen 5 Jahren entscheidend verändert. Das ausschließliche Codieren von Programmen hat weniger Gewicht als noch in den 60er und 70er Jahren. Die zentralen Themen des Informatik-Unterrichts werden im folgenden detaillierter beschrieben.

9.3.1 Grundlagenfächer

In der Ausbildung zum Mathematisch-technischen Assistenten werden bei der Hoechst AG in den ersten Wochen praktische und theoretische Inhalte gelehrt. Praktische Einführungen in die PC- und Großrechner-Technologie werden angeboten, so daß die MATAs mit den gängigen Rechnermodellen und deren Standardsoftware umgehen können, bevor sie in den Fachabteilungen praktisch lernen. Im Unterricht werden *Informationsverarbeitung, Digitale Datentechnik, Algorithmen und Datenstrukturen, Theoretische Informatik* und *Graphentheorie* gelehrt.

9.3.2 Datenbanken und Datenmodellierung

Der Bereich der Datenbanken nimmt einen breiten Raum in der Ausbildung ein. Seine Bedeutung hat in den letzten Jahren zugenommen, was die Anfragen aus den Fachabteilungen deutlich machen. Darüber hinaus nimmt bei fast allen größeren Informatik-Projekten die Datenmodellierung einen immer breiteren Raum ein. So wurde bei der Hoechst AG — wie in vielen anderen Unternehmen — eine Projektgruppe zur Entwicklung eines mit den Ressorts und Bereichen abgestimmten Unternehmensdatenmodell eingerichtet. Nicht nur bei solchen Modellierungsprojekten treten immer stärker Schlüsselqualifikationen wie kommunikative Fähigkeiten, Teamfähigkeit und Organisationsfähigkeiten in den Vordergrund, die auch zunehmend von Mathematisch-technischen Assistenten erwartet werden.

Die Erfahrung zeigt, daß die theoretischen Grundlagen für Datenbanken den Auszubildenden mitunter sehr abstrakt erscheinen, wenn nicht ein grundlegendes praktisches Verständnis vorliegt. Daher wird bereits vor dem Datenbank-Theorie-Unterricht ein *Datenbank-Praktikum* durchgeführt, das in einem 50 Unterrichtsstunden umfassenden Kurs mit einem relationalen PC-Datenbank-System die zentralen Aspekte von Datenbanken erläutert. Dieses Datenbank-Praktikum vermittelt aufeinander abgestimmt Theorie und Praxis im Verhältnis 1 zu 2. So wird zum Beispiel die Entity-Relationship-Modellierung in der Theorie gelehrt. Praktische Modellbeispiele werden anschließend mit den Sprachkomponenten des Datenbanksystems als Relationen(-schemata) aufgebaut. Die Datenbank-Themen, die dabei abgehandelt werden, sind:

- das 3-Ebenen-Konzept,
- das Entity-Relationship- und Relationen-Modell,
- der Übergang vom ER-Modell (-Diagramm) zu einer relationalen Datenbank,
- das Manipulieren von Daten in relationalen Datenbanksystemen (Relationenalgebra, QBE, SQL) und
- das Arbeiten mit Embedded-SQL.

Nicht alle Datenbank-Themen werden in diesem Praktikum ausführlich behandelt. Außerdem fehlen einige Themen, um den gesamten Bereich „Datenbanken" abzuhandeln. Jedoch zeigt sich, daß die hier aufgezählten Gebiete gut geeignet sind, einige Theorie-Gebiete unmittelbar mit der Praxis zu verbinden.

Nach dem Datenbank-Praktikum erfolgt eine *Datenbank-Theorie-Veranstaltung*, in der weitere Datenmodelle (hierarchisches, Netzwerk-Modell) vorgestellt werden. Darüber hinaus wird der Stoff zum Relationenmodell vertieft (inter- und intrarelationale Datenabhängigkeiten, funktionale Abhängigkeiten, Normalformen von Relationenschemata) und Algorithmen zu verschiedenen Themenbereichen dargestellt. Hierbei zeigt sich, daß aufgrund des gewonnenen Verständnisses im Datenbank-Praktikum ein leichterer Zugang zu den Theorie-Inhalten gelingt.

Den Abschluß des Veranstaltungskanons für Datenbanken bildet die *Datenmodellierung*. Obschon in der Praxis natürlich die Datenmodellierung vor dem eigentlichen Umgang mit Datenbanken steht, ist diese Reihenfolge für den Unterricht dennoch bewußt gewählt. Nur mit Hilfe der klaren Vorstellung der dahinterliegenden Theorie kann man gut modellieren. Nach einer Vorstellung der Phasen des Datenbank-Entwicklungs-Prozesses werden verschiedene ER-Modellierungstechniken der Praxis (z.T. mit den sie verwendenden Software-Tools) vorgestellt. An Übungsbeispielen lernen die MATAs in Gruppenarbeit eigene Modelle zu erstellen, sie anderen Gruppen vorzustellen und somit die Rollen von Entwicklern und Anwendern gleichermaßen zu übernehmen. Im Rahmen dieser Veranstaltung werden im Idealfall also Schlüsselqualifikationen wie kommunikative Fähigkeiten (innerhalb des Entwicklerteams und mit dem Anwender) und Teamfähigkeit *geübt*. Nebenbei sei erwähnt, daß die MATAs ihre Modelle mit einem Software-Tool im Rechner ablegen. Es zeigt sich, daß der Umgang mit der Modellierungs-Software ein geringeres Problem darstellt als die zuvor genannten Rollenspiele.

9.3.3 Programmiersprachen

Obschon zu Beginn angedeutet wurde, daß das Codieren von Programmen nicht mehr das einzig zentrale Thema in der Informatik-Ausbildung darstellt, sind Programmiersprachen natürlich nicht unwichtig geworden. Auch heute noch müssen ältere Programme (in ebenso alten Programmiersprachen) gewartet und erweitert werden. Programmieren wird nicht nur an konkreten Sprachen gelehrt, sondern auch von den konzeptionellen Seite her. So werden zunächst in dem Fach *„Einführung in die Programmierung"* die Komponenten prozeduraler Programmiersprachen vermittelt. Techniken, wie z.B. Struktogramme nach Nassi-Shneiderman und Pseudocode, werden ebenso eingeführt wie grundlegende Konzepte von Sprachen (Lexikalik, Syntax, Semantik). Im Anschluß werden zwei *Programmiersprachen* (FORTRAN, COBOL) im üblichen Wechsel zwischen Vermitteln des Aufbaus von Befehlen und Einüben am Rechner mit Hilfe geeigneter Aufgaben erlernt. Parallel hierzu findet die bereits oben erwähnte Veranstaltung Algorithmen und Datenstrukturen statt. Im weiteren Verlauf der Ausbildung lernen die MATAs PASCAL und, weil in der Praxis immer häufiger verlangt, C mit den *objektorientierten Erweiterungen* (C++). Ein weiteres Fach *„Programmierung“* wird in der letzten Phase der Ausbildung durchgeführt. Hierbei werden Entwurf und Implementation von kleinen Programmierproblemen eingeübt. Dieses Fach bereitet auf eine der IHK-Prüfungen, die zu Beginn bereits erwähnt wurde, vor.

Das Verständnis für die wesentlichen prozeduralen Komponenten und deren Anwendung steht im Mittelpunkt der programmiersprachlichen Ausbildung. So ist bei allen schriftlichen Prüfungen und Klausuren, die die Implementation von Programmen betreffen, die Wahl der Programmiersprache frei.

Die erworbenen Programmiersprachen-Kenntnisse fließen in viele andere Bereiche ein, z.B. in die Software-Technik. Obschon also sicherlich in der Praxis nicht mehr ausschließlich programmiert wird, ist das *Programmieren-Können* eine unerläßliche Technik für den MATA.

9.3.4 Software-Technik

Sicherlich ist der Übergang vom Programmieren im Kleinen zum Programmieren im Großen fließend. Nach dem Erlernen von Programmiersprachen erfolgt im Fach *„Software-Technik“* die Einführung in die Programmierung komplexer Problembereiche. Die bekannten Methoden für die Problemananlyse, den Entwurf, den Test, die Dokumentation und die Organisation werden theoretisch und an kleineren Beispielen vermittelt. Sie werden bei der zur Abschlußprüfung gehörenden Hausarbeit praktisch angewendet.

Ein weiteres Fach *„Objektorientierter Entwurf“* zeigt die grundlegenden Prinzipien dieser Methode auf, die anschließend bei der praktischen Programmier-Ausbildung mit C++ bzw. Turbo-Pascal 6.0 erlernt werden. Die Unterschiede in der Vorgehensweise bei größeren objektorientierten Projekten gegenüber den herkömmlichen Methoden wird aufgezeigt. Zentrale Begriffe sind dabei Klassen mit der Verwandtschaft zu abstrakten Datentypen, Objekte, Botschaften, Vererbung und dynamisches Binden. Es wird also nicht nur das objektorientierte *Programmieren* erlernt, sondern auch der objektorientierte *Entwurf*. Praktische Unterrichtselemente sind in diesem Fach weniger ausgeprägt. Dies liegt auch daran, daß Informatik-Projekte im Unternehmen noch überwiegend konventionell abgewickelt werden.

Auch die Software-Entwicklung wird praktisch eingeübt. Ein *Projekt in Gruppenarbeit* ermöglicht den MATAs die mehr oder weniger realistische Durchführung einer größeren Programmierarbeit. Dabei spielt das verpflichtende Führen eines Projektordners, die Bestimmung eines (über die Zeit durchaus wechselnden) Projektleiters je Gruppe, die Betreuung durch jeweils einen Dozenten, der mit dem Projektleiter kommuniziert und die Abgabe von vier Phasendokumenten (Problemananlyse, Systementwurf, Programm, Abschlußdokumentation) eine wesentliche Rolle. Natürlich müssen die einzelnen Schritte aufeinander aufbauen, wobei erneut die Schlüsselqualifikationen wie Kommunikation in der Gruppe, Arbeiten im Team und Organisationsfähigkeiten trainiert werden. Sicherlich wird letztere allein schon dadurch gefördert, daß die MATAs dieses Projekt neben dem normalen Unterricht und der praktischen Tätigkeit in ihrer Abteilung durchführen müssen. Bei diesem Projekt wird mittlerweile auch versucht, die Datenmodellierung mit der Programmierung zu verbinden. Bei der letzten Arbeit gehörte zur Problemanalyse die Aufstellung eines Datenmodells.

9.4 Praktische Ausbildung

Ein Vorteil, den ein MATA einem Fachhochschulstudenten nach der Ausbildung voraus hat, ist die Praxiserfahrung im Unternehmen. Diese gewinnt er während dreier achtmonatiger *Praxisphasen* in unterschiedlichen Abteilungen. Der MATA kann die in der Theorie bzw. der Übungspraxis erworbenen Kenntnisse in der Praxis vertiefen und ergänzen. Ausdrücklich ist auch eine *Speziali-*

sierung vorgesehen, die nicht theoretisch vermittelt werden kann (z.B. Anwendung von Programmsystemen, Beratung und Betreuung von Kunden, Installation und Betreuung von Hardware und Netzen).

Die praktischen Phasen dienen weiterhin dazu, Organisation, Entscheidungswege, Personen und Informatik-Infrastruktur des Unternehmens kennenzulernen. In einem Unternehmen wie der Hoechst AG arbeiten im Stammwerk in Höchst knapp 28000 Mitarbeiter, so daß selbst erfahrene Mitarbeiter nicht alle Bereiche kennen können. Somit ist dieser Punkt wichtiger als in kleineren Unternehmen. Natürlich soll hiermit auch eine verstärkte *Identifizierung mit dem Unternehmen* erreicht werden.

Für einen angehenden MATA ist es wichtig, die Arbeitsbereiche bereits fertig ausgebildeter MATAs zu kennen und von deren Erfahrung zu profitieren.

Die drei Abteilungsphasen finden in der Regel in *unterschiedlichen inhaltlichen wie organisatorischen Einheiten* statt. So sollte jeder MATA in der zentralen Abteilung Informatik und Kommunikation gewesen sein. Daneben ist es auch wichtig, in Anwendungsbereichen zu arbeiten, damit man die Arbeit mit Nicht-Informatik-Fachleuten praktisch erprobt. Neben der organisatorischen Aufteilung der Fachabteilungen erfolgt eine inhaltliche. Jeder MATA sollte in den Abteilungen Großrechner- und PC-Erfahrung gewinnen, mit prozeduralen Programmiersprachen und Datenbanken arbeiten. Wesentlich und in Zukunft immer wichtiger wird der *Umgang mit den Anwendern.*

Insgesamt verhilft das „*learning by doing*" in den Abteilungsphasen dem MATA zu einer Menge von Schlüsselqualifikationen. Diese verschiedenen Phasen sind überaus wichtig für die Ausbildung, denn nicht nur die zukünftigen MATAs erkennen ihre fachlichen Stärken und Schwächen, sondern auch die Abteilungen, die später Planstellen vergeben möchten, können nach geeigneten Bewerbern Ausschau halten. Es zeigt sich, daß für die spätere Praxis insbesondere Fähigkeiten wie Organisieren, gutes Arbeiten im Team, Zugehen auf Anwender — also die gewünschten Schlüsselqualifikationen — eine entscheidende Rolle spielen.

9.5 Fazit

Die Ausbildung zum Mathematisch–technischen Assistenten stellt das *praxisorientierte Lernen* in den Vordergrund. Insofern ist diese Ausbildung für mathematikbegabte Abiturienten geeignet, die kein Studium anstreben. Nicht die ausschließlich theoretische Durchdringung der Informatik-Inhalte steht im Vordergrund der Ausbildung, sondern die *auf Anwendung ausgerichtete Vermittlung des Unterrichtsstoffes.*

In den letzten Jahren führte die Hoechst AG vermehrt Unterrichtsansätze zur Vermittlung von Schlüsselqualifikationen in der Ausbildung ein. Interessanterweise stellt sich hierbei nicht der ausschließliche Umgang mit dem Computer als Schlüsselqualifikation dar, sondern die richtige Kombination von Umsetzung der erlernten Methoden mit dem Computer, Arbeiten mit Kollegen *und* Anwendern im Team und Organisation von Arbeitsabläufen. Aus der Sicht der Fachabteilungen, die für die MATAs Planstellen schaffen, erscheinen die zuletzt genannten Eigenschaften immer wichtiger zu werden.

Kapitel 10

Zdeněk Botek: Die Ausbildung der Computertechnik-Lehrer für Mittelschulen in der ČR

10.1 Das Problem

Der Fortschritt im Bereich der Computertechnik hat sich auch im Unterrichtsstoff der Mittelschulen in der ČR geäußert. Vor etwa sieben Jahren wurde ein Pflichtfach „Computertechnik" in bedeutendem Umfang an allen Mittelschultypen eingeführt.

Bereits im Jahr nach der diesbezüglichen Entscheidung des Schulministeriums mußte mit dem Unterricht begonnen werden, sodaß die Vorbereitungszeit für die praktische Umsetzung zu kurz war.

In der zur Verfügung stehenden Zeit konnte eine dem damaligen Stand der Technik entsprechende technische Ausrüstung angeschafft werden. Hingegen erwies sich die Bereitstellung entsprechenden Lehrpersonals als das größte Problem.

Zunächst waren im Rahmen einer provisorischen Lösung sowohl Lehrer aus der industriellen Praxis als auch Mittelschullehrer aus anderen Fachgebieten zum Unterricht eingesetzt worden. Das stellte sich aber als ungenügend heraus, und auch das Unterrichtsniveau entsprach nicht den Wunschvorstellungen. Außerdem wären an den Schulen spezielle EDV-Beauftragte notwendig gewesen, um langfristig den Einsatz von Computern in Unterricht und Verwaltung sichern zu können.

10.2 Die Lösung

Das Schulministerium der ČR hat die Situation durch eine Kombination aus kurzfristigen Anschaffungen und bedächtiger langfristiger Planung gelöst. Das Ergebnis spricht für die Qualität der getroffenen Entscheidungen und kann als Vorbild für Organisationen dienen, die vor ähnlichen Problemen stehen.

- Für alle Mittelschullehrer wurden Kurse von jeweils ca. 40 Stunden veranstaltet, und zwar mit Hilfe der sogenannten „Stillen Post". Dabei wird ein Kursteilnehmer in der Regel selbst zum Vortragenden auf der nachfolgenden niedrigeren Ebene (z.B. für einen Kurs auf Bezirksebene).

  Der Vorteil dieses Verfahrens liegt darin, daß die Absolventenzahl einer geometrischen Reihe folgt, aber gleichzeitig ergab sich in der Praxis der Nachteil, daß das Kenntnisniveau der Absolventen mit jeder Stufe niedriger wurde.

  Insgesamt erwies sich die Ausbeute als zu niedrig, und das Unternehmen hat mit einem Mißerfolg geendet, weil es das Schulministerium nicht verstanden hat, für alle Kurse Lektoren entsprechender Qualität bereitzustellen.

- Als optimale Zwischenlösung erwies sich eine Form des Fernstudiums für Lehrer, die schon in einem anderen Fach an der Schule tätig sind. Dieses dreijährige Fernstudium gilt auch in anderen Ländern als geeignetes Verfahren zur Lehrerausbildung im Bereich der Computertechnik, insbesondere solange Informatik nicht als eigenständig wählbare Studienrichtung anerkannt wird.

  Die Erfahrungen mit diesem Studium und auch mit den Studenten waren sehr gut. Meist hatten sich die Teilnehmer schon zuvor mit der Problematik beschäftigt und waren daher durch ihr eigenes Interesse besonders für das Fach motiviert. In den ersten Jahren nach Einführung dieses Fernstudiums war auch zu beobachten, daß Lehrer die gewonnenen Erkenntnisse unmittelbar in den Unterricht übertragen konnten, weil sie mit ihren Studenten an der Mittelschule ähnliche Probleme diskutierten, wie sie im Studium auftraten.

- Nach diesen zahlreichen Versuchen des Schulministeriums, der Hoch- und Mittelschulen wurde in der ČR im Jahre 1987 ein fünfjähriger Studienzweig „Computertechnik" eingeführt, den an der Masaryk-Universität jährlich etwa 25 Personen in Kombination mit Mathematik und Physik absolvieren. Diese Art der Lehrerausbildung für Mittelschulen scheint optimal, weil die Absolventen in ihren zukünftigen Schulen entscheidenden Einfluß auf die Einführung des Computers in Unterricht und Verwaltung ausüben und daher möglichst gut ausgebildet sein sollten.

10.3 Die Gegenwart

In diesem Jahr hat der erste Jahrgang von Studierenden das fünfjährige Studium der Computertechnik abgeschlossen. Die praktische Qualität der Ausbildung wird nur langjährige Beobachtung zeigen, aber schon heute können der Studienverlauf und die ersten Erkenntnisse von Studierenden und Lehrern bewertet werden.

Für das Lehramtsstudium ist in der ČR eine Kombination von zwei Fächern vorgeschrieben, das heißt, die Studierenden absolvieren zwei Studienrichtungen parallel. Das Studienjahr hat zwei Semester zu je ca. 15 Wochen, und pro Woche beträgt der Zeitaufwand etwa 10 Stunden pro Fachrichtung. Außerdem gibt es einen sogenannten Grundstock im Umfang von ca. 5 Wochenstunden, zu dem Fremdsprachen, Pädagogik, Psychologie, Sport, Informatik (für jene, die nicht ohnehin Informatik studieren), Philosophie usw. gehören.

Das Fach „Computertechnik" wurde im Zusammenhang mit Mathematik und Physik ausgeschrieben, weil diese Fächer gut zur allgemeinen Zielrichtung zu passen schienen. Diese Absicht hat sich als zielführend erwiesen, denn ein so ausgebildeter Student sollte fähig sein, die komplexen Anforderungen des Computereinsatzes in der Mittelschule zu erfüllen.

10.4 Der Studienplan

In der Folge soll kurz der Inhalt des Studienplanes besprochen werden (vgl. Tabelle 10.1).

Im ersten Studienjahr sind die Grundthemen „Computer Architecture" und „Design of Algorithms". Dabei wird im ersten Semester hauptsächlich auf die Grundlagen der Hardware eingegangen, während das zweite Semester sich mit Software-Architektur beschäftigt.

Infolge des sehr inhomogenen Niveaus der aus der Mittelschule eingebrachten Grundkenntnisse kommt es besonders im Fach „Design of Algorithms" zu einem interessanten Problem. Während nämlich nur ein kleiner Teil der Studierenden tatsächlich ausreichend qualifiziert ist, um das erste Semester überspringen zu können, tendiert ein viel größerer Anteil dazu, sich für qualifiziert zu halten.

1. Studienjahr							
Computer Architecture I	L	4	Ex				Brandejs
Design of Algorithms I	L	2	Ex				Botek
	S	2	z				Botek
Discrete Mathematics	L	2		L	2	Ex	Novotný
	S	1	z	S	1	z	Novotný
Computer Architecture II				L	3	Ex	Skula
Automata and Formal Languages				L	3		Havlát
				S	1	z	Havlát
Design of Algorithms II				L	1	Ex*	Botek
				S	2	z	Botek
2. Studienjahr							
Automata and Formal Languages	L	2	Ex*				Havlát
	S	1	z				Havlát
Design of Algorithms	L	2	z	S	2	z	Škarvada
	S	1	z				Škarvada
System Programming				L	2	Ex	Sedlácek
				S	2	z	Sedlácek
System and Application Software				S	2	z	KMI
3. Studienjahr							
Automata and Formal Languages	L	2	Ex*				Havlát
System Programming	L	2	Ex				Sedlácek
	S	2	z				Sedlácek
Data Management and Databases	L	2		L	2	Ex	Havlát
Computability and Complexity	L	2		L	2	Ex	Ochranová
				S	1	z	Ochranová
Didactic of Computer Science				S	2	z	Botek
Compilers				L	2	Ex	Kretinský
4. Studienjahr							
Numeric Methods	L	2	Ex				Horová
	S	1	z				Horová
Databases	S	2	z				Tuma
Didactic of Computer Science	S	2	z				Botek
Programming and Logic	L	2	Ex				Brim
Simulations	L	2	Ex				Sedlácek
Graphics				L	2	Ex*	Sochor
				S	1	z	Sochor
Logic Programming				L	2	Ex	Popelínský
				S	1	z	Popelínský
Software Engineering				L	2	Ko	Král
Diploma thesis seminar				S	2	z	Botek
5. Studienjahr							
Principles of Programming languages	L	2	Ex				Havlát
Artificial Intelligence	L	2	Ex				Racanský
Selected course	L	2		L	2	Ex	KMI
Software Engineering				L	2	Ko	Král
Diploma thesis seimar				S	2	z	Botek

Tabelle 10.1: Studienplan für die Lehramtsausbildung in der ČR

Tiefe und Systematik der Grundkenntnisse hängen natürlich von der Qualifikation des Mittelschullehrers ebenso ab wie vom Schultyp. Das alles muß der Vortragende an der Hochschule bei der Gestaltung seines Unterrichts beachten.

Man wählt darum relativ oft die Form des Seminars, wo verschiedene Methoden eingeführt und diskutiert sowie mit bisherigen Kenntnissen verglichen und gegen diese abgewogen werden können. Ein besonderer Vorteil dieser Art des Unterrichts liegt darin, daß sich ja die Studierenden als zukünftige Lehrer der Computertechnik in ihrem Berufsleben mit genau der gleichen Aufgabe konfrontiert sehen und daher das Seminar eine Vorbereitung in mehrfacher Weise darstellt.

Wie es Studierende gibt, die fachlich „zu gut" vorbereitet sind, so gibt es naturgemäß auch gänzlich unvorbereitete, obwohl das heute schon eher eine Ausnahmesituation ist, weil alle Mittelschultypen das Grundlagenfach „Computertechnik" anbieten. Die Eingliederung solcher Studenten in den normalen Unterrichtsbetrieb bringt üblicherweise keine großen Probleme, und schon nach einem Semester hängt das Zwischenergebnis mehr vom Intellekt und der Aufnahmebereitschaft der Studierenden ab als von ihrer Vorbildung aus der Mittelschule.

Für gewöhnlich ist damit das Problem unterschiedlicher Vorkenntnisse nach dem ersten Semester vernachlässigbar, und das Niveau der einzelnen Studierenden wird im Prinzip nur noch durch ihre individuellen Fähigkeiten, ihre Motivation und ihr Interesse an der Materie bestimmt.

Am Ende des ersten Semesters arbeiten die Studierenden im Rahmen des Faches „Design of Algorithms" erste individuelle Übungsbeispiele aus, meist zu Aufgabenstellungen aus der Numerischen Mathematik. Im Laufe des zweiten Semesters wird dann ein praktisches Projekt im Umfang von etwa 700 Zeilen mit Turbo Pascal ausgearbeitet. Dieses Fach wird nach dem normalen Studienplan auch im zweiten Studienjahr fortgesetzt.

Andere Fächer der 2., 3. und 4. Studienjahre sind in ihrem Inhalt den analogen Fächern des regulären Studiums der Informatik sehr ähnlich. Allerdings beleuchten die Vortragenden jeweils besonders die didaktischen Aspekte des durchgenommen Stoffes, den für die Lehramtskandidaten ist nicht nur der fachliche Inhalt, sondern besonders auch seine Interpretation und Präsentation wichtig. In der Folge sollen daher nur jene drei Fächer ausführlich behandelt werden, die für das Lehramtsstudium besonders charakteristisch sind.

Der über zwei Semester verteilte Inhalt des Faches „Didactic of Computer Science" besteht aus drei Teilen:

- Vortragen eines Kapitels aus dem Grundlagenkurs. Die Studierenden lernen, ihren Kollegen den an sich bekannten Stoff fachlich korrekt und interessant zu präsentieren, und haben andererseits Gelegenheit, die diversen auftretenden Probleme auch an den Vorträgen ihrer Kollegen zu beobachten und noch besser kennenzulernen.

- Vortragen eines Themas, das den zuhörenden Kollegen nicht vertraut ist und z.B. aus der aktuellen Literatur oder der betrieblichen Praxis stammt.

  Dieser Teil erfreut sich unter den Studierenden großer Beliebtheit, weil sie nicht nur das Thema ihres eigenen Vortrags gut kennenlernen, sondern durch die anderen Vorträge auch einen Einblick in aktuelle Fachinformationen auf anderen Teilgebieten erhalten.

- Studium von pädagogischer Software bzw. von Autorensystemen für diesen Zweck.

  Wieder ein sehr nützlicher Teil des Studiums, weil gerade jene Absolventen, die eine Ausbildung für Mittelschulfächer und Computertechnik haben, in Zukunft für die Erstellung derartiger pädagogischer Programme verantwortlich sein werden.

Zu Beginn des 5. Studienjahres absolvieren die Studierenden eine Mittelschulpraxis von sechs Wochen. Es werden dabei nicht nur Unterrichtsstunden erfahrener Lehrer besucht, sondern es steht auch selbständiges Unterrichten auf dem Programm. Hier werden also die Fähigkeiten der

Studierenden in der Praxis überprüft. In den letzten beiden Jahren hat sich gezeigt, daß die Studierenden sehr gut vorbereitet waren und die Probestunden vielfach sogar in konkreten Angeboten seitens der Schulen resultierten.

Im Laufe der letzten zwei Jahre wird die Diplomarbeit ausgeführt. Dieser Zeitrahmen ermöglicht eine gründliche theoretische Vorbereitung und läßt genügend Spielraum für die praktische Ausführung der Diplomarbeit. Übliche Themen bewegen sich von der Untersuchung der Möglichkeiten zur Unterstützung bestimmter Mittelschulfächer durch die Computertechnik bis hin zur Erstellung pädagogischer Software.

10.5 Zusammenfassung

Der gegenwärtige Stand der Lehrerausbildung für Computertechnik für Mittelschulen in der ČR entspricht einem Studium mit hohem praktischem Wert für die aktuellen Bedürfnisse der Mittelschulen und gleichzeitig für die zukünftigen Aufgaben, die aus der Weiterentwicklung des Fachgebiets entstehen werden.

Die Kombination aus solidem theoretischem Grundlagenwissen und praktischen Erfahrungen ermöglicht es den Absolventen, ihre Grundaufgaben zu erfüllen. Diese Aufgaben entstehen aus der praktischen Notwendigkeit, an den Mittelschulen in Gegenwart und Zukunft eine effektive Nutzung der Computertechnik zu erzielen.

In diesem Jahr sind die ersten Absolventen der besprochenen Studienrichtung in das Berufsleben eingetreten, und das Interesse, das ihnen von den Schulen entgegengebracht wurde, spricht ebenso für die Qualität der Ausbildung wie die ersten Reaktionen auf ihre Tätigkeit.

Untermauert wird dieser Eindruck durch die Tatsache, daß schon während ihres Studiums viele Studierende entweder mit Computerfirmen zusammengearbeitet oder sich mit diversen Projekten am Lehrstuhl für Informatik beschäftigt haben, sodaß eine gute Vorbereitung auf die berufliche Praxis gegeben war.

Kapitel 11

Klaus-Henning Hansen: Informationstechnik — Antizipation — Gestaltung. Ein Handlungsforschungsprojekt zur informationstechnischen Bildung

11.1 Informationstechnische Bildung oder Affirmation?

Für die Aktivitäten von Schulen, Ausbildungsstätten, Hochschulen und Weiterbildungseinrichtungen im Bereich der neuen Informations- und Kommunikationstechnologien hat sich seit Anfang der 80er Jahre der Begriff „informationstechnische Bildung“ (ITB) eingebürgert (Bund-Länder-Kommission 1987). Zu den Lernzielen der meisten Richtlinien, Lehrpläne und Unterrichtsmaterialien gehören neben der Kenntnis elementarer Grundbegriffe und Grundstrukturen der Informationstechnik der Einblick in die Entwicklung der elektronischen Datenverarbeitung sowie das Verständnis für die sozialen und wirtschaftlichen Auswirkungen und Probleme beim Einsatz. Ihre jeweilige Form, Machart oder Gestalt wird indes als gegeben vorausgesetzt. So weist z.B. die Bund-Länder-Kommission für Bildungsplanung und Forschungsförderung (BLK) (1987, S. 9) der Hochschule die Aufgabe zu, „den veränderten technischen, wirtschaftlichen und gesellschaftlichen Rahmenbedingungen Rechnung zu tragen“, nicht jedoch z.B., gestaltend auf die technischen Rahmenbedingungen einzuwirken.

Das Bildungswesen soll den Einzelnen auf die Anforderungen der zur Zeit verbreiteten Informations- und Kommunikationstechniken vorbereiten. Zwar darf es sich dabei nicht „als bloße Funktion dieser Herausforderung betrachten“ (Bund-Länder-Kommission 1987, S. 8). Die BLK gibt jedoch in ihrem „Gesamtkonzept für die informationstechnische Bildung“ keine Anregungen, die Gestaltbarkeit der Informationstechnik zum Thema des Unterrichts zu machen. So fehlt der Forderung des Bundesministers für Forschung und Technologie, die Schüler und Schülerinnen zu einer „aktiven und verantwortungsvollen Nutzung und Gestaltung der Informationstechnik zu befähigen“ (Der Bundesminister 1989, S. 106), die curriculare Grundlage. Ich meine, daß sich der Gestaltungsanspruch einlösen läßt, wenn die Lernenden die bestehende Technik zur Kenntnis nehmen und gleichzeitig zur Entwicklung von Neuem befähigt werden.

Ich arbeite zunächst die theoretisch-begrifflichen Voraussetzungen für die Realisierung dieses Ziels heraus. Danach stelle ich einen Forschungsansatz vor, bei dem Lehrkräfte in einem ersten Schritt „Schlüsselprobleme“ der Informationstechnik identifizieren und u.a. nach ihrer Bedeutung für eine gestaltungsorientierte ITB bewerten. Im zweiten Schritt wählen die Befragten eines der Schlüsselprobleme als Ausgangspunkt einer didaktischen Analyse. Dabei strukturieren sie ihr Thema als „Begriffslandkarte“ aus zentralen Konzepten und deren Beziehungen. In einem Interview werden die unterrichtsmethodischen Entscheidungen und das Technikverständnis herausgearbeitet. Im dritten Schritt erfolgt die Konstruktion einer Unterrichtsskizze (Szenarium) auf der Grundlage der didaktischen Analyse. Diese Entwürfe werden in der Klasse erprobt und auf der Grundlage einer Unterrichtsbeobachtung verbessert.

11.2 Technikverständnis

Die Verbreitung des Begriffes „informationstechnische Bildung" verleitet zu der Annahme, die Fachdidaktik erkenne generell den technischen Gehalt der elektronischen Datenverarbeitung an. Dort stehen sich jedoch Befürworter einer „reinen Informatik" und einer fachübergreifenden Anwendungsorientierung gegenüber. So fürchtet z.B. Baumann (1990, S. 12), daß die ITB „auf einem erschreckend niedrigen geistigen Niveau" verbleibt, wenn sie sich als Gemisch aus Arbeitslehre, Sozialkunde und Technikunterricht begreift, anstatt auf die „einschlägigen Denkkategorien der Informatik" zurückzugreifen. Dazu gehören nach Baumann die Schlüsselbegriffe der Informationswissenschaften und gerade nicht der Technik. Demgegenüber stellt Peschke (1991, S. 62f.) die motivierende Wirkung einer informationstechnischen Bildung heraus, die sich nicht nur auf informationswissenschaftliche Strukturprinzipien, sondern auf reale Phänomene aus dem Alltag der Lernenden stützt. Peschke (1991, S. 59) plädiert für eine „sozialorientierte Sichtweise [...], die den Computer in eine Wechselbeziehung zum Menschen und seiner Umwelt stellen kann."

Eine gestaltungsorientierte ITB erscheint illusionär, wenn Lehrende und Lernende der Meinung sind, die Entwicklung von Computern, Datenübertragungseinrichtungen oder Softwareprodukte sei primär durch technische Sachzwänge determiniert. Somit erhält ihr Technikverständnis einen zentralen Stellenwert. Es hat sich als nützlich erwiesen, zwischen einer polaren und einer dialektischen Sichtweise zu unterscheiden. Das verbreitete Technikverständnis ist polar. Danach steht dem Mißbrauch von Computern der verantwortungsbewußte Gebrauch als (scheinbar) klare Alternative gegenüber. Computer gelten als „neutrale Werkzeuge", die sich genau so gut zur Kriegsführung wie zur Krebsdiagnose einsetzen lassen. Der einzelne Anwender entscheidet über die Moral. Die Entwickler von Hard- und Software sorgen nur für die Funktion ihrer Systeme. Dem Sozialwissenschaftler kommt die Aufgabe zu, die Folgen der Anwendung abzuschätzen. Analog dazu beschränkt sich der Informatiklehrer darauf, Grundstrukturen der Hard- und Software zu vermitteln. Der Religionslehrer diskutiert die ethischen Aspekte des Umgangs mit Software und der Gemeinschaftskundelehrer behandelt die Auswirkungen der Rechnernutzung auf Arbeitsplätze.

Beim dialektischen Technikverständnis präsentieren dagegen Rechner und Programme vergegenständlichte soziale Beziehungen. Die Möglichkeit des Mißbrauchs ist bereits in die Konstruktion des Computers als universelle Maschine „eingebaut" und nicht erst durch eine mangelhafte individuelle Ethik verursacht. Dementsprechend hat auch der Informatiklehrer ethische Probleme zu diskutieren oder technische Alternativen und soziale Wahlentscheidungen im Unterricht zu behandeln. Der Computer ist für ihn kein neutrales Werkzeug, sondern ein soziotechnisches System, dessen bloße Verfügbarkeit bereits Rückwirkungen auf das Denken und Handeln der Anwender nach sich zieht (vgl. Chandler 1992). Probleme im Umgang mit der Informationstechnik erfordern soziale Entscheidungen und nicht neue technische Lösungen.

11.3 Modellbildung und Antizipation

Eine weitere Komponente einer gestaltungsorientierten informationstechnischen Bildung ist kritische Modellbildung. Modelle, verstanden als strukturerhaltende Abbilder der Wirklichkeit mit einem erkenntnisleitenden Interesse (Wedekind 1981, S. 42f.), spielen eine zentrale Rolle beim Lernen mit und über elektronische Datenverarbeitung (z.B. Baumann 1990, S. 194f.). So nutzen Lernende Unterrichtssoftware dazu, die im Programm repräsentierten Modelle der Wirklichkeit nachzuvollziehen. Diese Exploration vorgegebener Modelle ist der Zweck tutorieller Lernprogramme. Simulationsprogrammen erlauben das Experimentieren mit den Parametern eines dynamischen Modells.

Die Exploration beschränkt sich nicht auf passives Nachvollziehen, sondern beinhaltet selbst eine Konstruktion. Das wird deutlich, wenn man sich die Aneignung neuen Wissens als Erweiterung oder Umstrukturierung vorhandener Kenntnisse vorstellt.

Konstruieren Lernende selbst aus den zentralen Elementen eines Systems ein Modell, so liegt eine Modellbildung vor. Die Modellbildung steht im Zentrum des anwendungsorientierten Informatikunterrichtes (Koerber/Sack/Schulz-Zander 1981). Danach entwickeln Lernende aus einer allgemeinen Problembeschreibung ein Modell der Wirklichkeit, das dann als Grundlage der Algorithmierung und Codierung in einer Programmiersprache genommen wird. Die Modellbildung mit dem Computer beschränkt sich nicht auf den Informatikunterricht, sondern spielt eine zunehmend wichtige Rolle im naturwissenschaftlichen Unterricht. So erlauben z.B. Modellbildungssysteme Lernenden den Aufbau dynamischer Systeme am Rechner (z.B. Walser/Wedekind 1992), etwa des radioaktiven Zerfalls von Kernteilen oder der Eutrophierung eines Sees.

Die Konstruktion eines Modells setzt Entscheidungen über die Auswahl von Variablen und Beziehungen nach Maßstab des jeweiligen Erkenntnisinteresses voraus. Das Modell ist somit Ergebnis einer gedanklichen Gestaltung. Auf dieser Ebene meint Gestaltung kognitive Tätigkeit und noch nicht z.B. die Veränderung menschlicher Arbeitstätigkeit. Sie bleibt so lange affirmativ, wie sie sich auf den funktionalen Zusammenhang oder die Optimierung eines informationstechnischen Systems beschränkt. Sie wird kritisch, wenn Lernende Schäden antizipieren, die aus der Entwicklung einer Hard- oder Software entstehen können, und diese bei der Modellbildung berücksichtigen. Weiterhin erhält Gestaltung ein kritisches Moment, wenn Lernende bisher nicht bekannte Alternativen durchspielen und sie nach ihren Folgen für die Umwelt oder das soziale Zusammenleben bewerten.

11.4 Technikgestaltung als Ziel informationstechnischer Bildung

Ein dialektisches Technikverständnis und kritische Modellbildung sind wichtige Voraussetzungen, um Technikgestaltung als Leitidee der ITB zu verwirklichen (zur Technikgestaltung als Bildungsziel vgl. Oberliesen 1988, Rauner/Heidegger 1989, Schudy 1992). Ihre Realisierung verlangt Wissen über soziale Wahlen und Entscheidungen im Rahmen von Technikpotentialen und alternativen Entwicklungsmöglichkeiten, die nicht allein durch die Gestaltungsmacht von Unternehmen vorgegeben sind (vgl. Berger 1991). Während der Lernende durch Antizipation eine humane und umweltverträgliche Technik im Kopf vorwegnimmt, schafft die Idee der Technikgestaltung den Rahmen für eine nichtaffirmative Praxis mit der Datenverarbeitung. Die allgemeinbildende Schule schränkt diesen Rahmen durch ihre Praxisferne und wissenschaftsorientierte Lehrerbildung ein. In der Berufsschule erweist sich der Druck, die Auszubildenden allein für die betriebliche Realität zu qualifizieren, als Schranke. Eine ITB, die nicht nur affirmativ auf die Entwicklung der Informationstechnik reagieren will, macht sich die Idee der Technikgestaltung zunutze.

„Lernen durch Tätigkeit, durch tätige Aneignung spielt in der gesamten informationstechnischen Bildung und besonders im Informatikunterricht eine herausragende Rolle“ (Peschke 1991, S. 66f.). Die ITB eröffnet daher die Chance, den Lernenden ihre eigene Gestaltungsrolle durch praktisches Handeln zu verdeutlichen. Diese Rolle beschränkt sich nicht nur auf das selbständige Lösen algorithmisierbarer Probleme oder den Aufbau einfacher elektronischer Schaltungen. Sie hat auch Bedeutung für die Benutzung neuerer Anwendersoftware, die sich für spezifische Aufgaben einrichten läßt.

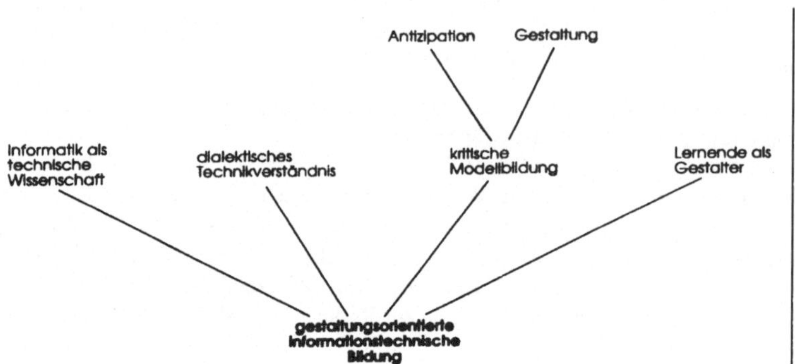

Abbildung 11.1: Schlüsselbegriffe einer gestaltungsorientierten informationstechnischen Bildung

11.5 Lehrervorstellungen zur Technikgestaltung

An der Frage, wie sich ein affirmatives Verhältnis zur Informationstechnik durch eine Gestaltungsorientierung ersetzen bzw. ergänzen läßt, setzt empirische Unterrichtsforschung ein. Ich arbeite an einer Handlungsforschungsprojekt mit dem Ziel, die Technikdeutungen von Lehrkräften mit bei der Planung und Realisierung von Unterricht zu untersuchen und Gestaltungsaspekte in exemplarische Unterrichtsskizzen zu integrieren. In der vorliegenden Teilstudie geht es speziell um das Technikverständnis von Lehrkräften mit Unterricht in ITB. Dieser Bildungsbereich ist stark von technischen Veränderungen im beruflichen und privaten Alltag betroffen.

11.5.1 Identifikation von Schlüsselproblemen

Das Untersuchungskonzept besteht aus drei Phasen. In der ersten wird ausgewählten Lehrkräften ein schriftlicher Fragebogen vorgegeben. Im Vordergrund steht dabei die Identifikation von Schlüsselproblemen der Informationstechnik, d.h. von Problemen, die die Entwicklung und der Einsatz der Informationstechnik in der Gesellschaft hervorrufen. Diesem Schritt liegt die Annahme zugrunde, daß Allgemeinbildung heute bedeutet, „ein geschichtlich vermitteltes Bewußtsein von zentralen Problemen der Gegenwart und — soweit voraussehbar — der Zukunft zu gewinnen, Einsichten in die Mitverantwortlichkeit aller angesichts solcher Probleme und Bereitschaft, an ihrer Bewältigung mitzuwirken“ (Klafki 1993, S. 56). Klafki (1993, S. 59f.) nennt als ein exemplarisches Schlüsselproblem „die Gefahren und Möglichkeiten der neuen technischen Steuerungs-, Informations- und Kommunikationsmedien in Hinblick auf die Weiterentwicklung des Produktionssystems, der Arbeitsteilung oder aber ihrer schrittweisen Zurücknahme, der möglichen Vernichtung von Arbeitsplätzen durch eine ausschließlich ökonomisch-technisch verstandene ‚Rationalisierung‘, der Folgen für veränderte Anforderungen an Basis- und Spezialqualifikationen, für die Veränderung des Freizeitbereichs und der zwischenmenschlichen Kommunikationsbeziehungen“.

Da es keinen allgemeinverbindlichen Kanon (informations-) technologischer Schlüsselprobleme gibt, stellt sich die Frage, wie sich Klafkis Vorgaben konkretisieren bzw. weitere informationstechnische Schlüsselprobleme für die ITB identifizieren lassen. Klafki (1993, S. 62) betont nach der Diskussion seiner eigenen Beispiele „die Anforderung, problemsichtig zu werden, [nicht jedoch] die Festlegung auf eine einzige Sichtweise und auf einen bestimmten der in der Diskussion befindlichen Problemlösungsvorschläge“. Ein Konsens über die Bedeutung von Schlüsselproblemen läßt sich „diskursiv“ herstellen (Klafki 1993, S. 61), wenngleich auch andere Wege möglich erscheinen. Der vorliegende Forschungsansatz beruht auf einer diskursiven Begründung von Schlüsselproblemen (zu Modellen diskursiver Legitimation vgl. Künzli 1975, S. 103–180).

Die diskursive Begründung erfordert, Minimalkriterien für die Auswahl der befragten Lehrkräfte festzulegen. Sie sollen

1. berufliche Erfahrung im Umgang mit neuen Informationstechniken im Unterricht besitzen,
2. die Bereitschaft zur Mitarbeit an einem Handlungsforschungsprojekt mitbringen, dessen Produkte in den Unterricht zurückgekoppelt werden,
3. Interesse an einer bildungstheoretisch motivierten Planung und Entwicklung von Unterricht zur ITB haben.

Da der Bedeutungsrahmen für Technik und technische Themen im Unterricht von der Nähe bzw. Ferne des jeweiligen Bildungsbereiches zum Beruf abhängt, ist bei der Auswahl der Probanden weiterhin die Schulform zu berücksichtigen.

In der schriftlichen Befragung werden sechs bekannte Schlüsselprobleme der Informationstechnik zusammen mit je einer Konkretisierung vorgegeben Ein Beispiel ist die „Verletzbarkeit großer Informationssysteme, Datenmißbrauch" mit dem Thema „Volkszählung". Die Lehrkräfte erhalten die Möglichkeit, die vorgegebenen Konkretisierung der Schlüsselprobleme für ihre weitere Beurteilung zu übernehmen, andere Konkretisierungen bzw. Beispiele anzugeben und weitere Schlüsselprobleme zu nennen. Sie werden zusätzlich darum gebeten, ein Unterrichtsfach und eine Klassenstufe anzugeben, auf der sich das Thema nach ihrer Meinung unterrichten läßt.

Die Kriterien für die Bewertung der so konkretisierten Schlüsselprobleme lehnen sich an Klafkis Begründungsperspektiven für die Unterrichtsplanung an: die „Gegenwartsbedeutung", „Zukunftsbedeutung" und „exemplarische Bedeutung" eines Themas (1993, S. 271–278). Die gegenwärtige und zukünftige Bedeutung eines Themas beinhaltet die Frage nach den Sinnbeziehungen für Lehrende und Lernenden. In diesen Sinnbeziehungen äußert sich die Motivation zur Auseinandersetzung mit einem Thema, also seine motivationale Bedeutung. In der exemplarischen Bedeutung zeigt sich der Stellenwert eines Themas bzw. Schlüsselproblems für das Gesamtgefüge des gesellschaftlich verfügbaren Wissens. Sie schließt Wissen über die Nutzung und Gestaltung einer Technik ein. Hat ein informationstechnisches Schlüsselproblem exemplarische Bedeutung, so lassen sich daran allgemeine Gesetzmäßigkeiten, Strukturen, Widersprüche und Handlungsmöglichkeiten erarbeiten. Weiterhin gehört zur exemplarischen Bedeutung eines Themas der Zugang zu Kritik-, Urteils-, Wertungs- und Reflexionsmöglichkeiten.

Die Beurteilung im Fragebogen erfolgt als Rating auf einer Fünfpunkteskala. Die Lehrkraft gibt an, ob ein bestimmter Bedeutungstyp für ein konkretisiertes Schlüsselproblem zutrifft oder nicht. Es ist Platz für qualitative Kommentare vorgesehen. Nach dem Rating wird der Proband gebeten, eines der konkretisierten Schlüsselprobleme für die weitere Bearbeitung auszuwählen und seine Informationsbedürfnisse für diese Bearbeitung anzugeben.

11.5.2 Interview zur thematischen und methodischen Strukturierung

Das Interview beginnt mit der Konstruktion einer „Begriffslandkarte" zum vorher gewählten Thema. Das Verfahren beruht auf der Erstellung von Concept Maps (z.B. Ault 1985). Dabei geht es um die Frage, welche zentralen Aspekte, Teilthemen, Gesetze, Regeln und Zusammenhänge das jeweilige konkretisierte Schlüsselprobleme aus der Sicht des Befragten hat, möglichst unabhängig von Überlegungen zum Unterricht, und wie diese Aspekte miteinander zusammenhängen. Um zu einer solchen Darstellung zu gelangen, werden die Lehrer gebeten, zunächst einmal bis zu 20 zentrale Aspekte, Teilthemen, Regeln oder Gesetze (Konzepte) zum genannten Thema zu suchen, entweder als einzelner Begriff oder als kurze Aussage. Danach werden sie aufgefordert, die Konzepte auf die Kärtchen zu übertragen und sie so auf dem Arbeitsbogen anzuordnen, daß oben die wichtigsten bzw. allgemeinsten und unten die am wenigsten wichtigen oder speziellsten oben stehen. Dabei kann es sinnvoll sein, mehrere Begriffe auf einer Ebene zu einer Gruppe zusammenzufassen. Wenn eine passende Anordnung gefunden wurde, werden die Konzepte auf dem Arbeitsbogen fixiert und solche, die einen inhaltlichen Zusammenhang aufweisen, mit einer Linie verbunden. Dabei sollte die Art der jeweiligen Zusammenhänge an der Linie benannt werden. Der Interviewer protokolliert den Ablauf und vermerkt besonders, welche Materialien und Vorgaben in die Konstruktion der Begriffslandkarte eingegangen sind.

Nach der Durchführung von zwei Pilotinterviews zeigte sich, daß die Lehrkräfte dazu neigen, bei der thematischen Strukturierung des Schlüsselproblems bereits an eine bestimmte Klasse bzw. Altersgruppe von Schülern zu denken. Es war daher erforderlich, sie zu ermutigen, zunächst einmal von der unterrichtlichen Realisierung abzusehen. Als Beispiel wird die Begriffslandkarte eines Gesamtschullehrers zum Thema Ampelsteuerung vorgestellt.

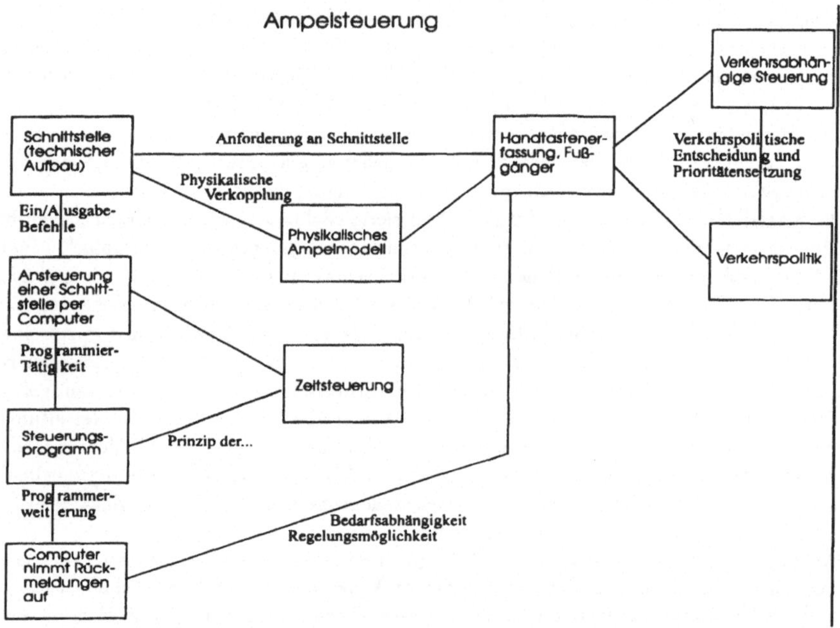

Abbildung 11.2: Begriffslandkarte eines Lehrers zum Thema Ampelsteuerung

Bild 11.2 repräsentiert das Thema Ampelsteuerung aus der Sicht eines befragten Lehrers in Abhängigkeit von der Interviewsituation und dem dort vorhandenen Wissen und Erwartungshaltungen. Diese Begriffslandkarte diente als inhaltlicher Bezugspunkt für Fragen zum Technikverständnis und zur unterrichtsmethodischen Strukturierung. Das Konzept „Handtastenerfassung" für Fußgänger erwies sich als Bindeglied zwischen den instrumentell-technischen Teilthemen und den technisch-gesellschaftlichen Aspekten der Verkehrspolitik.

Auf der Grundlage der Begriffslandkarte wurden u.a. folgenden Fragen diskutiert:

- Was bedeutet das Thema Ampelsteuerung für Sie als Lehrkraft? Was hat es mit Ihren Vorerfahrungen, Kenntnissen, Bedürfnissen oder Interessen zu tun? Warum haben Sie es ausgewählt?
- Eine Reaktion auf die Probleme des Technikeinsatzes besteht in der Forderung, technische Entwicklungen nach humanen und ökologischen Kriterien zu gestalten. Was, wieviel, und in

welchen Bereichen läßt sich die Informationstechnik gestalten? Wo liegen die Grenzen der Gestaltbarkeit?

- Durch welche Handlungen und Interaktionen läßt sich das Thema im Unterricht Ihrer Klasse darstellen? Gibt es geschlechtsspezifische Unterschiede?
- Unter welcher Perspektive sollte das Thema von den Schülerinnen und Schülern bearbeitet werden?
- Welche curricularen und schulischen Randbedingungen ermöglichen den Unterricht? Welche Randbedingungen behindern ihn?
- Worin besteht der inhaltliche Schwerpunkt Ihres Themas, um den sich eine Unterrichtsskizze aufbauen läßt?
- Welche begrifflich-kategorialen Kenntnisse und welche praktischen Fähigkeiten benötigen die Lernenden?
- Worin bestehen nach Ihrer Meinung die technischen Aspekte des Themas?
- Welches Technikverständnis läßt sich am Thema vermitteln?
- Welche didaktische Orientierung legen Sie für den Unterricht zugrunde (historisch-genetischer Ansatz, Algorithmenorientierung, Anwendungsorientierung, Hardwareorientierung)?

Aus den Angaben der beiden Lehrer ging hervor, daß die Perspektive von Gymnasiasten auf technische Themen der ITB zumeist technisch-instrumentell ist. Die Lernenden wollen wissen, wie etwas konkret funktioniert und weniger, aus welchen Motiven es entstanden ist. Ein Interesse an einer sozialen Technikgestaltung kann jedoch entstehen, wenn für die jeweilige Schülergruppen subjektiv bedeutsame Fragen auftreten, z.B. beim Thema Ampelsteuerung durch die Erfahrung langer Wartezeiten vor einer Verkehrsampel auf dem Schulweg. Die Perspektive des Lehrers ist ebenfalls oft instrumentell. So wählt der Gymnasiallehrer technische Steuerungsthemen, um einen Zugang zur Informatik zu bieten, der Algorithmen in ihrem zeitlichen Ablauf anschaulich macht.

11.5.3 Entwicklung und Erprobung einer Unterrichtsskizze

Die Interviews führen sowohl zu einer Auswahl und Gewichtung von Teilthemen als auch zu didaktischen Vorschlägen für den Unterricht. Zum Abschluß des Interviews wird der Befragte nach seiner Bereitschaft gefragt, das gewählte Thema zu einer Unterrichtsskizze auszuarbeiten und welche zeitliche Perspektive er dafür vorschlägt.

Für die Konstruktion der Unterrichtsskizze sollen möglichst nur die Materialien verwendet werden, die im Interview zur Verfügung standen. Die spätere Erprobung wird mit Schülerinterviews und einem Beobachtungsbogen (der bisher noch nicht erstellt ist) empirisch begleitet. Dabei wird besonderes Gewicht auf die Berücksichtigung technischer und gestaltungsorientierter Elemente der ITB gelegt.

Den Gesamtablauf des Verfahrens zeigt Bild 11.3.

Literatur

[Au85] Ault, C.R.: Concept Mapping as a Study Strategy in Earth Science. In: JCST, September/October 1985

[Ba90] Baumann, R.: Didaktik der Informatik. Klett-Schulbuchverlag, Stuttgart 1990.

[Be91] Berger, P.: Gestaltete Technik. Die Genese der Informationstechnik als Basis einer politischen Gestaltungsstrategie. Campus-Verlag, Frankfurt 1991.

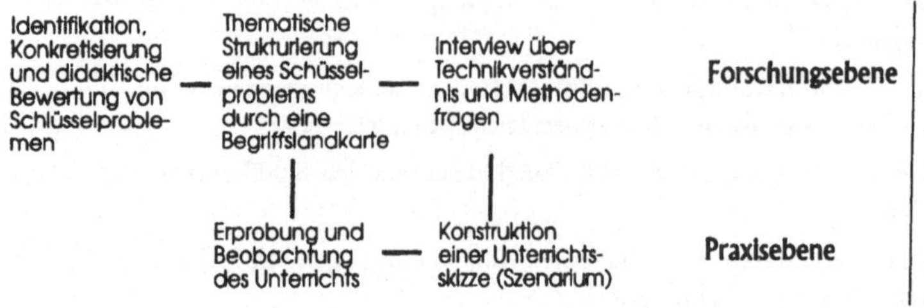

Abbildung 11.3: Ablauf der Handlungsforschung

[BL87] Bund-Länder-Kommission für Bildungsplanung und Forschungsförderung: Gesamtkonzept für die informationstechnische Bildung. Materialien zur Bildungsplanung, Heft 16, Bonn 1987.

[Ch92] Chandler, D.: The Purpose of the Computer in the Classroom. In: J. Beynon/H. Mackay (Hrsg.): Technological Literacy and the Curriculum. The Falmer Press, London 1992, S. 171–196.

[FT89] Der Bundesminister für Forschung und Technologie; Der Bundesminister für Wirtschaft (Hrsg.): Zukunftskonzept Informationstechnik. SDV, Bonn 1989.

[Kl93] Klafki, W.: Neue Studien zur Bildungstheorie und Didaktik. Zeitgemäße Allgemeinbildung und kritisch-konstruktive Didaktik. Beltz-Verlag: Weinheim und Basel 1993, 3. Aufl.

[Kü75] Künzli, R. (Hrsg.): Curriculumentwicklung. Begründung und Legitimation. Kösel: München 1975.

[Ob88] Oberliesen, R.: Gestaltungskompentenz als Lernziel. In: a+l/Technik, Heft: 58, 1988, S. 7ff.

[Pe91] Peschke, R.: Grundideen des Informatikunterrichts in der Allgemeinbildung der Sekundarstufe II. In G. Cyrank/H.J. Fornenck/H. Goorhuis (Hrsg.): Informatik-Curricula und Lehrerbildung. Moritz Diesterweg: Frankfurt 1991, S. 37–74.

[Ra89] Rauner, F; Heidegger, G.: Soziale Technikgestaltung als Bildungsaufgabe. In: Hessische Blätter für Volksbildung, Heft: 3, Jg. 39, 1989, S. 211–219.

[Sc92] Schudy, J.: „Technikgestaltung“ und „Gestaltungskompetenz“. Versuch zur Klärung zweier Leitkategorien in der gegenwärtigen technikdidaktischen Diskussion. In: a+l/Technik, Heft: 6, 1992, S. 6–11.

[We81] Wedekind, J.: Unterrichtsmedium Computersimulation. Lexika-Verlag, Weil der Stadt 1981.

[WW92] Walser, W.; Wedekind, J.: Modellierung dynamischer Systeme mit MODUS — Der Computer als Experimentierumfeld. In Computer und Unterricht, 2. Jg., Heft 6, 1992, S. 56–58.

Kapitel 12

Bernhard Husch: Neue Methoden der Software-Entwicklung im Unterricht

12.1 Softwareprojekte in der Schule

Nach dem bislang gültigen Rahmenplan für das Fach Informatik in der Berliner Schule [11, S. 40ff.] war in den abschließenden Kursen die Durchführung eines Softwareprojektes vorgesehen. In der heutigen, revidierten Fassung des Rahmenplans sind Softwareprojekte in der seinerzeit vorgesehen Form nicht mehr eingeplant: Vielmehr setzten die Autoren den Schwerpunkt auf die die Analyse und die Wieder- oder Weiterbearbeitung schon bestehender Software-Systeme. Dies geschah offensichtlich aus der Erkenntnis, daß vollständige Softwareprojekte in der Schule nur schwer durchführbar sind.

Jähnichen u.a. [7, S. 25ff.] definieren ein Softwareprojekt in der Schule als die Summe der Aktivitäten, welche auf die „Lösung eines erkennbar sinnvollen Problems gerichtet sind...". Die Sinnhaftigkeit von schulischen Softwareprojekten kann dabei durchaus anderen Charakters sein, als es z.B. bei industriellen Softwareprojekten der Fall ist: In der Regel unterliegt die Softwareentwicklung in der Schule der Notwendigkeit der didaktischen Reduktion realer Gegebenheiten.

12.1.1 Lernziele

Softwareprojekte im Informatikunterricht haben mehrere didaktische Dimensionen, die sich in den unterschiedlichen Charakteren der Lernziele ausdrücken: Nach dem Verständnis des Rahmenplans ist der Ausgangspunkt einer ins Auge zu fassenden Softwareentwicklung der sich in der Wirklichkeit darstellende *Anwendungsfall*. Die meisten aktuellen Beispiele, in denen die Informationstechnik zur Anwendung kommt, sind jedoch von ihrer „anwendungsbezogenen" Seite so komplex, daß sie im Rahmen des Informatikunterrichts nicht zu bewältigen sind. Damit man derartige Anwendungen in den Unterricht einbeziehen kann, ist eine didaktische Reduktion des Anwendungsfalles notwendig; sie darf allerdings nicht so beschaffen sein, daß die Realität gar nicht oder nur stark verzerrt zum Ausdruck kommt.

Neben anwendungsbezogenen Lernzielen lassen sich mit Softwareprojekten informatische und allgemeine, übergeordnete Lernziele verfolgen. Informatische Lernziele betreffen die der Softwareproduktion zugrunde liegenden Projektmodelle und die Verfahren zur Herstellung von Softwareprodukten. Als übergeordnetes Lernziel kann z.B. die Projektorganisation (Planung von Arbeitsabläufen, Teamarbeit) betrachtet werden.

12.1.2 Durchführbarkeit

Die Arbeit an einem Softwareprojekt ist ein längerfristiges Vorhaben, das sich – nach den Erfordernissen des heutigen Rahmenplans – nur über ein Semester erstrecken darf. Je nach zugrunde liegendem Projektmodell sind eine Reihe von Phasen zu durchlaufen, die aufgrund didaktischer Überlegungen eine bestimmte Gewichtung erhalten müssen, bzw. soll ein früheres Projektthema fortgeführt werden oder ein bestehendes Softwareprodukt gewartet werden (Reengineering).

Gerade der letztgenannte Unterrichtsgegenstand setzt aber voraus, daß derartige Softwareprodukte vorhanden sind. Es ist relativ unwahrscheinlich, daß man dabei auf professionelle Produkte zurückgreifen kann, die - sollten sie dennoch vorhanden sein - sicherlich nicht für den Einsatz als Lern- oder Lehrmittel geeignet sind. Es ist auch zu vermuten, daß vorangegangene schulische Softwareprojekte nicht den Ansprüchen einer Wiederaufnahme der Arbeiten genügen, weil aufgrund der notwendigen diaktischen Reduktion keine Vollständigkeit des Produkts oder seiner Dokumentation gegeben sein dürfte.

Aus Gründen der Motivation ist es aber notwendig, daß am Ende eines Softwareprojekts ein Produkt vorliegt, an dem meßbar ist, ob das Projekt erfolgreich durchgeführt werden konnte. Das läßt sich durch die Entscheidung für eine Projektmethode erreichen, die gewährleistet, daß sich mit verhältnismäßig geringem Aufwand ein vollständig dokumentiertes und getestetes Produkt erstellen läßt.

Es stellt sich hier die Frage, ob der „klassische" *Software-Life-Cycle* die geeignete Projektmethode ist, selbst wenn man den planerischen, analytischen Phasen gegenüber den rein technischen den Vorzug gibt; eine gründliche Problemanalyse, die in einer Anforderungsdefinition mündet, die Erstellung einer formalen Spezifikation, schließlich die Installation des fertigen Produkts in seiner Anwendungsumgebung sind Phasen, denen größeres Gewicht verliehen werden muß als beispielsweise der Programmierung und verlangen einen nicht unerheblichen Aufwand, der innerhalb des gesteckten Zeitrahmens nicht erbracht werden kann (zur geeigneten Auswahl von Projektmodellen für Schule und Lehrerbildung s. auch [7, S. 27ff.]).

12.2 Neue Ansätze für Softwareprojekte

Kieback u.a. [8, S. 65ff.] führen aus, daß die Kritik an „klassischen" Projektmodellen der Softwareentwicklung dazu geführt hat, daß sich das Verfahren des *Prototyping* in zunehmendem Maße durchzusetzen scheint. Dieses Verfahren wurde zwar bislang vorzugsweise in akademischen Projekten angewandt, und es liegen nur relativ wenige Erfahrungen aus der industriellen Softwareproduktion vor. Betrachtet man aber die Eigenschaften dieses Projektmodells, so erscheint es für schulische Softwareprojekte geeignet.

So wie es wenig Sinn macht, Algorithmen unabhängig von Datenstrukturen zu betrachten, ist es wenig sinnvoll, über Projektmethoden zu reden ohne die Architekturmuster für Software-Produkte zu betrachten. Da man es bei schulischen Software-Produkten in der Regel mit dialogorientierten Anwendersystemen zu tun hat, empfiehlt es sich, der Arbeit eine entsprechende Musterarchitektur zugrundezulegen. Horn und Schubert [6, S. 56ff.] schlagen eine solche abstrakte Musterarchitektur vor (s. Abb. 1).

Ein derartiges Schichtenmodell bietet mehrere Vorteile: Es können einzelne Schichten jeweils separat bearbeitet werden, wodurch sich die Komplexität der bei der Softwareentwicklung auftretenden Probleme reduziert; arbeitsteiliges Vorgehen bietet sich bei der Zugrundelegung dieses Musters geradezu an. Die Wiederverwendbarkeit von Softwareelementen wird mittels dieser Struktur in besonderem Maße unterstützt, weil einzelne Teile oder ganze Schichten für viele gleichgeartete Anwendungen vorproduziert werden können.

Die Methode des *Prototyping* läßt sich mit einer solchen Musterarchitektur ebenfalls leicht anwenden, weil durch die Simulation noch nicht fertiggestellter Schichten frühzeitig Prototypen der Software erstellt und untersucht werden können.

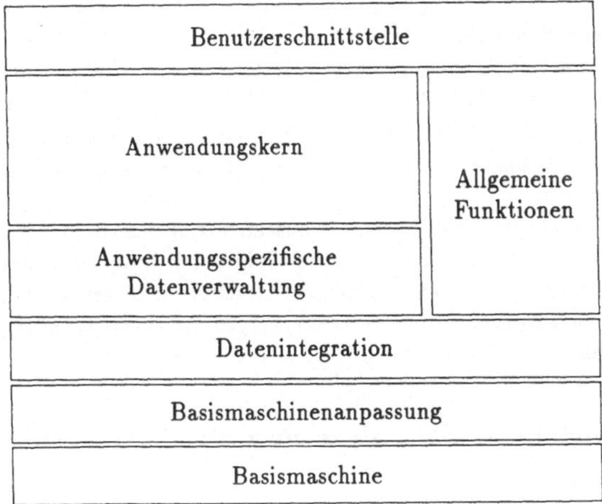

Abbildung 12.1: Musterarchitektur für ein dialogorientiertes Anwendersystem (nach [6, S. 57] S. 57)

12.2.1 Prototyping

Unter *Prototyping* versteht man ein Verfahren, bei dem möglichst frühzeitig ablauffähige Modelle des zu erstellenden Softwareprodukts hergestellt werden. Ein *Prototyp* verwirklicht nur bestimmte Aspekte des Anwendungssystems und dient unterschiedlichen Zwecken: Er kann der Kommunikation zwischen dem Auftraggeber für ein Anwendungssystem und dem Auftragnehmer dienen; am Modell werden offenstehende Fragen und Probleme geklärt oder Entscheidungen vorbereitet. Er kann auch als Spezifikation für einen nachfolgenden Prototyp bzw. für das Anwendungssystem dienen und wird im Bedarfsfalle durch schriftliche Spezifikationen ergänzt.

Für die schulische Projektdurchführung eignet sich in erster Linie das *horizontale* Prototyping [8, S. 68], bei dem einzelne Schichten des Anwendungssystems hergestellt werden. Da in der Regel in den Projekten des Informatikunterrichts dialogorientierte Anwendersysteme im Vordergrund des Interesses stehen, eignet sich die Schicht der Benutzeroberflächen am ehesten zur Erzeugung von Prototypen. Eine gute Begründung für dieses Vorgehen findet man auch in neueren Ansätzen der Softwareergonomie–Forschung, die das traditionelle, lineare Vorgehen bei der Softwarentwicklung in dem Punkt kritisiert, daß erst zu einem relativ späten Zeitpunkt – wenn überhaupt – die Betroffenen in den Software–Entwicklungsprozeß einbezogen werden [13, S. 77ff.].

Dadurch werden aber die analytischen Phasen nicht aus dem schulischen Software–Entwicklungsprozeß herausgenommen; es bietet sich an, das Prototyping in abgestufter Form vorzunehmen, indem zunächst *Demonstrationsprototypen* erzeugt werden, durch die eine grundsätzliche Durchführbarkeit eines Projekts untersucht werden kann, mit deren Hilfe aber auch bestimmte Aspekte der Handhabbarkeit des zu konstruierenden Anwendungssystems mit den Auftraggebern und den Anwendern diskutiert werden können. Dadurch können Kommunikationsschwierigkeiten zwischen den Systementwicklern und den Endbenutzern schon früzeitig unterdrückt werden. Demonstrationsprototypen sind auch als erster Ansatz in der Phase der Problemanalyse geeignet, den Entwicklern den gedanklichen Einstieg in die Verfahren und Abläufe zu erleichtern, für die ein Anwendungssystem erstellt werden soll. Dies ist bei der Softwareentwicklung in der Schule in besonderem Maße wichtig, da eine Kenntnis der Anwendungsbereiche und der Aufgaben und Probleme der Endbenutzer aufgrund der bestehenden *Laborsituation*, unter der hier Softwareentwicklung stattfinden muß, meist nicht gegeben ist.

Prototyping eignet sich damit als Verfahren mit einem besonderen Motivationscharakter für die Durchführung von Softwareprojekten in der Schule. Da relativ schnell anschauliche (Zwischen-) Ergebnisse vorliegen, ist der Anreiz zur Weiterarbeit ungleich stärker als bei der Anwendung des klassischen Software-Life-Cycles, in dessen ersten Phasen lediglich eine Vielzahl von Dokumenten produziert werden und bei dem von den Schülern ein relativ hohes Abstraktionsvermögen verlangt wird. Die Erfahrung hat gezeigt, daß bei einer nur mittelmäßigen Projektplanung und -durchführung die Motivation bei Schülern schnell vorloren gegangen ist - manches Projekt ist daran vorzeitig gescheitert.

Nicht zuletzt sind auch die veränderten Voraussetzungen bezüglich der Hard- und Softwareausstattung an Schulen günstige Faktoren für die Wahl der Prototyping-Methode: Aufgrund des ralativ hohen Verfügbarkeitsgrades entsprechender Ressourcen bietet sie sich geradezu an. Aufgrunddessen lassen sich Prototypen mit relativ geringen Aufwand zu einem funktionstüchtigen Anwendersystem ausbauen.

12.2.2 Objektorientierte Analyse und objektorientiertes Design

In der Regel ist der Informatikunterricht bis zur Durchführung von Softwareprojekten *algorithmenorientiert*, d.h. im Mittelpunkt steht die Betrachtung von Abläufen zur Problemlösung - die Veränderung der eigentlichen *Gegenstände* durch den Problemlösungsprozeß spielt ebenso eine untergeordnete Rolle wie der Versuch, geeignete Modelle zur Darstellung von Realität zu finden. Dies liegt anscheinend daran, daß sich die bisher verfügbaren Mittel zur Umsetzung von Problemlösungsstrategien auf imperative Programmiersprachen beschränkten.

Nur vereinzelt findet man in den Rahmenplänen Ansätze für moderne Konzepte von Softwareentwicklung (s. z.B. [11, S. 27ff.]). Unter dem Aspekt, daß die Informationstechnik in dem Zeitraum, in dem sich das Fach Informatik in der Schule erst etablieren konnte, eine rasche Fortentwicklung erfahren hat, wird deutlich, daß in zu geringem Maße bei der Konzeption der Rahmenrichtlinien versucht wurde, die Invarianten der Informatik herauszuarbeiten und damit für ihre längerfristige Verwendbarkeit zu sorgen[1]. Denn daß die gemeinsame Betrachtung von *Algorithmen und Datenstrukturen* zur Entwicklung von Modellen der Realität notwendig ist, ist eine Folgerung aus den Erkenntnissen, die man aus der *Softwarekrise* gezogen hat.

Der zur Zeit häufig genannte Terminus *objektorientiert* ist bei genauer Betrachtung nicht nur eine Modeerscheinung, sondern ist die konsequente Erweiterung dessen, was man früher unter *starker Abstraktion* verstand (s. auch [9, S. 66] zum Stichwort *objektbasierter Entwurf*). Hier findet der Gedanke der *Wiederverwendbarkeit* von Software seine Realisierung, indem das realativ starre Konzept der *abstrakten Datentypen* durch ein in hohem Maße erweiterbares *Klassenkonzept* abgelöst wird.

Die Mindestanforderung an schulische Softwareprojekte ist, die Verfahren des *objektbasierten Entwurfs* anzuwenden, weil in ihm die Prinzipien der gemeinsamen Betrachtung von *Algorithmen* und *Datenstrukturen* sowie der *Wiederverwendbarkeit* von Software wiederzufinden sind. Die Anwendung von Methoden der *objektorientierten Analyse* und des *objektorientierten Designs* kommen für die Schule nur dann in Frage, wenn die Voraussetzungen für deren Umsetzung gegeben sind: Es müssen die entsprechenden Software-Werkzeuge in Gestalt objektorientierter Programmiersprachen bzw. imperativer Programmiersprachen mit objektorientierten Erweiterungen vorhanden sein.

Gegenstand des Informatikunterrichts darf aber nicht die *Benutzung* objektorientierter Programmierumgebungen sein: Es besteht häufig das Mißverständnis darüber, daß die Anwendung von Klassenbibliotheken einer objektoriertierten Programmierumgebung einer objektorientierten Entwurfsstrategie gleichzusetzen sei. Die Schwierigkeit besteht zur Zeit immer noch in der nur

[1] Innovationszyklen sind im Bildungsbereich erheblich längerfristig angelegt als im wissenschaftlichen und kommerziellen Bereich.

rudimentär vorhandenen Einheitlichkeit der Begriffsbildung und -verwendung. Dies läßt sich an Definitionen der Begriffe *Objekt* und *Klasse* in [3, S. 3ff.] und in [12] ablesen.

Die objektorientierte Analyse bietet sich als Verfahren für die schulische Softwareentwicklung an, da sie in der Regel von Daten- oder Informationsmodellierung ausgeht; dabei werden vielfach Methoden der Entity-Relationship-Modellierung angewandt: Zunächst werden die statischen Daten detailliert dargestellt, und das Systemverhalten bzw. die auf ihnen operierenden Funktionen werden diesen als Methoden zugeordnet [4, S. 258]. Eine auf diese Weise zustande gekommene Anforderungsdefinition eignet sich wiederum als Grundlage zur Erstellung von (Demonstrations-) Prototypen.

Die Ergebnisse der objektorientierten Analyse dienen als Eingangswerte für den *objektorientierten Entwurf*. Mittels dieser Technik werden die zu entwickelnden Anwendersysteme in eine Struktur von Objekten und Klassen zerlegt. Auch hier zeigt sich wieder eine Nähe zum klassischen Datenbankentwurf, weil die Darstellung der Abhängigkeiten zwischen Klassen- oder Objektdiagrammen dieselben Informationen beinhalten wie ER-Diagramme.

Ein Charakteristikum des objektorientierten Entwurfs ist, daß er im allgemeinen vor dem Hintergrund einer bereits bestehenden Klassenbibliothek vorgenommen wird, deren Elemente wiederverwendet werden können bzw. durch Spezialisierung (Vererbung) erweitert werden können. Im Gegensatz zu den klassischen Verfahren des Systementwurfs, bei denen meist das *Top-Down-Verfahren* verwandt wird, wird bei der Festlegung der Strukturen der Schritt von Speziellen zum Allgemeineren vorgenommen. Das Herausarbeiten von Objektattributen und deren Beziehungen untereinander sowie die dazu erforderlichen Operationen führen zur Bildung von Klassen mit gemeinsamen Merkmalen, aus denen wieder spezialisiertere Klassen abgeleitet werden können. Auf diese Weise gelangt man (durch Vererbung) zu einer *Klassenhierarchie*.

Auch der objektorientierte Entwurf eignet sich als eine das Prototyping unterstützende Technik, weil sich aus seinen Resultaten Prototypen in Form eines *Labormusters* [8, S. 67] erstellen lassen, das den Entwicklern zur Klärung technischer Fragestellungen dienen soll.

12.2.3 Werkzeuge zur Erstellung von Prototypen

Sowohl die Methode des *Prototyping* als auch *objektorientierte Analyse* und *Design* stützen sich auf den Wiederverwendbarkeitscharakter von Software: Voraussetzung ist, daß man auf bestehende Software aufbauen kann. Als nachteilig für die Anwendung dieser Methoden in der Schule ist die Tatsache zu betrachten, daß bereits bestehende Software ein gewisses Maß an Erfahrung zu deren Benutzung voraussetzt. Je umfangreicher und ausgefeilter bestehende Softwarewerkzeuge sind, desto aufwendiger ist der Prozeß, sich mit deren Eigenschaften vertraut zu machen. Im ungünstigsten Fall ist der Aufwand so hoch, daß gegen das Prinzip der Beachtung der Invarianten der Informatik verstoßen wird, weil der Lernaufwand für die Werkzeuganwendung unverhältnismäßig hoch ist. Dies trifft z.B. auf Programmierumgebungen wie Borlands *Turbo-Vision*, das eine umfangreiche Klassenbibliothek zur Gestaltung von Benutzeroberflächen bereitstellt, zu. Es besteht auch die Gefahr, daß der Codierungsphase in einem schulischen Softwareprojekt bei der Benutzung herkömmlicher Verfahren (Programmierumgebungen, Toolboxen usw.) ein zu großes Gewicht verliehen wird, weil hier aufgrund der Organisationsform des Unterrichts ein erheblicher Zeitaufwand zu leisten ist.

Geeigneter für die Erstellung von Labormustern und für die kontinuierliche Entwicklung funktionsfähiger Anwendersysteme scheinen dagegen Datenbanksysteme mit Programmierschnittstellen bzw. einer Programmiersprache der vierten Generation zu sein. Wie am Beispiel der objektorientierten Analyse und des objektorientierten Entwurfs verdeutlicht wurde, ähneln deren Techniken den Entwurfstechniken für Datenbanken. Meist sind die Entwickler in der Lage, auf ein umfangreiches Instrumentarium zur Oberflächengestaltung zugreifen zu können, wodurch der Prototyping-Prozeß in erheblichem Maße rationalisiert wird. Für die Softwareentwicklung im Informatikunterricht ist dies in zweifacher Hinsicht ein Gewinn: Die Forderung nach Nähe zum konkreten Anwendungsfall kann erfüllt werden, weil sich viele Anwendungen auf Datenbanken gründen; die Abgeschlossenheit eines Softwareprojekts wird durch die Verwendung von komplexen Werkzeugen am ehesten gewährleistet.

Denkbar ist, daß man erste Demonstrationsprototypen mit integrierter Anwendungssoftware herstellt. Solche Software muß über relativ hohe Freiheitsgrade verfügen und in gewissem Maß programmierbar - besser gestaltbar - sein. Als Beispiel mag dazu das integrierte Anwenderpaket *Uniplex* dienen, das an mehreren Berliner Schulen unter dem Betriebssystem Unix zur Verfügung steht. Es verfügt über eine volle Mehrbenutzerfähigkeit und zahlreiche - wenn auch relativ aufwendige - Gestaltungsmöglichkeiten, mit denen sich erste Beispiele für Problemlösungen erstellen lassen. Mit Hilfe von Formular- und Reportgeneratoren sind die Benutzerschnittstellen für Datenbankanwendungen herstellbar, das Menüsystem dieses Softwarepakets ist für eigene Anwendungszwecke programmierbar.

Mehr Möglichkeiten bieten Datenbanksysteme, die neben den herkömmlichen Abfragesprachen über eine Programmiersprache der vierten Generation (*4GL*) verfügen. Hier lassen sich am ehesten auch die Ergebnisse von objektorientierter Analyse und Entwurf umsetzen, weil die programmiersprachlichen Mittel die datenorientierte unterstützen: Schließlich vereinigen sich hier vertraute Programmierparadigmen (imperative Programmierung) mit dem Neuen (deskriptive Programmiersprachen, z.B. *SQL*). Dazu werden meist eine Reihe von nützlichen Werkzeugen wie Schema-Editoren für den Datenbankentwurf, Formular- und Reportgeneratoren für die Gestaltung von Benutzerschnittstellen angeboten. Darüberhinaus sind die Programmierumgebungen von diesen Systemen meist projektorientiert gestaltet, so daß in der praktischen Arbeit mit diesen Werkzeugen der technische Aufwand gegenüber herkömmlicher Programmierung gering ist. Ein weiterer Vorteil liegt darin, daß die Komponenten dieser Entwicklungssysteme meist „aus einem Guß" sind, so daß sich die Entwickler keine Gedanken über die Integration der unterschiedlichen Bestandteile machen müssen.

12.3 Mit komplexen Werkzeugen zu komplexen Anwendungen

Die Forderung nach größerer Realitätsnähe und Abgeschlossenheit für schulische Softwareprojekte verlangt sowohl nach neuen Projektmethoden als auch nach neuen Hilfsmitteln zu deren Realisierung. Ziel sollte die Darstellung von Anwendungen der Informations- und Kommunikationstechnik nach heutigem Stand sein: Für Insellösungen ist an dieser Stelle kein Platz mehr. Vielmehr muß sich auch im Unterrichtsgegenstand ausdrücken, daß Informationen von vielen Anwendern gleichzeitig aus dem gleichen Datenbestand gewonnen werden können. Aus diesem Grund ist die Durchführung von Softwareprojekten in Multiuser-Umgebungen anzustreben.

Das bedingt, daß die erforderlichen Randbedingungen gegeben sein müssen. Hinsichtlich des Entwurfs von Ausstattungskonzepten für die Schulen sollten deswegen nur noch Rechnerausstattungen mit Multiuser- Multitasking-Fähigkeiten in Betracht gezogen werden. Die Softwarewerkzeuge für diese Rechnerumgebungen müssen dieses Konzept unterstützen. Die Chance für eine Umgestaltung ist groß, da in zunehmenden Maße die Grenzen zwischen unterschiedlichen Rechnersystemen gefallen sind; dadurch daß die Informatik als Schulfach inzwischen seit langem in der allgemeinbildenden Schule etabliert ist, kann angenommen werden, daß der Abschreibungszeitraum für bestehende Einrichtungen erfüllt ist.

Literatur

[1] Kurt Bauknecht, August Zehnder. *Grundzüge der Datenverarbeitung.* Methoden und Konzepte für die Anwendungen. B. G. Teubner. Stuttgart, 1989.

[2] B. Borg *Didaktisch-methodische Aspekte des Einsatzes von Datenbanksystemen.* In: LOG IN, Heft 5/6, 7. Jahrg. 1987, R. Oldenbourg Verlag, München, 1987

[3] T. Budd. *An Introduction to Object-Oriented Programming.* Addison-Wesley Publishing Company, Inc. Reading, Massachusetts, 1991

[4] A. Endres, J. Uhl. *Objektorientierte Softwareentwicklung.* In: Informatik Spektrum, Band 15 Heft 5 Oktober 1992, Springer-Verlag, Berlin, Heidelberg, New York, 1992.

[5] Ian Graham. *Object Oriented Methods.* Addison-Wesley Publishing Co. Reading MA, 1991.

[6] Erika Horn, Wolfgang Schubert. *Objektorientierte Software-Konstruktion.* Grundlagen - Modelle, Methoden - Beispiele. Carl Hanser Verlag, München Wien, 1993.

[7] S. Jähnichen, W. Koch, G. Schürmann *Software Engineering und Lehrerbildung im Fach Informatik.* In: LOG IN, Heft 2, 3. Jahrg. 1983, R. Oldenbourg Verlag, München, 1983

[8] A. Kieback, M. Lichter, M. Schneider-Hufschmidt, H. Züllighoven *Prototypen in industriellen Software-Projekten.* In: Informatik Spektrum, Band 15 Heft 2 April 1992, Springer-Verlag, Berlin, Heidelberg, New York, 1992

[9] D. Monjau, S. Schulze. *Objektorientierte Programmierung.* Ein einführendes Lehrbuch. Friedr. Vieweg & Sohn Verlagsgesellschaft mbH. Braunschweig, Wiesbaden, 1992

[10] Gustav Pomberger, Günther Blaschek. *Software Engineering.* Prototyping und objektorientierte Software-Entwicklung. Carl Hanser Verlag, München Wien, 1993.

[11] Der Senator für Schulwesen, Berufsausbildung und Sport, Berlin (Hrsg.) *Vorläufiger Rahmenplan für Unterricht und Erziehung in der Berliner Schule.* Gymnasiale Oberstufe, Fach Informatik. Berlin, 1985

[12] Sally Shlaer, Stephen J. Mellor. *Object Lifecycles. Modeling the World in States.* Prentice Hall Inc., New Jersey 1992.

[13] W. Urbanek. *Software-Ergonomie und benutzerangemessene Auswahl von Werkzeugen bei der Dialoggestaltung.* Walter de Gruyter. Berlin, New York, 1991.

Kapitel 13

Bernhard Koerber, Ingo Rüdiger Peters: Informatikunterricht und informationstechnische Grundbildung — ausgrenzen, abgrenzen oder integrieren?

Zusammenfassung

Der Informatikunterricht befindet sich in einer Krise: Der allgemeinbildende Sinn und die allgemeinbildenden Ziele sind undeutlich geworden. Diese Krise wird zum einen an der zurückgehenden Zahl der am Informatikunterricht interessierten Schülerinnen und Schüler und zum anderen an bildungspolitschen Maßnahmen deutlich, die den Stellenwert der Informatik in der Schule indirekt drastisch reduzieren. Darüber hinaus weckt eine — wie auch immer angebotene — „informationstechnische Grundbildung" den Streit über einen „technisierten Sozialkundeunterricht" als Gegensatz zu einem — wie auch immer gemeinten — „eigentlichen Informatikunterricht".

Ein möglicher Ansatz zur Lösung dieser Krise liegt vor allem darin, den allgemeinbildenden Wert der Informatik in der Schule nochmals einer eingehenden Überprüfung zu unterziehen und daraus curriculare und didaktisch-methodische Schlußfolgerungen zu ziehen, die zu einer Weiterentwicklung des Gesamtbildes der Informatik in der Schule führen können. Das bedeutet vor allem, daß die bisherige Betonung des Trennenden von informationstechnischer Grundbildung einerseits und dem „eigentlichen" Informatikunterricht andererseits revidiert und ein für die Unterrichtspraxis in den verschiedenen Schulstufen gültiges Gesamtkonzept entwickelt werden muß, so daß eine bereits seit langem geforderte „informatische Gesamtbildung" für alle Schülerinnen und Schüler angeboten werden kann. Anhand eines konkreten Unterrichtsbeispiels sollen die Grundsätze, die bei einem solchen Konzept zu beachten sind, im folgenden vorgestellt werden.

13.1 Die Krise

Verschiedene Faktoren haben derzeit den bildungspolitischen Stellenwert des Faches Informatik verringert, so daß eine Krise des Informatikunterrichts konstatiert werden muß (vgl. [Pe89]). Einige dieser Faktoren sollen im folgenden kurz betrachtet werden.

Algorithmen und deren Umsetzung in eine Programmiersprache standen bisher im Mittelpunkt eines Informatikunterrichts an allgemeinbildenden Schulen. Und auch heute noch scheint so mancher Informatikunterricht an der Schule primär ein Trainingskurs für eine bestimmte Programmiersprache zu sein, ungeachtet der Tatsache, daß Programmiersprachen für den Umgang mit Computern im Alltag keine bedeutende Rolle mehr spielen. Das scheint sich auch bei Schülerinnen und Schülern herumgesprochen haben, denn man kann durchaus nicht mehr von einer „steigende[n] Nachfrage nach Informatikunterricht" ([Ni93], S. 3) sprechen. Es werden vielmehr tiefergehende Erkenntnisse und Konzepte erwartet, die der tatsächlichen Bedeutung der Informatik und ihrer

Anwendungen in der Gesellschaft gerecht werden (vgl. [Pe90]). Der Umgang mit einer Programmiersprache wandelt sich zu einem Spezial- und Spezialistenwissen, mit dem nur ein geringer Teil der in und mit der Informationstechnik Beschäftigten vertraut sein müssen.

Darüber hinaus stehen mächtige Werkzeuge zum Lösen von Problemen und zur entsprechenden Systementwicklung und -modifikation zur Verfügung. Längst ist man dabei, von den Vorgehensweisen der Sprachen der 3. Generation, die in der Schule im Mittelpunkt stehen, abzugehen und sich denen der 4. und 5. Generation hinzuwenden (siehe [Ot91], S. 228-237). Komplexe Programmentwicklungssysteme sind deklarative Sprachen, die auf dem Bausteinprinzip beruhen. Hier werden nur noch Bausteine zusammengestellt, die so komplex sind, daß die gesamte Ablauflogik eines Problems unter ein Ergebnis-Beschreibungselement zusammengefaßt werden (vgl. [Ot91], S. 232 f.). Oder gar: „Der Programmierer muß weder die Rechner-Konfiguration noch die Ablauflogik, noch die Struktur der Problemlösung kennen; er muß das Problem nur noch beschreiben" ([Ot91], S. 236).

Während es früher allein der Informatikunterricht war, der in der Schule sich dem modernen Thema der Informationstechnik zuwandte, ist es heute das, was als „Informationstechnische Grundbildung" bezeichnet wird, das den Interessen der Schülerinnen und Schüler näher zu sein scheint. Es fehlt allerdings auch hier an einheitlichen Konzepten im Sinne einer echten Grund-Bildung. Beim Betrachten entsprechender Rahmenpläne entsteht der Eindruck, daß entweder produktbezogene Anwenderschulungen oder Programmierkurse im kleinen in diesem Unterricht durchgeführt werden. Die Vermittlung einer problembezogenen, die gesellschaftlichen Tatsachen kritisch reflektierenden Grundbildung im Sinne der BLK [BL87] ist trotz umfangreicher Modellversuche selten. In jedem Falle jedoch hat die Einführung der „informationstechnischen Grundbildung" als Pflichtteil im Unterricht der allgemeinbildenden Schule den Stellenwert des Informatikunterrichts reduziert.

Demgegenüber läßt sich auch beobachten, daß schulische Angebote und lebensweltliche Realität der Schüler in der informatischen Bildung divergieren. Die algorithmische Geometrie (vgl. [Ni93]) ist nicht unbedingt das praktisch wichtige Anwendungsbeispiel, dem Schüler in ihrer Lebenswelt unmittelbar begegnen. Vielmehr sind es die vielfältigen Anwendungen in Wirtschaft und Verwaltung, an denen nicht nur die Komplexität von Systemen, die Methodik definierter Problemlösungsprozesse und die Grenzen der Automatisierbarkeit von Vorgängen in der außerschulischen Wirklichkeit und im Arbeitsleben deutlich gemacht werden können.

Die Entwicklung einer systematischen Lehrerausbildung stagniert und ist im wissenschaftlich-theoretischen Anspruch an die Fachdisziplin Informatik steckengeblieben. Das führt letztlich notwendigerweise zur einem Unterricht, der sich nur mit Scheinproblemen auseinandersetzt. Wenn das „Problem des nächsten Paares" (closest pair) als „ideale Kombination von mathematisch klaren, praktisch wichtigen Themen" ([Ni93], S. 5) für den Informatikunterricht herausgestellt wird, dann mag es sich zwar um ein wichtiges Gebiet der Geometrie handeln. Dann wäre der angemessene Ort der Vermittlung aber mehr der Mathematik- als der Informatikunterricht. Damit läßt sich das „epochaltypische Schlüsselproblem" Informationstechnik (vgl. [Kl91]) nicht in der Schule bewältigen. In diesem Sinne sind Lehreraus- und Lehrerweiterbildung einerseits teilweise zu praxisfern. Auf der anderen Seite werden jedoch in Schnellkursen zur Lehrerfort- und -weiterbildung die Möglichkeiten der unterrichtlichen Handlungskompetenz auf bedingte Reflexe zur Bedienung bestimmter Hardware- und Softwarekonfigurationen verkürzt.

Die größtenteils auf quantitative „Erfolge" ausgelegte Lehrerfortbildung hat deshalb zu einem rasanten Qualitätsverlust für den Unterricht geführt. „Masse statt Klasse" steht im Vordergrund der Fortbildungsmaßnahmen, um einen scheinbar aktuellen Bedarf möglichst schnell abdecken zu können. Das führt oft sogar dazu, daß Teilnehmer einer Lehrerfortbildung zu Ausbildern der nächsten Lehrerfortbildung werden, deren Teilnehmer dann wieder zu Ausbildern definiert werden, um das eben Gelernte auch weiterzugeben. Dieses „Stille-Post-Prinzip" der Fortbildung ermöglicht zwar spektakuläre Erfolgsmeldungen über die Menge der fortgebildeten Lehrer in einem Minimum an Zeit, jedoch wird die Qualität der Fortbildung und damit die Qualität des Unterrichts nicht mehr angezweifelt.

Traditionell eingestimmte und vor allem mathematikorientierte Informatiklehrer sehen in der Chance, aufgrund neuer Werkzeuge auch neue Inhalte in den Unterricht zu bringen, eine „Soziologisierung“ des Informatikunterrichts und distanzieren sich damit vor allem von der informationstechnischen Grundbildung. Sie sehen sie als ein zu unwissenschaftliches, nicht exakt definierbares Gerede über Informationstechnik an, in dem die Grundprinzipien der Wissenschaft Informatik nicht mehr zum Tragen kommen. Dies führt zu einer gegenseitigen Desavourierung der unterschiedliche Standpunkten und zu einer Desorientierung der politischen Entscheidungsträger.

Wer will sich bei dem Verwirrspiel der Fachleute in der Diskussion um Ziele, Methoden, Inhalte, Konsequenzen in den bildungspolitischen Entscheidungsstellen dann noch für eine informatische Bildung einsetzen, die wohl doch nichts für den Menschen und die Gesellschaft bringt und die an den eigentlichen Problemen vorbei erzieht? Bei der derzeitigen Reduzierung bzw. Umgestaltung der Stundentafel an allgemeinbildenden Schulen wird somit konsequenterweise ein allmähliches Verschwinden des Informatikunterrichts bewirkt (vgl. [Ws92]).

Nach Meinung der Autoren bedarf es zum Bewältigen dieser Krise eines Gesamtkonzepts der informatischen Bildung, das weder ausgrenzt noch abgrenzt, sondern alle notwendigen Teile dieses Bildungsbereiches integriert. Das bedeutet aber auch, daß Facharroganz auf der einen und Dilettantismus auf der anderen Seite durch effektive Maßnahmen der Aus-, Fort- und Weiterbildung zugunsten sachkompetenter fachlicher, didaktischer und methodischer Kenntisse und Fähigkeiten ersetzt werden.

13.2 Das Trennende

Selbstverständlich sind informationstechnische Grundbildung und Informatikunterricht sowohl an unterschiedlichen Schülergruppen als auch an anderen Inhalten orientiert. Informationstechnische Grundbildung (ITG) und Informatikunterricht (IU) unterscheiden sich derzeit hinsichtlich ihrer Nähe zu Praxis und Anwendungen des Computereinsatzes. Das ergibt sich allein aus der Zielsetzung eines Pflichtunterrichts zur ITG, in der nur Grundstrukturen und Grundbegriffe vermittelt werden sollen. Im Zusammenhang mit Einführungen in die Probleme der Anwendungen und Auswirkungen der Informationstechnik sollen die Schüler befähigt werden, eigene Standorte zu beziehen. Im IU sollen demgegenüber Problemlösungsmethoden explizit vermittelt werden, was nur an überschaubaren Problemen erfolgen kann, die aber so komplex sein müssen, daß sie weder weltfremd noch trivial sind (vgl. [BL87]). Damit wird im IU eine stärkere Fähigkeit zu Abstraktion und Modellbildung gefordert als in der ITG, obwohl — schulstufenspezifisch — dies eine Basisfähigkeit im generellen Umgang mit informationstechnischen Werkzeugen ist. Denn nur wer erkennt, auf welcher Basis und in welcher Komplexität das informationstechnische System funktioniert, kann die eigene Distanz und sachgerechte Beurteilungsfähigkeit dazu wahren und den Werkzeugcharakter unbelastet wahrnehmen. Hier ist allerdings auch der ITG-Unterricht gefordert, seine Konzepte im Sinne der Analyse von Anwendungen und der dahinterstehenden Prinzipien zu verändern.

Die theoretische Tiefe der erarbeiteten Inhalte hat im IU eine größere Bedeutung als in der ITG. Es muß davon abgegangen werden, die Frustration eines Informatiklehrers durch die Überfrachtung einer ITG mit theoretischen Konzepten zu bekämpfen. Von einem vertiefenden Unterricht muß notwendigerweise mehr theoretische Tiefe erwartet werden als von einem grundlegenden Unterricht.

Das unterrichtliche Behandeln der Wechselwirkungen zwischen Mensch und Computer hat derzeit im IU einen bedeutend geringeren Stellenwert als in der ITG. So wird im IU in zunehmendem Maße die Sichtweise der Informatik als „wertfreie“ Strukturwissenschaft vermittelt, weil sich viele

Informatiklehrer konsequent weigern, die Probleme der Informatik als die Wirklichkeit verändernde Wissenschaft anzusprechen und sie in den Bereich der Sozialkunde verweisen. So äußerte Nievergelt auf der GI-Fachtagung in Oldenburg 1991, daß doch Zeitung jeder lese — für solche Themen sei die knappe Zeit im Informatikunterricht zu schade (zitiert nach [PW92]). Vielleicht fehlt vielen Lehrern und Wissenschaftlern die Erkenntnis, daß ihr Engagement für soziale Frage durchaus etwas verändern würde und ignorieren deshalb eine Diskussion um die gesellschaftliche Verantwortung der Informatik. Demgegenüber fordert Parnas [Pa93], daß Wissenschaftler davon überzeugt werden müssen, daß ihr Tun für die Welt von Bedeutung ist. Eltern und Lehrer haben junge Menschen dahingehend zu unterstützen, daß die nächste Generation von Wissenschaftlern über die Verantwortung für ihr Tun nachdenkt. „Unsere effektive Rolle ist die Erziehung der Kinder zu aktiven Teilnehmern in allen Bereichen unserer demokratischen Institutionen" (vgl. [Pa93], S. 30).

13.3 Das Gemeinsame

Was verbindet nun die scheinbar so divergenten Aspekte informatischer Bildung? Im Sinne bildungstheoretischer und -praktischer Ansätze (vgl. z.B. [Kl91]) sollten Praxis und Anwendungen des Umgangs mit Computern inhaltsbestimmend sowohl bei der ITG als auch beim IU sein. Es geht dann nicht mehr um die Frage, wie ein Lehrer Programmieren unterrichten kann (vgl. [Ni93]), sondern wie ein Lehrer Ansichten, Einsichten und Haltungen zur Informationstechnik vermitteln kann, durch die die jungen Menschen befähigt werden, die Veränderungen der Gesellschaft durch den Wandel von Informationsgewinnung und Kommunikation verantwortungsbewußt mitzugestalten.

Die Förderung von Kreativität und einer Diversifikation von Lösungsansätzen, die mit Hilfe informationstechnischer Systeme möglich sind, kann auf allen Ebenen der Konstruktion und Anwendung sowohl im IU als auch in der ITG ermöglicht werden.

Der prinzipielle Prozeß des Problemlösens mit einem Werkzeug der Informationstechnik steht im IU und in der ITG im Mittelpunkt. Ob nun ein System neu konstruiert werden muß oder ob ein Organisationsprinzip auf DV mit Hilfe eines Standardwerkzeuges übertragen werden soll, immer geht es um die Beantwortung der gleichen Frage: Welches Werkzeug ist das problemadäquate und wie ist es auf meine Bedürfnisse übertragbar. Das Dilemma des derzeitigen Einsatzes der Informationstechnik ist vielfach darin begründet, daß die Verfügbarkeit der Technik im Vordergrund steht und die problemangemessene Verwendung eine zweitrangige Position einnimmt. So werden bestehende organisatorische und strukturelle Unzulänglichkeiten zementiert, Fortbildungsmaßnahmen negiert und unnötige Abhängigkeiten und Frustration im Umgang mit Informationstechnik manifestiert. Hier hat eine informatische Bildung anzusetzen, um dem Prinzip „erst denken, dann mit Informationstechnik handeln" Geltung zu verschaffen. Ziele dieser Art sind sowohl in der ITG als auch im Informatikunterricht zu erreichen.

Zur adäquaten Nutzung informationstechnischer Werkzeuge ist es notwendig, stets die Reduktion der Realität durch Modellbildung und Abstraktion zu verdeutlichen. Denn jeder, der Informationstechnik anwendet, muß wissen, daß er sich mit einer Modellwelt auseinandersetzt, bzw. seine Realität durch andere Menschen modelliert worden ist. Gleichzeitig muß diese Erkenntnis auch dazu führen, daß die Modellwelt, mit der sich Anwender, Nutzer und Konstrukteure auseinandersetzen, niemals zur neuen Realität wird.

Wenn aber der mögliche Einsatz von Informationstechnik grundsätzlich akzeptiert wird, gilt es mit allen zur Verfügung stehenden Kenntnissen Systeme auszuwählen oder zu konzipieren. Bei einem, der sich mit Informatik beschäftigt, wird man kaum in Zweifel ziehen, daß er eine systemanalytische Kompetenz erlangen muß, um sich der Konstruktion oder Modifikation eines informationstechnischen Systems zuwenden zu können. Aber es ist bisher selten oder fast gar nicht beachtet worden, daß zu einer kompetenten Beurteilung und Anwendung eines informationstechnischen Systems ebenfalls systemanalytische und teststrategische Kompetenzen notwendige Voraussetzungen sind. Sie müssen deshalb sowohl in der ITG als auch im IU schulstufenangepaßter Lerngegenstand sein.

Zum Erlangen systemanalytischer und teststrategischer Kompetenzen ist ein spezifisches didaktisch-methodisches Vorgehen angezeigt: Ähnlich wie im Fremdsprachenunterricht kann ein Weg „Vom Lesen zum Schreiben" eingeschlagen werden. Denn es kann nicht davon ausgegangen werden, daß zuerst das komplexe analytische Wissen um alle Probleme der Konstruktion und Anwendung vermittelt worden sein muß, um irgendwann diese Kompetenzen nutzen zu können. Entweder steht eine komplexe Anwendung im Mittelpunkt des Geschehens und wird analysiert oder es wird zum Beispiel ein Programm vorgegeben, das in seiner Funktionalität analysiert wird. Mit wachsender Beschäftigung entstehen Fähigkeiten und Fertigkeiten, die zunehmend zum kompetenten selbständigen Handeln führen und auf die eigenen Problemstellungen angewandt werden können.

Das Ziel, ein Verständnis für die vom Einsatz informationstechnischer Systeme bewirkten Veränderungen zu entwickeln, impliziert ein „historisch genetisches Lernen" als didaktisch-methodisches Vorgehen, d.h. Anwendungen sind in ihrem historischen Kontext (systemanalytisch) im Unterricht zu behandeln. Dabei wird es zunehmend wichtig, sich die Handlungsabläufe ohne Computer, d.h. vor der Integration eines informationstechnischen Systems zu betrachten, die vielleicht ein hohes Maß an Flexibilität beinhalteten, aber recht umständlich war. Dabei kann dann deutlich werden, wie konservativ informationstechnische Systeme mit ihrer scheinbar so überlegenen Flexibilität sind, wie einfach sie handhabbar sind und wieviele Kenntnisse der Anwender letztlich haben muß, um das System produktiv zu nutzen. Diese Widersprüche sind — schulstufenbezogen differenziert — Inhalte sowohl der ITG als auch des Informatikunterrichts.

13.4 Unterrichtsbeispiel „Bargeldloser Zahlungsverkehr"

Daß die in den vorangegangenen Abschnitten aufgestellten Thesen unterrichtlich umsetzbar sind, soll das folgende Unterrichtsbeispiel zeigen, dessen Thema in allen Schulstufen — mit den nötigen schulstufenbezogenen Unterschieden — behandelt werden kann (vgl. z.B. [KP93]).

13.4.1 Grundbildung: Von der Kuh zur chip-Karte — oder: Vom Tauschhandel zum bargeldlosen Zahlungsverkehr

Ziel: Einsicht in den Wandel des Konsumverhaltens durch den Umgang mit informationstechnischen Systemen.

Inhalt: Der Weg vom Tauschhandel über die Einführung des Geldes bis zum bargeldlosen Zahlungsverkehr; Verlagerung von Handlungen zu den Geschäfts- und Bankkunden hin; Anonymisierung des Zahlungsvorgangs unter Reduktion des Geldes und des Geldwertes auf elektronisch darstellbare Daten; Analyse des Kaufverhaltens und Grundlagen des Datenschutzes.

13.4.2 Informatik Sek I: Der Datenverkehr des Geldes — ein Beitrag zur informationstechnischen Kommunikation und zum Datenschutz

Ziel: Fähigkeit zur Analyse von Daten und Datenströmen; Konstruieren von Abfragen in Datenbanksystemen.

Inhalt: Komponenten vernetzter Systeme am Beispiel von POS-Abläufen; Grundlagen vernetzter Systeme; der Weg der Datenströme bei POS-Systemen; einfache Grundlagen von Datenmodellen und Datenbanken; Abfragestrukturen beim Umgang mit Datenbanken; informationelle Selbstbestimmung und Datenschutz.

13.4.3 Informatik Sek II: Sicherheit im Geldverkehr — informationstechnische und kryptologische Aspekte zur Datensicherheit und zum Datenschutz

Ziel: Erwerb und Vertiefung systemanalytischer Kompetenzen; Fähigkeiten zur Beurteilung und Durchführung von Datensicherheitsmaßnahmen.

Inhalt: Sicherheit im bargeldlosen Geldverkehr; Grundlagen der Kryptologie; Teststrategien zum Überprüfen der Datensicherheit; Grundlagen verteilter Datenbanken; Planung und Durchführung von Datensicherheits- und Datenschutzmaßnahmen; Aufgaben eines örtlichen Datenschutzbeauftragten.

13.5 Die Perspektive — oder: Wo bleibt die Algorithmik?

Die Sichtweisen der Informatik (vgl. z.B. [Co92]) und der informatischen Gesamtbildung dürfen nicht voneinander abgekoppelt werden, so daß damit eine Neubestimmung des Unterrichts über einen ausschließlich algorithmisch orientierten Ansatz hinausführt.

Drei Leitfragen stehen für die informatische Bildung und die Auswahl von Unterrichtsinhalten im Vordergrund (vgl. z.B. [Ba91]):

1. Wie werden informationstechnische Systeme (d.h. von Menschen geschaffene und auf ihn zurückwirkende Hard- und Software) angewandt und welche Fähigkeiten und Fertigkeiten sind zum Lösen anstehender Probleme mit diesen Werkzeugen notwendig?

2. Wie sind solche informationstechnischen Systeme aufgebaut, wie wirken ihre Komponenten zusammen und wie ordnen sie sich in umfassendere sozio-technische Systemzusammenhänge ein?

3. Wo liegen die prinzipiellen Grenzen technischer Informationsverarbeitung und was ist unter „Informationsverarbeitung“ und dem damit zusammenhängenden Problemlösungsprozeß überhaupt zu verstehen?

Nicht Algorithmik im traditionellen Sinn ist mehr bestimmend für die informatische Bildung, sondern die Befähigung zum adäquaten Problemlösen mit Hilfe des Werkzeugs Computer steht im Mittelpunkt des Unterrichts. „Adäquat“ bedeutet in diesem Zusammenhang, den Prozeß der Konstruktion und Anwendung eines informationstechnischen Systems auch als sozialen Prozeß zu verstehen. Damit kann nicht mehr die Position eingenommen werden, „Ich habe ein Programm, was kann ich damit machen?“, sondern „Ich habe ein Problem, und mit welchem Werkzeug ist es für mich lösbar?“ Die Handlungen eines Menschen dürfen nicht der Scheinrealität eines informationstechnischen Systems angepaßt werden, sondern es ist den Handlungen des Menschen anzupassen. Diese Forderung begründet allein eine umfassende informatische Bildung in der allgemeinbildenden Schule, in der die ITG und der IU sich in fortschreitender Komplexität der zu erlangenden Kompetenzen notwendigerweise ergänzen.

Literatur

[Am91] Ambros, W.: Didaktik und Anti-Didaktik — Bemerkungen zur aktuellen Didaktikdiskussion. In: LOG IN, 11 (1991), H. 4, S. 20–23.

[Ba90] Baumann, R.: Didaktik der Informatik. Stuttgart: Ernst Klett Schulbuchverlag, 1990.

[Ba91] Baumann, R.; Koerber, B.: Informatik in der Schule der 90er Jahre. In: LOG IN, 11 (1991), H. 6, S. 31–35.

[BL87] Bund-Länder-Kommission für Bildungsplanung und Forschungsförderung (BLK): Gesamtkonzept für die informationstechnische Bildung. Reihe „Materialien zur Bildungsplanung", Heft 16. Bonn 1987.

[Bu91] Burkert, J.; Peschke, R. (Hrsg.): Weiterentwicklung des Informatikunterrichts — Folgerungen aus der Sicht von Lehrerbildung und Wissenschaft. Dokumentation einer Fachtagung, 20.–21. Februar 1991, Wiesbaden-Naurod. Reihe „Materialien zur Schulentwicklung", Heft 16. Wiesbaden: Hessisches Institut für Bildungsplanung und Schulentwicklung, 1991.

[Cl90] Claus, V.: Perspektiven der Informatik. In: LOG IN, 10 (1990), H. 6, S. 43–47.

[Co92] Coy, W.; Nake, F.; Pflüger, J.-M.; Rolf, A.; Seetzen, J.; Siefkes, D.; Strasfeld, R. (Hrsg.): Sichtweisen der Informatik. Braunschweig: Vieweg, 1992.

[Sp88] Deutscher Sparkassenverlag (Hrsg.): Zahlungsverkehr — Was man darüber wissen sollte. Lehrerinformation/Schülerheft. Reihe „Sparkassen Schul-Service". Stuttgart: Deutscher Sparkassenverlag, 1988.

[Do87] Dornhoff, R. D.; Priewasser, E.: Banken in der Zwickmühle (cm-Titelstory). In: Computer Magazin, 16 (1987), H. 9, S. 26–35.

[Ka84] Kardel, F.: Die Falltürfunktion als mathematische Grundlage für eine Codierung und Decodierung auf dem Kleincomputer. In: LOG IN, 4 (1984); Teil 1: H. 1, S. 56–62; Teil 2: H. 2, S. 61–62; Teil 3: H. 3, S. 62–64.

[Kl91] Klafki, W.: Neue Studien zur Bildungstheorie und Didaktik — Zeitgemäße Allgemeinbildung und kritisch-konstruktive Didaktik. Weinheim; Basel: Beltz Verlag, [2]1991.

[Kl90] Klein, St.: Die Electronic Banking-Entwicklung am Beispiel des Point-of-Sale/electronic-cash — Branchenübergreifende Vernetzung als Verhandlungsprozeß. Bremen: Universität Bremen — Fachbereich Mathematik und Informatik — Forschungsgruppe Telekommunikation, September 1990.

[KP89] Koerber, B.; Peters, I.-R.: Software-Bausteine im Unterricht. In: LOG IN, 9 (1989), H. 6, S. 28–36.

[KP93] Koerber, B; Peters, I.-R.: Didaktik und Methodik des Informatikunterrichts und der informatischen Bildung in der Schule. (In Vorbereitung: 1993.)

[Le92] Lehmann, G.: Ziele im Informatikunterricht — Beispiele für Einsatz und Stellenwert von PROLOG im Unterricht. In: LOG IN, 12 (1992), H. 1, S. 26–30.

[Mo91] Modrow, E.: Zur Didaktik des Informatik-Unterrichts, Band 1 (Ziele und Inhalte — Anfangsunterricht — Beispiele und Anwendungen). Reihe „Bausteine Informatik". Bonn: Ferd. Dümmler's Verlag, 1991.

[Mo92] Modrow, E.: Zur Didaktik des Informatik-Unterrichts, Band 2 (Gesellschaftliche Auswirkungen — Fachunterricht — Abitur). Reihe „Bausteine Informatik". Bonn: Ferd. Dümmler's Verlag, 1992.

[Ni93] Nievergelt, J.: Was ist Informatik-Didaktik? — Gedanken über die Fachkenntnisse des Informatiklehrers. In: Informatik-Spektrum, 16 (1993), H. 1, S. 3–10.

[Ot91] Ott, H. J.: Software-Systementwicklung — Praxisorientierte Verfahren und Methoden. München; Wien: Carl Hanser Verlag, 1991.

[Pa93] Parnas, D.: Die Verantwortung der Wissenschaftler in einer sich verändernden Welt. In: F!FF Kommunikation, (1993), H. 2, S. 21–30.

[PW92] Penon, J.; Sack, L.; Witten, H.: Informationstechnik und Allgemeinbildung — oder: Brauchen wir die Didaktik der Informatik? In: LOG IN, 12 (1992), H. 2, S. 22–28.

[Pe89] Peschke, R.: Die Krise des Informatikunterrichts in den neunziger Jahren. In: Stetter, F.; Brauer, W. (Hrsg.): Informatik und Schule — Zukunftsperspektiven der Informatik für Schule und Ausbildung. GI-Fachtagung, München, November 1989. Reihe „Informatik-Fachberichte", Band 220. Berlin; Heidelberg u. a.: Springer-Verlag, 1989, S. 89–98.

[Pe90] Peschke, R.: Grundideen des Informatikunterrichts — Erfahrungen und Perspektiven aus den „alten" Ländern der Bundesrepublik Deutschland. In: LOG IN, 10 (1990), H. 6, S. 25–33.

[Sc91] Schubert, S.: Fachdidaktische Fragen der Schulinformatik und (un)mögliche Antworten. In: Gorny, P. (Hrsg.): Informatik und Schule 1991. Informatik — Wege zur Vielfalt beim Lehren und Lernen. GI-Fachtagung, Oldenburg, Oktober 1991. Reihe „Informatik-Fachberichte", Band 292. Berlin; Heidelberg u.a.: Springer-Verlag, 1991, S. 27–33.

[Sk90] Skudelny, H.; Lanczak, P. E.; Bachem, J.: Electronic-Banking — Geldgeschäfte im Wandel (cm-Titelstory). In: Computer Magazin, 19 (1990), H. 1/2, S. 14–28.

[We92] Weikmann, F.: SmartCard-Chips — Technik und weitere Perspektiven. In: Der GMD-Spiegel, 22 (1992), H. 1, S. 35–40.

[Ws92] Westram, H.: Editorial. In: Informatik betrifft uns — Planungsmaterial für den Informatik-Unterricht in der Sekundarstufe II, 5 (1992), H. 1, Umschlag-S. 2.

Kapitel 14

Friedrich Gasper: Einstieg in die Informatik mit PROLOG

14.1 Warum überhaupt PROLOG?

Verfolgt man die Berichte in der Fachpresse und den Softwaremarkt, so gewinnt man den Eindruck, daß PROLOG als Sprache der künstlichen Intelligenz nur für eine kurze Zeit von Bedeutung war. Liest man dagegen Berichte zur Schulinformatik, trifft man immer wieder auf die Forderung, eine weitere, möglichst deklarative Sprache wie z. B. PROLOG in der Schule zu behandeln. Was ist also dran an der Sprache PROLOG, welche für die Schule von so großer Bedeutung sein soll?

Zunächst stellt man fest, daß Schüler wie Lehrer nach intensiver Arbeit mit imperativen Sprachen wie Pascal so auf diesen Sprachstil festgelegt sind, daß andere Möglichkeiten kaum betrachtet werden. Sogar zur Darstellung von Algorithmen wird eine Art Pseudo-Pascal benutzt. Damit wird die wichtige Aussage, daß Algorithmen unabhängig von Programmiersprachen sind, zum reinen Lippenbekenntnis. Beispiele, die in PROLOG sehr einfach, aber in Pascal nur schwer zu behandeln sind, werden als generell zu schwer beiseite gelassen. Schüler fragen in diesem Zusammenhang oft nach der idealen Programmiersprache und streiten sich über Pascal oder C oder gar BASIC. Viel wichtiger als diese nutzlosen Diskussionen ist jedoch die Erfahrung, daß es eine ideale Sprache nicht gibt. Vielmehr gibt es zu jedem lösbaren Problem eine oder einige Sprachen, die diesem angemessen sind, was soviel heißt wie: Das Problem X ist in der Sprache Y leicht und in der Sprache Z schwer zu beschreiben. In der Schule sollten deshalb zwei Programmiersprachen besprochen werden, die so unterschiedlich sind wie z.B. Pascal und PROLOG. Blickt man ein wenig voraus auf später zu behandelnde Themen der theoretischen Informatik, erkennt man einen weiteren Vorteil der Einführung von PROLOG. In welcher imperativen Sprache kann man z.B. Grammatiken so elegant beschreiben wie in PROLOG?

14.2 Warum PROLOG als erste Programmiersprache?

Wer schon einmal Kurse in PROLOG unterrichtet hat, weiß, daß sich Pascal-Programmierer mit diesem Sprachparadigma sehr schwer tun. Auf der anderen Seite haben Computerneulinge kaum Probleme damit.

Ein immer wiederkehrendes Problem des Informatikunterrichts der Klasse 11 liegt darin, daß die Teilnehmer sehr unterschiedliche Voraussetzungen mitbringen. Bei einem Einstieg mit PROLOG wird man in der Regel keine Schüler haben, die über speziefische Vorkenntnisse verfügen und hat damit zumindest in der Anfangsphase etwa gleiche Voraussetzungen bei allen Teilnehmern.

Als letzten Grund für den Einstieg mit PROLOG möchte ich anführen, daß PROLOG diejenige höhere Programmiersprache ist, mit der in vielen Fällen die formale Spezifikation direkt in ein Programm bzw. eine Wissensbasis übertragen werden kann (siehe Abbildung 14.1 im folgenden Abschnitt). Sie gehört also logisch vor die Behandlung von Algorithmen.

14.3 Bemerkungen zur Didaktik

Eine Leitlinie der Informatik wird durch die verschiedenen Stadien der Problemlösung dargestellt (siehe Abbildung 14.1). Ausgehend von einem umgangssprachlich formulierten Problem erfolgt zunächst eine formale Spezifikation, bei der die Ein- und Ausgabegrößen und die Zusammenhänge zwischen diesen festgelegt werden. Dann kann man entweder vorhandene Software benutzen, sie eventuell anpassen oder neue Software entwickeln. Wie bereits erwähnt, hängt es von der Problemstellung ab, welche Sprache sich am besten zur Entwicklung neuer Software eignet. Wird eine imperative Sprache benutzt, muß zuvor ein Algorithmus entwickelt und dieser dann in die Programmiersprache übertragen werden. Bei deklarativen Sprachen kann man oft die formale Spezifikation direkt in die Wissensbasis übertragen, weil die in PROLOG implementierten Algorithmen wie ‚Backtracking' und ‚Unifikation' schon zur Lösung ausreichen. Manchmal muß aber auch hier erst ein Algorithmus gefunden werden.

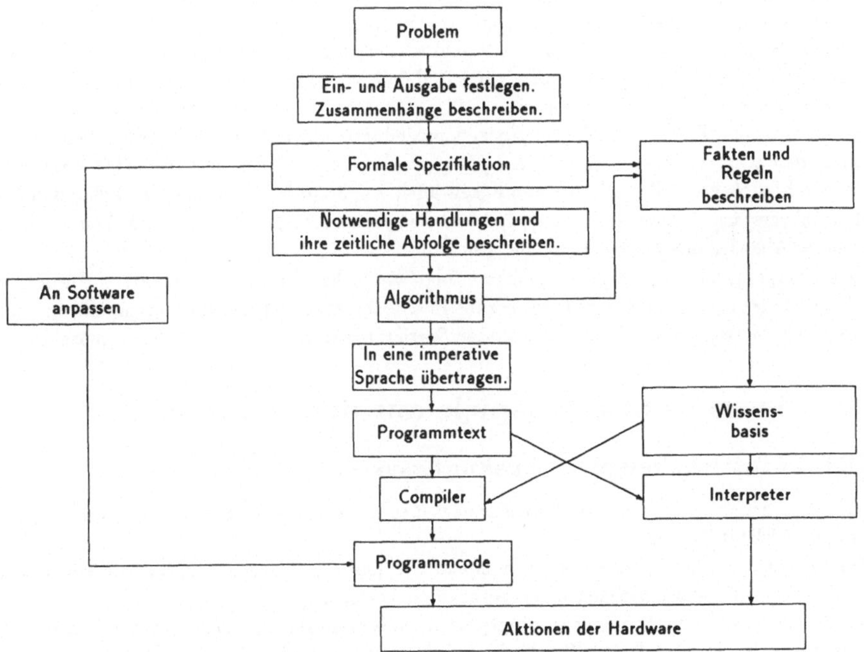

Abbildung 14.1: Stadien der Problemlösung

Ein Überblick über Problemlösungsmethoden steht auch am Anfang der Einführung in die Informatik. Er wird durch das Beispiel einer kleinen Dateiverwaltung konkretisiert (siehe 14.4.1). Dabei kann man einige Unterschiede herausarbeiten, wie sie in der Tabelle 14.1 aufgelistet sind.

Zunächst wird eine herkömmliche Dateiverwaltung benutzt. Zum Vergleich erfolgt eine Lösung mit PROLOG. Eine Lösung durch eine speziell für diese Aufgabe erstelltes Pascalprogramm ist zu diesem Zeitpunkt zwar noch nicht möglich. Die genannten Unterschiede können aber dennoch erörtert werden. Nach dem Einführungsbeispiel werden die Arbeitsweise des PROLOG-Interpreters und die wesentlichen Algorithmen Backtracking und Unifikation erklärt. Durch die Wahl geeigneter

	Spezialanw.	Dateiverw.	Prolog-System
Anpassung an Benutzer durch	Programmierer	Programmierer und Benutzer	Benutzer
Kenntnisse des Benutzers sind	nicht nötig	in beschränktem Umfang nötig	in größerem Umfang nötig
Effizienz	sehr hoch	mittel	niedrig
Anpassung an neue Bedingungen ist	kaum möglich	möglich	leicht möglich

Tabelle 14.1: Problemlösungsmethoden

Beispiele kann dann auch der empirische Algorithmusbegriff erarbeitet werden. Hierzu eignen sich sehr gut Sortieralgorithmen, die sich leicht sowohl in imperative als auch deklarative Sprachen übersetzen lassen. Ich gehe darauf bei den Beispielen noch näher ein. An dieser Stelle kommt es mir darauf an zu verdeutlichen, daß die Einführung von PROLOG nicht notwendigerweise bedeutet, daß andere wichtige Lerninhalte weggelassen werden. So kann man z.B. bei den Sortieralgorithmen zeigen, daß die Effizienz in erster Linie vom Algorithmus und nicht von der verwendeten Sprache abhängt, wenn man den gleichen Algorithmus erst in PROLOG und später in Pascal formuliert. Ebenso läßt sich in PROLOG der Umgang mit Rekursionen üben. Die dafür verwendete Zeit kommt der Behandlung dieses Themas in Pascal wieder zu gute. Außerdem kann man bei einigen Themen der folgenden Jahrgangsstufen auf PROLOG zurückgreifen. Ich gehe darauf im letzten Abschnitt dieses Beitrags noch näher ein.

Wenn man in PROLOG Ein- und Ausgabeprozeduren wie z.B. read und write benutzt, wird deutlich, daß auch deklarative Sprachen nicht ganz ohne imperative Sprachelemente auskommen. Damit ergibt sich von selbst die Notwendigkeit auch eine imperative Sprache zu behandeln. Dies wird noch verstärkt, wenn man an geeigneten Beispielen zeigt, daß es zu manchen Problemen effizientere Algorithmen als Backtracking gibt.

Der Übergang zur imperativen Sprache erfolgt wie bisher durch die imperative Formulierung von Algorithmen, an die sich deren Umsetzung in eine imperative Programmiersprache anschließt. Als Beispiele bieten sich die bereits erwähnten Sortieralgorithmen und die Inferenzmaschine an.

14.4 Ausgewählte Beispiele aus dem Unterricht

14.4.1 Einstiegsbeispiel: Auskunftssystem

Die folgende Aufgabe (Tabelle 14.2) wird zunächst in ein Dateiverwaltungsprogramm übertragen und dann in PROLOG gelöst.

Die im Text genannten Daten sollen in einem Computer gespeichert und aus diesem wieder so abrufbar sein, daß die Möglichkeit einer Vorauswahl besteht.

Die Lösung mit einem Dateiverwaltungsprogramm besteht darin, daß zunächst mit einem Maskeneditor eine Eingabemaske erstellt wird. Dann wird für jede der 24 möglichen Kombinationen ein Datensatz eingegeben. Wenn das Programm die Option hat, Regeln zur Satzauswahl zu formulieren, kann man nun die Auskünfte in der gewünschten Weise einholen und z.B. nach allen sportlichen, rostroten Modellen oder nach allen Modellen, die weniger als 30000 DM kosten, fragen. Die Lösung genügt also den gestellten Bedingungen. Das System kann auch Veränderungen angepaßt werden. Will man z.B. eine weitere Motorversion hinzufügen, muß man 12 weitere Datensätze eingeben. Das ist zwar mühsam, aber immerhin noch möglich. Sehr viel einfacher läßt sich eine Erweiterung in PROLOG realisieren, wie wir bald sehen werden. Doch zunächst die Lösung der ursprünglichen Aufgabenstellung in PROLOG (vgl. Tabelle 14.3).

Die ersten drei Klauseln der linken Spalte besagen, daß es die drei Modelle schlaglochsucher, rostlaube und asphaltblase mit den Eigenschaften sportlich, geräumig und sparsam gibt und das in

<table>
<tr><td colspan="5">Die Firma Beutelschneider & Co. stellt drei Automodelle her: Den sportlichen Schlaglochsucher, die geräumige Rostlaube und die sparsame Asphaltblase. Alle Modelle werden sowohl mit einem Benzin- als auch mit einem Dieselmotor angeboten. Außerdem kann man noch zwischen den folgenden Farben wählen: rostrot, schneeweiß, tintenblau und stahlgrau. Der Schlaglochsucher ko- stet in der Grundausstattung 30000 DM. Die Rostlaube ist schon für 27600 DM und die Asphaltblase für 25000 DM zu haben. In der Grundausstattung sind aber nur die Farben rostrot und stahlgrau erhältlich. Für die übrigen muß ein Aufpreis von 700 DM bezahlt werden. Ebenso ist die Dieselversion nur gegen einen Aufpreis von 2000 DM zu haben.</td></tr>
<tr><td>Modell</td><td>Eigenschaft</td><td>Motortyp</td><td>Farbe</td><td>Preis</td></tr>
<tr><td>Schlaglochsucher</td><td>sportlich</td><td>Benzin</td><td>rostrot</td><td>30 000</td></tr>
<tr><td>Schlaglochsucher</td><td>sportlich</td><td>Benzin</td><td>schneeweiß</td><td>30 700</td></tr>
<tr><td>usw.</td><td></td><td></td><td></td><td></td></tr>
</table>

Tabelle 14.2: Aufgabenstellung

```
modell(schlaglochsucher, sportlich) .   preis(schlaglochsucher, 30000) .
modell(rostlaube, geräumig) .           preis(rostlaube, 27600) .
modell(asphaltblase, sparsam) .         preis(asphaltblase, 25000) .
motor(benzin) .                         preis(benzin, 0) .
motor(diesel) .                         preis(diesel, 20000) .
farbe(rostrot) .                        preis(rostrot, 0) .
farbe(schneeweiß) .                     preis(schneeweiß, 700) .
farbe(tintenblau) .                     preis(tintenblau, 700) .
farbe(stahlgrau) .                      preis(stahlgrau, 0) .
```

Tabelle 14.3: Lösung der ursprünglichen Aufgabenstellung in PROLOG

dem Term modell(A,B) A das Modell und B die Eigenschaft ist. Die nächsten sechs Klauseln besagen, daß es die Motorversionen Benzin und Diesel sowie die Farben rostrot, schneeweiß, tintenblau und stahlgrau gibt. Bei den Termen der Form motor(X) bzw. farbe(X) ist X eine Motorversion bzw. eine Farbe. Mit den nächsten acht Klauseln in der rechten Spalte wird eine Zuordnung von Preisen zu den Objekten in die Wissensbasis übertragen. Ein Term der Form preis(A,B) bedeutet: A hat den Preis B.

Um Auskünfte aus dieser Faktensammlung zu erhalten, beschreiben wir, was wir unter einem Angebot verstehen wollen (vgl. Tabelle 14.4).

```
angebot(TYP, EIGENSCHAFT, ANTRIEB, FARBE, KOSTEN) :-
        modell(TYP, EIGENSCHAFT),      preis(TYP,MODELLPREIS),
        motor(ANTRIEB),                preis(ANTRIEB,MOTORPREIS),
        farbe(FARBE),                  preis(FARBE,FARBPREIS),
        KOSTEN is MODELLPREIS + MOTORPREIS + FARBPREIS .
```

Tabelle 14.4: Auskünfte aus der Faktensammlung

Ein Angebot besteht aus den fünf Komponenten TYP, EIGENSCHAFT, ANTRIEB, FARBE und KOSTEN. TYP ist dabei ein Modell mit der Eigenschaft EIGENSCHAFT. ANTRIEB ist ein MOTOR und FARBE eine Farbe. MODELLPREIS, MOTORPREIS und FARBPREIS sind die Preise, die TYP, ANTRIEB und FARBE zugeordnet wurden und deren Summe den Wert von KOSTEN ergibt. An diese Wissensbasis können wir Anfragen stellen wie: „?- angebot(TYP, sportlich, ANTRIEB, rostrot, KOSTEN)." Als Antwort erhalten wir wie in der Datenbank alle rostroten, sportlichen Modelle. Die Erweiterung um einen weiteren Motortyp, z.B. Gasmotor für 2500 DM extra, ist aber sehr viel einfacher. Wir müssen dazu nur die beiden Klauseln mmotor(gas).ünd preis(-gas, 2500).einfügen.

14.4.2 Deklarative Formulierung von Sortieralgorithmen

Im folgenden wollen wir eine Liste von Zahlen aufsteigend sortieren und beschreiben dazu deklarativ zwei Sortieralgorithmen unterschiedlicher Effizienz. Dabei gehen wir nach der TOP-DOWN-Methode vor, indem wir die Beschreibung immer weiter verfeinern. Anders als in Pascal, wo alle verwendeten Prozeduren erst deklariert werden müssen, kann diese Methode direkt in PROLOG übertragen werden.

Eine naheliegende und leicht in PROLOG übertragbare Beschreibung sortierter Listen ist die folgende (vgl. Tabelle 14.5).

Eine leere Liste oder eine Liste mit nur einem Element ist sortiert. Bei Listen mit mehr als einem Element ist das erste kleiner gleich dem zweiten und dieses wieder kleiner gleich dem dritten usw. bis zum vorletzten, das kleiner gleich dem letzten sein muß. Eine Liste SORTIERT ist die sortierte Liste zur un- sortierten Liste UNSORTIERT, wenn SORTIERT eine Permutation von UNSORTIERT und außerdem sortiert ist.
sortiert([]). sortiert([ELEMENT]). sortiert([ELEMENT1,ELEMENT2|RESTLISTE]):- ELEMENT1 ≤ ELEMENT2, sortiert([ELEMENT2|RESTLISTE]). sortiert(UNSORTIERT,SORTIERT):- permutation(UNSORTIERT,SORTIERT), sortiert(SORTIERT).

Tabelle 14.5: Beschreibung sortierter Listen

Es fehlt noch die Beschreibung von Permutationen (vgl. Tabelle 14.6).

Die einzige Permutation einer leeren Liste ist eine leere Li- ste. Aus einer Liste mit dem Kopfelement KOPF und der Restliste REST entsteht eine permutierte Liste PERMUT, wenn das Kopfele- ment KOPF an einer beliebigen Stelle in eine Permutation REST- PERMUT der Restliste REST eingefügt wird.
permutation([],[]). permutation([KOPF|REST],PERMUT):- permutation(REST,RESTPERMUT), eingefügt(KOPF,RESTPERMUT,PERMUT).

Tabelle 14.6: Beschreibung der Permutationen

Das Einfügen beschreiben wir wie folgt (vgl. Tabelle 14.7).

Ein Element ELEMENT wird an einer beliebigen Stelle in eine Liste ALTE_LISTE eingefügt, wenn es am Kopf von ALTE_LISTE oder in deren Rest ALTER_REST eingefügt wird. Im ersten Fall wird das Element ELEMENT zum Kopfelement und die Liste ALTE_LISTE zur Restliste der neuen Liste. Im zweiten Fall hat die neue Liste das gleiche Kopfelement KOPF wie die alte Liste. Ihre Restliste NEUER_REST wird durch Einfügen des Elements ELEMENT in die Liste ALTER_REST gebildet.
eingefügt(ELEMENT,ALTE_LISTE,[ELEMENT|ALTE_LISTE]). eingefügt(ELEMENT,[KOPF|ALTER_REST],[KOPF|NEUER_REST]):- eingefügt(ELEMENT,ALTER_REST,NEUER_REST).

Tabelle 14.7: Einfügen in die Liste

Wie man leicht einsieht ist dieses Verfahren nicht sehr effizient, da es zu einer Liste mit n Elementen $n!$ Permutationen gibt, die im ungünstigsten Fall alle geprüft werden müssen. Wir entwickeln deshalb daraus das Sortieren durch direktes Einfügen als einen besseren Algorithmus. Die Ineffizienz entsteht dadurch, daß im Prädikat permutation erst jede mögliche Permutation der

Restliste gebildet und das Kopfelement an jeder möglichen Stelle eingefügt und erst dann geprüft wird, ob es sich schon um eine sortierte Liste handelt. Wir können die meisten Tests einsparen, wenn wir das Kopfelement gleich an der richtigen Stelle der sortierten Restliste einfügen. Deklarativ ausgedrückt heißt das (vgl. Tabelle 14.8).

Eine leere Liste ist sortiert. Aus einer unsortierten Liste mit dem Kopfelement KOPF und der Restliste REST entsteht eine sor- tierte Liste SORTIERT, wenn das Kopfelement KOPF in die sor- tierte Restliste SORTIERTER_REST, der unsortierten Restliste REST an der richtigen Stelle eingefügt wird. Wenn die sortierte Restliste leer ist, ist das Kopfelement KOPF das ein- zige Ele- ment der sortierten Liste SORTIERT. Sonst wird es vor das Kopfelement RESTKOPF der sortierten Restliste eingefügt, wenn KOPF kleiner gleich RESTKOPF ist bzw. in den Rest REST_VOM_REST von SORTIERTER_REST eingefügt, falls KOPF größer als RESTKOPF ist.

```
sortiert([],[]).
sortiert([KOPF|REST],SORTIERT):-
        sortiert(REST,SORTIERTER_REST),
        eingefügt(KOPF,SORTIERTER_REST,SORTIERT).
eingefügt(KOPF,[],[KOPF]).
eingefügt(KOPF,[RESTKOPF|REST_VOM_REST],
            [KOPF,RESTKOPF|REST_VOM_REST]):-
                KOPF ≤ RESTKOPF.
eingefügt(KOPF,[RESTKOPF|REST_VOM_REST],
            [RESTKOPF|NEUER_REST]):-
                KOPF > RESTKOPF,
                eingefügt(KOPF,REST_VOM_REST,NEUER_REST).
```

Tabelle 14.8: Einfügen des Kopfelements

Man kann auch so effiziente Sortierverfahren wie z.B. Quicksort deklarativ formulieren (siehe [Ga89, S. 80–82]).

14.4.3 Aufgabe 3 des 11. Bundeswettbewerbs Informatik

Bei dieser hier verkürzt wiedergegeben Aufgabe handelt es sich um eine Einkleidung des Problems der stabilen Heirat (vgl. Tabelle 14.9).

Leider sind nicht alle Pferde auf dem Reiterhof so brav, daß sie von jedem Anfänger geritten werden können. Einige verlangen gute oder sogar sehr gute Reiter. Nicht genug damit. Die Rei- terinnen und Reiter haben auch noch spezielle Wünsche. Anja ist Anfängerin und mag Nicki, Pucki, Wittchen und Anex. Bertram ist gut und mag alle Pferde. Christa ist sehr gut und bevorzugt Hurrikan. Doris ist Anfängerin und mag Anex, Wittchen und Puk- ki. Emil ist Anfänger und mag alle Pferde. Fritz reitet sehr gut und liebt Sturmwind und Hurrikan. Gabi ist gut und mag Hurrikan, Anex, Tornado und Sturmwind. Für Anfänger sind Anex, Pucki, Wittchen und Zausel geeignet. Nicki, Hurrikan und Sturmwind verlangen gute und Tornado und Zickzack sogar sehr gute Reiter. Gesucht ist eine Zuordnung von Pferden zu Reitern, die das Können der Reiter berücksichtigt und möglichst viele Wünsche erfüllt.

Tabelle 14.9: Aufgabe 3 des 11. Bundeswettbewerbs Informatik

Das Kernproblem läßt sich leicht in PROLOG lösen. Man speichert Reiter wie Pferde mit Name und Klasse als Fakten in der Wissensbasis. Ebenso werden die Vorlieben der Reiter als Fakten gespeichert. Daraus ergeben sich Klauseln wie die in Tabelle 14.10.

Da gute und sehr gute Reiter auch Anfängerpferde reiten können, nehmen wir die Regel kann(X,Y) auf, die besagt ein Reiter der Klasse X kann ein Pferd der Klasse Y reiten (vgl. Tabelle 14.11).

reiter(anja,anfänger).	pferd(tornado,sehr_gut).	mag(anja,anex).
usw.	usw.	usw.

Tabelle 14.10: Fakten

kann(X,X).	kann(gut,anfänger).
kann(sehr_gut,gut).	kann(sehr_gut,anfänger).

Tabelle 14.11: Regeln

Ebenso einfach sind Regeln, die feststellen, ob eine mögliche Reiter-Pferd-Kombination ein Wunschpaar bzw. kein Wunschpaar ist (vgl. Tabelle 14.12).

```
wunschpaar(REITER,PFERD):-
    reiter(REITER,REITERKLASSE), pferd(PFERD,PFERDEKLASSE),
    kann(REITERKLASSE,PFERDEKLASSE), mag(REITER,PFERD).
kein_wunschpaar(REITER,PFERD):-
    reiter(REITER,REITERKLASSE), pferd(PFERD,PFERDEKLASSE),
    kann(REITERKLASSE,PFERDEKLASSE), not mag(REITER,PFERD).
```

Tabelle 14.12: Weitere Regeln

Die Lösung des eigentlichen Problems besteht darin, daß zu einer Liste von Reiternamen und einer Liste von Pferdenamen eine Liste von Paaren gesucht wird, die möglichst viele Wünsche erfüllt. Wir formulieren dazu das folgende Prädikat zuordnung, dessen erster Parameter die Reiterliste enthält. Der zweite Parameter ist die Pferdeliste. Das dritte Argument nimmt die Liste der Paare auf und im letzten Argument wird die Zahl der erfüllten Wünsche zurückgegeben.

Dieses Prädikat liefert zu vorgegebenen Reiter- und Pferdelisten alle möglichen Zuordnungen. Unter diesen muß man jetzt noch die optimalen Lösungen heraussuchen, die möglichst viele Wünsche erfüllen. Dazu gibt es allgemeine Strategien, deren Erläuterung den hier gesteckten Rahmen aber sprengen würde.

Weil bei der Suche nach effizienten Algorithmen auch prozedurale Aspekte betrachtet werden, bilden Aufgaben wie diese zusammen mit den bereits erwähnten Ein- und Ausgabeprozeduren den Übergang von PROLOG zur prozeduralen Formulierung von Algorithmen und leiten schließlich zu den prozeduralen Sprachen über.

14.5 Einflüsse des Einstiegs mit PROLOG auf nachfolgende Themen

14.5.1 Programmieren in Pascal

Da Klauselköpfe in PROLOG eine gewisse Ähnlichkeit mit Prozedurenköpfen in Pascal haben, kann man in Pascal schon sehr früh das Prozedurenkonzept einführen.

14.5.2 Technische Informatik

PROLOG-Programme haben auf herkömmlichen Rechnern oft lange Laufzeiten, weil die einzelnen Äste eines Beweisbaumes nacheinander abgearbeitet werden. Das ändert sich sofort, wenn man die Möglichkeit der Parallelverarbeitung hat. Diese Überlegung führt bei der Betrachtung alternativer Rechnerarchitekturen zu Parallelrechnern. Dabei muß man aber beachten, daß nicht jedes PROLOG-Programm sich zur Parallelverarbeitung eignet, weil es manchmal schon auf die Reihenfolge ankommt, in der die Klauseln bearbeitet werden.

```
zuordnung([],_,[],0).
zuordnung([REITER|RESTREITER],PFERDE,
                        [(REITER,PFERD)|RESTPAARE],ERFÜLLT):-
    element(PFERD,PFERDE,RESTPFERDE),
    (wunschpaar(REITER,PFERD),PLUS = 1 ;
     kein_wunschpaar(REITER,PFERD),PLUS = 0),
    zuordnung(RESTREITER,RESTPFERDE,RESTPAARE,
                        ERFÜLLTREST),
    ERFÜLLT is ERFÜLLTREST + PLUS.
element(KOPF,[KOPF|REST],REST).
element(KOPF,[ELEMENT1|REST1],[ELEMENT1|REST2]):-
    element(KOPF,REST1,REST2).
```

Tabelle 14.13: Lösung des Problems

14.5.3 Theoretische Informatik

Wie bereits erwähnt, ist die Inferenzmaschine selbst ein gutes Beispiel für ein Automatenmodell. Ebenso können Grammatiken leicht in PROLOG übertragen werden.

14.5.4 Gesellschaftliche Auswirkungen

Nutzen und Gefahren von Expertensystemen sind für die Schüler leichter begreiflich zu machen, wenn sie am Beispiel von PROLOG verstanden haben, wie solche Systeme erstellt werden und wie sie im Prinzip arbeiten.

14.6 Schlußbemerkungen

Bei einem Einstieg mit PROLOG haben die Schüler etwa gleiche Voraussetzungen. Sie werden im weiteren Verlauf des Unterrichts nicht auf ein Sprachparadigma festgelegt. Man hat mit PROLOG ein mächtiges Werkzeug zur Verfügung, das es ermöglicht auch Aufgabenstellungen zu bearbeiten, die bisher als zu schwierig galten. Der Einsatz von PROLOG soll nicht auf die Einführungsphase beschränkt bleiben. Vielmehr kann man dieses Werkzeug auch bei der Behandlung von Themen der technischen und theoretischen Informatik nutzen. Expertensysteme bieten schließlich einen praxisnäheren Anlaß zur Betrachtung ethischer und sozialer Aspekte, als die doch eher kleinen Pascal-Programme, die in der Schule behandelt werden können.

Literatur

[Be88] F. Belli, ‚Einführung in die logische Programmierung mit PROLOG', Bi Hochschultaschenbücher Band 630, 1988

[Cl90] V. Claus, ‚Perspektiven der Informatik', LOGIN 6/90

[CM87] W.F. Clocksin, C.S. Mellish, ‚Programming in Prolog', Springer-Verlag, 1987

[Co88] R. Cordes, R. Kruse, H. Langendörfer, H. Rust, ‚Prolog', Vieweg-Verlag, 1988

[De90] R. Deißler, K. Stamm, ‚Zugauskünfte per Computer', LOGIN 4/90 u. 5/90

[Ga89] F. Gasper, ‚Nichtprozedurale Sprachen im Informatikunterricht der Oberstufe', GI-Jahrestagung 1989

[Ga92] F. Gasper, I. Leiß, M. Spengler, H. Stimm, ‚Technische und theoretische Informatik', BSV 1992

[He89] P. Heyderhoff(Hrsg.), ‚Bundeswettbewerb Informatik', Band 1 bis 6, Klett-Verlag, 1989 bis 1993

[Le92] G. Lehmann, ‚Ziele im Informatikunterricht', LOGIN 1/92

[Le91] G. Lehmann, ‚Ein Unterrichtsversuch mit PROLOG', GI-Jahrestagung 1991

Kapitel 15

Peter Kradolfer: Informatik-Grundbildung für Berufsschulen. Methoden — Inhalte — Beispiele

15.1 Einleitung und Zusammenfassung

Anlaß für diesen Beitrag[1] bildete ein Lehrerweiterbildungskurs „Handlungsorientierter Informatikunterricht" für Berufsschullehrkräfte im Sommer 1992. Es wird darin nachgewiesen, daß die Berufsschulen eine neugestaltete Informatik-Grundbildung brauchen. Ausgehend von der Entwicklung seit 1985 wird im ersten Teil untersucht, weshalb sich maschinenorientierte Inhalte und überlieferte Unterrichtsmethoden bis heute halten konnten.

Im zweiten Teil werden einige der im genannten Kurs gemachten Erfahrungen festgehalten und die dabei verwendeten Unterrichtsmethoden skizziert.

Im anschließenden dritten Teil kommen grundsätzliche Aspekte zu neuen Unterrichtsinhalten der Informatik zur Sprache. Dazu wird vor allem die ausführliche Arbeit der Expertengruppe Informatik des BIGA (Bundesamt für Industrie, Gewerbe und Arbeit): „Informatik-Grundbildung, zukünftige Inhalte für die Berufsschulen", erschienen im Mai 1993 verwendet.

Der Beitrag soll dazu anregen, selbst ähnliche Erfahrungen zu machen und sich mit neuen Inhalten und neuen Unterrichtsformen in der Informatik auseinanderzusetzen.

15.2 Es war einmal? ...und ist noch heute

15.2.1 Mit dem Medienverbundpaket hat alles angefangen

Im Jahre 1985 hat das Schweizer Bundesamt für Industrie, Gewerbe und Arbeit BIGA in einem Kreisschreiben dekretiert, es sei fortan allen Lehrtöchtern und Lehrlingen eine Grundausbildung in Informatik zu vermitteln. Für diese Minimalportion im Umfang von 20 Lektionen wurde gleichzeitig ein Lehrmittel in der Form eines Medienverbundpakets bereitgestellt. Dieses umfaßte neben Lernzielen auch die für die Ausbildung nötigen Unterlagen wie Lehrbuch und Videofilme. Weil damals nur sehr wenige Lehrkräfte über Informatikkenntnisse verfügten, war im Medienverbundpaket zudem ein BASIC-Kurs für Lehrkräfte in der Form von programmiertem Unterricht enthalten.

Als Anstoß für die einsetzende stürmische Entwicklung der Informatik in den Berufsschulen — und nicht nur da — hatte diese BIGA-Initiative einen durchschlagenden Erfolg. Die weite Verbreitung von informatischen Inhalten in der Ausbildung auf der Stufe Sek II — ich verstehe darunter Mittelschulen und Berufsschulen aller Richtungen — geht letztlich darauf zurück. Inhaltlich aber fiel die von vielen als „großer Wurf" bezeichnete Initiative in der Form des Medienverbundpakets nicht nur aus heutiger Sicht etwas zu kurz aus. Das 1985 herausgegebene Medienverbundpaket

[1]Der Autor Peter Kradolfer ist Diplomingenieur ETH Zürich und betreut die gewerblich-industriellen Berufsschulen als Mitarbeiter der SFIB. Die SFIB, Schweizerische Fachstelle für Informationstechnologien im Bildungswesen, befaßt sich mit Dokumentation und Information im Zusammenhang mit Informatik im schweizerischen Schulwesen.

brachte nicht nur Vorschläge für Inhalte, sondern regte auch sehr konkret die Wahl verschiedener Unterrichtsmethoden an. Für viele Lehrkräfte war die Auseinandersetzung mit dem Medienverbundpaket der erste bewußte Kontakt mit der Informatik. Wen wundert's, wenn als Folge davon Informatik, und insbesondere Informatikausbildung, mit dem Medienverbundpaket gleichgesetzt wurde? Diese Auffassung, so verständlich sie unter den damaligen Umständen erscheint, war gefährlich. Inhalte und Methodik waren damit nämlich für längere Zeit festgelegt.

15.2.2 Maschinen- und algorithmenorientiertes Informatikbild

Nicht nur das vom BIGA kostenlos zur Verfügung gestellte Medienverbundpaket, sondern auch viele andere einführende Lehrmittel waren bis vor wenigen Jahren noch häufig stark auf die Kenntnisse von Computern und deren Programmierung ausgerichtet. Oft sind sie es heute noch, wie ein Blick in neuste Verlagsverzeichnisse bestätigt. Das ist, und war schon damals, aus verschiedenen Gründen problematisch.

Erstens glaubten die Lehrkräfte, der Informatikunterricht würde den Auszubildenden für ihr berufliches Fortkommen etwas nützen. Es ist zweifellos richtig, daß Hardware- und Software-Kenntnisse Bestandteil der Informatik sind. Aber eben nur ein Bestandteil unter vielen anderen. Fatalerweise wurde damit der Teil gewählt, der sich am raschesten wandelte und immer noch wandelt. Die vermittelten Kenntnisse waren also in höchstem Maß vergänglich und somit weitgehend unnütz. Zum Setzen von Zeugnisnoten mochten sie wohl taugen. Für die Praxis waren sie aber überholt, bevor sie angewendet werden konnten. Zudem fehlte einem so verstandenen Informatikunterricht der nötige Bezug zur Arbeitswelt der jungen Leute und damit eine wichtige Motivationsquelle.

15.2.3 Wo stehen wir heute?

Die erwähnte BIGA-Initiative zur Informatik-Grundbildung war der Anfang einer erfreulichen Entwicklung der Informatikausbildung in den Berufsschulen. Darüber hinaus wurde damit auch die Einführung von Informatikunterricht in den andern Mittelschultypen und den Sekundarschulen beeinflußt. Es kam Euphorie auf, keine Schulstufe wollte abseits stehen.

Heute ist die Euphorie verflogen; um die Informatik-Grundbildung ist es still geworden. Es scheint so, als wären alle Probleme gelöst. Wer etwas genauer hinschaut, stellt jedoch fest, daß bezüglich der zu vermittelnden Inhalte eine zunehmende Unsicherheit um sich greift.

Der algorithmenorientierte Ansatz ist abgelöst worden durch den sogenannten benutzerorientierten Ansatz. Dabei steht die Anwendung des Computers als Werkzeug und Arbeitsmittel im Zentrum. Die Maschine „Computer" wird zum Beispiel als Schreibmaschine genutzt. Anwenderschulung ist Trumpf, die unzähligen Kurse von Computerfirmen beweisen es. Die Anbieter wetteifern, für die stets neuste Version von Softwarepaketen einen neuen Kurs bereit zu haben. Schneller sein als die Konkurrenz, das ist die Voraussetzung zum Überleben.

Für die Schule ist es weder möglich, noch erstrebenswert, in diesem Rennen mitzumachen: sie wird stets hintennachrennen. Es ist hier nicht der Ort, diese Behauptung eingehend zu begründen. Das tun die Bildungspolitiker und -politikerinnen seit langem. Ein Aspekt muß aber herausgegriffen werden, damit die weiteren Ausführungen verstanden werden können: Nehmen wir zum Beispiel Textverarbeitung. Es ist unwesentlich, ob mit Wordstar, Word, AmiPro oder Write unterrichtet wird. Wesentlich ist dagegen die Tatsache, daß sich Schülerinnen und Schüler mit dem Phänomen Textverarbeitung schechthin auseinandersetzen. So gilt es zunächst, herauszukristallisieren, wie sich seit der Einführung der Textverarbeitung die Büroarbeit verändert hat. Das ist, Umfragen belegen es, gar nicht so einfach. Verglichen damit erscheint heute die Zeit um 1985 sehr viel einfacher. Es war mindestens einigermaßen klar, welche Themen als Invarianten der Informatik zu gelten hatten, und demzufolge zu vermitteln waren. Seither ist vielerorts Unzufriedenheit und

Unsicherheit aufgekommen. Unzufriedenheit, weil Schülerinnen und Schüler den einst so geliebten Informatikunterricht als demotivierend empfinden. Unsicherheit, weil es keine einfachen Rezepte gegen diese Unlust gibt.

15.2.4 Konsequenzen

Aus dem bisher Gesagten folgt, daß zu Beginn der breit angelegten Informatikausbildung den Lehrkräften in vielen Lehrbüchern suggeriert wurde, Informatikunterricht sei die Vermittlung von Hardware- und Software-Kenntnissen im Lehrgespräch und Lehrvortrag. Bereits während der Einführung des Medienverbundpaketes im Frühling 1985 wurde verschiedentlich — unter anderem durch mich — vor dieser einseitigen Auffassung gewarnt. Doch die Botschaft kam nicht überall an. Erst durch den Druck von unmotivierten Schülern und Schülerinnen, sowie durch verstärkte Anstrengungen in der Weiterbildung der Lehrkräfte, setzte sich die Auffassung durch, daß etwas geschehen müsse.

Und es ist etwas geschehen. Viele Lehrerinnen und Lehrer haben mittlerweile Informatikanwendungen in den Unterricht eingebaut. Was bei dieser Neuorientierung aber stark zurückgedrängt, ja teilweise verschwunden ist, sind die tragfähigen Grundlagen der Informatik. Zwar hat eine Lehrergruppe aus Berufsschulkreisen 1991 ein Lehrmittel zur Informatik-Grundbildung [Ma91] herausgegeben, das den Anspruch erhebt, wesentliche Konzepte der Informatik zu behandeln. Die Lehrkraft kann damit von der Lebenswirklichkeit der Schüler und Schülerinnen ausgehen. Je nach Beruf und Interessenlage kann mit den für die Klasse momentan wichtigen Aspekten der Informatik begonnen werden. Informatikgrundbildung wird dadurch für jeden Beruf etwas anders aussehen. Es ist beispielsweise sinnvoll, mit jungen Leuten aus Zeichnerberufen die Informatik am Beispiel CAD einzuführen. Die bereits erwähnte Fragestellung nach der Veränderung der Tätigkeit kann auch hier als Ausgangspunkt für die Suche nach den relevanten Inhalten genommen werden. Dagegen ist es sehr fremd und entsprechend wenig motivierend, mit Schülerinnen oder Schülern ein Programm zu schreiben, das die Kreiskonstante π auf 100 Stellen ausgibt.

15.3 Neue Unterrichtsmethoden

15.3.1 Neue Inhalte — neue Formen

Frontales Vermitteln von Computerwissen kann nicht mehr befriedigen. Der Prozeß, davon wegzukommen, hat begonnen. Er ist aber mühsam und langwierig. Die Lehrkräfte und die Schülerinnen und Schüler müssen sich schrittweise an selbständiges Arbeiten gewöhnen. Und der Erfolg? Neue Inhalte und neue Unterrichtsformen können äußerst spannend sein — für alle Beteiligten.

Interessante und ermutigende Erfahrungen wurden im Sommer 1992 im Kurs Handlungsorientierter Informatikunterricht gemacht.

15.3.2 Die Berufsschule braucht eine Informatikgrundbildung mit neuen Methoden

Die Ingenieurwissenschaft Informatik wird zu recht häufig als Strukturwissenschaft bezeichnet. Sie erhebt somit an den Unterricht die Forderung, die ihr zugrundeliegenden Strukturen zu vermitteln. Somit sind Unterrichtsmaterialien und -methoden zu finden, die das ermöglichen.

Weder Softwaretraining, noch Vermitteln isolierter Aspekte wie Datenstrukturen und Algorithmen — in der Praxis oft auf Programmierunterricht reduziert — genügen dieser Forderung. Wohlverstanden, ich spreche hier von Informatik-Grundbildung und nicht von dem darauf aufbauenden fachspezifischen Informatik-Unterricht. Auch an den Informatikunterricht auf der Stufe

Berufsmittelschule oder den zur Zeit in der Schweiz eingeführten Unterricht für die Berufsmaturität wird man andere Ansprüche stellen.

Zurück zu unseren Strukturen. Es gilt, die durch die Informatik bedingte und veränderte Struktur der Arbeitswelt sichtbar, durchschaubar und verständlich zu machen. Diese so reflektierten Veränderungen gilt es einzubetten in die bestehende Struktur der Erfahrungen der Schülerinnen und Schüler aus ihrer persönlichen, privaten und beruflichen Lebenswelt. Ziel ist, ihre kognitive Struktur mit den neuen Elementen zu ergänzen. Damit dies gelingt, ist in Formen zu unterrichten, die die Forderung nach selbständigem, autonomem problem- und handlungsorientiertem Lernen erfüllen. Die Methode Werkstattunterricht ist dafür eine geeignete Unterrichtsform unter anderen. Sie verlangt eine gewisse Selbständigkeit von den Lernenden und eine intensive Betreuung und Beratung durch die Lehrerin oder den Lehrer. Selbständigkeit, Eigeninitiative und -aktivität sind sehr willkommen und helfen zweifellos mit, die Lebenswirklichkeit der Schüler und Schülerinnen mit dem Lernthema zu vereinigen. „Vernetzung", „vernetztes Denken" sind keine Erfindungen der Pädagogen, sie sind wichtige Organisationsstrukturen in der Industrie. Rolf Dubs, Wirtschaftswissenschafter und ein über die Schweizer Grenzen hinaus bekannter Didaktiker, hat in einem vielbeachteten Beitrag den Paradigmenwechsel in der Industrie zusammengestellt (siehe Tabelle 15.1).

Jahre	Unternehmensziel	Technik	Organisation	Innovationsträger
70	Qualität	Mechanik	Hierarchisch	Top-Management
80	Kundenorientierung	Elektronik	Team	mittleres Management
90	Flexibilität	Integriert	Netzwerke	alle

Tabelle 15.1: Paradigmenwechsel in der Industrie, nach R. Dubs in: Blätter für den beruflichen Unterricht, 12/92

Aus dieser Wandlung leitet Dubs die Forderung nach einer Umgestaltung des Unterrichts mit Flexibilität für alle ab. Dies nicht ohne festzuhalten „flexibel ist aber nur, wer kognitiv genügend leistungsfähig ist. Deshalb müssen weiterhin kognitive Leistungen gefordert werden."

15.4 Neue Unterrichtsinhalte

15.4.1 Ausgangslage

Aus dem bisher Gesagten wird deutlich, daß viele Lehrkräfte mit dem heutigen Stand der Informatik-Grundbildung unzufrieden und doch für eine Neugestaltung zu unsicher sind. Um mit diesen Problemen fertig zu werden, hat die EGIN — Expertengruppe für Informatik des BIGA — eine Projektgruppe eingesetzt, die sich mit folgenden vier Fragenkomplexen eingehend befaßte:

- Welches sind relevante Bereiche, Themen und Konzepte, die im Rahmen der Informatik-Grundbildung bearbeitet werden sollen?
- Gibt es Unterrichtsbeispiele für gelungene didaktische Umsetzungen, die für die Zukunft wegweisend sind?
- Wie muß in Zukunft ein tragfähiges Konzept für die Informatik-Grundbildung aussehen?
- Soll die Informatik-Grundbildung weiterhin eine separate Unterrichtsthematik bleiben oder in den übrigen Fächerkanon eingegliedert werden?

Der Bericht[2] über diese Arbeit wurde am 14. Mai 1993 publiziert und kann bei der SFIB[3] bezogen werden. Informatik-Grundbildung ist zweifellos ein wichtiges Thema. Und so benütze ich die willkommene Gelegenheit, wichtige Aspekte der vorgeschlagenen Neuorientierung hier zu erläutern.

15.4.2 Wo steht die Informatik-Didaktik heute?

Diese Frage kann nur im Vergleich mit der Entwicklung der Informatik als solcher beantwortet werden. Die nachstehende Figur 15.1, sie stammt aus dem zitierten Bericht der Arbeitsgruppe [Fo93], zeigt sehr schön, wo die Defizite zu orten sind. Für die Informatik-Didaktik geht es demnach darum, aus den vorhandenen, zunehmend vernetzten Einsatzformen des Computers in der Arbeitswelt, die Inhalte und Methoden herauszuschälen, die charakteristisch sind. Zusätzlich müssen dann die dazu adäquaten Vermittlungsmethoden gefunden werden.

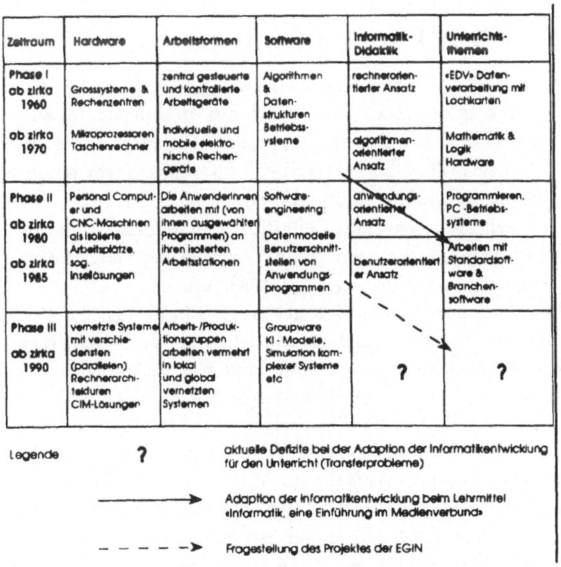

Zeitraum	Hardware	Arbeitsformen	Software	Informatik-Didaktik	Unterrichts-themen
Phase I ab zirka 1960	Grosssysteme & Rechenzentren	zentral gesteuerte und kontrollierte Arbeitsgeräte	Algorithmen & Daten-strukturen Betriebss-ysteme	rechnerorien-tierter Ansatz	«EDV» Daten-verarbeitung mit Lochkarten
ab zirka 1970	Mikroprozessoren Taschenrechner	individuelle und mobile elektro-nische Rechen-geräte		algorithmen-orientierter Ansatz	Mathematik & Logik Hardware
Phase II ab zirka 1980	Personal Comput-er und CNC-Maschinen als isolierte Arbeitsplätze.	Die Anwenderinnen arbeiten mit (von ihnen ausgewählten Programmen) an ihren isolierten Arbeitsstationen	Software-engineering:	anwendungs-orientierter Ansatz	Programmieren, PC -Betriebs-systeme
ab zirka 1985	sog. Insellösungen		Datenmodelle Benutzerschnitt-stellen von Anwendungs-programmen	benutzerorientiert-er Ansatz	Arbeiten mit Standardsoft-ware & Branchen-software
Phase III ab zirka 1990	vernetzte Systeme mit verschie-densten (parallelen) Rechnerarchi-tekturen CIM-Lösungen	Arbeits-/Produk-tionsgruppen arbeiten vermehrt in lokal und global vernetzten Systemen	Groupware KI - Modelle, Simulation kom-plexer Systeme etc	?	?

Legende

? aktuelle Defizite bei der Adaption der Informatikentwicklung für den Unterricht (Transferprobleme)

——→ Adaption der Informatikentwicklung beim Lehrmittel «Informatik, eine Einführung im Medienverbund»

– – – – → Fragestellung des Projektes der EGIN

Abbildung 15.1: Übersicht über die Entwicklungsschritte der Informatikausbildung, nach [Fo93, p. 18]

15.4.3 Zwei pragmatische Leitfragen

Damit im Unterrichtsalltag auf einfache Art zu neuen Lerninhalten und neuen Methoden für die Informatik gefunden werden kann, schlage ich zwei — nicht wissenschaftliche, sondern pragmatische — Leitfragen vor. Die erste führt zum Inhalt und lautet:

- Wie ist meine Arbeit verändert worden, seit ich dafür Computer einsetze?

[2]Forneck, Hauser, Huonker, Meier, EDMZ 1993, erhältlich bei SFIB Schweizerische Fachstelle für Informationstechnologien im Bildungswesen, Erlachstraße 21, CH-3000 Bern 9

[3]Schweizerische Fachstelle für Informationstechnologien im Bildungswesen, Erlachstraße 21, 3000 Bern 9; Informations- und Dokumentationsstelle für Computereinsatz in den Schulen.

Stellvertretend für andere Tätigkeiten gebe ich eine der vielen möglichen Antworten für die Tätigkeit Technisches Zeichnen: Es ist nicht mehr der ganze Plan sichtbar, sondern nur noch ein kleiner Ausschnitt. Wir müssen also lernen, vom Detail aufs Ganze zu schließen. Solche durch Computer entstandene Besonderheiten lassen sich bei jeder computerisierten Tätigkeit ohne Schwierigkeiten finden. Es gilt aber zu beachten, daß ich nur dann befriedigende Antworten auf diese erste Leitfrage finden kann, wenn ich die zur Diskussion stehenden computerisierten Tätigkeiten aus eigener Erfahrung kenne.

Die zweite Frage leitet sich aus der Unterrichtserfahrung ab und führt uns zur anzuwendenden Methode:

- Welche Mischung aus den verschiedenen möglichen Lehrmethoden führt für meine Klasse im zu behandelnden Thema am ehesten zum Erfolg?

Ich verzichte hier auf eine Antwort. Stattdessen streiche ich die Voraussetzung dafür heraus: Als Lehrkraft muß ich über eine Vielzahl von Methoden verfügen!

15.4.4 „Informatik“: Ein vielschichtiger Begriff

Es gibt wohl kaum einen Begriff, über den im Bildungsbereich ebenso häufig und engagiert diskutiert wird wie über die Informatik. Doch nicht nur Bildungsleute, auch Wissenschafter aller Sparten tun sich damit schwer. Die Projektgruppe bringt in ihrer Arbeit einen ganzen Strauß von Informatikbildern. Zwei seien hier herausgegriffen. Sie zeigen recht schön das Spannungsfeld, in dem sich die Informatikgrundbildung zu orientieren hat.

Zunächst die gewissermaßen genormte Definition gemäß Duden Informatik, S. 269: „Informatik ist die Wissenschaft von der systematischen Verarbeitung von Informationen, besonders der automatischen Verarbeitung mit Hilfe von Digitalrechnern.“

W. Coy hat 1989 eine andere Definition gegeben. Für ihn ist Informatik von der ihr zugewiesenen Aufgabe her zu verstehen. „Informatik ist somit die Wissenschaft des instrumentalen Gebrauchs der Informationstechnik; einer Sammlung von Instrumenten, mit denen ein soziales Verhältnis, nämlich das der Menschen zu ihrer Arbeit bestimmt wird. (???)

Die Aufgabe der Informatik ist also die Analyse von Arbeitsprozessen und ihre konstruktive, maschinelle Unterstützung. Nicht die Maschine, sondern die Organisation und Gestaltung von Arbeitsplätzen steht als wesentliche Aufgabe im Mittelpunkt der Informatik. Die Gestaltung der Maschinen, der Hardware und der Software ist dieser primären Aufgabe untergeordnet. Informatik ist also nicht ‚Computerwissenschaft‘. An dieser Stelle zeigt sich deutlich, daß sich Informatik von Nachrichten- oder Informationstechnik in ihrer Ausrichtung wesentlich unterscheidet.“

Wenn wir die beiden Informatikbilder vergleichen, so finden wir auch einen Grund für die bereits mehrfach erwähnte Unsicherheit. Vorherrschend war lange die wissenschaftliche Definition. Und hier gilt eine Wissens-Halbwertszeit von drei bis fünf Jahren, entsprechend der Lebensdauer der Computerentwicklungen. So ist es nur natürlich, daß im atemlosen Hinterherrennen schließlich von Unsicherheit ausgelöste Resignation entsteht. Legen wir das Coy'sche Bild zugrunde, stellen wir fest, daß es um Größenordnungen stabiler ist. Denn ob eine Arbeit mit einem Macintosh, einer RISC-Maschine oder einer PS/2-System ausgeführt wird ist — zumindest für den Bildungswert — egal! Ganz und gar nicht egal ist aber die Tatsache, ob überhaupt ein Computer eingesetzt wird. Darum haben wir bereits früher von Strukturen, die es zu vermitteln gilt gesprochen. Dann wird die Tatsache der drei bis fünf Jahre Lebensdauer für das Bildungswesen zur Marginalie.

15.4.5 Neue Inhalte in der Informatikgrundbildung

Es gibt wenige Schweizer Autorinnen und Autoren, die sich zur Informatikdidaktik äußern. Einer davon ist H.J. Forneck, der Mitautor der zitierten Projektarbeit ist. Forneck empfiehlt in einem

Beitrag „Entwicklungstendenzen und Problemlinien der Didaktik der Informatik [Fo90]", relevante informatische Inhalte auf drei Ebenen zu behandeln. Erstens ist die Arbeits- und Lebenswelt der Schülerinnen und Schüler bei der Themenwahl einzubeziehen. Zweitens sind die mit diesen Themen verknüpften Informatik-Kristallisationspunkte zu behandeln. Drittens hat die Informatik immer auch eine gesellschaftliche Dimension, die mit den Schülerinnen und Schülern zu bewältigen ist.

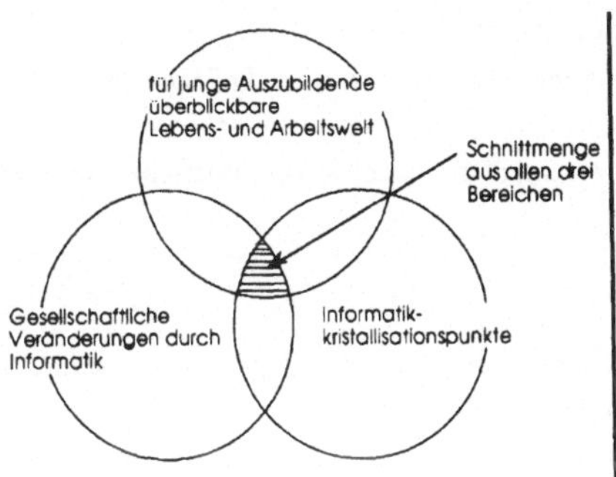

Abbildung 15.2: Skizze zur Themenwahl des Informatikunterrichts, nach H.J.. Forneck, [Fo90, p. 44]

Die Projektgruppe schlägt eine neue Zielsetzung für eine allgemeinbildende Einführung in die Informationstechnik vor.

Diese Neuorientierung umfaßt im konkreten eine arbeitsweltorientierte Informatik-Grundbildung derart, daß

- die Berufserfahrungen von Lehrtöchtern und Lehrlingen für diese selbst durchschaubar werden;
- die damit erreichte Einordnung der Informatik-Erfahrungen in das bestehende berufli- che Erfahrungsnetz zur Förderung der persönlichen Handlungsfähigkeit und zur Erweiterung des Erfahrungshorizontes dient;
- die vorhandenen Alternativen erkannt werden können; und daß schließlich
- die für die regelmäßige persönliche Weiterbildung nötigen Schlüsse aus der Dynamik der Informatik gezogen werden können.

Für die didaktische Umsetzung dieses Konzeptes schlagen die Autoren ein vierstufiges Vorgehen vor:

A Rekonstruktion des Arbeitsfeldes

B Analyse wesentlicher Strukturen des Berufsfeldes

C Ergründung unterschiedlicher Perspektiven und Interessenlagen

D Diskussion von Entwicklungserfordernissen und Alternativen

Jede dieser vier Stufen wird im Bericht mit möglichen Fragestellungen, möglichen Arbeitsformen und Richtzielen erläutert. Exemplarisch sei hier zum Bereich A aus dem Bericht zitiert (S. 62 f.):

Mögliche Fragestellungen:

- Was wird an Ihrem Arbeitsplatz, in Ihrem Betrieb an Informationstechnik eingesetzt?
- Wie und zu welchem Zweck erfolgt der Einsatz der Informationstechnik?

- Wie strukturiert der Technikeinsatz Ihre Arbeit?
- Welche Fertigkeiten und Kenntnisse werden in diesem Zusammenhang von Ihnen verlangt?

Mögliche Arbeitsformen:

- Beschreibung des Arbeitsplatzes, des Betriebes
- Befragung von Arbeitskolleginnen und -kollegen, der Lehrmeisterin oder des Lehrmeisters
- Besichtigung verschieden technisierter Betriebe im Berufsfeld der Lehrlinge und Lehrtöchter

Richtziele:

- Den eigenen Arbeitsbereich und die Organisation der Arbeitsabläufe am Arbeitsplatz beobachten und darstellen
- Substitution von Arbeitsabläufen durch (informations-)technische Mittel im eigenen Arbeitsfeld erkennen
- (...)
- (...)
- Auf geschlechtsspezifische Umgangsweisen mit der Informations-technologie und deren Auswirkungen aufmerksam machen.

Beispiele: Im Detailhandel geht es im Kern immer um den Tausch von Ware oder Dienstleistung gegen Geld. Dieser Vorgang wird technisch auf unterschiedliche Art und Weise unterstützt. So verfügt ein kleines Geschäft vielleicht erst über eine einfache Ladenkasse, während in einem Warenhaus modernste Scannerkassen mit bargeldlosem Zahlungsverkehr installiert sind. (...)

Hinweise: Bei der Auseinandersetzung mit der konkreten Arbeitssituation sollen vorschnelle Vereinfachungen vermieden werden. Handlungsorientierter Unterricht wird erst möglich, wenn die Lerngegenstände eine genügende Komplexität und Vielfalt an Aspekten aufweisen. Stark von Informationstechnik durchdrungene Arbeitsumgebungen, wie etwa die Arbeit in vernetzten Strukturen, eignen sich dafür besonders gut.

Die Vorschläge zur Neuorientierung der Informatik-Grundbildung werden in fünf Thesen zusammengefaßt:

These 1: Informatik-Grundbildung ist eine allgemeinbildende Auseinandersetzung mit der Informationstechnik.

These 2: In der Informatik-Grundbildung sollen Erfahrungen aus der Arbeitswelt so aufgegriffen und bearbeitet werden, daß diese versteh- und durchschaubar werden.

These 3: Informatik-Grundbildung behandelt eine eigenständige Thematik und soll weder portionenweise auf andere Fächer verteilt, noch sogenannt „integriert" werden.

These 4: Das Erlernen elementarer Computerbedienung ist kein Ziel der Informatik-Grundbildung. Ebensowenig ersetzt diese berufs- oder fachspezifische Einführungen in die Informationstechnik.

These 5: Eine Neuorientierung der Informatik-Grundbildung erfordert eine entsprechende Unterstützung der Berufsschullehrerinnen und -lehrer.

Literatur

[Fo90] H.J. Forneck et al.: „Entwicklungstendenzen und Problemlinien der Didaktik der Informatik" in Beiträge zur Didaktik der Informatik, Sauerländer 1990, 3. Auflage 1993

[Fo91] H.J. Forneck et al.: „Informatik Curricula und Lehrerbildung", Sauerländer 1991

[Fo93] Forneck/Hauser/Huonker/Meier, Hrsg. EGIN Expertengruppe Informatik des BIGA: „Informatik-Grundbildung, zukünftige Inhalte für die Berufsschulen", erschienen Mai 1993.

[IS91] Informatik Fachberichte Band 292: „Informatik und Schule 1991", Springer 1991

[Ma91] R. Margelisch et al., Informatik Grundlagen, Sauerländer 1991, 3. Auflage 1993

Kapitel 16

Eberhard Lehmann: Software-Wartung. Ein neuartiger Einstieg in den Informatik-Anfangsunterricht

16.1 Zur Konzeption des Unterrichts in Klasse 11

Der Anfangsunterricht im Fach Informatik ist noch immer häufig bestimmt durch die Bearbeitung vieler kleiner Aufgaben, die das grundlegende Rüstzeug für die verwendete Programmiersprache bereitstellen sollen. Diese Aufgaben haben in der Regel keine praktische Relevanz und werden, nachdem sie den obigen Zweck erfüllt haben, schnell wieder beiseitegelegt. Auch die Qualität dieser Programme muß gering bleiben, da z.B. schon falsche Eingaben zum Absturz des Programms führen.

Diese und andere Nachteile des bisherigen Informatikunterrichts führten zu einer neuen Konzeption, die durch folgende grundlegende Ideen gekennzeichnet ist:

- Analyse (und Wartung) eines fertigen komplexen Softwareprodukts — dadurch schon frühzeitig Denken in komplexen Systemen
- Konstruktion von Teilalgorithmen zu (mäßig) komplexen Anwendungsfällen mit starker Lehrerhilfe und unter Verwendung von Prozeduren aus Bibliotheken (Tools) von Anfang an — dadurch Möglichkeit der Bearbeitung komplexerer Problemstellungen.
- Benutzung von Anwendersoftware — dadurch mehr Anwendungsbezug.
- Integrative Behandlung von Inhalten, dadurch Denken in Zusammenhängen.

Der Unterricht beginnt mit einer Problemstellung, für deren Lösung ein fertiges, dokumentiertes Softwareprodukt vorliegt. Die Phasen sind:

- Analyse des Problems,
- Benutzung der Software und Erkennen ihrer Grobstruktur,
- Analyse von Softwareteilen,
- kleine Wartungsaufträge und damit Übergang zu ersten eigenen Kunstruktionsarbeiten.

16.2 Komplexe Systeme

Der neue Informatik-Lehrplan in Berlin (Erprobung möglich ab Schuljahr 1993/94, verbindliche ab Schuljahr 1994/95) stellt komplexe Systeme vom Anfangsunterricht an in den Mittelpunkt der Betrachtung (Abb. 16.1):

Der Schüler lernt auf diese Weise von Anfang an das Denken und Entwerfen in größeren Zusammenhängen. Wesentlich für diesen Ansatz sind das Vorhandensein

1. eines geeigneten Softwareprodukts und

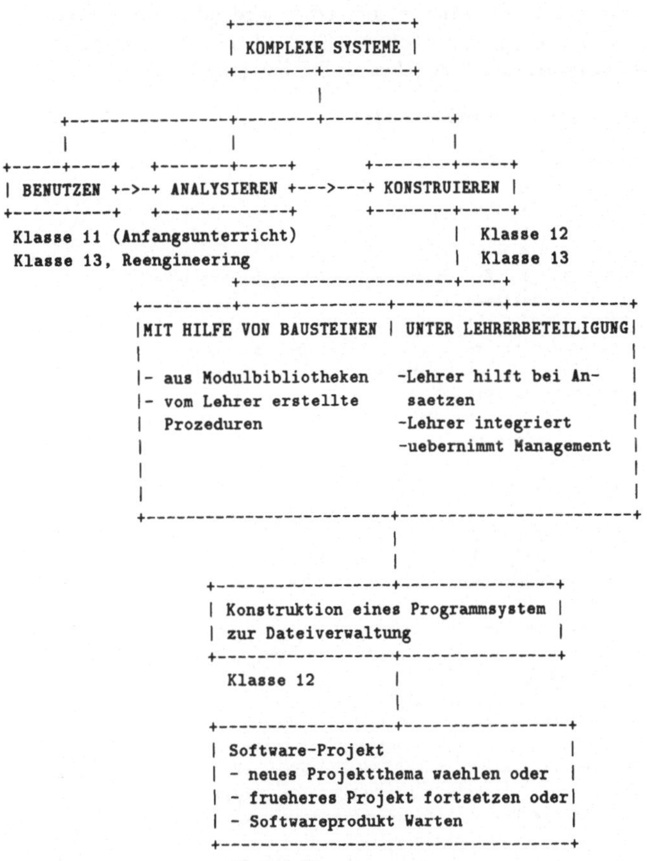

Abbildung 16.1: Komplexe Systeme im Informatik-Unterricht

2. einiger wiederverwendbarer Prozeduren.

16.3 Softwareprodukt für den Anfangsunterricht

Das verwendete Softwareprodukt (compiliert und als Quellprogramm vorliegend) sollte aus einem den Schülern leicht zugänglichen Anwendungsbereich stammen und in übersichtlicher Form zur Verfügung stehen. Folgende Eigenschaften sind wünschenswert:

- Klare Benutzerführung,
- gute Strukturierung mit deutlich erkennbarer Modulhierarchie,
- relativ begrenzter Funktionsumfang, der sich z.B. in den Menüs widerspiegelt,
- gut verständliche Dokumentation (kann auch im Programm integriert sein),
- einige für eine Überarbeitung leicht zugängliche Programm- teile.

Der oben skizzierte Ansatz wurde vom Autor mehrfach im Unterricht erprobt. Hierbei wurde das Spiel GOBANG benutzt — früher in Projektarbeit in einem höheren Informatikkurs erstellt

(MS-DOS-Rechner, TURBO-PASCAL 6). Zur näheren Information wird auf die unten angegebene Literatur und Software verwiesen. Weitere geeignete Software für den Informatikanfangsunterricht, aber auch für eine spätere umfangreichere Wartung (etwa als Softwareprojekt) sind:

RÄUBER-BEUTE: Simulation eines Räuber-Beute-Modells

ZINSY: Aufsatz- und Bücherkatalogisierung.

```
DAS  SPIEL  GOBANG

    A   B   C   D   E   F   G   H   I   J   K      =========== Gobang ===========
  +===+===+===+===+===+===+===+===+===+===+===+
1 |   |   |   |   |   |   |   |   |   |   |   |
  +===+===+===+===+===+===+===+===+===+===+===+                Sp.  Z.  Zug
2 |   |   |   | O |   |   |   |   |   |   |   |    Lehmann   :  D    2    6
  +===+===+===+===+===+===+===+===+===+===+===+
3 |   |   |   |   | O | O |   |   |   |   |   |    Meier     :  I    7    5
  +===+===+===+===+===+===+===+===+===+===+===+
4 |   |   |   |   |   | O | X |   |   |   |   |              (A-K) (1-11)
  +===+===+===+===+===+===+===+===+===+===+===+
5 |   |   |   |   |   | X | O |   |   |   |   |            K O M M E N T A R
  +===+===+===+===+===+===+===+===+===+===+===+        +=======================+
6 |   |   |   |   |   | X |   | O |   |   |   |        |        Lehmann        |
  +===+===+===+===+===+===+===+===+===+===+===+        |     hat gewonnen      |
7 |   |   |   |   |   | X |   |   | X |   |   |        |                       |
  +===+===+===+===+===+===+===+===+===+===+===+        |                       |
8 |   |   |   |   |   |   |   |   |   |   |   |        |Nochmal spielen (j/n)??|
  +===+===+===+===+===+===+===+===+===+===+===+        |                       |
9 |   |   |   |   |   |   |   |   |   |   |   |        |                       |
  +===+===+===+===+===+===+===+===+===+===+===+        +=======================+
10|   |   |   |   |   |   |   |   |   |   |   |        +=======================+
  +===+===+===+===+===+===+===+===+===+===+===+        |   Ende    mit  <ESC>  |
11|   |   |   |   |   |   |   |   |   |   |   |        |   Hilfe   mit  <F1>   |
  +===+===+===+===+===+===+===+===+===+===+===+        +=======================+
   4   2
```

Abbildung 16.2: Das Spiel GOBANG

Der Schüler entdeckt bei der Analyse des Softwareprodukts auch Prozeduren, die häufig vorkommen, also möglicherweise eine übergeordnete Bedeutung besitzen. Diese stammen aus einem Modul mit weiteren kleinen Bausteinen. Dieses Modul wird dem Schüler bereits in der Wartungsphase und erst recht danach zur Verfügung gestellt. Damit können bereits viel früher als im bisherigen Anfangsunterricht auch komplexere Fragestellungen bearbeitet und in der Programmiersprache realisiert werden. Wenn sich der Lehrer noch zusätzlich an der Konstruktion der Teilalgorithmen durch Vorlegen z.B. schwierigerer Prozeduren (für die Schüler möglicherweise als Black Box) an der Arbeit beteiligt, ist schon frühzeitig die Bearbeitung komplexerer Problemstellungen möglich.

Gleichzeitig bereitet der Ansatz die später folgende Projektarbeit (Software-Engineering) vor.

16.4 Kleine Bausteine aus Modulbibliotheken

Die Verwendung kleiner Tools schon im Informatik-Anfangsunterricht ermöglicht es, von Beginn an relativ praxis- und realitätsnahe Problemstellungen zu bearbeiten. Diese kleinen Tools (Hilfsprogramme, Prozeduren, Funktionen oder Datentypen), die in bereits compilierter Form in Bibliotheken vorliegen, erweisen sich als mächtiges Hilfsmittel.

Eine wesentliche Hilfe bieten z.B. Routinen, die eine komfortable Eingabe von Zeichen, Zeichenketten, Integer- und Realzahlen an bestimmten Bildschirmpositionen ermöglichen und die in einem Modul zusammengefaßt sind. Der Schüler lernt damit von Anfang an auch das Denken in größeren Zusammenhängen. Selbstverständlich müssen die Tools in einer gut verständlich dokumentierten Form vorliegen.

16.5 Benutzeroberflächen

Hilfsmittel zur Gestaltung der Benutzeroberfläche können von Anfang an zu benutzerorientierten Entwürfen führen. Sie fördern damit das Denken in Bauteilen (Modulen), die z.B. aus geeigneten Problemzerlegungen entstehen. Diese Sichtweise schließt auch an den Unterricht in informationstechnischer Grundbildung an, in dem Schüler fertige Software benutzt und damit verschiedene Benutzer-oberflächen kennengelernt haben! Entscheidend für die Verwendung von Hilfsprogrammen etwa zur Generierung von Menüs ist ihre leichte Benutzbarkeit. Die Erfahrungen zeigen, daß dann Schüler bereits im ersten Halbjahr des Informatikunterrichts eindrucksvolle Benutzeroberflächen erstellen können.

Für die Arbeit im Unterricht liegen den Schülern folgende Units vor — in Kurzform, aber mit Beispielen dokumentiert:

INO91_U: Hilfen für Eingaben und Ausgaben;

BALK91_U: Hilfen für die Arbeit mit Balkenmenüs;

MAUS91_U: Hilfen für die Verwendung der Maus;

BILD91_U: Hilfen für die Arbeit mit „Bildschirm-Dateien";

Hilfsprogramme zur Erzeugung von Oberflächen sind

BILD_DEF: auf dem Bildschirm kann „gemalt" werden, der Textbildschirm kann als Ganzes mit Attributen abgespeichert und geladen werden;

MENUE91: Erzeugung von Menüs (Auswahl mit Cursor).

Die Unterrichtspraxis hat gezeigt, daß man schon frühzeitig mit einfacheren Bausteinen aus dem obigen Angebot arbeiten kann. Das gilt insbesondere für die Arbeit mit den Hilfsprogrammen für Programmoberflächen. Damit wird bei den Schülern eine erhebliche Motivation ausgelöst, denn schon ihre ersten Programme erscheinen dem Benutzer „professionell".

Die Unit INO91_U z.B. stellt folgende Prozeduren zur Verfügung:

```
USES Crt;
TYPE zeichenmenge,read_cset = SET OF CHAR;

{1} FUNCTION  HOletaste: integer;

{2} PROCEDURE LAuftext
  (in_zeile,von_spalte,bis_spalte:integer; text:string;
   tempo:integer);

{3} PROCEDURE INput_textdatei
  (var datei_name:string; name_erfragen:boolean);

{4} procedure output_textdatei
    (x1,y1,x2,y2:integer;Dateiname:string40;SuchWort:string40);

{5} PROCEDURE INput_integer
  (x,y: INTEGER; input_aufforderung:STRING; VAR zahl:INTEGER;
```

```
      zahllaenge: INTEGER);

  {6} PROCEDURE INput_real
     (x,y: INTEGER; input_aufforderung:STRING; VAR zahl:real;
      zahllaenge:INTEGER);

  {7} PROCEDURE INput_zeichen
     (x,y:INTEGER; input_aufforderung:STRING; VAR antwort:CHAR;
      erlaubte_zeichen: zeichenmenge);

  {8} PROCEDURE INput_string
     (x,y: INTEGER; input_aufforderung : STRING;
      VAR input: STRING; stringlaenge  : INTEGER;
      erlaubt: Zeichenmenge);

  {9} PROCEDURE REad_i
     (VAR i:INTEGER);

  {10} PROCEDURE REad_r
     (VAR r:real);

  {11} FUNCTION EOln_n: BOOLEAN;
```

Beispiel einer Dokumentation:

```
{8} PROCEDURE INput_string

     (x,y: INTEGER; input_aufforderung : STRING;

      VAR input: STRING; stringlaenge  : INTEGER;

      erlaubt: Zeichenmenge);
```

Diese Prozedur liest einen String ein.

Parameterbedeutung:

`x`: Spaltenposition, an dem der Aufforderungstext beginnt,

`y`: Zeilenposition des Textbeginns,

`input_aufforderung`: Text für die Inputaufforderung,

`input`: Der einzugebende String. Er sollte vor Aufruf der Prozedur initialisiert werden!

`stringlaenge`: Die erlaubte Stringlänge,

`erlaubt`: Die erlaubte Zeichenmenge für den einzugebenden String.

Programmier-Beispiel:

```
PROGRAM y;
USES Crt; INo91_U;
VAR i   : INTEGER;
    name: ARRAY[1..10] OF STRING;
BEGIN
   Clrscr;
   FOR i:=1 TO 3 DO name[i]:='';
   FOR i:=1 TO 3 DO
     INput_string(5+8*i,15+i,'Namen eingeben, Name = ',
                  name[i],8,['A'..'Z']);
   Clrscr;
   FOR i:=1 to 3 DO WRITELN(name[i]);
   Readln;
end.
```

16.6 Literatur und Software

Für die oben skizzierten Ansätze zur Bearbeitung komplexer Softwaresysteme liegen bereits teilweise Ausarbeitungen und Software vor.[1]

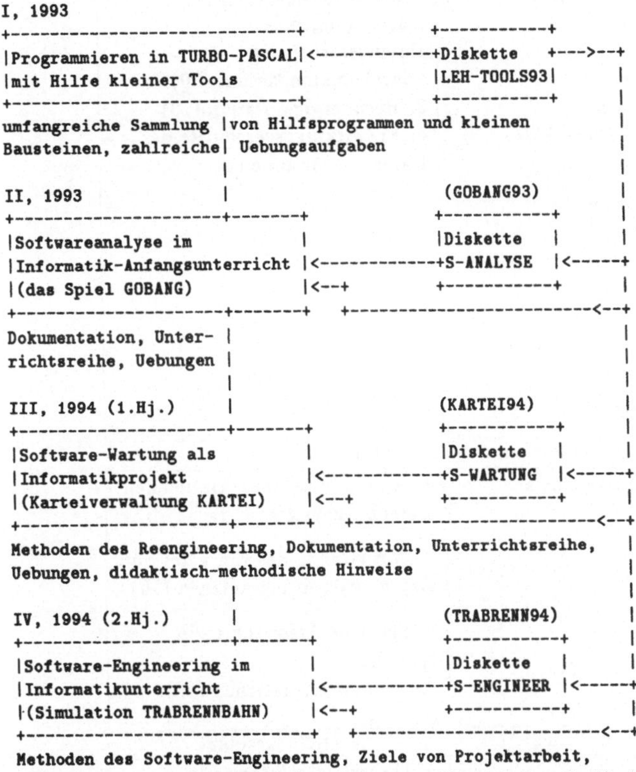

Abbildung 16.3: Buchreihe „Analyse, Konstruktion und Wartung komplexer Software"

---

[1] Autor: Eberhard Lehmann. Bücher und Software sind für Lehrer und Schüler konzipiert. Sie werden voraussichtlich herausgegeben vom Dümmler-Verlag, Bonn. Rückfragen ggf. bei Eberhard Lehmann, Geitnerweg 20c, 12209 Berlin, Telefon: 030-7112420, 7110811.

Komplexe Systeme benutzen, analysieren, konstruieren *(kursiv: fundamentale Ideen)*	Weitere Inhalte, möglichst integrativ unterrichten
1. Unterrichtsjahr: Einführung in die Informatik	
1.1 Analyse eines dokumentierten Systems (10) — *Systemstruktur erkennen* — *Programmstruktur erkennen* — *Arbeitsweise im Editor lernen* — *wiederverwendbare Tools finden* — *kleine Wartungsarbeiten mit Lehrerhilfe* * *Komplexes System benutzen, analysieren* 1.2 Konstruktion von Teilalgorithmen zu Anwendungsfällen (35) — *mäßig komplexe Anwendungsfälle* — *Verwendung von Tools* — *starke Lehrerhilfe* — *weitere Grundlagen der Programmiersprache erlernen* * *Konstruieren mit starker Lehrerhilfe*	2. Anwendungen und Auswirkungen der Datenverarbeitung (Bürokommunikation) (20) 3. Rechnerorganisation (10) 4. Entwicklungsgeschichte der Datenverarbeitung (5)
2. Unterrichtsjahr: Grundlagen großer Programmsysteme	
1. Konstruktion eines Programmsystems zur Dateiverwaltung (30) — *„Kurzprojekt“, Lehrerhilfe* — *„Mini-Software-Lifecycle“* — *arbeitsteilige Konstruktion* — *Verwendung von Tools* * *Ein komplexes System mit Lehrerhilfe konstruieren*	2. Anwendung eines relationalen Datenbanksystems (10) 3. Auswirkung des Einsatzes von Datenverarbeitungsanlagen (10) 4. Spezielle Algorithmen in typischen Anwendungssituationen (30)
3. Unterrichtsjahr: Software-Projekt	**Vertiefungsgebiet**
A Neues Projektthema B Fortführung eines früheren Projektes C Wartung eines Softwareprodukts — *Methoden und Probleme des Software-Engineering (-Reengineering)* — *Software-Lifecycle* — *Verwendung von Tools* * *Ein komplexes System weitgehend selbständig konstruieren* (40)	A Theoretische Informatik (Automaten) B Deklarative Konzepte C Datenbanken D Computergrafik (Rest)

Tabelle 16.1: Struktur des Berliner Informatik-Rahmenplans (Entwurf, Stand April 1993)

Kapitel 17

Helmut Witten, Johann Penon: SQL im Informatik-Unterricht? Erfahrungen mit einer Programmiersprache der 4. Generation in der unterrichtlichen Praxis

In der Diskussion um neue Konzepte für den Informatik-Unterricht jenseits von (Turbo)-Pascal-Kursen finden sich häufig Vorschläge, PROLOG als deklarative Programmiersprache in den Unterricht einzubeziehen. Mit unserem Beitrag möchten wir das Augenmerk auf relationale Datenbanken mit der Standard-Datenbanksprache SQL (Structured Query Language) lenken; eine Alternative, die u. E. bisher zu wenig beachtet wurde.

Im ersten Abschnitt wollen wir an einem kleinen Beispiel die Möglichkeiten und Beschränkungen von SQL im Vergleich zu den heute im Informatik-Unterricht verwendeten Programmiersprachen (Pascal, Modula-2, Elan, Basic) darstellen. Wir werden dann zeigen, welche unterrichtlichen Einsatzmöglichkeiten für SQL sich in der praktischen Erprobung als sinnvoll erwiesen haben und wie sich diese Erfahrungen im neuen Berliner Rahmenplan für den Informatikunterricht in der Sek II widerspiegeln (s. [11]). Hierbei ist für uns von entscheidender Bedeutung, daß sich das Werkzeug SQL hervorragend eignet, nichttriviale Anwendungen der Informationstechnik zu erarbeiten, in denen die Probleme des Datenschutzes und der Datensicherheit im Zeitalter der fortschreitenden Vernetzung für die Schülerinnen und Schüler erlebbar werden. Insofern kann die Einbeziehung dieser Programmiersprache und der damit zu bearbeitenden Anwendungen einen wesentlichen Beitrag zur Allgemeinbildung durch den Informatikunterricht leisten (s. [8] S. 22 ff.).

Zum Abschluß geben wir einen kurzen Ausblick auf die künftige Entwicklung von SQL (SQL2 bzw. SQL3) sowie des relationalen Datenmodells (NF^2 bzw. objektorientierte Datenmodelle) und die möglichen Konseqenzen für den Informatik-Unterricht.

17.1 Was leistet SQL?

SQL ist keine Allzweck-Sprache, bestimmte Problemklassen können in ihrem Rahmen nicht gelöst werden. So unterscheidet sich SQL von den herkömmlichen Programmiersprachen dadurch, daß keine Variablen und auch keine der üblichen Konstrollstrukturen wie IF THEN ELSE oder WHILE DO zur Verfügung stehen. Insofern kann SQL sicherlich nicht als *einzige* Programmiersprache im Informatikunterricht eingesetzt werden (mehr dazu weiter unten).

Auf der anderen Seite haben Dateiverwaltungsprogramme, die mit herkömmlichen Programmiersprachen realisiert werden, entscheidende Nachteile:

- Für die dauerhafte (externe) Speicherung von Daten werden von den üblicherweise im Informatik-Unterricht verwendeten Sprachen nur spärliche Hilfsmittel zur Verfügung gestellt. Aus diesem Grund erfordern Projekte zur Dateiverwaltung einen hohen Programmieraufwand und beschränken sich zudem meist auf Einbenutzer-Systeme. Dieser Mangel kann durch sog. „Toolboxen" nur teilweise ausgeglichen werden, da hierfür keine Standards existieren.

- Die externen Daten sind in ihrer Struktur eng an das verarbeitende Programm gebunden; daraus resultiert eine extreme Daten-Programm-Abhängigkeit, die spätere Änderungen der Datenstruktur erschwert oder sogar unmöglich macht (Inflexibilität).
- In realen Anwendersituationen werden die gleichen Daten von unterschiedlichen Benutzern benötigt. Wenn aber jedes Programm seinen eigenen Datenbestand mitführt, ergeben sich Redundanzen, die sehr schnell zu inkonsistenten Daten führen können.

Diese Mängel sind durch leidvolle Erfahrungen in der industriellen Praxis wohlbekannt und haben in den letzten 20 Jahren dazu geführt, daß auf breiter Front *Datenbanklösungen* eingeführt wurden. Hierbei kann auf die externen Daten nur über ein Datenbankverwaltungssystem zugegriffen werden; Daten und Datenbankverwaltungssystem zusammen bilden die Datenbank (s. [14], S. 82 ff.). Für die unterschiedlichen Anwendungsprogramme stellt die Datenbank die jeweils benötigten Daten als „logische" Datei zur Verfügung und trägt somit dazu bei, daß Redundanzen vermieden und die Daten-Integrität gesichert werden (s. [10], S. 21 ff.).

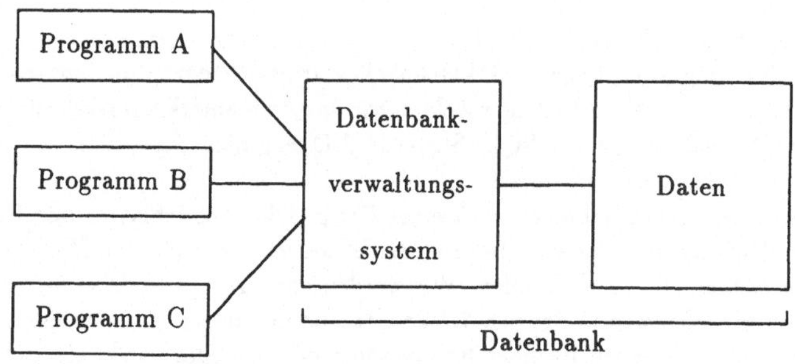

Abbildung 17.1: Konzept eines Datenbanksystems

Im Laufe der 80er Jahre haben sich relationale Datenbanken in der industriellen Anwendung als Quasi-Standard durchgesetzt; ältere Datenbanksysteme auf der Basis des hierarchischen oder Netzwerk-orientierten Datenmodells haben demgegenüber stark an Bedeutung verloren (s. z. B. [2], S. 3). Im relationalen Datenmodell werden sowohl Objekte (Entities) als auch Beziehungen (Relationships) als Tabellen abgebildet; jedem Objekt und jeder Beziehung entspricht eine Zeile in der jeweiligen Tabelle, die Attribute werden in den entsprechenden Spalten aufgeführt.

SQL ist die wichtigste standardisierte[1] Datenbanksprache auf der Basis des relationalen Datenmodells. Man kann sie als Datenbank-Subsprache mit Möglichkeiten zur Definition, Manipulation und Integritätskontrolle von Datenbeständen bezeichnen. Hierbei wird von einer Mehrbenutzer-Datenbank als dem Normalfall ausgegangen, so daß abgestufte Zugriffsberechtigungen ebenso selbstverständlich sind wie die Möglichkeit, spezifische Benutzersichten (views) auf eine oder mehrere Tabellen zu definieren.

Die Möglichkeiten und Besonderheiten von SQL sollen an einem kleinen Beispiel erläutert werden. Wir gehen dabei von einem „Mini"-Oberstufen-Verwaltungssystem aus, das im relationalen Datenmodell die „Entities" SCHÜLER und KURSE als Tabellen abbildet:

Die „Relationship" NIMMT-TEIL wird als eigene Tabelle dargestellt, da es sich um eine m-zu-n-Beziehung handelt: jeder Schüler nimmt an mehreren Kursen teil und jeder Kurs hat mehrere

[1] ANSI X3.135: 1986; ISO 9075: 1987, 1989, 1992 bzw. DIN 66315, s. z. B. [12], S. 55 ff. oder [1], S. 4 ff.

Sch-Nr.	Name	Geb.dat.
931	Fritz Fleißig	1.5.75
932	Gertrud Lustig	11.11.76
933	Donald Duck	1.4.35
...	...	...

Tabelle 17.1: SCHÜLER

Kurs-Nr.	Bezeichnung	Lehrer
4711	in-1.1	N. Wirth
4712	in-3.1	D. Knuth
4713	de-1	G. Graß
...	...	...

Tabelle 17.2: KURSE

Schüler als Teilnehmer. Man sieht an diesem Beispiel, das auch eine Beziehung Attribute haben kann (Fehlzeiten und Punkte). Da die Werte für diese Attribute am Anfang des Kurses noch nicht feststehen, können sie zunächst unausgefüllt bleiben (sog. „Nullwerte").

Sch-Nr.	Kurs-Nr.	Fehlz.	Punkte
931	4711		
931	4713		
932	4711		
933	4712		
...	...		

Tabelle 17.3: NIMMT-TEIL

Innerhalb von SQL gibt es Befehle zur Definition, Manipulation und Zugriffskontrolle bzw. Steuerung der Daten (vgl. z. B. [9], S. 32). So kann eine Datenbank für unser Bespiel erzeugt werden durch:

```
create database obstkurs;

create table schueler
    (sch_nr integer not null,
     name char(20) not null,
     geb_datum date);
```

Entsprechend werden die Tabellen KURSE und NIMMT-TEIL erzeugt. In einer Datenbank können jederzeit neue Tabellen eingefügt werden; einmal definierte Tabellen können mit dem Befehl **`alter table`** verändert oder **`drop table`** gelöscht werden, ohne daß die Datenbank in jedem Fall neu aufgebaut werden müßte. Man vergleiche dies mit dem Aufwand, der entstehen würde, wenn bei einem mit herkömmlicher Programmierung entwickelten Dateiverwaltungssystem die Datenstrukturen nachträglich verändert werden sollten!

Wenn die Tabellenstruktur — zumindest vorläufig — feststeht, können mit den SQL-Anweisungen **`insert`**, **`update`** und **`delete`** Datenwerte (d. h. Zeilen in den Tabellen) eingefügt, geändert und gelöscht werden:

```
insert into schueler
    values (933, "Donald Duck", "01.04.35")
```

Die wichtigste SQL-Anweisung ist sicherlich **`select`**. Im einfachsten Fall können die Werte einer Tabelle ausgegeben werden. Der folgende Befehl erzeugt eine alphabetisch sortierte Schülerliste:

```
select * from schueler
    order by name
```

Hieran wird deutlich, daß man im Gegensatz zu Programmiersprachen der 3. Generation wie z. B. Pascal, Elan oder Modula-2 bei SQL nicht mehr angeben muß, *wie* Daten aus einer Datenbasis gesucht werden sollen: man gibt nur an, *welche* Daten — ggf. sortiert — ausgegeben werden sollen. Wegen dieses deklarativen Programmierstils kann man SQL zu den Programmiersprachen der 4. Generation rechnen.

Mit dem folgenden `select`-Befehl werden alle Teilnehmerlisten aller Kurse ausgegeben, wobei die Einträge für die jeweiligen Kursleiter zusammengefaßt werden:

```
select lehrer, bezeichnung, name
    from schueler, nimmt_teil, kurse
    where schueler.sch_nr = nimmt_teil.sch_nr
      and nimmt_teil.kurs_nr = kurse.kurs_nr
    group by lehrer
```

Das Ergebnis dieses `select`-Befehls ist also wieder eine Tabelle mit den drei Spalten Lehrer, (Kurs)-Bezeichnung und (Schüler)-Name; die Sch.-Nr. und die Kurs-Nr. tauchen im Ergebnis nicht mehr auf, sondern werden nur intern verwendet, um die Tabellen SCHÜLER und KURSE in Beziehung zu setzen. Mit dem Befehl `create view` können solche abgeleiteten Tabellen als neue, benutzerspezifische „Sichten" auf vorhandene Tabellen — gleichsam als „virtuelle" Tabellen — dauerhaft erzeugt werden.

Ein differenzierte Zugriffskontrolle auf die Daten kann mit den Befehlen `grant` bzw. `revoke` realisiert werden. Hiermit kann der Datenbankadministrator ggf. für jeden einzelnen Benutzer festlegen, wie der Zugriff zur Datenbank erfolgen darf. Er kann dabei erforderlichenfalls sogar für jede einzelne Spalte jeder Tabelle festlegen, ob der Betreffende die Daten dort lesen (`select`), hinzufügen (`add`), ändern (`update`) oder löschen (`delete`) darf.

SQL wurde Anfang der 70er Jahre als Endbenutzersprache entwickelt; man stellte sich vor, daß jeder Sachbearbeiter mit einem SQL-Interpreter umgehen könne. Inzwischen sind die Ansprüche an Benutzerschnittstellen deutlich gestiegen. Deshalb gehören heute zum Lieferumfang SQL-basierter Programmsysteme üblicherweise Masken-, Listen- und Menügeneratoren, bei neueren Produkten auch mit grafischer Oberfläche. Diese SQL-Erweiterungen werden teilweise als *4GL* (4th Generation Language) bezeichnet und bieten neben SQL-Befehlen die Kontrollstrukturen und das Variablenkonzept herkömmlicher Programmiersprachen ebenso wie Befehle zur Erzeugung von Abfragemasken, Berichten (Listen) und Benutzermenüs.

Leider sind diese SQL-Erweiterungen bislang nicht standardisiert, so daß bei ihrer Verwendung die Portabilität der Programme eingeschränkt wird. Auf der anderen Seite können diese Werkzeuge dazu beitragen, den Programmieraufwand weiter erheblich zu verringern. Dies ist besonders bei der schnellen Entwicklung von lauffähigen Prototypen (rapid prototyping) von Interesse (vgl. [3]).

Etwas anders stellt sich die Situation bei *ESQL* (embedded SQL) dar. Hierbei werden SQL-Anweisungen in eine herkömmliche Programmiersprache „eingebettet", so daß man sowohl die Möglichkeiten von SQL als auch die der Programmiersprache zur Verfügung hat (s. z. B. [9], S. 167 ff.). Die Schnittstelle zwischen diesen unterschiedlichen Arten der Programmierung ist in der neuen SQL-Norm von 1992 (*SQL2*) verbindlich festgelegt (s. [1], S. 221 ff.).

17.2 SQL im Unterricht

Wir arbeiten seit mehreren Jahren in verschiedenen Feldern der informationstechnischen Bildung: berufsbezogene Datenverarbeitung (Penon), Informationstechnische Grundbildung (ITG) am Gymnasium (Witten) sowie Informatik-Unterricht in der SekII (Penon und Witten). In allen drei Bereichen haben wir den Einsatz von SQL-basierten Datenbankanwendungen auf verschiedenen UNIX-Mehrplatzanlagen in vielfältiger Weise erprobt. Von den hierbei gewonnenen Erfahrungen können wir im Rahmen dieser kurzen Übersicht nur das Wesentliche wiedergeben.

Im Bereich der ITG und in der berufsbezogenen informationstechnischen Bildung können mit Datenbanken Probleme der Massendaten, des Datenschutzes und der Datensicherheit handlungsorientiert vermittelt werden. Durch die mitgelieferten Werkzeuge, vor allem die Masken- und Menügeneratoren wird der Lehrer bei der Erstellung von Unterrichtsbeispielen wirkungsvoll unterstützt. Leider macht sich auch hier die fehlende Norm bei diese Generatoren schmerzlich bemerkbar, da die in einem System entwickelten Masken und Menüs nicht unmittelbar in ein anderes System übertragen werden können. Immerhin gestattet die SQL-Norm eine portable Beschreibung und Erstellung der Datenbasis.

Ein einfaches Anwendungsbeispiel für Datenbanken in der ITG wurde an anderer Stelle dokumentiert (s. [4], S. 69 f.). Im Rahmen des Informatik-Uneterichts der kaufmännischen Berufschulen hat sich die Unterrichtseinheit „Videothek“ bewährt. Hier wird mit einem Datenbanksystem Ausleihe und Bestandsverwaltung einer Videothek nachgebildet. In diesem Beispiel ist es für die Schülerinnen und Schüler besonders beeindruckend, daß die von ihnen eingegebenen Daten für alle Nutzer mit der entsprechenden Berechtigung sofort zur Verfügung stehen. Durch die unerwartete Transparenz („gläserner Kunde“) gelingt es häufig, bei den Schülern persönliche Betroffenheit und eine Sensibilität für die Probleme des Datenschutzes zu wecken. Aus dieser Unterrichtssituation heraus ergibt sich zwanglos die Motivation zur Behandlung von Zugriffskontrollen mit **grant** und **revoke**.

Beim Arbeiten in der SekI (ITG) würde der direkte Umgang mit dem SQL-Interpreter die Schüler in der Regel überfordern, während in der kaufmännischen Berufsschule elementare SQL-Abfragen von den Schülern durchaus selbständig erarbeitet werden können. In beiden Bereichen bietet sich beim Arbeiten mit Datenbanken aber in erster Linie der Zugang über Masken an, da hier nur beispielhaft eingetragen werden muß, zu welchen Informationen man die entsprechenden Datensätze ausgegeben haben will (*QBF* = Query By Forms). Die Maskengeratoren, mit denen wir bislang gearbeitet haben, gestatten bei Abfragen allerdings nicht den Komplexitätsgrad, der mit dem **select**-Befehl möglich ist. Hier sind in Zukunft weitere Verbesserungen zu erwarten.

Solche insgesamt positiven Erfahrungen haben ihren Niederschlag im neuen Berliner Rahmenplan Informatik (s. [11]) gefunden. In der 12. Klasse (zweites Unterrichtsjahr Informatik) wird die „Anwendung eines relationalen Datenbanksystems“ im Umfang von 10 Stunden vorgeschrieben, möglichst integriert mit dem im Rahmenplan folgenden Thema „Datenschutz“ (ebenfalls 10 Stunden). Hierbei soll der pragmatische Umgang mit einer Datenbank im Vordergrund stehen, die Verwendung von SQL wird — wie dieser Schulstufe angemessen — ausdrücklich empfohlen.

Da SQL und das zugrundeliegende relationale Datenmodell einfach zu verstehen und zu handhaben sind, kann diese Datenbanksprache auch in der in Berlin vorgeschriebenen Projektphase des Informatikunterrichts sehr gut eingesetzt werden. Dies war bereits nach dem alten Rahmenplan möglich, im neuen wird diese Variante ausdrücklich erwähnt. Mit SQL, Masken-, Listen- und Menügeneratoren kann sich die Projektarbeit auf konzeptionelle Fragen konzentrieren, da die Schüler in kurzer Zeit lauffähige Prototypen erstellen können(vgl. [3]).

Die Wahl von Datenbanken für Informatik-Projekte gestattet die Bearbeitung von Themen, die in ihrer Komplexität realen Anwendungssituationen nahe kommen und die bei der Verwendung herkömmlicher Programmiersprachen in einem Grundkurs nicht realisiert werden könnten. Auf der anderen Seite können bei der Entwicklung des für das Projekt geeigneten Datenmodells anspruchsvolle theoretische Fragen mit den Schülern bearbeitet werden (z. B. zum mathematischen Hintergrund des relationalen Datenmodells bzw. zur Normalformenlehre; eine gut verständliche Einführung zu diesen Themen findet sich in [7]).

Die praktische Erprobung von Informatik-Projekten mit SQL am Beispiel einer Bibliotheksverwaltung hat gezeigt, daß gerade auch schwächere Schüler, die bei der Programmierung mit Pascal nur mittelmäßige Erfolge erzielt hatten, durch den Wechsel der Programmiersprache und die Einbeziehung von mächtigen Werkzeugen neu motiviert werden konnten.

Eine weitere Möglichkeit, Datenbanken nach dem neuen Berliner Rahmenplan zu behandeln ist das Wahlgebiet in der 2. Hälfte der 13. Klasse (4. Kurshalbjahr). Während in der 12. Klasse der Anwendungsaspekt von Datenbanken im Vordergrund steht, können hier theoretische Konzepte vertieft behandelt werden.

17.3 Verfügbarkeit von SQL für Schulen

Unsere Erfahrungen beziehen sich auf die Datenbanksysteme Unify und Informix bzw. den Datenbankteil der integrierten Software Uniplex, die die Berliner Schulen z. T. sehr kostengünstig über den Arbeitskreis Schule in der *GUUG* (German Unix User Group) beziehen konnten.

SQL-basierte Datenbanksysteme haben bei Großrechnern und in der mittleren Datentechnik die größte Verbreitung gefunden und verdrängen zunehmend die älteren Netzwerk-orientierten und hierarchischen Systeme. Im Bereich der PCs ist dBase Quasi-Standard. Mit der Version dBase IV kam 1988 für dieses weitverbreitete Programm eine SQL-Schnittstelle hinzu, andere PC-Datenbanksysteme haben diesen Schritt inzwischen ebenfalls vollzogen. Außerdem sind z. B. Informix und Uniplex, die ihren Urprung in der UNIX-Welt hatten, seit einiger Zeit ebenfalls in PC-Versionen verfügbar. Damit die von uns geschilderten oder andere Mehrbenutzer-Anwendungen mit PCs realisiert werden können, ist allerdings eine Vernetzung, die auch aus anderen Gründen sehr empfehlenswert ist, zwingend erforderlich.

17.4 Ein Blick in die Zukunft

Eine verantwortliche Empfehlung für den Einsatz von Datenbanksystemen mit SQL für die Informationstechnische Bildung im allgemeinen und den Informatik-Unterricht im besonderen setzt natürlich voraus, daß es sich hier um einen Lerngegenstand handelt, der auch noch in vielen Jahren bedeutsam sein wird. Wenn wir diesem selbstgestellten Anspruch voll genügen wollten, müßten wir weissagen können: „Vorhersagen sind notorisch schwierig und unzuverläßig, besonders wenn sie die Zukunft betreffen.“([5], S. 15)

Trotz dieser Unwägbarkeiten kann man feststellen, daß sich das relationale Datenmodell für die sog. Standardanwendungen (z. B. kaufmännische Bestandsführungen) voll bewährt hat. Gerade deshalb wurde versucht, dieses Modell auch auf andere Bereiche anzuwenden (z. B. CAD, CIM, Multimedia, Volltextdatenbanken). Hierbei wurden allerdings bald die Grenzen des relationalen Ansatzes deutlich, so daß sich in der neueren Diskussion zahlreiche Vorschläge finden, das Modell zu erweitern, etwa durch NF^2-Datenmodelle (*N*on *F*irst *N*ormal *F*orm, s. z. B. [6], S. 84 f.). Andere Ansätze befürworten den Übergang zu *objektorientierten Datenbanken* (s. z. B. [2]). Beide Bestrebungen werden aber voraussichtlich nicht dazu führen, das relationale Modell zu verdrängen: „Relational Systems are There to Stay“ ([5], S. 26). Vielmehr ist zu erwarten, daß in einem evolutionären Prozeß ausgehend von relationen Systemen objektorientierte Erweiterungen hinzugefügt werden, wie sich dies bereits beim sog. *SQL3*-Projekt zeigt, in dem versucht wird, solche Erweiterungen von vorneherein zu normen (s. [13], S.95).

17.5 Zusammenfassung

Wir wollen zum Schluß unsere Ausführungen kurz zusammenfassen:

- Datenbanken auf der Basis von SQL werden in der industriellen Praxis auf absehbare Zeit eine dominierende Rolle spielen. Es handelt sich also nicht um ein „Modethema“, sondern um langfristig wichtige Anwendungen der Informationstechnik auf sicherer theoretischer Grundlage, die auch in der Informationstechnischen Bildung einen festen Platz finden sollten.
- Unsere Erfahrungen haben gezeigt, daß dieses Thema auf allen Ebenen der Informationstechnischen Bildung in unterschiedlichen Anspruchsniveaus schülergerecht vermittelt werden kann. Besonders wichtig ist für uns dabei, daß sich die Schülerinnen und Schüler zentrale

Fragen der Vernetzung, des Datenschutzes und der Datensicherheit handlungsorientiert erarbeiten können und somit dazu beigetragen wird, die Lebenswelt für die Schüler „durchschaubar, verstehbar und den sich entwickelnden Menschen in ihr urteilsfähig, kritikfähig, handlungsfähig werden zu lassen" (*W. Klafki*, zit. nach [8], S. 27). Insofern kann durch diesem Ansatz der allgemeinbildende Charakter der Informationstechnischen Bildung verstärkt werden.

SQL im Informatik-Unterricht kann die prozeduralen Sprachen wie Pascal, Elan oder Modula-2 nicht ersetzen, da sie keine „Allzweck-Sprache" ist. Der Einsatz von SQL läßt die Schüler eine deklarative Sprache kennenlernen, die ggf. mit der gewählten herkömmlichen Programmiersprache kombiniert werden kann (z. B. durch *ESQL*). Nach unseren Erfahrungen führt dies nicht zu einer Überforderung der Schüler, sondern kann im Gegenteil die Motivation für den Informatik-Unterricht erneuern.

Literatur

[1] S. Cannan, G. Otten *SQL — The Standard Handbook*. Verlag McGraw-Hill, London, 1993

[2] J. G. Hughes *Objektorientierte Datenbanken*. Hanser Verlag, München, 1992

[3] B. Husch *Neue Methoden der Softwareentwicklung im Informatikunterricht*. Im vorliegenden Tagungsband

[4] B. Knittel, A. Steinfeldt, H. Witten *Hat die Bildschirm-Bibliothek Zukunft?* In LOG IN 10, Heft 6, R. Oldenbourg Verlag, München, 1990

[5] P. C. Lockemann, A. Kemper, G. Moerkotte *Future Database Technology: Driving Forces and Directions*. In Database Systems of the 90s, Hrsg. A. Blaser, Springer-Verlag, Berlin, 1990

[6] P. C. Lockemann *Weiterentwicklung relationaler Datenbanken für objektorientierte Anwendungen*. In Informatik-Spektrum Band 16, Heft 2, Springer-Verlag, 1993

[7] A. Meier *Relationale Datenbanken — Eine Einführung für die Praxis*. Springer-Verlag, Berlin, 1992

[8] J. Penon, L. Sack, H. Witten *Informationstechnik und Allgemeinbildung*. In LOG IN 12, Heft 2, R. Oldenbourg Verlag, München, 1992

[9] D. Petković *SQL — die Datenbanksprache*. Verlag McGraw-Hill, Hamburg, 1990

[10] G. Schlageter, W. Stucky *Datenbanksysteme: Konzepte und Modelle*. Teubner Verlag, Stuttgart, 1983

[11] Senatsverwaltung für Schule, Berufsbildung und Sport, Berlin *Vorläufiger Rahmenplan für Unterricht und Erziehung*. Gymnasiale Oberstufe, Fach Informatik, Berlin 1993 (im Druck)

[12] P. Shaw *Database Language Standards: Past, Present, and Future*. In Database Systems of the 90s, Hrsg. A. Blaser, Springer-Verlag, Berlin, 1990

[13] R. Weber *SQL2-Norm und SQL3-Projekt*. In Informatik-Spektrum Band 16, Heft 2, Springer-Verlag, 1993

[14] C. A. Zehnder *Informationsfragen und Datenschutz im Unterricht*. In Beiträge zur Didaktik der Informatik, Hrsg. G. Cyranek u. a., Verlag Diesterweg - Sauerländer, Frankfurt a. M., 1990

Kapitel 18

Willi van Lück: Gestaltung und Erprobung von Hypermedia-Arbeitsumgebungen zum Lernen und Üben

Über die Gestaltung und Erprobung dieser Neuen Medien kann nur im Kontext von unterrichtlichen Nutzungen sinnvoll und verantwortungsbewußt gesprochen werden. Dies geschieht in der Folge am GRÜNEN KLASSENZIMMER und deshalb wird hier auch zunächst vorausgesetzt, daß gewußt ist, was eine themenorientierte Hypermedia-Arbeitsumgebungen ist (siehe Kapitel 18.3 und ausführlicher in [Lu91, Lu93a, Lu93b] und daß ebenso bekannt ist, daß für ihre Nutzung in Unterricht und Freiarbeit in der Medienecke der Klasse ein Rechner mit CD-ROM Lesegerät und Drucker verfügbar sein muß.

Der Begriff „GRÜNES KLASSENZIMMER" wird in der Folge in zweifacher Bedeutung genutzt: erstens ist das GRÜNE KLASSENZIMMER ein Erfahrungsraum für reale und authentische Begegnungen in der Nähe der Schule z.B. auf dem Schulhofgelände und zweitens ist das GRÜNE KLASSENZIMMER eine themenorientierte Hypermedia-Arbeitsumgebung, die hier als Beispiel ausgewählt wurde.

18.1 Möglichkeiten der Nutzung von Hypermedia-Arbeitsumgebungen im Unterricht zum Lernen und Üben

18.1.1 Gestaltung eines GRÜNEN KLASSENZIMMERS — ein Mehrjahresprojekt

Situative Anlässe für dieses Projekt gibt es viele: Eltern schimpfen über den erneuten Unfall ihres Kindes auf dem Schulhof und beschimpfen im Beisein der Kinder die Pausenaufsicht oder sie beschweren sich bei der Schulleitung oder, was noch konflikthaltiger ist, sie verfassen einen Leserbrief. Die Kinder selbst beklagen sich über nicht hinreichende Ruhezonen oder Tobebereiche oder Spielmöglichkeiten auf dem Schulhof. Nach einer Pause nörgeln sie laut in die Klasse hinein: Überall ist Krach! Überall wird man angerempelt!

Die Kinder überlegen mit der Lehrerin und auch die Schulkonferenz diskutiert, was alles getan werden könnte. Alle informieren sich, sprechen miteinander und lassen zunächst auch ihren Utopien freien Lauf. Und dabei entsteht auch die Idee des GRÜNEN KLASSENZIMMERS. Bei der dann folgenden ersten arbeitsteiligen Gruppenarbeit in den Klassen an unterschiedlichen Modellen, merken die Kinder recht bald, daß sich zwar nicht alles sofort realisieren läßt, aber doch recht viel, wenn auch nach und nach.

Jedes Zwischenergebnis wird ausführlich dokumentiert und der Schulöffentlichkeit vorgestellt. Von den Kindern hergestellte Einladungsschreiben an die Eltern (die Damen und Herren der Gemeindevertretung und des Schulverwaltungsamtes, die Anlieger der Schule) laden zu Ausstellungen und Feiern im GRÜNEN KLASSENZIMMER ein. Das gibt immer wieder neuen Schub für die nächste Phase.

18.1.2 Ausbreitung von Kohlmeisen im GRÜNEN KLASSENZIMMER — Bau von Kohlmeisenkästen

Ein Jahr später: in einem Montagsrundgespräch in einer 4. (oder 5.) Klasse, die Erlebnisse vom Wochenende sind noch lebendig, kann für die Kinder die bedeutungshaltige Situation entstehen, Nistkästen für die Ansiedelung der Kohlmeisen im GRÜNEN KLASSENZIMMER bauen zu wollen (siehe Abschnitt 18.1.4), um so etwas für ihre Ausbreitung zu tun (oder Winterfutterplätze für den Erhalt der Art bauen zu wollen) „Vögel sind einfach wichtig! ... und sie sind schön! ... und Gottes Geschöpfe! ..." so sagen die Schülerinnen. Die Mitschüler lassen sich einfangen, denn es gibt etwas zu bauen.

Diese relativ komplexe Aufgabe wird in der Klasse diskutiert und in Teilaufgaben gegliedert. Die Kinder halten auf einer Wandzeitung fest, welche Kleingruppe (Anzahl der Kinder): A1/A2 (3/3); B1/B2 (3/3); C1/C2 (3/3); D1/D2 (3/3); E (4); F (4) welche Aufgaben übernimmt, wann in der Klasse Zwischenergebnisse einander vorgetragen werden und in welcher Form die Produkte etwa anderen Klassen oder den Eltern präsentiert werden.

Nachfolgend werden mögliche Teilaufgaben für die Gruppenarbeit (in Frageform) benannt. Die meisten Aufgaben werden natürliche ohne das Medium durchgeführt. Es sind z.B. Befragungen und Versuche durchzuführen. Aber zur Verdeutlichung des Einsatzes der Hypermedia-Arbeitsumgebung GRÜNES KLASSENZIMMER wird bei einigen Gruppen mit dem „→" jeweils auf einige mögliche Nutzungen verwiesen. Es gibt mehr!

Gruppe A1/A2: Wo und wovon leben Kohlmeisen? Wovon leben ihre Beutetiere? / Wie brüten Kohlmeisen und wie ziehen sie ihre Jungen auf?

→ Recherchieren in der Datenbank GRÜNES KLASSENZIMMER

→ Anlegen einer Arbeitsmappe „Die Kohlmeise"

→ Überarbeiten der gefundenen Dokumente (mit dem Schreibwerkzeug) für den eigenen Zweck

→ Erstellen und Gestalten eigener zusätzlicher Dokumente z.B. für die Schülerzeitung (mit dem Schreibwerkzeug)

→ Erstellen eines kleinen Informationsheftes „Die Kohlmeise"

Gruppe B1/B2: Warum legen Vögel Eier und gebären keine lebendigen Jungen? / Warum können Vögel fliegen? Wie funktioniert das?

→ Recherchieren in der Datenbank GRÜNES KLASSENZIMMER

→ Ausdruck von Versuchsbeschreibungen und experimentieren

→ Protokollieren und Auswerten von Daten im Kalkulationsblatt (Rechenwerkzeug)

Gruppe C1/C2: Wie verbreitet sind die Kohlmeisen am Standort des „GRÜNES KLASSENZIMMERS"? / Wie können Kohlmeisen beobachtet werden? Was läßt sich beobachten und zu welchen Zeiten?

→ Schreiben eines Beobachtungsplanes und eines Fragebogens

→ Erstellen eines Beobachtungs- bzw. Befragungsberichtes

→ Protokollieren und Auswerten einer Tabelle

Gruppe D1/D2: Wie baut man einen Kohlmeisenkasten? / Wieviel Kästen sollen gebaut werden? Wo sind sie aufzuhängen? Was passiert eigentlich durch diesen Eingriff in die Natur? [Lu92]

Gruppe E: Wie teuer wird das Ganze? [Lu92]

Die Gruppe E sollte bei ihrer Arbeit auch mit der Gruppe D kooperieren.

18.1.3 Forschungsprojekt: Schädlingsbekämpfung

Eine mögliche bedeutsame Ausgangssituation kann sein: die Kinder beobachten im GRÜNEN KLASSENZIMMER seit einiger Zeit einen kleinen Biotop (eine Hecke, ein Garten oder eine Grünanlage) und entdecken ganz viele Raupen an den Blättern. Oder sie haben Blumen angepflanzt, die sie auf dem nächsten Sommerfest verkaufen wollen und entdecken plötzlich ganz viele Blattläuse, die die Blumen zerstören. Nun haben sie Sorgen um ihre „Ernte", sie sind betroffen.

Im Klassenverband diskutieren sie: Was getan werden kann, um die Pflanzen zu retten? Es bilden sich Gruppen, die verschiedene Aufgaben übernehmen und verschiedene Wege einschlagen wollen. Sie entwerfen erste vorläufige Fragen- und Beobachtungskataloge und üben in Rollenspielen, wie Interviews durchgeführt werden. Gemeinsam wird alles in einem Arbeitsplan festgehalten.

Gruppe A geht in ein Gartencenter und informiert sich, welche speziellen Pflanzenschutzmittel es gibt, wie diese einzusetzen sind und wie sie wirken.

Gruppe B befragt „Experten" (Gartenbesitzer, Eltern, Großeltern, Freunde oder Bekannte der Eltern), was sie in diesem Falle tun würden und was sie in einem solchen Fall schon einmal mit Erfolg getan haben.

Gruppe C besucht Gärtnereien, möglichst einen konventiell und einen ökologisch arbeitenden Betrieb und befragt die dort beschäftigten Mitarbeiterinnen und Mitarbeiter.

Gruppe D ...

Gruppe E ...

Gruppe F nutzt als Informationsmedium die Hypermedia-Arbeitsumgebung „GRÜNES KLASSENZIMMER" und stellt z.B ein vernetztes System zum Thema „Die Welt der Blattlaus" her.

Handlungsorientiert setzen sich also die Kinder mit dem Problem auseinander. Dies ist die Phase des Erforschens und des Entdeckens, des Zusammentragens und der Kommunikation. Im Laufe dieser Arbeiten gelangen die Kinder vielleicht zu den folgenden Ergebnissen:

Erstens: Bei der Befragung der „Experten" erfahren sie, daß „die Bekämpfung von Schädlingen" zu verschiedenen Zeiten verschieden aussah. Durch diesen historischen Bezug wird offenbar, daß heutige Umweltzustände nicht naturnotwendig sind, sondern von Menschen verursacht und stark mitgeprägt wurden.

Zweitens: Bei der Erstellung einer Arbeitsmappe „Die Welt der Blattlaus" wird ihnen bewußt, daß jedes Lebewesen im Nahrungsnetz seinen Platz hat und ein Tier erst dann zum Schädling wird, wenn der Mensch das so sieht oder er das ökologische System aus dem Gleichgewicht gebracht hat.

Drittens: Sie erfahren, daß es vier verschiedene Methoden der „Schädlings"bekämpfung gibt:

- die chemische Schädlingsreglierung durch Einsatz von Giften (In einem Gartencenter werden sie unter Verschluß gehalten und erst nach einer Beratung verkauft)

- die naturnahe Schädlingsbekämpfung durch Begießen mit Kräuterauszügen (z.B. mit Wermuttee oder Brennesselbrühe)
- die mechanische Schädlingsbekämpfung durch Vertreiben, Fangen und Absammeln
- die vorbeugende Maßnahme durch richtige Sortenwahl der Pflanzen, durch Mischkultur oder durch gezielte Förderung der „Nützlinge".

18.1.4 Schädlingsbekämpfung von Insekten durch Ausbreitung der Kohlmeisen

Die Kinder wissen bereits, daß sie mit der Ausbreitung von Kohlmeisen in die Natur eingreifen. Nun wollen sie aber genauer wissen, was dieser Eingriff für die Natur bedeutet. Daher entwickeln sie im Klassengespräch zielgerichtet einen Forschungsplan.

Gruppe A: Wovon hängt es ab, daß Meisen 1 oder 2mal im Jahr brüten? Wovon hängt es ab, ob ein Meisenweibchen 6 oder mehr Eier legt?

Gruppe B: Welche Lebenserwartung haben Kohlmeisen? Wovon hängt sie ab? Wenn in allen gebauten Meisenkästen ein Pärchen einzieht, wieviel Kohlmeisen werden dann in einem Jahr zu erwarten sein?

Gruppe C: Wo nisten die Meisen, wenn in den folgenden Jahren wieder alle Meisenpärchen einen Nistplatz finden? Wieviel Kohlmeisen werden dann zu erwarten sein? Gesetzt den Fall, es wären 6, 9 oder 12 Meisenkästen gebaut worden, wieviel Meisen wären dann nach einem (oder zwei) Jahr(en) zu erwarten?

Gruppe D: Wenn die Anzahl der Meisen sehr stark zunimmt, was könnte dann alles in der Lebensgemeinschaft, in der sie leben, zu erwarten sein? Ist der Bau von Meisenkästen eigentlich verantwortbar?

Gruppe E: Meisen sind Standvögel. Ist es daher sinnvoll, zur „biologischen Schädlingsbekämpfung" — z.B. des Kohlweißlings in Feldanlagen mit Kohlgemüse — Meisenkästen aufzustellen? Was geschieht aber, wenn der Kohlweißling derart „bekämpft" wird?

In Gruppenarbeit können die Kinder im GRÜNEN KLASSENZIMMER von jedem Dokument mit der Textform „Die ... brüten ... mal im Jahr und legen ... Eier" weitere Dokumente aber auch eine interaktive animierte Simulation „Wachsen einer Vogelbevölkerung" aufrufen und sich so Informationen und Anregungen zur Beantwortung ihrer Fragen holen. Die Gruppen A, D und E könnten z.B. diesen Weg gehen.

Kurzbeschreibung der Animation: Sie veranschaulicht das Wachsen einer Vogelbevölkerung im Laufe von Jahreskreisen immer am selben Ort, also auf derselben Hintergrundstruktur. Bedingungen für das Wachsen der Bevölkerung können in qualitativer Form eingegeben werden. Im begrenzten Umfang ist daher das Wachsen simulierbar. Bei STOP der animimierten Simulation gelangt man in die Datenbank GRÜNES KLASSENZIMMER: zu weiterführenden Sachinformationen oder zur Mathematisierung des Wachstums.

Nutzen die Kinder diese Simulation, so müssen sie die Anfangsbedingungen aktiv und selbständig festsetzen. Dadurch beginnt für sie die Simulation nicht blind. Andererseits werden so die Rechnungen des Computers überprüfbar: die Simulation kann reflektiert werden.

Die Kinder können aber auch, aus dem Werkzeug „Rechnen und Kalkulieren" heraus, dann die animierte Simulation „Wachsen einer Vogelbevölkerung" aufrufen, wenn sie zuvor den mathematikhaltigen Text „Die Kohlmeisen brüten 1 bis 2 mal pro Jahr und legen jeweils 6 bis 12 Eier" in das Textfenster des Werkzeugs kopiert haben. Die von hier aus aufgerufene Animation gibt dann sowohl Hilfen zur Mathematisierung als auch zur Beantwortung von Sach- und Sinnfragen. Diesen Weg könnten die Gruppen B und C bei der Beantwortung ihrer Fragen gehen

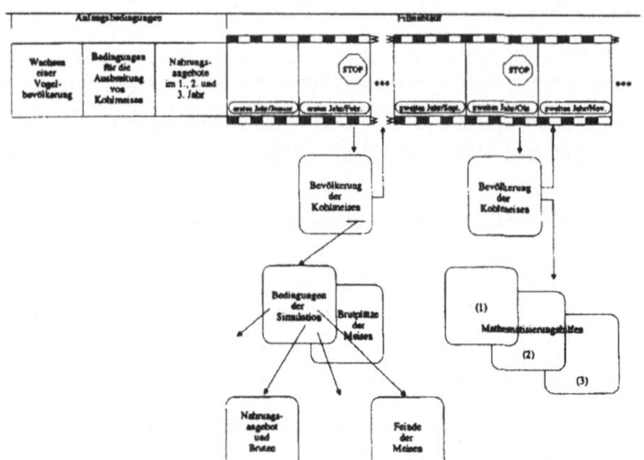

Abbildung 18.1: Ablauf der Animation

Kurzbeschreibung des Kalkulationsblattes: Es ist eine einfache Tabellenkalkulation für die Klassen 3 bis 6. Jedes Kalkulationsblatt besteht aus 8×5 Zellen, in die Buchstabenfolgen, Zahlen oder Kombinationen von Buchstaben und Zahlen eingegeben werden können. Stehen in einer Zelle „reine“ Zahlen, so können diese beliebig mit den Operationen PLUS, MINUS, MAL oder GETEILT arithmetisch verknüpft werden. Formeln werden von links nach rechts durch „Draufzeigen“ und Drücken der Operations- und Gleichheitszeichen aufgebaut und mit ENTER abgeschlossen. Mit dem Tun werden sie gleichzeitig im Hilfefenster angezeigt und aufgebaut.

Sind für die Simulation alle Eingaben erfolgt, dann läuft die Animation „am Stück“ über den vorher festgesetzten Zeitraum automatisch ab, solange sie nicht gestoppt wird. Dies ist aber jederzeit möglich und auch gewünscht! Über die bisher beschriebene Nutzung der Hypermedia-Arbeitsumgebung hinausgehend, gibt die interaktive animierte Simulation Hilfen zum Rechnen. Rechnen ist dabei dann kein Selbstzweck, sondern dient der Erkenntnisgewinnung als Grundlage für verantwortetes Handeln.

Und viele weitere „Forschungsfragen“ sind möglich!

18.2 Die Hypermedia-Arbeitsumgebung GRÜNES KLASSENZIMMER — ein unterstützendes Medium für einen effektiveren Unterricht

Worin liegt begründet, daß mit Unterstützung des GRÜNEN KLASSENZIMMERS besser gelernt werden kann? Dazu hier zunächst eine kurze Aufzählung: schnelle und gezielte Recherchen nach brauchbaren Informationen in größeren Datenmengen; die Sinne werden für Beobachtungen aufgeschlossen; zur Problemlösung können subjektiv wichtige kleine Datenbanken zusammengestellt werden (Arbeitsmappe); die Informationen sind verfügbar durch Ausdruck auf Papier; der (verborgene) Hypertext läßt komplexe Sinn- und Sachzusammenhänge erkennen; die Informationen können lesend, schreibend, rechnend, kalkulierend, zeichnend, simulierend weiterverarbeitet werden; in einer Gruppe neu gewonnenes intersubjektives Wissen kann mit den Lernwerkzeugen aufgenommen und bearbeitet werden: Die Kinder können „Forschungsberichte“ mit dem Werkzeug „Schreiben“ verfassen und für andere ausdrucken. Sie können Meßergebnisse mit dem Werkzeug „Kalkulieren“ in selbsterstellten Tabellen eintragen und auswerten. Spezialfragen können sie soweit vertiefen, wie sie zur Lösung des Problems wichtig sind, ohne daß alle Details „auswendig" gelernt werden müssen. In Rundgesprächen können ihre Einsichten, Durchsichten und Werthaltungen intersubjektiv, unterstützt durch Dilemmageschichten aus der Datenbank, zusammenkommen und zusammenwirken. [Lu93a, Lu93b]

Mittels der Animation können zusätzliche Erlebnisse und Erkenntnisse gewonnen werden: Auf der Sachebene kann, unterstützt durch eigenes Rechnen, jenes explosionsartige Wachsen erlebt werden, daß durch menschlische Eingriffe als Folgewirkung entstehen kann. Auf der Sinnebene können diese Erlebnisse und Erkenntnisse zur „biologischen Schädlingsbekämpfung" in ihrer Ambivalenz diskutiert werden. So kann die moral-kognitiv Entwicklung unterstützt werden. Eine Bearbeitung von mehreren Aufgaben dieser Art führt zur Abstraktion der Begriffe: Nahrungskette, Nahrungsnetz, Geburtenrate, Sterberate und Wachstumsrate sowie zur Modellierung von Wechselwirkungen zwischen Arten. Auf einer Metaebene werden so mentale Modelle und insbesondere bedeutungshaltige Prototypen gebildet [Lo93]. Dynamischen Wechselwirkungen dieser Art kann mit dem Werkzeug „Modellieren und Simulieren" weiter nachgegangen werden. Modelle können nachgebildet, simuliert und bewertet werden; systemisches oder vernetztes Denken kann dann so gefördert werden [Lu92].

Insgesamt muß also beim Einsatz dieses Mediums selbständig und eingenaktiv mit Information umgegangen werden. Und genauso ist eine Hypermedia-Arbeitsumgebung gestaltet: es ist ein Medium, daß die subjektive Konstruktion von Wissen (Fakten, Prozesse, Sach- und Sinn-Zusammenhänge ...) unterstützt. Das Medium ist kein Lernprogramm, es ist kein Nürnberger Trichter! Kinder, die ohne ein echtes Problem oder ohne eine wirkliche Frage zu haben das Medium nutzen, haben keinen Gewinn. Sie irren ziellos, wie in einem Lexikon, herum. Dies zeigen Beobachtungen in der Erprobung. Daher ist die Erarbeitung von Fragen für eine arbeitsteilige Gruppenarbeit so zentral. [Lo93]

Es wird also vielfältig immanent und fächerübergreifend in Sinn- und Sachzusammenhängen geübt! Es ist also ein Unterricht, der situations- und handlungsorientiert ist und der viele Gespräche und Diskussionen in der Klasse auslöst und der gleichzeitig aber auch durch die Nutzung einer Hypermedia-Arbeitsumgebung effektiver wird. Es wird schneller, intensiver und systemisch denken gelernt; es werden Ziele erreichbar, die ohne Medium kaum erreichbar wären. Diese Hypothesen festigten sich in Erprobungsphasen im Modellversuch COMPIG.

18.3 Kurzbeschreibung: Was ist eine Hypermedia-Arbeitsumgebung?

Der themenbezogene Hypermedia-Datenbestand, ein Element der Arbeitsumgebung, besteht aus Dokumenten. Jedes Dokument hat etwa den Umfang eines Bildschirminhaltes und kann sorgfältig ausgewählte, angeordnete und gestaltete Texte, Grafiken, farbige Bilder oder Kombinationen davon enthalten. Außerdem kann der Datenbestand interaktive Dokumentenfolgen enthalten z.B.: Bild und Tonfolgen, Musikstücke, Lieder, Videosequenzen, animierte Hörspiele und Simulationen. Und, zusätzlich sind diese Multimedia-Dokumente(nfolgen) miteinander vielfach verbunden.

Im GRÜNEN KLASSENZIMMER sind Multimedia-Dokumente z.B. den Bereichen: Vögel, Insekten, Kriechtiere, Blütenpflanzen, Moose und Farne, Säugetiere, abiotische Faktoren, Ökosysteme bereits gestaltet oder noch zu gestalten. Der Datenbestand soll insgesamt etwa 3 Tausend Dokumente erhalten. Die vorliegende Erprobungsfassung hat etwa 1000 Dokumente.

Die Gesamtheit aller Verbindungen zwischen den Multimedia-Dokumenten bekommt die Struktur eines vielfältig geknüpften Netzes. Es hat eine der Sache und dem Sinn angepaßte Struktur, in die weitere, thematisch dazu passende Multimedia-Dokumente wie: Versuchsbeschreibungen, Bau-, Beobachtungs-, Protokoll-, Meß-, Zähl- oder Kalkulationsanleitungen aber auch Lieder, Gedichte und Geschichten, auch Dilemmageschichten eingebunden sein können. Der Sinn- und Sachstruktur überlagert sich eine didaktische Struktur.

Das Besondere dieser Struktur ist ihre Bedeutung: jede Einzelverbindung, jede Teilstruktur und die gesamte Netzstruktur haben eine sachlich-fachliche, didaktisch-lerntheoretische oder auch eine ethisch-moralische Bedeutung. Die Bedeutung der gesamten Netzstruktur, das ist ein Über-Text, es ist eine neue Textsorte. Ein Hypermedia-Datenbestand ist also nur in erster Annäherung mit einem umfangreichen „elektronischen Multimedia-Lexikon" vergleichbar, denn schon dieser Hypertext läßt ein qualitatives Mehr entstehen.

In einem themenbezogenen Hypermedia-Datenbestand können Multimedia-Dokumente assoziativ und begrifflich gesucht und gefunden werden. Die assoziative Suchmöglichkeit ist vorab eingestellt. Bei ihr folgt die/der Suchende durch „Anklicken" von sensiblen Worten oder Feldern in einem Dokument dem Hypertext. Der nicht sichtbar werdende Hypertext wird dabei gewissermaßen indirekt mitgelesen. Bei einer begrifflichen Suche muß ein Suchwort eingegeben werden oder es müssen verschiedene Suchworte durch UND, ODER oder NICHT verknüpft werden.

Kinder und Erwachsene können persönliche kleine Datenbanken in Form von Arbeitsmappen anlegen, die sich immer auf eine Frage oder ein zu lösendes Problem beziehen. Ihre Dokumente können in der Hypermedia-Datenbank gefunden und dann in der Arbeitsmappe abgelegt worden sein oder sie können auch mit den Werkzeugen zum Lernen und Üben individuell bearbeitet oder neu hergestellt worden sein. Alle Dokumente, ob sie aus der Datenbank genommen oder selbst hergestellt wurden, können ausgedruckt werden.

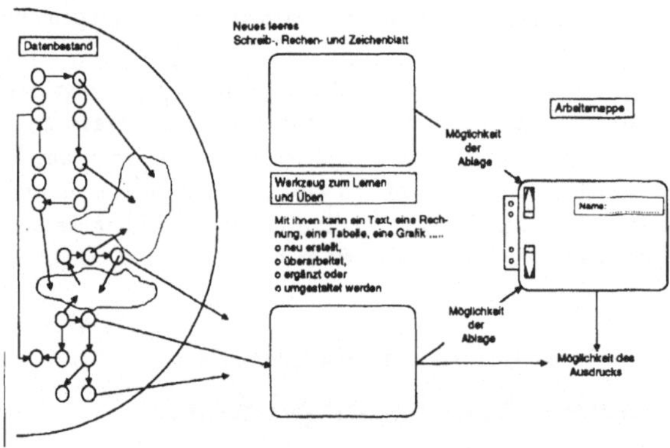

Abbildung 18.2: Zusammenwirken von Datenbestand, Werkzeugen und Arbeitsmappe

Erst die Ergänzung der Hypermedia-Datenbank durch Werkzeuge zum Lernen und Üben macht das Medium zu einer Arbeitsumgebung. Das Werkzeug zum Schreiben und Lesen dient der aktiven Erstellung und Bearbeitung von Texten und der Unterstützung des Lesens. Das Werkzeug zum Rechnen und Kalkulieren dient der Bearbeitung von Zahlen, Größen, Paarmengen und geometrischen Objekten sowie der Unterstützung eines struktur- und anwendungsorientierten Mathematikunterrichts. Später sollen noch Werkzeuge zum Zeichnen und Malen, zum Modellieren und Simulieren, zum Kommunizieren sowie zum Gestalten der Datenbank hinzukommen.

Die Oberfläche der Hypermedia-Arbeitsumgebung ist konfigurierbar: unterschiedliche Anspruchsniveaus des begrifflichen Suchens und alle Werkzeuge sind nacheinander oder für sich einstellbar.

Literatur

[Lu92] Landesinstitut Soest, Beratungsstelle für Neue Technologien: Werkstattbericht 1, 1992

[Lu93a] van Lück, Willi: Hypermedia-Arbeitsumgebungen, in: Unterrichtsmedien, Jahresheft 11, Friedrich Verlag, Velber 1993

[Lu93b] van Lück, Willi: Lernen in Sach- und Sinnzusammenhängen unterstützt durch Neue Medien, Heft 11, Computer und Unterricht, 1993

[Lu91] van Lück, Willi: Vorstellung des Modellversuchs COMPIG, in Gorny, P., Hrsg.: Informatik und Schule — Wege zur Vielfalt beim Lehren und Lernen — GI-Fachtagung 1991

[Lo93] Lorenz, H.J.: „Kognitionspsychologie des Lernens in Hypermedia-Umgebungen" in Heft 11, Computer und Unterricht, 1993

Kapitel 19

Elin-Birgit Berndt, Günter Ihmels: Die Elektronische Wandtafel — ein didaktisches Konzept zum computerunterstützten Unterricht am Beispiel des Faches Deutsch

19.1 Vorbemerkung

Die „Elektronische Wandtafel" ist ein Projekt von Elin-Birgit Berndt und Dr. Günter Ihmels unter Begleitung von Prof. Knut Barthel, Hochschule für Künste in Bremen, das derzeit von den beiden Lehrkräften im Mathematik- und Deutschunterricht an der Waldschule in Hagen i. Br., einem Gymnasium in freier Trägerschaft, in den Klassen 7–10 erprobt wird.

Die „Elektronische Wandtafel" ist nicht auf die Fächer Deutsch und Mathematik beschränkt, sondern kann prinzipiell in allen Sprachen und auch in anderen Fächern, z.B. Geschichte, Kunst, Musik, Physik eingesetzt werden.

Dieses Konzept der Computer-Anwendung soll den konventionellen Fachunterricht unterstützen, insofern unterscheidet es sich deutlich von dem im engeren Sinne als CUU (computerunterstützter Unterricht) bezeichneten Ansatz, in dessen Vordergrund eher die Steuerung der Lernprozesse der Schüler durch programmierte Lernschritte steht. Weder soll geklärt werden, inwiefern der Computer dem Schüler nützt — sei es als Lernsoftware oder als „Schreibmaschine" für Schülerarbeiten — noch inwiefern er dem Lehrer bei der Stundenvorbereitung (Erstellung von Arbeitsmaterialen) oder Verwaltungsarbeit hilfreich sein kann, sondern untersucht werden soll, ob, wie und wann der Computer in der Unterrichtsstunde im Klassenraum von Nutzen sein kann

In diesem Konzept wird der Lehrer nicht durch einen „elektronischen Lehrmeister" ersetzt, denn die „Elektronische Wandtafel" bedarf seiner, damit sie überhaupt sinnvoll verwendet werden kann.

19.2 Die „Elektronische Wandtafel" als Medium im Unterricht

19.2.1 Die Kreidetafel als Koordinationszentrum ...

Unter Unterricht verstehen wir den durch einen Lehrer geplanten, verantworteten und geleiteten Lern- und Erkenntnisprozeß einer Gruppe von Schülern an einem Ort innerhalb eines zeitlich fixierten Zeitraums (in der Regel die Unterrichtsstunde). Der Lehrer bedient sich dabei z.B. des Lehrervortrags mit Folienunterstützung, des Dia-Projektors oder der Medien wie Video, Film, Syntheziser usf.

Die „Zentraleinheit", an der sich der Lernprozeß niederschlägt, ist — mit dem Lehrer als Koordinationszentrum — die Wandtafel (Kreidetafel) als „Aufschreibestelle", als Terminal für die Dokumentation von Arbeitsergebnissen (Einzel- oder Gruppenarbeiten von Schülern, Hausaufgaben) oder als Ort der Visualisierung von Erkenntnisschritten. Dabei ist es gleichgültig, ob die Tafel eher einem Overheadprojektor oder einem Flipchart gleicht. Wesentlich ist, daß es einen Ort gibt, an dem sich Unterrichtsaspekte festhalten lassen, an dem Veranschaulichung möglich ist und auf den hin sich die Aufmerksamkeit der Lerngruppe insgesamt konzentrieren läßt.

Der unmittelbare Bezug zum Unterrichtsgeschehen ist der didaktisch entscheidende Vorzug der Tafel vor anderen Darstellungsmedien. Das Tafelbild kann vor den Augen der Schüler entstehen, Text und Bild können schrittweise mit den Schülern entfaltet werden. In Grenzen ist das Tafelbild auch korrigierbar und variierbar.

... und ihre Grenzen

Allerdings bleiben Kreidetafel — und auch Folien — im wesentlichen „statische Medien". Gezeichnete und konstruierte Bilder sind nur in Grenzen veränderbar. Es läßt sich z.B. in der Mathematik das Drehen, Verschieben und Spiegeln von Objekten an der Wandtafel durch Duplizieren dieser Objekte nach festgelegten Abbildungsvorschriften demonstrieren, die Dynamik dieser Prozesse ist allerdings nicht zu visualisieren. Das Experimentieren und das Ausprobieren von verschiedenen Lösungsmodellen und -wegen führt sehr schnell zur Unübersichtlichkeit.

Diese Grenzen der alten Wandtafel überwinden zu können, ist der Anspruch der „Elektronischen Wandtafel" als Medium im Fachunterricht.

19.2.2 Die „Elektronische Wandtafel" kann die Grenzen der Wandtafel überwinden — der Computer bietet Möglichkeiten, die Kreide und Folien nicht zulassen.

Grundlage ist ein vektororientiertes, typografiefähiges Zeichenprogramm mit Layertechnik, ein grafikfähiger Rechner mit Farbmonitor und ein LCD-Farbdisplay (mindestens 8 Bit Farbtiefe) zur Projektion des Monitorbildes. Vernetzt werden sollte diese Konfiguration mit einem Rechnerpool für Schüler. Die verwendete Software ist keine für die Schule programmierte Lehr- oder Lernsoftware, sondern professionelle Grafiksoftware (Einsatzbereich Design, Architektur, Illustration, Präsentation). Sie liefert für Schüler und Lehrer quasi das „Werkzeug", mit dem an der Tafel gearbeitet werden kann, „elektronische Kreide, Lineal und Schwamm" (siehe Abb. 19.1).

Bezüglich der Unterrichtsinhalte, der Lernziele und Arbeitsmethoden präjudiziert sie nichts, legt den Lehrer weder inhaltlich noch methodisch fest.

Mittels des CAD-Programms werden die an die „Tafel" zu schreibenden Objekte dynamisiert, sie lassen sich „bewegen": drehen, ziehen, vergrößern, spiegeln, verdoppeln, einfärben, farblich unterlegen, ordnen, sortieren u.v.m. Der Computer als „Tafel" läßt die Simulation von Abläufen zu, die sonst nicht demonstrierbar wären.

Die Aufnahme auch „falscher" Schülerergebnisse „stört" nicht das zu erzielende Bild, Schüler werden ermutigt,ihre Auffassungen in das Tafelbild einzubringen.

Die Schrift erhält eine ästhetische Dimension, sie verbleibt nicht mehr nur auf der diskursiven Ebene, verläßt die Linearität, als Typografie ist sie ein komplexes Bild, eröffnet assoziative Zugänge.

Die Grafik ist nicht auf die Zweidimensionalität der Tafel festgelegt, die Elemente sind dynamisierbar, variierbar, verschiebbar, bewegbar.

Die „Logik" der Printmedien kann verlassen werden, wenn nötig können unterschiedliche Ebenen der Tiefenstruktur ad hoc angesteuert werden (Layertechnik, Hypertext).

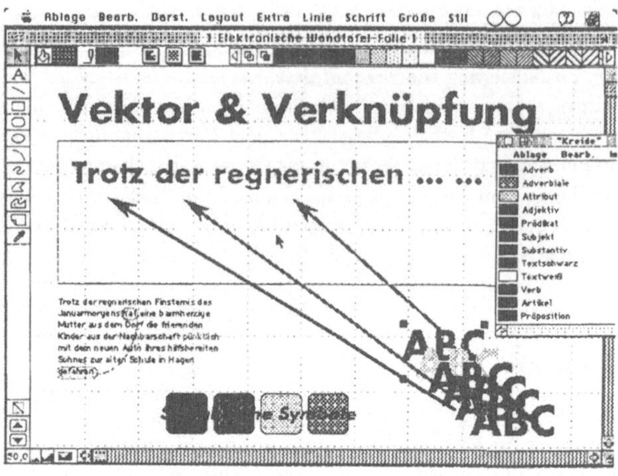

Abbildung 19.1: Das elektronische Tafel-Werkzeug

Die „Elektronische Wandtafel" ist zwar Medien wie Overhead-Projektor, Videorecorder und Diaprojektor ähnlich, aber sie ist nicht auf den konsumtiv-rezeptorischen Bereich beschränkt, sondern erlaubt als interaktives Medium kreatives, produktionsorientiertes Arbeiten.

Wann und wo ich die „Elektronische Wandtafel" einsetze, ist letztlich eine didaktische und methodische Frage.

19.3 Die Elektronische Wandtafel im Deutschunterricht

19.3.1 Die „Elektronische Wandtafel" ermöglicht eine neue Qualität der Visualisierung von sprachlichen Strukturen

In bezug auf das Fach Deutsch liegt die besondere Qualität des Computers in der Visualisierung, die eine über das gewöhnliche Schriftbild hinausgehende Darstellungsform der Sprache ermöglicht. Der Rechner löst die Sprache aus der Linearität heraus und transformiert sie in ein komplexes Bild, ohne nun aber die Wörter durch grafische Symbole zu substituieren, sondern eher, indem er — analog der Typografie — die Wörter, bzw. andere sprachliche Elemente selbst wie Bilder behandelt. Neben die Sprache wird also kein Schaubild gestellt, sondern durch die Möglichkeiten der Veranschaulichung im Text wird der Text neu (typo-)grafisch strukturiert (siehe Abb. 19.2).

In gewisser Weise geschieht das bereits bei jeder Verschriftlichung von Sprache, wird aber meist nur bei Werbung und Lyrik wahrgenommen. Indem jede sprachliche Einheit zum grafischen Objekt werden kann, was über DTP und Textverarbeitung im engeren Sinne hinausgeht, lassen sich Texte im Unterricht so aufbereiten, daß über eine neue Anschauung eine neue sinnliche Erfahrung, ein anderer Zugang zu Texten möglich wird. Strukturen, die die linearisierte Sprache verbirgt, können so sichtbar gemacht werden. Unsichtbare innertextliche Zusammenhänge, z.B. syntaktische Stukturen, metaphorische Bezüge werden anschaubar, ohne daß die semantische Seite, die an das Wort gebunden ist, dadurch verlorengeht, ohne daß die Wörter durch abstrakte Symbole ersetzt werden (siehe Abb. 19.3).

Anders ausgedrückt: das schöne Tafelbild führt nicht weg vom Text, sondern integriert ihn. Wir wollen keinem Analphabetismus Vorschub leisten, das Wort bleibt sichtbar und muß gelesen

Abbildung 19.2: Vektororientierte Visualisierung grammatischer Strukturen im Deutschunterricht

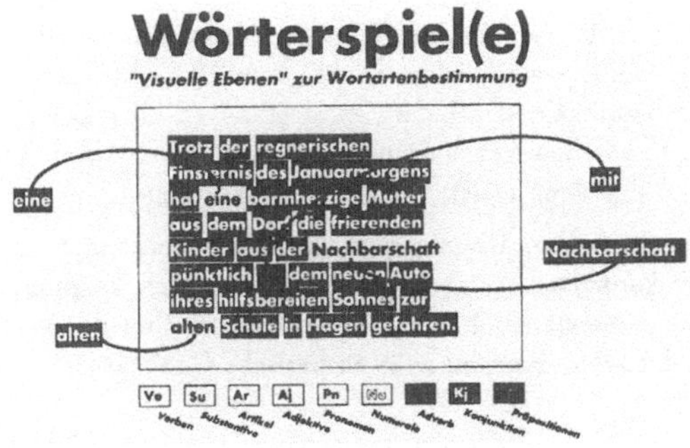

Abbildung 19.3: „Versuch und Irrtum" — Visualisierung auf zwei Ebenen

werden, aber das Wort wird zugleich zu einer Ikone und Teil eines Gesamtbildes. Und damit wird die Dichotomie von Text und Bild in einer höheren Ebene aufgehoben und zu einer Einheit zusammengeführt, in der die Antagonismen Diskurs und Assoziation, Logik und Ästhetik als komplementäre Erkenntnisformen zu einem Ganzen werden.

19.3.2 Die „Elektronische Wandtafel" verbindet fachdidaktische Fragestellungen mit ästhetisch-designerischen Aspekten

Die Arbeit mit einem CAD-Programm ermöglicht es, Sprache ganz anders als durch das gewöhnlich als Druckvorlage dienende, ästhetisch-typografisch aufbereitete Schriftbild darzustellen, sofern das Ausgabemedium nicht mehr das auf die Zweidimensionalität beschränkte und in dieser Materialität auch nicht mehr veränderbare Arbeitsblatt sein muß.

Auch der Lehrer muß, indem er visuelle Kommunikation betreibt, zunehmend lernen, sich so des Computers als Medium zu bedienen, daß er die Printmedienorientierung seiner Tafelbilder und Arbeitsblätter aufgibt zugunsten einer Auseindersetzung mit Hypertext ähnlichen Visualisierungsformen, wie z.B. der Layertechnik: Mit ihr lassen sich innertextliche Zusammenhänge wie z.B. syntaktische Strukturen, metaphorische Verweise, semantische Bezüge auf verschiedenen Ebenen spezifisch visualisieren, mit der Layertechnik kann auf unterschiedlichen Tiefen eines Textes ope-

Abbildung 19.4: Visualisierung von Wortbildungsprozeduren

riert werden, die Tiefenstruktur der Generativen Transformationsgrammatik z.B., die in der zweidimensionalen Abbildungsebene nur verbalisiert werden kann, läßt sich in der Zusammenführung verschiedener Layer veranschaulichen. Da jeder Textbestandteil ein vektorielles Objekt werden kann, läßt er sich an der „Tafel“ bewegen usf., diese „Beweglichkeit“ von Text ist nicht die der Animation, sie resultiert erst aus dem jeweils bewußt zu machenden Lernschritt.

Die didaktischen und methodischen Überlegungen und Entscheidungen in diesem Unterrichtsversuch resultieren aus den konkreten Anforderungen im jeweiligen Fachunterricht. Die visuelle Aufbereitung sollte aber nicht dilettantisch erfolgen, denn wenn über die Verbildlichung Einsicht und Erkenntis erzielt werden sollen, dann muß die ästhetische Qualität dies auch erlauben.[1]

19.4 Die „Elektronische Wandtafel“ integriert die „Informationstechnische Grundbildung“ in den Fachunterricht

Da in der Anwendung der „Elektronischen Wandtafel“ die Rechner-„Leistung“ für die Klasse durch die Benutzung der Menüs insgesamt nachvollziehbar bleibt, dient die Arbeit an der „Elektronischen Wandtafel“ zugleich auch der Erweiterung von Kenntnissen über Computeranwendungen in unterschiedlichen Arbeitsbereichen. Der Erwerb von sogenannten Computergrundkenntnissen und -fertigkeiten erfolgt „automatisch“ im Rahmen der Arbeiten für das jeweilige Fach, in dem die „Elektronische Wandtafel“ eingesetzt wird. Verbindet man die „Elektronische Wandtafel“ mit einem „Rechnerpool“, in dem die Schüler in Kleingruppen Aufgabenstellungen und Probleme aus dem Fachunterricht (weiter)bearbeiten können, so ließe sich der praktische Teil der Informationstechnischen Grundbildung — Handhabung von Computer und Peripherie — in den Fachunterricht integrieren.

[1]Vgl. dazu die Beiträge der Verfasser in „Computer + Unterricht“, Heft 4 und 7 (Konzeption für den Deutsch- bzw. Mathematikunterricht).

19.5 Der Einsatz der „Elektronischen Wandtafel" ergibt sich aus dem Konzept für den Unterichtsverlauf, folgt didaktischen Kriterien

Alle methodischen Fragen lassen sich nur in einem didaktischen Gesamtkonzept entscheiden, d.h. im Rahmen der didaktischen Vorgaben für den Unterricht. Z.B. ist zu prüfen, inwieweit die jeweiligen Lernziele durch die „Elektronische Wandtafel" besser, sicherer und vertiefter erreicht werden können. Innovationen bezüglich der Lehrpläne sollen damit nicht ausgeschlossen werden. Wir gehen jedoch davon aus, daß die „Elektronische Wandtafel" im herkömmlichen Unterricht ihren Platz haben kann, als Ergänzung zu den jeweils gebräuchlichen Lehr- und Lernmaterialien und zur Unterstützung der Inhalte, die der jeweilige Lehrer auswählt. Die Anwendung des Computers zwingt den Lehrer also nicht zur Übernahme bestimmter Lernschrittfolgen, diese legt er selbst fest, und er arbeitet entsprechend seiner individuellen Unterrichtsformen mit diesem Medium.

19.6 Das Konzept der „Elektronische Wandtafel" — Evaluation und Modifikation

Damit dieser innovative, aus dem Dilemma der Technik-Orientierung bisheriger Konzepte (BLK und ITG) hinausführende Ansatz dahingehend überprüft werden kann, ob und wieweit er fachwissenschaftlicher wie pädagogischer Kritik standhalten kann, wäre ein Forschungsprojekt erstrebenswert, in dem unter Zusammenarbeit von Schule, Universität und Hochschulen für Künste die Anwendungen der „Elektronischen Wandtafel" ausgewertet würden.

Die Zusammenarbeit mit einer Hochschule für Künste wird deswegen als besonders wichtig angesehen, weil dieses Projekt sich auf ein Terrain begibt, für das Lehrer in der Regel keine Qualifikationen mitbringen, nämlich auf das Feld der Visuellen Kommunikation und ihrer adäquaten grafischen Aufbereitung am Computer. Denn es geht bei der „Elektronischen Wandtafel" nicht um eine Einführung in den Umgang mit Computern oder das Einüben einer Lehr- oder Lernsoftware, sondern in erster Linie um die angemessene Visualisierung sprachlicher Kategorien, abstrakter Begrifflichkeiten und logischer Ableitungsstrukturen. Voraussetzung dafür ist eine visuelle Gestaltung nach professionellen Maßstäben.

Daher wäre im Rahmen eines Projekts ggf. eine „Bibliothek" grafischer Objekte — abgestimmt auf die Standards der Lehrmittel als Bestandteil der CAD-Software — zu entwickeln, die dem Lehrer als Gestaltungshilfe für seine Tafelbilder zur Verfügung stände.

Kapitel 20

Herbert G. Klein: Hypertext in den Geisteswissenschaften: Die Arbeitsumgebung TERESA (TExtual RESearch Assistant)

20.1 Entwicklungsziele und Einsatzbereiche

Das Programm TERESA ist eine auf Hypertext basierende Arbeitsumgebung zur Unterstützung vornehmlich geisteswissenschaftlicher Aufgabenstellungen. Es wurde für die Arbeitsbedürfnisse von Literaturwissenschaftlern entwickelt, wobei von vornherein auf größtmögliche Offenheit Wert gelegt wurde, die es erlaubt, das System auch für andere Gebiete einzusetzen. Anlaß für die Entwicklung war die Unzufriedenheit mit den bisherigen Nutzungsmöglichkeiten des PCs in den Geisteswissenschaften. Es handelt sich dabei vorwiegend um Textverarbeitung und (bibliographische) Datenbanken. So sinnvoll und unverzichtbar diese inzwischen sicherlich sind, stellen sie dennoch für die in vielfältiger Weise aufeinander bezogenen Tätigkeiten des Literaturwissenschaftlers noch keine adäquate Arbeitsumgebung dar.

Eine wichtige Vorgabe für die Entwicklung war, daß das System auf der im geisteswissenschaftlichen Bereich gebräuchlichen Hardware lauffähig sein sollte und keine großen Ansprüche an die Vorkenntnisse der Benutzer oder ihre Bereitschaft zur Einarbeitung bzw. zur Veränderung ihrer bisherigen Arbeitsweise stellen durfte. Aus diesen Gründen wurde TERESA mit der kommerziellen Hypertext-Software askSam (Version 5.1) entwickelt, die auf jedem DOS-PC (inzwischen auch unter OS-2) eingesetzt werden kann.

Texte und Daten im Bereich der Literaturwissenschaft liegen bisher in der Regel nicht auf elektronischen Datenträgern, sondern in gedruckter Form vor. Dies wird wohl noch längere Zeit so bleiben, auch wenn es bereits Ansätze gibt, die auf eine Änderung dieses Zustands hinweisen.[1] Es wurde daher bewußt darauf verzichtet, derartige Zugriffsmöglichkeiten zur Voraussetzung der Arbeit zu machen. Vielmehr geht es hauptsächlich darum, den Umgang mit den konventionellen Medien zu unterstützen und zu verbessern.

TERESA ist nicht als System für alle denkbaren Zwecke konzipiert, sondern dient hauptsächlich der Speicherung und Organisation vertexteter Arbeitsmaterialien. Alle darauf aufbauenden Arbeitsabläufe, wie etwa die Abfassung wissenschaftlicher Schriften, werden besser weiterhin mit einer dafür geeigneten Textverarbeitung durchgeführt. Zu diesem Zweck lassen sich sämtliche Daten im ASCII-Format ausgeben und können so von anderen Programmen übernommen werden. Die Form der Ausgabe läßt sich dabei weitgehend frei gestalten, so daß beispielsweise Bibliographien direkt im gewünschten Format erstellt werden können.

Literaturwissenschaftliche Arbeit ist u.a. dadurch gekennzeichnet, daß unterschiedliche Texte

[1] So gibt es den Oxford-Shakespeare, das Oxford English Dictionary und einige andere Nachschlagewerke auf CD-ROM. Seit neuester Zeit gibt es auch die Poetry Database von Chadwyck-Healey, deren Anschaffungspreis allerdings momentan außerhalb der Reichweite der meisten Bibliotheken liegt.

und Daten entweder von vornherein (quasi immanent) aufeinander bezogen sind, oder daß ein solcher Bezug vom Wissenschaftler hergestellt wird. Dabei kann sich die Art und Weise der Bezugnahme je nach Untersuchungsziel immer wieder ändern. Es handelt sich damit um Aufgaben, die in geradezu exemplarischer Form dem grundlegenden Konzept von Hypertext entsprechen, das darin besteht, Informationen verschiedenster Art im Hinblick auf eine gemeinsame Fragestellung in nicht-linearer Weise miteinander zu verbinden.[2]

20.2 Systemaufbau

Die Arbeitsumgebung TERESA geht von den grundlegenden Tätigkeiten des Literaturwissenschaftlers aus und spiegelt sie in ihrem Aufbau wider. Es handelt sich dabei um:

- das Sammeln von bibliographischen Informationen,
- die Analyse von Werken der Primärliteratur,
- die Auswertung von Sekundärliteratur,
- die argumentative Beschreibung und Bewertung von Sachverhalten.

Bei der praktischen Arbeit mit dem System können mehrere Stadien unterschieden werden, die aber keineswegs zwangsläufig in einer bestimmten Reihenfolge ablaufen müssen. (Selbstverständlich können auch mehrere Projekte in unterschiedlichen Stadien gleichzeitig bearbeitet werden.) So kann das System in einer ersten Phase zum Sammeln von Ideen und ihrer Grobstrukturierung dienen; im darauffolgenden Schritt werden diese mit Informationen aus anderen Quellen und eigenen Überlegungen gefüllt. In einem weiteren Stadium kann dann schließlich eine Struktur aufgebaut werden, die argumentative Beziehungen zwischen einzelnen Einheiten herstellt.

Die praktische Vorgehensweise bei der Arbeit mit TERESA soll beispielhaft an den möglichen Formen des Zusammenspiels der einzelnen Module, aus denen sich das System zusammensetzt, veranschaulicht werden. In den meisten Fällen beginnt die Arbeit an einem Text mit der Erfassung bibliographischer Daten, die im weiteren Verlauf verändert und durch weitere ergänzt werden. Für diesen Zweck ist eine Literaturverwaltung als Hypertext-Modul in die Arbeitsumgebung eingebunden. Die Literaturangaben werden in der üblichen Weise in einer Maske erfaßt und können in freier Konfiguration ausgegeben werden. Sofern es gewünscht wird, kann hier wie in einer normalen Datenbank gearbeitet werden. Die Suche nach einem bestimmten Titel oder einer Gruppe von Titeln kann allerdings sowohl über den Inhalt bestimmter Felder als auch über den gesamten Inhalt des Datensatzes erfolgen, wobei beliebige Kombinationen möglich sind. Ein großer Vorteil gegenüber herkömmlichen Datenbanken besteht weiterhin darin, daß jegliche Art von Verbindung zwischen einzelnen Datensätzen möglich ist und jeder Datensatz zum Ausgangspunkt einer neuen Abfrage werden kann. Auf diese Weise können jederzeit Literaturlisten oder Bibliographien zu einem bestimmten Thema zusammengestellt werden.

Die Arbeit am Text selber beginnt mit seiner Lektüre, in der Regel bereits im Hinblick auf eine bestimmte Aufgabenstellung.[3] Zwar wäre zumindest bei einigen sehr kurzen Werken — z.B. Gedichten — eine vollständige (manuelle) Eingabe des Textes möglich, aber normalerweise wird bei der Arbeit mit TERESA auf die ständige Verfügbarkeit des Primärtextes im System verzichtet, dafür begnügt man sich in Analogie zu dem konventionell praktizierten Verfahren mit einem

[2] Der Begriff „Hypertext“ wird in der Literaturwissenschaft gelegentlich auch für Texte verwendet, die ihre Entstehung explizit oder implizit anderen Texten („Hypotexten“) verdanken (vgl. Jean Genette, Palimpsestes. La litterature au second degre, Paris, 1982, S. 7–14). Gebräuchlicher ist dafür der Begriff der „Intertextualität“ (Julia Kristeva), dem aber ebenfalls ein durchaus Hypertext-ähnliches Modell zugrunde liegt. Gerade auch für die Untersuchung derartiger Verbindungen ist ein Hypertext-System bestens geeignet.

[3] Das Vorgehen bei der Auswertung von Sekundärliteratur ist grundsätzlich ähnlich und wird hier deshalb nicht gesondert beschrieben.

eindeutigen Verweis auf eine als (be)merkenswert betrachtete Textstelle. Die Form des Verweises ist dem Benutzer freigestellt, sie orientiert sich aber sinnvollerweise an eindeutigen Merkmalen der Quelle, also beispielsweise Kapiteleinteilung, Seitenzahlen, Akt- und Szeneneinteilung, Zeilennumerierung usw. Zusätzlich kann der Benutzer beliebige weitere Einträge vornehmen. Dies können wörtliche Zitate, Zusammenfassungen, Bewertungen, Hinweise oder allgemeine Überlegungen sein. Weder Art noch Länge dieser Einträge sind irgendwelchen Beschränkungen unterworfen.

Bereits in dieser ersten Phase — oder auch erst später — kann eine grobe Strukturierung des Materials vorgenommen werden, die sich am Untersuchungsziel oder — falls ein solches noch nicht vorhanden oder noch nicht ausreichend formuliert ist — an auffälligen Eigenschaften des Texts orientiert, beispielsweise an Namen von Personen oder Lokalitäten. Diese Basis kann jederzeit nicht nur inhaltlich, sondern auch strukturell ergänzt und verändert werden. Um dies zu ermöglichen, ist es weder sinnvoll, die Untersuchungsergebnisse als zusammenhängende Einheit zu behandeln, noch sie zu sehr aufzusplittern, vielmehr ist das Ziel die Erstellung von in sich geschlossenen, d.h. kohärenten Informationseinheiten („nodes" oder „Knoten"), die nicht nur auf eine Aufgabe hin konzipiert sind, sondern in immer neuen Zusammenhängen verwendet werden können.[4] Das Hauptproblem bei der Erstellung eines solchen Knotens besteht also darin, auf der einen Seite Redundanz, auf der anderen aus innerer Zusammenhanglosigkeit resultierende Unverständlichkeit zu vermeiden. Hier muß also bereits bei der Anlage eines Knotens entschieden werden, welche Art und welche Mindestmenge von Information er enthalten soll. So können beispielsweise bei der Untersuchung eines Romans oder Dramas die einzelnen Kapitel bzw. Akte als Knoten zusammengefaßt werden oder die einzelnen Figuren und ihre Handlungen eigene Einträge erhalten. Es ist aber auch möglich, nach unterschiedlichen Gesichtspunkten gleichzeitig vorzugehen und sogar demselben Gegenstand mehrere Knoten zuzuordnen, die jeweils wieder ihre eigenen Schwerpunkte haben können (z.B. unterschiedliche Aspekte einer Figur). Sämtliche Eintragungen lassen sich jederzeit ändern und ergänzen.

Das Vorgehen erschöpft sich jedoch keineswegs nur darin, möglichst übersichtliche und in sich verständliche Knoten zu schaffen: Da der (Hyper-)Text als Ganzes nicht nur die Summe dieser kleineren Einheiten ist, sondern erst durch die Vielfalt der Beziehungen zwischen ihnen seine Wirkung entfaltet, muß es möglich sein, diese Beziehungen sichtbar zu machen. Solche Verbindungen („links" oder „Kanten") zwischen den einzelnen Knoten können sowohl implizit als auch explizit sein. Erstere sind bereits auf Grund der aufgenommenen Informationen im jeweiligen Knoten enthalten (beispielsweise Personen- oder Ortsnamen) letztere müssen dagegen vom Benutzer selbst als Verweis angelegt werden. Dabei kann es sich entweder um ein den ganzen Knoten charakterisierendes Schlagwort oder um die direkte Markierung einer bestimmten Stelle handeln, mit der auf weitere Informationen in einem anderen Knoten Bezug genommen wird. Die Mischung beider Vorgehensweisen ist möglich und in der Regel empfehlenswert, um möglichst viele Bezugsmöglichkeiten zu anderen Knoten herzustellen. So können beispielsweise die Figuren eines Dramas oder Romans zu Gruppen verbunden und handlungsbezogene Verbindungen zwischen ihnen deutlich gemacht werden. Das Einfügen oder Entfernen derartiger Kanten ist auch zu jedem späteren Zeitpunkt möglich.

Nicht alle Aufzeichnungen beziehen sich direkt auf die Primär- oder Sekundärliteratur, sondern in vielen Fällen handelt es sich um Gedanken und Entwürfe, die einer konkreten Textarbeit vorausgehen, sie als Metatext begleiten, sich mit ihr auseinandersetzen und sie bewerten. Sie haben häufig einen tentativen Charakter, halten vorläufige Ergebnisse fest und enthalten Hinweise der verschiedensten Art. Derartige Notizen können in beliebiger Form und Länge in dasselbe Modul von TERESA aufgenommen werden, in dem auch die Primär- und Sekundärliteratur erfaßt wird und können dort mit denselben Methoden bearbeitet werden. Durch die Einbindung in ein ge-

[4]Vgl. dazu Rainer Kuhlen, Hypertext. Ein nicht-lineares Medium zwischen Buch und Wissensbank, Berlin, 1991, S. 36f u. 79ff.

meinsames Modul wird damit der gleichzeitige Zugriff auf die verschiedensten Textsorten möglich.

Alle in das System eingebrachten Daten können wechselseitig aufeinander bezogen werden, indem potentielle Verbindungen aufgebaut werden, die je nach Bedarf aktiviert werden können. Für welche Zwecke diese Möglichkeit genutzt wird, bleibt also allein dem Benutzer überlassen. Tatsächlich ändert sich während der Arbeit an einem Projekt oft die Art der Fragestellung und damit auch die Herangehensweise. Sehr häufig wird beispielsweise in einem anderen Untersuchungsrahmen mit veränderten Zielen auf bereits vorhandenes Material zurückgegriffen, welches dadurch in der Regel einen neuen Stellenwert erhält. So kann sich das Interesse von der Untersuchung der Handlungsstruktur in einem Drama Shakespeares zu einer Untersuchung des Reisemotivs in der englischen Literatur verschieben. Damit ergibt sich wiederum die Forderung nach globalen und konsistenten Verbindungs- und Veränderungsmöglichkeiten, um die relevanten vorhandenen Daten in einem neuen Kontext nutzen zu können. Dies wird dadurch gewährleistet, daß der Benutzer nach von ihm zu spezifizierenden Kriterien jederzeit neue Verbindungen aufbauen oder alte löschen bzw. ändern kann.

TERESA ermöglicht das Hypertext-typische „Springen" zwischen Daten unterschiedlichster Art. Auf der einfachsten Ebene geschieht dies durch eine einfache oder kombinierte Wortsuche, welche Passagen mit entsprechenden Einträgen zusammenfügt. Offensichtlich verlangt dieses Vorgehen nach formal identischen oder zumindest ähnlichen Zeichenketten und erzeugt damit eine gewisse Inflexibilität, die allerdings teilweise dadurch umgangen werden kann, daß von den gefundenen Datensätzen aus weitere Abfragen durchführbar sind.

Dies ist einerseits von Vorteil, weil dadurch vorher nicht erkannte Verbindungen bewußt gemacht werden können, kann aber auch von Nachteil sein, weil die Suche in einem potentiell unbegrenzten Raum stattfindet. Eine der wichtigsten Eigenschaften von TERESA ist daher die Fähigkeit, die Suche nach vom Benutzer zu spezifizierenden Bedingungen zu steuern. Dazu stehen spezielle interaktive Programme (Makros) bereit, die die Selektion von Informationen nach Datentyp, expliziten oder impliziten Kanten sowie Kontext ermöglichen. Diese Suchformen lassen sich nicht nur miteinander kombinieren, sondern auch mittels Boolescher Operatoren steuern. Die so gefundenen Informationen stellen eine Teilmenge dar, die je nach Bedarf weiter selektiert oder ergänzt werden kann. Für die schnelle Orientierung, ob das Material die gewünschte Zusammenstellung hat, gibt es die Möglichkeit, sich einen Überblick in Kurzform ausgeben zu lassen. Dieser enthält die wichtigsten Informationen und ermöglicht an beliebiger Stelle einen sofortigen Zugriff. Von einer derart direkt angesteuerten Fundstelle kann die Suche dann in einer anderen Richtung fortgesetzt (assoziatives „browsing") oder einfach nur das Umfeld gesichtet werden (gerichtetes „browsing"). Die verschiedenen Abfragen werden als „Historie" aufgezeichnet, wodurch es möglich wird, den Suchweg zurückzuverfolgen und gegebenenfalls einen anderen Weg einzuschlagen. Bei den vorherigen Abfragen nicht erfaßte Informationen können dabei den bereits selektierten hinzugefügt werden.

Eine Selektion der beschriebenen Art stellt zwar das vorhandene Material zusammen, aber noch in relativ ungeordneter Weise. Daten verschiedenen Typs sind jedoch in der Regel logisch aufeinander bezogen. So wird man zu einer bestimmten Stelle des Primärtextes eigene Anmerkungen machen und auf die Sekundärliteratur verweisen, die wiederum auf weitere Daten Bezug nimmt. Diese verschiedenen Formen der Zuordnung können bei Bedarf jederzeit sichtbar gemacht werden, sofern der Benutzer für konsistente Verbindungen gesorgt hat.

Sinnvoll sind hier explizite „links", da solche konkreten Zuordnungen in der Regel nicht über gemeinsame Schlagworte oder implizite „links" zustande kommen. Dies ist besonders dann der Fall, wenn es sich um einen argumentativen Zusammenhang handelt, der keine unmittelbar zu Tage liegende formale Entsprechung haben muß. Auch hier lassen sich aber über entsprechende Einträge eindeutige Verbindungen herstellen und die Daten in der entsprechenden Zuordnung ausgeben.

Die Form der Ausgabe der Daten läßt sich vom Benutzer ganz nach seinen Bedürfnissen bestimmen: Die Möglichkeiten reichen vom vollständigen Inhalt eines Knotens über selektierte Absätze bis hin zu einzelnen Sätzen. Selbstverständlich ist dabei die eindeutige Zuordnung zur Quelle jederzeit gewährleistet. Damit lassen sich gezielt nur die in einem bestimmten Zusammenhang interessierenden Informationen herausfiltern und für die weitere Bearbeitung verwenden.

20.3 Bewertung

Hypertext kann als ein Versuch gesehen werden, ein kognitives Problem (Strukturierung von Wissen) auf formalem Weg (Ermittlung von Information) zu lösen. Dieses Verfahren ist zwar deutlich verschieden von der natürlichen menschlichen Denkweise, doch gerade darin liegt ein nicht geringer Teil des Nutzens. Die menschliche Vorgehensweise, die auf Assoziation und Analogie aufbaut, keine scharfen Klassengrenzen kennt, in den verschiedensten Kategorien („Datentypen“) denkt und nicht-monoton schließt, wird konfrontiert mit einem System, das diese Strategie teilweise unterstützt, teilweise aber auch unterläuft, denn eine nur mechanische Verbindung entspricht nicht der menschlichen Wissensrepräsentation. Daran wird deutlich, daß das Ziel der Arbeit mit dem System nicht das bloße Anhäufen von Fakten, sondern dieEntwicklung und Veränderung eines kognitiven Konzepts sein muß.[5]

Ein wichtiger Nutzen der selbständigen Arbeit mit einer Hypertext-Umgebung liegt in der zu ihrem Aufbau notwendigen inhaltlichen und formalen Strukturierung. Jeder Benutzer muß selbständig über den Zusammenhang von Informationen entscheiden und lernt durch den Erfolg oder Mißerfolg bei der Lösung verschiedener Aufgabenstellungen, ob er sinnvoll entschieden hat. Er wird damit veranlaßt, seine Hypothesen in Form von strukturierten Abfragen oder durch das Verfolgen von Kanten zu konkretisieren, und er hat die Möglichkeit, sie durch das jeweilige Resultat unmittelbar zu überprüfen und zu validieren. Das antizipierte Ergebnis einer (komplexen) Hypertext-Abfrage entspricht einer Interpretation der Wissensdomäne gemäß dem Wissensstand und den aktuellen Interessen des Benutzers. Die Differenz zwischen dem erwarteten Ergebnis und den vorgefundenen Informationen zwingt ihn entweder zur Modifikation seiner Abfrage (und damit seiner Hypothese) oder zur Veränderung der Datenbasis (oder beidem). In diesem Sinne ist TERESA nicht nur als hermeneutisches Werkzeug zu betrachten, sondern besitzt auch einen nicht unerheblichen didaktischen Wert.

Auch für Gruppen ist das Arbeiten und Lernen mit Hypertext von großem Nutzen: Mehrere Benutzer können hier kooperieren und eine gemeinsame Interpretation („soziale Konstruktion von Text und Wissen“) entwickeln.[6] Gerade hier zeigt sich auch, daß sowohl der Prozeß des Einbringens der Informationen in das System als auch ihre Nutzung im Rahmen verschiedener Aufgabenstellungen zur vertieften Auseinandersetzung mit dem jeweiligen Thema und der ihm angemessenen Vorgehensweise führt. Die Benutzer müssen konsensfähige Entscheidungen darüber treffen, welche Informationen aufgenommen werden sollen, in welchem Umfang dies geschehen soll, und welche Verbindungen zwischen diesen Informationen aufgebaut werden sollen. Sie sind daher gezwungen, ihre Prämissen und ihren jeweiligen Wissensstand kontinuierlich explizit zu machen und zu reflektieren.

Der Hauptvorteil eines Hypertext-Systems besteht in seiner Fähigkeit, das in ihm vorhandene Material in immer wieder neuen Zusammenhängen darzustellen. Seine Mächtigkeit wächst also mit

[5] Zu dieser Problematik vgl. David H. Jonassen und Heinz Mandl (Hg.), Designing Hypermedia for Learning, Berlin, 1990; dort besonders die Aufsätze von David H. Jonassen und R. Scott Grabinger, „Problems and Issues in Designing Hypertext/Hypermedia for Learning“, S. 1.1–1.23 und Peter Whalley, „Models of Hypertext Structure and Learning“, S. 4.1–4.7.

[6] Josef Wallmannsberger, „Über allen Texten herrscht Unruh: Hypertext als Werkzeug und Paradigma der Informationsphilologie“ in: Mark P. Line und Josef Wallmannsberger, Computer & Sprache, Innsbruck, 1991, S. 3–15, hier: S. 9.

der Dauer der Nutzung und der Ansammlung von Daten. Auf diese Weise können ganz unerwartete Beziehungen sichtbar gemacht und neue Einsichten in Zusammenhänge gewonnen werden. Das System erbringt damit nicht nur arbeitstechnische Unterstützungsleistungen, sondern schafft auch eine neue kognitive Qualität. Insbesondere zeigt sich, daß Aufgabenstellungen sehr viel flexibler angegangen werden, da sowohl das Bewußtsein von der Vielfalt der Herangehensweisen an das relevante Material wächst als auch die Komplexität der möglichen Verbindungen deutlich wird. Das ist nicht nur für die tägliche Arbeit des Literaturwissenschaftlers wichtig, sondern stellt einen wichtigen Gesichtspunkt für den Einsatz des Systems in der Ausbildung dar, wo es dazu anregen kann, einen Gegenstand in komplexen und übergreifenden Zusammenhängen zu begreifen.

Kapitel 21

Rainer Stieglitz: Dynamische Modellbildung als politische Bildungsaufgabe?

„Systemwissen“, so der Bildungsforscher Hans-Günter Rolff in seinem Aufsatz Schule und gesellschaftlicher Wandel, „ist der künftig vorherrschende Wissentypus. Er muß fraglos zentraler Gegenstand von Unterricht in der Schule sein, und zwar nicht nur im Sinne des ‚technischen Systems‘, sondern ebenso des ‚sozialen‘ bzw. ‚absichtsvollen‘ Systems“[1].

Doch wie können wir ein solches Wissen erwerben? Können Computer und die Modellbildung mit Computern den Schülerinnen und Schülern dabei helfen, ein grundlegendes Verständnis dynamischer Systeme zu entwickeln? Wird es mit Hilfe der Modellierung und Computersimulation möglich, eine Sensibilität für Wirkungszusammenhänge zu entwicklen, die den Lernenden zu systemgerechtem Handeln anleitet?

Wenn mit „neuen“ Medien etwas gelernt werden soll, was mit „alten“ Medien nicht möglich oder nicht so nachhaltig ist, müssen auch diese Medien danach beurteilt werden, welche Möglichkeiten des Verstehens sie den Schülerinnen und Schülern bieten. Daß ich davon ausgehe, daß es dabei um ein Verständnis der Erlebens- und Erfahrungswelt der Lernenden geht, gilt wohl als selbstverständlich, muß aber vielleicht noch einmal gesagt werden. Damit freilich kann nicht ein naiver Begriff von Lebenswelt gemeint sein,[2] denn systemische Lerninhalte beziehen sich überwiegend auf eine Makroperspektive. Wohl aber muß der Rückbezug des Gelernten auf das Alltagsleben und die über die Massenmedien stattfindende Auseinandersetzung mit solchen Sachverhalten möglich sein. Systemwissen muß sich als praxisfähig erweisen. Systemische Mechanismen müssen in ihrer Relevanz für das Alltagsleben deutlich werden, wenn Politische Bildung gelingen soll.[3] Dazu gehört es auch, daß die Schülerinnen und Schüler eine Vorstellung von Komplexität entwickeln, die ihnen ein Eindruck von der Vielfältigkeit, aber auch von den eingeschränkten Steuerungsmöglichkeiten realer Systeme vermittelt.

Das Ziel ist zu wichtig und der Wunsch nach einem geeigneten Hilfsmittel ist zu groß, um die Begeisterung für die Neuen Medien zu leugnen. Doch die Verwendung rechnergestützter Verfahren wirft auch die Frage nach einer geeigneten Methode der Modellbildung und Simulation auf. Im wissenschaftlichen Bereich basiert die dynamische Modellbildung zum Entwurf komplexer Problemlösungsstrategien auf recht unterschiedlichen Ansätzen. Auch im Hinblick auf die Verwendung dieser Verfahrensweise im Schulunterricht halte ich diese Unterschiede für bemerkenswert. Sie beziehen sich vorwiegend darauf, welche Bedeutung der realen Datenlage und der fachwissenschaftlichen Theoriebildung bei der Modellkonstruktion beizumessen ist. Diese unterschiedlichen

---

[1] H.G. Rolff: Schule und gesellschaftlicher Wandel, in: Aus Politik und Zeitgeschichte. Das Parlament v. 30. 6. 1989, S. 19.

[2] „Mit einem naiven Begriff von Lebenswelt kann der Lehrer eigentlich nur Heimatkunde im alten Stil betreiben“, W. Gagel: Politische Didaktik: Selbstaufgabe oder Neubesinnung, in: Gegenwartskunde Nr. 3/86, Leske und Budrich Verlag, S. 290.

[3] Vgl. D. Richter: Herauforderung und Lebenswelt, in: B. Claußen/W. Gagel/F. Neumann, Hrsg.: Herausforderungen und Antworten, Leske und Budrich Verlag 1991, S. 253.

Ansatzpunkte bleiben auch bei der hier zugrundegelegten Beschränkung auf die systemdynamische Methode von Bedeutung. Ich werde sie im folgenden als konzeptbasierten bzw. theoriebasierten Ansatz der Modellkonstruktion bezeichnen.[4]

Die in den folgenden beiden Abschnitten skizzierten Modelle lassen sich auf der inhaltlichen Ebene zur Behandlung umweltpolitischer Maßnahmen heranziehen. Im engeren Sinne geht es um die Einschränkung des Konsums zugunsten eines auf Umweltverträglichkeit hin orientierten Wirtschaftsprozesses.

21.1 Der konzeptbasierte Ansatz

Als Beispiel für einen konzeptbasierten Ansatz beziehe ich mich auf ein Modell, das Hartmut Bossel in seinem neu erschienenen Lehr- und Arbeitsbuch „Modellbildung und Simulation" ausführlich beschrieben hat.[5] Das Modell umfaßt die drei Zustandsgrößen Bevölkerung, Konsum und Umweltbelastung. Der Bevölkerungszuwachs wird duch das Konsumniveau und die Umweltqualität beeinflußt. Die Konsumentwicklung wird in einem Sättigungsprozeß durch den Konsum selbst, die Umweltbelastung und einem Parameter für die Konsumkontrolle bestimmt. Eine größere Konsumkontrolle wirkt dabei dämpfend auf eine Steigerung des Konsums. Die Umweltbelastung wiederum nimmt mit wachsender Bevölkerung und steigendem Konsum zu (siehe Abb. 21.1). Das Zusammenwirken dieser Größen führt bei einem anfänglichen Bevölkerungs- und Konsumanstieg zu einer verzögerten Umweltbelastung, die dann die Bevölkerung stark zurückgehen läßt. Im weiteren Verlauf ergeben sich gedämpfte Schwingungen und ein längerfristiges Einpendeln auf ein Gleichgewicht. Abb. 21.2 zeigt die Simulationsergebnisse für das Referenzszenario, in dem alle Bestandsgrößen mit einem Referenzwert von 1 initialisiert sind. In der schraffierten Zeile der Abb. 21.2 sind ebenfalls auch die Werte der übrigen Modellparameter angegeben. Im Rahmen der hier zugrundeliegenden Thematik soll auf die Verknüpfung der einzelnen Modellgrößen nicht weiter eingegangen werden.

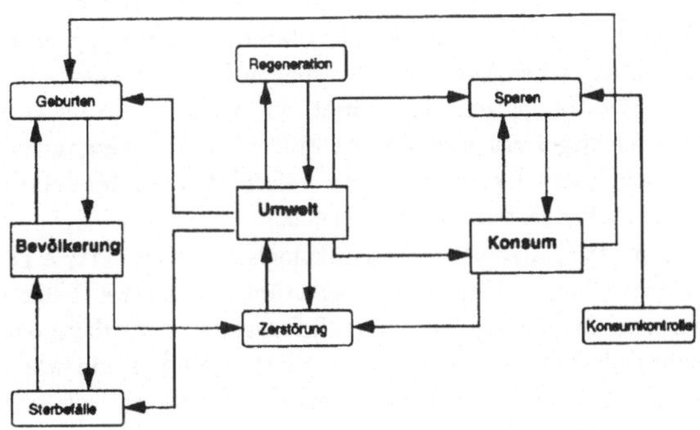

Abbildung 21.1: Struktur des Modells ‚Weltsimp"

[4]Eine vergleichbare Einteilung habe ich zuerst bei Harbordt gelesen. Harbordt bezeichnet allerdings die systemdynamische Methode generell als konzeptbasiert. Siehe hierzu: St. Harbordt: Computersimulation in den Sozialwissenschaften, Rowohlt Verlag 1974, S. 71ff.

[5]H. Bossel: Modellbildung und Simulation, Vieweg Verlag, 1992, S. 78ff. Da systemdynamische Modelle syntaktisch unterschiedlich beschrieben werden, verwende ich für die Systemdarstellung einfache Wirkungsdiagramme und eine tabellarische Berechnung.

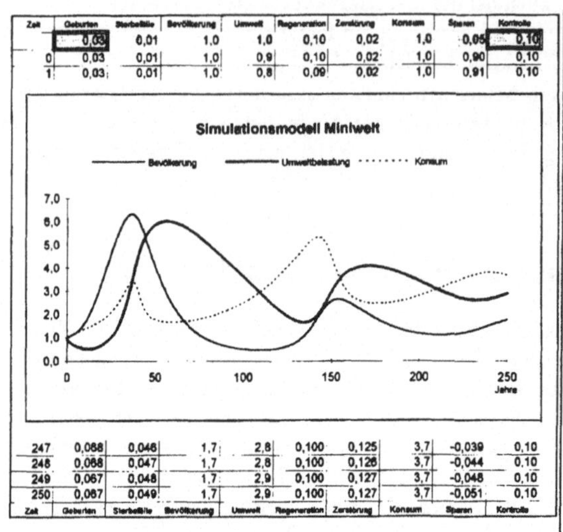

Zeit	Geburten	Sterbefälle	Bevölkerung	Umwelt	Regeneration	Zerstörung	Konsum	Sparen	Kontrolle
	0,03	0,01	1,0	1,0	0,10	0,02	1,0	0,05	0,10
0	0,03	0,01	1,0	0,9	0,10	0,02	1,0	0,90	0,10
1	0,03	0,01	1,0	0,8	0,09	0,02	1,0	0,91	0,10

Zeit	Geburten	Sterbefälle	Bevölkerung	Umwelt	Regeneration	Zerstörung	Konsum	Sparen	Kontrolle
247	0,068	0,046	1,7	2,8	0,100	0,125	3,7	-0,039	0,10
248	0,068	0,047	1,7	2,8	0,100	0,126	3,7	-0,044	0,10
249	0,067	0,048	1,7	2,9	0,100	0,127	3,7	-0,048	0,10
250	0,067	0,049	1,7	2,9	0,100	0,127	3,7	-0,051	0,10

Abbildung 21.2: Simulationsergebnisse des Referenzszenarios

Die Gültigkeitsprüfung des Modells, so Bossel, ist auf dem Hintergrund der Intention zu verstehen, mit einer möglichst geringen Zahl von Größen qualitativ richtige Aussagen zu machen. Der Autor kommt zu dem Schluß, daß die Modell-Formulierung ausreichend und strukturell gültig ist. Eine empirische Gültigkeit des Modells kann und will Bossel selbstverständlich nicht in Anspruch nehmen, wohl aber eine Anwendungsgültigkeit: „Die Anwendungsgültigkeit wiederum — als einfaches didaktisches Modell zur Demonstration der dynamischen Effekte elementarer Zusammenhänge zwischen der Umwelt und der menschlichen Gesellschaft — dürfte gegeben sein" (S. 92f).

Die vielschichtige Erfahrungswelt mit Hilfe elementarer Strukturhypothesen zu erschließen, ist ein zentrales heuristisch-didaktisches Anliegen. Der konzeptbasierte Ansatz bietet für die Didaktik eine verlockende Perspektive. Denn wenn es stimmt, wie schon Forrester gemeint hatte, daß die Struktur des Modells für wichtiger erachtet werden kann als die in Vergangenheit und Gegenwart empirisch erhobenen Daten, dann lassen sich auch aufschlußreiche Modelle konstruieren, denen nur wenige oder gar keine realen Daten zugrundeliegen.

Das Modell „Weltsimp" thematisiert den aus ökologischer Perspektive zentralen Zusammenhang von Bevölkerungsentwicklung, Wirtschaftswachstum und Umweltbelastung. Doch welchen Einblick gewinnen die Lernenden bezüglich dieser Wirkungszusammenhänge in einem so stark aggregierten und von beobachtbaren Sachverhalten losgelösten Modell und wie glaubwürdig können infolgedessen die Simulationsergebnisse überhaupt sein? Wie lassen sich konkrete umweltpolitische Maßnahmen etwa mit Hilfe des Parameters „Konsumkontrolle" in ein verständliches Szenario übertragen und in welchem Maße kann ein solches Modell folglich handlungsrelevant sein?

Aus der Perspektive der politischen Bildung sind dies Fragen, die mit der Konstruktion von Systemmodellen verknüpft sind. In der Tat muß man bei der Würdigung dieses oder vergleichbarer Modelle berücksichtigen, daß die Systemdynamik ja gerade dem Paradigmenwechsel in der Wissenschaft gerecht zu werden versucht, der die isolierende und linearisierende Analyse einzelner Details durch eine eher ganzheitliche Betrachtungsweise ersetzen will. Hinzu kommt, daß bei einer wirklichkeitsgerechten Modellbildung, so Bossel, „sehr oft interdisziplinär, quer über etablierte Fachgebiete und Schulen hinweg gearbeitet werden muß, um einen komplexen Ausschnitt aus der Realität darzustellen. Fachwissenschaftler finden sich dann nur in Teilen wieder, müssen feststellen, daß man ihre komplexen Detailkenntnisse stark vereinfacht hat, Wirkungen aufgenommen hat, die sie für vernachlässigbar halten, Hypothesen verwendet, die aus anderen Schulen stammen, und daß der Systemwissenschaftler generell ein etwas anderes wissenschaftliches Weltbild hat (daß er z.B. die Strukturerkennung für wesentlich hält)" (S. 37).

Im Hinblick auf die Untersuchung komplexer Systeme hat Joël de Rosnay in seinem aufschlußreichen Buch „Das Makroskop" die Gegensätze zwischen der traditionellen, analytisch orientierten, Theoriebildung und der systemdynamischen Betrachtungsweise zusammengefaßt[6] und kommt — wie es auch Frederic Vester mit dem bekannten Rasterbild von Abraham Lincoln veranschaulicht — zu dem Schluß, daß nur wenige und selbst unscharfe Details in der makroskopischen Betrachtungsweise eine ganzheitliche Mustererkennung erlauben. „Dies ist offenbar nur dadurch zu erklären", so Vester, „daß die Faktoren auch viel detaillierterer Ebenen und deren Wechselwirkungen in der Grobstruktur einer höheren Ebene automatisch enthalten sind (implizites Grob-Raster)."[7]

Bei genauem Hinsehen stehen die traditionelle und die systemdynamische Methode allerdings vor dem gleichen Problem, denn die „Unschärfe" der Details kann ebenso nur in bestimmten Grenzen variieren, wie auch die Details nur mit bestimmten Abstrichen „vollständig" sein können. Insofern ist eine sinnvolle Aggregation von Modellgrößen ein unstrittiger und auch für Schülerinnen und Schüler nachvollziehbarer Sachverhalt. Entfernt sich die Modellbildung jedoch zu sehr von empirisch untermauerten Sachverhalten, reagiert der Laie mit durchaus ernstzunehmender Skepsis. Und ich denke, auch Vester geht über dieses Problem zu schnell hinweg, wenn er meint: „Wenige Korrekturen an der Formel, im Feedback mit Stichproben realer Werte, und die Aussagen sind verläßlich" (S. 96).

Die rechnergestützte Modellierung dynamischer Systeme bedingt zwangsläufig, daß Wirkungszusammenhänge in ein Zahlengerüst übertragen werden. Die statistische Korrelation quantitativer Modellgrößen ist dabei ein — wenn auch nicht zureichender — so jedoch unverzichtbarer und für die Lernenden zudem verständlicher Weg der Formalisierung. Um dagegen qualitative Sachverhalte auf brauchbare Weise in rechenfähige Ausdrücke zu transformieren bedarf es eines ungleich höheren Maßes an Abstraktionsfähigkeit und technischen Aufwandes.[8] In dieser Hinsicht, so scheint mir, gibt es noch einigen Klärungsbedarf, denn die Verwendung reduzierter Daten (z.B. normierter Modellgrößen und auf Plausibilität gegründeter Tabellenfunktionen) birgt mit Blick auf den Schulunterricht die Gefahr in sich, daß didaktisch relevante Zusammenhänge in Beliebigkeit aufgelöst werden. Das Modell mag dann zwar aus regeltechnischer Perspektive brilliant, aber hinsichtlich seiner praktischen Bedeutung wertlos, schlimmstenfalls sogar manipulativ erscheinen.

Ein weiteres Problem der konzeptbasierten Modellbildung sehe ich darin, daß — wie es z.B. Bossel bei zahlreichen Modellen seines „Systemzoos" zeigt — für ganz verschiedene Sachverhalte dieselbe Modellstruktur verwendet wird. Ohne ein Wirkungsdiagramm abzubilden, verweise ich an dieser Stelle auf das Modellbeispiel „Konkurrenz": Das Modell, so die dazugehörige Beschreibung, eignet sich zur Untersuchung von „Konkurrenz zwischen Individuen, Populationen und Arten (z.B. um von beiden genutzten Ressourcen). Konkurrenz zwischen Unternehmen um einen Markt, Konkurrenz zwischen Religionen und Ideologien" (S. 290). Doch es gibt weder „die" Konkurrenz, noch — wie es in einem anderen Beispiel beschrieben wird — „den" Produktionszyklus, dessen Systemstruktur „generell für alle am Markt orientierten Investitionsreaktionen (gilt)" (S. 308). Aus didaktischer Sicht ist es meiner Meinung nach sogar sehr bedenklich, würde man solche Modellstrukturen — auch aus einer rein methodischen Perspektive — als Vorlage für die von Bossel angeführten Sachverhalte verwenden und den Variablen die entsprechende Begrifflichkeit aufsetzen, denn die Modellbildung impliziert ja immer auch die Entstehung von Vorstellungsbildern,

---

[6]J. de Rosnay: Das Makroskop, Rowohlt 1979, S. 95f.

[7]F. Vester: Ballungsgebiete in der Krise, Deutscher Taschenbuch-Verlag 1992, S. 96.

[8]Siehe z.B.: (für die ökonometrische Schule) H. Apel: Simulation sozio-ökonomischer Zusammenhänge, Toeche-Mittler-Verlag 1979, S. 134ff oder (für die systemdynamische Schule) F. Vester/A.v. Hesler: Sensitivitätsmodell, Umlandverband 1988, S. 43ff.

auch wenn das in diesem Falle nicht intendiert ist.

Systeme werden auf diese Weise nicht konkret und in ihren spezifischen Erscheinungsformen modelliert. Man begibt sich auf die Ebene der Verallgemeinerung und des Transfers, ohne vorher die typischen Besonderheiten eines Problems formuliert und dessen reale Gegebenheiten analysiert zu haben. Selbst wenn sich die Dynamik realer Systeme auf wenige Grundmuster reduzieren läßt, so kann man doch nur in den Ausnahmefällen tatsächlich überschaubarer und abgrenzbarer Sachverhalte Systemstrukturen und Verhaltensabläufe von einem Ereignis auf ein anderes übertragen.

21.2 Der theoriebasierte Ansatz

Wenden wir uns nun dem Aspekt des Theoriebezuges bei der Modellbildung zu. In der Tat halte ich es in dieser Hinsicht für völlig verfehlt, würde man das obige Zitat Bossels so verstehen, daß die Systemdynamik den Bezug auf die fachwissenschaftliche Theoriebildung erübrigen würde. So kommen etwa Fleissner und Ludwig, die jüngst eine systemdynamische Studie über die „Ostdeutsche Wirtschaft im Umbruch" vorgelegt haben, zu dem Schluß: „Meadows und Robinson betonen die Unterschiede zwischen ökonometrischen und systemdynamischen Modellen und bezeichnen sie als zwei unterschiedliche und unvereinbare Paradigmen. Diese Gegenüberstellung mag als Beschreibung des tatsächlichen Verhaltens zweier unterschiedlicher Modellbautraditionen durchaus berechtigt und richtig sein. Bei genauer Betrachtung der Methoden läßt sich aber auch ein beträchtliches Maß an Übereinstimmung zwischen ihnen und die Möglichkeit einer Hybridisierung ablesen."[9] Fleissner und Ludwig bemühen sich folglich — wie viele andere Forscher auch — darum, ihre Untersuchung so weit wie möglich auf gesicherten theoretischen und empirischen Erkenntnissen aufzubauen.

Auf einer exemplarischen Ebene knüpft das folgende Modellbeispiel an diesen Ansatz an. Es bezieht sich auf einen Sachverhalt, der in der Fachliteratur und einigen Schulbüchern als „Haavelmo-Theorem" bekannt ist.[10] Der Wirtschaftswissenschaftler Trygve Haavelmo beschrieb erstmals 1944 die Wirkung eines steuerfinanzierten Zusatzbudgets auf das Volkseinkommen. Den Hintergrund des Haavelmo-Theorems bildet die Keynessche Einkommens- und Beschäftigungungstheorie. Haavelmo konnte analytisch nachweisen, daß eine durch Steuern finanzierte Erhöhung der Staatsausgaben zu einer Steigerung des Gesamteinkommens führt. In dem vorliegenden Beispiel geht es um die Finanzierung von Umweltinvestitionen durch eine höhere Besteuerung des Energieverbrauchs. Statt der in der Volkswirtschaftslehre üblicherweise verwendeten komparativ-statischen Analyse wird hier eine systemdynamisch orientierte Modellierung zugrundegelegt.

Die in der Abb. 21.3 dargestellten Szenarien zeigen, daß z.B. bei einer Erhöhung der indirekten Steuern das verfügbare Einkommen der privaten Haushalte und der Konsum ein geringeres Niveau erreichen als dies ohne eine Steuererhöhung der Fall wäre (rechte Grafik). Dennoch kann diese Maßnahme insgesamt expansiv sein (linke Grafik), weil der Staat den gesamten Steuerbetrag verausgabt, die Konsumneigung der privaten Haushalte jedoch ¡ 1 ist. Das Gesamteinkommen (= Produktion) steigt, weil der Staat im Gegensatz zu den Privaten nicht spart. Würden dagegen die durch höhere Steuern bedingten Mehreinnahmen an die privaten Haushalten in Form höherer Transfers weitergegeben, wäre die expansive Wirkungs erwartungsgemäß gleich Null. Auch dieser Sachverhalt läßt sich in der Modellrechung zeigen. Wie aus der rechten Grafik ersichtlich ist, nimmt der Konsum — bedingt durch den expansiven Effekt der Investitionsausgaben — nach einer gewissen Zeit wieder etwa den Wert an, der ohne Steuererhöhung erzielt worden wäre (dünne Linie).

In der schraffierten Zeile der Abb. 21.3 sind die für die volkswirtschaftliche Gesamtrechnung relevanten Daten bezogen auf die Verteilung und Verwendung des Sozialprodukts für das Jahr 1990

[9] P. Fleissner/U. Ludwig: Ostdeutsche Wirtschaft im Umbruch, Vieweg Verlag 1992, S. 29.

[10] Siehe z.B. H.L. Fischer: Praktisches Lehrbuch Wirtschaft und Staat, Verlag Moderne Industrie 1987, S. 450ff.

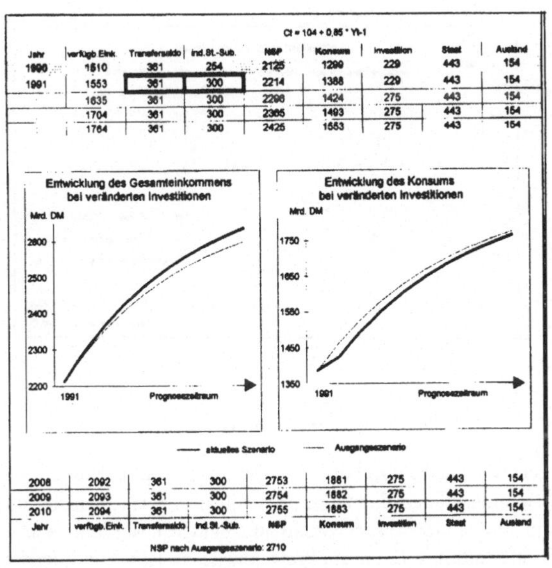

Ct = 104 + 0,85 * Yt-1

Jahr	verfügb.Eink.	Transfersaldo	ind.St.-Sub.	NSP	Konsum	Investition	Staat	Ausland
1990	1510	361	254	2125	1299	229	443	154
1991	1553	361	300	2214	1388	229	443	154
	1635	361	300	2296	1424	275	443	154
	1704	361	300	2365	1493	275	443	154
	1764	361	300	2425	1553	275	443	154
2008	2092	361	300	2753	1881	275	443	154
2009	2093	361	300	2754	1882	275	443	154
2010	2094	361	300	2755	1883	275	443	154
Jahr	verfügb.Eink.	Transfersaldo	ind.St.-Sub.	NSP	Konsum	Investition	Staat	Ausland

NSP nach Ausgangsszenario: 2710

Abbildung 21.3: Wachstum durch ökologisch orientierte Steuerpolitik

angegeben. Das Wirkungsdiagramm in Abb. 21.4 stellt — im Gegensatz zur „buchhalterischen“ Berechnung — die Vernetzung der Modellgrößen dar. Für die Abhängigkeit des Konsums von dem verfügbaren Einkommen wird dem Modell eine empirische Konsumfunktion zugrundegelegt (Abb. 21.5). Auf der exemplarischen Ebene kann die Datenanalyse dabei durchaus vereinfacht werden, indem statt der Regressionsrechnung eine Trendgerade in ein Streuungsdiagramm eingezeichnet wird und mit Hilfe der Zweipunkteformel das Verhaltensmodell formuliert wird.

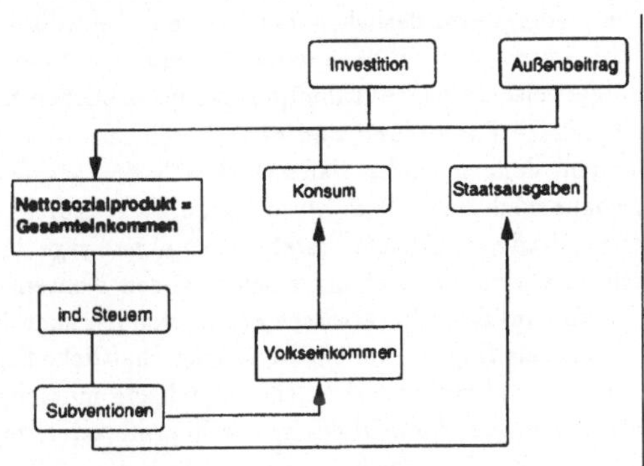

Abbildung 21.4: Die Größen der VGR im Wirkungszusammenhang

Durch die beipielhafte Verwendung statistischer Schätzmethoden gewinnt der Lernende einen Eindruck von der Schwierigkeit operationaler Definitionen bei der Modellbildung. Da die Verwendung realer Daten und empirisch relevanter Größen ja keineswegs einer detaillierten Zielprognose dienen soll, kann die Spezifikation des Modells selbst zum Thema gemacht werden. Dazu gehört auch die Kritik einzelwissenschaftlich orientierter Theoriebildung und insbesondere der üblicher-

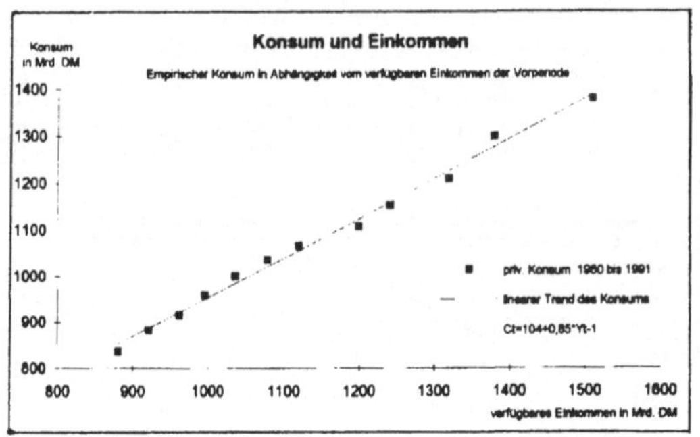

Abbildung 21.5: Schätzung des Konsumverhaltens

weise verwendeten „ceteris paribus"-Klausel. Dennoch lassen sich mit einem derartigen Modell auch systemische Zusammenhänge darstellen, wie sie in diesem Beispiel mit der Beziehung von verringertem Konsum und qualitativem Wachstum deutlich werden. Für besonders wichtig erachte ich es, daß die Modellbildung an konkrete politische Entscheidungsfragen anknüpft, deren Handlungsalternativen sich auf nachvollziehbare Weise in verschiedene Szenarien übertragen und somit veranschaulichen lassen.

Die Integration makroökonomischer Modelle in eine systemdynamische Betrachtungsweise ist allerdings nicht ganz unproblematisch, da die meisten Daten der volkswirtschaftlichen Gesamtrechnung — so z.B. das Bruttosozialprodukt — Stromgrößen repräsentieren. Betrachtet man diese dagegen als Bestandsgrößen, sind sie nicht auf einen Zeitpunkt, sondern auf einen Zeitraum (Jahres- oder Quartalsrechnung) zu beziehen. Andere Größen dagegen, wie z.B. Kapitalstock und Investitionen lassen sich problemlos mit systemdynamischen Begriffen beschreiben.[11] Insbesondere im Hinblick auf eine fächerübergreifende Zusammenarbeit halte ich eine inhaltliche und begriffliche Abstimmung hierbei für unbedingt erforderlich, gerade weil eine interdisziplinäre Anschauung, wie Lothar Czayka hervorhebt, immer nur ein notwendiges Komplement der disziplinären Forschung sein kann[12] und notwendigerweise dort ihre Anknüpfungspunkte suchen muß.

Theoriebezug und empirische Fundierung sind dem theoriebasierten Ansatz nach nicht zwingend miteinander verbunden, denn in vielen Fällen läßt sich eine valide (oder auch eine aktuell diskutierte) Theorie durchaus auch unter Verzicht auf reale Daten zur Modellierung heranziehen. Der Unterschied zum konzeptbasierten Ansatz besteht dabei ohne Frage darin, daß dem Lernenden ein Vorstellungsbild vermittelt wird, das sich auf einen gewissen Konsens in dem entsprechenden Fachgebiet stützt. Der Rekurs auf das Alltagswissen der Lernenden kann in der Anfangsphase der Modellbildung sicherlich nützliche Impulse verleihen. Wissenschaftliche Ergebnisse werden im Verlauf des Modellbildungsprozesses allerdings erkenntnisleitend sein müssen, will man sich nicht der Gefahr aussetzen, daß die dynamische Modellbildung zur Reproduktion von Vor-Urteilen beiträgt.

Darüberhinaus lassen sich selbstverständlich auch für Aufgabenstellungen Modelle konstruieren, in denen die Theoriebildung noch nicht weit fortgeschritten ist. Zwangsläufig ist man in solchen Fällen auf „eigene Konzepte" angewiesen, erst recht, wenn die Komplexität des Problems einen interdisziplinären Ansatz verlangt. Dies impliziert allerdings eine ausdrückliche Auseinandersetzung mit dem Aggregationsniveau sowie der Datengrundlage des Modells, will man die Beschränkungen

[11]Beipiele hierzu werden aufgeführt in: Landesinstitut für Schule und Weiterbildung (Hrsg.), Wirtschaftskapitän — Eine Unterrichtseinheit über die Dynamik der Marktwirtschaft, Soester Verlagskontor 1991.

[12]L. Czayka: Systemwissenschaft, Verlag Dokumentation, 1974, S. 15.

des rein konzeptbasierten Ansatzes überwinden. Mir scheint dies die schwierigste Variante der Modellbildung zu sein, weil die Lernenden von der Problemformulierung bis zur Validierung „ihrer" Theorie einen eigenen Forschungsprozeß zu initiieren haben, wohingegen sie sich im anderen Fall auf (bereits formalisierte) Theorien stützen können.

21.3 Synergie, Komplexität und Kontingenz

Die Abbildung eines Wirkungsgefüges zielt bei der dynamischen Modellbildung zunächst auf operatives oder instrumentelles Wissen. Dazu schreibt Rolff, die für unser Zeitalter „typische Form operativen Wissens ließe sich vielleicht noch präziser als Systemwissen kennzeichnen, wobei auch hier theoretisches Wissen vor einem wissenschaftlichen Hintergrund gemeint ist" (S. 19). Da Ganzheiten in der Systemtheorie nicht als die Summe der Eigenschaften ihrer Teile verstanden werden, wird es auch als unmöglich angesehen, sie verlustlos in ihre Elemente aufzulösen, zu disaggregieren. Aus diesem Grunde wird auch deutlich, warum die isolierende Variation eines Faktors nur eine höchst brüchige Wissensgrundlage liefern kann. Umgekehrt bedeutet dies aber auch, daß Systemelemente nicht aggregiert werden können, ohne ihr wechselseitiges Wirkungsgefüge zu berücksichtigen. Der Grund hierfür liegt in den synergetischen Effekten, die durch eine komplexe Ordnung erzeugt werden. Synergie, für die es wohl kein besseres Beispiel gibt als das Leben selbst, ist eine Erscheinungsform von Komplexität.

In der gesellschaftswissenschaftlich orientierten Systemtheorie wird der Begriff der Komplexität anders definiert als in der Kybernetik, in der die Komplexität eines Systems von der Zahl der Elemente eines Systems und der strukturbildenden Relationen abhängig ist.[13] Komplexität wird in der soziologischen Systemtheorie im Zusammenhang mit dem Kontingenzbegriff erklärt. Der Sachverhalt, daß ein System sich zwar so wie erwartet, letztlich aber völlig unvorhersehbar, verhalten kann, wird als „Kontingenz" bezeichnet. Der Kontingenzbegriff entstammt der scholastischen Philosophie, wo er die Möglichkeit bezeichnet, daß etwas ist oder auch nicht ist. Kontingenz steht also für das „Auch-anders-möglich-Sein des Seienden".[14] Der Begriff Komplexität beschreibt damit den Möglichkeits- und Beziehungsreichtum eines umweltoffenen Systems und Kontingenz bezeichnet die mangelnde Erwartungssicherheit eines Systems aufgrund bestehender Verhaltensalternativen.

Phänomene der Komplexität und Kontingenz offenbaren ein essentielles Problem der Modellierung dynamischer Systeme. Es besteht darin, daß die Intransparanz und Unsicherheit des künftigen Systemverhaltens immer auch darin begründet liegt, daß unsere Strukturbilder (und folglich auch die zur Verfügung stehenden Daten) in sich zwar geschlossen, aber dennoch unvollständig sind, weil wir sie auf dem Hintergrund sinnhafter Selektion entwerfen.[15] Dies ist ein in allen Kognitionswissenschaften unstrittiger Sachverhalt und wer ihn konsequent zuende denkt, wird einsehen, daß sich dynamische Systeme kaum strukturähnlich und verhaltenstreu modellieren lassen (denn wer kann schon abbilden, was er gar nicht bedacht hat?).

Um Phänomene wie Synergie, Komplexität und Kontingenz der Anschauung zugänglich zu machen bedarf es keineswegs eines aufwenigen Strukturmodells. Das Gegenteil scheint mir eher der Fall, denn das Streben nach Struktur- und Verhaltensgültigkeit führt ja gerade zu einer Verdrängung von Komplexität, indem Kontingenz ausgeklammert wird. Aus diesem Grunde halte ich es für angemessener, diese Phänomene auf der Ebene eines Black-box Modells zu behandeln, dem z.B. eine einfache nichtlineare Verhaltensgleichung, wie etwa das Verhulst-Modell, zugrundeliegt. Da die Zielsetzung der Modellexperimente hierbei nicht darin besteht, reale Strukturen abzubilden, bekommt die Frage, ob ein „kritischer" Modellparameter auf einen empfindlichen Zu-

[13] G. Klaus, Hrsg.: Wörterbuch der Kybernetik, Hamburg 1971.

[14] N. Luhmann: Soziologische Aufklärung, Opladen 1975, S. 171 sowie Willke 1987, S.18f./174f.

[15] Siehe hierzu: N. Luhmann: Sinn als Grundbegriff der Soziologie, in: Habermas/Luhmann, Theorie der Gesellschaft oder Sozialtechnologie, Frankfurt/M. 1974

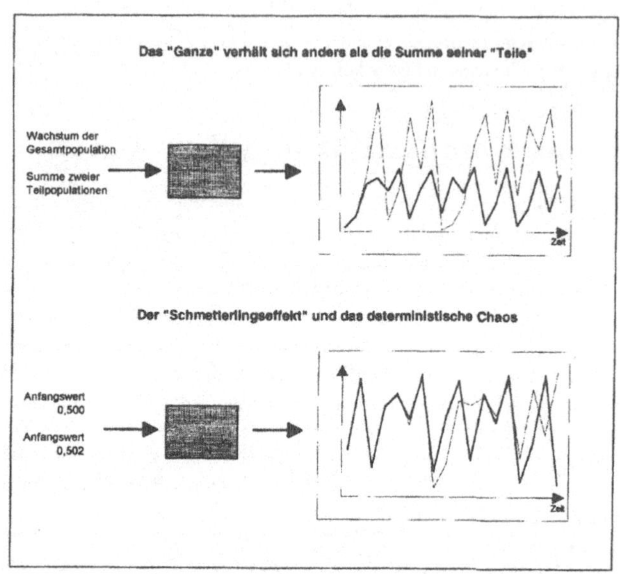

Abbildung 21.6: Modellexperimente mit dem Verhulst-Modell

sammenhang im Sachverhalt weist oder ob seine Sensitivität nur kalkülhaften Ursprungs ist, eine andere Bedeutung: nicht die Gültigkeit des Modells, sondern das Problem der Berechenbarkeit von Systemen selbst kann auf diese Weise problematisiert werden.

Tatsächlich sind die Begriffe „Komplexität“ und „Berechenbarkeit“ gegenläufig miteinander verknüpft. In nichtlinearen Wirkungszusammenhängen haben die Anfangsbedingungen durchgreifende Auswirkungen auf die Entwicklungsdynamik des betreffenden Systems. Selbst bei partieller Übereinstimmung der Verhaltensmuster können minimale Veränderungen des Anfangszustands zu drastischen Unterschieden im weiteren Systemverhalten führen. Da in einem sich selbst organisierenden Ganzen der „Anfang“ des Systems in seiner Entwicklungsgeschichte (im dialektischen Sinne des Wortes) „aufgehoben“ ist, können wir ihn weder zum gegenwärtigen Zeitpunkt bestimmen noch aus dem Systemverlauf rückwirkend ermitteln. Das System verhält sich folglich kontingent. Die Begriffe Unberechenbarkeit, deterministisches Chaos und Kontingenz sind zwar nicht synonym, aber sie verweisen allesamt auf das evolutorische Zusammenspiel von „Zufall und Notwendigkeit“.

Wenn wir ein Phänomen (hier: komplexe dynamische Systeme) didaktisch reduzieren, dürfen wir den Kern dieses Sachverhalts (hier: die fehlende Erwartungssicherheit) jedoch nicht ausklammern. Der angemessene Umgang mit Komplexität verlangt, den Lernenden ein Bewußtsein für Kontingenz zu vermitteln. Systemisches Wissen muß, wenn es sich folglich als Bildungswissen bewähren will, über instrumentelles Wissen hinausgehen. „Bildungswissen appeliert an das Bewußtsein, ist Rohstoff für Identität“, schreibt Rolff und meint weiter: „Es umfaßt die Gesamtheit der Natur- und Humanwissenschaften, nicht nur die Systemtheorie. Es geht über wissenschaftliches Wissen hinaus, ohne auf die Stufe des Alltagswissens zurückzufallen“ (S. 19). Im Hinblick auf die dynamische Modellbildung wird Systemwissen zu Bildungswissen, indem es Phänomene der Synergie, Komplexität und Kontingenz reflektiert und schließlich auch sich selbst zur Diskussion stellt.

21.4 Zusammenfassung

Es gibt insgesamt drei Gründe, sich aus dem Blickwinkel der politischen Bildung mit didaktischen Fragen der dynamischen Modellbildung auseinanderzusetzen. Ich möchte sie abschließend noch einmal zusammenfassen.

Der erste Grund besteht darin, daß dynamische Modelle ein geeignetes Hilfsmittel sein können, gesellschaftlich relevante Handlungsalternativen zu veranschaulichen und in ihren Konsequenzen zu reflektieren. Aus dieser Zielsetzung läßt sich die Forderung ableiten, daß Systemmodelle einen wissenschaftlich begründbaren Bildungsgehalt involvieren und möglichst auf konkreten, beobachtbaren Wirkungszusammenhängen basieren. Indem den Schülerinnen und Schülern die Möglichkeit gegeben wird, das in diesem „Besonderen" liegende „Allgemeine" als ihre eigene intellektuelle Entdeckung ansehen zu können, kann nicht nur der Transfer auf andere Sachverhalte, sondern auch den Rückbezug des Gelernten auf konkrete Handlungssituationen begünstigt werden.

Der zweite Grund besteht darin, daß ein solcher Ansatz der Modellbildung im Zusammenhang mit anderen Medien eine Kontinuität des Lern- und Reflexionsprozesses bedeutet. Mit diesem Anspruch wird keineswegs einen Freifahrtsschein für wissenschaftlich Vorgedachtes vergeben, denn zum anderen ist es ja gerade ein zentrales Anliegen der politischen Bildung, wissenschaftliche Ergebnisse durchschaubar zu machen und auf die Grenzen wissenschaftlicher Methoden hinzuweisen. Dies bedeutet sowohl die Notwendigkeit, Perspektiven zu wechseln und Fachgrenzen zu überschreiten als auch einem systemdynamischen Modell-Platonismus entgegenzuwirken.

Der dritte Grund bezieht sich auf die Notwendigkeit einer Auseinandersetzung mit dem Menschen- und Weltbild, das von einer auf dem Komplexitätsbegriff aufbauenden Ethik geprägt wird. Auch im Hinblick auf seine Lebensmaxime folgt der Mensch bestimmten Vorstellungsbildern, Modellen also. Und hier macht es einen bedeutenden Unterschied aus, ob sich das Individuum als ohnmächtiges Rädchen im „Getriebe der Welt" definiert oder als konstruktives Element eines sich selbst steuernden dynamischen Prozesses begreift. Die rechnergestützte Modellbildung kann, indem sie die Dynamik und Berechenbarkeit der Welt zum Thema macht, auch in diesem Sinne fruchtbare Einsichten induzieren.

Die bisherigen Überlegungen machen deutlich, daß die dynamische Modellbildung im Unterricht (dies bezieht sich mit einigen Abstrichen auch auf die Verwendung geschlossener Simulationsmodelle) eine Didaktik der rechnergestützten Modellbildung verlangt, die klärt, welcher verfahrenstechnischer Input auf welcher Stufe des Lernens für erforderlich erachtet wird und die auf einer exemplarischen Ebene die Möglichkeiten fächerübergreifender Ansätze der Modellbildung aufzeigt, ohne dabei Theorielosigkeit in Kauf zu nehmen.

Kapitel 22

Rupert Röder: Simulationsprogramme zur Sensibilisierung für den Datenschutz

Wer die Prinzipien des Datenschutzes in der Erwachsenenbildung oder in der Technologieberatung der Gewerkschaften vermitteln will, sieht sich einem dreifachen Defizit ausgesetzt: Von der Aufgabe des Datenschutzes fehlt fast überall ein positiv erkennbares Bild — bereits das Lernziel ist unklar. Zweitens wird die Verdeutlichung des Datenschutzgedankens durch die „Sichtbarkeitslücke" (das Defizit an Vorstellbarkeit), die komplexer Datenverarbeitung prinzipiell zueigen ist, erschwert. Das Forschungs- und Entwicklungsdefizit, das in Bezug auf eine datenschutzfreundliche Gestaltung von Informationssystemen herrscht, läßt schließlich Empfehlungen zur Verwirklichung des Datenschutzes problematisch bleiben.

Im folgenden soll daher zunächst der Datenschutz als eine Kernaufgabe der Entwicklung der Informationstechnik und demzufolge ihrer Lehre skizziert werden. Zur Behebung der „Sichtbarkeitslücke" werden zwei Medien vorgestellt, die sich in unserer Praxis als sehr hilfreich erwiesen haben. Schließlich wird angedeutet, wie sich das Fehlen datenschutzfreundlicher Anwendungskonzepte auch im Rahmen von Bildungsmaßnahmen bemerkbar macht.

22.1 Zum Verständnis des Datenschutzes

Der Datenschutz, per Definition Interesse, aber nicht Sache der Betroffenen, hat, seitdem er überhaupt als Aufgabe wahrgenommen wurde, mit einem doppelten Kommunikationsproblem zu kämpfen. Es drückt sich bereits im unglücklich gewählten (aber insofern auch bezeichnenden) Begriff aus. Dem (Informations-)Techniker, etwa in einer betrieblichen oder behördlichen EDV-Abteilung, bedeutet „Daten*schutz*", daß ihm das Objekt seiner Machbarkeitswünsche nicht uneingeschränkt zur Verfügung steht, eine lästige Fessel der Technik. Nichtsdestotrotz hat andererseits „*Daten*schutz" eine ausgeprägt technische Note. Sie läßt den Begriff als Leitkonzept etwa für eine humane Gestaltung von Arbeitsbedingungen, wie sie im Betrieb etwa der Betriebsrat anzustreben versucht, wenig motivierend, wenn nicht abstoßend wirken.

Eine datenschutzorientierte Gestaltung eines Bürokommunikationssystems müßte zum Beispiel zur Kenntnis nehmen, daß in Betrieben und Verwaltungen — anders als in den Forschungszusammenhängen, in denen die Systeme meist ihre Wurzeln haben (vgl. [MO92, insbesondere S. 247]) — die Arbeit nach wie vor durch stark hierarchische Beziehungen gekennzeichnet ist. Die Betroffenen müßten vor einer übermäßigen Kontrolle, die ihnen ihren Entfaltungs- und damit Arbeitsraum nimmt, geschützt werden (vgl. auch die Szenarien 1.4 und 1.5 in [Rö93]). Die Entwickler der Systeme sind aber natürlicherweise ihren eigenen Arbeitskontexten verhaftet. Häufig denken sie in den Kategorien einer technisch verstandenen Leistungsfähigkeit. Die Konsequenz ist, daß sie sich zu wenig am Umfeld und an den Bedingungen des realen Einsatzes orientieren, nicht die Optimierung der Arbeit in ihrem tatsächlichen Kontext anstreben. Die Anwender andererseits halten auf Distanz und bemerken nicht, daß durch eine Systemeinführung nicht nur Formen der Arbeit sich wandeln, sondern das Arbeitsvermögen (vgl. [Ne81]) selbst tangiert und potentiell in Frage gestellt wird.

Die rechtlichen Normierungen haben wenig dazu beigetragen, ein klareres Bild der Bedeutung des Datenschutzes zu vermitteln. Immerhin bezieht sich das aktuelle Bundesdatenschutzgesetz von 1990 jetzt auf das Persönlichkeitsrecht des Einzelnen als zu schützendes Gut, doch der Datenschutz bleibt negativ, als Vermeidung von gewissen Beeinträchtigungen dieses Gutes, bestimmt.

Deutlicher hat nur das Bundesverfassungsgericht im Volkszählungsurteil von 1983 einen positiven Gehalt des Datenschutzes spüren lassen (veröffentlicht in der Entscheidungssammlung Band 65 [BV84]). Es leitete aus dem Grundrecht auf die freie Entfaltung der Persönlichkeit und der Menschenwürde die Befugnis des Einzelnen ab, „selbst über die Preisgabe und Verwendung seiner persönlichen Daten zu bestimmen" und kennzeichnete diese Befugnis als *Recht auf „informationelle Selbstbestimmung"*.

Dieses Grundrecht gilt allerdings ebenso wie seine Wurzel, das Recht auf Entfaltungsfreiheit, nur „grundsätzlich". Es wird durch die Rechte anderer begrenzt, und ihm können auch im Interesse der Allgemeinheit (die vom Gericht nicht einfach als Summe aller aufgefaßt wird) Schranken gesetzt werden. Für sich genommen zeichnet es daher noch kein positives Ziel des Datenschutzes, sondern nur eine Folie, vor der er zu entwickeln ist. So seien eine Gesellschaftsordnung und eine diese ermöglichende Rechtsordnung mit dem Recht auf informationelle Selbstbestimmung unvereinbar, „in der Bürger nicht mehr wissen können, wer was wann und bei welcher Gelegenheit über sie weiß". Das Stichwort des „Großen Bruders" fällt nicht, aber stand, kurz vor dem „Orwell-Jahr" 1984, im Raum: „Wer unsicher ist, ob abweichende Verhaltensweisen jederzeit notiert und als Information dauerhaft gespeichert, verwendet oder weitergegeben werden, wird versuchen, nicht durch solche Verhaltensweisen aufzufallen." Aus Sorge und Angst vor Überwachung und Maßregelung würde ein angepaßtes Verhalten folgen.

Entscheidend ist die Beobachtung des Gerichtes, daß es dabei nicht allein um die Beeinträchtigung der individuellen Entfaltungschancen des Einzelnen geht, sondern daß „Selbstbestimmung eine elementare Funktionsbedingung eines auf Handlungs- und Mitwirkungsfähigkeit seiner Bürger begründeten freiheitlichen demokratischen Gemeinwesens ist". In diesen Formulierungen wird der Umriß der eigentlichen Gestalt dessen, was Datenschutz heißen soll, erkennbar. Es geht nicht primär um eine Art Eigentumsrecht an den „eigenen" Daten (zur Kritik an dieser Auffassung vgl. [Si92, Kommentar zu § 1 BDSG]). Vielmehr droht die Informationstechnologie mit ihren Möglichkeiten, früher unvorstellbare Datenmengen zu speichern, zu verknüpfen und weiterzugeben, die Machtbalancen in der Gesellschaft, die „informationelle Gewaltenteilung" (vgl. [St81]), massiv zu Gunsten zentralisierter Instanzen zu verschieben. Die oder der Einzelne wird nicht im Sinne eines konsumistisch verstandenen Eigentumsrechtes *beraubt*, sondern *entmündigt*, d.h. in ihren oder seinen effektiven Handlungsfähigkeiten beschnitten.

Auf der politischen Ebene hat dies, wie vom Bundesverfassungsgericht dargelegt, die Konsequenz, daß letztlich die Demokratie gefährdet sein kann. Die „große" politische Ebene hat aber keine anderen Strukturen und ist auch nicht trennbar von den alltäglichen Lebensformen. Wer als Konsument oder Konsumentin sich daran gewöhnt, ausgeforscht, bevormundet und betrogen zu werden, wird dies auch im politischen Bereich für normal halten. Wem als Arbeitnehmerin oder Arbeitnehmer das selbständige Denken untersagt bleibt, übt sich in autoritäre Strukturen ein. Auch dürfen Menschenrechte nicht — im Sinne klassischer liberaler Freiheitsrechte — auf den Bereich der Beziehungen zwischen Staat und Individuum beschränkt werden, sondern sie sollen die Konstitution einer Gesellschaft bilden. In der juristischen Terminologie: die Grundrechte des Grundgesetzes entfalten eine Drittwirkung auch auf privatrechtliche Beziehungen.

Die Handlungsfähigkeit des Individuums zu erhalten und zu fördern, ist freilich nicht nur ein rechtliches und humanes Gebot einer sich demokratisch organisierenden Gesellschaft. Wie die Debatten um den Wandel der Arbeitsbedingungen im Zeichen der „systemischen Rationalisierung" gezeigt haben, stellt die Kreativität und autonome Aktivität des Individuums auch den entscheidenden Ansatzpunkt für die Betriebe dar, letztlich zu einer kostengünstigen, „schlankeren" Aufbau- und Ablauforganisation zu kommen (vgl. etwa [BO86, KS84, Wo91]). Nicht zuletzt aus dieser Einsicht öffnet sich eine zunehmende Zahl von Betrieben dem Gedanken einer „partizipatorischen" Gestaltung von EDV-Systemen, die Informatik entwickelt entsprechende Ansätze (vgl. etwa die Berichte der Arbeitsgruppe 7 in [La92]).

Der Datenschutz ist unter diesen Vorzeichen keine der Technikentwicklung feindliche Instanz, auch nicht einfach, wie gerne der Vergleich gezogen wird, die Bremse, die zum Gesamtkonzept eines Daten-Fahrzeuges dazu gehört. Vielmehr repräsentiert er das Leitmotiv einer Technikentwicklung, die die Souveränität des Individuums und damit die Funktionsfähigkeit und Integrität sozialer Institutionen sichern und fördern will. Um den Vergleich mit dem Auto weiterzuführen: Der Datenschutz entspräche weniger der Bremse, als daß er für eine human orientierte Gesamtkonzeptionierung eines Verkehrssystems stünde, das die Transportbedürfnisse der Gesellschaft unter Vermeidung von Opfern erfüllen soll. Oder, um auf das Beispiel des Bürokommunikationssystems zurückzukommen: der Datenschutz könnte Leitbild einer Technikentwicklung sein, die eine Organisation nicht auf dem Rücken der sie tragenden Menschen zu effektivieren sucht, sondern ihnen Vertrauensräume zusichert und so die Bedingungen der Entwicklung ihrer Verantwortlichkeit und ihrer Kompetenzen setzt.

22.2 Medienvorschläge zur Vermittlung des Datenschutzgedankens

Wie können solche heute noch abstrakt wirkenden Überlegungen in der Aus- und Weiterbildung so vermittelt werden, daß die Vision einer Technikentwicklung, die der der sozialen Institution, der sie dienen will, wirklich förderlich ist, zur konkreten Forderung der Betroffenen wie zum akzeptierten Leitbild der Techniker wird?

Bei aller Mühe, die maßgeblichen faktischen, technischen und rechtlichen Strukturen durchschaubar zu machen, kann die natürliche Distanz zu der entlegen scheinenden Materie auf herkömmliche Weise, etwa durch Informationsschriften, kaum überwunden werden. Negt [Ne71] folgend, lassen sich die komplexen Gefüge der modernen Gesellschaft didaktisch nur zugänglich machen, indem exemplarische Situationen organisiert werden, in denen typische Phänomene in ihrem Zusammenhang erfahren werden können.

Als ein Thema für solches exemplarisches Lernen für den Bereich der Datenverarbeitung bieten sich Personalinformationssysteme und Personaldatenbanken an. In ihnen zeigt sich wie in kaum einem anderen einzelnen EDV-System die Veränderung, die die EDV für herkömmliche Machtstrukturen bedeuten kann. Ortmann [Or84] findet in ihnen den „zwingenden Blick" einer „Architektur der Disziplin" wieder, die Foucault als Prinzip der disziplinarischen Institutionen der Moderne beschrieben hat. Nicht umsonst haben die „Krankenläufe" des Personalinformationssystems PAISY bei Opel, in denen Beschäftigte mit hohem Krankenstand herausgesucht wurden, den Gegenstand der ersten großen gerichtlichen Auseinandersetzungen um die Mitbestimmung beim EDV-Einsatz im Betrieb gebildet.

Eine didaktische Software wurde unter dem Titel „Informationssystem-Simulation" („IS-SI") daher in Weiterführung des Modells von Weber [We84] so konzipiert, daß sich mit ihr die Grundfunktionen betrieblicher Personaldatenverarbeitung veranschaulichen lassen. Seit den sechziger Jahren zog die EDV in die Personalabteilung erst der großen und später der kleinen Betriebe mit dem Ziel ein, die Lohndatenverarbeitung zu standardisieren und zu automatisieren. In dieser Funktion hat sie sich angesichts immer komplizierter werdender Berechnungsmodelle binnen kurzem unverzichtbar gemacht. Mit den Möglichkeiten der Datenverarbeitung wuchsen dann die

Begehrlichkeiten bezüglich ihrer Nutzung. Heute werden die Daten nicht mehr als Spezialdateien für den Batch-Betrieb abgelegt. Sie sind in Datenbanken multifunktional organisiert und stehen prinzipiell für beliebige Auswertungen zur Verfügung. Allgemeine Datenbanksprachen oder einem Personalinformationsinformationssystem zugeordnete „Info-Generatoren" können jetzt auf Knopfdruck in wenigen Augenblicken Statistiken, abteilungsbezogene Vergleiche oder Personenlisten produzieren. Mit „IS-SI" lassen sich solche Vorgänge in *sehr* leicht verständlicher Form (d.h. auch bei Fehlen jeglicher Erfahrung mit PCs bzw. mit Datenbanken) nachvollziehen.

IS-SI wird im Unterricht eingesetzt, indem wahlweise Datenmaterial einer fiktiven Firma verwendet wird oder die Lerngruppe selbst eine „Firma" konstituiert (und von allen Teilnehmerinnen und Teilnehmern einige wenige — frei definierbare — Schlüsseldaten wie Gehalt, Fehltage, Alter, Geschlecht, Kinderzahl, Ausbildungsstand und Abteilungszugehörigkeit erfaßt). Spielerisch kann dann mit den Daten gearbeitet werden. Es können Fragen gestellt und aus der Mini-Datenbank beantwortet werden wie: Welche Abteilung (welche Teilgruppe) hat den höchsten Krankenstand? Lassen sich Zusammenhänge zwischen Bezahlung und Krankheitshäufigkeit oder zwischen Krankheitshäufigkeit und Geschlecht erkennen? Angenommen, es stehen Entlassungen an, wie können Kriterien hierfür gefunden werden?

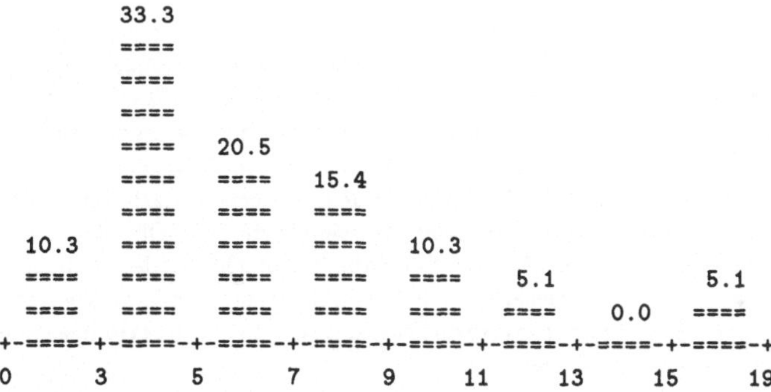

Abbildung 22.1: IS-SI Beispiel-Graphik „Verteilung der Krankenstände"

Es geht darum, im Simulationsspiel die aus der Informationsansammlung im EDV-System erwachsende abstrakte Macht konkret zu erfahren — sowohl aus dem Blickwinkel dessen, der am Knopf drehen kann, wie auch aus der Sichtweise von Betroffenen. Jede und jeder soll an sich selbst beobachten, daß es eine reizvolle Aufgabe darstellt, am Computerbildschirm Schritt um Schritt ein logisches Netz, etwa bezüglich der (ja in Wirklichkeit nur ein Computer-Konstrukt darstellenden) „Gruppe der häufig Kranken", zu knüpfen, in welchem am Ende die Opfer potentieller „Freisetzungsmaßnahmen" hängenbleiben. Nur wer merkt, daß Macht, in dieser anonymen und klinisch sauberen Form ausgeübt, eine eigene Faszination ausübt, wird die Strukturen, die diese Macht und ihren Mißbrauch ermöglichen, rechtzeitig beachten und angemessene Gegenstrategien entwickeln. Sensibilisierung für den Datenschutz, d.h. für die Bedeutung der Begrenzung informationeller Macht, setzt hier ein. Auch die spezifischen Mittel, die der Datenschutz erfordert, lassen sich leicht demonstrieren: daß Daten, wenn ihr unkontrollierbarer Gebrauch verhindert werden soll, nicht aus ihrem Kontext gelöst werden dürfen und nicht für andere Zwecke als bei ihrer Erhebung vorgesehen und angegeben verwendet werden dürfen; und daß auf jeden Fall die Transparenz der Datenverwendung gewährleistet und gesichert werden muß. Im Hinblick auf die betriebliche Datenverarbeitung wird die Notwendigkeit einer Kontrolle der EDV-Systeme durch den Betriebs- bzw. Personalrat einsichtig. Die rechtliche Handhabe hierzu bieten vor allem § 87 Absatz 1 Nr. 6 des Betriebsverfassungsgesetzes bzw. die entsprechenden Bestimmungen der Personalvertretungsgesetze, wonach jede technische Einrichtung, die die Möglichkeit zur Leistungs- und

Verhaltenskontrolle bietet, der Zustimmung des Betriebsrates bedarf. (Ausgearbeitete Materialien für die unterrichtliche Verwendung von IS-SI liegen in den Broschüren [Rö87] und [Rö90] vor.)

```
------------------- Filterungs-Liste  Seite 1 -------------
     Rang    Name                          Krankhei Stundens
------------------------------------------------------------
        3    Otto, Nicolaus                  12      1830
       10    Daimler, Mercedes               10      2140
       15    Weiler, Barbara                  9      1450
       19    Weiden, August v.               10      2690
       24    Caesar, Julia                   17      2830
       27    Schmidt, Adam                   10      2480
       32    Tscherenko, Maya                11      2240
       37    Klaas, Ruth                     17      1490
------------------------------------------------------------
```

Abbildung 22.2: IS-SI-„Filterungs-Liste"

Eine recht drastische Veranschaulichung, in welch umfassender Weise jedes Computersystem, angefangen bereits bei etwas vielleicht harmlos scheinenden wie Telefonnebenstellenanlagen, mindestens potentiell eine intime Möglichkeit der Leistungs- und Verhaltenskontrolle schafft — und daher mitbestimmungspflichtig ist —, gestattet auch ein kleines Tool, das in den Seminaren der Technologieberatungsstelle beim DGB in Mainz eingesetzt wird. Es handelt sich im Kern um eine — in Turbo-Pascal geschriebene — DOS-Shell für PCs. Nachdem sie beim Programmstart eine Login-Prozedur durchgeführt (oder imitiert) hat, nimmt sie über eine simulierte DOS-Oberfläche Betriebssystembefehle und Programmaufrufe entgegen. Vor Übergabe des Befehls an den Standard-Kommandoprozessor schreibt sie jeweils Benutzernamen, Befehl und Startuhrzeit in eine Logdatei. Nach Ausführung bzw. nach dem Ende des aufgerufenen Programms, geht die Kontrolle an die Shell zurück, die noch die Endeuhrzeit protokolliert.

```
Meier    tme                  11:06:21  11:06:22  FEHLER
Meier    time                 11:06:24  11:06:25
Meier    word beispiel 1      11:06:47  12:06:59
Meier    logout               12:07:01
Schmidt  LOGIN                12:08:01
Schmidt  cd \mydir            12:08:17  12:08:17
Schmidt  copy brief1.txt a:   12:09:19  12:09:20
```

Abbildung 22.3: Auszug aus einer Log-Datei

Für EDV-Laien (und letztlich nicht nur für sie) stellt es immer wieder eine bestürzende Erfahrung dar, wenn man etwa nach einem Tag intensiver Arbeit am PC auf die im Laufe des Tages automatisch erstellte Protokolldatei aufmerksam wird. Minutiös (sogar *sekunden*genau) kann der Tagesablauf rekonstruiert werden, in zahlreichen Details, an die sich niemand mehr selbst erinnern kann. Alle Fehleingaben und Irrtümer, die im Laufe des Tages passiert sind, werden sichtbar, lassen im nachhinein Müdigkeitsphasen oder Verständnisschwierigkeiten erkennen und zeigen im Vergleich die Stärken und Schwäche in einer Gruppe. Kommentar einer Seminarteilnehmerin aus der ehemaligen DDR: „Das ist ja wie bei der Stasi" — die Macht über Personen, die in der Sammlung von „Erkenntnissen" und der Verfügungsgewalt über die gesammelte Daten liegt, ist unübersehbar.

Andererseits kann natürlich auch demonstriert werden, inwiefern eine Protokollführung die technische Grundlage für Datenschutzmaßnahmen bilden muß.

22.3 Perspektiven für die Realisierung des Datenschutzes

Spätestens an dieser Stelle macht sich dann das dritte Defizit des Datenschutzes bemerkbar: daß der Datenschutzgedanke von den existierenden Software- und Hardware-Systemen nicht wirklich bzw. nicht als eigentliches Ziel unterstützt wird. Die Sicherheitsrichtlinien, die etwa das Bundesamt für die Sicherheit der Informationstechnik herausgibt, sind wie ihre amerikanischen Vorbilder an den Bedürfnissen der Sicherheit hierarchisch verwalteter Macht orientiert. Das verwundert nicht, denn sie wurden aus den Anforderungen des militärischen Apparates abgeleitet (vgl. [GI90]). Dort mag die unbeschränkte Befehlsgewalt eines „Super-Users" oder „Systemmanagers" einen Sinn machen. In einer zivilen Gesellschaft haben solche rein hierarchischen Modelle aber keinen Platz. Macht muß hier stets ausbalanciert sein, muß durch Kontrollmöglichkeiten begrenzt werden — und in technisch konstituierten Machtstrukturen muß diese Machtbalance technisch fundiert werden.

Konkret: Es erfordert einen hohen, oft unangemessen scheinenden organisatorischen Aufwand und erhebliche fachliche Kenntnisse, um etwa aus Systemprotokollen Hinweise entnehmen zu können, daß ein Systemmanager Nutzungsrechte mißbräuchlich geändert hat und mit unzulässigen Dienstprogrammen gearbeitet hat. In der Regel bieten Betriebssysteme auch nach wie vor nicht die Möglichkeit, Daten in Abhängigkeit vom angemeldeten Benutzer *und* von der aufgerufenen Funktion zugänglich zu machen oder zu sperren. Nur so ließe sich die Zweckbindung der Datenverarbeitung auf der technischen Ebene gewährleisten. Das Beispiel einer Datenweitergabe über einen nicht gesicherten PC als Terminal oder über Drucker und Scanner zeigt: Eigentlich müßte auch technisch gewährleistet werden, daß Personendatenverarbeitung nur in definierten Zuständen des Gesamtsystems von Hardware, Software und Benutzeranmeldungen stattfinden kann.

Die Vermittlungsbemühungen des Datenschutzgedankens enden daher gegenwärtig stets etwas unbefriedigend, weil zumindest auf der technischen Ebene keine überzeugenden Modelle zu seiner Realisierung dargestellt werden können. Es bleibt nur der mühsame Weg umfangreicher organisatorischer Maßnahmen. Zu hoffen ist allerdings, daß, wenn Betroffene ebenso wie die, die für die Systeme verantwortlich sind, den Datenschutz als Leitbild zu schätzen lernen, auch aufwendig erscheinende organisatorische Lösungen akzeptiert werden. Letztlich wird dann auch ein Druck auf die Technikentwicklung entstehen — wie es gerade bei Personalinformationssystemen bereits erkennbar der Fall war —, daß der Datenschutz von vorneherein nicht als Fessel, sondern als Gestaltungsvision der Technik begriffen wird.

Literatur

[BO86] Martin Baethge/ Herbert Oberbeck: Zukunft der Angestellten. Neue Technologien und berufliche Perspektiven in Büro und Verwaltung. Frankfurt am Main/ New York: Campus 1986.

[BV84] Entscheidungen des Bundesverfassungsgerichts Band 65 S.1 ff., 1984.

[GI90] Fachtagung „Zukunftskonzept Informationstechnik unsere Zukunft?", 14.-17.6.1990, Rundbrief Nr.1 des GI-FB 8.

[KS84] Horst Kern/ Michael Schumann: Das Ende der Arbeitsteilung? Rationalisierung in der industriellen Produktion. München: Beck, 1984.

[La92] Werner Langenheder et.al.: Informatik cui bono? Berlin: Springer, 1992.

[MO92] Susanne Maaß/ Horst Oberquelle: Perspectives and Metaphors for Human-Computer Interaction. In: Floyd, Christiane et.al. (eds.). Software Development and Reality Construction. Berlin: Springer, 1992. S.233-251.

[Ne71] Oskar Negt: Soziologische Phantasie und exemplarisches Lernen. Frankfurt a.Main/Köln: Europäische Verlagsanstalt, 1971 (Neuauflage 1975).

[Ne81] Oskar Negt/ Alexander Kluge: Geschichte und Eigensinn. Frankfurt: Zweitausendeins, 1981.

[Or84] Günther Ortmann: Der zwingende Blick. Personalinformationssysteme - Architektur der Disziplin. Frankfurt a.M.: Campus, 1984.

[Rö93] Rupert Röder: Datenschutz - Hilfen für Personalräte in Rheinland-Pfalz. Mainz: Technologieberatungsstelle beim DGB Rheinland-Pfalz, 1993.

[Rö87] Rupert Röder: Informationssystem-Simulation „IS-SI". Ein „computer-unterstütztes" Planspiel zu Organisation, Datenverarbeitung und Datenschutz. Hessisches Institut für Bildung und Schulentwicklung, 1987.

[Rö90] Rupert Röder: Personaldatenbanken/ Personalinformationssysteme und Datenschutz. Frankfurt a.M.: Pädagogische Arbeitsstelle des Deutschen Volkshochschulverbandes (Holzhausenstr.21, 6000 Frankfurt a.M.), 1990. (Vergriffen. In aktualisierter und verbesserter Form kann der Text - incl. PD-Programm - bei der TBS Mainz bezogen werden.)

[Si92] Spiros Simitis et.al.: Kommentar zum Bundesdatenschutzgesetz. 4.Aufl. Baden-Baden: Nomos, 1992 ff.

[St81] Wilhelm Steinmüller: Die Zweite industrielle Revolution hat eben begonnen. Über die Technisierung der geistigen Arbeit. In: Kursbuch 66, Dezember 1981, 152-188.

[We84] Hartmut Weber: Planspiel PAISY - Erfahrungsbericht einer gewerkschaftlichen Bildungsarbeit einer Verwaltungsstelle der IG Chemie. In: Die Mitbestimmung 7/8 1984, 288-290.

[Wo91] James P. Womack et.al.: Die zweite Revolution in der Automobilindustrie. Frankfurt a.M./New York: Campus, 1991

Kapitel 23

Claudia Gembe, Martina Hammel: Informatik-Qualifikation gleich Schlüsselqualifikation? Für Frauen ein Trugschluß

Mit unserem Beitrag wollen wir das Thema der Tagung „Informatik als Schlüssel zur Qualifikation" aus Frauensicht relativieren. Selbst wenn grundsätzlich Qualifikationen im Informations- und Kommunikationssektor eine wichtige Rolle spielen, stellt sich die Frage nach dem Begriff der Schlüsselqualifikation zusätzlich noch auf anderen Ebenen. Es muß hinterfragt werden, ob formale Qualifikationen, um die es sich hier handelt, die Rolle einer Schlüsselqualifikation einnehmen können. Unter Schlüsselqualifikation verstehen wir, daß diese unabdingbare und gleichermaßen hinreichende Voraussetzung zum Erreichen der versprochenen Beschäftigungsfelder ist. Wir stellen im Folgenden dar, warum formale Qualifikationen, auch im Bereich Informations- und Kommunikationstechnologien, für Frauen nicht der Schlüsselfaktor für den Erfolg in Beruf und Alltag sind. Dabei werden traditionelle Erklärungsmuster überprüft.

Seit einigen Jahren haben Frauen im Bereich formaler Qualifikationen mit Männern gleichgezogen und es läßt sich nun die Frage stellen, ob dies der Chancengleichheit von Frauen und Männern in Beruf und Gesellschaft Vorschub geleistet hat. Der Qualifikationsanspruch hat hinsichtlich der Arbeitsmarktsituation seine Berechtigung, da sich im Zuge von Strukturwandel und neuen technologischen Entwicklungen in nahezu allen Bereichen veränderte Anforderungen ergeben. Wird der Qualifikationsanspruch nicht erfüllt, droht Arbeitsplatzverlust. In diesem Prozeß erscheinen Frauen in vielfacher Hinsicht als Verliererinnen, da typische Frauenbeschäftigungsfelder wie Büro, Verkauf und Produktion schrumpfen und in qualifizierten Tätigkeitsbereichen nur noch eine bestimmte Gruppe von Frauen eine Beschäftigung erhält. Konsequenz aus dieser aktuellen Situation ist, daß Frauen sich formale Qualifikationen aneignen müssen, um sich auf dem Arbeitsmarkt in Konkurrenz zu den Männern Chancen sichern zu können. Im Folgenden werden wir den Stellenwert formaler Qualifikationen für Frauen diskutieren.

23.1 Schulische und berufliche Ausbildungssituation

Schon bei der Ausbildungswahl zeigt sich in den Untersuchungen, daß Frauen eine erste Hürde zu nehmen haben. Trotz besserer schulischer Leistungen haben junge Frauen nach wie vor größere Vermittlungsschwierigkeiten als junge Männer. Die Zahl der erwerbslos gemeldeten Frauen nach dem Schulabschluß ist um 5 % höher als die von jungen Männern. Zu Beginn der 80er Jahre versandeten Bewerbungen von jungen Frauen doppelt so häufig, blieben ohne Zusage auf einen Ausbildungsplatz, trotz vergleichbarer Anstrengungen. Nach wie vor besteht die geschlechtsspezifische Ausbildungs„wahl", werden ca 70 % der Frauen in nur 10 Berufen ausgebildet, die gemeinhin als Frauenberufe[1] gelten wie z.B. Friseuse, Verkäuferin oder Pflegeberufe. Traditionell sind allerdings in diesen Ausbildungsbereichen auch die meisten Ausbildungsplätze für Frauen zu finden. Bei dem Versuch, für Frauen die gewerblich/technischen Ausbildungsberufe zu erschließen, zeigte sich eine Stabilität der geschlechtsspezifischen Ausbildungswahl der jungen Frauen für Berufe, die eine Nähe zum traditionellen Familienbild aufwiesen (vgl. [En91, S. 537]). Dennoch: für die geschlechtshierarchische Teilung des Arbeitsmarktes sind Frauen durch ihre Ausbildungswahl nicht derart undifferenziert, wie so oft verlautet, verantwortlich zu machen. In einer Untersuchung des IAB 1980 und 1990, inwieweit die getroffene Berufswahl dem Berufswunsch entsprach, gaben ca. 60 % der Männer jedoch lediglich ca. 47 % der Frauen ein Übereinstimmung an (vgl. [En91, S. 533] sowie [RK82]). Die Diskrepanz zwischen Ausbildungswunsch und -realität im Hinblick auf die geschlechtsspezifische Strukturierung blieb über die Jahre hinweg erhalten.

Im Hinblick auf „männliche" Studiengänge zeigte eine Untersuchung von 1986, daß die wenigen Mädchen und Frauen, die sich für ein Ingenieurstudium entschieden, überproportional häufig überdurchschnittliche Leistungen besonders in Mathematik und Naturwissenschaften aufweisen, wohingegen Jungen und Männer sich auch schon mit mittelmäßigen Schulleistungen für einen entsprechenden Studiengang entschieden (vgl. [Ja86, S. 280]). Wird die Entwicklung des Frauenanteils am Informatikstudiums betrachtet, so kann festgestellt werden, daß Anfang der 80er Jahre 30 % aller Studienanfänger weiblich waren. Nur noch ca. 15 % waren es 1988, Tendenz fallend.[2] In besonders einprägsamer Weise demonstriert das nach Geschlecht unterteilte Zahlenverhältnis von Habilitationen und wissenschaftlichem Personal an Hochschulen, womit die wenigen Frauen im Informatikstudium dann konfrontiert sind: nur 7 % der Promovenden waren 1988 weiblich, 6 % der Planstellen fiel auf wissenschaftliche Mitarbeiterinnen und 2 % Professuren wurden von Frauen eingenommen (vgl. [Fu92, S. 111f.] und [Ro90a, S. 308ff.]). Für Frauen, die wild entschlossen ein entsprechendes Studium begonnen haben, gelten Selbstbewußtsein, Durchsetzungsfähigkeit, Durchhaltevermögen und ein „dickes Fell" als Grundvoraussetzungen, um die einmal getroffene Entscheidung durchhalten zu können (vgl. [Ka88, S. 40ff.] und [Ro90a, S. 309]).

Ließ das neueingeführte Fach Informatik anfangs scheinbar eine größere Offenheit und somit eine Chance für Frauen zu, geht mit Einführung von Informatik als Unterrichtsfach in den Schulen der Frauenanteil bei den StudienanfängerInnen zurück. Dieses Feld ist bislang kaum erforscht, dennoch scheinen einige übergreifende Faktoren auszumachen zu sein: Sowohl in der Schule als auch bei der Berufwahl wird nach wie vor die traditionelle Verbindung von Technik und Männlichkeit dargestellt. Innerhalb der Etablierung des Unterrichtsfaches Informatik an der Schule setzen „Mädchen- Ausgrenzungsprozesse" ein, unterstützt dadurch, daß sehr viel mehr Jungen als Mädchen mittlerweile zuhause über einen Computer verfügen (vgl. [Be92, S. 4.8–4.12]). Immer wieder wird als Grund für die seltene Entscheidung von Frauen für ein ingenieurs- oder naturwissenschaftliches Studium genannt, daß wenige weibliche Vorbilder oder Mentoren und Mentorinnen ihre Interessen unterstützen.

Haben Frauen einen beschäftigungssicheren Männerberuf erlernt, zeigt sich, daß die Erwerbslosenquote von Frauen auch in diesen hoch ist. Unser Fazit ist, daß weder die „richtige Ausbildungswahl" (würden sie doch einen anderen Beruf erlernen, könnten sie ja auch besser verdienen) noch eine höhere Qualifikation, die Frauen häufig haben ([En91, S. 532]), es jungen Frauen ermöglicht mit jungen Männern auf dem Arbeitsmarkt gleichzuziehen.

---

[1] Die Terminologie „Frauenberuf" und „Männerberuf", bzw. „Mischberuf" folgt den statistischen Kriterien der Berufssoziologie. Demnach ist ein Beruf dann ein Frauenberuf, wenn mehr als 60 % Frauen in diesem Beruf zu finden sind, entsprechendes gilt für den Männerberuf. Falls in einem Berufsfeld zwischen 40 % und 60 % eines Geschlechts zufinden sind wird dieser als Mischberuf bezeichnet. Der inhaltlichen Bedeutung der Begriffe stimmen wir nicht zu.

[2] Vgl. [Fu92] Dabei gibt es regional sehr große Unterschiede. So lag z.B. 1982/83 der Frauenanteil der StudienanfängerInnen im Fachbereich Informatik an der Universität Dortmund bei 20,9 %, er ist nahezu beständig gefallen bis auf 6,5 % im Wintersemester 1991/92. (Statistik der Universität Dortmund, Informatik-Dekanat)

23.2 Arbeitsmarkt

Ein weitergegriffener Überblick über die Beschäftigungslage von Frauen hinterläßt ein eher trostloses Bild. So erreichen Frauen in Vollzeitbeschäftigung lediglich 75 % der Einkommen ihrer männlichen Kollegen (vgl. [En91, S. 531]). Im Jahre 1989 hatten 50 % der erwerbstätigen Frauen ein monatliches Nettoeinkommen von 2200.-DM. Mit diesem Einkommen mußten sich dagegen nur 13,9 % der erwerbstätigen Männer begnügen. Unter den teilzeitbeschäftigten Frauen befanden sich 1984 laut IAB (Institut für Arbeitsmarkt und Berufsforschung) 53 %, die trotz einer abgeschlossenen Berufausbildung als Hilfs- und ungelernte Arbeiterinnen tätig waren (vgl. [Te91, S. 20]). In den für Frauen, über Initiativen von Ländern, Bund, Betrieben und Gewerkschaften in den 80er Jahren, neu erschlossenen ehemaligen Männerberufen (gewerblich/technisch) erhalten Frauen unterdurchschnittliche Übernahmeangebote und sind dementsprechend überdurchschnittlich erwerbslos (vgl. [En91, S. 541]).

Auch die Frauenanteile in ausgewählten DV-Positionen (vgl. im folgenden [Ro90a, S. 312ff.]) von 1988 sprechen dieselbe Sprache. Frauen bleiben überdurchschnittlich häufig in Einstiegspositionen hängen und sind in Karrierepositionen mit durchschnittlich 4 % anzutreffen. Gleichermaßen bestehen geschlechtsspezifische Differenzen bei den Jahresgehältern von Männern und Frauen bai allen Positionen. Verdienten Männer 1990 in der Einstiegsposition „Systemanalyse“ durchschnittlich 61.000.-DM, so sind es bei Frauen lediglich 58.000.-DM; in der Karriereposition „Leitung Organisation und EDV“ verdienten Männer 140.000.-DM, Frauen dagegen 123.000.-DM im Jahresdurchschnitt.

Einkommensunterschiede zwischen Frauen und Männern bestehen demnach aufgrund verschiedener Berufsausbildungen, der geschlechtsspezifischen Berufswahl, aber auch im gleichen Beruf mit vergleichbarer Qualifikation sind Frauen in schlechteren Stellungen. Es läßt sich nachweisen, daß entgegen verbreiteter Annahmen, der Qualifikation bei Frauen keine Schlüsselrolle zukommt. Frauen müssen vielmehr ihre Qualifikationen relativieren in Bezug auf das Merkmal Geschlecht.

23.3 Zu den Begriffen Beruf und Qualifikation

Neben Qualifikation, d.h. Fähigkeiten und deren Bewertung, spielen soziale Handlungsspielräume und die Statushierarchie der Berufe eine große Rolle (vgl. [Te91, S. 36]). Die sozialen Handlungsspielräume sind auch davon bestimmt, daß Frauen nach wie vor den größten Teil der Haus- und Familienarbeit leisten, unabhängig davon ob sie erwerbstätig sind oder nicht [FR92]. Daß die geschlechtsspezifischen Strukturen innerhalb und zwischen den Berufen beständig aufrecht erhalten werden können, ist mit zwei unterschiedlichen Prozessen verbunden, die sich z.T. überlagern und ergänzen können: Geringer qualifizierte Tätigkeiten werden für Frauen zugeschnitten; veränderte sich der Anteil der Frauen in ehemals männlichen Berufen, so ist immer wieder feststellbar gewesen, daß dies einherging mit einer Dequalifizierung des gesamten Berufs. Erobern sich also Frauen sog. männliche Berufe, wird aus diesen ein Frauenberuf, mit den üblichen Klassifikationen: Entwertet und schlechter bezahlt, obwohl sich an den inhaltlichen Aufgaben nichts verändert hat. Demgegenüber sind hausarbeitsnahe Berufe für Männer nicht von Entwertung betroffen (vgl. [Te91, S. 33]). Die Kategorie Geschlecht=weiblich bedeutet somit schlechtere Bezahlung und schlechteren beruflichen Status. In Comperable Worth Studien wurde geschätzt, daß Frauenarbeitsplätze, wären sie mit den Attributen von Männerarbeitsplätzen versehen, zwischen 43 % und 50 % höher bezahlt würden (vgl. [En91, S. 532]).

Zusätzlich diskriminierend, gleichermaßen auch Realität, wirkt das Argument von der Untrennbarkeit der Lebens- und Arbeitszusammenhänge von Frauen, das unabhängig von den persönlichen Orientierungen und realen Situationen für alle Frauen gleichermaßen geltend gemacht wird. Die Zuständigkeit der Frauen für die Privatsphäre scheint festgelegt und läßt damit Ableitungen für die eingeschränkte Verfügbarkeit und die besonderen Fähigkeiten von Frauen in der Erwerbsarbeit zu (vgl. [MGM86, RK87]). Ist die Normalbiographie des Arbeitnehmers orientiert am männlichen Facharbeiter, verheiratet, zwei Kinder, Mitte 30, beruflich 100 % engagiert und verfügbar, stellt er für Unternehmen die „eineinhalb Person“ dar — letztlich lediglich auf Grund der von Frauen geleisteten Reproduktionsarbeit (vgl. [Go91, S. 404]). Mit entsprechender Infrastruktur kann die Arbeitnehmerin in den allerseltensten Fällen aufwarten; zugleich wird sie reduziert auf die mangelnde Einbindbarkeit in das leistungsorientierte Erwerbsleben wegen ihrer familiären Zuständigkeiten. Diese Sicht wirkt sich auf Chancen und Lohn von Frauen aus, unabhängig davon, wie die persönliche Orientierung ist. Zwar kann von mehr erwerbstätigen Frauen mittlerweile gesagt werden, daß sie die sogenannte Normalbiographie erfüllen, auch Qualifikationsunterschiede auf der Ebene formaler Abschlüsse zwischen Männern und Frauen geringer werden, den vorangegangenen Beschreibungen nach führt dies für Frauen jedoch nicht zum Erfolg.

Zusammenfassend finden wir also mehrere Argumente für die geschlechtsspezischische Strukturierung des Arbeitsmarktes entkräftet:

1. Die weibliche Berufswahl entspricht häufig nicht ihrem Wunsch. Entsprechend kann dieser Argumentation nur bedingt gefolgt werden
2. Den fachlichen Interessen von Frauen wird in der Regel nur in klassischen Bildern nachgegeben. Wünschen sie eine, dem gesellschaftlichen Rollenbild nicht entsprechende Ausbildung, sind sie konfrontiert mit einer Dequalifikation ihrer Fähigkeiten, die sich lediglich am Merkmal Geschlecht festmachen, nicht aber an den tatsächlichen Verhältnissen.
3. Das Qualifikationsniveau von Männern und Frauen ist mehr und mehr angeglichen. Dem entsprechen nicht die nachgewiesen schlechteren Bedingungen für Frauen auf dem Arbeitsmarkt.
4. Die traditionell verfestigte Zuständigkeit der Frauen für Haus- und Familienarbeit rechtfertigt nur bedingt die Zuschreibung, daß Frauen lediglich eingeschränkt erwerbstätig sein können. Auch eine „männliche“ Erwerbsbiographie schützt Frauen nicht vor Dequalifizierung und Unterbezahlung

Ergebnis ist somit, daß die Arbeitsteilung der Geschlechter nicht begründbar ist mit unterschiedlichen Qualifikationsniveaus, mit unterschiedlichen fachlichen Interessen von Männern und Frauen oder mit der traditionellen Nähe von Frauenarbeit zu Haus- und Familienarbeit. Qualifikation allein kann die bestehende Benachteiligung von Frauen in der Erwerbsarbeit nicht aufheben. Sie ist jedoch notwendig, auch weil darin eine geschlechtsspezifische Barriere angegangen wird, die gerade durch die Informations- und Kommunikationstechnologien erneut verfestigt zu werden scheint.

Diesen Entwicklungen entgegenzuwirken heißt also zu qualifizieren, gleichermaßen aber auch die geschlechtsspezifisch wirksamen Kräfte zu thematisieren. Der Qualifikationsbegriff muß so für Frauen vertieft und erweitert gesehen werden: „Zur Qualifikation rechnet demnach auch die Fähigkeit, sich gegen Qualifikationsentwertung verhalten zu können.“ [Te91, S. 53] Die Diskussion um den Begriff der Schlüsselqualifikation muß zusätzlich vor dem Hintergrund der drohenden Entwertung von Frauenarbeit geführt werden. Das bedeutet, daß in die Qualifikation eingebettet sein muß, auf welche Strukturen und Hindernisse Frauen im Erwerbsleben stoßen.

23.4 Weiterbildungskonzept des Softwarehauses von Frauen für Frauen und Mädchen e.V. (SWH)

Dieser Situation trägt das SWH Rechnung, indem die Konzepte auf berufliche Aufstiegslinien orientiert sind, an der Selbstbehauptung der Frauen gearbeitet wird und Kenntnisse der Strukturierung des Arbeitsmarktes durch die Geschechterhierarchie vermittelt werden. Das Weiterbildungskonzept des SWH ist sowohl arbeitsmarktorientiert als auch emanzipationsorientiert; beide Seiten sind untrennbar. Weiterbildung kann nur dann den geschlechtshierarchischen Einsatzmustern entgegenwirken, wenn die Geschlechterhierarchie als Struktur und Arbeitsrealität benannt wird. Die Vermittlung von formalen Qualifikationen ersetzt nicht das Stellen der Machtfrage. Aus diesem Grund werden bei der Vermittlung formaler Qualifikationen die gesellschaftlichen Bedingungen als integraler Bestandteil begriffen.[3]

23.5 Fundament „Schule"?

Grundlagen für eine zukünftige positive Entwicklung in der Chancengleichheit von Frauen und Männern werden bereits in der Schule gelegt. Wenngleich wir nicht der Meinung sind, daß die Schule als alleinig aufklärerischer Ort gesellschaftlich wirksame Veränderungen hervorbringen kann, stimmen wir der Aussage zu, daß derzeit ein „time lag" [RE92, S. 108] der Schulen auszumachen ist: proklamierten Bestrebungen, die Geschlechterhiearchie aufzubrechen, arbeitet die Schule — gewollt oder ungewollt — entgegen oder sie unterläuft sie. Der Zustrom zum Unterrichtsfach Informatik reguliert sich geschlechtsspezifisch, wodurch Mädchen ausgegrenzt werden. Daß dies nicht am mangelnden Interesse der Schülerinnen liegt, zeigt z.B. das Schrumpfen des Mädchenanteils von der 11. Jahrgangsstufe ca. 30 % bis auf 5 % zwei Jahre später (vgl. [Ro90b, S. 8]).

Schon 1989 wurden Empfehlungen, Strategien und Unterrichtsskizzen in der Curriculumskonferenz „Informationstechnische Bildung für Mädchen" erarbeitet, das heißt — im Wesentlichen wurden die Ratschläge, die auch wir aufgenommen haben[4], schon gegeben (vgl. [SZ89, S. 170ff.]). Inhalte, wie die politisch/gesellschaftliche Einordnung der Informatik, die Auseinandersetzung mit Rollen, Identitätsstabilisierung und Identifikationsmöglichkeiten für Mädchen müssen neben dem Erwerb fachlicher Kompetenz einen zentralen Raum einnehmen. Der Unterricht sollte zeitweilig für Mädchen und Jungen getrennt durchgeführt werden, Kurse im Bereich „Persönlichkeitsbildung und Interaktion" sollten integriert werden. Dies alles erfordert konzeptionelles Umdenken, dem die Schulen und Kultusministerien scheinbar nur begrenzt gewachsen sind. Forciert werden müßten Modellversuche, die in Regularien münden. Verändert werden müßte, entsprechend unserer Konzeptvorstellungen, die Lehrerinnenfortbildung, die bislang auf diese Problemzuschnitte nicht ausgerichtet ist. — Aber das alles wurde tatsächlich schon vor fünf Jahren festgehalten.

Literatur

[Be92] Behnke, R. „Ansätze zur Frauenforschung in der Informatik" Diplomarbeit am Fachbereich Informatik Universität Dortmund, 1992

[En91] Engelbrech, G. „Berufsausbildung, Berufseinstieg und Berufsverlauf von Frauen" IN: „Mitteilungen aus der Arbeitsmarkt- und Berufsforschung" 24.Jg./1991 Heft 3. Kohlhammerverlag, Stuttgart S.531-552

[FR92] Frankfurter Rundschau 12.11.1992: Frauen sind nur in wenigen Bereichen „angemessen vertreten". Ministerin Merkel veröffentlicht ersten gesamtdeutschen Bericht „Im öffentlichen Dienst überall Teilzeit anbieten"

[Fu92] Funken, C. „Zur Lage des wissenschaftlichen Nachwuchses in der Informatik" IN „Informatik, cui bono?" Hrsg. Langenheder, W./Müller, G./Schinzel, B. Springer 1992

[3] Innerhalb dieses Beitrags können wir nur den konzeptionellen Rahmen stecken. Die didaktisch/methodische Umsetzung unserer Konzepte sind nachzulesen in [Wi90, Ge92, SWH93].

[4] So z.B. in dem Computerprojekt für Mädchen, vgl. [Wi90].

[Ge92] Geideck, S. „Bildung in weiblichen Lebens- und Arbeitszusammenhängen - Fallstudie zur innerbetrieblichen EDV- Weiterbildung von weiblichen Verwaltungsangestellten der Johann Wolfgang von Goethe Universität Frankfurt/Main durchgeführt vom Softwarehaus von Frauen für Frauen und Mädchen e.V.“ Diplomarbeit am Fachbereich Soziologie der JWG-Universität Frankfurt/Main 1992

[Go91] Gottschall, K. „Chancengleichheit durch Bildung? Zum Stellenwert von Weiterbildung für die Erwerbsarbeit von Frauen“ IN: „Mitteilungen aus der Arbeitsmarkt- und Berufsforschung“ 24.Jg./1991 Heft 2. Kohlhammerverlag, Stuttgart. S.396-408

[Ja86] Janshen, D. „Frauen und Technik - Facetten einer schwierigen Beziehung“ IN: Hausen, K./Nowotny, H. (Hrsg.): „Wie männlich ist die Wissenschaft?“ Frankfurt/Main: Suhrkamp TB stw 590, 1986, S.279-292

[Ka88] Kahlert, H. „Ein dickes Fell und Durchhaltevermögen“ IN: Colloquium zu Fragen der Frauenforschung am IZHG (Hrsg.) „Beein- flußt die Schule das Technik(des)interesse von Mädchen und Frauen?“ Dezember 1988 Hamburg, S.40-43

[MGM86] Metz-Göckel, S./Müller, U. „Der Mann“ Die Brigitte-Studie. Weinheim 1986

[RK87] Rabe-Kleberg, U. „Frauenberufe - Zur Segmentierung der Berufswelt“ Theorie und Praxis der Frauenforschung Band 6, Schriftenreihe des Institut Frau und Gesellschaft, Bielefeld 1987

[RK82] Rettke, U./Krüger, H. „Stand der Berufsausbildung zur Frauenproblematik. Was trägt die Wissenschaft zur Verbesserung der Berufsbildungssituation für Frauen und Mädchen bei“ IN: Weg, M./Jurineck-Stinner, A. „Frauenemanzpation und berufliche Bildung. Programme - Bildungskonzepte - Erfahrungsberichte“ München 1982

[Ro90a] Roloff, C. (a) „Informatik und Karriere - Zur Situation von Informatikerinnen in Studium und Beruf“ IN: Reuter, A. (Hrsg.) „Informatik auf dem Weg zum Anwender“, Springer 1990, S.307-317

[Ro90b] Roloff, C. (b) „Frauenförderung in Naturwissenschaft und Technologie im internationalen Vergleich“ Universität Dortmund, Reihe: Dortmunder Diskussionsbeiträge zur Hochschuldidaktik, Heft 21

[RE92] Roloff, C./Evertz, B. „Ingenieurin - (k)eine lebbare Zukunft“ Deutscher Studien Verlag, Weinheim 1992

[SZ89] Schulz-Zander, R. „Konzepte und Strategien zur informationstechnischen Bildung für Mädchen und junge Frauen“ IN: Schelhowe, H. (Hrsg.) „Frauenwelt - Computerräume“ Springer, Bremen 1989

[SWH93] Softwarehaus von Frauen für Frauen und Mädchen e.V. „5 Jahre Softwarehaus von Frauen für Frauen und Mädchen e.V.“ 6/1993.

[Te91] Teubner, U. „Neue Berufe für Frauen - Modelle zur Überwindung der Geschlechterhierarchie im Erwerbsbereich“ Campus Forschung, Frankfurt 1991

[Wi90] Wientzek, C. „Computerprojekt für Mädchen einer 9. Klasse Hauptschule. Projektbericht und Materialentwicklung“ Freudenberg Stiftung (Hrsg.), Weinheim 1990

Kapitel 24

Josef Schöpper: Mädchenförderung im Informatikunterricht der Sekundarstufe II

24.1 Problemstellung und Stand der Forschung

Die Entwicklung der Neuen Informations- und Kommunikationstechniken und ihr Vordringen in alle gesellschaftlichen Bereiche stellt eine große bildungspolitische Herausforderung dar, die unter anderem mit der Aufnahme des Informatikunterrichts in der Sekundarstufe II des Gymnasiums angenommen wird.

Während zu Beginn der Jahrgangsstufe 11 Mädchen sich relativ häufig für das Fach Informatik entscheiden, wählen sie es verstärkt im Laufe der Jahrgangsstufen 11 und 12 ab. Dieses nachlassende oder wenig ausgeprägte Interesse der Mädchen zeigt sich nicht nur im Schulbereich, sondern auch bei Bildungsangeboten zum Themenbereich „Neue Technologien" in der außerschulischen Jugend- und Erwachsenenbildung. Es besteht die Gefahr, daß Frauen nur unter erschwerten Bedingungen Zugang zu qualifizierten Tätigkeiten im Bereich der Informations- und Kommunikationstechnologien finden [SZ89].

Die wissenschaftlichen Forschungsansätze und Schulversuche zu geschlechtstypischen Einstellungsunterschieden gegenüber dem Computer und den Neuen Informations- und Kommunikationstechniken sind in den letzten Jahren vorwiegend durch eine handlungsorientierte Vorgehensweise gekennzeichnet, die eine Analyse der geschlechtstypischen Zugänge mit der gleichzeitigen Veränderung der Bildungspraxis verbindet.

Schiersmann [Sc92] stellt auf der Basis bisher vorliegender Ergebnisse verallgemeinerte Interpretationslinien zur Diskussion:

- Es ist notwendig, zwischen Zugangsweisen und Zugangsmöglichkeiten zu unterscheiden.
- Geschlechtstypische technikbezogene Sozialisationsprozesse engen sowohl Mädchen als auch Jungen ein.
- Der Prozeß der Wechselwirkung zwischen Selbst
- und Fremdbildern beeinflußt den Zugang zu Neuen Technologien.
- Die Einrichtung von geschlechtshomogenen Lerngruppen ist ambivalent zu beurteilen.
- Die Analyse geschlechtstypischer Differenzen darf den Blick für Differenzen innerhalb der Geschlechter nicht verstellen.

24.2 Modelle und Projekte zur Mädchenförderung

In einer Reihe von Modellversuchen und Projekten wird und wurde untersucht, welche Konzepte einer Benachteiligung von Mädchen und Frauen in informationstechnologischen Bereichen entgegenwirken und die Informatik und Neuen Technologien für Mädchen genauso attraktiv machen wie für Jungen und das Interesse auch dauerhaft stabilisieren. Zwei Ansätze möchte ich wegen ihrer grundlegenden Bedeutung kurz darstellen.

24.2.1 Das hessische Entwicklungs- und Forschungsprojekt „Mädchenbildung und neue Technologien"

Der Modellversuch beinhaltet Planung, Durchführung und wissenschaftliche Begleitung von Unterricht im 8. Schuljahr an zwei additiven Gesamtschulen zur „Einführung in den kritischen Umgang mit Computern". Faulstich-Wieland und Dick [FW89] vertreten den Ansatz geschlechtsspezifischer Zugangsweisen und Zugangsmöglichkeiten zu den Neuen Technologien. Diese Zugangsweisen und Zugangsmöglichkeiten werden nicht als Defizite gegenüber männlichen Zugangsweisen betrachtet. Der Unterricht fand hauptsächlich in geschlechtshomogenen Gruppen statt, um Vorurteilen und geschlechtsspezifischen Zugangsweisen der Jungen zu begegnen.

Die Unterrichtsbeobachtungen bestätigen mädchentypische Zugangsweisen. So arbeiten Mädchen lieber zu zweit oder zu dritt am Gerät, Jungen lieber allein. Mädchen möchten bei der Bedienung der Geräte über das reflektieren, was sie mit dem Computer machen, Jungen wollen „gegen" die Maschine arbeiten, um sie zu beherrschen. Die Ergebnisse des hessischen Modellversuchs sollten daher bei Unterrichtsplanung und Organisation des Unterrichts als koedukativer oder geschlechtshomogener Unterricht berücksichtigt werden. Die Einbeziehung der Hinweise und Empfehlungen für die praktische Umsetzung der Erkenntnisse in das Konzept des Clara-Schumann-Gymnasiums wird in den Abschnitten 3 und 4 meines Vortrags erläutert.

24.2.2 Wenn meine Lebendigkeit gefragt ist, ... — ein kreatives Computerprojekt für Mädchen

Das Projekt wurde am Institut für Pädagogik der Naturwissenschaften (IPN) von Schulz-Zander als außerschulisches Bildungsangebot mit einem ganzheitlichen Bildungsansatz entwickelt und ab 1988 erprobt. Das Konzept wurde vom IPN gemeinsam mit der Universität Hamburg weiterentwickelt [SZ92].

Dieses Projekt umfaßt neben der Arbeit am Computer die Arbeit an geschlechtsspezifischen Rollenbildern, Theaterarbeit und Körperarbeit. Als Ziel wurde u.a. neben fachlicher Kompetenz, der Anregung von Kreativität und Phantasie die Unterstützung der Mädchen bei der Suche nach der eigenen Identität und bei der Entwicklung von Selbstvertrauen angestrebt. Die Arbeit mit einem Grafikprogramm und gestaltpädagogische Methoden, z.B. Identifikationen, Phantasieübungen, Selbst- und Fremdwahrnehmungen, Körperkontakt, Bewegung und Zeichnen ermöglichten ein lebendiges Lernen.

Der Informatikunterricht bietet Möglichkeiten, die erfolgreichen Ansätze dieses Computerprojektes zur Förderung der Kreativität, der Unterstützung des Selbstvertrauens und der Reflexion des Selbstkonzeptes und der Rollenbilder aufzugreifen.

24.3 Der Mädchenkurs Informatik in der Sekundarstufe II des Clara-Schumann-Gymnasiums in Bonn

24.3.1 Ausgangslage und Organisationsform

Von November 1990 bis November 1992 wurde das „Modellhafte Interaktionsprogramm zur Steigerung des Mädchenanteils bei dem Bundeswettbewerb Informatik (MIMIK)" mit Schülerinnen des Bonner Clara-Schumann-Gymnasiums durchgeführt. Dieses Projekt wurde initiiert von der

Schulleiterin des Clara-Schumann-Gymnasiums und der Gesellschaft für Mathematik und Datenverarbeitung (GMD) und wurde vom Bundesministerium für Bildung und Wissenschaft gefördert.

Um die Zielsetzungen des außerschulischen Aktionsprogramms MIMIK, durchgeführt von der GMD, auch im Schulunterricht zu fördern, wurde der schulische Informatikunterricht in Form von Mädchen- und Jungenkursen erteilt. Im Abschlußbericht der wissenschaftlichen Begleitung, erstellt von D. Janzen [Ja92], wird u.a. festgestellt, daß im Mädchenkurs das Interesse an der Informatik in einer entspannten, angstfreien Atmosphäre erreicht und erhalten werden kann.

In den zwei bislang nachfolgenden 11. Jahrgangsstufen wurden weiterhin geschlechtshomogene Informatikkurse eingerichtet. Mein Vortrag bezieht sich wegen der längeren Beobachtungsmöglichkeiten hauptsächlich auf meinen Unterricht im Mädchenkurs, beginnend im Schuljahr 1991/92. Erfahrungen aus den zwei Mädchenkursen der Jahrgangsstufe 11, Schuljahr 1992/93 ergänzen die Ausführungen. Zur Zeit (Mai 1993) nehmen 22 Schülerinnen aus der Jahrgangsstufe 12 am Informatikunterricht teil. In der Jahrgangsstufe 11.2 haben 28 Schülerinnen Informatik als Unterrichtsfach gewählt (2 Mädchenkurse).

Das Clara-Schumann-Gymnasium steht voll hinter dem Modell der koedukativen Erziehung, modifiziert dieses Modell jedoch im Fach Informatik vor dem Hintergrund neuerer Ergebnisse der Koedukationsforschung und Untersuchungen zur Mädchenförderung im Informatikunterricht und Unterricht zu den Neuen Technologien.

Der Mädchenkurs wurde eingerichtet, um

- die Ergebnisse des außerunterrichtlichen Interaktionsprogramms MIMIK im regulären Unterricht zu berücksichtigen,
- die Empfehlungen und Erfahrungen z.B. von Schulz-Zander, Faulstich-Wieland und Dick [FW89] im Informatikunterricht der Sekundarstufe II zu nutzen. Der Unterricht selbst orientiert sich in Zielsetzung und Thematik an den Richtlinien Informatik für die Gymnasiale Oberstufe in Nordrhein-Westfalen,
- die Initiative der Schülerinnen der zwei bisher nachfolgenden 11. Jahr gangsstufen aufzunehmen, die sich für die Einrichtung von Mädchenkursen einsetzten,
- das Fach Informatik als Wahlfach auch für Mädchen attraktiv zu machen.

24.3.2 Unterrichtsprinzipien im Mädchenkurs Informatik

Die Schülerinnen besitzen zu Beginn des Informatikunterrichts kaum Vorkenntnisse. Daher erlernen sie in einer ersten Phase die grundlegende Bedienung von Tastatur und Rechner. Hilfreich sind dabei Texte mit zahlreichen Fehlern, die von den Schülerinnen korrigiert werden und der Umgang mit dem Programm Eliza nach Weizenbaum. Das Programm Eliza spricht die Schülerinnen thematisch an und motiviert sie. Die Analyse der Fragen und Antworten „entzaubert" den Computer und führt zu einem unverkrampften Umgang mit dem Gerät. Gerade diese erste Unterrichtsphase würde durch aufspielendes und dominierendes Verhalten von Jungen, wie in koedukativen Kursen, beeinträchtigt.

Neben den allgemeinen Zielen des Informatikunterrichts, wie in den Richtlinien dargestellt, ist die Förderung von Kompetenz und Selbstvertrauen der Mädchen bezüglich der Informatik und der Aufbau eines erweiterten Selbstbildes wichtig.

Die ersten Erfahrungen mit der Programmiersprache Pascal erfolgen mit Hilfe des NIKI-Systems, das einen variablenfreien Einstieg erlaubt. Aufgaben eines Roboters gehören nicht gerade zu bevorzugten weiblichen Interessen. Die Übungsbeispiele wurden aber von den Mädchen angenommen, wenn die Verbindung der Übungsaufgaben zu konkreten Aufgaben von Handel und Produktion hergestellt wird. Ich kann die Aussage von Altermann-Köster [AK92] voll unterstreichen, daß man nicht auf „Teufel-komm-raus“ nach weiblichen Inhalten suchen sollte, um Mädchen zu motivieren.

Fähigkeiten im algorithmischen Problemlösen und deren Umsetzung in ein lauffähiges Programm können nicht nur an mathematischen Beispielen gewonnen werden, sondern werden, wenn möglich, an grafischen Fragestellungen erarbeitet. Dieser Weg ermöglicht eher Spaß und Freude am jeweiligen Vorgang und regt die Kreativität stärker an.

Vielfach wird in der Literatur festgestellt, z.B. [Sc91], daß die Zugangsweisen von Mädchen und Frauen im Problemlösungsprozeß verschieden sind von denen der Männer. Gerade in der Anfangsphase des Informatikunterrichts unterbleibt in einem Mädchenkurs die demotivierende Wirkung von Jungen, die im Zuge eines experimentell- spielerischen Umgangs mit dem Computer die Rechnerplätze belegen und sich als Experten aufspielen, während die Mädchen in einer eher statisch prädikativen Betrachtung des Problems planvoll vorgehen. Der Mädchenkurs bietet meiner Meinung nach den großen Vorteil, den Schülerinnen an geeigneten Beispielen die Vorteile ihres planerischen Vorgehens zu erläutern und ihr Selbstvertrauen bezüglich der Problemlösungskompetenz zu stärken. In diesem Rahmen ist es wichtig, die Kreativität des Problemlösens zu verdeutlichen und die Festlegung auf eine angeblich optimale Lösung zu vermeiden. Wenn am konkreten Beispiel auftretende mädchen- und jungenspezifische Verhaltensweisen thematisiert werden, kann die Akzeptanz der Informatik erhöht werden.

Der Unterricht im Mädchenkurs will den Interessen und Fähigkeiten der Mädchen entgegegkommen, wie von Schulz-Zander [SZ88] in der Synopse „Mädchenbildung und Neue Technologien“ dargestellt. Soziale Kontakte bei der Computernutzung sind im Rahmen der gemeinsamen Arbeit am Rechner möglich und für den Unterricht förderlich. Diese Arbeitsweise ist für Mädchen selbstverständlich, während Jungen häufig dazu neigen, allein am Gerät zu arbeiten. Es ist beeindruckend, wie die Mädchen gleichberechtigt gemeinsam arbeiten und sich gegenseitig unterstützen. So wurde z.B. eine Schülerin nach der Rückkehr von einem mehrmonatigem Auslandsaufenthalt von ihren Mitschülerinnen sehr effektiv unterstützt, um möglichst schnell erfolgreich im Unterricht mitarbeiten zu können.

Kooperative Lernprozesse, z.B. in Form eines Projektes, finden viel Anklang. Das Projekt eines MINI-CAD-Systems, erstellt mit Hilfe der Blockgrafik, profitierte von den Fähigkeiten der Mädchen, komplexe Probleme in Teilprobleme zu zerlegen, sich über die Schnittstellen der Module sachgerecht zu verständigen und zu einigen und die Vereinbarungen auch tatsächlich einzuhalten. In einem Jungenkurs ist diese Akzeptanz der Vereinbarungen keineswegs selbstverständlich. Der aktive und vielfältige Umgang mit dem Computer stärkte das Selbstvertrauen, die freie Themenwahl kam den Interessen der Mädchen entgegen.

Der Nützlichkeitsaspekt der Neuen Technologien wird bei der Auswahl der Problemstellungen weitgehend berücksichtigt. Die Behandlung von Sortieralgorithmen motivierte einige Schülerinnen, Anschriftenlisten und Teilnehmerlisten für Jugendgruppen mit Hilfe selbst erstellter Sortierprogramme zu erstellen. Die Schülerinnen liehen sich Laptops aus, über die das Clara-Schumann-Gymnasium im Rahmen des Projekts MIMIK verfügt. Wenn der Sinn einer Aufgabe klar erkenntlich ist, waren die Schülerinnen sogar bereit, außerhalb der Unterrichtszeit einen neuen Katolog für die Schülerbücherei mit Hilfe eines Datenbankprogramms zu erstellen.

Um das Selbstvertrauen der Mädchen zu fördern und das Selbstkonzept bezüglich der Neuen Technologien zu erweitern, werden alle Möglichkeiten genutzt, Wissen und Kompetenz öffentlich zu artikulieren. Am Tag der Offenen Tür des Clara-Schumann-Gymnasiums vertrat der Mädchenkurs der Jahrgangsstufe 12 das Fach Informatik. Der Kurs präsentierte Unterrichtsergebnisse und leitete Schülerinnen und Schüler der 4. Klassen Bonner Grundschulen bei ersten Erfahrungen im Umgang mit den Schulcomputern an.

Die Schülerinnen schlugen unter anderem vor, der Öffentlichkeit Gründe für die Mädchenförderung darzulegen. Im Rahmen einer Hausaufgabe wurde eine Stoffsammlung erstellt, im Unterricht strukturiert und von vier Schülerinnen unter Berücksichtigung weiterer Literatur zu einem Ergebnispapier mit dem Titel „Warum ist es sinnvoll, gerade Mädchen in der Informatik zu fördern" zusammengefaßt. Diese Überlegungen wurden mit interessierten Besuchern diskutiert. Aussagen dieses Papiers werden im nächsten Abschnitt des Vortrages im Zusammenhang mit den Befragungsergebnissen erläutert.

Ein weiteres Beispiel für den Schritt in die Öffentlichkeit war die Mitarbeit der Mädchen im Rahmen der Informatik-Olympiade in Bonn.

24.3.3 Außenwirkung der Mädchenkurse

Neben der Förderung der teilnehmenden Schülerinnen ist die Außenwirkung der Mädchenkurse zu sehen. Die Beschäftigung mit der Informatik ist für die Schülerinnen des Clara-Schumann-Gymnasiums inzwischen selbstverständlich geworden. Als eine zweite Computerarbeitsgemeinschaft angeboten wurde, nahmen 7 Schülerinnen und 2 Schüler aus den Jahrgangsstufen 9 und 10 dieses Angebot an.

Auch Schüler des Clara-Schumann-Gymnasiums reflektieren männliche Verhaltensweisen und sprachen mich im Leistungskurs Physik auf männliche und weibliche Verhaltensweisen an, die im Mädchenkurs thematisiert worden waren. Die Jungen waren sich zum Teil bewußt, daß sie mit ihren Vorgehensweisen in der Informatik Mädchen in einem koedukativem Kurs behindern würden.

Ein weiteres Beispiel bieten Gespräche mit Kollegen aus dem Fachbereich Mathematik/Informatik, die sich auf die Unterrichtsgestaltung, den Leistungsstand im Mädchen- und Jungenkurs und Literatur zur Koedukation beziehen.

24.4 Einstellungen zur Mädchenförderung, Befragung von Schülerinnen und Schülern aus Informatikkursen

Spontane Äußerungen der Schülerinnen, Unterrichtsbeobachtungen und -reflexionen, Gespräche und die Teilnehmerzahlen im Informatikkurs geben Hinweise für eine erfolgreiche Mädchenförderung im Informatikunterricht. Weitere Rückschlüsse ergibt eine schriftliche anonyme Befragung der Kursteilnehmerinnen der Jahrgangsstufe 12, ergänzt durch gleichartige Fragen im Mädchenkurs und Jungenkurs der Jahrgangsstufe 11. Der koedukative Kurs der Jahrgangsstufe 13 wurde ebenfalls befragt, da die Kursteilnehmer vorher zwei Jahre in geschlechtshomogenen Gruppen unterrichtet worden waren.

Die Fragen bezogen sich auf Motive für die Kurswahl, die Bedeutung des Unterrichts in Form eines Mädchenkurses, die Unterschiede zu geschlechtsheterogenen Kursen in Mathematik und Naturwissenschaften.

Es wurde keine standardisierte Befragung vorgenommen, damit die Schülerinnen und Schüler ihre eigene Sichtweise thematisieren und entsprechend differenzierte Einschätzungen formulieren. Daher können die Ergebnisse nicht mit exakten Prozentzahlen versehen werden, vielmehr werden Haupttendenzen formuliert und Vergleiche zu anderen Studien gezogen.

Die Schülerinnen hätten zu Beginn der Jahrgangsstufe 11 auch Informatik gewählt, wenn kein Mädchenkurs angeboten worden wäre. Basis der Entscheidung war bei fast allen Schülerinnen der Wunsch, grundlegende Kenntnisse im Umgang mit dem Computer zu erhalten, - wie bei Faulstich-Wieland und Dick [FW89] erläutert - und die Bedeutung von Informatikkenntnissen für die spätere Berufstätigkeit. Das Interesse an der Informatik ist eindeutig vorhanden, muß aber erhalten und gestärkt werden, wie die hohen Abwahlzahlen in koedukativen Kursen z.B. der Gymnasien zeigen.

Etwa ein Drittel der Schülerinnen formulieren gleichzeitig Unbehagen, wegen fehlender Vorkenntnise gegenüber Jungen benachteiligt zu sein. Circa 10 % glauben, sich von Jungen nicht unterdrücken zu lassen und zusammen mit der Freundin erfolgreich arbeiten zu können. Dieses Selbstbewußtsein, unterstützt durch kooperative Arbeitsweisen, gilt es zu erhalten und bei den anderen Schülerinnen zu fördern.

Meyer und Voigt-Köhler [MVK89] stellen in ihrer Untersuchung zu Schülerinnen im Informatikunterricht der Sekundarstufe II in Bremen fest, daß es eine starke Gruppe von Schülerinnen gibt, die den getrennten Informatikunterricht befürworten, gut 20 % sprechen sich gegen getrennte Kurse aus. Diese Tendenz trifft auch für das Clara-Schumann-Gymnasium zu. Die Bonner Schülerinnen begründen die Bevorzugung des Mädchenkurses wie folgt:

- Jungen besitzen Vorkenntnisse, daher sei eine erfolgreiche Kursteilnahme schwierig,
- weniger Unterrichtsstörungen im Mädchenkurs,
- geringeres Konkurrenzverhalten,
- mehr Mut, Fragen zu stellen, ohne als dumm zu gelten oder abwertende Bemerkungen von Jungen zu erhalten,
- eine entspanntere Unterrichtsatmosphäre und ein konzentrierteres Arbeiten im Mädchenkurs,
- Zutrauen zu eigenen Leistungen und den Ergebnissen der gemeinsamen Arbeit.

Gut 50 % der Jungen aus den Jungenkursen finden das Angebot eines Mädchen- kurses wichtig, da

- es die Mädchen aktiviere und motiviere,
- die Jungen sich ungerechtfertigt für besser hielten und unter Ausnutzen von Vorkenntnissen den Unterricht für Mädchen uninteressant machen könnten,
- der Druck für Mädchen groß sei, im Unterricht mithalten zu können.

Diese Ausführungen der Jungen bestätigen die Aussagen vieler Studien zu diskriminierenden Verhaltensweisen der Jungen und lassen auch erfreuliche Einsichten der Jungen erkennen.

Die Ablehnung reiner Mädchenkurse wird von den Mädchen damit begründet, daß die Jungen auch nicht besser seien, man auch von Jungen lernen könne, ihre Meinungen erfahren und sich gegen sie behaupten könne und man im Berufsleben sowieso mit Männern zusammenarbeite. Außerdem könne der koedukative Unterricht Vorurteile abbauen.

Für die Mehrzahl der Jungen ist es ziemlich unwichtig, ob der Unterricht in koedukativer oder getrennter Form stattfindet. Einige Jungen vermerken allerdings im Jungenkurs ein größeres Konkurrenzverhalten zwischen engagierten Teilnehmern, da die Mädchen als ausgleichender Faktor fehlen. In koedukativen Kursen sei es leichter, sich in den Unterricht einzubringen, da sich die Mädchen nicht so oft zu Wort meldeten. Die Jungen profitieren also von sozialen Leistungen der Mädchen und eigenen dominierenden Verhaltensweisen gegenüber Mädchen.

Die Untersuchungen von Westram [We89] belegen, daß der Wissensvorsprung der Jungen frustrierend auf Mädchen wirkt und Diskriminierungen abschreckend wirken. Dieses Ergebnis wird von den Bonner Schülerinnen bestätigt und ist ein wichtiger Grund, der in koedukativen Kursen zur Abwahl des Informatikunterrichts führen kann. Da zudem Informatik für viele Schülerinnen kein Pflichtkurs ist, ist ein Mädchenkurs wichtig, wenn das Interesse und Selbstvertrauen bezüglich der Informatik erhalten werden soll. Zwei Drittel der Schülerinnen des Mädchenkurses der Jahrgangsstufe 12 sind überzeugt, daß Jungen jetzt keine Chance mehr haben, sich diskriminierend aufzuspielen. Sie billigen den Jungen keine größere Kompetenz in Fragen der Informatik mehr zu.

Schülerinnen und Schüler der Jahrgangsstufe 13, die nach zwei Jahren getrennten Unterrichts koedukativen Informatikunterricht erhielten, glauben, daß eher der getrennte Unterricht Vorurteile abbauen kann. Sie begründen ihre Auffassung damit, daß

- Mädchen im Mädchenkurs denselben Wissens
- und Kenntnisstand wie Jungen erhalten und so genügend Selbstbewußtsein entwickeln, um Jungen entlarven zu können, wenn sie mit Vorwissen und vermeintlichen Kenntnissen dominieren wollen,
- der getrennte Unterricht ein wesentliches Element sei, Frauen in diese Männerdomäne einzuführen und dadurch Vorurteile zu bekämpfen.

Außerdem würden Vorurteile abgebaut, wenn das Fach Spaß macht.

Die Aussagen der Schülerinnen und Schüler weisen insgesamt die Richtung, daß eine erfolgreiche Teilnahme der Mädchen am Informatikunterricht die Erlangung gleicher Startbedingungen voraussetzt und das Vertrauen in die eigenen Fähigkeiten geweckt und gestärkt werden muß. Diese Möglichkeiten bietet eher ein geschlechtshomogener Kurs.

Im Ergebnisbericht zum Tag der Offenen Tür befürworten die Schülerinnen die Einrichtung von Mädchenkursen,

- da in diesem Rahmen die immer noch geschlechtsspezifische Erziehung und die Verstärkung dieser Erziehung z.B.in der Werbung berücksichtigt werden kann,
- der „natürliche" Umgang mit dem Computer gefördert werden kann,
- durch gemeinsames Lernen Motivation und Selbstwertgefühl bezüglich der Technik ohne Demotivierung durch Jungen aufgebaut werde.

Als Fernziel sehen die Mädchen das Ausbrechen aus starren Rollenmustern, die eine Sonderbehandlung der Mädchen überflüssig machen.

Ein späterer koedukativer Unterricht ist dann erfolgreich, wenn er nicht jungenspezifisch ausgerichtet ist und die Interessen und Fähigkeiten der Mädchen gleichberechtigt berücksichtigt.

24.5 Perspektiven des Informatikunterrichts

Da in koedukativen Informatikkursen Mädchen meist nur im Anfangsunterricht in größeren Zahlen auftauchen, ist es sinnvoll, zeitweilig die Koedukation aufzuheben. Der geschlechtshomogene Kurs liefert eher die Möglichkeit, Defizite in der Handhabung der Geräte nicht als mangelnde Fähigkeit auf dem Gebiet der Informatik zu verstehen und den Unterricht so zu gestalten, daß er den berechtigten Ansprüchen der Mädchen gerecht wird.

Die zeitweilige Aufhebung der Koedukation sollte von Gesprächen zwischen Mädchen- und Jungenkursen begleitet werden, um zu sensibilisieren, die Problematik zu verdeutlichen und Verständnis für die Position der jeweils anderen Gruppe zu wecken. Die Auseinandersetzung mit den Neuen Technologien darf nicht zur Verstärkung von geschlechtsspezifischen Unterschieden führen.

Die erfolgreiche Mädchenförderung setzt auch eine Sensibilisierung der Lehrerinnen und Lehrer für das Thema und eine entsprechende Fortbildung voraus. Den Kolleginnen und Kollegen kommt beim Umgang mit dem Computer eine Vorbildfunktion zu, insbesondere spielen die durch Äußerungen und Verhalten widergespiegelten gesellschaftlichen Einstellungen eine Rolle. Detaillierte Ausführungen zu dieser Thematik finden sich z.B. bei Niederdrenk-Felgner [NF92].

Die beste Möglichkeit scheint mir der liberale Reformansatz bezüglich der Koedukation zu bieten, wie er in Stichworten von Fuchs [Fu92] aufgezeigt wird: „mehr gleiche Chancen für Mädchen und Jungen, deshalb Erweiterung ihres Studien- und Berufsspektrums auch um den Preis der zeitweiligen Aufhebung der Koedukation, die prinzipiell nicht in Frage gestellt wird.Beispiel: zeitweilig getrennter Computerunterricht".

Literatur

[AK92] Altermann-Köster, M.: Mädchen und Neue Technologien, in: Mädchen und Computer [MC92].

[FW92] Faulstich-Wieland, H.: Mädchenbildung und neue Technologien. Das hessische Entwicklungs- und Forschungsprojekt, in: Mädchen und Computer [MC92].

[FW89] Faulstich-Wieland, H./Dick, A.: Mädchenbildung und neue Technologien, HIBS, Sonderreihe Heft 29. Wiesbaden 1989.

[Fu92] Fuchs, C.: Feministische Schulforschung, in: S. Günthner, H. Kotthoff, Hrsg.: Die Geschlechter im Gespräch: Kommunikation in Institutionen, Stuttgart 1992.

[Ja92] Janzen, D.: Modellhaftes Interaktionsprogramm zur Steigerung des Mädchenanteils beim Bundeswettbewerb Informatik, Bundeswettbewerb Informatik, Essen 1992.

[MC92] Mädchen und Computer: Ergebnisse und Modelle zur Mädchenförderung in Computerkursen / hrsg. vom Bundesminister für Bildung und Wissenschaft. Bad Honnef 1992.

[MVK89] Meyer, M., Voigt-Köhler, I.: Schülerinnen im Informatikunterricht der Sekundarstufe II - Erfahrungen, Probleme, Möglichkeiten - in: Informatik Fach- berichte 221, Frauenwelt - Computerräume, GI-Fachtagung 1989.

[NF92] Niederdrenk-Felgner, C.: Darstellung des Projekts Mädchen und Computer. Modelle für eine mädchengerechte Unterrichtsgestaltung, in: Mädchen und Computer [MC92].

[Sc92] Schiersmann, C.: Geschlechtstypische Unterschiede beim Zugang zum Computer. Problemstellung und Stand der Forschung, in: Mädchen und Computer [MC92].

[Sc91] Schinzel, B.: Frauen in Informatik, Mathematik und Technik, Informatik Spektrum (1991) 14.

[SZ88] Schulz-Zander, R.: Mädchenbildung und neue Technologien, LOG IN 8 (1988) Heft 1.

[SZ89] Schulz-Zander, R.: ITB für Mädchen und junge Frauen, LOG IN 9 (1989) Heft 5.

[SZ92] Schulz-Zander, R./Schwarz, A./Wehrmann, K.: Wenn meine Lebendigkeit gefragt ist,.. - ein kreatives Computerprojekt für Mädchen, in: Mädchen und Computer [MC92].

[We89] Westram, H.: Der Informatikunterricht in der Sekundarstufe II wird Mädchen nicht gerecht, in: Informatik Fachberichte 221, Frauenwelt - Computerräume, GI-Fachtagung 1989.

Kapitel 25

Hermann Stimm: Der Lehrplanentwurf für das Fach Informatik in der Oberstufe des Gymnasiums in Rheinland-Pfalz

Zusammenfassung

Es wird knapp die Entwicklung des Lehrplanentwurfs Informatik in Rheinland-Pfalz beschrieben. Allgemeinbildende und fachspezifische Aspekte des Informatikunterrichts an der Schule werden aus Sicht der Lehrplankommission dargestellt. Die Stellung des Faches Informatik in schulischer und gesellschaftlicher Umgebung werden angerissen. Die Inhalte des Lehrplanentwurfs werden vorgestellt.

25.1 Entwicklung des Lehrplanentwurfs

Der derzeit noch in Rheinland-Pfalz geltende Lehrplan für das Grundfach Informatik basiert in allen wesentlichen Teilen auf den Empfehlungen der Gesellschaft für Informatik e. V. (GI) „Zielsetzungen und Inhalte des Informatikunterrichts“ [1] aus der Mitte der 70er Jahre. Der Lehrplan [4] selbst wurde nach langer Erprobung 1983 verbindlich.

Inzwischen haben sich jedoch wesentliche Voraussetzungen und Randbedingungen geändert. So wurde in der Sekundarstufe I die Informationstechnische Grundbildung (ITG) eingeführt. Dies bedeutet, daß zumindest minimale Vorkenntnisse bei den Schülerinnen und Schülern vorausgesetzt werden können. Weiter wurden viele Schulen mit besserer Hard- und Software ausgestattet.

Nicht zuletzt muß die erhöhte Sensibilität der Gesellschaft beim Einsatz der Informationstechniken von der Schule aufgegriffen werden. Hier hat die Fachdidaktische Kommission Informatik viele Gedanken übernommen, die vom Deutschen Verein zur Förderung des mathematischen und naturwissenschaftlichen Unterrichts e. V. (MNU) 1991 veröffentlicht wurden [5]. Auch die „Dagstuhler Empfehlung zur Aufnahme des Faches Informatik in den Pflichtbereich der Sekundarstufe II“ [2] hat den Entwurf des Lehrplans beeinflußt. Nicht zuletzt wurde der Entwurf zu den „Empfehlungen für das Fach Informatik in der Sekundarstufe II“, der gerade von der Gesellschaft für Informatik erstellt wird, berücksichtigt. Dazu sei auf den nächsten Vortrag verwiesen [6].

Die Lehrplankommission hatte die Möglichkeit, Gäste einzuladen. Sie hat das in großem Umfang genutzt. So konnten die Ziele und Inhalte des Lehrplanentwurfs Informatik für Rheinland-Pfalz mit vielen Vertretern aus den Universitäten und der Industrie, mit Fachdidaktikern und Mitgliedern von Lehrplankommissionen anderer Bundesländer besprochen und diskutiert werden. Dies hat Form und Inhalt des jetzt vorliegenden Entwurfs an wesentlichen Stellen mitbestimmt. Ich möchte hier die Möglichkeit nutzen, allen Gästen nochmals herzlich für ihre wichtige und fruchtbare Zusammenarbeit zu danken.

25.2 Allgemeinbildende und fachspezifische Aspekte der Informatik

Zu jedem Lehrplan gehört, daß er einige Aussagen zur Stellung des Faches im Fächerkanon der Schule macht. Es ist ein Entwurf für das Gymnasium. Einige zentrale Aufgaben eines allgemeinbildenden Schulwesens stehen deshalb am Anfang des Lehrplanentwurfs:

„Aus den zahlreichen Ansätzen zur Beschreibung einer Allgemeinbildung lassen sich einige Unterrichtsziele ableiten, die immer wieder als zentrale Aufgaben eines allgemeinbildenden Schulwesens herausgestellt werden:

- die Vorbereitung auf künftige Lebenssituationen,
- die Vermittlung von Kulturtechniken,
- der Aufbau eines zeitgemäßen Weltbildes,
- die Anleitung zum kritischen Vernunftgebrauch,
- die Erziehung zum verantwortlichen Umgang mit der Natur,
- die Erziehung zum verantwortlichen Umgang mit erworbener Kompetenz in den Rollen als Betroffene, Benutzer(innen) und Gestalter(innen),
- die Stärkung der Persönlichkeit durch Anwendung des Gelernten.

Insbesondere in der Sekundarstufe II sind dazu den Schülerinnen und Schülern Inhalte, Methoden, Denkweisen, Modellvorstellungen und daraus resultierende Bewertungen des Menschen, seiner Gesellschaft und seiner Umwelt zu vermitteln. Sie sollen sie befähigen, Probleme und Aufgaben innerhalb und vor allem außerhalb der Schule aus eigenem Wissen und Können zu bewältigen."

Diese Formulierungen, die auf Bussmann und Heymann [3] zurückgehen, scheinen der Fachdidaktischen Kommission Informatik durchaus zeitgemäße Vorstellungen einer Allgemeinbildung wiederzugeben. Das Fach Informatik kann natürlich nicht alle Aufgaben der Schule übernehmen, es kann aber einen Beitrag zu vielen leisten.

Fachspezifische Inhalte lassen sich aus den allgemeinbildenden Zielen nicht herleiten. Das hat die Curriculum-Diskussion der 70er Jahre gezeigt. Die folgenden fachspezifischen Aspekte, die der Lehrplanentwurf Informatik angibt, stehen aber zumindest nicht im Widerspruch zu den angestrebten allgemeinbildenden Zielen.

„Im Grundkurs Informatik werden folgende Ziele angestrebt:

- Kenntnis von Prinzipien und Methoden der Fachwissenschaft Informatik, wie zum Beispiel Modellbildung, Modularisierung und Strukturierung,
- Fähigkeit zur Problemlösung durch Anwendung von Methoden, Werkzeugen und Standardverfahren der Informatik,
- Fähigkeit zur Teamarbeit,
- Kenntnis wichtiger Bewertungskriterien, wie Korrektheit, Aufwand, Sicherheit, Zuverlässigkeit und Benutzungsfreundlichkeit,
- Fähigkeit zur Dokumentation und Beurteilung von Problemlösungen, Methoden, Werkzeugen und Standardverfahren der Informatik,
- Einblick in Rechnerarchitekturen und Einsicht in Aufbau und Funktionsweise grundlegender Komponenten,
- Verständnis dafür, daß sich wesentliche Merkmale von Computern in Automatenmodellen darstellen lassen und daß sich aus diesen Modellen prinzipielle Grenzen der Leistungsfähigkeit realer Maschinen herleiten lassen,

- Bewußtsein, daß eine Problemlösung in verschiedenen Sprachebenen (Umgangssprache, Programmiersprache, Maschinensprache) und Beschreibungsformen (Text, Graph, Automat) dargestellt werden kann,
- Fähigkeit, informationsverarbeitende Systeme (daten- und wissensverarbeitend) zur Lösung von Problemen geeignet auszuwählen, verantwortlich anzuwenden und die damit gewonnenen Ergebnisse zu beurteilen,
- Einsicht, daß die umfassende Anwendung der Informations- und Kommunikationstechnik vielschichtige Auswirkungen auf unser Leben hat (Umwelt, Arbeitswelt, Freizeit, Wertewandel) und daß sich daraus eine besondere Verantwortung gegenüber den Menschen, der Gesellschaft und der Natur begründet."

Die folgende Graphik 25.1 aus dem Lehrplanentwurf soll zeigen, daß Methoden und Inhalte des Faches Informatik im Mittelpunkt des Unterrichts stehen. Dies bedeutet aber auch, daß die Schülerinnen und Schüler erkennen sollen, daß Informatik in eine Umgebung eingebunden ist, bei der vielfältige Wechselwirkungen mit Einzelnen aber auch der Gesellschaft als Ganzem bestehen.

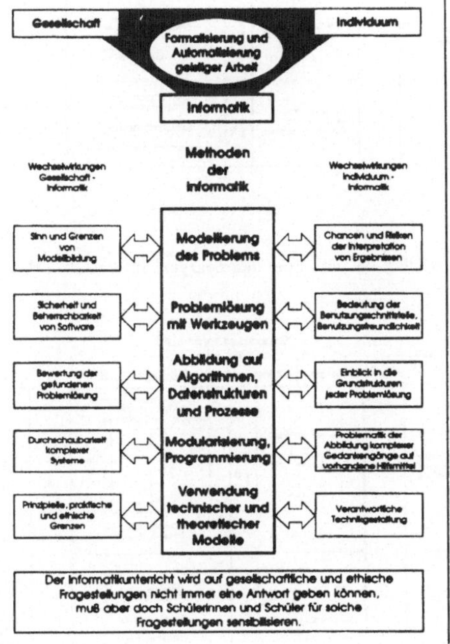

Abbildung 25.1: Methoden und Inhalte des Faches Informatik im Mittelpunkt des Unterrichts

Es ist keineswegs selbstverständlich, daß mathematisch oder naturwissenschaftlich ausgebildete Lehrer solche Fragen im Unterricht anschneiden. Der Entwurf des Lehrplans setzt deshalb hier einen besonderen Akzent. Die Informatik kann nicht alle gesellschaftlichen Probleme lösen, der Unterricht soll jedoch für Probleme sensibilisieren. Das heißt nicht zuletzt, daß im Unterricht Fragen zu gesellschaftlichen und ethischen Problemen der Informationstechnik gestellt und diskutiert werden sollen, auch wenn keine Lösung angeboten werden kann.

25.3 Inhalte des Faches Informatik

Drei Graphiken (25.2–25.4) geben zum Abschluß eine Übersicht über die Inhalte des Lehrplanentwurfs Informatik für die Jahrgangsstufen 11 bis 13. Der Entwurf ist für drei Jahre zu je drei Wochenstunden Unterricht angelegt. Er bildet in sich eine Einheit. Eine Auswahl einzelner Halbjahreskurse ist für die Schülerinnen und Schüler nicht möglich. Zur Zeit findet in Rheinland-Pfalz eine Umstrukturierung der Jahrgangsstufe 11 statt. Vermutlich wird sie keinen Einfluß auf den Lehrplanentwurf haben, wenn auch noch nicht alle Regelungen über den Übergang von Jahrgangsstufe 11 zur Jahrgangsstufe 12 festliegen.

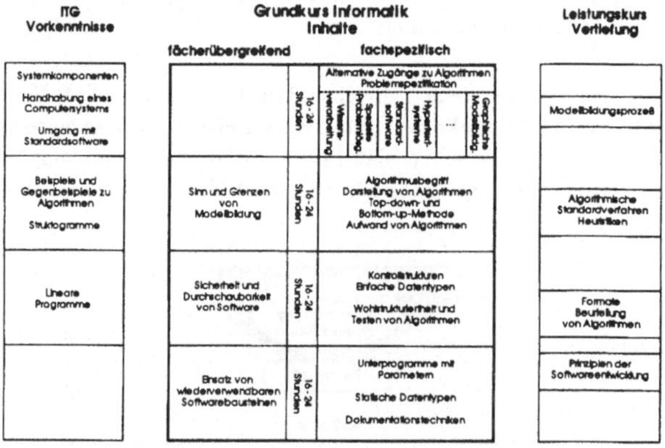

Abbildung 25.2: Übersicht über den Lehrplan Informatik Jahrgangsstufe 11

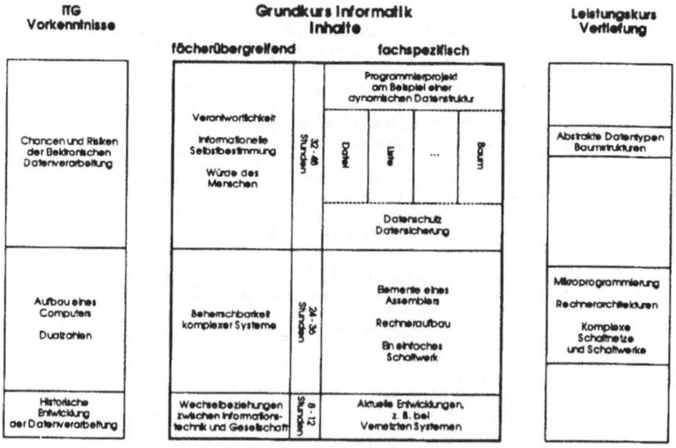

Abbildung 25.3: Übersicht über den Lehrplan Informatik Jahrgangsstufe 12

Die Graphiken sind einheitlich aufgebaut. In der linken Spalte sind einige wenige Vorkenntnisse angegeben, die aus dem Unterricht in ITG vorausgesetzt werden können. Aus der Erfahrung mit dem Lehrplan von 1983 ist die rechte Spalte entstanden. Da die überwiegende Mehrzahl der

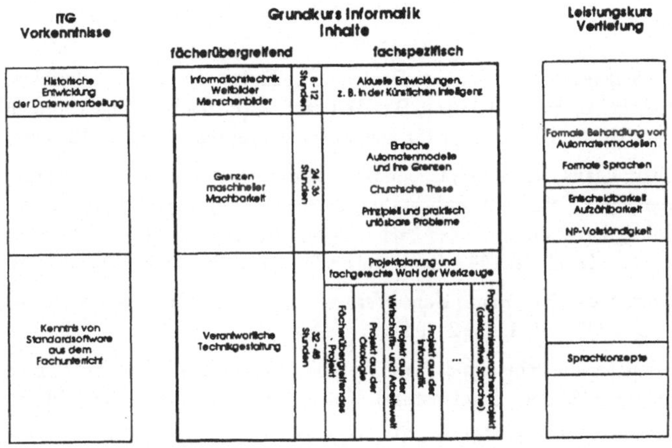

Abbildung 25.4: Übersicht über den Lehrplan Informatik Jahrgangsstufe 13

Lehrerinnen und Lehrer nur eine sehr kurze Weiterbildung und kein Studium in Informatik als Grundlage des Unterrichts hat, fällt die didaktische Reduktion oft nicht leicht, und es besteht die Gefahr, daß zuviel verlangt wird. In der rechten Spalte sind deshalb einige Inhalte angegeben, die nach Überzeugung der Lehrplankommission nicht mehr in ein Grundfach gehören. Es sind vor allem Lernziele, die deutlich stärker eine Systematisierung und Formalisierung voraussetzen. Die für einen denkbaren Leistungskurs angegebenen Inhalte geben natürlich keinen vollständigen Lehrplan wieder. Ein Leistungskurs Informatik ist derzeit in Rheinland-Pfalz nicht geplant.

Der mittlere Teil enthält mit weit gefaßten Stundenansätzen die Inhalte des Grundkurses. Dabei wurden nochmals fächerübergreifende Aspekte des Unterrichts hervorgehoben. Sie sollen mit den fachspezifischen Inhalten integriert unterrichtet werden.

In weiten Bereichen lehnt sich der Lehrplanentwurf an den bestehenden Lehrplan von 1983 an — auf Grund der Ausbildung der Lehrer ist im Augenblick etwas anderes auch nicht durchführbar. Allerdings enthält der Entwurf viele Freiräume, in denen Lehrerinnen und Lehrer über das bisher Unterrichtete hinaus neue Themen aufgreifen können. So bleibt der Lehrplanentwurf auch für die Zukunft offen.

Breiten Raum nimmt die Programmierung ein. Es muß eine imperative Programmiersprache, z. B. Pascal, verwendet werden. Abstriche gegenüber dem bisherigen Plan wurden insoweit gemacht, als nur ein einziger dynamischer Datentyp der verwendeten Sprache gefordert wird. An die Lehrplankommission wurde von vielen Seiten der Wunsch herangetragen, eine zweite Programmiersprache mit einem ganz anderen Sprachparadigma, z. B. Prolog, verbindlich vorzuschreiben. So weit wollte die Kommission nicht gehen. Sie hat aber mit einem möglichen Einstieg im Halbjahr 11/1 und über ein Projekt im Halbjahr 13/2 die Möglichkeit offengehalten, eine zweite Programmiersprache in Ansätzen zu behandeln.

Im ersten Unterrichtsabschnitt in Klasse 11 werden verschiedene Einstiegsmöglichkeiten mit konkreten Anwendungen und leistungsfähigen Werkzeugen geboten. So können besonders gut unterschiedliche Vorkenntnisse aus der Sekundarstufe I aufgefangen werden.

Die Schülerinnen und Schüler sollen als wesentliche Erkenntnis die Tatsache verstehen, daß Computern prinzipielle Grenzen gesetzt sind, die auch in Zukunft mit immer leistungsfähigeren Maschinen nicht überschreitbar sind.

Die weiteren Inhalte ergeben sich aus den Übersichten.

Literatur

[1] Brauer, Wilfried; Claus, Volker; Deussen, P., Eickel, J.; Haake, Wolfhart; Hosseus, Winfried; Koster, C. H. A.; Ollesky, D.; Weinhart, Karl: Zielsetzungen und Inhalte des Informatikunterrichts. Zentralblatt für Didaktik der Mathematik 8, 1 (1976 Heft 1), S. 35–43

[2] Buse, Dirk; Claus, Volker; Graf, Klaus-D.; Hahlweg, Ebbo; Koerber, Bernhard, Loos, Rüdiger; Oberschelp, Walter; Schubert, Sigrid; Schwill, Andreas; Stimm, Hermann: Dagstuhler Empfehlung zur Aufnahme des Faches Informatik in den Pflichtbereich der Sekundarstufe II. Dagstuhl, den 27.05.1993. Zentralblatt für Didaktik der Mathematik 1993 Heft 1, S. 8

[3] Bussmann, Hans; Heymann, Hans Werner: Computer und Allgemeinbildung. Neue Sammlung 27, 1 (1987 Heft 1), S. 2–39

[4] Kultusministerium Rheinland-Pfalz: Lehrplan Informatik. Grundfach in der Oberstufe des Gymnasiums (Mainzer Studienstufe). Kultusministerium Rheinland-Pfalz: Mainz 1983

[5] MNU: Perspektiven des Informatikunterrichts im allgemeinbildenden Schulwesen. Beilage zu MNU 44, 2 (1991 Heft 2)

[6] Schulz-Zander, Renate: Veränderte Sichtweisen für den Informatikunterricht in der Sekundarstufe II — Empfehlungen des Fachausschusses „Informatik in der Schule“ der Gesellschaft für Informatik. In diesem Tagungsband

Kapitel 26

Renate Schulz-Zander u.a.: Veränderte Sichtweisen für den Informatikunterricht

GI-Empfehlungen für das Fach Informatik in der Sekundarstufe II allgemeinbildender Schulen

Schulz-Zander, R. (federführend), Brauer, W., Burkert, J., Heinrichs, U., Hilty, L., Hölz, I., Keidel, K., Klages, A., Koerber, B., Meyer, M., Peschke, R., Pflüger, J., Reineke, V., Schubert, S.

Präambel

Die Empfehlungen sollen eine längerfristige Leitlinie für die Lehrplanentwicklung geben. Sie tragen den veränderten Bedingungen des Informatikunterrichts Rechnung, greifen insofern neue Inhalte und Methoden auf und verdeutlichen den eigenständigen Beitrag dieses Faches zur Allgemeinbildung. Angesichts der zu erwartenden ständigen Weiterentwicklung der Systeme wird auf detaillierte Konkretisierungen mit der Angabe über Umfang und Reihenfolge von Bildungsinhalten verzichtet. Exemplarische unterrichtliche Anwendungen sind im Anhang aufgeführt.

26.1 Ausgangslage

Im Jahre 1976 hat die Gesellschaft für Informatik e.V. (GI) Rahmenempfehlungen für den Informatikunterricht in der Sekundarstufe II herausgegeben [12]. Diese Empfehlungen konnten die Einführung des Faches Informatik in der gymnasialen Oberstufe unterstützen und haben bis heute zur Strukturierung und inhaltlichen Gestaltung des Informatikunterrichts wesentlich beigetragen.

In den Empfehlungen der Gesellschaft für Informatik von 1976 [12] heißt es: „Gegenstand des Informatikunterrichts ist in erster Linie nicht die technische Funktion des Rechners. Vielmehr erscheint es wesentlich, Möglichkeiten der Anwendung des Rechners sowie Auswirkungen und Grenzen des Einsatzes von Rechenanlagen zu kennen und zu erkennen." Diese Einordnung hat nach wie vor Gültigkeit, sie ist aber aus heutiger Sicht zu ergänzen und neu zu interpretieren.

Die Bedingungen für den Informatikunterricht haben sich deutlich verändert durch

- die inzwischen in allen Bundesländern eingeleitete Einführung einer Informationstechnischen Grundbildung [2],
- den in vielen Bundesländern eingeführten Informatikunterricht in der Sekundarstufe I,
- die weitere Entwicklung der Informatik und ihrer Anwendungen,
- die damit verbundenen wirtschaftlichen, sozialen, politischen und kulturellen Veränderungen sowie
- die veränderten Einstellungen und Zugänge der Jugendlichen zum Computer.

26.2 Veränderte Bedingungen und Sichtweisen für den Informatikunterricht

Die umfassende Verwendung neuer Informations- und Kommunikationstechnologien hat in allen Industrieländern zu erheblichen gesellschaftlichen Strukturwandlungen geführt. Da sie entscheidende Wirkungen auch auf das künftige Profil der Gesellschaft haben wird, stellt sie ein Schlüsselproblem unserer Epoche dar. Alle Mitglieder der Gesellschaft sind hiervon betroffen. Aus einer Technik für Fachleute ist in wenigen Jahren eine allgemein verfügbare Technik geworden, die zunehmend auch zum Erfahrungsbereich der Schülerinnen und Schüler zählt.

Allgemeinbildung muß sich an gesellschaftlichen Schlüsselproblemen orientieren, wie der Verwendung neuer Informations- und Kommunikationstechnologien und der mit ihr einhergehenden Veränderung der Bedingungen und Wirkungen von geschlechtsspezifischer Arbeitsteilung und Sozialisation. Bildung muß ein geschichtlich vermitteltes Bewußtsein von zentralen Problemen der Gegenwart und — soweit möglich — der Zukunft entfalten, Einsicht in die Mitverantwortlichkeit aller angesichts dieser Probleme vermitteln und eine Bereitschaft zur Mitwirkung bei ihrer Bewältigung wecken. Sie ist als individuell verantworteter Zusammenhang von drei Grundfähigkeiten zu sehen: den Fähigkeiten zur Selbstbestimmung, zur Mitbestimmung und zur Solidarität [7].

Der Informatikunterricht kann mit seinen spezifischen Zielen und Inhalten zur Vermittlung einer Allgemeinbildung wesentlich beitragen. Bisher ist er von der traditionellen Auffassung der Informatik als Strukturwissenschaft geprägt. Entsprechend stehen dabei Algorithmen und Datenstrukturen im Mittelpunkt des Unterrichts. Der Algorithmusbegriff stellt bisher die Klammer zwischen technischen, theoretischen und praktischen Themenstellungen dar und ermöglicht deren Behandlung unter einem gemeinsamen Blickwinkel.

Angesichts der Entwicklung der Informatik und der Verbreitung der Informationstechnik sind heute jedoch ein breiteres Spektrum von Problemlösungsansätzen [5, 6] und vielfältige Anwendungsaspekte weit stärker als bisher zu betrachten. Im Programmiersprachenbereich hat ein Paradigmenwechsel stattgefunden, den auch der Informatikunterricht berücksichtigen muß [1, 3]. Informatik verlangt neben reinen mathematisch-formal geprägten Methoden und algorithmischen Sichtweisen weitere Bearbeitungsperspektiven. Beispiele dafür sind heuristische Strategien, etwa im Zusammenhang mit wissensbasierten Systemen, Wissensrepräsentation und -verarbeitung, Techniken der Parallelverarbeitung oder die Behandlung der Informations- und Kommunikationstechnologien unter dem Blickwinkel der Sozialverträglichkeit in gesellschaftlichen Anwendungsfeldern [4, 9].

Dies setzt ein Behandeln von Problemlösungs- und Gestaltungsmethoden sowie deren kritische Beurteilung, eine Förderung des Denkens in Abläufen und Zusammenhängen, eine Förderung der Kommunikations- und Kooperationsfähigkeit und eine Darstellung der Probleme und Methoden, komplexe Systeme zu überschauen, im Informatikunterricht voraus.

Es werden Sichtweisen benötigt, die die Entwicklung der Informatik aufnehmen und den Anforderungen der oben skizzierten Allgemeinbildung genügen.

Als ordnendes Prinzip wird der Bezug des Menschen zum Computer zugrundegelegt. Diese Sichtweise ermöglicht die systematische Behandlung von Informatik-Grundlagenwissen zusammen mit Fragen der Sozialverträglichkeit des Werkzeugs Computer, rückt die Computertechnik in einen Zusammenhang mit ihrem Anwender und Gestalter und betont die Wechselwirkung zwischen der Technik und dem Menschen.

Die Inhalte und Ziele des Informatikunterrichts lassen sich dann unter den folgenden Sichtweisen darstellen, die einen jeweils unterschiedlichen Komplexitätsgrad aufweisen:

- Wechselwirkung Mensch-Computer,
- Formalisierung und Automatisierung geistiger Arbeit[1] und

[1] Der Begriff „Automatisierung geistiger Arbeit“ wird evtl. noch geändert.

- Informatiksysteme, Gesellschaft und Umwelt.

26.3 Der Beitrag des Informatikunterrichts zum Bildungs- und Erziehungsauftrag der Schule

Auch der Informatikunterricht soll im Zusammenhang mit anderen Fächern auf die Bewältigung zukünftiger Lebenssituationen in einer Gesellschaft vorbereiten, die zunehmend durch Informationstechnologien und Medien geprägt werden. Der Beitrag des Informatikunterrichts liegt hierbei in folgenden Punkten:

- Förderung eines verantwortungsbewußten Umgangs mit Informationen und Erziehung zu verantwortlichem Handeln

  Der Informatikunterricht kann zu einer Haltung beitragen, die eine verantwortungsbewußte Gestaltung einer humanen und sozialen Zukunft und die Reflexion normativer Setzungen und ethischer Fragen sowie die Bereitschaft des Einzelnen, aktiv mitzuwirken, erfordert. Methoden des Zugangs zu Informationen und der Informationsverarbeitung mittels (vernetzter) informationsverarbeitender Systeme werden kennengelernt, dabei wird der verantwortungsbewußte Umgang mit den betroffenen Personen und Sachen einbezogen.

- Reflexion des Verhältnisses von Menschen zur Informationstechnik

  Der Informatikunterricht bietet den Schülerinnen und Schülern die Möglichkeit, sich bewußt mit ihrer eigenen Beziehung zu Computern als Maschinen auseinanderzusetzen. Das Verhältnis von Mensch und Technik kann als historische und philosophische Frage erfahren werden. Ansätze einer menschengerechten Gestaltung der Arbeit in den Einsatzbereichen der Informationstechnik und eines gleichberechtigten Zugangs der Geschlechter zur Informationstechnik können erarbeitet werden.

- Förderung eines gleichberechtigten Zugangs zur Technik

  Der Informatikunterricht sollte in seiner Zielsetzung, seinen Inhalten und hinsichtlich der Unterrichtsorganisation einer Benachteiligung von Mädchen entgegenwirken [11]. Dabei ist besonders auf die Reihenfolge und Gewichtung von Unterrichtsinhalten zu achten. Vor dem unmittelbaren Programmieren sollte der Anwendungsbezug hergestellt werden, eine Einbindung in den sozialen Kontext erfolgen, über Nutzen und Schaden der Einführung von Computern gesprochen werden. Erst anschließend sollte eine theoretische Einbettung erfolgen. Lern- und Lehrstrategien sollten eine Überwindung traditioneller Geschlechterrollenzuschreibungen zum Ziel haben.

- Vermittlung verschiedener Problemlösungs- und Gestaltungsmethoden und deren Beurteilung

  Neben den reinen mathematisch-formalen Methoden gewinnen insbesondere ganzheitliche, systembezogene Lösungsansätze an Bedeutung. Die Fähigkeit, sich in vernetzten Systemen zu orientieren, spielt dabei eine ebenso große Rolle wie die Erkenntnis, daß ökonomische, soziale und ökologische Zusammenhänge bei der Entwicklung technischer Lösungen maßgeblich sind und daß Modelle und mögliche Lösungsansätze interessengeleitet aufgebaut werden.

- Förderung des schöpferischen Denkens

  Erfahrungen mit einer Vielzahl von kreativen Gestaltungsmöglichkeiten (z.B. Modellbildung, sprachliche und grafische Gestaltung) mit Hilfe des Computers können den Schülerinnen und Schülern eine Erweiterung ihrer Entfaltungsmöglichkeiten durch die Nutzung dieser Technik aufzeigen.

- Förderung der Fähigkeit zu Kommunikation und Kooperation

  Durch Partner-, Team- und Projektarbeit können kooperative Arbeitsformen eingeübt werden. Dem kooperativen Arbeiten muß aufgrund der interdisziplinären Anwendung und Gestaltung von Informatiksystemen eine besondere Bedeutung beigemessen werden.

26.4 Ziele und Inhalte des Informatikunterrichts

Im folgenden werden für den Informatikunterricht wichtige Ziele und Inhalte genannt, dabei ist eine exemplarische Behandlung von Themen im Unterricht vorzusehen, die alle Sichtweisen abdeckt. Es ist ein der Altersstufe jeweils angemessener Zugang zu den Unterrichtsthemen zu wählen. Bei der Gestaltung des Unterrichts ist anzustreben, die verschiedenen Sichtweisen zu integrieren.

A) Mensch-Computer

Unter der Sichtweise Mensch-Computer sind im Unterricht individuelle Erfahrungen zu thematisieren, die die einzelne Anwenderin und der einzelne Anwender im unmittelbaren Umgang mit Computersystemen erworben haben. Zum einen kann der Computer als sinnvolles Werkzeug erfahren werden, zum anderen hat der Werkzeuggebrauch auf die Anwenderin und den Anwender vielfältige Wirkungen. Angesprochen werden somit Qualifikationen zum Problemlösen mit dem Computer, die Fähigkeit, unter alternativen Strategien kritisch auswählen zu können und eine Sensibilisierung gegenüber der Prägung durch eine solche Arbeit. Die Schülerinnen und Schüler sollen:

A1 Exemplarische Methoden und Verfahren der Modellierung eines Ausschnitts der Wirklichkeit kennenlernen, diese anwenden und kritisch hinterfragen, z.B. im Hinblick auf die Grenzen dieser Methoden und auf das Interesse am Einsatz.

Dazu gehören die Fähigkeiten zur

- Formulierung und Analyse eines Problems,
- Entwicklung von Algorithmen und Datenstrukturen,
- Verwendung von geeigneten Werkzeugen und Modellierungstechniken zur Lösung eines Problems,
- Überprüfung des entwickelten Lösungsverfahrens im Hinblick auf seine Korrektheit, Komplexität, Zuverlässigkeit und Angemessenheit,
- Einsichtnahme in die Grenzen des Modells und der darauf beruhenden Lösung, sowie ihrer Auswirkungen auf Benutzer und Benutzerinnen und die Umwelt.

A2 Einen Überblick gewinnen über unterschiedliche Ansätze und Darstellungen der Modellierung mit dem Computer. Dazu gehören Kenntnisse über

- Software-Entwurfsmethoden mit entsprechenden Klassen von Programmiersprachen und ausgewählten Datenstrukturen,
- Möglichkeiten der Gestaltung von Benutzerschnittstellen und Software-Entwicklungsumgebungen,
- das Verhältnis von Problemlösung und formaler Spezifikation, unter Beachtung der ausgewählten Programmiersprache.

A3 Erfahrungen sammeln und Wissen erwerben über die Zugangsweisen und Rückwirkungen der Arbeit mit Computern auf den Menschen. Dazu gehört Einsicht in

- sozialpsychologische, persönlichkeitsabhängige und geschlechtsspezifische Aspekte des Umgangs mit dem Computer,

- den Einfluß der Benutzerschnittstelle und die Folgen der Mensch-Maschine-Interaktion,
- die Möglichkeit von Teamarbeit und Selbstorganisation,
- die Veränderung bzw. den Verlust traditioneller Fähigkeiten,
- mögliche Erweiterungen individueller Fähigkeiten durch die Arbeit mit dem Computer.

Die Einsichten sollen situationsgebunden erworben werden. Projektorientiertes Vorgehen hat sich als besonders geeignet erwiesen.

B) Formalisierung und Automatisierung geistiger Arbeit[2]

Im Informatikunterricht sind ein fundiertes Grundwissen über Computersysteme und die Möglichkeiten und Grenzen bei der Organisation von Arbeit durch den Einsatz von Informationstechnologien zu vermitteln. Dazu zählen die theoretischen Grundlagen sowie Grundbegriffe des Aufbaus und der Funktionsweise von Computersystemen, ebenso wie die des Einsatzes der Informationstechnologien bei der Planung und Organisation von Arbeit.

Die Schülerinnen und Schüler sollen:

B1 Möglichkeiten und Grenzen der Algorithmierbarkeit kennen und Beispiele im Hinblick auf ihre Wirksamkeit beurteilen können.

Dazu gehören Kenntnisse über

- den Computer als universellen, zeichenverarbeitenden Automaten,
- einfache Automatenmodelle und zugehörige Grammatiken,
- praktisch unlösbare und nicht-entscheidbare Probleme,
- Beispiele für die Reduktion von Wissen auf eine formale Datenrepräsentation.

B2 Aufbau und Wirkungsweise von Computern sowie ihre technischen Möglichkeiten und Grenzen verstehen.

Dazu gehören Kenntnisse über

- Rechner- und Betriebssystemarchitekturen,
- Datenbanken und Informationssysteme,
- verteilte Systeme, Kommunikationsprotokolle, Parallelverarbeitung,
- Datenschutz und Datensicherheit,
- Grenzen der technischen Realisierbarkeit und Beherrschbarkeit.

B3 Art und Ausmaß des Einsatzes der Informationstechnologien in wichtigen Anwendungsbereichen einschätzen können.

Dazu gehören zusätzliche Kenntnisse über den Einsatz von

- Informationstechnologien als Organisationsinstrument,
- Informationstechnologien als Medium,
- vernetzten Computersystemen,
- Multimedia-Anwendungen.

C) Informatiksysteme, Gesellschaft und Umwelt

Komplexe Kommunikationssysteme besitzen eine wesentliche Bedeutung im wirtschaftlichen, sozialen und politischen Leben. Die Computertechnik wird durch den Aufbau vernetzter informationsverarbeitender Systeme in einen medialen und gesellschaftlichen Kontext eingebunden. Diese Vernetzung wird im Informatikunterricht unter der Sichtweise Informatiksysteme, Gesellschaft und Umwelt aufgezeigt. Fragen zur Ethik sind in den Unterricht einzubeziehen.

Die Schülerinnen und Schüler sollen:

---

[2]Der Begriff „Automatisierung geistiger Arbeit" wird evtl. noch geändert.

C1 Struktur, Funktion und Risiken von Computersystemen kennen und beurteilen können.

Dazu gehören Einsichten in

- die Chancen, Risiken und Grenzen eines verantwortbaren Einsatzes von Informatiksystemen,
- das Grundrecht auf informationelle Selbstbestimmung (Datenschutz),
- die Möglichkeiten demokratischer Kontrolle von (vernetzten) Systemen und die Unkontrollierbarkeit großer Systeme.

C2 Auswirkungen der Anwendungen der Informatiksysteme auf die Lebens- und Arbeitswelt, auf Politik und Umwelt kennen und beurteilen können.

Dazu gehören Einsichten in

- die Veränderungen der Arbeits- und Kommunikationszusammenhänge oder Produktionsformen in verschiedenen Anwendungsbereichen und deren Wirkungen auf die Betroffenen,
- Möglichkeiten und Folgen von Informatiksystemen für die Umwelt z.B. hinsichtlich
  - des Umweltschutzes,
  - der Energieeinsparung,
  - der strukturellen Veränderungen in der Logistik,
  - der Herstellung und Entsorgung von Hard- und Software.

C3 Kulturelle, geschichtliche und anthropologische Bedingungen und Tendenzen der Anwendung von Informatiksystemen einschätzen lernen.

Dazu gehört ein Wissen und Urteil über

- kulturelle und historische Entwicklungen sowie Interessen bei der Anwendung von Informatiksystemen,
- Wirkungen der Informatiksysteme auf Denk- und Kommunikationsgewohnheiten und ästhetische Anschauungen,
- die Folgen der wachsenden Informationsmenge und den veränderten Umgang mit Wissen und Entscheidungen.

Die Einsichten können anhand konkreter Anwendungen, ggf. durch zusätzliche Szenarien unterstützt, erworben werden.

26.5 Bezüge der Informatik in der Sekundarstufe II zur Informatik in der Sekundarstufe I und zu anderen Fächern

Das Fach Informatik in der Sekundarstufe II darf nicht isoliert von der Informatik und der Informationstechnischen Grundbildung (ITG) in der Sekundarstufe I und dem Kanon der anderen Schulfächer gesehen werden. Es bestehen wechselseitige Bezüge und Abhängigkeiten, die es zu beachten gilt.

Die Behandlung von Lerninhalten der Informatik kann nicht aufgeschoben werden, bis in der Sekundarstufe II eine vertiefte Auseinandersetzung und ein Arbeiten in wissenschaftspropädeutischer Form möglich ist. Vielmehr kann und muß mit der Vermittlung von Lerninhalten schon früh — jeweils angepaßt an die jeweilige Entwicklungsstufe der Lernenden — begonnen werden.

Die **Informationstechnische Grundbildung** vermittelt in den Jahrgangsstufen 7–10 einen ersten Einblick in Anwendungen der Informationstechnik sowie deren Beurteilung für alle Schülerinnen und Schüler [2]. Sie zielt auf breitangelegte Grundkenntnisse und -fertigkeiten, damit die Lernenden die für ihr persönliches Umfeld wichtige Bedeutung der neuen Techniken einschätzen können. Im Mittelpunkt steht dabei nicht der Computer, sondern vorrangig sind seine vielfältigen Anwendungsmöglichkeiten sowie seine wirtschaftlichen, sozialen und kulturellen Auswirkungen. Die Lerninhalte, die sich durch Praxisnähe auszeichnen sollen, können dabei nicht aus ihrem Kontext losgelöst auf Strukturen reduziert werden. Deshalb ist für die Informationstechnische Grundbildung kein eigenes Fach, sondern ihre Integration in verschiedene Fächer möglich und sinnvoll. Durch den Beitrag verschiedener Fächer werden die unterschiedlichen Aspekte der Anwendungen der Informationstechnik samt deren Auswirkungen am deutlichsten. In diesem Sinne versteht sich die Informationstechnische Grundbildung als fächerübergreifende Bildungs- und Erziehungsaufgabe.

Darüber hinausgehend soll — wie in der Bund-Länder-Kommission gefordert [2] — die Schule eine „vertiefende informationstechnische Bildung" vermitteln. Dies erfolgt im **Informatikunterricht**. Die Gesellschaft für Informatik fordert in ihren 1986 veröffentlichten Rahmenempfehlungen [10] einen Informatikunterricht, der im Pflichtbereich der Sekundarstufe I angesiedelt ist. Sie ist der Meinung, daß ein Informatikunterricht im Wahlpflichtbereich kein Ersatz, sondern dessen Ergänzung und Vertiefung ist. Da sich die erwähnten veränderten Bedingungen in gleicher Weise auf den Informatikunterricht der Sekundarstufe II wie der Sekundarstufe I auswirken, sind auch in der Sekundarstufe I die Informatikinhalte den im Kapitel 2 dargestellten drei Sichtweisen zuzuordnen. Die Auswahl des Unterrichtsstoffes sollte praxisnah sein und weitgehend Eigenaktivitäten der Schülerinnen und Schüler ermöglichen.

In zunehmendem Maße wird der **Computer in anderen Schulfächern** als Werkzeug und Medium genutzt. Der Informatikunterricht ist nicht mehr wie in den Anfängen das einzige Fach, das einen Bezug zu Informations- und Kommunikationstechniken herstellt. Diese Veränderungen erfordern eine wechselseitige Abstimmung und ein am Bildungs- und Erziehungsauftrag ausgerichtetes Zusammenwirken der einzelnen Fächer als Teile eines Ganzen.

Literatur

[1] Brauer, W.; Brauer, U.: Wissenschaftliche Herausforderungen für die Informatik: Änderungen von Forschungszielen und Denkgewohnheiten. In: Langenheder, W. et al. (Hrsg): Informatik cui bono? Reihe: Informatik aktuell. Berlin u.a.: Springer, 1992, S. 11–19.

[2] Bund-Länder-Kommission für Bildungsplanung und Forschungsförderung (BLK): Gesamtkonzept für die informationstechnische Bildung. Materialien zur Bildungsplanung. Heft 1, Bonn 1987.

[3] Claus, V.: Was sollte von Informatik in der Schule vermittelt werden? In: von Puttkamer, E. (Hrsg.): Informatik-Grundbildung in Schule und Beruf. Informatik-Fachberichte 129. Berlin u.a.: Springer, 1986.

[4] Coy, W.et al. (Hrsg.): Sichtweisen der Informatik. Braunschweig/Wiesbaden: Vieweg, 1992.

[5] Dagstuhler Empfehlung zur Aufnahme des Fachs Informatik in den Pflichtbereich der Sekundarstufe II. Buse, D.; Claus, V.; Graf, K.-D.; Hahlweg, B.; Koerber, B.; Loos, R.; Oberschelp, W.; Schubert, S.; Schwill, A.; Stimm, H. In: Zentralblatt für Didaktik der Mathematik, 25 (1993) H. 1, S. 8.

[6] Empfehlungen des Fakultätentages zum Schulfach Informatik (Sekundarstufe II) und zur Ausbildung von Informatik-Lehrkräften. Beth, Th.; Claus, V.; Engbring, D.; Graf, K.-D.; Gun-

zenhäuser, R.; Hemmerling, A.; Kerner, I. O.; Kleine-Büning, H.; Leufen, St.; Oberschelp, W.; Schubert, S.; Stetter, F.; Vogel, J. 1993 (wird veröffentlicht im Informatik-Spektrum).

[7] Klafki, W.: Neue Studien zur Bildungstheorie und Didaktik. Zeitgemäße Allgemeinbildung und kritisch-konstruktive Didaktik. 2., erweiterte Auflage. Weinheim und Basel: Beltz Verlag, 1991.

[8] Kultusministerkonferenz (Hrsg.): Einheitliche Prüfungsanforderungen in der Abiturprüfung Informatik, 1990.

[9] Luft, A.L.: Informatik als Technikwissenschaft. Thesen zur Informatik-Entwicklung. In: Informatik-Spektrum (1989) 12, S. 267–273.

[10] Rahmenempfehlung für die Informatik im Unterricht der Sekundarstufe I (V. Claus, R. Gunzenhäuser, W. Hosseus, K. Keidel, H. Löthe, R. Loos, U. Lübbers, I. Peters, H. Pulver, D. Schruff, M. Spengler). In: Informatik-Spektrum 9 (1986), S. 141–143.

[11] Schulz-Zander, R. : Für die Gleichstellung von Mädchen und jungen Frauen in der Informationstechnischen Bildung. Empfehlung einer IPN-Curriculum-Konferenz. In: Glumpler. E. (Hrsg.): Mädchenbildung — Frauenbildung. Beiträge der Frauenforschung für die LehrerInnenbildung. Bad Heilbrunn: Klinkhardt Verlag (1992), S. 210–220.

[12] Zielsetzungen und Inhalte des Informatikunterrichts. (W. Brauer, V. Claus, P. Deussen, J. Eickel, W. Haacke, W. Hosseus, C.H.A. Koster, D. Ollesky, K. Weinhart). In: Zentralblatt für Didaktik der Mathematik, 8 (1976) H.1, S. 35–43.

Die Empfehlungen enthalten einen Anhang mit Erläuterungen zu Geschlechterdifferenzen im Informatikunterricht (Teil A) und Unterrichtsbeispielen (Teil B).
Verabschiedet vom GI-Präsidium am 23./24. Juni 1993.

Anhang

Teil A: Geschlechterdifferenzen im Informatikunterricht

Erhebungen zeigen, daß Informatikkurse von Mädchen weit weniger häufig gewählt werden als von Jungen [A7]. Auch an Hochschulen ist der prozentuale Anteil der Studentinnen, die sich für den Informatikstudiengang einschreiben, seit Jahren rückläufig. Ein Ziel des Informatikunterrichts sollte insofern sein, möglichen Benachteiligungen von Mädchen entgegenzuwirken. Dies ist auch als ein ausdrückliches Anliegen der Empfehlungen zu verstehen.

In Schulversuchen in Hessen, Niedersachsen und Nordrhein-Westfalen zum Thema „Mädchen und Neue Technologien" sind geschlechtsspezifische Zugangsweisen und Zugangsmöglichkeiten zum Computer untersucht worden [A1, A2, A3]. Die Ergebnisse beziehen sich zunächst auf die Informationstechnische Grundbildung, sind in weiten Teilen jedoch übertragbar auf den Informatikunterricht der Sekundarstufe II. Übereinstimmend konnte festgestellt werden, daß Mädchen stärker an gesellschaftlichen Anwendungen der Informationstechnik und ihren Auswirkungen interessiert sind als Jungen. Ihr Interesse ist ebenso stärker am Nutzen des Einsatzes der Informationstechnik orientiert, ihr Umgang ist weniger experimentierend, sondern eher planend.

Bezüglich der Zugangsmöglichkeiten zu Computern hat eine Reihe von Untersuchungen [A1, A2, A3, A4, A5] in der Bundesrepublik Deutschland gezeigt, daß Jungen weit häufiger einen Computer besitzen als Mädchen, sowie auch über mehr Erfahrungen im außerschulischen Umgang mit Computern verfügen als Mädchen.

Mädchen trauen sich weniger zu, weil die Jungen ihnen weniger zutrauen. Sie nehmen sich und andere Mädchen eher als Anfängerinnen wahr als Jungen. Dieses Selbstbild entspricht dem Fremdbild der Jungen [A3]. Sie halten Jungen für kompetenter im Umgang mit Technik und glauben auch, daß diese erheblich mehr Kenntnisse besitzen. Jungen halten sich selbst ebenso für kompetenter; sie behaupten auch dann Kompetenz, wenn wenig vorhanden ist, umgekehrt betonen Mädchen Lücken, auch wenn sie über Kompetenzen verfügen [A2].

Diese soziale Situation im Unterricht beeinflußt schulisches Lernen. Metz-Göckel et al. [A4] kommen aufgrund einer vergleichenden Untersuchung von geschlechtshomogenen mit heterogenen außerschulischen Computerkursen zu dem Ergebnis, daß Jungen dazu neigen, ihren eventuellen Vorsprung sozial auszunutzen, um eine überlegene Position aufzubauen, was zu einem blockierenden Lernklima führt. In den Mädchenkursen entwickelt sich dagegen ein produktives Lernklima. Schinzel et al. [A5] sehen in einem von Konkurrenz geprägten Klima eine wesentliche Ursache für die starke Abwahl von Informatikkursen in der 11./12. Jahrgangsstufe durch Mädchen aber auch Jungen. Mädchen wählen das Fach Informatik um so häufiger ab, je geringer der Mädchenanteil in der Klasse insgesamt ist.

Eine zeitweilige Trennung der Mädchen und Jungen in geschlechtshomogenen Gruppen wird als eine Möglichkeit gesehen, den Belangen der Mädchen besser gerecht zu werden [A2, A4, A6]. Dabei sollte jedoch eine Zusammenführung der Gruppen immer wieder erfolgen, um den Vergleich des Kenntnis- und Fähigkeitsstandes zu erreichen. Andernfalls entsteht zu leicht die Überzeugung, daß der Unterricht für die Jungen besser sei als der für die Mädchen.

Die Untersuchungsergebnisse legen den Schluß nahe, daß die Vermittlung einer fachlichen Kompetenz noch keine Gleichstellung von Mädchen im Informatikunterricht bewirkt.

Es ist mit gleicher Gewichtigkeit eine Unterstützung beim Aufbrechen traditioneller Rollenbilder bei Jungen und Mädchen und bei der Veränderung des Selbstkonzepts zu geben. Positive Leitbilder sollten in den Unterricht einbezogen werden. Kompetente und erfolgreiche Frauen könnten im Unterricht vorgestellt werden, z.B. auch durch Betriebsbesichtigungen. Die Veränderung tradierter Rollenbilder und des Selbstkonzepts bedarf ganzheitlicher Methoden, da die gesamte Persönlichkeit betroffen ist. Rationale Erkenntnisse allein bewirken noch keine Verhaltensänderungen. Sinnliche Erfahrungen und Handlungsstrategien sollten in den Unterricht einbezogen werden [A6]. Die Thematik sollte darüber hinaus auch in die Elternarbeit einbezogen werden.

Literatur

[A1] Altermann-Köster, Marita; Holtappels, Heinz Günter; Kanders, Michael; Pfeiffer, Hermann; De Witt, Claudia: Bildung über Computer? Informationstechnische Grundbildung in der Schule. Institut für Schulentwicklungsforschung der Universität Dortmund. Weinheim/München, 1990.

[A2] Faulstich-Wieland, Hannelore; Dick, Anneliese: Mädchenbildung und Neue Technologien. Abschlußbericht der wissenschaftlichen Begleitung zum Hessischen Vorhaben. Hessisches Institut für Bildungsplanung und Schulentwicklung (HIBS). Sonderreihe Heft 29, Wiesbaden, 1989.

[A3] Heppner, Gisela; Osterhoff, Julia; Schiersmann, Christiane; Schmidt, Christiane: Computer? „Interessieren tät's mich schon, aber ..“ Wie sich Mädchen in der Schule mit Neuen Technologien auseinandersetzen. Theorie und Praxis der Frauenforschung, Bd. 13. Bielefeld: Kleine Verlag, 1990.

[A4] Metz-Göckel, Sigrid; Frohnert, Sigrid; Hahn-Mausbach, Gabriele; Kauermann-Walter, Jacqueline: Mädchen, Jungen und Computer. Westdeutscher Verlag, 1991.

[A5] Schinzel, Brigitta: Frauen in Informatik, Mathematik und Technik. In: Informatik-Spektrum (1991) 14, S. 1-14.

[A6] Wehrmann, Kerstin; Schwarz, Annette; Schulz-Zander, Renate; Oberliesen, Rolf: Kreatives Computerprojekt für Mädchen — Konzeption und Erfahrungen mit einem ganzheitlichintegrierten Bildungskonzept. In: Gorny, Peter: Informatik und Schule. Springer Verlag, 1991, S. 279–287.

[A7] Westram, Hiltrud: Mehr Mädchen zur Informatik! In: Computer und Unterricht (1993) 10, S. 46–48.

Teil B: Unterrichtsprojekte

Unterrichtsprojekt: Einsatz der Informationstechnik in der Textilindustrie.

Gemeinhin wird die Anwendung von Informationstechniken in der industriellen Produktion am Beispiel der Simulation und Programmierung von Industrierobotern behandelt. In diesem Unterrichtsprojekt liegt der Schwerpunkt dagegen auf dem Computereinsatz in den Bereichen der Modellentwicklung (Design) und der Arbeitsvorbereitung.

Der Entwurf und die Herstellung eines Kleidungsstückes sind für Schülerinnen und Schüler leicht zu durchschauen, wodurch der Einblick in industrielle Produktionsprozesse erleichtert wird.

Der gesamte Prozeß der Herstellung eines Kleidungsstückes wird durchlaufen: die Schülerinnen und Schüler entwerfen ein Kleidungsstück, passen es ihrer Größe an, wählen das Material aus, schneidern es und führen es vor. Anlässe dafür können die Faschingszeit oder die Aufführung eines Theaterstückes bieten. Parallel zur handwerklichen Fertigung wird auf jeder Fertigungsstufe der Computereinsatz behandelt und, soweit möglich, simuliert:

- Es wird in die Anwendung von CAD-Systemen für den Design-Entwurf eingeführt und der Einsatz solcher Systeme am Rechner wird nachgebildet,
- Maße für verschiedene Größen und die Anpassung des Modells werden mit Hilfe eines von den Schülerinnen und Schülern erstellten Programms berechnet,
- das Problem der Optimierung des Materialverbrauchs wird angesprochen und die in der Industrie angewandte Lösung des rechnerunterstützten Probierens wird simuliert,
- die Schwierigkeiten der Automatisierung des eigentlichen Nähvorgangs werden erörtert und über den Einbau von mikroelektronischen Bauteilen in Nähmaschinen informiert.

Ergänzend werden Fragen der Veränderung der Textilbranche durch die Informationstechnologie, der Veränderung von Arbeitsplätzen und Berufsfeldern, der Auswirkungen auf das Geschlechterverhältnis u.a.m. behandelt. Die Betriebsbesichtigung in einem Textilbetrieb soll den Schülerinnen und Schülern weitere Anschauung bieten.

Geplant ist das Projekt für den Informatikunterricht im ersten Jahr der Sekundarstufe II.

Unterrichtsprojekt: Informationstechnologie im Warenhaus Europa Vorschlag für ein Unterrichtsprojekt unter dem Aspekt „Vernetzte Systeme".

1. Grundlage sind Eckdaten einer bundesweit tätigen Warenhauskette, die sich in Richtung Europa ausdehnen will. Unterschiede von Verbraucher-Gewohnheiten und regionalen Märkten, sowie länderspezifische gesetzliche Regelungen z.B. für

   - Arbeitszeit,
   - Umweltschutz und
   - Datenschutz

   definieren den durchaus während des Software-Entwicklungsprozesses veränderbaren Rahmen in diesem Projekt.

2. Ziele: Die im Laufe eines komplexen Software-Entwicklungsprozesses (von der Idee bis zur Verfahrensnutzung) sich entwickelnden dynamischen Abhängigkeiten und daraus resultierende Änderungen erkennen lernen. In wechselnden Gruppenzusammensetzungen kann im Verlaufe des Unterrichts das IT-System aus verschiedenen Blickwinkeln in den unterschiedlichen Projektphasen dimensioniert, genutzt und kontrolliert werden (Software-Entwickler, Kunde, Datenschutzbeauftragter, Unternehmensführung).

3. Vorgehen: Einzelne informatikbezogene Aufgaben aus dieser IT-Projektwelt können in unterschiedlicher Tiefe behandelt werden, durchaus auch mit unterschiedlicher Medienunterstützung und mit einem didaktisch-methodisch abwechslungsreichen Gestaltungsansatz.

   Die Projektphasen sollten im groben umrissen bei der Vorgehensweise erkennbar sein:

1.	Projektvorschlag	(Idee, Anforderungen),
2.	Planung	(IST/SOLL),
3.	Realisierung	(Konzept, Programmierung, Test),
4.	Einsatz	(Verfahrens-Einsatz, Wartung, Revision).

3.1 Ein bei den Schülerinnen und Schülern wohlbekanntes Artikelspektrum (Elektro, Foto, Textilien, Musik, Schuhe, Sportartikel, Bau- und Bastelmarkt, Schmuck, Autozubehör, Lebensmittel) kann aus Sicht des

- Kunden (bargeldloses Zahlen, Abbuchen, elektronische Kassen, ggf. Transport-Lieferung)
- oder der Einkaufsabteilung im Unternehmen (Bestand-Bestellwesen, Rechnungswesen, Lagerhaltung)

dargestellt werden.

3.2 Auch die Transport-Logistik der Warenverteilung durch einen eigenen Fuhrpark kann in Form von Methoden und Programmen zur Touren-Planung simuliert werden.

3.3 Der Datenschutz- und Informationssicherheitsbeauftragte der Warenhauskette greift für das Sicherheitskonzept des Gesamt-Systems und den Datenschutz für personenbezogene Daten (von Mitarbeitern, von Kunden, Schufa, Banken) in allen Projektphasen aktiv ein.

3.4 In Form von Werbe-Aktionen können bestimmte Abteilungen unter Anwendung von Desktop Publishing plakative Ankündigungen planen.

3.5 Für programmierte Teil-Einheiten des IT-Systems — z.B. Tourenplanung oder Lagerbestand — sind Dokumentationen sowohl für die Benutzer als auch für die Revision anzufertigen.

4. Aufgaben-Beispiele, die als Einzelaufgaben, mit oder ohne Abhängigkeiten gelöst werden können, am PC, über FILE-Server, an einem HOST, im Rollenspiel, graphisch mit „Papier und Bleistift", im Interview usw.:

   - Aufbau und Pflege von Dateien (Artikeldatei, Kundendatei oder Filialdatei),
   - Programmierung betriebswirtschaftlicher Einzelprobleme, z.B. Kapitalverzinsung, Optimierungsrechnungen, Bestandsrechnung, Transportmatrix, Zusammenstellung von Sonderangeboten,
   - Dialoglösungen und Batchprogramme,
   - Datenschutz und Informationssicherheit,
   - Tourenplanung,
   - Wirtschaftskorrespondenz mit Textverarbeitung,
   - Statistik oder Kostenrechnung mit Tabellenkalkulation,

- Präsentation der Ware (nach Standort, Verfallsdatum),
- Personalplanung (Eignung, Einsatz, Schichtbetrieb, Mitbestimmung, Datenschutz),
- Anfertigung eines Werbeplakats (Desktop Publishing),
- Scanner-Kassen, Point-of-Sales-Systeme, Balkencode, EAN (Europäische Artikelnummer), geschlossenes Warenwirtschaftssystem,
- Auftragsabwicklung,
- Bestell- und Lagerwesen,
- Druck von Listen und Formularen,
- Datenbanken (Aufbau, Datenwiedergewinnung),
- Dienste (z.B. Telefax, Bildschirmtext),
- Netze (z.B. Vernetzung der Filialen),
- Bargeldlose Zahlung (Schufa-Auskunft),
- Benutzerdokumentation/Unterlagen für Revision.

Die genaue Beschreibung der Fallstudie muß den entsprechenden Hintergrund für diese Aufgaben, gestaffelt nach unterschiedlichem Schwierigkeitsgrad, und auch die Lösungsansätze liefern.

Unterrichtsprojekt: Maschinelle Sprachverarbeitung

Die wichtigsten Anwendungen der maschinellen Sprachverarbeitung sind Systeme zur automatischen Übersetzung und Dialogsysteme, die einen (eingeschränkten) Gebrauch der natürlichen Sprache zulassen. In der Regel wird vorausgesetzt, daß die Texte in schriftlicher Form eingegeben werden. Die maschinelle Verarbeitung gesprochener Sprache, die zusätzliche Probleme stellt, ist davon getrennt zu betrachten.

Als Einstieg in den Unterricht eignen sich Zeitungs- und Zeitschriftenartikel über die Erfolge und Mißerfolge der maschinellen Übersetzung. Beispiele machen deutlich, daß die Übersetzung eines Textes voraussetzt, daß der Übersetzer seine Bedeutung erfaßt, d.h. den Text versteht. Wird eine Maschine jemals in der Lage sein, mehr als die heute erreichbaren Rohübersetzungen zu liefern, die von Menschen nachbearbeitet werden müssen?

Ein alternativer (oder auch zusätzlicher) Einstieg in das Thema ist die Benutzung und Analyse eines Programms, das allein mit der Technik des Musterabgleichs auf eingegebene Sätze mit scheinbar sinnvollen Antworten oder Gegenfragen reagiert, ähnlich dem von Weizenbaum entwickelten ELIZA-Programm. Solche Programme sind in zahlreichen Lehrbüchern enthalten. Die Schülerinnen und Schüler können in Gruppen mit dem Programm experimentieren und entdecken, wie sie es „auf's Glatteis führen" können. Die Gruppen können anschließend (mit der notwendigen Unterstützung) die Arbeitsweise des Programms verstehen und selbständig Modifikationen vornehmen.

Auf der Grundlage dieser Beispiele und Erfahrungen werden die linguistischen Grundbegriffe Syntax, Semantik und Pragmatik eingeführt. Besonders Beispiele des Versagens maschineller Sprachverarbeitung eignen sich, diese Unterscheidung zu verdeutlichen. Handelt es sich um syntaktische, semantische oder pragmatische Fehler?

Um Techniken maschineller Sprachverarbeitung zu behandeln, empfiehlt sich eine Beschränkung auf die Syntax. Nach Einführung des Begriffs der formalen Grammatik und einer Notation für Ersetzungsregeln kann z.B. eine Grammatik für einfache Sätze der Form „Die Katze jagt die Maus" entwickelt werden. Es werden Benennungen für syntaktische Kategorien wie <Satz>, <Nominalteil>, <Verbalteil>, <Substantiv>, <Verb> usw. benötigt. Dabei wird der Einfachheit halber nur die Satzsyntax, nicht die Wortsyntax (Morphologie) berücksichtigt, also auf die Behandlung unterschiedlicher Wortformen verzichtet. Kontextfreie Grammatiken sind für diesen

Zweck ausreichend, wobei die Regeln in Backus-Naur-Form notiert werden können. Später kann auf die Grenzen dieses Ansatzes eingegangen werden.

Als Programmierprojekt wird anschließend ein Parser entwickelt, der für eine gegebene Grammatik die syntaktische Korrektheit einer eingegebenen Kette von Terminalsymbolen prüft. Dieses Projekt kann in unterschiedliche Richtungen ausgebaut werden:

- Erweiterung der Grammatik;
- Ausgabe von Strukturbäumen (Syntaxbäumen),
- Berücksichtigung der Wortsyntax (Erweiterung des Parsers um lexikalische und morphemische Analyse durch Einführung eines Lexikons).

Das Unterrichtsprojekt „Maschinelle Sprachverarbeitung" bietet Schnittstellen zu anderen wichtigen Teilgebieten und Themen der Informatik:

- Theoretische Informatik (formale Sprachen, Chomsky-Hierarchie, Automatentheorie),
- Programmiersprachen (Syntax und Semantik, Compilerbau),
- Möglichkeiten und Grenzen der Künstlichen Intelligenz (Kann eine Maschine verstehen?).

Unterrichtsprojekt: Logische Programmierung

Traditioneller Informatikunterricht zeigt den Nachholbedarf bei der Entwicklung des logischen Denkens. Bedingungen, sowohl die vorauszusetzenden als auch die resultierenden, werden unzureichend erkannt. Daran scheitert oft das Planen von Handlungen, die sich auf bestimmte Objekte beziehen. Mit PROLOG als „virtueller Maschine" lernen Schülerinnen und Schüler ein System kennen, das für sie ungewohnte Eigenschaften und Möglichkeiten hat. Sie erfahren, welche Problemsituationen damit in Angriff genommen werden können und was die Maschine bewirkt. Die logische Programmierung stellt eine Problemlösephilosphie bis hin zu effektiven Werkzeugen bereit, die es ermöglichen, Objekte und deren Eigenschaften zu verknüpfen und in der Muttersprache aufzuschreiben. Sie unterliegt kaum syntaktischen Restriktionen, wohl aber streng logischen. Die Schülerinnen und Schüler definieren Relationen zwischen Objekten des Problemraumes, lernen Fakten und Regeln aufzustellen und ergänzen mit ihrem Wissen über das Problem (PROLOG-Programm) den vorgefertigten Lösungssuche-Algorithmus, den das PROLOG-System automatisch zur Nutzung bereitstellt. Die Schülerinnen und Schüler müssen sich weniger als früher um Abläufe, deren Konstruktion und Steuerung, kümmern, sie können sich in stärkerem Maße auf die Beschreibung des Problems konzentrieren. Dadurch können sie relativ schnell und ausdrucksstark kompliziertere Probleme bewältigen. Sie müssen nicht gleichzeitig mit der Komplexität der Lösung und der Komplexität der Herstellung der Software kämpfen.

Logische Programmierung fördert eine Vielzahl von Techniken der Modellierung und Konstruktion von Lösungen, die zur Prädikatenlogik der 1. Stufe gehören und führt zur Wissensverarbeitung.

Problemdarstellung	PROLOG
Universum von Objekten	Faktenbasis
Eigenschaften der Objekte	
Prädikate (Relationen)	Regeln
Verkleinern des Lösungsraumes	Suche
Implikation (Modus Ponens)	Variablenbindung
Logische Formeln	Ableitungspfade
Vollständige Durchmusterung	Tiefensuche mit Backtracking

Die Schülerinnen und Schüler lernen verstehen, daß das PROLOG-System ihre Aussagen nicht überprüfen kann, sondern kritiklos verarbeitet. Falsche Eintragungen im PROLOG-Programm führen zu falschen Lösungsvorschlägen des Systems, die durch logisch korrekte Schlußfolgerungen entstehen. Solche anspruchsvollen Methoden wie die Rekursion sind mit PROLOG sehr einfach zu realisieren, da der strukturierte Term ebenfalls rekursiv definiert ist. Die Anwendung von Listen und Bäumen führt deshalb zu eleganten und kurzen Lösungen. Schwierigkeiten gibt es beim Verständnis für die logische Variable. Die Techniken der Unifikation und des Backtrackings besitzen Leistungsstärke, sind aber unbedingt durch die Diskussion von Modellen (Prozedurmodell, Ableitungsbäume) transparent zu machen. Erst wenn die Schülerinnen und Schüler den Beweisverlauf (virtuelle Maschine) verstanden haben, können sie ihre Wissensbasen wirkungsvoll strukturieren. Den für Anfänger häufig langwierigen Prozeß von der Aneignung von Grundkenntnissen bis zu eigenständigen Programmen kann die Lehrperson eindrucksvoll abkürzen. Die Verbindung zur Theorie ergibt sich bei den Problemen der Terminierung (links-rekursive Regeln, Zyklen) und der Heuristik über die Reihenfolge der Ziele (Plazierung von Tests und Terminierungsbedingungen): Der Ableitungsverlauf sollte mit der Tracekomponente (evtl. graphisches Trace dazu) experimentell erkundet werden. Dabei liegt mit der Anzahl der Reduktionsschritte in der Ableitung ein Maß für die Lösungskomplexität vor, daß die Schülerinnen und Schüler gut nachvollziehen können.

Es sollte davon abgegangen werden, die Programmiersprachen gegeneinander zu stellen. Die Schülerinnen und Schüler benötigen verschiedene Sprachwerkzeuge, um deren Vorzüge und Nachteile in Abhängigkeit vom zu lösenden Problem zu verstehen. Offen ist die Frage, in welchem Umfang (Breite und Tiefe) man über alternative Sprachkonzepte aufklären muß, um exemplarisches Verständnis zu ermöglichen. Auf Fertigkeiten wird man weitgehend verzichten müssen. Die Einsichten dominieren. Die motivierende Wirkung, die aus der Erprobung eigener Lösungen und dem Experimentieren am Computer resultiert, darf nicht verloren gehen.

Kapitel 27

Hannes Gutzer: Informatische Grundbildung in Sachsen-Anhalt — Inhalt, Konzept, Fortbildung

27.1 Zur begriffsklärenden Einstimmung

Bis zum Turmbau zu Babel mag die Welt der Sprache noch in Ordnung gewesen sein. Dem größenwahnsinnigen Turmbau folgte laut biblischem Bericht die Strafe auf dem Fuße: „..., lasset uns herniederfahren und ihre Sprache daselbst verwirren, daß keiner des andern Sprache verstehe!" (1. Buch Mose, Kapitel 11, Vers 7). Heute machen uns nicht nur Computer-Fachbegriffe wie Informatik, Programmierung, Algorithmen und Anwendersoftware zu schaffen. Deren inhaltliche Klärung füllen die Kassen einer Vielzahl privater Bildungsträger, besonders im Osten Deutschlands. Solcherart Probleme kannte die römische Regierung zu Christi Zeiten nicht, als sie anordnete, den Abakus in allen Behörden und Banken, aber auch in den Schulen einzuführen. Dies war mit dem Abakus wohl auch leichter zu bewerkstelligen, als mit der heutigen Vielfalt elektronischer Rechenhilfsmittel, angefangen vom nichtprogrammierbaren Taschenrechner, über programmierbare und grafikfähige Taschenrechner bis hin zu Personalcomputern und Workstations.

In Gesprächen mit Fachkollegen über Computer und Unterricht wird man nicht selten an den Titel des Bestsellers von Deborah Tannen „Du kannst mich einfach nicht verstehen" erinnert. Dabei wollen alle nur das Beste. Der Theoretiker kennt alle Materialien und Konzeptionen, ihm fehlt aber oft der Einblick in die Praxis. Der Praktiker handelt frei nach Erich Kästner: „Es gibt nichts Gutes, außer: Man tut es." und kümmert sich wenig um fachübergreifende Erklärungen und Begründungen. Auf diese Weise sind Diskussionen vorprogrammiert, bei denen Voltaire (1694–1778) zu sagen pflegte: „Bevor ich mit Ihnen über etwas reden kann, müssen Sie Ihre Ausdrücke definieren."'

An solcherart Definitionen mangelt es im Lande nicht. Eine gute Grundlage ist das Gesamtkonzept für die informationstechnische Bildung der Bund-Länder-Kommission (BLK) für Bildungsplanung und Forschungsförderung aus dem Jahre 1987. Hier werden die informationstechnische Grundbildung, die vertiefende informationstechnische Bildung in Form der Informatik, die berufsbezogene informationstechnische Bildung und Studienangebote zur Informatik in einer Art Vier-Stufen-Plan klar voneinander unterschieden.

Dabei sind die Übergänge in Abhängigkeit vom Schulsystem des jeweiligen Bundeslandes natürlich fließend. So ist das Fach Informatik z.B. in einem Fachgymnasium Sachsen-Anhalts ebenso relevant wie die Nutzung des Computers als Unterrichtsmittel im berufsbildenden Bereich. Dennoch sind die folgenden Bereiche sehr wohl auseinanderzuhalten, wenn man der „Sprachverwirrung" Paroli bieten will:

1. Informatische Grundbildung (Begriffsvarianten: informationstechnische, informations- und kommunikationstechnische oder -technologische Grundbildung),
2. Vertiefende informatische Bildung im Fach Informatik und

3. Computer als förderliches Unterrichtsmedium zum Problemlösen, zum Üben und zum Festigen.

27.2 Zur Informatik

Interessanterweise begann der Bau des Informatik-Gebäudes mit dem Dach, also dem Punkt 2 und nicht mit dem, die Grundmauern liefernden Punkt 1. Ursache dafür war der damalige Stand der Computertechnik und der nunmehr rund 20 Jahre jungen Fachwissenschaft Informatik. Um dem ersten Personalcomputer aus dem Jahre 1977 zu sinnvollem Tun anzuregen, bedurfte es subtiler Kenntnisse über Hard- und Software, und das „Selbermachen" von Programmen war angesagt. Euphoriker rückten das Programmieren in die Nähe tradierter Kulturtechniken, die in einer „INPUT-LET-PRINT-Philosophie" gipfelte. Heutige Benutzeroberflächen haben diese Philosophie massiv widerlegt. Angesichts leistungsstarker und „menschenfreundlicher" Software mit einer Fülle, vom Hersteller „vorgedachter" Routinen zum Auswählen bedarf selbst der Begriff des Programmierens einer neuen Definition. Dennoch, die Rahmenrichtlinien (RRL) und Lehrpläne für das Fach Informatik (Punkt 2) in allen Bundesländern sind korrekt, sofern sie sich der Informatik als Wissenschaft von der systematischen Verarbeitung von Informationen verpflichtet fühlen.

Hieran hat sich seit Leibniz (1646–1716) nichts geändert, der vor rund 300 Jahren sagte: "'...dann wird sich herausstellen, daß wir, indem wir scheinbar über die Rechenmaschine reden, uns in Wirklichkeit mit dem menschlichen Denken befassen."'

Dies ist leichter gesagt als getan. Der Informatiklehrer in der Kursstufe, angetreten zur Vermittlung von Problemlösungstechniken mittels Modellbildung und Programmiersprache, sitzt bisweilen auf dem Dach des Informatik-Gebäudes, dessen Grundmauern von einigen spielfreudigen Computerfreaks unter seinen Schülern gesetzt wurden. Eine wacklige Angelegenheit also, die auch nicht durch einen computerinteressierten Geographie- oder Englischlehrer, der die mittlerweile vortreffliche pädagogische Software in seinem Unterricht einsetzen will, stabiler wird.

27.3 Zum Computer als Unterrichtsmedium

In diesem, zum Punkt 3 gehörenden Bereich, sind in den letzten Jahren erfreuliche Fortschritte zu verzeichnen. Pädagogische Software zum Üben und Festigen, in geringem Teil auch zum Erkenntnisgewinn, ist ihren Kinderschuhen mit stupiden Begrüßungs- und Verabschiedungsfloskeln entwachsen. Insbesondere die lizenzpflichtigen Programme pädagogisch orientierter Software-Verlage haben für die Fächer Geographie, Technik, Wirtschaft, Sozialkunde und Fremdsprachen ein hohes Niveau erreicht. Die Nutzung dieser Angebote stößt aber nicht nur auf finanzielle Hürden. Der für das Computerkabinett verantwortliche Informatik- oder Techniklehrer sieht, von Kapazitätsproblemen in seinem Kabinett abgesehen, einer Invasion unkundiger Nutzer aus der Schüler- und Lehrerschaft mit Sorgenfalten entgegen. Der prinzipiell aufgeschlossene Fachlehrer, der dem Medium Computer bisher „aus dem Wege ging", sorgt sich um die Blamage eines naiven „Computerbedieners" und um die zweifellos erforderlichen didaktischen Besonderheiten. Dabei sollte „die Flucht nach vorn" in einem ersten Schritt durchaus schulintern und autodidaktisch erfolgen. So kann die schulinterne Lehrerfortbildung (SCHILF) durch einen vermittlungswilligen Informatik- oder Techniklehrer in kurzer Zeit eine grundlegende Bedienerkompetenz erwirken.

Der zweite Schritt besteht in der didaktischen Aufbereitung fachspezifischer Unterrichtsprogramme. Diese Aufgabe wird in allen Bundesländern zunehmend auch in der Lehrerfortbildung angegangen. So führt z.B. das Landesinstitut für Lehrerfortbildung, Lehrerweiterbildung und Unterrichtsforschung von Sachsen-Anhalt (LISA) u.a. Fortbildungskurse zum Einsatz von Unterrichtsprogrammen in den Fächern Englisch, Mathematik oder Geographie durch. Die dort fortgebildeten Fachmoderatoren und Fachkollegen sind angehalten, diese Erkenntnisse im Rahmen der regionalen Fortbildung weiterzugeben.

In Anbetracht einer Fülle bedeutsamer Probleme in der Organisationsform Schule sind auch hier eine kritische Sicht und „langer Atem" vonnöten. Es bleibt aber zumindest peinlich, wenn der Fachlehrer für Kunst oder Musik den Aufwand und die Vorgehensweise einer vom Schüler vorgelegten Computergrafik oder eines mittels Computer komponierten Musikstückes nicht mehr einschätzen kann. Für diese Handlungskompetenz braucht der Musiklehrer keine Informatik. Er sollte sich auch durch Fachbegriffe nicht abschrecken lassen. Es ist wohl relativ schnell erklärt, daß ein Bit(t)muster kein behördliches Formular für einen finanziellen Zuschuß und eine Ausgaberoutine kein Einkaufsbummel mit der Familie ist. Den Mikroprozessor wird kaum jemand für einen kleinen Rechtsanwalt halten und ein Softwarewerkzeug nicht für einen Eislöffel.

Der lernende Einsteiger in der schulinternen Fortbildung sollte stets an Matthäus 5, Vers 37 erinnern: „Eure Rede aber sei: Ja, ja; nein, nein. Was darüber ist, das ist vom Übel." Freilich läßt sich hier nicht verhindern, daß der Informatiklehrer darin schon wieder einen Vorgriff der Bibel auf das Dualsystem entdeckt. Einer schönen Computermusik oder -grafik tut dies indes keinen Abbruch.

27.4 Zur informatischen Grundbildung

Das Besinnen auf ein stabiles Fundament beginnt mit dem Punkt 1, der informatischen Grundbildung. Albert Einstein sagte anläßlich der Eröffnung der Funkausstellung in Berlin im Jahre 1930: „Sollen sich alle schämen, die gedankenlos sich der Wunder von Wissenschaft und Technik bedienen und nicht mehr davon geistig erfaßt haben als die Kuh von der Botanik der Pflanzen, die sie mit Behagen frißt." Diese informatische Grundbildung muß alle Schüler erreichen. Sie sollte möglichst früh beginnen, damit auch der erwähnte Geographie- oder Englischlehrer gleich zur Sache kommen kann. Im eingangs erwähnten BLK-Gesamtkonzept für die informationstechnische Bildung sind die Aufgaben der Grundbildung durch die folgenden Punkte charakterisiert:

- Aufarbeitung der individuellen Erfahrungen mit Informationstechniken,
- Vermittlung von Grundstrukturen und Grundbegriffen,
- Einführung in die Handhabung,
- Vermittlung von Kenntnissen über Einsatzmöglichkeiten und deren Kontrolle,
- Einführung in die Darstellung von Problemlösungen,
- Gewinnung eines Einblicks in die Entwicklung der elektronischen Datenverarbeitung,
- Schaffung des Bewußtseins für soziale und wirtschaftliche Auswirkungen,
- Darstellung der Chancen und Risiken,
- Einführung in Probleme des Persönlichkeits- und Datenschutzes.

Die teilweise noch jungen oder in der Erprobungsphase befindlichen Konzepte sehen diese informatische Grundbildung für die Klassen 7 bis 9 oder 10 vor. Dabei wird, mit Ausnahme des Landes Sachsen, kein eigenes Fach installiert, sondern diese Grundbildung wird in Leit- oder Schwerpunktfächern, in Projektwochen oder als epochaler Unterricht vermittelt.

Diese informatische Grundbildung muß dem einen der schulischen Ziele, das in der Lebensbewältigung durch Handlungskompetenz und kritisches Urteilsvermögen besteht, dienen. Wie verhält es sich da mit den Kulturtechniken Rechnen, Lesen und Schreiben? Rechnen umfaßt heute und in Zukunft *auch* den Umgang mit einem Kalkulationsschema aus einem Tabellenkalkulationsprogramm. Lesen erschöpft sich nicht in der Nutzung von Büchern, Zeitungen und Zeitschriften, sondern umfaßt *auch* das Lesen (und Suchen) in einer Datenbank, die auf einer Diskette, einer Festplatte oder einer CD-ROM gespeichert ist. Das Schreiben schließlich erfolgt nicht nur mit Füllhalter oder Kugelschreiber, sondern auch mit einer Tastatur, wobei der Text auf „nichtpapiernen" Trägern aufbewahrt wird.

27.5 Zum IKG-Konzept in Sachsen-Anhalt

Im Land Sachsen-Anhalt wurde im Oktober 1991 eine Projektgruppe gebildet, die die Erarbeitung eines vorläufigen Rahmenkonzeptes zur Einführung der informations- und kommunikationstechnologischen Grundbildung (IKG) zum Ziel hatte. Diese Gruppe formulierte konkrete Lernziele und ordnete diese in den Gesamtkomplex der informationstechnischen Bildung ein. Die Darstellung als Schalenmodell (Bild 27.1) verdeutlicht nicht nur die inhaltlichen Schwerpunkte, sondern auch die mögliche Einbindung in den Schulbetrieb der Sekundarschule und des Gymnasiums.

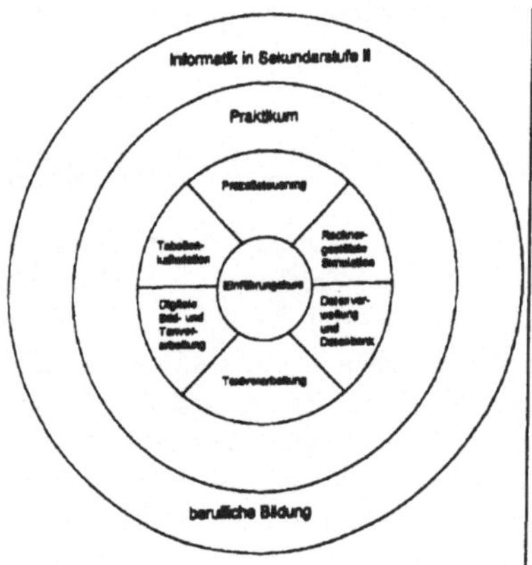

Abbildung 27.1: Schalenmodell

Der Einführungskurs sollte in Klasse 7 oder 8 durchgeführt werden. Ihm schließen sich in den Klassen 7, 8, 9 und 10 (Hauptschulbildungsgang bis Klasse 9) die Behandlung der folgenden Segmente an:

- Textverarbeitung,
- Datenverwaltung und Datenbanken,
- Rechnergestützte Simulation,
- Prozeßsteuerung,
- Tabellenkalkulation und
- digitale Bild- und Tonverarbeitung.

Der letztgenannte Bereich kann erst zu einem späteren Zeitpunkt bearbeitet werden, da die erheblichen materiellen Aufwendungen, aber auch die personellen und fachdidaktischen Grundlagen noch nicht in ausreichendem Maße vorhanden sind.

In der Klasse 10 (im Hauptschulbildungsgang in Klasse 9) wird die IKG mit einem Praktikum abgeschlossen. Dieser Abschluß gewährleistet einen sinnvollen Übergang in die vertiefende informatische Bildung in Form der Informatik im Sekundarbereich II oder aber in der beruflichen Bildung.

Soweit zur schönen Theorie auf Papier oder Diskette, die ja bekanntermaßen beide geduldig sind.

27.6 Zur Umsetzung des Konzeptes

Die erfolgreiche Umsetzung solch eines Konzeptes ist an folgende Voraussetzungen gebunden:

1. Bildungspolitische Vorgaben, z.B. in Form von Rahmenrichtlinien und Erlassen,
2. Ausstattung von Sekundarschulen und Gymnasien mit der erforderlichen Hard- und Software,
3. Fortbildungskonzepte, die in einem überschaubaren Zeitraum die Fortbildung der beteiligten Fachlehrer gewährleisten und
4. Schul- und Modellversuche, die mit wissenschaftlicher Begleitung und aktuellen Ergebnissen in den Gesamtprozeß korrigierend eingreifen können.

Zu 1.: Im Land Sachsen-Anhalt wird z.Zt. nach vorläufigen Rahmenrichtlinien unterrichtet. Bei der jetzt laufenden Überarbeitung werden die Aufgaben der IKG Beachtung finden. Darüber hinaus sind Materialien im Entstehen, die die Einführung einer IKG überall dort festschreiben, wo die technischen und personellen Voraussetzungen mittlerweile schon gegeben sind.

Zu 2.: Im Juni 1992 wurde vom Kultusministerium eine Richtlinie über die Gewährung von Zuwendungen zur Ausstattung von Schulen mit Rechnern für den Unterricht verabschiedet, die mit der Einführung der IKG korrespondiert. Hier werden dem Schulträger, der ja für die Bereitstellung von Hard- und Software zuständig ist, 60 % der Kosten als nichtrückzahlbarer Zuschuß in Form einer Anteilfinanzierung gewährt.

Zu 3.: Dieser Punkt ist von besonderer Bedeutung, denn ohne Lehrer läßt sich Schule nicht gestalten. Ausgehend von den im Schalenmodell angegeben Inhaltsbereichen der IKG und von den vorliegenden vorläufigen Rahmenrichtlinien prüfte die Projektgruppe, welche Fächer als sogenannte Schwerpunktfächer, etwa vergleichbar mit Leitfächern in Bayern, diese Aufgaben wahrnehmen sollte. Dabei ist ausdrücklich zu betonen, daß das Konzept auch für alle weiteren Fächer, die einen Beitrag zur IKG zu leisten vermögen, offen ist. Und es ist wohl kein Geheimnis, daß dies nicht nur eines Sache des Faches, sondern auch der Einstellung des jeweiligen Fachlehrers zu neuen Technologien ist.

Eingedenk der Offenheit des Konzeptes wurden zunächst die Fächer Technik, Deutsch, Sozialkunde, Physik und Mathematik als Schwerpunktfächer zur Einführung der IKG vorgesehen. Tabelle 27.1 zeigt deren Aufgaben und enthält Hinweise zur Realisierung.

Wie schon erwähnt findet der Bereich der digitalen Bild- und Tonverarbeitung, der wohl vorwiegend von den Fächern Kunst und Musik zu bearbeiten wäre, zunächst keine Berücksichtigung.

Die Fortbildung der Lehrer konzentriert sich folglich auf die fünf genannten Schwerpunktfächer. So sind je Fach an jeder Sekundarschule und jedem Gymnasium langfristig ein bis zwei Lehrer fortzubilden. Für die Realisierung wurde vom LISA in Halle (Saale) in Abstimmung mit dem Kultusministerium ein Multiplikatorenmodell entwickelt, da nur so mit vertretbarem personellen und finanziellen Aufwand in den nächsten Jahren eine flächendeckende Fortbildung erreicht werden kann. Der Bezug der IKG-Inhalte zu den Schwerpunktfächern bietet für die Fortbildung den Vorteil, daß beim Fachlehrer schon die RRL-Kenntnisse für sein Fach vorhanden sind und keine zeitaufwendigen Anknüpfungen erarbeitet werden müssen.

Schwerpunktfach	Gegenstand	Bemerkungen
Technik	Einführungskurs	schon weitgehend in RRL Klasse 7 verankert, etwa 10 Stunden
Technik	Prozeßsteuerung	schon weitgehend in RRL vernkert
Technik	Praktikum	schon weitgehend in RRL Klasse 10 (Hauptschule Klasse 9) verankert
Deutsch	Textverarbeitung	Konzept offen für Fremdsprachen
Sozialkunde	Datenverwaltung und Datenbanken	Konzept offen für Geographie und Geschichte
Physik	Rechnergestützte Simulation	vorwiegend Klassen 8 und 9, Konzeot offen für andere naturwissenschaftliche Fächer
Mathematik	Tabellenkalkulation	vorwiegend zweites Halbjahr Klasse 9, etwa 15 Stunden

Tabelle 27.1: IKG-Schwerpunktfächer und ihre Aufgaben

In der ersten Stufe dieses Multiplikatorenmodells wurden im August/September 1992 für jedes der fünf Schwerpunktfächer 15 bis 20 IKG-Multiplikatoren in einem Wochenkurs fortgebildet. Für das Schwerpunktfach Deutsch folgte im November ein vertiefender Halbwochenkurs. Diese IKG-Multiplikatoren werden durch das LISA Halle (Saale) weiter betreut. Dies umfaßt die Bereitstellung von Literatur und lizenzfreier Software ebenso wie die Hilfe bei der eigenen Fortbildungsarbeit in der Region. Im zweiten Halbjahr 1993 wird die Fortbildung dieser IKG-Multiplikatoren mit einem Halbwochenkurs fortgesetzt.

Die zweite Stufe umfaßt die fortbildnerische Tätigkeit der Multiplikatoren in der Region. Sollen in den nächsten Jahren je Schwerpunktfach und Schule ein bis zwei Lehrer fortgebildet werden, muß jeder Multiplikator etwa sechs regionale oder lokale Fortbildungsmaßnahmen mit rund 15 Teilnehmern durchführen. So sind für das erste Halbjahr 1993 46 Kurse in der regionalen und lokalen Fortbildung geplant oder sie werden bereits durchgeführt. Für solch einen Fortbildungskurs haben die Multiplikatoren zwischen 30 und 50 Stunden vorgesehen, wobei Nachmittage, aber auch Samstage genutzt werden.

Damit sind wir von einer Flächendeckung noch weit entfernt. Aus diesem Grund hat das LISA Halle (Saale) weitere fünf Wochenkurse zur Gewinnung zusätzlicher IKG-Multiplikatoren für die fünf Schwerpunktfächer für den September/Oktober dieses Jahres ausgeschrieben.

Zu 4.(Schul- und Modellversuche): Die schulischen Anforderungen gebieten es, daß der „IKG-Zug" in Sachsen-Anhalt auf Gleisen fährt, die längst nicht vollständig verlegt sind. Es bleibt nicht die Zeit, um auf Ergebnisse von Schul-oder Modellversuchen zu warten. Andererseits bedarf das vorläufige Rahmenkonzept einer ständigen Aktualisierung in inhaltlicher und organisatorischer Hinsicht. Hierzu gehört z.B. auch die praktische Erprobung von Unterrichtsmaterialien und Software aus anderen Bundesländern. So begann in diesem Jahr der Transfermodellversuch „Übertragung einer informations- und kommunikationstechnologischen Grundbildung aus dem Freistaat Bayern auf das Land Sachsen-Anhalt". Dieser Versuch beschränkt sich auf Gymnasien und hat folgende Ziele:

- Erprobung des vorläufigen Rahmenkonzepts zur IKG in Sachsen-Anhalt und Evaluation der Lernergebnisse,

- Untersuchungen zur schulpraktischen Umsetzung der in den RRL der Schwerpunktfächer demnächst ausgewiesenen Ansatzpunkte,

- Analyse, Adaption und Überarbeitung vorhandener bayerischer und anderer Materialien und Software zur IKG.

Darüber hinaus befinden sich weitere Schul- und Modellversuche in der Planungsphase.

27.7 Zum Schluß

Abschließend sollte unbedingt ergänzt werden, daß wir uns auch der Steine auf dem Wege zur Einführung der IKG bewußt sind. Einige Gesteinsbrocken haben wir selbst schon gesichtet, andere wurden uns von Kollegen, die schon eine größere Wegstrecke zurückgelegt haben, wohl prognostiziert. Wir stützen uns auch stark auf Mathematik-, Physik- und Techniklehrer, deren Begeisterung etwa mit der von Schickard vergleichbar ist, der 1623 voller Freude an seinen Freund Kepler schrieb: "'Dasselbe, was Du rechnerisch gemacht hast, habe ich in letzter Zeit auf mechanischem Wege versucht und eine aus elf vollständigen und sechs verstümmelten Rädchen bestehende Maschine konstruiert, welche gegebene Zahlen augenblicklich zusammenrechnet: addiert, subtrahiert, multipliziert und dividiert. Du würdest hell auflachen, wenn Du zuschauen könntest, wie sie die Stellen links, wenn es über einen Zehner oder Hunderter weggeht, ganz von selbst erhöht bzw. beim Subtrahieren ihnen etwas wegnimmt."'

Diese Begeisterung läßt natürlich keineswegs den Schluß von n auf $n + 1$ zu. Und es gibt nicht wenige, die die folgende „maschinenstürmerische" These vertreten: Eines Tages wird es uns schon noch gelingen, eine Maschine zu bauen, die so klug ist, daß sie ihre Arbeit von Menschen machen läßt.

Und eben diese These, freilich mit einem Augenzwinkern, ist an sich keine schlechte Rechtfertigung zur Einführung einer informations- und kommunikationstechnologischen Grundbildung.

Kapitel 28

Jürgen W. Meyer, Volkhard Klinger: TLS: Ein Hardware-System für die Ausbildung im Bereich der parallelen Datenverarbeitung

Zusammenfassung

Für die Ausbildung im Bereich der Parallelverarbeitung wurde das Transputer-Lehrsystem (TLS) konzipiert. Erfahrungen mit konventionellen Transputersystemen zeigten, daß diese für die Lehre unzureichend ausgestattet sind. Dieser Beitrag zeigt die Notwendigkeit eines speziellen Systems zu Ausbildungszwecken auf und gibt einen Überblick über die wichtigsten Eigenschaften des TLS.

28.1 Einleitung

Mit dem Ziel der Ausbildung von Studenten an transputerbasierten Systemen zur Parallelverarbeitung wurde am Arbeitsbereich Technische Informatik 2 der Technischen Universität Hamburg-Harburg das Transputer-Lehrsystem (TLS) entwickelt.

Ausgehend von der immer stärker werdenden Akzeptanz transputerbasierter Systeme in Bereichen der praktischen Anwendung stellt sich die Frage nach adäquaten Ausbildungssystemen. Damit sollen sowohl Grundlagen vermittelt als auch praktische Übungen und Anwendungen durchgeführt werden. Das TLS ermöglicht es, Kenntnisse der Hardware wie den Aufbau eines Transputer-Moduls, die Linkrealisierung, etc. zu vermitteln und elementare Techniken für die Parallelverarbeitung, z.B. Synchronisierung paralleler Programme und Message-Passing, zu üben. Ein anschaulicher, die Struktur der Hardware verdeutlichender Aufbau erlaubt eine Einarbeitung in das System ohne weitreichende Vorkenntnisse.

28.2 Motivation

Die Programmierung transputerbasierter Parallelrechner stellt erheblich mehr Anforderungen an den Programmierer, als die Erstellung rein sequentieller Programme. Das Problem kommt besonders in der Ausbildung zum Tragen, wo Lernende neben einem neuen Programmiermodell mit diesen Anforderungen konfrontiert werden. Ziel bei der Entwicklung des TLS war es, eine Hardware-Basis zu schaffen, die wichtige Hilfestellung bei den ersten Kontakten mit parallelen Systemen gibt. Durch Visualisierung der Vorgänge im gesamten System sollen parallele Abläufe veranschaulicht und das Verständnis von Methoden der Parallelverarbeitung verbessert werden.

28.3 Eigenschaften transputerbasierter Parallelrechner

Der Transputer ist ein Mikroprozessor, der speziell für den Einsatz in Parallelrechnern entwickelt wurde. Als herausragendes Merkmal verfügt er über vier integrierte Kommunikationsschnittstellen, sogenannte Links, die zum schnellen Datenaustausch mit anderen Prozessoren dienen. Mit Hilfe der Links kann das Verbindungsnetzwerk eines Parallelrechners realisiert werden. Jeder Transputer ist mit eigenem Speicher ausgestattet, der ihm exklusiv zur Verfügung steht. Gemeinsamer Speicher für mehrere Prozessoren ist mit Transputern bei vertretbarem Aufwand nicht realisierbar. Somit ist in transputerbasierten Parallelrechnern Kommunikation ausschließlich über die Links möglich (siehe Abbildung 28.1).

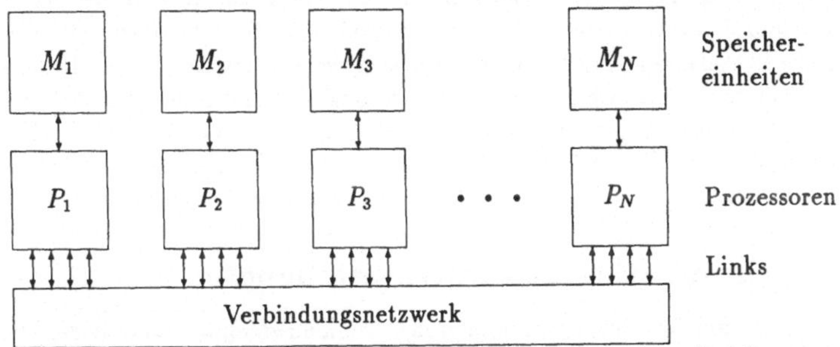

Abbildung 28.1: Transputerbasierter Parallelrechner mit verteiltem Speicher.

Der verteilte Speicher bedingt, daß die Systeme im allgemeinen vom Typ MIMD (multiple instruction, multiple data, nach Flynn [1]) sind, und daß die einzelnen Prozessoren meist asynchron betrieben werden.

Der auf einer RISC-Architektur basierende Prozessor ist weiterhin so gestaltet, daß zum Aufbau eines Prozessorknotens nur ein Minimum an externer Hardware erforderlich ist, so daß ein Parallelrechner mit einer großen Prozessorzahl auf kleinem Raum und mit relativ geringem Aufwand möglich ist. Der Transputer wird heute für Parallelrechner mit bis zu 1000 Prozessoren eingesetzt, wobei in praktischen Anwendungen insbesondere kleinere Systeme stark verbreitet sind.

Da die Anzahl der Links pro Prozessor nicht sehr groß ist, werden große Prozessornetzwerke meist mit lokaler Vernetzung aufgebaut, z.B. als Torus, wobei nur einer oder einige wenige Prozessoren durch einen Link mit einem Hostrechner verbunden sind. Als Hostrechner dienen konventionelle Computersysteme, die über den Link dem Parallelrechner Massenspeicher sowie Dateneingabe- und Ausgabegeräte zur Verfügung stellen.

28.4 Die Programmierung von Transputersystemen

Die Programmierung transputerbasierter Parallelrechnersysteme erfolgt in der Regel nach dem Paradigma der 'Communicating Sequential Processes' (CSP, [2]). Auf diesem Paradigma basierende Programme lassen sich sehr gut auf Parallelrechner mit verteiltem Speicher abbilden. Bei der Programmierung treten jedoch, im Vergleich zur Programmierung von von-Neumann-Architekturen, neue Problemklassen auf, die im folgenden kurz skizziert werden.

28.4.1 Parallelisierung und Partitionierung

Ein parallel zu implementierender Algorithmus muß zunächst auf Parallelisierbarkeit hin untersucht werden. Können Teilschritte des Algorithmus parallel bearbeitet werden, ist in einem weiteren Schritt der Algorithmus zu partitionieren, das heißt die parallel zu bearbeitenden Teilschritte sind auf die Prozessoren eines Parallelrechners zu verteilen. Der Transputer erleichtert eine Partitionierung durch seine Fähigkeit, auch ohne Steuerung durch ein Betriebssystem mehrere Prozesse nebenläufig auszuführen. Dabei wird die verfügbare Rechenzeit in festen Zeitscheiben auf die Prozesse verteilt. So können parallelisierte Algorithmen für verschiedene Prozessorzahlen partitioniert werden, indem die Anzahl der nebenläufigen Prozesse auf einem Prozessor variiert wird.

28.4.2 Lastverteilung

Da meist eine möglichst kurze Laufzeit des Programms angestrebt wird, ist auf eine gleichmäßige Verteilung der anfallenden Rechenlast auf die Prozessoren und der Kommunikationslast auf die Links zu achten. Das erweist sich jedoch oft als problematisch, da sich die anfallende Rechenlast bzw. Kommunikationslast nicht für jeden Prozeß a priori bestimmen läßt. Die tatsächliche Auslastung der Prozessoren und des Verbindungsnetzwerks ist während der Laufzeit nur schwer feststellbar. Steht kein Hardware-Monitor zur Verfügung, dann müssen solche Zustandswerte durch zusätzliche Programmodule gemessen werden. Das bedeutet jedoch zusätzliche Belastungen der Prozessoren (für die eigentlichen Messungen) und des Verbindungsnetzwerks (für die Ausgabe der Messwerte) und somit eine Rückwirkung auf das Laufzeitverhalten des eigentlichen Programms.

28.4.3 Synchronisation und Datenverteilung

Weitere Probleme, die bei der Programmierung kommunizierender paralleler Prozesse auftreten, sind die Synchronisation und die Datenverteilung. Kommunizierende sequentielle Prozesse verfügen nicht über gemeinsame Variablen und kommunizieren deshalb über Kanäle, die je einen bestimmten Prozeß als Datenquelle und als Datensenke aufweisen. Somit ist nur eine Punkt-zu-Punkt-Kommunikation möglich, eine globale Kommunikation muß durch entsprechend viele einzelne Kommunikationsschritte realisiert werden. Eine Kommunikation über einen Kanal ist nur synchron zulässig, das heißt sie kann sowohl auf den sendenden als auch auf den empfangenden Prozeß blockierend wirken.

Durch die blockierende Wirkung besteht die Möglichkeit, parallele Prozesse mit Kommunikationsvorgängen zu synchronisieren, diese müssen jedoch vom Programmierer explizit formuliert werden.

Die Datenverteilung erweist sich als sehr aufwendig, da auch sie durch explizit formulierte Kommunikationsvorgänge realisiert wird, insbesondere wenn Daten zwischen nicht unmittelbar verbundenen Prozessoren ausgetauscht werden sollen. Bei größeren Programmen resultiert daraus ein meist recht komplexer Ablauf von Rechenphasen und Kommunikationsphasen, was leicht zu Programmierfehlern führt. Hier muß besonders auf die Vermeidung von Deadlock-Situationen geachtet werden.

28.4.4 Wünschenswerte Hilfmittel

Die Programmierung von Transputersystemen stellt also, neben den von der Erstellung sequentieller Programme bekannten Problemen, zusätzliche Anforderungen an den Programmierer. Wünschenswert wäre das Vorhandensein eines Monitors und eines Debuggers. Ein Monitor könnte Aktivitäten im System zur Laufzeit messen sowie anzeigen und so einen Aufschluß über die Lastverteilung geben und das Zusammenwirken von Kommunikations- und Rechenvorgängen darstellen. Ein Debugger wäre insbesondere nützlich, um Deadlock-Situationen aufdecken zu können.

Aufgrund der durch die Anzahl der Links pro Transputer begrenzten Vernetzung und des Fehlens globaler Variablen sind solche Hilfsmittel durch Programme nur sehr schwierig und nicht ohne erhebliche Rückwirkung auf die zu untersuchenden Programme zu realisieren. Deshalb gibt es nur wenige Implementationen dieser Hilfen mit meist sehr beschränkten Einsatzmöglichkeiten.

An dieser Stelle setzt das Konzept des TLS an. Es bietet Möglichkeiten, durch Hardware-basierte Analysen visuelle Informationen über das System zu geben. Die aktuellen Zustände aller Prozessoren werden angezeigt, und das Kommunikationsaufkommen und die Kommunikationsinhalte auf einzelnen Links können überwacht werden. Durch genaue Auswertung des Linkprotokolls kann eine Vielzahl der möglichen Deadlock-Situationen erkannt werden. Durch steuerbare sogenannte 'Events' (Interrupts) können Programme schrittweise abgearbeitet werden.

Die Möglichkeiten des TLS reichen zwar bei weitem nicht an diejenigen heran, die man von einem Monitor oder Debugger erwartet, jedoch werden in Abwesenheit solcher Programme wertvolle Hilfestellungen bei der Untersuchung paralleler Systeme und bei der Entwicklung von Anwendungen gegeben.

28.5 Beschreibung des Systems

Von konventionellen Transputersystemen unterscheidet sich das TLS auf den ersten Blick durch seinen mechanischen Aufbau. Die einzelnen Module sind quadratisch ausgeführt und werden horizontal nebeneinander auf Modulträger gesteckt. Dadurch ist das mit zahlreichen Statusanzeigen und Analysewerkzeugen ausgestattete System jederzeit vollständig überschaubar und zugänglich.

Ein Übergang vom TLS auf kommerzielle Transputersysteme ist aufgrund vollständiger Kompatibilität problemlos möglich. Deshalb ist das TLS nicht nur zum Einsatz in der Ausbildung geeignet, sondern auch als Einstiegs- und Entwicklungssystem für professionelle Anwendungen.

Das mit dem Transputer-Lehrsystem verwirklichte Konzept ist im wesentlichen durch die in Abbildung 28.2 aufgeführten Anforderungen, die auf die Ausbildung zugeschnitten sind, bestimmt.

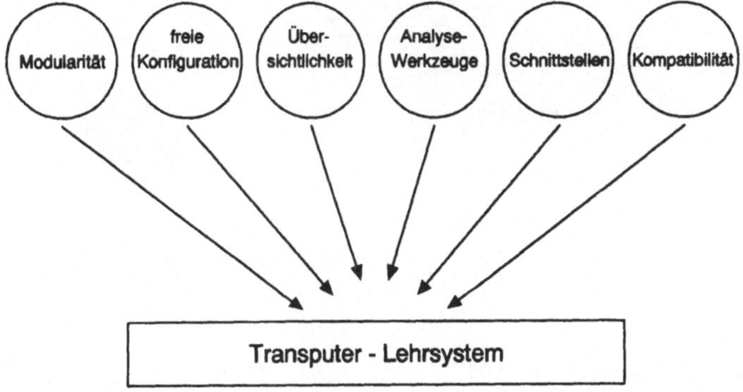

Abbildung 28.2: Anforderungen an das Transputer-Lehrsystem

Das System besteht aus einzelnen Modulen, die je eine Funktionseinheit beinhalten (z.B. Prozessorelement, Schnittstelle oder Linkswitch). Jeweils bis zu drei Module werden auf einen der beliebig anreihbaren Modulträger aufgesteckt, der Versorgungsspannungen und einige globale Signale bereitstellt. Linkverbindungen werden nicht über eine Busplatine geführt, sondern es werden Linkkabel von Modul zu Modul gesteckt. Damit ist die freie Konfigurierbarkeit des Verbindungsnetzwerks gegeben. Softwaregesteuerte Netzwerkkonfigurationen werden mittels eines geplanten Linkswitch-Moduls in Zukunft ebenfalls möglich sein.

Die Module sind im Unterschied zu konventionellen Systemen nicht als Einschübe ausgeführt, die in einem Gehäuse verschwinden, sondern werden nebeneinander auf Modulträger gesteckt. So ist das ganze System (Module und gesteckte Verbindungen) jederzeit überschaubar und für elektrische Messungen zugänglich (siehe Abbildung 28.3). Um den Aufbau der Module zu verdeutlichen, sind die Bauelemente in Funktionseinheiten auf den Platinen zusammengefaßt und entsprechend beschriftet.

Ein besonders im Ausbildungsbereich wichtiges Merkmal ist die Robustheit gegen Fehlbedienung. Alle Steckverbinder sind mechanisch so ausgeführt, daß eine Beschädigung des Systems durch falsches Stecken ausgeschlossen ist. Auch ein (nicht vorgesehenes) Lösen von beliebigen Steckverbindungen im Betrieb führt nich zu Beschädigungen.

Beim Hardware-Entwurf wurde auf vollständige Kompatibilität zu Standard-Transputer-Systemen für den industriellen Einsatz geachtet. So kann am TLS auch mit einem breiten Spektrum professioneller Anwendungen und Entwicklungsumgebungen gearbeitet werden. Erfahrungen mit dem TLS können daher in der Praxis direkt umgesetzt werden.

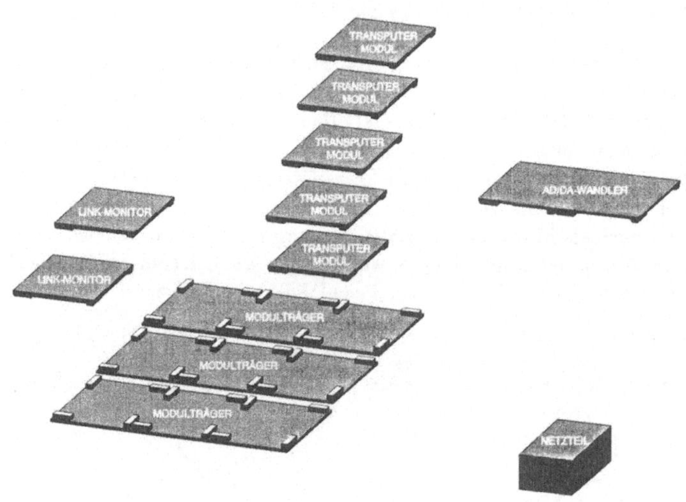

Abbildung 28.3: Der modulare Aufbau des TLS

28.5.1 Das Prozessormodul

Vorrangiges Ziel bei der Gestaltung des Prozessormoduls war ein klarer, übersichtlicher Aufbau. Die äußere Form wurde dem üblichen Symbol für einen Transputerknoten nachgebildet (siehe Abbildung 28.4). So lassen sich an der Tafel oder auf dem Papier entstandene Entwürfe eines Netzwerks nicht nur funktional, sondern auch optisch leicht auf das Transputersystem abbilden. Alle Bauelemente des Moduls sind Funktionsgruppen zugeordnet. Jede Funktionsgruppe belegt einen umrahmten und beschrifteten Bereich auf der Platine. Dadurch ist der elektrische Aufbau eines Transputerknotens relativ leicht nachvollziehbar, und das Auffinden von Bauelementen bei elektrischen Messungen wird sehr vereinfacht.

Das Prozessormodul gibt durch eine Vielzahl von Anzeigen Auskunft über seinen Zustand und die Linkaktivitäten. In der Praxis hat sich jedoch gezeigt, daß für das Beobachten eines parallelen Programms bzw. für die Fehlersuche eine genauere Analyse der Vorgänge auf den Links eine große Hilfe darstellen kann. Das gilt insbesondere in der Ausbildung, wo noch nicht auf weiterreichende Erfahrungen im Umgang mit Transputern zurückgegriffen werden kann.

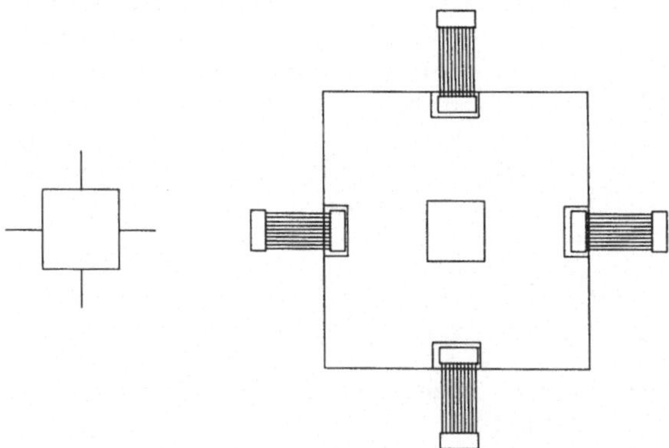

Abbildung 28.4: Das Transputermodul wurde dem üblichen quadratischen Symbol für einen Transputerknoten (links dargestellt) nachgebildet. Der rechte Teil der Abbildung stellt vereinfacht das Transputermodul mit vier angebrachten Linkkabeln dar. Der Prozessorchip befindet sich im Zentrum, die Linkstecker sind jeweils in der Mitte einer Kante angebracht.

28.5.2 Der Linkmonitor

Der hier vorgestellte Linkmonitor wurde zunächst in einer einfachen Version geplant, deren Möglichkeiten weit unter denen der aktuellen Version lagen. Im Ausbildungsbetrieb, vorwiegend in Praktika und Seminaren, zeigte sich dann, daß gerade dieses Modul intensiv genutzt wurde und eine Erweiterung wünschenswert war. Die Linküberwachung lieferte hier wichtige Anhaltspunkte für die Analyse des aktuellen Zustands paralleler Programme. Der Hauptgrund dafür liegt in den sehr begrenzten Möglichkeiten des Debugging bei transputerbasierten Systemen. Aufgrund dieser Erfahrungen wurde das Konzept um einige wichtige Funktionen erweitert.

Der Monitor visualisiert durch Leuchtbalkenanzeigen richtungsabhängig das Kommunikationsaufkommen auf den verzögerungsfrei durchgeschleiften Linkverbindungen. Ein rücksetzbarer Zähler zeigt die Anzahl übertragener Bytes einer Linkverbindung an. Zusätzlich können die Werte der letzten übertragenen Bytes dargestellt werden. Nicht abgeschlossene Kommunikationsvorgänge werden sofort angezeigt. Dadurch läßt sich eine Vielzahl von Deadlock-Situationen schnell aufdecken. Das Modul enthält weiterhin einen in weiten Grenzen konfigurierbaren Event-Generator sowie die Möglichkeit, einen globalen Hardware-Reset durchzuführen.

28.5.3 Schnittstellenmodule

Um ansprechende Aufgabenstellungen aus dem elektrotechnischen Bereich bearbeiten zu können, sollen mehrere Schnittstellen angeboten werden. Analog-Digital-Umsetzer und Digital-Analog-Umsetzer sind bereits realisiert worden. Diese Schnittstellen sind insbesondere in der Sprachverarbeitung zum Einsatz gekommen. Weitere geplante Schnittstellenmodule sollen die Palette der Einsatzmöglichkeiten erweitern.

28.6 Zusammenfassung und Ausblick

Mit dem TLS ist eine Hardware-Umgebung geschaffen worden, die wertvolle Hilfen für einen Einstieg in die Parallelverarbeitung bietet. Vor allen durch die Visualisierung paralleler Vorgänge im System wird das Erlernen neuer Techniken erleichtert und das Verständnis von Methoden der Parallelverarbeitung gefördert. Damit ist es ideal geeignet für den Ausbildungsbetrieb. Das TLS befindet sich seit dem Sommersemester 1991 im Einsatz und hat sich bei der Ausbildung von Studenten bewährt.

Ein Hardware-System wie das TLS kann nur dann ohne weitere Lehrbücher und Lehrprogramme eingesetzt werden, wenn eine qualifizierte Betreuung gegeben ist. Ansonsten sind für den Unterricht mit dem TLS ausführliche Materialien und Schulungsprogramme notwendig. Diese sind zur Zeit noch nicht verfügbar, das TLS bietet jedoch eine hervorragende Grundlage für die Erstellung eines umfassenden Ausbildungssystems, das auf Interaktion der Lernenden sowohl mit Software als auch direkt mit der Hardware aufbaut.

Literatur

[1] M.J. Flynn: *Some Computer Organizations and their Effectiveness*, IEEE Transactions on Computers 21(9), S.948–960, 1972

[2] C.A.R. Hoare: *Communicating sequential processes*, Communications of the ACM S.666–676, 1978

[3] INMOS Ltd.: *Communicating Process Architecture*, Prentice Hall, 1988

[4] INMOS Ltd.: *Transputer Reference Manual*, Prentice Hall, 1988

[5] INMOS Ltd.: *The Transputer Databook*, Prentice Hall, 1989

[6] V. Penner: *Parallelität und Transputer*, Vieweg, Braunschweig 1992

[7] H. Reinecke, J. Schreiner: *Transputer-Leitfaden*, Hanser-Verlag, München, 1991

[8] T. Umland, R. Vollmar: *Transputerpraktikum*, Teubner, Stuttgart, 1992

Kapitel 29

Helmut Bähring, Matthias Müller: μCES: Ein integriertes Tutor- und Emulationssystem für die Ausbildung in Mikrorechner-Technik

Zusammenfassung

Endziel von μCES ist ein Baukastensystem für die Entwicklung von integrierten Tutor- und Emulationssystemen für verschiedene Typen von Mikrorechner unterschiedlicher Komplexität. Es soll eine Bibliothek von Mikroprozessoren und Peripheriebausteinen anbieten, aus der der Benutzer einen speziellen Mikrorechner ‚schneidern' kann und emulieren kann. Die Bibliothek hält für den Rechner ein rudimentäres Betriebssystem (Monitor) bereit, das die Benutzung der Rechnerkomponenten auf niedriger Ebene gestattet.

μCES liefert ein Modell des Mikrorechners, das zum Zwecke von Ausbildung und Training alle Aktivitäten, die im Rechner ablaufen, bis hinunter zur Maschinenbefehls- oder Mikrooperations-Ebene nachbildet und in graphischer Form darstellt. Eine ausgefeilte Benutzerführung bietet alle Informationen, die zur Handhabung des Emulators selbst sowie des emulierten Mikrorechners und seiner Peripheriekomponenten benötigt werden. Auf diese Weise wird eine papierlose Benutzung ohne Einsatz eines Lehrenden möglich. In erweiterter Form soll μCES als ‚Entwicklungs-System für die Konstruktion von Mikrorechnern einsetzbar sein und es ermöglichen, diese Rechner zu testen, bevor sie in Hardware realisiert werden.

29.1 Motivation

Ausbildung und Lehre im Bereich des Aufbaus, des Einsatzes und der Programmierung von Mikrorechnern [3] wird in der Regel unter Einsatz spezieller Hardware-Systeme, wie z.B. Einplatinencomputern und Entwicklungsboards, durchgeführt. Dies hat jedoch die Nachteile, daß hohe Kosten für die Entwicklung oder Beschaffung der Systeme einzusetzen und die benutzten Systeme nur schwer an veränderte Anforderungen anzupassen sind. Diese Änderungen werden einerseits durch die Weiterentwicklung der Rechnertechnologie, andererseits durch den wachsenden Grad der Komplexität des Lehrinhalts verursacht, der dem aktuellen Kenntnisstand des Benutzers entspricht. Außerdem setzt der Einsatz dieser Systeme voraus, daß sich der Benutzer mit einer Vielzahl von Datenbüchern, Handbüchern und Einführungskursen auseinandersetzen muß — wenn auch z.T. schon in Computer-unterstützter Form.

Der Aufwand wächst enorm, wenn der Benutzer spezielle Schnittstellensignale untersuchen möchte und dazu spezielle Meßgeräte benötigt. Moderne Arbeitsplatzrechner-Systeme ermöglichen mittels spezieller Software eine effiziente Simulation bzw. Emulation komplexer Mikrorechner-Systeme. Obwohl sicherlich die Erstellung derartiger Programme sehr aufwendig und teuer ist, sind sie sehr günstig zu vervielfältigen. Sie können auf einfache Art und Weise modifiziert und an neue Prozessoren, Komponenten und Anwendungen angepaßt werden.

Heutzutage existiert für jede Familie von Prozessoren mindestens ein Simulationsprogramm. Der Nachteil dieser Programme ist, daß sie in der Regel für den erfahrenen Benutzer geschrieben wurden. Für den Anwender, der im Einsatz von Mikrorechner-Systemen unerfahren ist, ergeben sich die oben angesprochenen Nachteile.

29.2 Die Anforderungen an μCES

Aus den o.g. Nachteilen herkömmlicher Lehrmethoden im Bereich Mikrorechner-Technik sind die Anforderungen an μCES entstanden. Endziel ist, ein Programmpaket zur Emulation von Mikrorechner-Systemen zu entwickeln, das einerseits in Form eines Baukastensystems die Konstruktion von Emulatoren für Mikrorechner aus verschiedenen Prozessoren und Peripheriekomponenten erlaubt. Andererseits sollen alle vom Anwender benötigten Dokumente, Hand- und Lehrbücher sowie Kursunterlagen für das emulierte Rechnersystem als integrierter Bestandteil im Lernsystem enthalten sein.

Durch ein komfortables Installations- und Konfigurationsprogramm müssen die Entwicklung des zu emulierenden Mikrorechners aus dem ‚Baukasten' und die Anpassung des Lernsystems an den individuellen Lernzweck und den Wissensstand der Anwender unterstützt werden. Daneben muß der Anwender selbst die Möglichkeit der dynamischen, also während der Nutzung durchzuführenden Anpassung des konstruierten und konfigurierten Systems an seine aktuellen Bedürfnisse haben, die insbesondere die Auswahl, Darstellung bzw. Ausblendung der gerade benötigten Programmfunktionen, Informationen und Rechnerkomponenten gestattet. Der letztgenannte Punkt macht gerade ‚professionelle' Simulatoren, die jederzeit alle verfügbaren Informationen über den Rechnerzustand darstellen, so unübersichtlich.

Als weiterer Nachteil ist zu nennen, daß die Benutzer-Schnittstellen herkömmlicher Simulatoren [8] i.d.R. nicht über die Verwendung von Fenstern und Menüs hinausgehen. Zur Erzielung eines möglichst schnellen und nachhaltigen Lernerfolgs und zur Erhöhung der Akzeptanz wurde daher konsequent auf eine komfortable graphische Benutzeroberfläche Wert gelegt. Im Abschnitt 4 werden wir näher auf diese Punkte eingehen.

Als erstes Ergebnis dieses Projekts wurde ein Lernsystem eines Mikrorechners auf der Basis des 8-bit-Mikroprozessors Motorola MC6809 entwickelt [1], [6]. Es emuliert ein Hardware-System, das seit vielen Jahren im Praktikum der Technischen Informatik an der FernUniversität erfolgreich eingesetzt wird [2].

29.3 Grundstruktur des μCES-Lernsystems

Bild 29.1 zeigt die Software-Komponenten, aus denen sich ein μCES-Lernsystem zusammensetzt, und ihre Beziehung zueinander.

- Der **Emulator** bildet in Form einer Ereignis-orientierten Simulation die Funktionalität des Mikrorechners nach. Maschinenprogramme werden auf Register-Transfer-Ebene simuliert [5]. (Zukünftige Programmversionen werden optional die Ausführung jedes Maschinenbefehls auf Mikrooperations-Ebene darstellen [4].) Jeder Maschinenbefehl, den der Prozessor ausführt, wird durch eine in der höheren Programmiersprache *C* geschriebene Routine nachgebildet. Diese Routine übernimmt die erforderliche Manipulation von Registern, Speicherinhalten oder Ein-/Ausgabeleitungen. Ebenso berechnet sie die Zeit in Maschinenzyklen, die zur Ausführung des Befehls oder anderer Aktivitäten benötigt wird. Die ermittelte Zeit erlaubt es, externe Signale, z.B. Interrupts, zeitgerecht abzuarbeiten.
- Die **Dokumentation** liefert die Datenbasis für den Tutor. Sie enthält alle wesentlichen Informationen über die Prozessoren und Peripheriekomponenten, wie sie in den Datenblättern

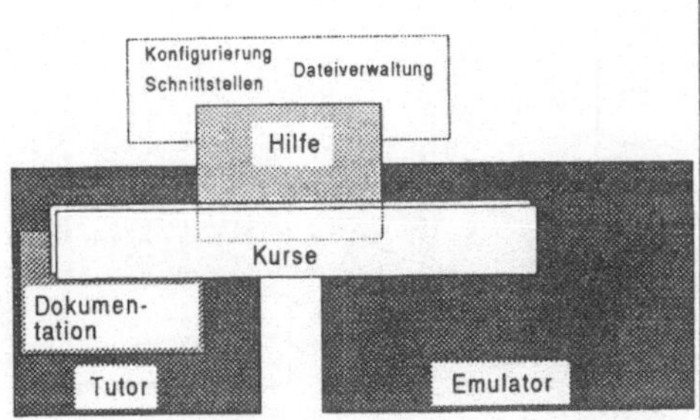

Abbildung 29.1: Die Struktur des μCES-Lernsystems

und Datenbüchern der Bauteilehersteller zur Verfügung stehen. Dazu gehören insbesondere Tabellen mit dem Befehlssatz und den Adressierungsarten des Prozessors und sein Programmiermodell, aber auch Zeitdiagramme der spezifischen Prozessorsignale.

- Der **Tutor** verwaltet alle dem Benutzer zur Verfügung stehenden Informationen über die Rechnerkomponenten. Er organisiert diese in Form eines Baumes und spezieller Unterbäume, die (über Menüeinträge) selektierbar sind (siehe Bild 29.2). Er bietet dem Anwender Funktionen zum effizienten Durchsuchen bzw. Durchschreiten der Pfade dieses Baumes/dieser Bäume. Die im Bild gezeigten oberen beiden Baumebenen werden durch Einträge im Hauptmenü des Programms selektiert.

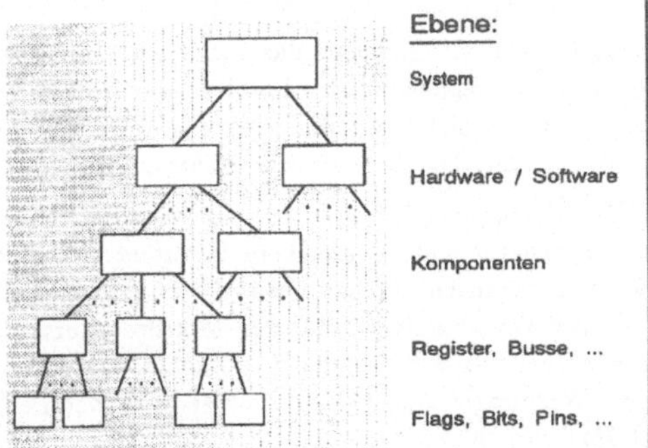

Abbildung 29.2: Baumweise Organisation der Informationsdarstellung

Die Unterbäume auf Komponentenebene können durch Einträge im speziellen Tutormenü oder aber durch Selektion (mit der Maus) im Systemblockschaltbild aktiviert werden. Die Informationspfade des selektierten Unterbaumes können dann durch Selektion beliebiger, entsprechend markierter Objekte mit Hilfe der Maus von der Komponentenebene bis zur Pin- oder Bitebene durchwandert werden (s. Bild 29.3).

Zur Beschleunigung des Rücklaufs in einem Zweig des Unterbaumes kann wahlweise jeweils zum Vorgängerknoten oder aber zur Wurzel des Unterbaumes zurückgesprungen werden. Zu jeder präsentierten Graphik wird in einem zweiten Fenster ein erklärender Text angeboten, in dem markierte Begriffe ebenfalls durch die Maus selektiert werden können. Dadurch

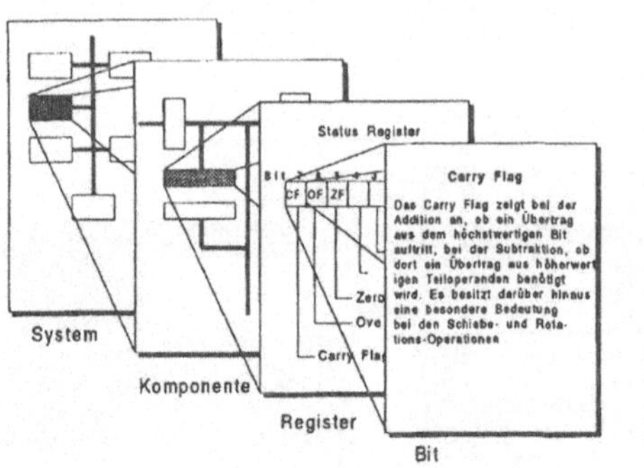

Abbildung 29.3: Ein Pfad des Informationsbaumes

kann zu anderen Textsequenzen verzweigt werden. Insgesamt liegt eine Hypertext-ähnliche Präsentation der Information auf graphische und textuelle Weise vor.

- Im Lernsystem können ein oder mehrere **Kurse** als integrale Bestandteile implementiert sein. Diese Kurse können sich in Inhalt, Ziel, Umfang, Schwierigkeitsgrad usw. unterscheiden. Sie verwenden Tutor und Emulator, wobei das Maß dieser Nutzung von Kurs zu Kurs sehr stark variieren kann: Extremfälle sind reine Tutor-Kurse bzw. reine Programmierkurse. Die Kurse können wiederum in einzelne Lehreinheiten unterteilt sein, die z.B. die einzelnen Rechnerkomponenten zum Inhalt haben. Sie können Übungsaufgaben zu dem bearbeiteten Stoff enthalten und Musterlösungen dazu anbieten. Indem der Lernende den Anweisungen des Kurstextes folgt, der in einem separatem Fenster dargestellt ist, kann er die Übungsaufgaben mit dem Emulator durchführen und sich so alle wesentlichen Eigenschaften des Mikrorechners auch ohne die Hilfe eines Lehrenden selbst erarbeiten.
- Das **Verwaltungsmodul** enthält einerseits das o.g. Programm zur Installierung und Konfigurierung des Lernsystems. Andererseits erlaubt es die Abbildung der Schnittstellen des emulierten Rechners an die Schnittstellen des PCs, wie es im Abschnitt 5 beschrieben wird. Darüberhinaus verwaltet es alle Dateien, die vom Lehrsystem benutzt bzw. erzeugt werden.
- Ein ausgefeiltes **Hilfe-Modul** unterstützt den Benutzer bei der Anwendung aller bisher beschriebenen Programmkomponenten kann vom Benutzer auf allen Ebenen und für jedes Problem aufrufen werden. Dadurch bekommt er insbesondere exakte Informationen über die Benutzung des Emulators wie auch des emulierten Mikrorechners. Es zeigt den Zustand des Systems an. Komfortable Prüfmechanismen überwachen die Aktionen des Benutzers und geben ihm detaillierte Warnungen und Fehlerhinweise, z.B. wenn er einen Schreibzugriff im Festwertspeicher (ROM) vornehmen will.

29.4 Die μCES-Benutzerschnittstelle

Wie bereits erwähnt, wurde bei μCES besonderer Wert auf eine benutzerfreundliche Oberfläche gelegt. Das gesamte System wird durch Fenster, Menüs und Piktogramme und alle Komponenten werden durch Blockschaltbilder repräsentiert (vgl. Bild 29.4). In einer in Entwicklung befindlichen Erweiterung werden Datenflüsse zwischen den Rechnerkomponenten auf Mikrooperationsebene in animierter Graphik dargestellt.

Die Darstellung des emulierten Mikrorechners wird typischerweise dem wachsenden Kenntnisstand des Anwenders angepaßt. Zu Beginn wird die Hardware nur durch Tastatur und Anzeige repräsentiert (siehe Bild 29.4). Wenn der Benutzer Schritt für Schritt weiter geht, werden ihm in zusätzlichen Bildschirmfenstern andere Komponenten dargestellt, aber alle Informationen, die

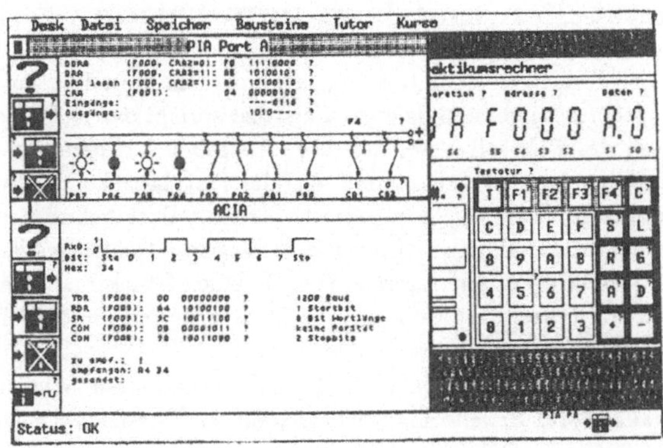

Abbildung 29.4: Darstellung von Tastatur, Anzeige, V.24-Schnittstelle und Parallel-Port

beim momentanen Ausbildungsstand unwichtig sind, können vor ihm verborgen werden.

Dennoch sind auch die Komponenten, die aktuell nicht auf dem Bildschirm angezeigt werden, aktiv und können jederzeit ausgewählt werden, um ihren augenblicklichen Zustand zu betrachten. Prozesse, die parallel ablaufen können in verschiedenen Bildschirmfenstern dargestellt werden. Erfahrene Anwender können dabei unwichtige Informationen in den Fenstern ausblenden. Bezüglich der Software beginnt der Anwender typischerweise mit der Ausführung von einzelnen Befehlen, die er über eine hexadezimale Tastatur eingibt. Um größere Befehls- oder Datenblöcke einzugeben oder zu betrachten, kann er ein Fenster öffnen, das ihn einen auswählbaren Abschnitt des Hauptspeichers anzeigt, und die darin dargestellten Werte editieren.

Natürlich ist es auch möglich die angezeigten Speicherstellen in disassemblierter Form anzuzeigen. Im Einzelschritt-Modus kann er Programme befehlsweise ausführen lassen und dabei die Veränderung der CPU-Registerinhalte beobachten. In weiteren Ausbildungsabschnitten lernt er, komplexe Programme inAssemblersprache zu schreiben, sie in den Speicher des emulierten Mikrorechners zu laden und auszuführen.

Alle wichtigen Ein-/Ausgabe-Signale (wie zum Beispiel die Übertragung von V.24-Zeichen oder die Ausgabesignale der Timer-Komponente) werden als Timing-Diagramme nicht nur in ihren 0/1- und 1/0-Übergängen, sondern wie ein mittels Oszilloskop aufgezeichneter Kurvenverlauf dargestellt. Bild 29.4 zeigt die hexadezimale Tastatur und das 7-Segement-Display, den Parallel-Port (PIA) und das V.24-Interface (ACIA). Ausgangsleitungen des Parallel-Ports werden in Form von Leuchtdioden (LED), Eingangsleitungen in Form von Schaltern dargestellt. Die Oberfläche visualisiert außerdem die in einem komplexen Rechnersystem parallel ablaufenden Prozesse in separaten, gleichzeitig aktivierten Fenstern.

Alle Einheiten (Register oder Signale) der dargestellten Komponenten werden mit Namen versehen, die ihnen i.d.R. durch den Bausteinhersteller gegeben wurden und als symbolische Bezeichnungen in der Assemblersprache benutzt werden können. Die Interpretation einzelner Bits in Status- oder Steuerregister wird durch das System vorgenommen. So wird zum Beispiel der Hexadezimalwert ‚8', der in das Steuerregister eines Peripheriebausteins zur seriellen Übertragung geschrieben wird, als „Übertragungsrate 1200 baud" interpretiert, wie es im Bild 29.4 für das Steuerregister CON gezeigt ist.

Die Aktivitäten auf einer bestimmten Schnittstellenleitung können dadurch auf einfache Weise analysiert werden, indem alle Ausgangszustände in eine Datei geschrieben werden, und diese Datei später gelesen wird (vgl. das Disketten-Icon in der Statuszeile in Bild 29.4). Natürlich kann die aufgezeichnete Information auch als Zeitdiagramm dargestellt werden.

29.5 Schnittstellen und Kommunikation

μCES bietet eine ganze Reihe von Schnittstellen, um mit dem Host-PC, auf dem es läuft, aber auch mit externen Systemen zu kommunizieren. Zunächst spricht das μCES-Lernsystem natürlich die E/A-Komponenten des PCs selbst an, indem es Ausgaben auf dem PC-Monitor tätigt und über die PC-Tastatur Eingaben entgegennimmt. Auf der Festplatte können Assembler- oder Maschinenprogramme abgelegt bzw. von dort gelesen werden. Dort befinden sich i.d.R. auch die umfangreichen Dokumentations-Dateien. Über die V.24- bzw. Centronics-Schnittstelle des PCs kann das Lernsystem Standard-Peripheriegeräte, wie z.B. einen Drucker, ansprechen. Insbesondere können Dateien in ein Hardware-Mikrorechnersystem (wie z.B. unseren 6809-Praktikumsrechner) übertragen und dort zum Laufen gebracht werden.

Durch das o.g. Konfigurationsprogramm können die emulierten Schnittstellen (Tastatur-, Anzeige-, V.24-, Parallel-Port, Erweiterungs-Schnittstelle etc.) aber auch auf die entsprechenden Hardware-Schnittstellen des PCs abbgebildet werden. Dadurch ergibt sich eine breite Palette von weiteren Kommunikationsmöglichkeiten des *emulierten* Mikrorechners mit dem Host-PC oder externen Systemen (s. Bild 29.5):

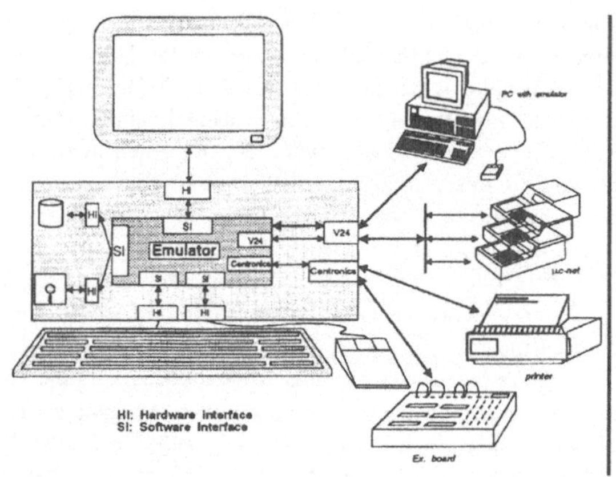

Abbildung 29.5: Schnittstellen und Kommunikation in μCES

Standardmäßig werden die Anzeige und die Tastatur des emulierten Mikrorechners auf dem Monitor des PCs graphisch dargestellt. Die Tastatur kann über die Maus oder aber die entsprechenden Tasten des PCs betätigt werden. Eingaben und Ausgaben an den emulierten Schnittstellen können in Dateien auf der Festplatte/Diskette des PCs abgelegt bzw. von dort geladen werden.

Darüberhinaus kann der emulierte Mikrorechner mit den Hardware-Schnittstellen (V.24, Centronics) des Hostcomputers kommunizieren, auf dem die Emulation läuft. Dadurch ist es sogar möglich, zwei emulierte Mikrorechner auf verschiedenen Hosts miteinander oder aber einen emulierten mit einem hardwaremäßig realisierten Mikrorechner kommunizieren zu lassen. Dies bietet auch die Möglichkeit, den emulierten Rechner über die V.24-Schnittstelle des PCs in ein bestehendes kleines lokales Netz einzubinden, das an unserem Lehrgebiet für den Einsatz im Praktikum entwickelt wurde (PTI-Netz [7]).

29.6 Stand des Projektes und Ausblick

Als erster Schritt wurde ein zufriedenstellend arbeitender Emulator für einen Mikrorechner auf der Basis eines Motorola MC6809. Er wird bereits erfolgreich im Praktikum Technische Informatik eingesetzt. Die komfortablen Möglichkeiten der Simulation und die ausgefeilte Unterstützung des Benutzers sowie die vollgraphische Darstellung aller wichtigen Informationen machen ihn zu einem gut angenommenen Hilfsmittel und werden die Kosten für eine in der Zukunft nötig werdende Erweiterung des Praktikums wesentlich reduzieren.

Der zentrale Gegenstand der aktuellen Arbeit ist die Emulation von Befehlen auf der Basis von Mikrooperationen und ihre graphische Darstellung. Parallel dazu findet die Erweiterung der Bibliothek durch zusätzliche Mikroprozessoren (8-/16-bit) und Peripheriekomponenten statt. Weitere Bemühungen werden sich um die ‚Implementation' von Cache-, virtuellen und Massen-Speichern drehen. Später werden wir uns mit der Entwicklung des angesprochenen Baukastens (*tool kit*) beschäftigen, das dem erfahrenen Benutzer erlauben wird, Emulatoren für spezielle Mikroprozessoren selbst zu entwickeln.

Literatur

[1] V. Annuss: *Emulation eines Mikrorechnersystems durch ein Programm mit graphischer Benutzeroberfläche, Teil 1: Systemebene*, Diplomarbeit, FernUniversität Hagen, 1991

[2] Bähring et al.: *Praktikum Technische Informatik*, Kurs 1710, FernUniversität Hagen, 1992

[3] H. Bähring: *Mikrorechner-Systeme*, Springer Verlag, Heidelberg, 1991

[4] R. Glogau: *Emulation eines Mikrorechnersystems durch ein Programm mit graphischer Benutzeroberfläche, Teil 2: Mikrobefehlsebene*, Diplomarbeit (in Arbeit), FernUniversität Hagen, 1992

[5] D. Märtens: *Bewertung von Simulationsverfahren fuer die Register-Transfer-Ebene*, Hochschultexte Informatik, Hüthig Verlag, Heidelberg, 1989

[6] Motorola: *8-bit microprocessor and peripheral data*, 1988

[7] (ohne Namen): *AVSIM09 Simulator/Debugger*, Avocet Systems, 1986

[8] A. Orzelski: *PTI-Netz*, Diplomarbeit, FernUniversität Hagen, 1990

Kapitel 30

Jörg Sauerbrey, Nikolaus Schaller: Computergestützte Visualisierung des Fließbandverfahrens bei Rechnerarchitekturen in der Studentenausbildung — Konzeption, Implementierung und Erfahrungen beim Einsatz

30.1 Einleitung

Die Leistungsfähigkeit von Computern nimmt laufend zu. Als wesentliches Mittel wird bei heutigen Rechnerarchitekturen das Fließbandverfahren (pipelining) eingesetzt, um Leistungssteigerungen zu erzielen. Aus diesem Grund ist es wichtig das Thema im Rahmen der Studentenausbildung der Informationstechnik im Studium der Elektrotechnik entsprechend zu berücksichtigen. Die Struktur und die Arbeitsweise von Rechnerarchitekturen, die mit dem Fließbandverfahren arbeiten, ist allerdings sehr komplex. Daher bestehen besondere Schwierigkeiten bei der Wissensvermittttlung durch traditionelle Lehrmethoden. Es mußten daher neuartige Wege beschritten werden. Das Ergebnis diesbezüglicher Überlegungen ist eine computergestützte Visualisierung der Funktionsweise und der Leistungsfähigkeit von Rechnerarchitekturen, die sich des Prinzips der Fließbandverarbeitung bedienen. Über die Konzepte, deren Implementierung und die beim Einsatz in der Ausbildung gemachten Erfahren soll hier berichtet werden.

Bei der Konzeption des Projektes wurden Erfahrungen berücksichtigt, die bei ähnlichen Projekten ([Sauerb91] und [SaScha92]) gemacht wurden.

30.2 Lernziele und Zielgruppe

In der 1. Phase des Projektes wurde eine Bestandsaufnahme bezüglich der Lernziele und der Zielgruppe für die Wissensvermittlung gemacht. Zu vermitteln waren im wesentlichen die folgenden Themen:

1. Wissen über den prinzipiellen Aufbau und die Funktionsweise der Fließbandverarbeitung bei Rechnerarchitekturen (Pipeline),
2. Kenntnisse über die verschiedenen Konfigurationsmöglichkeiten von Pipelines,
3. Verständnis bezüglich auftretender Probleme beim Betrieb einer Pipeline und deren Lösungsmöglichkeiten,

[0]Wir möchten Herrn Prof. Dr. J. Swoboda sehr dafür danken, daß er diese Arbeit ermöglicht und unterstützt hat.

4. Kenntnis über die prinzipielle Leistungsfähigkeit von Pipelines und deren Untersuchungsmöglichkeiten.

Die Punkte 1 und 2 umfassen die Wissensvermittlung von Begriffen und Strukturen, während bei Punkt 3 dynamische Abläufe im Vordergrund stehen. Punkt 4 umfaßt die Vermittlung der Vorgehensweise bei wissenschaftlichen Untersuchungen an Modellen sowie der Meßmethodik und Interpretation von Ergebnissen.

Die Zielgruppe, der das Wissen vermittelt werden soll, besteht aus Studenten der Fachrichtung Elektrotechnik mit Schwerpunkt Informationstechnik im Hauptstudium. Diese Zielgruppe läßt sich durch die folgenden Merkmale klassifizieren (vgl. [Euler91]):

1. Es besteht Vertrautheit im Umgang mit Computern.
2. Thematisches Orientierungs- und Konzeptwissen bzgl. der Lerninhalte wurde bereits in Vorlesungen vermittelt.
3. Die Akzeptanz des Computers als Lernmedium kann als hoch angenommen werden, da dieser im Studium — und meistens auch in der Freizeit — benutzt wird.
4. Aufgrund der in dieser Studenrichtung üblichen Lehrmethodik dominiert der sachbetonte Lerner.
5. Bei Studenten im Hauptstudium herrschen im wesentlichen ein aktiver Lernstil und ein hohes Abstraktionsvermögen vor.

30.3 Konzeption

Auf Grund der Gegebenheiten des Curriculums sollte die Wissensvermittlung im Rahmen eines Praktikums erfolgen. Als geplante Arbeitszeit an einem Computer standen nur etwa 2 Stunden zur Verfügung. Aus diesem Grund sollte die Vermittlung des Basiswissens der Lernziele 1 und 2 mit Hilfe eines konventionellen lehrbuchartigen Textes mit eingestreuten Wiederholungs- und Überprüfungsfragen zur Lernerfolgskontrolle erfolgen. Dieser begleitende Text soll als Praktikumsvorbereitung zu Hause durchgearbeitet werden, wofür etwa 4 Stunden angesetzt wurden.

Für die Lernziele 3 und 4 eignet sich, insbesonders auch im Hinblick auf Thematik und Zielgruppenmerkmale, eine Wissensvermittlung durch eine Computersimulation des dynamischen Ablaufs der Arbeitsweise einer Pipeline und deren Visualisierung mit einer graphischen Benutzeroberfläche. Das Lernziel 3 wird vermittelt, indem der Student verschiedene Konfigurationsmöglichkeiten für die Fließbandverarbeitung auswählt. Er kann dann die Auswirkungen verschiedener vorgefertigter auszuführender Programme studieren. Er hat weiter die Möglichkeit eigene Programme zu schreiben und die Visualisierung deren Abarbeitung zu beobachten. Lernziel 4 wird vermittelt, indem am computersimulierten Modell mit Hilfe des Computers Messungen vorgenommen, Tabellen aufgestellt und Parametereinflüsse nachvollzogen werden.

30.4 Aufbau und Bedienung des Visualisierungssystems

Bei der Gestaltung der Benutzeroberfläche wurde darauf geachtet, daß unterschiedliche funktionale Blöcke optisch zusammengehörig dargestellt sind. Jeweils in einem Kasten angeordnet sind daher die globale Steuerung, die Auswahl der Pipeline-Konfiguration, die Visualierung der einzelen Pipeline-Stufen, die Angaben zur Statistik, die internen Spezial-Register des modellierten Prozessors, die Universalregister, der Arbeitsspeicher und der Arbeitsspeichereditor. Die Interaktionselemente sind Knöpfe und Schieberegler (in Pseudo 3D-Darstellung), Pop-up-Menues zur

Auswahl sowie Anzeigefelder zur Datenausgabe. Um einen guten Kontrast und eine gute Lesbarkeit der Textfelder zu ermöglichen, wurde die Farbauswahl auf Blautöne, Grautöne, Schwarz, Weiß und für wichtige Bedienungselemente (z. B. Reset-Knöpfe) auf Rot begrenzt. Abbildung 30.1 gibt einen groben Eindruck von der Benutzeroberfläche des Pipeline-Simulators.

Abbildung 30.1: Benutzeroberfläche des Systems

Das Simulationssystem erlaubt das freie Experimentieren, das allerdings im Rahmen des Praktikums durch die gedruckte Anleitung didaktisch geführt wird. Der Benutzer kann einen Einzelschrittmodus zum genauen Nachvollziehen der Datentransporte auswählen oder den Automatikmodus benutzen. Der Automatikmodus gestattet dem Lernenden das graphisch animierte Ablaufgeschehen zu studieren und fördert so das nötige Verständnis für das Zusammenwirken der Systemkomponenten.

30.5 Erstellung der Software

Die Programmierung des Simulators erfolgte im Rahmen einer Diplomarbeit [Schrei92]. Als Hardwaregrundlage für die Entwicklung diente eine HP-9000-Workstation mit Farbbildschirm, Tastatur und Maus in einer vernetzten Umgebung unter HP-UX 7.0. Als Programmiersprache wurde C unter dem Programmerstellungswerkzeug Softbench gewählt. Um die grafischen Bedienelemente auf dem Bildschirm anzuzeigen, wurden die Unterprogrammsammlungen X11 und Xt sowie der Widget-Satz Xw benutzt.

Das fertige Programm besteht aus 10 Modulen mit ca. 4300 ausführlich dokumentierten Zeilen und hat eine Größe von 991 kByte. Es läuft auf einer ausschließlich für den Praktikumsbetrieb reservierten, kompatiblen Workstation, die aber eine etwas geringere Hardwareausstattung aufweist, als die Entwicklungsstation. Der Aufwand zur Programmierung bestand in einer Diplomarbeit (8 Monate).

30.6 Erstellung des begleitenden Lehrtextes

Nach Festlegung der Konzeption wurde neben der Programmerstellung auch der Lehrtext geschrieben [Scha92]. Dieser gliedert sich in einen theoretischen Teil mit Wiederholungsfragen, wie in der

Konzeption vorgesehen, eine Beschreibung des Simulators und schließlich die Anleitung zum Experimentieren.

Bei der Erstellung des Textes wurde auf fundierte Grundlagen im theoretischen Teil Wert gelegt. Der Beschreibung der Benutzeroberfläche wurde dagegen vergleichsweise wenig Platz vorbehalten, da bei den Studenten eine gewisse Erfahrung im Umgang mit Rechnern vorausgesetzt werden kann.

Die Experimentierphase wird durch gezielte Anweisungen (SSchalten Sie den Hardware-Interlock ein") geleitet. Außerdem werden Kontrollfragen gestellt, die erst während dieser Phase zu beantworten sind. Meßwerte sollen in vorgefertigte Tabellen eingetragen und anschließend interpretiert werden.

Durch die Angabe von stichwortartigen Lernzielen zu jedem Abschnitt kann der Lernende seinen Wissensstand überprüfen und bei der Vorbereitung zur Abschlußprüfung (mündlich am Ende des Semesters) auffrischen.

30.7 Erfahrungen beim Einsatz

Zunächst wurde das Programm in einem internen Test (d. h. durch Mitarbeiter des Lehrstuhls) überprüft. Dabei wurde auch ein Abgleich mit dem Lehrtext vorgenommen. Nach dieser Konvergenzphase wurde der Betrieb mit Studenten aufgenommen. Bei Problemen im Umgang mit dem System stand ein studentischer Betreuer zur Hilfestellung bereit.

Um die Motivation und das Lernverhalten zu erfassen, wurde ein Programm installiert, mit dem die Studenten einen „elektronischen Fragebogen“ ausfüllen konnten. Die Ergebnisse der Befragung können zwar nicht als streng wissenschaftliche Evaluation im Sinne von [WotThi90] angesehen werden, sie geben jedoch interessante Hinweise über die subjektive Selbsteinschätzung der Lernenden.

Befragt wurden 27 Studenten. Insgesamt wurden 28 Fragen nach dem begleitenden Lehrtext, der Versuchsdurchführung und dem Lernerfolg gestellt. Als Antworten waren Punktangaben (von 0–9), Prozentangaben, Zeitangaben (in h) oder freie Antworten möglich. Die wichtigsten dieser Fragen werden im folgenden vorgestellt:

Fragen bezüglich des begleitenden Lehrtextes:

1. Wieviel Prozent der Vorbereitung haben Sie verstanden?
2. Wieviel Prozent der Fragen konnten Sie richtig beantworten?
3. Wieviel Zeit benötigten Sie für die Versuchsvorbereitung?

Fragen bezüglich der Versuchsdurchführung:

4. Inwieweit stimmte die Versuchsdurchführung mit ihren Erwartungen überein? (0: völlig andere Erwartungen; 9: genaue Übereinstimmung)
5. Wie war die Bedienbarbeit des Simulators? (0: kompliziert, nicht durchdacht; 9: sehr einfach, selbsterklärend)
6. Wie empfanden Sie die grafische und farbliche Gestaltung der Benutzeroberfläche? (0: unklar, unlesbar; 9: klar, funktionell, leicht lesbar)
7. Wie empfanden Sie die Führung durch die Anleitung? (0: Ich hätte mir gewünscht, freier experimentieren zu können; 9: Ich würde lieber stärker durch den Versuch geführt werden)
8. Fanden Sie die Versuchsdurchführung langweilig oder hat sie Ihnen Spaß gemacht? (0: sehr langweilig; 9: hat mit viel Spaß gemacht)
9. Hat das Arbeiten mit dem Simulator in der Gruppe eher Vorteile oder eher Nachteile? (0: große Nachteile; 9: große Vorteile)

10. Wieviel Zeit benötigten Sie für die Versuchsdurchführung?

Lernerfolg:

11. Ihr Wissensstand über das Thema sei jetzt 100 %. Wie hoch war ihr Wissenstand (in %) vor Lesen der Anleitung?
12. Wie hoch war ihr Wissenstand (in %) nach Lesen der Anleitung?
13. Wie stark sind Begriffe aus dem Bereich Pipeline durch den Versuch vermittelt worden? (0: keine Wissensvermittlung; 9: viel Wissensvermittlung)
14. Wie stark ist Wissen aus dem Bereich Simulation und Messungen durch den Versuch vermittelt worden? (0: keine Wissensvermittlung; 9: viel Wissensvermittlung)
15. Könnten Sie sich vorstellen, daß Sie die Pipeline für einen neuen Mikroprozessor entwickeln? (0: nein, überhaupt nicht, 9: ja, kein Problem)
16. Könnten Sie sich vorstellen, daß Sie einen RISC Prozessor so programmieren, daß der Füllungsgrad der Pipeline möglichst hoch ist? (0: nein, überhaupt nicht, 9: ja, kein Problem)

Abbildung 30.2 zeigt die grapische Aufbereitung der Ergebnisse der Befragung. Die Balken stellen Durchschnittswerte bei den Antworten dar, wobei die an den Balken eingezeichneten Striche die jeweilige Standardabweichung angeben.

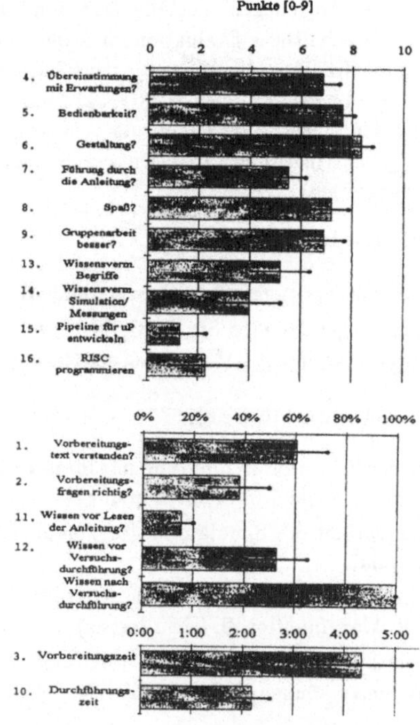

Abbildung 30.2: Ergebnisse der Befragung

Die Ergebnisse bezüglich des begleitenden Lehrtextes fielen schlechter aus als erwartet. Im Mittel wurden nur etwa 60 % des Inhalts verstanden und knapp 40 % der Vorbereitungsfragen richtig beantwortet. Dies wird zu einer Überarbeitung des Lehrtextes führen. Die Zeit für die Versuchsvorbereitung lag mit etwas über 4h im angestrebten Rahmen.

Gute Ergebnisse aus dem Bereich zwischen 7 und 8 Punkten erzielten die Fragen nach der Erwarungskonformität, der Bedienbarkeit und der graphischen und farblichen Gestaltung des Simulators (Fragen 4–6). Die Führung durch die Experimentierphase wurde mit etwa 5 Punkten als genau richtig empfunden. Die Frage nach dem Spaß bei der Versuchsdurchführung wurde mit etwa 7 Punkten sehr positiv bewertet, was auf eine hohe Lernmotivation schließen läßt.

Das Konzept, die Studenten in Gruppen zu je 3 Personen mit dem System arbeiten zu lassen, wurde mit 7 Punkten positiv beurteilt. Die Durchführungszeit des Versuches von etwa 2h liegt im Bereich der angestrebten Sitzungszeit vor dem Computer.

Interessant waren die Ergebnisse über die Aufteilung der Wissensvermittlung auf Lesen des vorbereitenden Lehrtextes (Frage 11) und die Experimentierphase mit dem Simulator (Frage 12). Normiert man das Wissen, das nach dem Arbeiten mit dem Simulator besteht, auf 100 %, so teilt sich die Wissensvermittlung wie folgt auf: 18 % des Wissens waren bereits vor dem Lesen des Lehrtextes durch Vorlesungen o. ä. bekannt. Der Lehrtext, obwohl relativ schlecht bewertet, steigert das Wissen subjektiv auf 50 %. Das Arbeiten mit dem Simulator vermittelt den größten Anteil von mehr als 50 %-Punkten. Es zeigt sich also, daß beim Thema Fließbandverarbeitung die graphisch animierte Simulation sehr zum Verständnis beiträgt.

Die subjektive Einschätzung der Wissenvermittlung in den Bereichen „Begriffe" (Frage 13, ca. 5 Punkte), „Simulation/Messungen" (Frage 14, ca. 4 Punkte), „Pipeline für Mikroprozessor entwickeln" (Frage 15, ca. 1 Punkt) und „RISC programmieren" (Frage 16, ca. 2 Punkte) bleibt hinter den Erwartungen zurück. Insbesondere im Transfer von Wissen (Frage 15 und 16) schätzen sich die Studenten selbst relativ schlecht ein. Diese subjektive Einschätzung wird jedoch relativiert durch gute Ergebnisse in den mündlichen Prüfungen des Stoffes. Da keine Vergleichsgruppe gebildet werden konnte, der das gleiche Wissen mit anderer Methodik vermittelt wurde, können hier keine vergleichenden Aussagen gemacht werden.

Literatur

[Euler91] Dieter Euler, „Didaktische Voraussetzungen für den Einsatz von Computerunterstütztem Lernen", in Gorny, P.: Informatik und Schule, GI-Fachtagung, Oldenburg, Oktober 1991, Springer

[Sauerb91] Jörg Sauerbrey, „Visualisierung eines Datensicherungsprotokolls für die Studentenausbildung", in Gorny, P.: Informatik und Schule, GI-Fachtagung, Oldenburg, Oktober 1991, Springer

[SaScha92] Jörg Sauerbrey, H. Nikolaus Schaller, „Konzeption, Entwicklung und Einsatz eines computerunterstützten Simulationssystems für die Ausbildung zum Thema ‚Cachespeicher' — Ein Erfahrungsbericht —", in U. Glowalla, E. Schoop (Hrsg.), „Hypertext und Multimedia", Springer, 1992

[Scha92] H. Nikolaus Schaller, „Praktikum Rechnertechnik — Pipeline", Lehrstuhl für Datenverarbeitung, TU München, 1992

[Schrei92] Frank Schreiber, „Visualisierung der Arbeitsweise der Pipeline einer Zentraleinheit durch X-Windows", Diplomarbeit, Lehrstuhl für Datenverarbeitung, TU München, 1992

[WotThi90] H. Wottawa, H. Thierau, „Lehrbuch Evaluation", Huber, 1990

Kapitel 31

Kurt Schneider: SESAM: Zwischen Planspiel und Adventure Game

Kurzzusammenfassung

Software Engineering ist schwer zu unterrichten: Eigentlich bräuchten die Studenten ständige Praxiserfahrungen, um die Lehren und Warnungen des Software Engineering wirklich verstehen und nachvollziehen zu können. Die Universität kann aber Praxiserfahrungen im eigentlich nötigen Umfang nicht bieten: Weil es zu aufwendig für Betreuer und Betreute ist, und weil Projekte ohne vorherige Software Engineering-Kenntnisse oft mißlingen, also nichts bringen. Ein Teufelskreis.

Mit SESAM (Software Engineering durch Simulation Animierter Modelle) versuchen wir, Praxis zu simulieren, die Studenten also „synthetischer Praxis“ auszusetzen. Wir simulieren Software-Projekte so, daß ein „Spieler“ darin Projektleiterentscheidungen trifft und beobachten kann, was aus seinem Projekt wird. Solche Simulationen sind nicht nur wesentlich billiger und schneller durchzuführen als Praxisprojekte; sie erlauben auch umfangreichere und detailliertere Kritik. Nebenbei stellt die Modellentwicklung für SESAM ein interessantes Forschungsvorhaben dar. Damit die Entscheidungsprozesse und die Zwänge eines Software-Projektleiters möglichst praxisnah umgesetzt werden, geht SESAM einen neuen Weg: Es vereint Elemente eines Planspiels mit denen eines Adventure-Games. In diesem Beitrag wird dieser Weg aus didaktischer Sicht motiviert und diskutiert.

31.1 Software Engineering-Unterricht: Zwänge und Ziele

An Universitäten wird Software Engineering heute — wie andere Fächer auch — zumeist in Vorlesungen, Seminaren und Praktika unterrichtet. Der besonders starke Zwang zu praktischen Ausbildungsteilen erwächst aus der Tatsache, daß viele Inhalte des Software Engineering dem unbedarften Neuling (ohne Praxiserfahrung) entweder unmotiviert oder trivial erscheinen. Unter diesen Umständen wird er sie aber nicht mit ganzem Herzen lernen, verstehen und behalten können. Zwei Beispiele mögen genügen, um zu illustrieren, wie Aussagen des Software Engineering regelmäßig auf Langeweile oder Unglauben stoßen:

- Das Drängen auf Standardisierung wird von vielen Studenten als unbotmäßige und unnötige „Einschränkung ihrer Kreativität“ abgetan.
- Einem nur an „Kleinstprojekte am Heimcomputer“ Gewöhnten ist nur schwer theoretisch klarzumachen, warum es praktisch so schwer ist festzustellen, „wie weit“ das Projekt gediehen ist. Etwa ab Projektmitte macht sich nämlich die (irrige) Überzeugung breit, man sei „im Prinzip fertig“. Man muß wohl erst einmal selbst mit den berüchtigten 95 %-Fertig-Aussagen konfrontiert worden sein, bevor man das glauben kann. Nur durch geeignete Maß-

nahmen (Pläne, Meilensteine, Metriken) kann ein Projektleiter sich gegen diese bedrohliche Täuschung und Selbsttäuschung feien. Diese Erkenntnis nehmen einem aber die Studenten in Vorlesungen nicht ab — was man leicht daran ablesen kann, wie wenig sie sich in Diplomarbeiten niederschlägt.

Formale Techniken sind sicher ein wichtiger Teil der Software Engineering-Ausbildung. Sie sind aber nicht geeignet, um die genannten praktischen Probleme zu lösen, die offensichtlich durch eingeschränkte Wahrnehmungsfähigkeit und andere menschliche-psychologische Insuffizienzen bedingt sind. In der sogenannten „EDV-Praxis" von kleinen und mittleren Betrieben, in der seit jeher die Software-Krise am grausamsten wütet, dürfte mit formalen Techniken allein am wenigsten gewonnen sein. Hier geht es darum, auf veränderliche und tatsächlich sich ständig ändernde Benutzerwünsche einzugehen, Menschen zu führen und Entscheidungen unter Unsicherheit zu treffen. Um hier wirklich bewußtseinsbildend wirken zu können, muß die Software Engineering-Lehre Erfahrungen und nicht nur Lerninhalte vermitteln. Es kommt mehr darauf an, zu wissen, ob und wann welche Technik oder Methode anzuwenden ist, als wie das genau funktioniert.

Beim heutigen Verhältnis von Lehrenden zu Lernenden reichen — zumindest an Universitäten — die Kapazitäten nicht aus, um genügend Praxisprojekte „zum Üben" anbieten zu können. Praxiserfahrung ist ja nur dann sinnvoll, wenn dabei Fehler aufgedeckt und über sie reflektiert wird. Feedback erfordert aber enge Betreuung, und die macht sehr viel Aufwand.

31.2 Der Ansatz von SESAM

Wir sehen die Simulation als einen möglichen Ausweg an: In unserem Projekt SESAM (Software Engineering durch Simulation Animierter Modelle) wollen wir Modelle des Software-Entwicklungprozesses als „Spiel" zur Verfügung stellen. Die Studenten sollen daran „synthetische Praxiserfahrungen" aus der Perspektive des Software-Projektleiters sammeln können, wobei wir versuchen, die wichtigsten Mechanismen abzubilden, die auch reale Projekte beeinflussen. Simulation ist schneller, wesentlich billiger und mit viel geringerem Betreuungsaufwand durchzuführen als auch nur kleine Projekte.

Simulation hat aber gegenüber realen Projekten als Medium zum Erfahrungsgewinn auch weitergehende Vorteile, die sich nicht im geringeren Aufwand erschöpfen: Simulationsläufe können im „Playback"-Verfahren wiederholt, kritisiert und besprochen werden. Fehlentwicklungen lassen sich so besser studieren, alternative Szenarien erproben. Die Spieler erhalten direkt während des Spiels nur die Rückmeldungen, die auch dem Projektleiter zur Verfügung stehen. In der anschließenden „Analysephase" bekommen sie aber ausführlichere Kommentare zu ihrem Spiel, zu Auffälligkeiten und Unterlassungen. Sie können sich Zeitreihen von Einflußgrößen ansehen.

Die Grundidee, SESAM als Spiel zu realisieren, stammt von Ludewig [Lu89]. Dabei wird SESAM sicher Züge eines Planspiels tragen. Ich bin jedoch der Überzeugung, daß gerade für die Lehre des Software Engineering und ihre Ziele ein Planspiel nicht die angemessene Interaktiosform bietet und nicht den gewünschten Unterrichtsakzent setzt. Die Arbeit eines Software-Projektleiters wird besser durch sogenannte Adventure Games wiedergegeben. Der Spieler muß hier Abenteuer in einem unbekannten Gelände bestehen, wobei er nie auch nur gesagt bekommt, was er tun kann, welche Möglichkeiten er hat — geschweige denn, welche davon er auswählen sollte. Die resultierende Rat- und Orientierungslosigkeit eines unvorbereiteten Spielers stellt gerade die zentrale Analogie zwischen Adventure Game und Software-Projekt dar. Nur wer von vorneherein oder aus (spielerischer?) Erfahrung weiß, was er tun kann, wird sich im Spiel und im Projekt zurechtfinden. SESAM will also die Notwendigkeit von Vorbereitungen und Maßnahmen im Sinne von Software Engineering erfahrbar und bewußt machen, ihre Anwendung schließlich auch durch Spielerfolg belohnen. Um diese Art von Erfahrungen zu erlauben, versuchen wir, SESAM als Kombination von Planspiel und Adventure Game zu gestalten. Diese Entscheidung bringt etliche Modellierungs-

und Simulationsschwierigkeiten mit sich, weil wir uns dabei auf Neuland bewegen. Ich bin aber davon überzeugt, daß sie zum Unterrichtswert entscheidend beiträgt.

Über technische Details, Probleme und Lösungsansätze berichten wir in [Lu89, Lu92, Sc93] und einigen gerade eingereichten Artikeln. Dieser Beitrag konzentriert sich dagegen auf die didaktischen Aspekte von SESAM. Viele wissenschaftlich spannenden Themen wie Modellbildung und -validierung können hier bestenfalls gestreift werden. Um unsere Entscheidung für die Verbindung von Planspiel und Adventure Game im einzelnen nachvollziehbar zu machen, identifiziere ich im nächsten Abschnitt zunächst wichtige Lernziele praktischer Software Engineering-Ausbildung, die wir mit SESAM unterstützen wollen. Anschließend wird gezeigt, wodurch Planspiele und Adventure Games charakterisiert sind, und warum jede Spielform für sich höchstens einige wenige Aspekte nötiger Erfahrung bieten kann — die Kombination jedoch wesentlich mehr und geeignetere.

31.3 Lehrinhalte praktisch orientierten Software Engineerings

Nehmen wir an, einem Studenten des Software Engineering sei die methodische und formale Grundausbildung zuteil geworden. Es gehe nun darum, ihn auf die konkreten Anforderungen vorzubereiten, die in der täglichen Praxis von Software-Projekten an ihn gestellt werden: Welche Lehrinhalte sollen dann vermittelt werden? Welche Fertigkeiten soll ein künftiger Projektmitarbeiter oder -leiter durch Software Engineering-Unterricht erwerben können?

Ich zähle fünf wichtige Unterrichtsziele auf, über deren Relevanz breite Übereinstimmung bestehen dürfte; jedem mit Software Engineering Befaßten werden mühelos weitere Punkte einfallen, die der Liste hinzuzufügen wären.

Komplexe, versteckte Zusammenhänge erkennen: Diese Grundfertigkeit ist auf zweierlei Weise für den Software-Projektleiter relevant. Erstens muß er in der Lage sein, die gestellte Aufgabe und ihr Umfeld zu analysieren, Abhängigkeiten und Randbedingungen aufzudecken und auf sie zu reagieren.

Zweitens muß zumindest der Projektleiter auch die Zusammenhänge in seiner eigenen Organisation und in seinem Projektteam erkennen und berücksichtigen, wenn er nicht ständig gegen unnötige Widerstände ankämpfen will. Er muß Firmenstandards kennen, von vorhandenen Werkzeugen und ihren Schwächen wissen. Je kleiner das Team ist, desto wichtiger ist es auch, die individuellen Fähigkeiten und Neigungen von Projektmitarbeitern einschätzen zu können.

Umgang mit dem nicht-greifbaren Produkt Software: Jedem Projektbeteiligten muß klar sein, daß Software eine Reihe von spezifischen Eigenarten hat, auf die es zu reagieren gilt: Software ist immateriell, nicht-stetig und schwer prüfbar. Achtung: Wie bei allen anderen hier genannten Fähigkeiten genügt es nicht, ihre Notwendigkeit bloß prinzipiell einzusehen. Diese Einsicht muß zu einem ständigen Bewußtsein und erhöhter Aufmerksamkeit gediehen sein!

Entscheiden unter Unsicherheit: Bedingt durch das nicht-greifbare, schwer prüfbare Produkt Software und durch den „human factor" in jedem Projekt, können Entscheidungen nur unter Unsicherheit fallen. Niemals wird ein Projektleiter exakt vorausplanen können, in welchen Schritten seine Software „gefertigt" wird. Eben, weil sie nicht gefertigt (reproduziert, nach Arbeitsvorbereitung), sondern neu entwickelt wird. Zu diesen prinzipiellen Unwägbarkeiten in jedem Entwicklungsprozeß kommen noch unvorhersehbare Ereignisse wie Kündigungen, Änderung der Kundenwünsche, Beschneidung des Budgets, Einführung neuer Hardware, Fehler in der Entwicklungsumgebung und vieles mehr. Wie gut auch immer seine Pläne sein mögen — ein Software-Projektleiter (und auch ein Mitarbeiter) muß flexibel umdenken und auf Schwierigkeiten reagieren können. Er sollte deshalb gezielt darauf vorbereitet werden, mit unsicheren Entscheidungsgrundlagen bewußt umzugehen — statt sie zu leugnen.

Planen mit Puffern: Als konkrete Konsequenz aus den vorhergehenden Lernzielen müssen immer wieder Puffer eingeplant werden, die Abweichungen vom Plan auffangen. In vielen studentischen Arbeiten stellen wir fest, daß nicht einmal diese konkrete, einfache Vorsichtsmaßnahme ergriffen wird — was auch in der Software-Praxis gang und gäbe ist: Es wird nur der optimale, pannenfreie Verlauf geplant. Puffer und Prüfungen werden häufig in leichtsinnig-unbegründetem Optimismus vernachlässigt, so gut wie nie wird nach Prüfungen auch noch genügend Zeit für die Behebung von Fehlern und eine erneute Prüfung eingeplant. Für den Lehrer des Software Engineering gilt es, die Bereitschaft zum Planen mit Puffern zu fördern, da sie offensichtlich von Natur aus nur schwach ausgeprägt ist.

Der Teufel steckt auch im Detail: Gerade in der Software-Entwicklung sind zwar die richtigen Entscheidungen wichtig. Damit ist es jedoch nicht getan: Es kommt sehr wohl auch darauf an, die Maßnahmen richtig zu dosieren. So müssen die Entwicklungsphasen zeitlich und organisatorisch fein aufeinander abgestimmt sein, um einen optimalen Gesamterfolg zu erzielen. Der Testaufwand muß in angemessenem Verhältnis zum Spezifikationsumfang stehen usw.

31.4 Die Lösung der Betriebswirtschaft: Planspiele

Bei einigen der oben genannten Lernziele drängt sich eine Analogie zur Betriebswirtschaft (BWL) und den Lernzielen für künftige Manager geradezu auf. Deshalb liegt es nahe, die Konsequenzen zu studieren, die die BWL für ihre Ausbildung gezogen hat.

Für die Schulung vieler Einzelfähigkeiten gibt es spezielle Ansätze und Techniken: Zur Entscheidungsunterstützung reichen die Ansätze vom Morphologische Kasten, Varianten der Nutzwertanalyse über Entscheidungsbaumverfahren [MH85] bis zur Spieltheorie (z.B. [vN61, Ow78]. Die letzten beiden Verfahren berücksichtigen auch Unsicherheiten im Entscheidungsprozeß. Die Forderung nach „synthetischer Praxis" zum Ausprobieren des Gelernten in einem (simulierten) Zusammenhang beantwortet die BWL mit dem Einsatz von Planspielen. Durch das Zusammenwirken verschiedenster Einflüsse, die der Spieler anfangs nicht kennt, wird auch seine Fähigkeit gefordert, komplexe Zusammenhänge zu erkennen.

Wodurch zeichnen sich Planspiele aus?

In einem typischen Planspiel gibt es

- Ein relativ kompliziertes, dynamisches Modell des Gegenstandsbereiches. Verschiedene Einflußfaktoren wirken darin aufeinander ein, es entstehen Rückkopplungen und Vernetzungen zwischen vielen Attributen und Teilzielen.
- Im allgemeinen sind mehrere, teilweise konkurrierende Teilziele einem optimalen Gesamtnutzen zuzuführen. In KLIMA [Me78] ist dabei die Gewichtung der Teilziele im ersten Spielschritt selbst eine bewußtseinsbildende Aufgabe der Spieler: Hier gilt es, sinnvolle Gewichtungen selbst zu finden. Plausibilitätsprüfungen schließen sich an.
- Das komplexe Modell und seine Vernetzung werden vor dem Spieler versteckt, der nur die Objekte des simulierten Gegenstandsbereichs bzw. einige Einflußgrößen vorfindet. Wie in der Realität weiß er nicht, ob und wie sie zusammenhängen. Darüber handlungsleitende Hypothesen zu bilden, ist ein implizites Ziel von Planspielen.
- Es gibt definierte Eingriffszeitpunkte und festgelegte Eingriffsmöglichkeiten, die der Spieler kennt. Üblicherweise wird immer abwechselnd eine gewisse quantitative Entscheidung gefordert, und dann eine gewisse Zeit weitersimuliert. Als quantitative Entscheidungen stehen

Fragen an, wieviel investiert werden soll, ob Überstunden erlaubt sein sollen usw. Diese Fragen werden oft mithilfe eines kurzen Fragebogens gestellt und über ein Menü beantwortet. Selten sind mehr als 6 Parameter zu setzen. Die Frage an den Projektleiter lautet also: Wieviel möchtest Du von dieser Resource einsetzten? Meist gibt es auch einige wenige qualitative Entscheidungen zu fällen, die auch über den Fragebogen abgefragt werden: Kauft man eine teuere Maschine oder verläßt man sich statt dessen auf Überstunden? Es ist im allgemeinen klar, was man in jeder Situation tun kann — man kann den Fragebogen ausfüllen. Es ist aber nicht klar, welche Werte man den Parametern geben sollte, und wann man die Maschine erwerben soll.

31.5 Planspiele für die Software-Entwicklung

Auch wenn es einige Versuche in diese Richtung zu geben scheint, und auch nur für kleine Teilaspekte (wie [MK89]): Planspiele für Software-Projekte gibt es erst wenige. Wieso? Ein Planspiel setzt ein quantitatives Modell voraus, das wir aber vom Software-Entwicklungsprozeß noch nicht haben. Ein Planspiel kann zwar vernetztes Denken schulen; wie in der BWL dürften solche Spiele auch auf hohe Akzeptanz stoßen. Ein Hauptproblem der Software-Projektführung berücksichtigen Planspiele aber nicht: Es werden keine Entscheidungen gefordert, was (qualitativ) getan werden, welcher Weg beschritten werden soll. Planspiele fordern quantitative Angaben. Software-Projektführung erfordert — wie das Waten in nebeligem Moor — aber vor allem ständige Entscheidung darüber, in welche Richtung man sich bewegen, welche Maßnahmen man einleiten will, um nicht unterzugehen. Erst in zweiter Linie ist es wichtig, die Maßnahmen auch richtig zu dosieren. Es ist charakteristisch für Software Engineering, daß man gar nicht weiß, was man eigentlich in einer speziellen Situation tun kann.

31.6 Adventure-Games: Im Schloß des Vampirs

Hier scheint uns eine Anregung aus dem profanen Gebiet der Unterhaltungscomputerspiele wie gerufen: Adventure Games, Abenteuer-Spiele. Oft entführen uns Adventure Games in phantastische Weltregionen oder versunkene Zeiten: In „House of the Seven Gables", dem ersten (noch rein komandoorientierten) Adventure Game, das ich vor vielen Jahren kennengelernt habe, galt es, aus einem verwinkelten, geheimnisvollen Haus einen Schatz zu bergen, der aber von allerlei Vampiren geschützt wurde. In anderen Spielen befindet man sich als Ritter im Drachenland, angespornt durch liebreizende Prinzessinnen. Das populäre „Larry Leasure in the Land of Longue Lizzards" auf PCs versetzt uns in die Rolle eines Playboys aus Las Vegas, der eher amouröse Abenteuer zu bestehen hat.

Diese Art von Spielen fordert die Phantasie des Spielers stark heraus. Sie fordern, daß der Spieler eine unbekannte Umgebung (Gespenster-Haus, Drachenland, Vergnügungsviertel) erkundet, herausfindet, was er tun und wie er damit ein Ziel erreichen kann. Oft kennt er das Ziel anfangs auch nicht so genau.

Ein typisches Adventure Game ist also charakterisiert durch folgende Eigenschaften:

- Man kennt nicht nur die Zusammenhänge zwischen den Einflußfaktoren nicht, sondern man weiß nicht, was überhaupt Einfluß hat. Man weiß nicht, wer und was mitspielt, welche Gefahren (Vampire, Drachen, leichte Mädchen) lauern und welche Hilfsmittel (Knoblauch, Schwerter, Kondome) es gibt, wie gut, schlecht oder nutzlos sie sind. Man weiß nicht, was man tun kann — geschweige denn, was man tun sollte.
- Ein stabiles Gleichgewicht wie im Planspiel ist nicht erwünscht. Vielmehr finden ständig diskrete Ereignisse (irgendetwas taucht auf) statt, auf die ebenso ständig reagiert werden muß.

- Die Modelle von Adventure Games sind viel einfacher als die von Planspielen — auch wenn Adventure Game-Modelle oft umfangreicher sind. Im Adventure Game gibt es nur qualitative Zusammenhänge: Knoblauch vertreibt den Vampir. Wieviele Zehen man mitführt, ist uninteressant (und nicht unterscheidbar). Es gibt keine langsamen, verzögerten Wirkungen oder dynamischen Prozesse. In Planspielen bauen sich bedrohliche Entwicklungen dagegen oft unbemerkt durch die komplexen Wechselwirkungen und Rückkopplungen quantitative simulierter Größen auf.

- Es ist sehr konkrete, detaillierte Führung nötig. In älteren Spielen konnte ein Dialog etwa wie folgt ablaufen: „Go north! (You see a long hallway) Go north! (You see a garlic) Take garlic! (You have it)". Es geht gerade darum, jeden Schritt anzuordnen. Modernere Adventure Games verwenden die Maus und sparen sich so die langweiligen „Richtungsbefehle". Während der Spieler im Planspiel doch recht abstrakt Einfluß ausübt (investieren, Überstunden zulassen), muß sich der Abenteuerer gerade mit vielen Details herumschlagen.

- Das Spiel erfordert Reaktionsvermögen im weiteren Sinne. Selten geht es darum, in Sekundenbruchteilen zu handeln. Stets ist aber Reaktion auf Ereignisse („Ein Vampir erscheint!") gefordert. In Lance Havoks Spiel „The Phoenix" [HaoJ] gibt es sogar Zeitschranken (einige Minuten), nach denen man ein bestimmtes Zwischenziel erreicht haben muß. Hat man solange nichts getan, nehmen die Dinge eben ihren Lauf (der Vampir beißt zu). Ein Planspiel wartet dagegen auch tagelang geduldig darauf, daß der Spieler seinen immergleichen Fragebogen ausfüllt.

- Wiederholtes Spielen ist die Regel. Wer jemals ein Adventure Game gespielt hat, weiß, wie oft man scheitert, bevor man das Ziel erkannt oder gar erreicht hat. Immer wieder wird man gefressen, disqualifiziert oder abgewiesen, immer wieder startet man ein neues Spiel. Sobald man den Weg aber kennt, wird man das Ziel immer wieder erreichen können. Vielleicht ergeben sich durch Zufallsereignisse noch ein paar Umwege. Im Prinzip hat man das Spiel dann aber durchschaut. Die rasche Folge von Spielen, der trial-and-error-Ansatz, gehört charakteristisch zum Adventure Game. Ein Planspiel ist dagegen eher eine träge Angelegenheit: Meist dauert ein Spiel zwischen zwei Tagen und einem Semester. Man hat selten Gelegenheit, alternative Szenarien schnell einmal durchzuprobieren. Andererseits ist man stärker gezwungen, sich gleich richtig zu überlegen, was man tun sollte.

31.7 Das Abenteuer Software-Entwicklung

Die geschilderten Eigenheiten eines Adventure Games erinnern zum Teil direkt an Software-Projekte (Unerbittliche Entwicklungen bei Nicht-Handeln; detaillierte, konkrete Führung gefragt; mögliche Aktionen nicht in Fragebogenmanier vorgegeben). Andere scheinen prädestiniert, um indirekt die Lernziele zu erreichen, die wir für Software Engineering identifiziert hatten: Rasche Wiederholbarkeit, Szenario-Variation, versteckte Zusammenhänge erkennen und auf sie reagieren, Belohnung für richtiges Handeln.

Allerdings sind die Dynamik und die quantitativen Effekte in jedem hilfreichen Modell der Software-Entwicklung wesentlich ausgeprägter, bestimmender und komplizierter als in allen gängigen Adventure Games. Auch ist Sekunden-Reaktionsvermögen für Projektleiter wohl nur selten so wichtig wie für einen Ritter angesichts eines schnaubenden Drachens.Dafür sollte er sich manchmal Zeit nehmen, um das weitere Vorgehen lege artis zu planen: Er kann eine Kostenabschätzung mit Function Points oder COCOMO durchführen, Reviews einplanen usw.

31.8 SESAM: Der Versuch einer Fusion

Wir erhoffen uns durch die Verbindung der beiden Ansätze, die Vorteile beider Spielvarianten nutzen zu können — selbstverständlich versuchen wir, die Nachteile des einen jeweils durch die Stärken des anderen zu kompensieren. Während der Einsatz von Planspielen nicht besonders originell ist, führt die bewußte Anlehnung an Adventure Games eine neue Qualität in Lehrspiele ein. Insgesamt erwarten wir folgende Vorteile:

- Realitätsnahes, und daher nichttriviales Modell der Software-Entwicklung.
- Großer Entscheidungsspielraum für den Spieler: Quantitative und qualitative Entscheidungen gefordert. Spieler bestimmt die Auswahl, Richtung und die Intensität seiner Maßnahmen.
- Zielsystem wähl- bzw. parametrisierbar in plausiblem Rahmen.
- Schult die relevanten Fähigkeiten, trägt zur Erreichung unserer Lernziele bei.
- Spannend zu spielen, erhöht Motivation, Software Engineering-Wissen zu erwerben, um erfolgreicher zu spielen.

31.9 Probleme und Lösungsansätze

31.9.1 Flexibilität versus Einfachheit

Hohe Flexibilität (Reaktion auf verschiedene qualitative Spielerentscheidungen) komplizieren das Modell. Dadurch wird auch die Simulation als solche wesentlich aufwendiger, eigene Mechanismen müssen ersonnen werden: Mit festen, planspielbewährten System Dynamics-Modellen (vgl. [Fo68]) kommen wir nicht aus. Wir müssen auch Weichenstellungen erlauben, die die gesamte Modellstruktur verändern. Dies führt zu einem Ansatz mehrstufiger Modellierung.

In Software Engineering haben wir kaum überhaupt ein Modell. Umso schwerer ist es, ein dynamisches Modell zu schaffen, das auch noch flexibel genug ist, um alle sinnvollen Aktions-Ideen eines Spielers zu berücksichtigen. Ich halte die direkte Suche nach „dem umfassenden, ultimativen Modell" aber ohnehin für den falschen Weg. Bevor wir exotische Einfälle abdecken können, geben wir ein recht einfaches Modell vor, das aber bereits die gemischte Natur (Plan- und Adventure Game) aufweist. Hier gibt es nur eine geringe Menge möglicher Aktionen. Erste Spielerfahrungen mit fünf Gruppen von Studenten zeigen uns, daß auch dieses einfache Modell noch genügend Konfusion zuläßt. Durch Erfahrungen mit diesem Modell wollen wir in evolutionären Zyklen sowohl die Modelle als auch die Simulationsmechanismen überarbeiten. Wichtig ist es aber, zu beginnen, ungeachtet vieler Unsicherheiten.

31.9.2 Wörterraten oder Menüauswahl

Wir treten bislang noch als „Spielleiter" zwischen die Spieler und das Modell. Dadurch nehmen wir zwar einen langen Spielverlauf in Kauf und haben noch nicht die Möglichkeit, rasch Varianten durchzuspielen. Wir können aber bei der Wortwahl der Spieler als Interpreter fungieren und jeweils die gemeinte Aktion in unserem Modell identifizieren. Wollte man von den Spielern selbst erwarten, genau die vorgesehenen Begriffe zu finden, so würde sich der ärgerliche Effekte des „Kommando-Ratens" einstellen, der von Adventure Games her bekannt ist. Es geht im Software Engineering aber nicht darum, genau die richtige Terminologie zu erraten, sondern die richtigen Maßnahmen einzuleiten — egal, wie sie dann genau genannt werden. Andererseits ist es unbefriedigend, die Aktionen über Menüs auswählen zu lassen: Diese Möglichkeit hat der Projektleiter ja gerade nicht. Momentan wählt der Spieler in SESAM noch aus Menüs, die wir aber mit irrelevanten Einträgen künstlich überfrachten, damit die Auswahl nicht trivial wird. Wenn wir ihm jedesmal „ein ganzes Software Engineering-Buch" anbieten, hat er nicht viel gewonnen. Er muß selbst wissen, was er momentan tun kann.

31.9.3 Validierung von Modellen

Angesichts aller Unsicherheiten erhebt sich natürlich die Frage, ob unsere Modelle noch irgendetwas mit der Wirklichkeit zu tun haben, oder ob wir nur nach dem Prinzip „garbage-in-garbage-out (GIGO)" abartige Ergebnisse produzieren. Wissenschaftlich gesehen stellt in der Tat die Validierung der Modelle die größte Herausforderung dar. Zwar gibt es in der Literatur zur Simulation einige Ansätze; am fruchtbarsten dürften Pfadanalysen sein, wie sie für System Dynamics-Modelle vorgeschlagen werden. Auch Sensitivitätsanalysen bieten sich an. Besonders wichtig sind aber die Begutachtungen des Modellverhaltens durch erfahrene Projektleiter. Sie können besser als alle formalen Analysetechniken Inkonsistenzen mit der Realität aufdecken. Bei solchen Expertenreviews kann sich aber durchaus auch herausstellen, daß die Expertenansicht falsch und die Simulationsergebnisse richtig waren. Durch detaillierte Rückverfolgung von Einflüssen, durch Nachspielen aufgezeichneter Simulationsläufe usw. kann man hier sehr viel fundierter argumentieren. Letztlich begrüßen wir konstruktive Kritik an unserem Modell und alle Denkanstöße für Experten als wissenschaftliche Erfolge von SESAM.

31.9.4 Oberflächengestaltung und Interaktion

So zweitrangig die Oberfläche bei Planspielen sein mag, so wichtig ist sie doch für ein Adventure Game, um die Phantasie zu stimulieren und die „Illusion aufrecht zu erhalten", man befinde sich wirklich in der simulierten Situation.

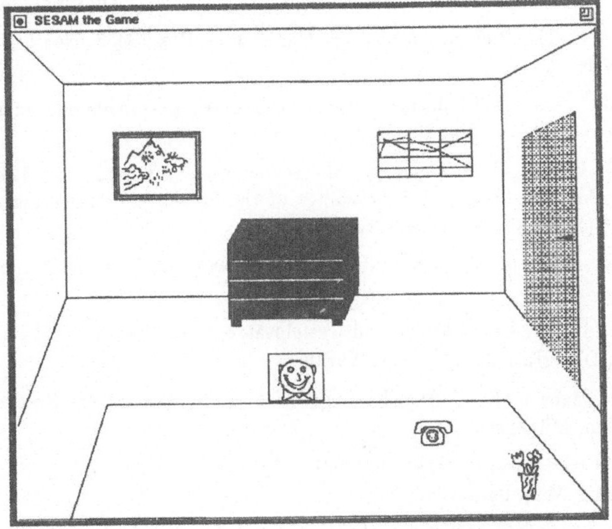

Abbildung 31.1: Direktabzug von Farbbildschirm

Wir wollen die Welt des Software-Projektleiters modellieren, bilden also zunächst sein Büro ab, in dem der Spieler sitzt . Indem der Spieler mit der Maus auf die Elemente seiner Umgebung zeigt, kann er herausfinden, was er mit ihnen machen kann. Je nach dem internen Zustand des Modells sieht er sich in verschiedenen Umwelten. In der Abbildung sitzt ihm gerade ein gutgelaunter Mitarbeiter gegenüber, begierig auf neue Anweisungen. Gleichzeitig klingelt das Telefon. Der Spieler (den man nicht sieht, weil wir durch ihn sehen) kann auch zum Telefon greifen, ein Review anberaumen usw.

31.10 Schlußfolgerungen und Ausblick

Wir haben gezeigt, welche Fähigkeiten wir für angehende Software-Projektleiter für wichtig halten. Daraus leiten wir Lernziele ab. Es zeigt sich, daß irgendeine Form von Praxiserfahrung unverzichtbar ist, um die Ziele zu erreichen (vgl. auch [?, Ve92] zum Aspekt von praxisunterstütztem Lernen).

SESAM ist unser Simulator für Software-Projekte, der Planspiel- und Adventure Game-Aspekte verbindet. Nach drei Prototypen entwickeln wir zur Zeit gerade ein Pilotsystem, das verbliebene Restriktionen beseitigen soll. In der Zwischenzeit können wir aber bereits auf dem dritten Prototypen Simulationen ausführen. Parallel zu den Simulationsmechanismen arbeiten wir auch an den Modellen. Die Modelle, die zusehends komplexer und umfangreicher werden, erproben und validieren wir in Plausibilitätsuntersuchungen und durch Abgleich mit Daten aus der Literatur. Ihren Unterrichtswert testen wir, indem wir Studenten bereits jetzt spielen lassen, aber noch als „Spielleiter" ihre Angaben interpretieren und die Mängel des Prototypen abpuffern. Es zeigen sich bereits in diesem frühen Stadium der Simulation viele Effekte und Zusammenhänge, die man sonst nur in praktischen Projekten beobachten kann.

Literatur

[Fo68] Forrester, J.W. (1968): Principles of Systems, M.I.T. Press, Cambridge, MA

[HaoJ] Havoc, Lance: The Phoenix; Adventure Game. P.O. Box 13453, NorthGate Station, San Rafael, CA 94913-3453

[Lu89] Ludewig, J. (1989): Modelle des Software Engineering — Abbilder oder Vorbilder?; in Softwaretechnik Trends, Band 9, Heft 3

[Lu92] Ludewig, J; Bassler, Th.; Deininger, M.; Schneider, K.; Schwille, J. (1992): SESAM — Simulating Software Projects; Proceedings of the Software Engineering and Knowledge Engineering (SEKE) Conference, Capri, Italy

[MK89] McKeeman, W.M. (1989): Graduation Talk at Wang Institute, IEEE Computer, vol. 22, no. 5

[Me78] Meyer, R. (1978): Entwicklung und Testeinsätze eines Planspiels „Klinik-Management (KLIMA)", Dissertation Universität Nürnberg

[MH85] Meyer, M.; Hansen, K. (1985): Panungsverfahren des Operations Research, 3. Auflage, Verlag Vahlen, München

[vN61] Neumann, J.von; Morgenstern, O. (1961): Spieltheorie und wirtschaftliches Verhalten; Physica-Verlag, Würzburg

[Ow78] Owen, G. (1978): Game Theory and Gaming, in: Moder, J.J. Elmagharaby, S.E. (Hrsg.): Handbook of Operations Research, vol. 1, New York

[Sc93] Schneider, Kurt (1993): Object-oriented Simulation of the Software Development Process in SESAM; Proceedings der OOS+93, Teil der Western Multiconference on Computer Simulation (WMC+93) in San Diego

[Ve92] Vester, Frederic (1992): Denken, Lernen, Vergessen; dtv Sachbuch 30003, Stuttgart, 19.Auflage

[] Vester, Frederic (1991): Ballungsgebiete in der Krise. Vom Verstehen und Planen menschlicher Lebensräume, dtv Sachbuch, Neuauflage

Kapitel 32

A. Rinkel, Jörg Sauerbrey: Animation eines Kommunikationsprotokolls zur Unterstützung von Lehrveranstaltungen

32.1 Einleitung

Im Rahmen der Ausbildung der Elektrotechnikstudenten an der TU München bietet der Lehrstuhl für Datenverarbeitung die Vorlesungen „Rechnernetze“ und „Kommunikationsprotokolle“ an. Die Vorlesungen wenden sich an Studierende der Studienrichtung Informationstechnik im 6. bzw. 7. Fachsemester und versuchen unter anderem die Problematik des Entwurfs und der Funktionsweise von Kommunikationsprotokollen bei informationstechnischen Systemen (IT-Systeme) den Lernenden näherzubringen.

Die formalen und abstrakten Grundlagen der Kommunikationsprotokolle anschaulich zu vermitteln ist eine didaktische Herausforderung. Mit vorgefertigten „Klapp-Overheadfolien“ zur Darstellung des dynamischen Protokollablaufs kann ein tieferes Verständnis der notwendigen Zusammenhänge nur sehr bedingt vermittelt werden.

„Papier und Bleistift“ sind ein ungeeignetes Mittel solche komplexen dynamischen Zusammenhänge darzulegen. Simulation und Animation des Protokollgeschehens erlauben hingegen eine „begreifbare“ Darstellung der Vorgänge. Aus diesem Grund entstand ein Animationsprogramm, das einige wesentliche Elemente von Kommunikationsprotokollen für IT-Systeme im Experiment veranschaulicht. Bei der Konzeption konnte auf Erfahrungen aufgebaut werden, die in einem ähnlichen Projekt [Sauerb91] gesammelt wurden. Das Animationsprogramm wird im Rahmen von Vorlesungen und Übungen zur Verdeutlichung des Lehrstoffes eingesetzt.

Nachdem in Abschnitt 2 die notwendigen Grundlagen vorgestellt wurden, wird in Abschnitt 3 gezeigt, wie den Studierenden die Funktionsweise eines einfachen Datensicherungsprotokolls mit einer Animation vermittelt wird und in welcher Form die Einbettung in die Lehrveranstaltung erfolgt. Abschnitt 4 beschreibt den Entwicklungsprozeß der Animationssoftware und Abschnitt 5 gibt schließlich eine kurze Zusammenfassung und einen Ausblick.

32.2 Grundlagen zu Kommunikationsprotokollen

Informationsgesellschaft, verteilte Informationsverarbeitung und Multimedia sind aktuelle Schlagworte aus dem Bereich der elektronischen Informationsverarbeitung. Eine wesentliche Voraussetzung zur Anwendung dieser Techniken ist die Möglichkeit der Kommunikation zwischen Computern verschiedener Hersteller. Die International Standardisation Organisation (ISO) hat zu diesem Zweck ein übergeordnetes Architekturmodell, das sogenannte OSI-(Open-System-Interconnection)-Referenzmodell geschaffen [ISO7498]. Dieses Architekturmodell ordnet die vielfältigen Einzelfestlegungen, die für eine Rechner-Rechner-Kommunikation notwendig sind und dient so als Bezugsmodell für Standards bei der Kommunikation zwischen unterschiedlichen Systemen. Unter SSysteme"werden Terminals, Datenendeinrichtungen (DEE), Stationen, Rechner und sonstige kommunizierende Geräte begrifflich zusammengefaßt.

Wesentliche Prinzipien des OSI-Referenzmodells sind:

- die Schichtung von Funktionen (7 Schichten)
- die Dienstleistung einer Schicht an ihre nächsthöhere Schicht
- das Protokoll innerhalb der einzelnen Schichten

Das vorgestellte Animationsprogramm soll Kenntnisse aus dem Bereich der Protokolle vermitteln. Ein Protokoll ist eine Vereinbarung zwischen kommunizierenden Systemen (Kommunikationspartnern), auf welche Weise Informationen auszutauschen sind. Ein einfaches Beispiel für ein Protokoll, ist die Vorgehensweise, wenn zwei Personen per Telefon Informationen austauschen (Abbildung 32.1).

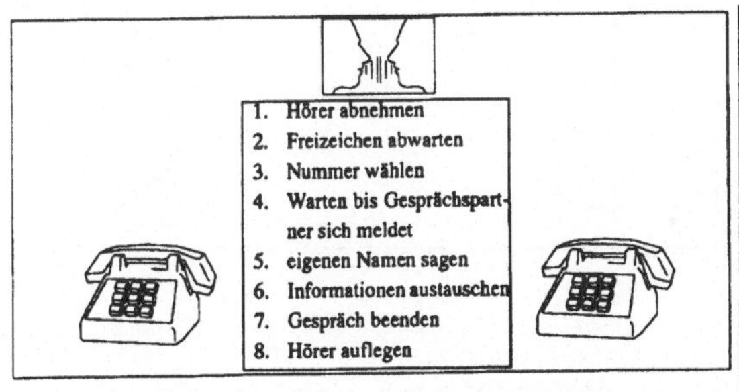

Abbildung 32.1: Protokoll beim Telefonieren

Die Ziele einer solchen Vereinbarung können sehr vielfältig sein. Ein typisches Bespiel für ein Protokoll zwischen Computern ist ein Datensicherungsprotokoll. Dieses sorgt dafür, daß Informationen so ausgetauscht werden, daß die abgesendeten Informationen den Empfänger trotz schlechter oder unzuverlässiger Transportwege sicher erreichen.

Das Festlegen der Verhaltensregeln eines Protokolls ist eine schwierige Aufgabe und der Nachweis der Korrektheit für komplexe Protokolle ist nur sehr bedingt möglich. Den Studierenden sollen im Rahmen der Animation des Protokollablaufes folgende Lernziele vermittelt werden:

- der Grundmechanismus „Fehlererkennung und Wiederholung“
- Methoden zur Blocknumerierung
- Notwendigkeit der Verwendung von Timern
- Probleme bei der korrekten Zeiteinstellung von Timern
- die Schwierigkeit korrektes Protokollverhalten nachzuweisen

Besonders der letzte Punkt ist wichtig, um eine kritische Distanz zu vermeintlich richtigen Protokollvorschlägen zu entwickeln.

32.3 Gestaltung des Animationssystems und seine Anwendung in der Lehre

Die o. g. Lernziele werden mit Hilfe des Animationsprogramms wie folgt vermittelt:

Den Studenten wird ein einfaches Szenario vorgestellt (oberer Teil von Abbildung 32.2). Zwei Computer sollen Daten austauschen, es steht allerdings nur ein unzuverlässiges Übertragungsmedium zur Verfügung, d. h. Daten können verloren gehen. Es besteht nun die Aufgabe ein Datensicherungsprotokoll zu entwerfen, bei dessen Anwendung der Verlust von Datenblöcken bemerkt wird und entsprechende Korrekturmechanismen ablaufen.

Der untere Teil von Abbildung 32.2 zeigt ein sogenanntes Zeitablaufdiagramm, welches den Austausch von Botschaften zwischen zwei Datenendeinrichtungen (DEE A und DEE B) über der Zeit darstellt. Die beiden vertikalen „Balken" links und rechts symbolisieren die kommunizierenden Partnerinstanzen, die das Datensicherungsprotokoll auf DEE A und DEE B abarbeiten. Die Zeit ist von oben nach unten aufgetragen. Zwischen den „Balken" wird die Folge der ausgetauschten Botschaften gezeigt. Die Pfeile am linken bzw. rechten Rand illustrieren die zu übermittelnden Datenblöcke.

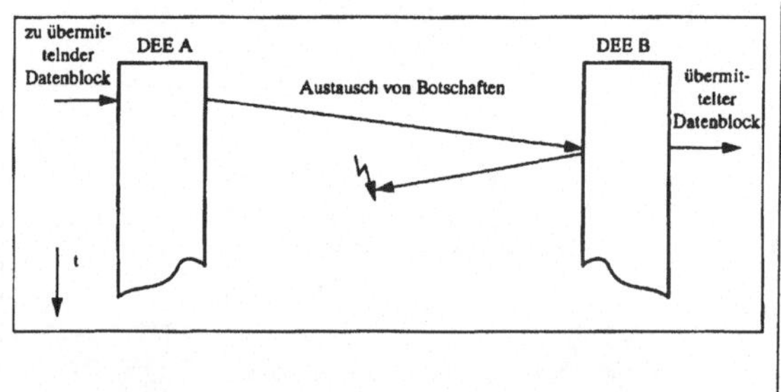

Abbildung 32.2: Szenario der Kommunikation

Ein solches Zeitablaufdiagramm dient nun als Basis für die Animation, da es sich gut dafür eignet, die Interaktionen bei der Kommunikation über der Zeit zu veranschaulichen. Abbildung 32.3 zeigt die Darstellung der Oberfläche des Animationsprogramms.

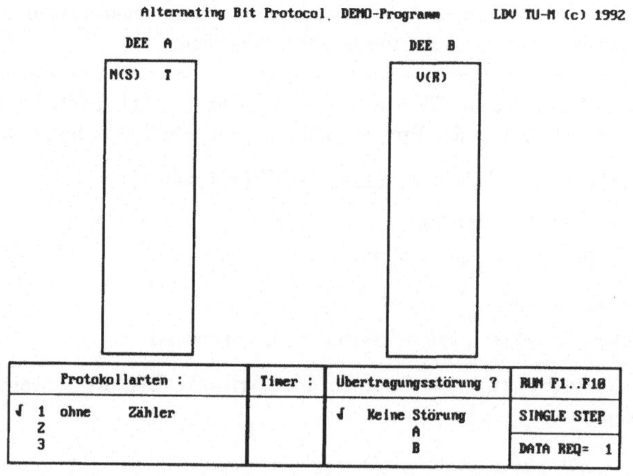

Abbildung 32.3: Oberfläche des Animationsprogramms

Innerhalb dieser Darstellung wird nun beim Ablauf der Animation der Austausch von Datenblöcken in Form einer Art „Trickfilm" dargestellt. Dabei kann ein „Einzelbild-Modus" (Single-

Step-Modus) oder ein „Bewegtbild-Modus“ (Run-Modus) gewählt werden. Der Step-Modus hat sich bei der Präsentation besonders bewährt. Dadurch kann die Animation an wichtigen Stellen angehalten werden und so das Protokollgeschehen in Ruhe studiert und diskutiert werden. Der eingerahmte Kasten zeigt die Einstellung der aktuellen Parameter für die Animation, auf die später noch näher eingegangen wird.

Ein funktionsfähiges Datensicherungsprotokoll wird nun sukzessive in mehreren Schritten entwickelt. Dabei werden die jeweiligen Resultate der Entwicklungsschritte als graphische Animation dargestellt.

Im ersten Schritt wird ein naheliegender Vorschlag für ein Datensicherungsprotokoll gewählt:

- Der Sender eines Datenblocks kann nur einen Datenblock senden und muß dann auf eine Bestätigung des Empfängers warten.
- Wenn vom Sender ein Datenblock abgeschickt wird, setzt dieser einen Timer (T). Erhält der Sender vor Ablauf des Timers keinen Bestätigungsblock (ACK) vom Empfänger, so wird der gleiche Datenblock wiederholt.
- Empfängt der Sender einen Bestätigungsblock, wird der nächste Datenblock übertragen.
- Der Empfänger sendet bei Empfang eines Datenblocks immer einen Bestätigungsblock zurück.

Der Ablauf einer Datenübertragung nach diesem Protokoll wird nun animiert, wobei keine Übertragungsfehler simuliert werden. Abbildung 32.4 zeigt den Zustand der Animation nach Beendigung des „Trickfilms“.

Das bei der DEE A dargestellte Dreieck symbolisiert den Timer (halbes Stundenglas). Der ausgefüllte Teil verdeutlicht die bereits verstrichene Zeit.

Im fehlerfreien Fall erfüllt das Protokoll erwartungsgemäß seine Aufgabe.

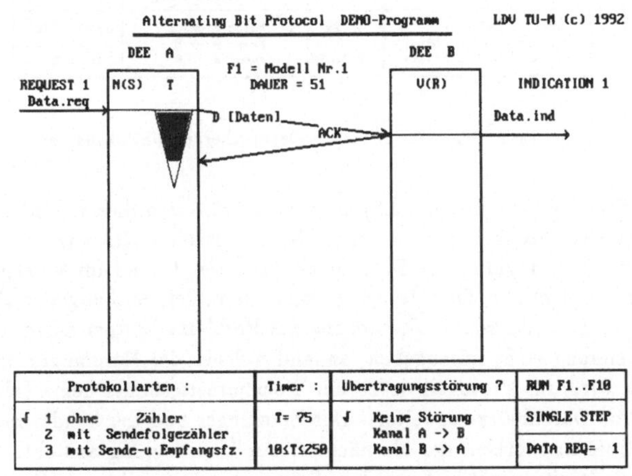

Abbildung 32.4: Ergebnis der Animation eines einfachen Datensicherungsprotokolls

Nachdem der Grundmechanismus des Protokolls vermittelt wurde, sollen die Studenten verschiedenene Testfälle für das Protokoll erarbeiten. Diese werden dann mit dem Animationsprogramm durchgespielt. Dabei können folgende Parameter frei gewählt werden:

- Veränderung der Timer-Ablaufzeit.

Hiermit wird die Wichtigkeit einer korrekten Timereinstellung gezeigt. Da Computer üblicherweise über weiträumige Kommunikationsnetze verbunden sind, benötigen die Datenblöcke eine gewisse Zeit, bis sie beim Empfänger eintreffen. Daher kann der Timer u. U. ablaufen, bevor der Bestätigungsblock eintrifft.

- Eine gezielte Störung des Kanals von DEE A nach DEE B bzw. von DEE B nach DEE A kann während der Animation ausgelöst werden.
- Die Anzahl der zu übertragenden Datenblöcke kann frei gewählt werden.

Die ersten beiden Testfälle, die von den Studenten in der Regel vorgeschlagen werden, sind die Störung von entweder des Hinkanals oder des Rückkanals. Abbildung 32.5 und 32.6 zeigen die Zustände der Animation nach Beendigung des „Trickfilms" in beiden Fällen.

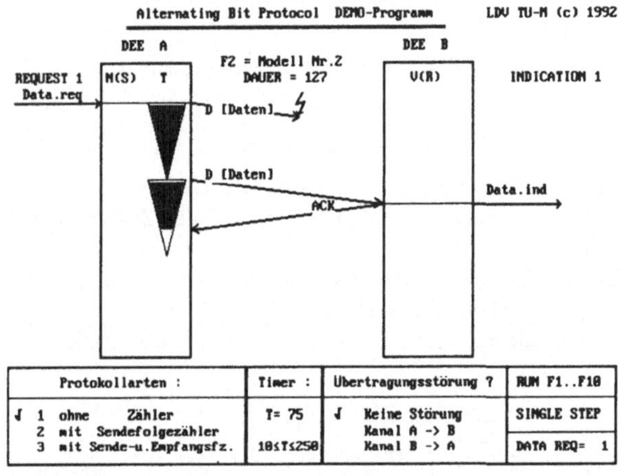

Abbildung 32.5: Ergebnis der Animation eines einfachen Datensicherungsprotokolls bei Störung des Kanals von DEE A nach DEE B

Wird die erste Störung (Abbildung 32.5) noch problemlos von diesem einfachen Protokoll beherrscht, so versagt das Protokoll jedoch bereits bei der zweiten Störung (Abbildung 32.6). In diesem Fall tritt eine Verdopplung der Datenblöcke ein. Der Grund im Versagen des Protokolls liegt darin, daß der Empfänger nicht entscheiden kann, ob er den empfangenen Datenblock bereits schon einmal erhalten hat oder nicht. Die Lösung des Problems besteht darin, dem übertragenen Datenblock eine Kennung N(S) mitzugeben, anhand welcher der Empfänger diese Entscheidung treffen kann. Dazu wird das Protokoll durch ein Blocknumerierungsschema (alternierende Nummern 0 und 1) für die Datenblöcke erweitert. Der Empfänger und der Sender müssen sich nur die Nummer des Datenblocks merken, der als nächster zur Übertragung ansteht. Die Nummer des nächsten erwarteten Blocks merkt sich der Empfänger in der Variablen V(R). So kann eine Verdopplung durch Nummernvergleich bemerkt und behoben werden, indem der doppelte Datenblock vom Empfänger verworfen wird. Dieses Protokoll wird nun wieder mit verschiedenen Testfällen als Animation dargestellt. In fast allen denkbaren Fehlersituationen wird es zuverlässig arbeiten, jedoch werden in einigen wenigen Fällen Probleme entstehen. Von den Studenten wird daher eine gewisse Menge an „destruktiver" Energie gefordert, um einer solchen Fehlersituation auf die Spur zu kommen. Abbildung 32.7 zeigt eine solche Fehlersituation.

Von zwei zu übertragenden Datenblöcken wird immer nur einer erfolgreich übertragen.

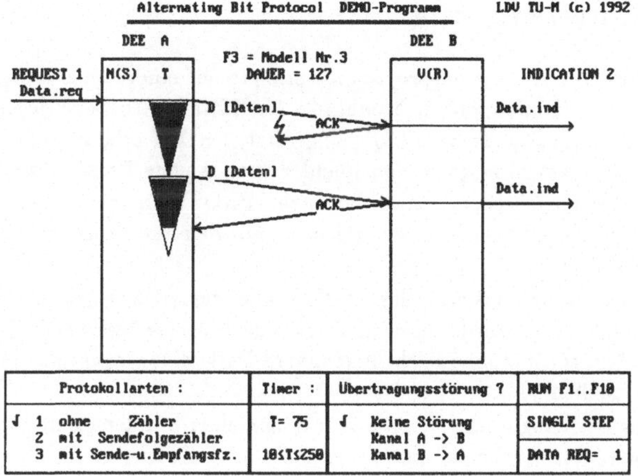

Abbildung 32.6: Ergebnis der Animation eines einfachen Datensicherungsprotokolls bei Störung des Kanals von DEE B nach DEE A

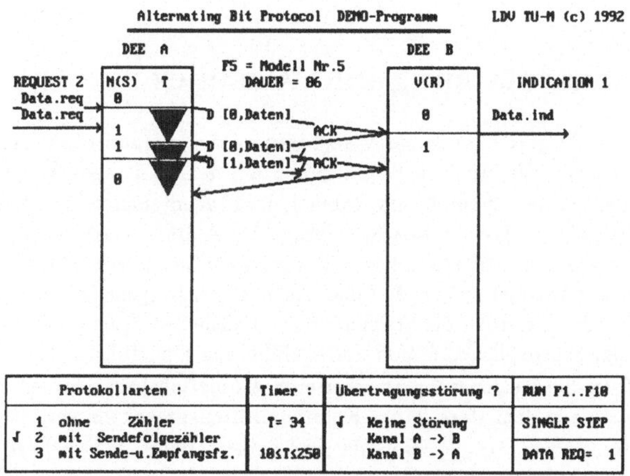

Abbildung 32.7: Ergebnis der Animation eines verbesserten Datensicherungsprotokolls bei einer bestimmten Fehlersituation

Dieses Beispiel zeigt auch die Leistungsfähigkeit der Animation. Die Variation der Timerlaufzeit, eine Übertragung mehrerer Datenblöcke und die gezielte Störung eines Datenblocks während der Animation sind Voraussetzung dafür, daß solche komplexen Fehlersituationen modelliert werden können. Der „Einzelbild-Modus“ ist zur Erläuterung dieser schwierigen Fehlersitation unerläßlich.

Das Protokoll kann nun noch einmal erweitert werden, so daß auch die Fehlersituation nach Abbildung 32.7 beherrscht wird. Dabei wird auch für die Bestätigungsblöcke ein Numerierungsschema eingeführt. Das entstandene Protokoll ist in der Literatur (z. B. [Holzma91]) als „Alternating-Bit-Protocol“ bekannt. Der Ablauf dieses Protokolls wird nun wieder in Form einer Animation vorgeführt.

32.4 Implementierung

Die Implementierung des Animationsprogramms erfolgte auf einem zum Industriestandard kompatiblen PC in der Programmiersprache Modula-2. Als Hilfsmittel bei der Implementierung wurde das Simulationswerkzeug PROST [RiSaKö91] eingesetzt. PROST erlaubt auf einem Einprozessor-, Single-Tasking-Betriebssystem mehrere voneinander unabhängige Prozesse zu erzeugen und diese verschiedenen (simulierten) Prozessoren zuzuordnen. PROST unterstützt einen einfachen Send-Receive-Mechanismus zur Interprozeßkommunkation, mit dem die Prozesse Nachrichten untereinander austauschen können.

Die Protokollautomaten innerhalb der DEE A und der DEE B, die beiden Übertragungskanäle und die Ein/Ausgabe wurde durch unabhängige Prozesse realisiert. Die Farbauswahl für die Animation erfolgte so, daß eine leicht erkennbare Darstellung auch auf einem monochromen Overhead-Display möglich ist.

Die Entwicklung des Programms konnte im Rahmen einer Studienarbeit [LeiLep92] erfolgreich durchgeführt werden. Der Quellcode umfaßt ungefähr 1000 Zeilen, das ausführbare Progamm ist 68 kByte groß. Für Konzeption Entwicklung und Test war ein Arbeitsaufwand von 2 Personenmonaten erforderlich.

Zum Betrieb des Animationssystems wird ein PC (80286 aufwärts) mit EGA oder VGA-Graphikadapter benötigt. Mit einem Laptop und einem Overhead-Display ergibt sich die Möglichkeit, das System im Rahmen von Vorlesungen und Übungen örtlich flexibel einzusetzen.

32.5 Zusammenfassung und Ausblick

In diesem Beitrag wurde gezeigt, wie die Visualisierung des dynamischen Ablaufs von Kommunikationsprotokollen mit Hilfe einer Computeranimation dazu beitragen kann, die formalen und abstrakten Grundlagen dieser Thematik im Rahmen der Studentenausbildung besser zu vermitteln als dies bisher möglich war. Der praktische Einsatz des Animationssystems zeigte sehr positive Resonanz bei den Studenten. Ausgehend von dieser Animation lassen sich weitere Mechanismen von Kommunikationsprotokollen, wie z. B. Blockzählung, Fenstergröße oder Bestätigungsalgorithmus leicht ableiten. Ferner werden die Studierenden zu aktuellen Fragen der Forschung, wie z. B. Testmustererzeugung, Protokollspezifiation und -validierung hingeführt.

Für die Zukunft ist die Realisierung von weiteren Animationsprogrammen geplant, die andere wichtige Mechanismen aus dem Bereich der Kommunikationsprotokolle vermitteln sollen.

Wir möchten Herrn Prof. Dr. J. Swoboda sehr dafür danken, daß er diese Arbeit ermöglicht und unterstützt hat.

Literatur

[Holzma91] Holzmann, G. J.: „Design and Validation of Computer Protocols", Prentice-Hall, 1991

[ISO7498] ISO 7498: „Information processing systems — Open Systems Interconnection — Basic Reference Model", 1984

[LeiLep92] Leinfelder, Ch.; Lepper, Ch.: „Animation des Alternating-Bit-Protocols", Studienarbeit am Lehrstuhl für Datenverarbeitung, 1992

[RiSaKö91] Rinkel, A., Sauerbrey, J.; Köhler, B., : „Ein rechnergestützter Simulationsbaukasten zum entdeckenden Lernen", in Gorny, P.: Informatik und Schule, GI-Fachtagung, Oldenburg, Oktober 1991, Springer

[Sauerb91] Jörg Sauerbrey, „Visualisierung eines Datensicherungsprotokolls für die Studentenausbildung", in Gorny, P.: Informatik und Schule, GI-Fachtagung, Oldenburg, Oktober 1991, Springer

Kapitel 33

Helmut Kohorst, Wolfgang Weber: Explorative Datenanalyse und Statistik in Naturwissenschaft, Sozialwissenschaft und Mathematik

Seid gegrüßet, Milliarden! Sprengstoff Mensch! Fruchtbar bis zum Untergang? Am Ende das Chaos?

Solche und ähnliche Schlagzeilen in den Medien weisen immer wieder auf eines der Schlüsselprobleme unserer Zeit hin: die Bevölkerungsentwicklung — manche sprechen bereits von „Bevölkerungsexplosion".

Wie sah die Entwicklung der Bevölkerung vor einhundert, zweihundert, fünfhundert oder tausend Jahren aus? Wie entwickelt sich die Weltbevölkerung heute? Können wir Prognosen über zukünftige Entwicklungen machen? Verläuft die Entwicklung in allen Teilen der Erde in gleicher Weise — gibt es regionale Unterschiede? Handelt es sich wirklich um eine Bevölkerungs-„Explosion"? Welche Maßnahmen wurden/werden unternommen, um dem entgegenzuwirken? Können wir überhaupt (noch) durch entsprechendes Handeln auf den Prozeß einwirken? Finden entsprechende Maßnahmen gesellschaftliche Akzeptanz? ... Die Reihe der Fragen ließe sich fortsetzen — deutlich wird aber bereits hier, daß dieses facettenreiche Thema ein fächerübergreifendes Arbeiten nahelegt.

Unabhängig davon, von welchen Fragestellungen die Erarbeitung ihren Ausgang nimmt, wird man sich im Projektverlauf mit Datenmaterial zur Entwicklung der Weltbevölkerung auseinandersetzen. Eine solche Datenauswertung stellt jedoch eine durchaus ernstzunehmende Hürde dar. Hier soll skizziert werden, wie sich Schüler und Schülerinnen (ab etwa der 10. Klasse) handlungsorientiert mit solchem Datenmaterial auseinandersetzen können.

Datenanalyse und Dateninterpretation gleichen der Arbeit eines Detektivs, der mit Hilfe geeigneter Methoden immer tiefer in den „Fall" eindringt und so der „Lösung" immer näher kommt. Wie ein Datendetektiv in Statistiken neue Entdeckungen machen und durch Interpretationen im Sachkontext zu neuen Erkenntnissen kommen kann, wird hier am Beispiel der Auseinandersetzung mit Daten zur Bevölkerungsentwicklung dargestellt.

Rund 5,5 Mrd. Menschen leben derzeit auf unserer Erde. (1989: 5,202 Mrd.; Stat. Jahrbuch 1990 für die BR Deutschland). Für den Beginn unserer Zeitrechnung wird eine Bevölkerung von ca. 250 Mio. angenommen (die Hochrechnungen schwanken hier zwischen 150 Mio. und 300 Mio.). Bei den Daten für den Zeitraum 1650–1930 wird auf die weitgehend akzeptierte Hochrechnung von Carr-Saunders (vgl. [Wi69, S. 50, 59]; [Bu90, S. 1]) Bezug genommen. Für den Zeitraum ab 1950 werden die Daten des Statistischen Jahrbuchs 1990 für das Ausland [SB90] zugrunde gelegt.

Jahr	Weltbev. in Mrd.
0	0,250 ?
1650	0,545
1750	0,728
1800	0,906
1850	1,171
1900	1,608
1930	2,070
1950	2,515
1960	3,019
1970	3,698
1980	4,450
1985	4,854
1990	5,292
2000	6,251
2010	7,191
2025	8,467

Tabelle 33.1: Die Entwicklung der Weltbevölkerung seit Christi Geburt (ab 1990: UN-Prognose; mittlere Variante)

33.1 Der traditionelle Weg im gesellschaftswissenschaftlichen Fachunterricht

Was läßt sich der Tabelle 33.1 entnehmen? Zunächst fällt auf, daß sich die Weltbevölkerung ständig vergrößert (hat). Jedoch: Wie stark ist dieses Wachstum? Ist die Wachstumsgeschwindigkeit konstant oder unterschiedlich groß?

Untersucht man die Tabelle genauer, so entdeckt man, daß die angegebenen Zeitintervalle ganz unterschiedliche Längen haben (1650, 100, 50, 30, 20, 10, 5, 10, 15 Jahre). Berücksichtigt man dies, dann sieht es so aus, als ob die Wachstumsgeschwindigkeit immer größer würde. Diese Vermutung läßt sich z.B. dadurch prüfen, daß man die Entwicklung in Verdopplungsphasen gliedert:

Zeitraum (ca.)	Bevölkerungswachstum	Verdopplungszeit (ca.)
0–1650	sehr gering	1600 Jahre
1650–1850	zunehmend, aber noch relativ gering	200 Jahre
1850–1945	deutlich höher (etwa doppelt so hoch wie im Zeitraum 1650–1850)	95 Jahre
1945–1985	sehr stark (mehr als doppelt so hoch wie im Zeitraum 1850–1945)	40 Jahre
1985–2025	Prognose : weiterhin sehr stark	? (*)
(*) Neueste UN-Hochrechnungen (Weltbevölkerungsbericht 1991 der UNFPA) gehen davon aus, daß um 2050 die Weltbevölkerung auf ca. 10 Mrd. angewachsen sein wird. Das würde eine Verringerung der Verdoppelungsgeschwindigkeit auf ca. 60 Jahre bedeuten.		

Tabelle 33.2: Gliederung 1: Verdopplungsphasen der Weltbevölkerung

Eine solche Gliederung bestätigt nicht nur die obige Vermutung, sondern markiert in etwa auch, zu welchem Ergebnis man im traditionellen gesellschaftswissenschaftlichen Fachunterricht kommen kann — selbst wenn noch zur Veranschaulichung die Abbildungen 33.1 und/oder 33.2 des nächsten Abschnitts hinzugenommen werden.

33.2 Die Methode der Explorativen Datenanalyse (kurz: EDA) ist leistungsfähiger

Ein Bild sagt oft mehr als eine Tabelle! Diese Erkenntnis ist eine wesentliche Grundlage der EDA.

Da es sich bei der Tabelle — abgesehen von den ungleichen Zeitintervallen — um eine Zeitreihe handelt, ist hier eine Darstellung als Liniendiagramm angemessen, die sich mit dem Computer schnell erstellen läßt:

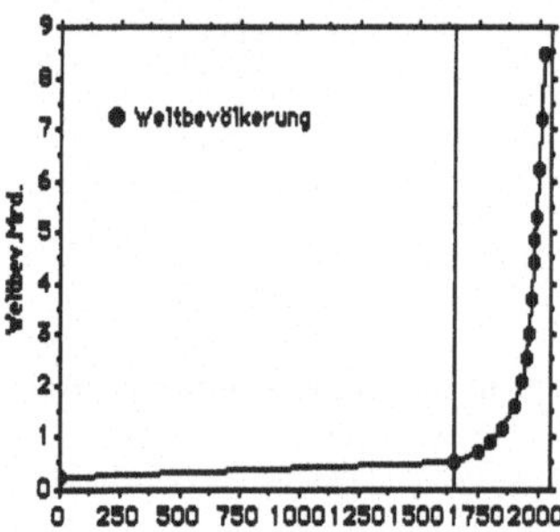

Abbildung 33.1: Entwicklung der Weltbevölkerung 0–2025

Abbildung 33.2: Entwicklung der Weltbevölkerung 1650–2025

Viel deutlicher als die Tabelle und weitaus eindrucksvoller als die obige Gliederung 1 (in Tabelle 33.2) zeigt die Abbildung 33.1 ein wesentliches Merkmal des Wachstumsprozesses: das etwa im Jahr 1650 beginnende explosionsartige Wachstum der Weltbevölkerung. Mit dem Handwerkszeug des Datendetektivs, der „Lupe“, kann man die Daten einer genaueren Betrachtung unterziehen. In der Ausschnittvergrößerung (Abb 33.2) kann man über die bisherigen Einsichten hinaus erkennen, daß etwa mit dem Jahr 1950 eine deutliche Wachstumssteigerung eingetreten ist, und wenn man ganz genau hinsieht, kann man vielleicht sogar erahnen, daß etwa ab dem Jahr 2000 eine geringfügige Verlangsamung des Bevölkerungszuwachses prognostiziert wird (hier könnte ein weiteres Zoomen Gewißheit verschaffen).

Für den Mathematikunterricht interessant ist nun die Frage, um welche Art des Wachstums es sich hier eigentlich handelt.

Unglücklicherweise ist diese Frage nicht so einfach zu beantworten: Zwar kann man sich theoretisch leicht klar machen, daß es sich bei jedem Wachstum einer Population um einen rückgekoppelten Wachstumsprozeß handeln muß, da die wachsende Größe sich selbst reproduziert (je mehr Menschen es bereits gibt, desto mehr Nachkommen zeugen sie — vorausgesetzt, das Fortpflanzungsverhalten bleibt unverändert).

Demgegenüber zeigt die obige Gliederung, daß die Verdoppelungszeiten nicht konstant sind, sondern immer kürzer werden. Daher kann das Wachstum der Weltbevölkerung weder durch eine lineare Funktion der Zeit noch durch eine Exponentialfunktion beschrieben werden .

Andererseits zeigen die obigen Graphiken eine nicht zu übersehende Ähnlichkeit mit Exponentialfunktions-Graphen, was zumindest auf einen Zusammenhang mit dieser Funktionsklasse hindeutet. Dies gibt Anlaß zu folgender

Hypothese: Es gibt einen Zusammenhang zwischen dem Wachstum der Weltbevölkerung und der Klasse der Exponentialfunktionen. (Detektivarbeit erfolgt in kleinen Schritten! Zwischenstationen der Arbeit sollten immer festgehalten werden.)

Verfügt man nun über entsprechende mathematische Vorkenntnisse, so kann man auf die Idee kommen, den oben postulierten Zusammenhang durch die Erstellung einer Graphik mit logarithmisch geteilter Hochachse zu prüfen: Mit einem etwas generalisierenden Blick lassen sich in dieser Abbildung Abschnitte ausmachen, in denen die obige Kurve annähernd linear verläuft, wobei es für die Festlegung der „Knickpunkte" und der Teilstreckenanzahl auch andere Möglichkeiten gibt als die in der folgenden Abbildung gewählte (man käme damit, abgesehen von Genauigkeitsunterschieden, im Kern zu dem gleichen Ergebnis).

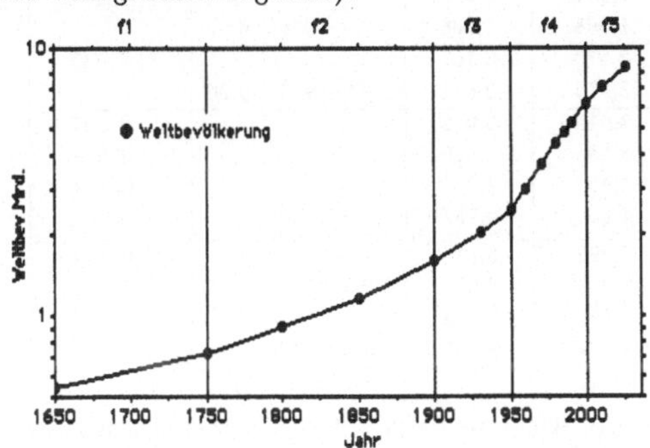

Abbildung 33.3: Entwicklung der Weltbevölkerung 1650–2025 (logarithmisch geteilte Hochachse; Streckenzug-Interpretation)

Diese Beobachtung gibt Anlaß zu der folgenden

These: Das Wachstum der Weltbevölkerung kann für den Zeitraum ab 1650 stückweise mit Hilfe von (z.B. fünf) Exponentialfunktionen beschrieben werden.

Beispiel bei der Gliederung laut Abbildung 33.3

f_3 : Zeitraum 1900–1950 :
mit $b_3 = 1.608$ und $f_3(50) = 2.515$ erhält man für
$a_3 = (2.515 : 1.608)^{1/50}$ ungefähr 1.0089858,
also eine durchschnittliche jährl. Wachstumsrate von ca. 0,9

Mit entsprechenden Berechnungen für die übrigen f_i der jeweils gewählten Gliederung (hier: 5 Exponentialfunktionen gemäß Abbildung 33.3) erhält man ein quantitatives Modell für die Entwicklung der Weltbevölkerung im Zeitraum 1650–2025 (s. Tabelle 33.3, ‚mittlere jährliche Wachstumsrate').

Wie gut paßt dieses Modell zur tatsächlichen bzw. zur prognostizierten Entwicklung, wie sie in Tabelle 33.1 angegeben wurde?

Zur Beantwortung dieser Frage kann man die Daten der Tabelle 33.1 den unter Zugrundelegung des Modells errechneten Werten gegenüberstellen (vgl. Tabelle 33.3 ‚Weltbev. laut Modell'):

Die in der Tabelle 33.3 erkennbaren Abweichungen der Modellwerte von den Daten der Tabelle 33.1 sind bereits recht gering, jedoch könnten hier die vor allem ab 1970 etwas größeren Differenzen zu einer Verbesserung des Modells herausfordern. (Auf die mathematisch durchaus interessante Beobachtung, daß bis zum Jahr 1950 die Abweichungen positiv und danach negativ sind — man beachte die Krümmungsänderung der „Bevölkerungskurve" in Abbildung 33.3 — soll hier nicht näher eingegangen werden.)

Um eine solche Modell-Verbesserung zu erreichen und damit vielleicht weitere Erkenntnisse zu erhalten, könnte man z.B. für jeden in der Tabelle enthaltenen Zeitraum den Wachstumsfaktor bzw. die mittlere jährliche Wachstumsrate getrennt berechnen, d.h. von 15 Exponentialfunktionen ausgehen. Das Ergebnis einer solchen Rechnung ist in Tabelle 33.4 dargestellt, die darüber hinaus

Jahr	Weltbev. (wie Tab. 33.1) Mrd.	Weltbev. laut Modell Mrd.	mittlere jährliche Wachstumsrate Zeitraum	%	Abweichung (Modellwert − Datum) Mrd.
1650	0,545	0,545	•	•	•
1750	0,728	0,728	1650–1750	0,29	0
1800	0,906	0,948			+0,042
1850	1,171	1,235			+0,064
1900	1,608	1,608	1750–1900	0,53	0
1930	2,070	2,103			+0,033
1950	2,515	2,515	1900–1950	0,90	0
1960	3,019	3,012			−0,007
1970	3,698	3,620			−0,078
1980	4,450	4,343			−0,107
1985	4,854	4,757			−0,097
1990	5,292	5,210			−0,082
2000	6,251	6,251	1950–2000	1,84	0
2010	7,191	7,058			−0,133
2025	8,467	8,467	2000–2025	1,22	0

Tabelle 33.3: Entwicklung der Weltbevölkerung im Zeitraum 1650–2025

auch die zu den Wachstumsraten gehörenden potentiellen Verdoppelungszeiträume enthält, die den Entwicklungsprozess lediglich aus einer anderen Perspektive charakterisieren.

Jahr	Weltbev. Mrd.	mittl. jährl. Wachstums-rate Zeitraum	%	zugehörige potentielle Verdopplungs-zeit Jahre
0	0,250 ?	•	•	•
1650	0,545	0–1650	0,05	1468
1750	0,728	1650–1750	0,29	239
1800	0,906	1750–1800	0,44	160
1850	1,171	1800–1850	0,51	135
1900	1,608	1850–1900	0,64	109
1930	2,070	1900–1930	0,85	82
1950	2,515	1930–1950	0,98	71
1960	3,019	1950–1960	1,84	38
1970	3,698	1960–1970	2,05	34
1980	4,450	1970–1980	1,87	37
1985	4,854	1980–1985	1,75	40
1990	5,292	1985-1990	1,74	40
2000	6,251	1990–2000	1,68	42
2010	7,191	2000–2010	1,41	50
2025	8,467	2010–2025	1,09	64

Tabelle 33.4: Entwicklung der Weltbevölkerung seit Christi Geburt (ab 1990: UN-Prognose; mittlere Variante)

Dieses verfeinerte Modell der Tabelle 33.4 liefert nun tatsächlich eine neue Einsicht: Bereits seit etwa 1970 sinken die Wachstumsraten wieder, und dieses Sinken soll sich nach der UN-Prognose in der näheren Zukunft mit zunehmender Geschwindigkeit fortsetzen.

Erstaunlicherweise wirkt sich dies aber, wie ein Vergleich mit den Abbildungen 33.1 und 33.2 zeigt, auf das absolute Wachstum der Weltbevölkerung noch nicht bzw. nur mühsam erkennbar erst ab dem Jahr 2000 aus. Dieses gemeinhin als Bevölkerungsexplosion bezeichnete Phänomen kann man natürlich wieder viel besser einer Graphik entnehmen:

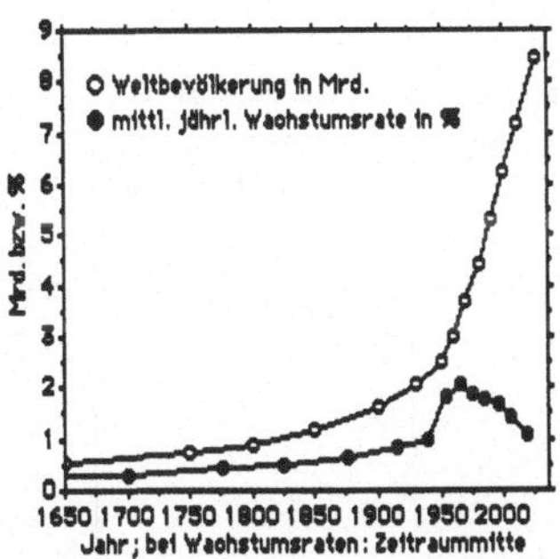

Abbildung 33.4: Entwicklung der Weltbevölkerung 1650–2025

Die Aufdeckung dieses wesentlichen Aussagegehaltes des untersuchten Datensatzes ist sicher ein Verdienst der detektivischen Methode der Explorativen Datenanalyse.

Eine grobe Zusammenfassung wesentlicher Untersuchungsergebnisse enthält die folgende Übersicht, in der die unterschiedlichen Wachstumsphasen treffender charakterisiert sind als in der Gliederung 1 (Tabelle 33.2, und in der zusätzliche Bemerkungen Hinweise auf mögliche Erklärungsansätze geben:

Die bisherigen zum Teil eher mathematisch ausgerichteten Arbeiten führten schon zu interessanten (Zwischen-) Ergebnissen. Die Exploration ist aber noch keinesfalls befriedigend: an vielen Stellen sind genauere Betrachtungen/Untersuchungen notwendig. Der Versuch, Ursachen und Erklärungen für die unterschiedlichen Entwicklungen in den einzelnen Phasen zu finden, dürfte im Unterricht zu einer Fülle von Hypothesen führen. Eine angemessene Interpretation ist nur im Sachkontext — auf der Basis von fundiertem geographischem, historischem und politischem Sachwissen — möglich, wobei auch die Mathematik immer wieder „Hilfsdienste" bei der Auswertung entsprechender Daten übernehmen kann und muß.

So wurde bisher nur die Wachstumsrate betrachtet. Das (natürliche) Bevölkerungswachstum wird allerdings bestimmt durch die Bilanz von Geburten und Todesfällen. Daraus ergibt sich als „Gesetz" für die natürliche Bevölkerungsentwicklung: „Wachstumsrate = Geburtenrate − Sterberate". Eine bestimmte Wachstumsrate kann daher aus verschiedenen Konstellationen von Geburten- und Sterberaten resultieren, und gleiches gilt natürlich auch für die Wachstumsraten-Entwicklung.

Auf dieser Grundlage ergeben sich aus der obigen Gliederung 2 (in Tabelle 33.5) verschiedene Perspektiven zu einer weiteren Beschäftigung mit dem Thema „Bevölkerungsentwicklung" auf der Grundlage neuer Daten und/oder anderer Quellen.

Bei eher geschichtlich ausgerichtetem Interesse der am Vorhaben Beteiligten wird vielleicht mehr interessieren, welche historischen Erklärungen sich für die Entwicklungen in den Zeiträumen bis zum Beginn des 20. Jahrhunderts finden lassen. Insbesondere könnte man hier denken an die hygienischen, medizinischen und gesellschaftlichen Verhältnisse und Veränderungen in Europa im Mittelalter sowie im Zeitalter der Renaissance und des Absolutismus, in der Folge der französischen Revolution und vor allem während der Phase der Industrialisierung (Verbesserungen bzgl. Hygiene, medizinischer Versorgung, Nahrungsmittelversorgung und Möglichkeit zur Eheschließung, Produktivitätszuwachs durch Arbeitsteilung etc.). Dabei wird man erst für die Zeit nach 1800 und auch dann nur teilweise auf statistische Daten (insbesondere solche, die eine differenzierte Betrachtung von Geburten- und Sterblichkeitsentwicklung ermöglichen) zurückgreifen können, also zu einem großen Teil auch andere Quellen heranziehen.

Bei eher geographisch oder sozialwissenschaftlich orientiertem Interesse könnten dagegen u.a. folgende Beobachtungen und Fragen im Vordergrund stehen:

- Vielleicht ist es für Schülerinnen und Schüler überraschend, daß die Weltbevölkerung auch

Zeitraum	mittlere jährliche Wachstumsrate	zugehörige potentielle Verdopplungszeit	Bemerkungen
0–1650	ca. 0,05 %	ca. 1600 Jahre	
1650–1750	ca. 0,3 %	ca. 240 Jahre	
1750–1850	0,4 %–0,5 %	160–135 Jahre	Phase des Landausbaus und der Frühindustrialisierung; Veränderungen im Bereich gesellschaftl. Normen/Ordnungen
1850–1900	Deutliche Zunahme auf 0,6 %–0,7 %	Deutliche Abnahme auf ca. 110 Jahre	Phase der Hochindustrialisierung; Veränderungen im Bereich gesellschaftl. Normen/Ordnungen
1900–1950	Weitere deutliche Zunahme auf 0,8 %–1 %	Weitere deutliche Abnahme auf 80–70 Jahre	Trotz zweier Weltkriege und der Weltwirtschaftskrise! Andauernde Industrialisierungsphase
1950–1970	Drastische Zunahme auf Maximum 1,8 %–2,1 %	Drastische Abnahme auf Minimum 38-34 Jahre	Nachkriegszeit; internat. Entwicklungshilfe („Die Bevölkerungsbombe wird abgeworfen")
1970–2025 (ab 1990: Prognose)	Weniger schnelle Halbierung auf 1,1 %	Weniger schnelle Verdopplung auf 64 Jahre	Bemühungen um Sinken der Wachstumsgeschwindigkeit; Auswirkungen auf absolutes Bevölkerungswachstum kaum erkennbar („Die Bevölkerungsbombe explodiert")

Tabelle 33.5: Gliederung 2: Wachstumsphasen der Weltbevölkerung

in der ersten Hälfte des 20. Jhdts. trotz der beiden Weltkriege und der Weltwirtschaftskrise weiter zunahm und sich das Wachstum (insgesamt gesehen) obendrein fast unvermindert weiter beschleunigte. Hier könnte es interessant sein zu untersuchen, welche internationalen Prozesse das Massensterben in Europa nicht nur ausgleichen, sondern obendrein eine weitere Beschleunigung des Wachstums verursachen konnten. Wesentlich ist hier eine räumlich differenzierende Untersuchung der weltweiten Bevölkerungsentwicklung.

- Die nochmalige drastische Zunahme der Wachstumsraten zwischen 1950 und 1970 läßt sich sicher nicht mit den regional beschränkten Folgewirkungen des 2. Weltkriegs (geburtenstärkere Jahrgänge als „Nachholbedarf") erklären. Der Hinweis, daß der Beginn dieser Phase ungefähr zusammenfällt mit dem Beginn der sogenannten „Entwicklungshilfe", könnte zu vielfältigen Hypothesen und weiteren Untersuchungen Anlaß geben.
- Welches sind die Ursachen für den Rückgang der Wachstumsraten seit den 70er Jahren? Ist dies zurückzuführen auf ein (Wieder-) Ansteigen der Sterberaten, da die Tragfähigkeitsgrenze der Erde bereits erreicht ist, oder auf erfolgreiche Bemühungen um ein Sinken der Geburtenraten etwa im Rahmen breit angelegter Programme zur Familienplanung? (Demographen

sprechen in diesem Zusammenhang vom „Demographischen Übergang".)

Wird sich dieser Trend nach den Prognosen auch in der Zukunft fortsetzen? Anscheinend widersprüchlich ist hier allerdings die Beobachtung, daß sich — so deuten es die Daten in obiger Tabelle jedenfalls an — diese Abnahme des relativen Bevölkerungswachstums beim absoluten Bevölkerungswachstum erst so spät (etwa ab dem Jahr 2000) und nur kaum bemerkbar dämpfend auswirkt. (Demographen reden in diesem Zusammenhang von der„Langzeitwirkung des generativen Verhaltens" und untersuchen die Entwicklungen der Altersgliederungen von Bevölkerungen.)

Auch für weiter mathematisch Interessierte liefern die Untersuchungsergebnisse neue Ansatzpunkte:

- Die Veränderungen der Wachstumsraten weisen darauf hin, daß die Entwicklung der Weltbevölkerung eigentlich nicht als exponentielles, sondern als logistisches Wachstum aufgefaßt werden muß.
- Interessant dürfte auch die Fragestellung sein, wie man überhaupt zu Prognosedaten (in obiger Tabelle für den Zeitraum 1990–2025) kommt — offensichtlich handelt es sich ja nicht einfach um eine Fortschreibung entsprechend der Bevölkerungsentwicklung in den 80er Jahren!

Das Beispiel wurde aus dem Themenheft „Bevölkerungsexplosion" entnommen, das in der Beratungsstelle für Neue Technologien am Landesinstitut für Schule und Weiterbildung in Soest entwickelt wurde. Fertiggestellt ist ebenso ein Themenheft „Industrialisierung Deutschlands". Weitere Themenhefte sind in Bearbeitung. Sicher kann dieses kleine Beispiel nur einen ersten Eindruck vermitteln, wie die Methode der Explorativen Datenanalyse im Unterricht zu neuen Entdeckungen oder zu vertieften Einsichten führen kann.

33.3 Die Methode der Explorativen Datenanalyse

Grundlage der Explorativen Datenanalyse ist die Erkenntnis, daß sich komplizierte Zusammenhänge graphisch oft viel einfacher darstellen lassen als in Zahlenkolonnen. Desweiteren lassen sich Erkenntnisse gewinnen, wenn man Daten z.B. geeignet auswählt, transformiert oder mit einfachen numerischen Kennwerten charakterisiert.

Das Leitbild, das der amerikanische Statistiker J.W. Tukey [Tu77] für die Explorative Datenanalyse geprägt hat, ist das eines Detektivs, welcher ausgehend von einem realen Problem in den zugehörigen Daten interessante Strukturen und Besonderheiten aufdeckt, gefundenen Hinweisen nachgeht und Hypothesen entwickelt. Auf der Basis von selbst gesammeltem oder bereitgestelltem Datenmaterial versucht der Datendetektiv, Fragen zu beantworten bzw. Hypothesen zu bestätigen oder zu verwerfen.

Erst die in diesem Arbeitsprozeß gewonnenen Erkenntnisse ermöglichen dem Datendetektiv eine Interpretation der Graphiken und numerischen Ergebnisse im Sachkontext. Sie fordern zudem oft dazu auf, vorhandene Fragestellungen zu präzisieren, neue Fragenstellungen und Hypothesen zu entwickeln, weitere Hintergrundinformationen zu beschaffen sowie nach Ursachen und Faktoren für die entdeckten Besonderheiten und Zusammenhänge zu forschen.

Eine solche komplexe Tätigkeit auszuüben, setzt das flexible Beherrschen von Handwerkszeug voraus. Zum Handwerkszeug gehören z.B. ein Repertoire elementarer graphischer Darstellungen, ein Repertoire einfacher Rechenverfahren und Techniken sowie (offene) Begriffe zur informativen Aufbereitung von Daten.

Dabei ist es im Unterricht nicht zu empfehlen, dieses Handwerkszeug im Vorfeld bereitzustellen; stattdessen sollte die Handhabung durch den Gebrauch erlernt werden.

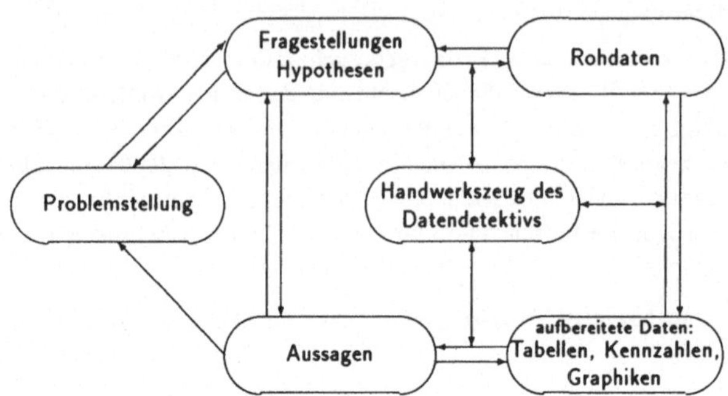

Abbildung 33.5: Explorative Datenanalyse

Da allerdings ein zugrundeliegender Datensatz, selbst wenn er viele Variablen enthält, immer nur ein (quantifizierbarer) Ausschnitt aus der Wirklichkeit ist, kann auf diese Weise immer nur eine Perspektive zur Gesamtlösung beigesteuert werden. Durch die Methode der Explorative Datenanalyse wird also das Spektrum der Problemlösestrategien erweitert — eine Lösung derart, daß eine definitive Vorschrift erteilt wird, ist weder möglich, noch wird sie angestrebt.

Literatur

[Bi91] Biehler, R. (Hrsg.): Explorative Datenanalyse im Mathematikunterricht, Der Mathematikunterricht, Jahrg.37, Heft 6/1991

[Bo90] Borovcnik, M.: Explorative Datenanalyse — Techniken und Leitideen, Didaktik der Mathematik, Jahrg. 18, Heft 1/1990

[Bu90] Busch, P.: Bevölkerungswachstum und Nahrungsmittelspielraum auf der Erde, Schöningh Fragenkreise, Paderborn 1980

[Ko93] Kohorst, H.: Bevölkerungsexplosion; MEDASS-Themenheft (Materialien zur Explorativen Datenanalyse und Statistik in der Schule); FWU, München 1993

[Po93] Portscheller, P.: Industrialisierung Deutschlands; MEDASS-Themenheft (Materialien zur Explorativen Datenanalyse und Statistik in der Schule); FWU, München 1993

[SB90] Statistisches Bundesamt: Statistische Jahrbücher 1990 für die Bundesrepublik Deutschland und für das Ausland, Metzler-Poeschel, Stuttgart 1990

[Tu77] Tukey, J.W.: Exploratory Data Analysis, Reading, Addison-Wesley 1977

[Wi69] Witthauer, K.: Verteilung und Dynamik der Erdbevölkerung, VEB H.Haack, Leipzig/Gotha 1969

Kapitel 34

Helmut Meschenmoser: Gestaltung und Entwicklung von Computerprogrammen für Kinder und Jugendliche mit geistiger Behinderung oder motorischen Einschränkungen

Zusammenfassung

Auf Grund ihrer spezifischen kognitiven Kenntnisse und motorischen Fertigkeiten können geistigbehinderte Kinder und Jugendliche nur bedingt mit handelsüblicher Software umgehen. Obwohl die Empfehlungen der Bund-Länder-Kommission für Bildungsplanung zur informationstechnischen Bildung ausdrücklich auch eine entsprechende Berücksichtigung behinderter Menschen vorsehen, fanden bisher keine BLK-Modellversuche zur Entwicklung und Erprobung von geeigneten Unterrichtsmaterialien und Computerprogrammen statt, die zum einen die Kinder und Jugendlichen auf die „neuen" veränderten Anforderungen vorbereiten und zum anderen die hohe Motivation zum Lernen mit Computern berücksichtigen. Es werden Einsatzmöglichkeiten und Zielsetzungen des Computereinsatzes an Schulen für Geistigbehinderte genannt. Ein erster Kriterienkatalog zur Gestaltung von Software für Kinder und Jugendliche mit geistiger Behinderung wird skizziert, ohne den Anspruch auf Vollständigkeit zu erheben. Exemplarisch wird die Entwicklung eines Mal- und Zeichenprogramms für geistig behinderte und motorisch eingeschränkte Kinder und Jugendliche beschrieben. Dabei werden Möglichkeiten der individuellen Gestaltung von Programmen für die standardisierte grafische Benutzeroberfläche MS-Windows mit modernen objektorientierten Entwicklerwerkzeugen erprobt und untersucht.

34.1 Computereinsatz in Schulen für Geistigbehinderte

Im Unterricht mit geistig behinderten Schülerinnen und Schülern wurden zunächst Programme eingesetzt, die für lernbehinderte oder körperbehinderte Schüler sowie Programme zur Rehabilitation von zerebralgeschädigten Unfallopfern entwickelt wurden. Einige Veröffentlichungen weisen auf positive Erfahrungen hin (vgl. [Bl91, Bu91, Pa91, Ko91, Kr91]). Es wird jeweils nachdrücklich darauf hingewiesen, daß die vorhandenen Programme entweder nicht den fachdidaktischen oder den mediendidaktischen und bzw. oder den spezifischen programmtechnischen Erfordernissen entsprechen. Darüber hinaus haben einzelne Lehrkräfte in ihrer Freizeit kleine Programme selbsttätig entwickelt und im eigenen Unterricht eingesetzt. Häufig handelt es sich um Listings in der Programmiersprache BASIC. Die Anwender müssen dann z.B. zunächst einen Interpreter (BASIC) laden, das Programmlistings aufrufen und dann den Programmablauf starten. Die Intentionen, das Konzept und die Benutzerführung ist nicht dokumentiert, der interessierte Anwender muß durch Versuch und Irrtum jedesmal auf's Neue Erfahrungen sammeln. Solche Computerprogramme stellen jedoch bei der Evaluierung von Gestaltungskriterien und zielgruppenspezifischen softwareergonomischen Standards zur professionellen Softwareentwicklung für geistig behinderte Kinder und Jugendliche wichtige Pionierarbeiten dar. Durch die Lebenshilfe Detmold wurden fünf Programme zur Förderung basaler Fertigkeiten, z.B. Auge-Hand-Koordination, Erkennen von Mengen im pränumerischen Bereich entwickelt (vgl. [Sc92, Oe91]).

34.1.1 Was können geistigbehinderte Mädchen und Jungen im Umgang mit Computern lernen?

An Berliner Schulen für Geistigbehinderte haben schon seit Anfang der 80er Jahre einige schwer-mehrfachbehinderte Kinder und Jugendliche mit dem Programm BLISS-Apple-Talking „kommunizieren" gelernt. (vgl. [Me89, Me90]).

Die meisten geistig behinderten Menschen sind jedoch nur „leicht" geistigbehindert. Sie können hören, sehen, laufen, sprechen, verstehen, denken; einige lernen auch schreiben und rechnen. Vergleicht man die Entwicklung von geistig behinderten Kindern mit der von nichtbehinderten Kindern, stellt man fest, daß der Lernprozeß sich (z.T. wesentlich) langsamer vollzieht. Manche geistigbehinderte Menschen können nach Abschluß der Schule für Geistigbehinderte Buchstaben, Wörter, Hinweise und einfache Texte sinnentnehmend lesen und (mit Fehlern) schreiben, können mit Geld in beschränkten Mengen rechnen oder mit Hilfe eines Taschenrechners Aufgabenstellungen zu den Grundrechenarten lösen. Ziel der Schule für Geistigbehinderte ist eine lebenspraktische Bildung zum möglichst selbstständigen Leben. Andere lernen in der Schule für Geistigbehinderte das Sprechen, das Essen, das Erkennen und Vergleichen von kleinen Mengen, das Bearbeiten von Papier und Holz und vieles mehr. Dies kann den Fähigkeiten eines Kleinkindes entsprechen, auch wenn der Schüler oder die Schülerin schon erwachsen ist. In der Schule für Geistigbehinderte ist ein Unterricht mit einem Höchstmaß an Individualisierung bzw. innerer Differenzierung nötig, da jedes Kind bzw. Jugendlicher einen anderen Lernstand hat. Will man Computer einsetzen, so erfordert dies Software und Hardware(zusätze), die ein Höchstmaß an individueller Anpassung bzw. Gestaltung in Orientierung an den Lernstand und die motorischen Fertigkeiten zuläßt.

Ziele für den Computereinsatz in der Werkstufe der Schule für Geistigbehinderte:

Möglichkeiten des Computereinsatzes kennenlernen:

- Ergänzen, Verändern und Erstellen von Bildern, Zeichnungen und Grafiken, Symbolen
- Schreiben, Lesen und Ausdrucken von Symbolen, Buchstaben, Namen, Wörtern, kurzen Sätzen, Mitteilungen, Hinweisen und Briefen
- Eingeben und Erkennen von Mengen, Ziffern, Zahlen zum Zuordnen und Rechnen im pränumerischen und grundlegenden numerischen Bereich
- Steuern von technischen Prozessen. Z.B. einer schulgeeigneten CNC-Werkzeugmaschine durch Tastendruck oder mit dem Joystick, Programmierung und Fertigung von Gebrauchsgegenständen, Überwachung und Kontrolle der Fertigung
- Möglichkeiten der Simulation z.B. durch Spiele und Übungsprogramme kennenlernen

Üben von basalen Fertigkeiten und Fähigkeiten wie Wahrnehmungsfähigkeit, Konzentrationsfähigkeit, Merkfähigkeit,, Förderung der Feinmotorik, Auge-Hand-Koordination.

Dieser Zielkatalog ist noch unvollständig und soll als Diskussionsgrundlage dienen. Zink und Pracht [ZP88] begründen die informationstechnologischen Ziele und beschreiben Erfahrungen bei der Vermittlung von Wissen und Fertigkeiten zur Nutzung von mikroprozessorgesteuerten Werkzeugmaschinen in Werkstätten für Behinderte (vgl. auch [Di89]). Duismann [Du92] und Meschenmoser [Me92a, Me92b] fordern eine „informationstechnische Grundbildung" auch für geistig behinderte Schülerinnen und Schüler. Der Einsatz von Textverarbeitungssystemen wird von Schmitz [Sc91] mit Beispielen aus dem Unterricht in der Werkstufe und der WFB beschrieben. Zur Ausbildung im Arbeitstrainingsbereich liegen differenzierte Lernzielkataloge vor [Br90].

34.1.2 Welche Kenntnisse, Erfahrungen und Einstellungen sind zur Gestaltung von Computerprogrammen für geistigbehinderte Mädchen und Jungen zu berücksichten?

Mädchen und Jungen in der Schule für Geistigbehinderte haben zumeist Interesse an der Arbeit mit Computern. Manche Kinder haben zu Hause erste, häufig wenig befriedigende Erfahrungen mit Computern sammeln können: die Angst, etwas an den „teuren" Geräten falsch zu machen, etwas zu zerstören ist manchmal vorhanden.

Der Aufbau und Funktionsweisen des Computers sind ihnen unbekannt. Die Arbeit mit dem Computer soll Spaß machen. Das Lernen sollte durch Handeln und „Erforschen" der Möglichkeiten des Computers und weniger durch strukturierte Lehrgänge erfolgen. Die Programme sollten Möglichkeiten zur möglichst selbständigen Arbeit bieten und diese fördern. Wichtig ist deshalb, daß die Aufgabenstellungen den Kenntnissen und Fertigkeiten der Mädchen und Jungen angemessen angepaßt werden können, so daß die individuellen Aufgabenstellungen überschaubar sind und die Findung von Lösungsstrategien angeregt werden.

Zur Förderung der sozialen Kompetenz sollten Programme die gemeinsame Bearbeitung in Partnerarbeit oder Gruppenarbeit anregen bzw. unterstützen. Das Lern- bzw. Arbeitstempo, eine Unterbrechung oder Beendung des Programmablaufs sollte durch die Kinder als Nutzer selbst steuerbar sein. Die Möglichkeit der Eigenkontrolle ist der Lehrerkontrolle vorzuziehen.

Da geringe oder keine Lese-Schreibfertigkeiten vorliegen, erscheinen konventionelle verbalisierte bzw. scriptive Benutzerführungen nur bedingt geeignet. Sinnbilder, Icons usw. geben eine Hilfe. Motorische Einschränkungen erfordern vielseitige und differenziert anpaßbare Steuermöglichkeiten.

34.1.3 Welche programmtechnischen Kriterien sollten Programme für geistigbehinderte Schülerinnen und Schüler erfüllen?

Zur Gestaltung vor allem von gewerblich genutzten Computerprogrammen wurden Kriterien zur Optimierung der sogenannten Benutzerschnittstelle festgelegt. Hervorzuheben ist das SAA-Konzept, welches durch das CUA-Konzept von IBM ergänzt und differenziert wurde [IBM89]. Doch bedarf Software für den Unterricht weiterer zielgruppenorientierter Festlegungen. Gorny und Viereck geben Hinweise zur benutzerfreundlichen Gestaltung von Unterrichtssoftware für die allgemeinen Schulen (vgl. [Go89]). Leider sind die aufgezeigten Standards weder national noch im europäischen Raum durch die Bereitstellung einer ausreichenden Auswahl an Unterrichtssoftware erreicht (vgl. [DI89]). Zur Entwicklung von Software für behinderte Schüler liegen nur wenige Hinweise vor. Schmitz [Sc90] beklagt den Mangel an geeigneten Instrumenten zur Bewertung von Software für geistigbehinderte Schülerinnen und Schüler.

Einige Kriterien bzw. Prinzipien zur Entwicklung, Optimierung und Bewertung von Software für geistigbehinderte Schülerinnen und Schüler seien hier genannt:

Strukturierung: Funktionen und Bedienung sollten überschaubar sein. Es sollte ein hoher Aufforderungscharakter angestrebt werden und der Veranschaulichung dienen durch: gute Lesbarkeit, systematische Farb- und Formgestaltung. Grafische Symbole (z.B. Spielfiguren oder Zeiger/Cursor) sollten konkret, anschaulich dem Thema angepaßt, gestaltet werden. Der Handlungsablauf muß einfach, die Spielidee ohne wortreiche Erklärungen erfaßbar sein.

Vokabular und sprachliche Ebene (Begriffsbildung): die verwendeten Symbole und Begriffe sollten nachvollziehbar sein, eine Wiedererkennung fördern und die Begriffsbildung unterstützen.

Innere Konsistenz: alle Programmelemente sollten einheitlich nach einem Konzept entwickelt sein. Hierdurch erhöht sich die Vergleichbarkeit und die Übertragbarkeit.

Fehlertoleranz: Hilfen bzw. Hinweise bei Fehlbedienungen.

Zuverlässigkeit: Absturzsicherheit, das Programm muß stabil sein.

flexible Steuerbarkeit: Steuerung sollte durch möglichst vielfältige, individuell anpaßbare Eingabegeräte erfolgen können. Die Tastaturbelegung sollte standardgerecht sein. Programmablauf (z.B. Spielablauf) muß an jedem beliebigen Punkt angehalten werden können, um die so entstandene „Momentaufnahme“ zu besprechen. Bei Spielen und tutoriellen Programmen variable Geschwindigkeit im Programmablauf um diesen den individuellen Reaktions- und Verständnispotential des Schülers anpassen zu können. Die Geschwindigkeit in der Benutzerführung sowie die Schnittstellenkonzeption sollte je nach Grad und Erscheinungsbild der behinderungsspezifischen Einschränkungen variabel sein. Das Programm soll auch durch zufällige Manipulationen „richtig“ zu Ende geführt werden können.

Animation: Soweit erforderlich, sollte eine Wertung oder Belohnung nicht mit abstrakten Zahlen geschehen, sondern in einer anschaulichen Form. Eine akustische Begleitung kann die Spannung und den Spaß erhöhen. Diese sollte dem jeweiligen Spielverlauf entsprechen und auch ausschaltbar sein. Hinweise können durch Koppelung mit einer akustischen Sprachausgabe für nichtlesende Nutzer mitgeteilt werden.

Auswertung, Dokumentation und Ausdruck: Möglichkeit des Ausdrucks von repräsentativen Arbeitsdokumentationen (z.B. Abbildungen, Arbeitsblätter, Protokolle usw.)

Pädagogische, psychologische und didaktische Aspekte zur Programmgestaltung

Bei der Konzeption von Software die auch für geistig behinderte Kinder und Jugendliche geeignet sein soll, ist im besonderen Maße eine differenzierte Berücksichtigung von pädagogischen, psychologischen und didaktischen Aspekten notwendig. Das Programm sollte ein Höchstmaß an Differenzierung und individueller Anpassung an den kognitiven Entwicklungsstand und die motorischen Fähigkeiten zulassen. In diesen Zusammenhang seien anzustrebende Prinzipien des schulischen Lernens genannt: altersangemessene Aufgabenstellung bzw. entwicklungsangemessene Aufgabenstellung, Überschaubarkeit der Aufgabenstellung, Erreichbarkeit der Lernziele, Ganzheitliches Lernen, Förderung von sozialer Kompetenz, Förderung des Abstraktionsvermögens, Begriffsbildung, Entwickeln von Problemlösungsstrategien, Möglichkeiten der Eigenkontrolle anstatt Lehrerkontrolle sowie weitgehende Selbstbestimmung des Lerntempos (vgl. [Me90, Me91a, Me91b]).

34.2 Entwicklung eines Mal- und Zeichenprogramms „MALWAS“ für Windows

In Berlin wird seit 1991 in Koordinierung durch Mitarbeiter der Arbeitsgruppe Unterrichtssoftware (ARBUS) am Zentrum für audiovisuelle Medien eine Programmgruppe zur Förderung von geistig behinderten und körperbehinderten Schülerinnen und Schülern an Sonderschulen und im Rahmen der gemeinsamen Erziehung von behinderten und nichtbehinderten Schülern (Landesschulversuch zur Integration) entwickelt. Eine Arbeitsgruppe aus Sonderpädagogen und einem Informatiker, unterstützt durch Psychologen, Grafikern und Elektroingenieuren ist mit der Entwicklung beschäftigt. Angestrebt wird die Bereitstellung eines Mal- und Zeichenprogramms sowie verschiedener Spiele. Die Programme sollen im Unterricht zur Förderung, zur Medienerziehung, zur „informationstechnischen Grundbildung“, als kreatives Werkzeug zum bildnerischen Gestalten für geistig behinderte und körperlich eingeschränkte Kinder einsetzbar sein. Darüber hinaus ist natürlich auch die Nutzung in der Freizeit sinnvoll.

34.2.1 Ziele und Zielgruppen

Kindern und Jugendlichen soll mit MALWAS[1] ein Werkzeug bereitgestellt werden, mit dem sie malen und zeichnen können, um sich bildnerisch auszudrücken. Das Programm soll durch eine hochwertige und animierende grafische Gestaltung zum aktiven und kreativen Handeln motivieren. Kinder malen und zeichnen sehr gerne. Dies ist für die Persönlichkeitsentwicklung, die Wahrnehmung der Umwelt, die Möglichkeit des persönlichen Ausdrucks, die räumliche Erfahrung, die Auge-Hand-Koordination und die Feinmotorik sehr wichtig. Dabei wird angenommen, daß diese basalen Fähigkeiten eine wesentliche Grundlage für das Lesen- und Schreibenlernen, für den Erwerb eines Zahlen- und Mengenbegriffs sowie der Aneignung von Wissen und Können zur Raum- und Geometrielehre und darauf aufbauend des Technischen Zeichnens sind.

Das Mal- und Zeichenprogramm ist als Werkzeug und Übungsmedium geeignet für:

- Mädchen und Jungen mit geistiger Behinderung
- Mädchen und Jungen mit Körperbehinderungen
- Kinder mit Lernschwächen und Verhaltensauffälligkeiten
- sprachbehinderten Kindern
- gehörlosen und schwerhörigen Kindern
- sehbehinderten Kindern
- zur Rehabilitation von Menschen mit neurogenen Schädigungen oder Erkrankungen

MALWAS wurde vorrangig entwickelt für Mädchen und Jungen mit geistigen Behinderungen und/oder motorischen Einschränkungen. Darüberhinaus ist es auch für Kinder mit Lernstörungen und Lernhemmungen und Schädigungen der Gesichtssinne geeignet. Die klare und übersichtliche Gestaltung unterstützt auch sehbehinderte und gehörgeschädigte Kinder. Die besonders übersichtliche und durch differenzierte Einstellungen individuell und situtationsbezogen gestaltbare Benutzerführung unterstützt die Nutzung durch Kinder ab 5 Jahre. Für jüngere Kinder stehen die Möglichkeiten zum kreativen Gestalten von Bildern und Zeichnungen im Vordergrund. Dabei sind sicherlich der „Stift", dann die „Linie" und zum Buntmalen der „Farbeimer" zum Fläche füllen die wichtigsten Gestaltungswerkzeuge. Viereck, Kreis und Ellipse als Zeichenwerkzeuge erfordern ein größeres Abstraktionsvermögen. Die „gestrichelte Linie" dient dem Zeichnen von verdeckten Linien im Rahmen des Raumlehreunterrichts oder zur Einführung in das technische Zeichnen. Ein „Radiergummi" zum Radieren/Löschen und die „Zurückfunktion" erlauben eine problemlose Korrektur bzw. Überarbeitung der Zeichnungen.

Zur basalen Förderung können vorgefertigte Bilder zur weiteren Bearbeitung geladen werden; es können selbstverständlich auch eigene Ideen umgesetzt werden. Die Kompatibilität der Dateiformate zu anderen Zeichenprogrammen läßt den pädagogischen Fachkräften umfassende Freiräume zur individalisierten und behinderungsspezifischen Förderung. In Anlehnung an Marianne Frostig [FM83, Re77] können Übungen zur visumotorischen Koordination, zur Figur-Grund-Wahrnehmung, zur Wahrnehmungskonstanz, zur Wahrnehmung der Raumlage, zur Wahrnehmung räumlicher Beziehungen und Übungen zum Klassifizieren und Begriffe bilden durchgeführt werden.

Durch die Teilung des Bildschirms in zwei voneinander unabhängige Malflächen ergeben sich zusätzliche Möglichkeiten der Orientierung und Hilfestellung durch vergleichen der beiden Bildschirmhälften. Aufgabenstellungen können in übersichtlicher grafischer Form anstelle verbaler Hinweise dargestellt werden.

In der Primarstufe ist ein Einsatz in nahezu allen Fachschwerpunkten denkbar. Zur Entwicklung des mathematischem Grundverständnisses ist z.B. die Einbeziehung von MALWAS bei

[1] Bezugsquelle: MACH MIT (Verein in Gründung), c/o Marianne Handke, Britzer Damm 125, D-12347 Berlin.

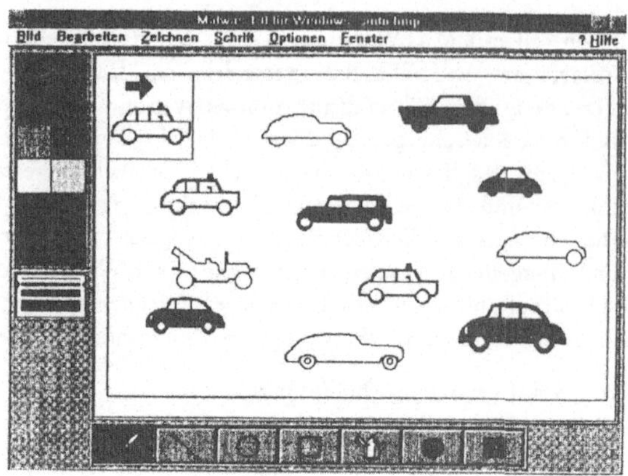

Abbildung 34.1: Hardcopy von MALWAS

der Bildung von Zahl- und Mengenverständnis, die Förderung des Verständnis von geometrischen Flächen und Körpern sinnvoll. Zur Begriffsbildung, zum Lesen- und Schreibenlernen bietet MALWAS die Möglichkeit Buchstaben zu malen bzw. auszumalen. Zuordnung von Bild und Schrift fördern die Begriffsbildung. Die Möglichkeit des Ausdruckens bietet eine Ergebnisdokumentations- und Protokollfunktion. Kinder mit Behinderung können im Rahmen der gemeinsamen Erziehung von behinderten und nichtbehinderten Schülern (Integration) unter Anleitung hochwertige Vorlagen für die anderen Kinder erstellen und ausdrucken. Dies kann das Selbstbewußtsein stärken und gibt Möglichkeiten zur aktiven Beteiligung am Unterrichtsgeschehen. In der Werkstufe der Schule für Geistigbehinderte kann MALWAS zur Berufsvorbereitung eingesetzt werden. Hierbei steht das Kennenlernen der Arbeit mit Computern und seinen Komponenten, sowie verschiedener Anwendungsmöglichkeiten im Vordergrund. Je nach Lernstand bietet sich auch in der Werkstufe die Möglichkeit zur basalen Förderung.

34.2.2 Benutzeroberfläche MS-Windows als Basis für Unterrichtssoftware?

Ein wesentlicher Vorteil von Programmentwicklungen für standardisierte grafische Benutzeroberfläche wie z.B. MS-Windows , DR-GEM oder die Apple-Oberfläche ist der hohe Grad an innerer Konsistenz. Dies erhöht im wesentlichen Maße die Benutzerfreundlichkeit.

Die Nutzung von MS-Windows bietet den Vorteil, daß keine Anpassungen für verschiedene Drucker, Digitalisiergeräte, Grafikstandards u.ä. vorgenommen werden müssen. Windows bietet als Umgebung eine Anpassung an über 200 handelsübliche Drucker. Die Datenformate sind kompatibel, so daß zur Unterrichtsvorbereitung „Standardwerkzeuge" mit einem größeren Funktionsumfang genutzt werden können. Die Gestaltung von MALWAS ist bewußt an den allgemein üblichen Standards zur Entwicklung von WINDOWS-Programmen orientiert. Dies umfaßt das SAA-Konzept in Erweiterung durch das Konzept von IBM „Common-User-Access Advanced Interface Design Guide" [IBM89]. Dabei wurden jedoch die, für die Kinder wichtigen Steuerelemente der Benutzeroberfläche besonders hervorgehoben. Dies zeigt sich in großen und in ihrer Funktion klar erkennbaren Werkzeugauswahlknöpfen. Anzahl und Funktionsauswahl sind durch die Lehrenden individuell einstellbar. Die Anzahl der Werkzeugknöpfe kann schrittweise nach Entwicklungsstand, Auffassungsgabe und Übungsaufwand der Kinder erhöht werden. Sind alle Werkzeuge bekannt, eine hinreichend ausgeprägte Feinmotorik und die erforderliche präzise Auge-Hand-Koordination vorhanden, so könnte ein Wechseln auf handelsübliche Mal- und Zeichenprogramme erfolgen. Insofern kann MALWAS auch ein Lernprogramm zur Nutzung von standardisierten Benutzeroberflächen darstellen.

Für motorisch beeinträchtigte Kinder und Jugendliche kann MALWAS darüber hinaus eine umfassende Auswahl an Schnittstellen zur Benutzerführung bieten um eine individuelle Anpassung an die behinderungsbedingten Möglichkeiten vorzunehmen. Vorgesehen ist die Steuerung mit Maus, Tastatur, Joystick, Konzept-Keyboard und UN-Mouse. In einer folgenden Version soll auch eine Steuerung mit einem oder zwei Schaltern möglich sein, so daß auch eine Steuerung mit einem Kopfnickschalter, durch Augenzwinkerschalter oder andere individuelle Anpassungen möglich wird.

Hilfesystem: Zu MALWAS gehört ein kontextsensitives Hypertexthilfesystem welches den Konventionen des Windows-Hilfesystems entspricht. Die Benutzerführung kann auch über sensitive Hypergraphics und Hotspots erfolgen.

Begleitmaterialien und Dokumentation: Zum Programm wurde ein exemplarisches Benutzerhandbuch mit 170 Seiten Umfang erstellt. Es umfaßt die Beschreibung des Programmumfangs, einen strukturierten Lehrgang, einen Referenzteil und ein Glossar mit den wichtigsten Begriffen . Didaktische Handreichungen werden zunächst zur Förderung von Kindern und Jugendlichen mit geistiger Behinderung sowie für Kinder und Jugendliche mit motorischen Einschränkungen erstellt. Geplant sind weitere Materialien die einen Einsatz im Mathematikunterricht (vor allem Geometrie und Raumlehre), im Kunstunterricht sowie zur Einführung in das Technische Zeichnen an allgemeinen Schulen und Sonderschulen. Eine Sammlung mit Zeichen- und Arbeitsanregungen als nutzbare Dateien auf Diskette und als Kopiervorlagen wird als Grundstock und Anregung für eigene Ideen vorbereitet.

34.2.3 Objektorientierte Programmierung als Chance zur effektiveren Entwicklung von Unterrichtssoftware?

Programme für MS-Windows können ausschließlich mit objektorientierten Programmiersprachen erstellt werden. Bei der Programmierung werden Klassen und Eigenschaften, die in Klassenbibliotheken hierarchisch definiert sind, eingebunden bzw. „vererbt". Die Programmiersprachen werden mit einer umfangreichen Klassenbibliothek „Objekt-Windows-Libraries" (OWL) geliefert. Für MALWAS wurden die vorhandenen Klassenbibliotheken systematisch erweitert und stellen somit einen Tool für weitere Entwicklung mit der Programmiersprache C++ da. Die Erstellung von geplanten Spielen wird vermutlich mit wesentlicher Zeitersparnis im Vergleich zur Entwicklung mit prozeduralen Programmiersprachen erfolgen.

Ein weiteres Merkmal von objektorientierter Programmierung für Windows-Programme ist die Trennung von Source (Quellcode) und Ressource. Die Ressourcen umfassen die sichtbaren Elemente eines Programms: Menüs, Dialogboxen, Hinweise, Druckknöpfe (Smart-Icons), Cursor. Die Erstellung von MALWAS erfolgte arbeitsteilig. Zunächst wurden mit dem RESOURCE WORKSHOP von Borland , die Menüs, die Druckknöpfe, die Dialogboxen und die Cursor von Pädagogen erstellt. Anschließend erfolgten Beratungen und eine grafische Überarbeitung durch Grafiker. Die vollständigen Ressourcen dienten dem Informatiker als eine Grundlage für die Programmentwicklung. Die Modifizierung der Ressource kann während der Erprobung der Programme ohne den Programmierer durch Dekompilierung auch durch die Pädagogen erfolgen. Die Benutzerführung aller für Windows entwickelten Programme läßt sich so im gewissen Maße individuell anpassen und modifizieren.

Die Anpassung bzw. Portierung für Kinder und Jugendliche in anderssprachigen europäischen Ländern ist mit verhältnismäßig geringen Aufwand möglich und soll mit Fördermittel aus dem EG-

Projekten HELIOS oder DELTA vollzogen werden. Zur Zeit sind zunächst die Menüs in englisch, schwedisch und polnisch einstellbar.

Auf Grund dieser Erfahrungen erscheint es sinnvoll in Modellversuchen entsprechende Bibliotheken bzw. Tools systematisch zu erweitern und für andere Entwickler im Interesse einer kosten- und zeitsparenden Entwicklung zu dokumentieren und freizugeben.

34.3 Erprobung, erste Erfahrungen und Resumée

Zur Erprobung wurde eine Experimentalversion vorbereitet. Berliner Schulen erhalten die Software bei der Arbeitsgruppe Unterrichtssoftware. Die Erprobung und Evaluierung erfolgt länderübergreifend. Es beteiligen sich bisher daran u.a. Landesinstitute, Universitäten und Schulen aus Berlin, Niedersachsen, Nordrhein-Westfalen, Hessen, Baden-Württemberg und Hamburg. Die Erprobung erfolgt in Schulen für Geistigbehinderte, für Körperbehinderte, für Lernbehinderte und im Rahmen der gemeinsamen Erziehung von behinderten und nichtbehinderten Kindern an allgemeinen Grundschulen. Darüberhinaus beteiligen sich einige Eltern von behinderten Kindern an der Erprobung und setzen das Programm zu Hause ein.

Die Evaluierung umfaßt zum einen den Entwicklungsprozeß und zum anderen den praktischen Einsatz durch Kinder und Jugendliche. Als Untersuchungsverfahren wurden ausgewählt: Beobachtungen und Fallstudien und Experteninterviews (Befragung der Lehrkräfte). Schülerinterviews und darüber hinaus metakognitive Verfahren werden zunächst lediglich bei körperbehinderten Schülern und später auch bei lernbehinderten Schülerinnen und Schülern angestrebt und vorbereitet.

Literatur

[Be91] Becker, H.: Der Computer in meiner Klasse — ein Erfahrungsbericht. In: Lernen Konkret — Unterricht mit Geistigbehinderten. 1991 H.3, 21–25

[BO91] Bernard-Opitz, V.; Roos, K.; Tuttas, M.-L. (Hrsg).: Computerunterstützte Förderung bei autistisch und geistig Behinderten. Mosbach: Johannes-Anstalten 1991

[Bl91] Blesch, G.: Computergestütztes Lernen bei autistischen und geistigbehinderten Kindern und Jugendlichen. In: Lernen Konkret — Unterricht mit Geistigbehinderten. 1991 H.3, 25–26

[Br90] Brackhane, R.; Franke, M.; Prosche, R.; Westphal-Binder, I.: Lernwege zur beruflichen Bildung — Materialien für den Arbeitstrainingsbereich in Werkstätten für Behinderte — Forschungsbericht zum Projekt. Detmold: Verlag Lebenshilfe 1990

[Bu91] Buß, R.: Computer in einer Schule für Geistigbehinderte? In: Lernen Konkret — Unterricht mit Geistigbehinderten. 1991 H.3; 17–18

[De91] Deuse, A.: Der Computer als ein Medium zur Förderung von Motivation, Wahrnehmung und Sprechverhalten. In: Bernard-Opitz, V.; Roos, K.; Tuttas, M.-L. (Hrsg). 1991, 129–136

[DI89] Deutsches Institut für Internationale pädagogische Forschung (Hrsg.): Informationstechnologien im Bildungswesen: Auf dem Weg zu einer besseren Software. Ein OECD/CERI-Bericht. Frankfurt a. M.: Peter Lang Verlag 1991

[Di89] Dieterich, M.: Neue Technologien in der Werkstatt für Behinderte? In: Geistige Behinderung 1989, H.1, 37–48

[Du92] Duismann, G.H.: Technik in Schulen für Geistigbehinderte. In: Lernen Konkret — Unterricht mit Geistigbehinderten. 1992, H.2, 2–4

[DM90] Duismann, G. H.; Meschenmoser, H.: Computer und Sonderpädagogik — Informations- und Kommunikationstechnik und deren Bedeutung in der Aus- und Fortbildung von Sonderschullehrerinnen und Lehrern. In: Zeitschrift für Heilpädagogik, 41 (1990) H.10

[FL91] Fachdienst der Lebenshilfe: Pro und Contra: Neue Techniken und Technologien in der Werkstatt für Behinderte. 1991, H.1–2, 5–11

[FM83] Frostig, M.; Maslow, Ph.: Grundlagen der Förderung von Kindern mit minimaler cerebraler Dysfunktion. In: Haupt, U.; Jansen, G.W. (Hrsg.): Handbuch der Sonderpädagogik — Pädagogik der Körperbehinderten. Berlin: Marhold 1983, 231–245

[Go89] Gorny, P.: Software-ergonomische Umsetzung didaktischer Anforderungen an interaktive Lernsysteme. In: Fischer, P.M.; Mandl, H.; Meyneisen, K. : Interaktives Lernen mit neuen Medien — Möglichkeiten und Grenzen. Tübingen: DIFF 1989, 93–106

[Hi91] Hind, M.: Anwendung des Computers bei Kindern mit schweren Lernstörungen. In:Bernard-Opitz, V.; Roos, K.; Tuttas, M.-L. (Hrsg). 1991, 76–86

[IBM89] IBM (Hrsg.): Systems Application Architekture. Common User Access. Advanced Interface Design Guide. ohne Ort: IBM 1989

[Ko91] Kowalski, U.: Einsatz des Computers in einer Werkstufe: Wir rechnen mit Geld. In: Lernen Konkret — Unterricht mit Geistigbehinderten. 1991 H.3, 27–28

[Kr91] Kristen, U.: Computerunterstützte Förderung von nicht- oder kaumsprechenden Kindern und Jugendlichen mit geistigen und körperlichen Behinderungen. In:Bernard-Opitz, V.; Roos, K.; Tuttas, M.-L. (Hrsg). 1991, 61–75

[LM91] Lesser-Dufour, J.; Meschenmoser, H.; Weber, C.: Computer und Sonderpädagogik. In: Sonderpädagogik in Berlin (1991) H.4, 24–42

[Me89] Meschenmoser, H: Computereinsatz an Berliner Sonderschulen. (VHS-Videofilm 22 Minuten) Berlin: Landesbildstelle Berlin 1989

[Me90] Meschenmoser, H: Computer zur Unterstützung und Förderung an Berliner Sonderschulen. In: COMPASS Nr.5, 1990

[Me91a] Meschenmoser, H.: Unterrichtssoftware zum Lernbereich Prozeßdatenverarbeitung unter Berücksichtigung behinderungsspezifischer Problemstellungen. In: Geselllschaft für Informatik (GI) Informatik und Schule 1991, Oldenburg 1991

[Me91b] Meschenmoser, H.: Informations- und kommunikationstechnologische Bildung für behinderte Mädchen und Jungen in der Bundesrepublik Deutschland. In: Tagungsband des Modellversuch „OCOM — Oberwalliser Kommunikationsgemeinden" Brig 1991

[Me92a] Meschenmoser, H.:Wie sollten Computerprogramme für geistig behinderte Mädchen und Jungen gestaltet sein? In: Zusammen: behinderte und nichtbehinderte Menschen. 12.Jg (1992) H.10, 12–16

[Me92b] Meschenmoser, H.: Computer in Schulen für Geistigbehinderte? Bestandsaufnahme und Perspektiven. In: Sonderpädagogik in Berlin. 1992, H.4, 27–45

[Oe91] Oertel, B.: Die britische Lernsoftware-Programmreihe „BLOB" und ihre pädagogisch-didaktischen Intentionen. In: Lernen Konkret — Unterricht mit Geistigbehinderten. 1991 H.3, 10–16

[Pa91] Pauls, G.: Geistigbehinderte am Computer. In: Lernen Konkret — Unterricht mit Geistigbehinderten. 1991 H.3, 3–9

[Ra90] Rautenberg, M.: Die Entwicklung von Unterrichtssoftware — Immer noch ein Stiefkind?. In: Duismann, G.H.; Oberliesen, R. (Hrsg.): Sonderschulen und Neue Technologien, Band II. Soest: Soester Verlagskontor 1990

[Re77] Reinartz, A.; Reinartz, E. (Hrsg.): Visuelle Wahrnehmungsförderung — Übungs- und Beobachtungsfolge für den Elementar- und Primarbereich von Marianne Frostig u.a., Dortmund: Crüwell 2. Aufl. 1977

[Sc90] Schmitz, G.: Computer in der Schule für Geistigbehinderte — brauchen wir sie? In: Zeitschrift für Heilpädagogik 41.Jg (1990) H.10, 727–736

[Sc91] Schmitz, G.: Möglichkeit und Nutzen des Einsatzes von Computern bei geistig behinderten Schülern. In: Bernard-Opitz, V.; Roos, K.; Tuttas, M.-L. (Hrsg). 1991, 113–128.

[Sc92] Schmitz, G.: Der Computer in der Abschlußstufe der Schule für Geistigbehinderte. In: Lernen Konkret — Unterricht mit Geistigbehinderten. 1992, H.2, 22–23

[SI88] Staatsinstitut für Schulpädagogik und Bildungsforschung (Hrsg.): Sachbericht zum Modellversuch „Erarbeitung und Erprobung elektronischer Lern- und Kommunikationssysteme für Körperbehinderte“ (ELEKOK). München 1988

[Tu91] Tuttas, M.-L.: Einfluß sensorischer Verstärkung bei autistisch und geistig Behinderten. In: Bernard-Opitz, V.; Roos, K.; Tuttas, M.-L. (Hrsg). 1991, 37–44

[Wa87] Walter, J.: Kriterien zur Bewertung von Mikrocomputer-Software für den sonderpädagogischen Bereich (Course-Evalutation). In: Hameyer, U. (Hrsg.): Computer an Sonderschulen. Weinheim und Basel: Beltz 1987, 258–265

[ZP88] Zink, K.J.; Pracht, A.: Auswirkungen neuer Technologien auf Werkstätten für Behindere in Rheinland-Pfalz. Mainz: Ministerium für Arbeit und Soziales Rheinland-Pfalz 1988

[ZPoJ] Zink, K.J.; Pracht, A.: Humanisierung der Arbeit in Werkstätten für Behindere am Beispiel von Arbeitsplätzen an neuen Technologien. Kaiserslautern: Skript der Forschungsstelle Technologie und Arbeit an der Universität Kaiserslautern o.J.

Kapitel 35

Victor Lüpertz: Förderung von Schlüsselqualifikationen im Unterrichtsfach Betriebswirtschaftslehre

35.1 Unterrichtsbeispiel für den Betriebswirtschaftslehreunterricht: Liquiditätsprobleme bei der EloTex-GmbH: Didaktische Vorbemerkungen

Vielfach beschränkt sich der Wirtschaftslehreunterricht an kaufmännischen Schulen auch heute noch auf die Vermittlung von additivem Faktenwissen und die Einübung von linearem Denken. Sowohl von Fachdidaktikern als auch in bildungspolitischen Konzeptionen der Kultusministerien wird demgegenüber immer häufiger das „Denken in Zusammenhängen" als wesentliches Unterrichtsziel gefordert.

Das vorliegende Unterrichtsbeispiel soll zeigen, wie — auf der Basis der Fallmethode — vernetztes Denken und andere Schlüsselqualififkationen gezielt gefördert werden können. Zielgruppe sind dabei Schüler kaufmännischer Schulen und Ausbildungsstätten, in denen das Fach Betriebswirtschaftslehre/Rechnungswesen unterrichtet wird.[1] Grundlegende Kenntnisse der Jahresabschlußanalyse sind dabei Voraussetzung.

Der Computer wird für folgende Zwecke eingesetzt (vgl. Unterrichtsablaufplan, Tabelle 35.1):

1. Computerunterstützte Lösung einer Fallstudie

   - Berechnung von Bilanz- und Rentabilitätskennzahlen im Rahmen einer Kreditwürdigkeitsprüfung:

     Der Computer dient dabei als „Rechenknecht" und Veranschaulichungsmittel
   - Simulation von Bilanz- und GuV-Änderungen

     Was wäre, wenn ...
     ... der beantragte Kredit gewährt wird,
     ... die beabsichtigte Investition vorgenommen wird,
     ... die erwartete Umsatzsteigerung (nicht) eintritt ?

   Der Computer dient dabei als Simulationsinstrument.

[1]Das vorliegende Unterrichtsbeispiel wurde u.a. in der 12. Klasse eines Wirtschaftsgymnasiums erfolgreich erprobt. Bei der Unterrichsvorbereitung, -durchführung und -beobachtung haben Herr StD R. Gallinger und Herr StD K. Stamm vom Walter-Eucken-Gymnasium, 7800 Freiburg, mitgewirkt. Beiden sei an dieser Stelle herslich gedankt.

Unterrichtsphasen und -inhalte	Unterrichtsformen Methoden	Medien[a]	Geförderte Schlüsselqualifikationen
Phase 1: Ermittlung von Bilanz- und Rentabilitätskennzahlen	Computerunterstützte Lösung einer Fallstudie Partnerarbeit	Aufgabenblatt (Fallstudientext) Arbeitsblatt Computer	Aufbereitung/Auswertung von Informationen ... Rationelles Arbeiten durch Nutzung moderner Technologie Selbständiges Arbeiten, Kommunikationsfähigkeit, ...
Phase 2: Kreditwürdigkeitsprüfung und Vorbereitung einer Kreditverhandlung	Fallstudie Computersimulation (was wäre, wenn ...) Arbeitsteilige Gruppenarbeit	Arbeitsauftrag Computer	Analytisches Denken, Denken in Zusammenhängen Problemlösungsfähigkeit, Urteilsfähigkeit, ... Zielgerichteter Einsatz moderner Technologie Team-/Kooperationsfähigkeit Kommunikationsfähigkeit, ...
Phase 3: Entscheidung über die Kreditgewährung Erwartetes Ergebnis: Ablehnung des Kreditantrags aus Liquiditätsgründen	Rollenspiel (Pro und Contra)	Infoblatt zu Pro und Contra	Verhandlungs-/Durchsetzungsfähigkeit Argumentationsfähigkeit, Flexibilität, ... Streßstabilität
Phase 4: Suche nach Lösungsansätzen zur Liquiditätsverbesserung in folgenden Schritten: - Analyse des Untersuchungsfeldes (mögliche Einflußfaktoren) -	Problemlösungsansätze aus der Szenario-Technik Brainstorming	Infoblatt 1 (Vernetzes Denken) Tafel	Problemlösungsfähigkeit, Systemdenken, ... Kreativität
Die in der Medienspalte angegebenen Materialien können aus Platzgründen nur teilweise im vorliegenden Beitrag abgedruckt werden.			

Tabelle 35.1: Unterrichtsablaufplan

Software: Modul „Rechnungswesen" aus dem Programmpaket EURO-BWL 2.0.[2] Diese Software wurde speziell unter didaktischen Gesichtspunkten für die kaufmännische Aus- und Weiterbildung entwickelt und deckt alle wesentlichen Bereiche der Betriebswirtschaftslehre ab, die einer computerunterstützten Lösung zugänglich sind. Mit der Hilfefunktion (Taste F1) sind jeweils betriebswirtschaftliche und/oder juristische Hintergrundinformationen zu den einzelnen Problemstellungen abrufbar.

2. Computereinsatz im Zusammenhang mit vernetzem Denken

   - Erstellung eine Vernetzungsmatrix zum System „Liquidität"
   - Ordnung und Auswertung der Beziehungen zwischen den einzelnen Systemelementen (hier: 12 Elemente)

Der Computer dient dabei zur Simulations eines Tabellenkalkulationsprogramms und als Analyse- und Veranschaulichungsinstrument für komplexe Zusammenhänge.

Software: Programm DENKNETZ aus dem Medienpaket VERNETZTES DENKEN[3]. Diese Software ermöglicht die Erstellung und Interpretation von Vernetzungstabellen im Zusammenhang mit der Analyse von komplexen Wirkungszusammenhängen.

[2] Bezugsquelle: Verlag EUROPA-Lehrmittel, Postfach 2160, 5657 Haan-Gruiten; Programmautor: V. Lüpertz.
[3] Vgl. vorangehende Fußnote.

Unterrichts-inhalte	Unterrichtsformen Methoden	Medien	Geförderte Schlüsselqualifikationen
- Auswahl relevanter Einflußfaktoren	Problem- und entscheidungsorientierter Frontalunterricht	Tafel	Wichtiges von Unwichtigem Unterscheiden
- Systematisierung der Beziehungen in einem Vernetzungsdiagramm		OHP-Folie / Arbeitsblatt	Vernetztes Denken, Logisches Denken, Abstraktionsfähigkeitkeit, ...
- Transformation des Vernetzungsdiagramms in eine Vernetzungsmatrix	Partnerarbeit	Computer	Einsatz moderner Technologie zur Informationsverarbeitung und - aufbereitung Kommunikationsfähigkeit
- Gewichtung der Einflußintensitäten der ausgewählten Faktoren und Erstellung einer Rangfolge	Partnerarbeit	Arbeitsblatt Computer	Urteilsfähigkeit, Entscheidungsfähigkeit, Vernetztes Denken, ... Kommunikationsfähigkeit
Phase 5: Ergebnisanalyse und Entwicklungsprognose Formulierung einer Lösungsstrategie Erwartete Lösungsvorschläge zur Liquiditätsverbesserung: - Abbau des hohen Warenbestandes, - Verringerung der Außenstände, u.a.	Problem- und entscheidungsorientierter Frontalunterricht	Infoblatt 2 (Vernetztes Denken)	Problemlösungsfähigkeit, Urteilsfähgikeit, ...
Phase 6: Formulierung einer Lösungsstrategie für das aktuelle Finanzierungsproblem des Unternehmens Erwarteter Lösungsvorschlag: - Fuhrpark-Leasing statt Kreditkauf	Problemorientierter Frontalunterricht		Problemlösungsfähigkeit, ...
Die in der Medienspalte angegebenen Materialien können aus Platzgründen nur teilweise im vorliegenden Beitrag abgedruckt werden.			

Tabelle 35.1: Unterrichtsablaufplan (Fortsetzung)

35.2 Computerunterstützte Fallstudienarbeit

35.2.1 Fallstudie zur Kreditwürdigkeitsprüfung

Herr Netzer und Herr Tech sind Gesellschafter und Geschäftsführer der ELOTEC GmbH.[4] Dieses Unternehmen ist seit einigen Jahren erfolgreich im Großhandel mit Geräten der Unterhaltungselektronik tätig. In letzter Zeit ist allerdings die Konkurrenz in diesem Marktsegment größer geworden. Insbesondere durch Einräumung von Rabatten und Zahlungszielen an den Einzelhandel sowie durch beschleunigte Lieferung versuchen die Konkurrenten, ihren Marktanteil zu erhöhen. Um dabei mithalten zu können, sehen Herr Nezter und Herr Tech die Erneuerung und Vergrößerung ihres Fuhrparks als dringend notwendig an. Zur Neu- und Ersatzbeschaffung mehrerer Kombi-Wagen haben sie bei ihrer Hausbank einen Kredit in Höhe von 250 000 DM beantragt. Zur vorläufigen Prüfung der Kreditwürdigkeit wurden die zusammengefaßte Bilanz und GuV des letzten Jahres

[4] Die Fallstudie ist entnommen aus: V. Lüpertz, Materialien für handlungsorientierten Unterricht an kaufmännischen Schulen, Betriebswirtschaftslehre: Fallstudien zum Vernetzten Denken, Verlag Europa-Lehrmittel, Haan-Gruiten, 1993. Ähnliche Fallstudien und Problemstellungen mit computerunterstützter Lösungsmöglichkeit finden sich in Liebold, Lüpertz, Reip, Weber, Lehraufgaben zur Betriebswirtschaftslehre, ebd., 1991.

vorgelegt. Darin sind auch die entsprechenden Daten für das Vorjahr enthalten.

Aufbereitete und zusammengefaßte Bilanz der Firma ELOTEC GmbH zum 31.12.1992

AKTIVA		31.12.91 DM	31.12.92 DM
A.	ANLAGEVERMÖGEN		
	Grundstücke, Bauten	425 000	420 000
	Maschinen (Fuhrpark)	175 000	150 000
	Betriebs- u. Geschäftsausstattung	200 000	180 000
	Summe Anlagevermögen	800 000	750 000
B.	UMLAUFVERMÖGEN		
	Vorräte (Waren)	870 000	927 000
	Ford. a. Lieferungen	425 000	500 000
	Wechsel, Schecks	35 000	25 000
	Kasse, Bank, Postgiro	5 000	3 000
	Summe Umlaufvermögen	1 335 000	1 455 000
	Bilanzsumme	2 135 000	2 205 000

PASSIVA		31.12.91 DM	31.12.92 DM
A.	EIGENKAPITAL		
	Stammkapital	175 000	175 000
	Rücklagen	310 000	250 000
	Summe Eigenkapital	485 000	425 000
B.	VERBINDLICHKEITEN		
	Grundschulddarlehen	310 000	305 000
	sonst.langfr.Verb.	350 000	325 000
	Summe langfr. Verb.	660 000	630 000
	kurzfr. Bankkredite	325 000	370 000
	Verb. a. Lieferungen	265 000	330 000
	Wechselverbindlichk.	125 000	150 000
	sonst. kurzfr. Verb.	275 000	300 000
	Summe kurzfr. Verb.	990 000	1 150 000
	Bilanzsumme	2 135 000	2 205 000

Tabelle 35.2: Aufbereitete und zusammengefaßte Bilanz der Firma ELOTEC GmbH zum 31.12.1992

Aufbereitete und zusammengefaßte Gewinn- und Verlustrechung der Firma ELOTEC GmbH zum 31.12.1992

AUFWAND	31.12.91 DM	31.12.92 DM	ERTRAG	31.12.91 DM	31.12.92 DM
Materialaufwand (Wareneinsatz)	4 000 000	4 100 000	Umsatzerlöse	5 025 000	5 000 000
Personalaufwand	450 000	465 000			
Abschreibungen Anlagev.	125 000	120 000			
Sonst. betr. Aufw.	250 000	240 000			
Zinsaufwand	120 000	135 000			
Gewinn/Verlust	80 000	- 60 000			
	5 025 000	5 000 000		5 025 000	5 000 000

Tabelle 35.3: Aufbereitete und zusammengefaßte Gewinn- und Verlustrechung der Firma ELOTEC GmbH zum 31.12.1992

Arbeitsauftrag: Analysieren Sie die Jahresabschlüsse anhand geeigneter Bilanz- und Rentabilitätskennzahlen und prüfen Sie die Kreditwürdigkeit !

Jahr	Anlagenintensität Anlageverm./Gesamtverm.	Vermögensaufbau Anlageverm./Umlaufverm.	Forderungsintensität Forderungen/Gesamtverm.
1.	0.37	0.60	0.20
2.	0.34	0.52	0.23

Jahr	Eigenkapitalanteil Eigenkap./Gesamkap.	Anspannungsgrad Fremdkap./Gesamtkap.	Verschuldungsgrad Fremdkap./Eigenkap.
1.	0.23	0.77	3.40
2.	0.19	0.81	4.19

Jahr	Anlagendeckung 1 Eigenkapital/Anlagevermögen	Anlagendeckung 2 (Eigenkap.+langfr.Fremdkap.)/Anlageverm.
1.	0.61	1.43
2.	0.57	1.41

Jahr	Liquidität 1 liqu.Mittel/kurzfr.Verb.	Liquidität 2 (l.M.+Ford.)/kurzfr.Verb.	Liquidität 3 Umlaufverm./kurzfr.Verb.
1.	0.04	0.47	1.35
2.	0.02	0.46	1.27

Jahr	Eigenkapitalrentabilität Gewinn x 100/Eigenkap..	Gesamtkapitalrentabilität (Gew.+Zins) x 100/$\sum$ Kapital	Umsatzrentabilität Gewinn x 100/Umsatz
1.	16.49	9.37	1.59
2.	- 14.12	3.40	- 1.20

Jahr	Kapitalumschlag Umsatz/Gesamtkapital	x Umsatzrentabilität Gewinn x 100/Umsatz	= Return on Investment (ROI)
1.	0.23	0.77	3.40
2.	0.19	0.81	4.19

Tabelle 35.4: Bilanz- und Rentabilitätskennzahlen

Die einzelnen Kennzahlen, werden von den Schülern in ein Arbeitsblatt übertragen und mit dem Branchendurchschnitt verglichen (vgl.Phase 1). Die Jahresabschlußanalyse führt zur Kreditwürdigkeitsprüfung und zur Kreditverhandlung im Rahmen eines Rollenspiels (vgl. Phase 2 und 3).

35.3 Vernetztes Denken am Beispiel Liquidität

35.3.1 Vernetzungsdiagramm

Vor dem Hintergrund des sich abzeichnenden Liquiditätsproblems der ELOTEC GmbH soll in Anlehnung an die Szenario-Technik die Denk- und Problemlösungsform des vernetztes Denkens[5] gezielt eingeübt (vgl. Phase 4). Dazu sind zunächst verschiedene Einflußfaktoren (Systemelemente) zu ermitteln und im Rahmen eines Vernetzungsdiagramms auf ihre gegenseitige Beeinflussung hin zu untersuchen. Gleichgerichtete Entwicklungen (je mehr — desto mehr) werden dabei mit einem Pluszeichen (+) und entgegengerichtete Entwicklungen (je mehr — desto weniger) mit einem Minuszeichen (—) gekennzeichnet.

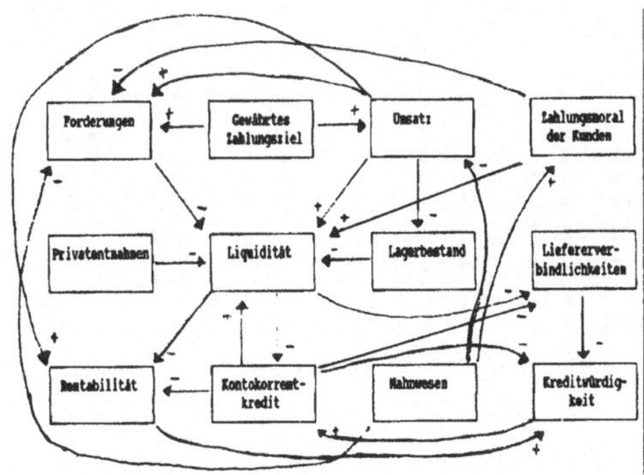

Abbildung 35.1: Vernetzungsdiagramm

35.3.2 Analyse der Vernetzungsmatrix: Ausgewählte Ergebnisse

Das Vernetzungsdiagramm wird mit Hilfe des Computerprogramms DENKNETZ in eine Vernetzungsmatrix übertragen. Dabei wird gleichzeitig auch die Intensität der gegenseitigen Beeinflussung durch die Gewichtungsfaktoren 0 bis 3 erfaßt:

kein Einfluß = 0, schwach = 1, mittel = 2, stark = 3

Das Computerprogramm nimmt vielfältige Auswertung der Beziehungen vor, indem für die einzelnen Elemente u.a. folgende Kennzahlen berechnet, in sortierter Rangfolge ausgegeben und grafisch veranschaulicht werden: Aktivintensitäten (Aktivsumme), Passivintensitäten (Passivsumme), Produkt aus Aktiv- und Passivintensitäten, Quotient aus Aktiv- und Passivintensitäten, positive und negative Rückkopplungen u.a.m.

Die Analyse der Elemente bietet wichtig Anhaltspunkte für mögliche Lösungsansätze. Je höher die Aktivintensität, desto stärker ist der Einfluß dieses Elements auf andere Elemente und das Gesamtsystem; je höher die Passivintensität, desto höher ist der Einfluß anderer Elemente auf das

[5]Grundsätzliche Ausführungen zum vernetzten Denken finden sich u.a. bei H. Ulrich, G. Probst, Anleitung zum ganzheitlichen Denken und Handeln, Bern 1988.

ZIELGRÖSSE: LIQUIDITÄT

	WIRKUNG von ↓ auf->	1 LI	2 FO	3 PR	4 RE	5 ZZ	6 UM	7 LA	8 MA	9 ZM	10 LV	11 KK	12 KR
1	LI Liquiditä		0	0	-2	0	0	0	0	0	-2	-2	3
2	FO Forderung	-3		0	0	0	0	0	0	0	0	0	0
3	PR Priv.Entn	-2	0		0	0	0	0	0	0	0	0	0
4	RE Rentabili	0	0	0		0	0	0	0	0	0	0	1
5	ZZ Gew. Ziel	0	3	0	0		2	0	0	0	0	0	0
6	UM Umsatz	1	3	0	2	0		-3	0	0	0	0	0
7	LA Lagerbest	-3	0	0	-2	0	0		0	0	0	0	0
8	MA Mahnwesen	0	-3	0	0	0	-2	0		3	0	0	0
9	ZM Zahl.Mora	3	-3	0	0	0	0	0	0		0	0	0
10	LV Lief.Verb	0	0	0	0	0	0	0	0	0		0	-3
11	KK KK-Kredit	2	0	0	-1	0	0	0	0	0	-2		-2
12	KR Kreditwür	0	0	0	0	0	0	0	0	0	0	1	

Abbildung 35.2: Vernetzungsmatrix

ZIELGRÖSSE: LIQUIDITÄT

	WIRKUNG von ↓ auf->	1 LI	2 FO	3 PR	4 RE	5 ZZ	6 UM	7 LA	8 MA	9 ZM	10 LV	11 KK	12 KR	AKTIV-INTENS Σ AI	HÄUFIG-KEIT Σ AH	INTENS-QUOTIENT ΣAI/ΣPI
1	LI Liquiditä		0	0	2	0	0	0	0	0	2	2	3	9	4	0.64
2	FO Forderung	3		0	0	0	0	0	0	0	0	0	0	3	1	0.25
3	PR Priv.Entn	2	0		0	0	0	0	0	0	0	0	0	2	1	*
4	RE Rentabili	0	0	0		0	0	0	0	0	0	0	1	1	1	0.14
5	ZZ Gew. Ziel	0	3	0	0		2	0	0	0	0	0	0	5	2	*
6	UM Umsatz	1	3	0	2	0		3	0	0	0	0	0	9	4	2.25
7	LA Lagerbest	3	0	0	2	0	0		0	0	0	0	0	5	2	1.67
8	MA Mahnwesen	0	3	0	0	0	2	0		3	0	0	0	8	3	*
9	ZM Zahl.Mora	3	3	0	0	0	0	0	0		0	0	0	6	2	2.00
10	LV Lief.Verb	0	0	0	0	0	0	0	0	0		0	3	3	1	0.75
11	KK KK-Kredit	2	0	0	1	0	0	0	0	0	2		2	7	4	2.33
12	KR Kreditwür	0	0	0	0	0	0	0	0	0	0	1		1	1	0.11
	PASSIVINTENS ΣPI	14	12	0	7	0	4	3	0	3	4	3	9			
	PASSIVHÄUFIGKEIT	6	4	0	4	0	2	1	0	1	2	2	4			
	INTENSPRODUKT ΣAI*ΣPI	126	36	0	7	0	36	15	0	18	12	21	9			

Abbildung 35.3: Auswertung der Vernetzungsmatrix

betrachtete Element. Elemente, die einerseits starken Einfluß ausüben (= hohe Aktivintensität), gleichzeitig aber auch selbst stark beeinflußt werden (= hohe Passivintensität), werden als kritische Elemente bezeichnet. Demgegenüber gelten Elemente, die gleichzeitig eine eine geringe Aktiv- und Passivintensität aufweisen als träge.

Für Problemlösungsmaßnahmen haben die aktiven bzw. unabhängigen Elemente die größte Bedeutung. Auch kritische Elemente eignen sich grundsätzlich für Lenkungseingriffe. Allerdings ist bei solchen Elementen wegen ihrer starken Systemverflechtung und den sich möglicherweise daraus ergebenden positiven Rückkopplungen besondere Vorsicht geboten.

35.3.3 Ergebnisanalyse und Lösungsstrategie

Im vorliegenden Beispiel bieten sich folgende Elemente wegen ihrer hohen Aktivintensität und/oder Unabhängigkeit für Maßnahmen zur Lösung des Liquiditätsproblems an: Umsatz, Mahnwesen, Kontokorrentkredit, Zahlungsmoral der Kunden, gewährtes Zahlungsziel, Lagerbestand.

Einige dieser Elemente sind aber nicht bzw. nicht direkt beeinflußbar, z.B.:

1. Voraussetzung für eine Umsatzsteigerung ist nach Ansicht der Geschäftsführer die Erweiterung des Fuhrparks. Der dazu beantragte Kredit wird aber verweigert.
2. Eine Verkürzung des gewährten Zahlungsziels ist aufgrund der im Eingangsfall geschilderten Konkurrenzsituation vermutlich nicht ohne Umsatzrückgang möglich.

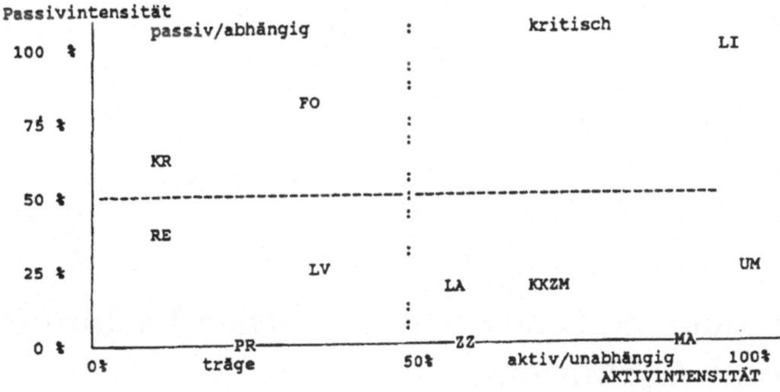

Abbildung 35.4: Relative Aktiv- und Passivintensitäten (Vierfeldermatrix)

ZIELGRÖSSE: LIQUIDITÄT	UNGEWICHTET	GEWICHTET
SENDESTÄRKE		
Höchste Aktivintensität	UM Umsatz	UM Umsatz
Niedrigste Aktivintensität	RE Rentabili	RE Rentabili
EMPFANGSSTÄRKE		
Höchste Passivintensität	LI Liquiditä	LI Liquiditä
Niedrigste Passivintensität	ZZ Gew. Ziel	ZZ Gew. Ziel
VERFLECHTUNGSGRAD		
Höchstes Intensitätsprodukt	LI Liquiditä	LI Liquiditä
Niedrigstes Intensitätsprodukt	PR Priv.Entn	ZZ Gew. Ziel
UNABHÄNGIGKEITSGRAD		
Höchster Intensitätsquotient	MA Mahnwesen	MA Mahnwesen
Niedrigster Intensitätsquotient	KR Kreditwür	KR Kreditwür
INSTABILITÄT / STABILITÄT	Elemente	Gesamtsystem
Höchster Rückkopplungsgrad	LA Lagerbest	Rückkopplung: 11.4 %
Niedrigster Rückkopplungsgrad	RE Rentabili	etwas instabil

Abbildung 35.5: Zusammenfassende Übersicht

3. Eine Erhöhung des Kontokorrentkredits setzt eine Verbesserung der Kreditwürdigkeit voraus. Dies ist aber wiederum nur durch eine Verbesserung der Liquiditätslage möglich.

Lösungsmöglichkeit im vorliegenden Fall: Erweiterung des Fuhrparks mit Hilfe einer Leasing-Finanzierung. Auf diese Weise wäre u.U. die erwartete (und benötigte) Umsatzsteigerung durch eine bilanzneutrale Finanzierung der dazu nötigen Kombi-Wagen möglich.

Kapitel 36

Gerhard König: Nutzung elektronischer Fachinformation in Schule und Ausbildung

36.1 Zuviel Wissen?

Die Zahl der Publikationen und Veröffentlichungen nimmt ständig zu. Einige Zahlen zu diesem auch als Informationsflut bezeichneten Phänomen: Jährlich erscheinen weltweit ca. 120 000 Veröffentlichungen in Physik und Technik bzw. 40 000 Veröffentlichungen auf dem Gebiet der Mathematik und ihren Anwendungen. In weltweit geschätzten 80 000 bis 100 000 wissenschaftlichen Zeitschriften werden jährlich etwa 3 000 000 Artikel veröffentlicht. Hinzu kommt eine etwa gleich große Zahl von Patenten,Normen und Daten aus Physik und Chemie. Ungefähr 250 deutschsprachige Zeitschriften beschäftigten sich 1992 mit Anwendungen des Mikrocomputers für Laien und Computer-Freaks sowie professionelle Nutzer.

Diese Flut von Publikationen und Daten läßt sich nicht mehr auf herkömmliche Art und Weise verarbeiten. Herkömmliche Mittel zur Bewältigung der Informationsflut sind z. B. Referateorgane, Fachbibliographien, Literaturverzeichnisse oder Handbücher. Ein modernes Instrument zur Beschaffung von Informationen stellen elektronische Datenbanken dar. Der elektronischen Fachinformation kommt eine immer bedeutsamere Rolle in Forschung und Produktion zu. So ist im Fachinformationsprogramm 1990–1994 [BMFT] der Bundesregierung als Schwerpunkt die Steigerung der Nutzung von Fachinformation genannt.. Dies schließt explizit sowohl die Bereiche Universitäten, Fachhochschulen, Schulen wie auch den Bereich kleine und mittlere Unternehmen ein. Die Nutzung elektronischer Datenbanken als wichtiges Instrument der Informationsbeschaffung und Entscheidungsvorbereitung in Wirtschaft und Industrie ist bereits Realität (Einige Beispiele aus der Praxis großer Unternehmen [AFI]). Auch in Hochschulen ist — nach nun jahrelanger Aufklärungsarbeit — das Bewußtsein für den Wert der elektronischen Fachinformation für Forschung und Lehre stärker entwickelt.

Die späteren Nutzer der elektronischen Fachinformation müssen aber möglichst noch früher mit den modernen Methoden der Informationsgewinnung und -verarbeitung vertraut gemacht werden, wenn Schulen auf die weitere Ausbildung ihrer Schüler oder den Beruf vorbereiten wollen. Insofern fordert das Thema Datenbanken auch die Schulen und die in ihnen Verantwortlichen heraus, was im folgenden näher diskutiert werden soll. Dazu sind vorher noch einige Erläuterungen zu elektronischen Datenbanken notwendig.

36.2 Datenbanken und Hosts: Das Wichtigste in Kürze

36.2.1 Datenbanken

Für unser Gebiet — die Information und Dokumentation — läßt sich das wesentliche einer Datenbank folgendermaßen beschreiben:

Eine Datenbank besteht aus einer Datenbasis und einem Datenverwaltungssystem (Datenbankprogramm). Die Datenbasis enthält alle Informationen sowie erfaßten Daten. Das Verwaltungssystem organisiert die Daten so, daß sie retrievalfähig werden. Eine elektronische Datenbank ist eine für das maschinelle Retrieval aufbereitete Datenbasis. Dabei gehen wir also davon aus, daß die Datenbank in einem Rechner gespeichert ist. Gesucht werden die Informationen mit Hilfe einer Abfragesprache (Retrievalsprache). Lassen sich die Datenbanken im direkten Dialog mit dem Rechner abfragen, sprechen wir von Online-Datenbanken. Ferner soll es sich um öffentlich zugängliche Datenbanken handeln.

Das weltweit vorhandene Wissen ist international in etwa 6 000 öffentlich zugänglichen Datenbanken gespeichert. Diese können multidisziplinär sein, einzelne Wissensgebiete abdecken oder z.T sehr spezialisiert sein. Man unterscheidet folgende Arten von Online-Datenbanken: Referenzdatenbanken, die „nur“ auf ein Original hinweisen, Faktendatenbanken, deren Informationen direkt verwertbar sind, sowie Volltextdatenbanken. Manchmal werden für Anfänger zusätzlich spezielle Übungsdatenbanken angeboten.

Im folgenden kurz einige Erläuterungen zu diesen Typen:

Hinweis-(Referenz)-Datenbanken: Diese lassen sich weiter unterteilen in:

- Bibliographische Datenbanken; diese enthalten Hinweise, oft mit Abstracts, auf Veröffentlichungen, z. B. auf Zeitschriftenartikel, Konferenzbeiträge, Bücher, Lehrmittel oder Software. Aufgrund der Literaturhinweise muß die Originalliteratur beschafft werden, z.B. in Bibliotheken. Beispiel 1 zeigt ein typisches Zitat aus einer Literaturdatenbank, hier aus der Datenbank MATHDI(MATHematikDIdaktik).
- Forschungs-Datenbanken; diese informieren über Forschungsvorhaben, durchführende Einrichtungen, Institute und Mitarbeiter. Beispiele sind die Umweltforschungsdatenbank des Umweltbundesamtes (UFORDAT) oder der Förderungskatalog des BMFT (FORKAT). Beispiel 2 zeigt ein Zitat aus FORKAT .
- Nachweis-Datenbanken; sie verweisen den Benutzer auf Organisationen, Produzenten und Bezugsquellen (Z.B.:„Wer baut Maschinen für...?“„Wer liefert was?“), Termine (Z.B.:Konferenzübersichten mit Ortsangaben), etc.

Numerische und Fakten-Datenbanken: enthalten numerische Daten, Strukturen oder auch Texte, z. B. chemische oder physikalische Meßdaten, statistische Zahlenwerte oder Reihen, Wirtschaftsinformationen, Strukturen organischer Substanzen, etc.

Volltext-Datenbanken: enthalten die vollständigen Texte von Zeitschriften, Patenten, Gesetzestexten etc. Eine Reihe von Zeitschriften und Pressediensten liegen bereits als elektronische Volltext-Datenbank vor. Beispiele sind dpa, Handelsblatt, VDI-Nachrichten, Wirtschaftswoche oder die Volltextdatenbanken aus chemischen Fachzeitschriften bei STN International. Nachteil ist der grosse Speicherplatz, der benötigt wird; ferner kann das für die Suche zur Verfügung stehende umfangreiche Wortmaterial häufig zu nicht-relevanter Literatur führen.

36.2.2 Der Online-Markt

Aufbau und Aktualisierung von Datenbasen werden von Datenbankproduzenten vorgenommen. In Deutschland sind das die 15 öffentlich geförderten Fachinformationseinrichtungen, die von den Bundesregierungen der siebziger und achtziger Jahre zur Verbesserung der Information und Dokumentation in Deutschland aufgebaut wurden. Diese sollen auf ihren Fachgebieten überregional für das gesamte Bundesgebiet Informationsdienstleistungen erbringen und dazu Literatur sammeln und aufbereiten. Bekannte Fachinformationseinrichtungen sind z,B.: Fachinformationszentrum Karlsruhe (Fachgebiete: Mathematik und Informatik, Physik und Astronomie, Energie und Technologie,

TI Nutzung von Datenbanken als Medien im Fachunterricht.Ergebnisse aus dem Modellversuch MODIS.

AU Koehler, W.; Saerbeck, B. (Landesinstitut fuer Schule und Weiterbildung, Soest . Zentrale Beratungsstelle fuer Neue Technologien)

SO Informatik und Schule 1991. Editor(s): Gorny, P. (Oldenburg Univ. Fachbereich 10) Gesellschaft fuer Informatik e.V. (GI), Bonn Berlin: Springer. 1991. p. 142–148 of 344 p. Ser. Title: Informatik-Fachberichte. v. 292. 4. Fachtagung 'Informatik und Schule': Wege zur Vielfalt beim Lehren und Lernen, Oldenburg , 7–9 Oct 1991

DT Book Article; Conference

CY Germany, Federal Republic of

LA German

AB Koennen Datenbanken und Telekommunikation im Unterricht und in der Unterrichtsvorbereitung als ein neues Medium eingesetzt werden.Dies war die Zielfrage des Modellversuchs 'Nutzung von Datenbanken fuer Schule und Unterricht (MODIS)'. In den letzten drei Jahren sind umfassende Ergebnisse gesammelt und exemplarische Beispiele entwickelt und erprobt worden, die in diesem Beitrag diskutiert werden.

CC R50 DATENBANKEN. INFORMATIONSSYSTEME U10 MEDIENDIDAKTIK UND MEDIENPAEDAGOGIK

ST DATENBANK; UNTERRICHTSMEDIUM; COMPUTER ALS UNTERRICHTSMEDIUM; MODELLVERSUCH; LEHRERBILDUNG; INFORMATION RETRIEVAL; UNTERRICHT;INFORMATIONSTECHNISCHE BILDUNG

Tabelle 36.1: Beispiel 1: Zitat aus einer Literaturdatenbank. TI=Titel, AU=Autor, DT=Document type, AB=Abstract, CC=Klassifikationscode, ST=Schlagworte

TI Fachinformation in Schulen (FiSch) Nutzungsmöglichkeiten neuer Medien als Unterrichtsmittel in der Schule

CSP FU Berlin, Inst. fuer Bibliothekswissenschaft und Bibliothekarausbildung der FU Berlin, Hohenzollerndamm 56, 1000 Berlin 33

NC 10180907

DB 01 sept 1986

DE 31 Dec 1988

Tabelle 36.2: Beispiel 2 : Zitat aus der Forschungsdatenbank FORKAT (BMFT-Förderungskatalog). CSP=durchführende Organisation, NC=Number of Contract, DB=Förderungsbeginn, DE=Förderungsende

Luft- und Raumfahrt), Fachinformationszentrum Technik, Fachinformationszentrum Chemie, Informationszentrum Sozialwissenschaften, Deutsches Institut für medizinische Dokumentation und

Information (DIMDI), Juristisches Informationssystem(JURIS).

Die Datenbankproduzenten leasen die von ihnen produzierten Datenbasen an einen oder mehrere Datenbankanbieter, sog. Hosts. Die Aufgaben eines Hosts sind im wesentlichen Bereitstellung von Datenbanken und Betrieb der zu ihrer Speicherung und Online-Verteilung erforderlichen Rechenzentren. Interessenten können auf die dort verfügbaren, öffentlich zugänglichen Datenbanken zugreifen und interaktiv recherchieren. Der Benutzer ist dabei mit einem geeigneten Datenendgerät (i.allg. einem Computer mit Kommunikationssoftware) über öffentliche oder private Datennetze (in Deutschland DATEX-P) direkt mit dem Großrechner verbunden. Benötigt werden zusätzlich ein Modem oder Akustikkoppler sowie Passwörter für die Datenübertragung und für den Datenbankzugriff.

Ein Host kann selbst Datenbasen produzieren, er kann aber auch Datenbasen von Datenbasenproduzenten in Lizenz erhalten. Wichtige Hosts sind DIALOG in den USA, DIMDI, GENIOS, STN International und Telesystemes Questel.

Dialog ist der größte internationale Anbieter mit einer Vielfalt von Datenbanken, die alle geleast sind. DIMDI in Köln bietet Datenbanken auf dem biologisch/medizinisch/psychologischen Gebiet an, während Genios seinen Schwerpunkt auf Wirtschaftsinformationen hat. Die anderen beiden genannten Hosts bieten wissenschaftlich-technische Datenbanken an, die z. T. selbst erstellt werden, z. T. geleast werden. STN International ist ein internationales Verbundsystem für wissenschaftliche und technische Informationen zwischen FIZ Karlsruhe, Chemical Abstracts Service (CAS) in Columbus (OHIO, USA) und dem Japan Information Center for Science and Technology in Tokio. STN sichert den Zugang zu wichtigen amerikanischen und japanischen Datenbanken und schafft eine Basis für die weltweite Nutzung deutscher Datenbanken.

36.3 Was bringen uns Datenbanksysteme für die Schule?

Mit den Grundlagen des letzten Abschnitts können wir nun diskutieren, wie das vorliegende Angebot an Datenbanken mit Informationen über wissenschaftliche und technische Veröffentlichungen sowie Daten-und Faktensammlungen in Schulen genutzt werden kann. Fünf Bereiche lassen sich dabei identifizieren, wie im folgenden kurz skizziert und begründet werden soll.

36.3.1 Hilfen für den Lehrer, Lehrerbildung

Lehrer an allgemein- und berufsbildenden Schulen sowie berufliche Ausbilder werden durch bibliographische Datenbanken auf Schulbücher, Lehrbücher sowie Zeitschriftenaufsätze für ihre Unterrichtsplanung hingewiesen. Aus geeigneten Faktendatenbanken lässt sich statistisches Zahlenmaterial für den Unterricht gewinnen, z.B.: Daten der Weltwirtschaft und Bevölkerungsstatistik für den Geographieunterricht, Epidemiedaten für den Biologieunterricht, aktuelle und historische Informationen für den gesellschaftspolitischen Fächerkanon aus Pressedatenbanken. Damit wird auch ein fächerübergreifender Aspekt angesprochen.

Für die Einarbeitung in ein neues Gebiet weisen wiederum bibliographische Datenbanken relevante Bücher und Fachbeiträge aus Zeitschriften, Lehrerhandreichungen usw nach.

36.3.2 Datenbanken als Werkzeug im Unterricht

Im Informatikunterricht, und speziell in Lehrgängen der informationstechnischen Grundbildung, wird in fast allen Lehrplänen neben der Erarbeitung von algorithmischen Problemlösungen und

Computerprogrammen die Verwendung professioneller Programmpakete (Standardsoftware) vorgeschlagen. Solche anwendungsorientierten bzw. benutzerorientierten Konzepte sollen die Schüler in die Lage versetzen, Computeranwendungen verstehen und beurteilen zu können.

Meist vorgeschlagen werden als Anwendungsbereiche: Prozeßdatenverarbeitung, Textverarbeitung, Dateiverwaltung, Tabellenkalkulation, Modellbildung und Simulation, sowie Integrierte Syteme, wie z.B. Apple Works oder Framework. In einem dieser Bereiche wird eine Unterrichtseinheit vorgeschlagen, in der die Schüler die für das Verständnis und den Umgang mit den Informationstechnologien erforderlichen Prinzipien des Rechneraufbaus und der Software im Zusammenhang einer Anwendung erfahren. Im Sachzusammenhang einer Problemlösung lernen sie ebenfalls deren Anwendung und Auswirkungen in Wirtschaft und Arbeitsleben sowie auf die Gesellschaft und den einzelnen kennen.

Gemäß unserer Themenstellung schlagen wir als exemplarische Anwendung der Informationstechnik Datenbanksysteme vor. Man muss dazu keine der herkömmlichen Programmiersprachen wie BASIC, PASCAL, LOGO usw. kennen oder gar beherrschen. Bei diesen Anwendungssystemen ist zum Teil eine sichere Benutzerführung durch vorprogrammierte Menüs gegeben. Bei Datenbanken, und hier speziell bei Literaturdatenbanken, muß der Benutzer zusätzlich eine Abfragesprache, die sogenannte Retrievalsprache, beherrschen und frei anwenden. Ein gewisses Mass an schöpferischer und nicht nur reproduzierender Arbeit ist dabei notwendig. Andererseits sind diese Abfragesprachen nicht so komplex, daß der Schüler überfordert würde. Um die gewünschte Datenbank auszuwählen, für die Suche nach bestimmten Schlagworten sowie die Anzeige der gefundenen Informationen und das Beenden des Dialoges reichen etwa zehn Befehle aus.

Datenbanken sind ein wichtiges Thema der informationstechnischen Bildung und sollten nach Meinung vieler Didaktiker in allen Jahrgangsstufen behandelt werden. In Nordrhein-Westfalen entstand sogar die Idee, in Anlehnung an die Programmierumgebungen der Grundbildung ein „Datenbanklernsystem“ für den Informatikunterricht in den Jahrgangsstufen 9 und 10 des Gymnasiums zu entwickeln.

36.3.3 Informationsgewinnung als Lernziel

Die späteren Nutzer der elektronischen Fachinformation sollten möglichst früh mit den modernen Strategien und Methoden der Informationsaufbereitung und -wiedergewinnung vertraut gemacht werden. Da einer der wesentlichen Aufgaben der Schule darin besteht, junge Menschen in unsere Gesellschaft einzuführen und mit ihren Anforderungen vertraut zu machen, ist anzustreben, Lernziele, die Jugendliche auf den Umgang mit Datenbanken und die Handhabung der Fernübertragungseinrichtungen vorbereiten, in der Schule erreichbar zu machen.

Durch den praktischen Umgang mit Datenbanken sollen die Schüler als zukünftige qualifizierte Arbeitskräfte Benutzungsbarrieren gegenüber der Nutzung von Online-Datenbanken abbauen lernen und durch das Erfahren der Möglichkeiten und Grenzen von Datenbankrecherchen ein Informationsbewusstsein sowie die Bereitschaft zur späteren verantwortungsvollen Anwendung dieser Methoden im Beruf entwickeln. In einem in Vorbereitung befindlichen Schulbuch zur Einführung in Online-Datenbanken heißt es dazu konkreter: „Die Schüler sollen Vor-und Nachteile von Online-Datenbanken kennenlernen und sich auch über die Kosten, die Online-Recherchen verursachen, bewußt werden. Sie sollen den Nutzen, den Informationen bieten, mit dem Aufwand, den ihre Beschaffung verursacht, abschätzen können.“

36.3.4 Datenbanken als Anwendungen von Datenfernübertragung (Telekommunikation) und BTX

Moderne Datenfernübertragung (DFÜ), allgemeiner Telekommunikation, ist in der Computeranwendung stark im Kommen. In einigen Bundesländern wird daher die informationstechnische Bildung durch eine kommunikationstechnologische Bildung ergänzt, d.h. es werden Inhalte der Datenfernübertragung in den Unterricht zur informationstechnischen Bildung an allgemeinbildenden oder beruflichen Schulen integriert. Die Kultusverwaltungen und Landesinstitute in nahezu allen alten Bundesländern haben eigene E-Mail-Netze zur Datenfernübertragung eingerichtet oder vorbereitet. Einige Modellversuche und Schulversuche sollen didaktische und technische Fragen klären. Seit April 1992 wird im bayerischen Schulversuch „Bildschirmtext als Bildungsmedium" außerdem die Eignung von BTX für die Vorbereitung und Gestaltung von Unterricht erprobt. Immer geht es darum, Unterrichtsbeispiele zu entwickeln und zu erproben, die sich nicht nur mit Kommunikationstechnologie als Lernziel sondern auch als Werkzeug oder Medium befassen. Der Zugang zu externen Datenbanken ist neben der üblichen Nutzung von Mailboxen eine hervorragende Anwendung der Telekommunikationsmöglichkeiten. Durch die Nutzung von Datenbanken kann der Aspekt praktischer Umgang mit Werkzeugen der Telekommunikation in den Vordergrund gestellt werden, und die Schüler erhalten einen Einblick in die Anwendung der Datenfernübertragung außerhalb von Schulen.

36.3.5 Einsatz bei Wettbewerben, wie z. B. „Jugend forscht"

Im naturwissenschaftlich-technischen Wettbewerb JUGEND FORSCHT bietet es sich an, die Originalität eines Arbeitsansatzes durch eine umfassende, computerisierte Literaturrecherche zu untermauern und zu überprüfen. Jungforscher und Teilnehmer in anderen Wettbewerben haben aber große Schwierigkeiten, auf geeignete Literatur aufmerksam gemacht zu werden; auch Lehrer können hier nicht helfen. Ein gemeinsames Projekt der Stiftung Jugend forscht und der Fachinformationszentren machte es möglich: Alle Aktiven des Wettbewerbs erhielten 1988 und 1989 kostenlos Recherchen von den Fachinformationszentren. Auch heute noch werden Jungforscher durch die Nutzung von Datenbanken bei Wettbewerben unterstützt.

36.4 Empirische Befunde zur Nutzung elektronischer Fachinformation in Schulen

Wie lassen sich Datenbanken im Unterricht nutzen und welche Probleme ergeben sich beim Einsatz von elektronischer Fachinformation in Schulen? Zur Beantwortung dieser Frage fanden in den letzten Jahren einige Untersuchungen und Modellversuche in verschiedenen Bundesländern statt. Das Fachinformationszentrum Karlsruhe, Genios mit seinen wirtschaftlich orientierten Datenbanken sowie die Deutsche Presseagentur mit ihrer Nachrichtendatenbank beteiligten sich und übten die Lehrer in die Benutzung von Datenbanken ein. Im Rahmen der Projekte wurde mit Schülern in zahlreichen Datenbanken recherchiert, um die Einsatzmöglichkeiten dieses neuen Mediums als Unterrichtsmittel zu erproben. Der Autor dieses Beitrags hat an vielen dieser Projekten teils als Berater oder Ausbilder mitgewirkt. Aus Sicht eines Beobachters aller Projekte soll hier eine kurze Bilanz gezogen werden, für eine ausführliche Zusammenfassung sei auf Samulowitz [Sa92] verwiesen..

Folgende Projekte wurden u. a. durchgeführt:

1. Initiative Gymnasium/Wirtschaft von 1983–1988. Köln: Institut der deutschen Wirtschaft.

2. Fachinformationen in Schulen (FiSch) von 1.12.86–31.12.88. Berlin: Institut für Bibliothekswissenschaft und Bibliothekarausbildung der FU Berlin.
3. Modellversuch „Datenbanken in Schule und Unterricht — Möglichkeiten, Erfahrungen und Ergebnisse (MODIS)" vom 1.9.87–30.9.90. Soest: Landesinstitut für Schule und Weiterbildung in Nordrhein-Westfalen.
4. Online-Recherchen bei der Datenbank CAS über STN. Frankfurt: Freiherr-vom-Stein-Schule.
5. Modellversuch „Informationstechnische Bildung und Datenfernübertragung" vom 1.4.88–31.3.91. Kiel: Landesinstitut für Praxis und Theorie der Schule (IPTS) in Schleswig-Holstein.

Folgende Ergebnisse lassen sich mitteilen: Es gehört zu den Aufgaben der Schule, über Möglichkeiten und Handhabung der neuen Techniken zur Informationsvermittlung und -verarbeitung zu unterrichten. Dies wird i.allg. akzeptiert, wobei aber auch kritisch hinterfragt wurde, in welchen Berufen überhaupt Bedarf nach Datenbanknutzung besteht.

Grundsätzliche Probleme waren:

1. Kosten als kritische Variable

   „Die kritische Variable im System Schule sind die Kosten. Die Haushalte der Schulen enthalten in der Regel kein Geld für Recherchen in externen Fachinformationbanken, es fehlen oft die Mittel für den laufenden Betrieb. ... Bei der Projektförderung hat sich wiederholt gezeigt, daß nach Ablauf eines Projektes, auch die entsprechenden Recherchetätigkeiten eingestellt wurden." [Sa92, S. 2] Schulen haben seit kurzem Zugang zum Internet, einem Computernetz, das weltweit tausende von Rechnern verbindet und sich seit Jahren bewährt hat. Der Anschluß für Schulen ist bis auf weiteres kostenlos, es fallen lediglich die Telefongebühren zum nächsten Knotenrechner an. Aber auch damit wäre dieses Problem nicht gelöst. Ein kleiner Rest bleibt immer zu bezahlen, und die Schulträger sind derzeit schwer davon zu überzeugen, Aufwendungen für Recherchen in den Schulhaushalten auszuweisen.

2. Gesucht: Datenbanken für Schulen

   Eigens auf den Schulunterricht zugeschnittene Datenbanken existieren weltweit nicht. Solche kann es auch nicht geben! Angesichts der hohen Kosten beim Aufbau von Datenbanken ist ein Zuschnitt auf eine eng begrenzte Klientel nicht möglich. Falsch ist dagegen der Schluß im Projektbericht von MODIS: „Es gibt heute keine öffentlich zugängliche Datenbank, die unterrichtlich relevante geschweige denn unter pädagogischen Gesichtspunkten aufbereitete Informationen anbietet." [vL90] Es gibt Datenbanken, die geeignete Informationen für Lehrer und /oder Schüler enthalten, wie Beispiele aus dem Energie- und Umweltbereich, Mathematik- und Informatikunterricht, Pressebereich usw. gezeigt haben. Die kritisierte Aussage wird deutlicher, wenn man sie vor dem Hintergrund sieht, daß ein wesentliches Ziel des Projekts der Aufbau von Inhouse-Datenbanken zu sein schien.

3. Teilweise akzeptiert: Volltext- und Faktendatenbanken

   Am ehesten für die Schule brauchbar erscheinen Volltext- und Faktendatenbanken, wie z.B. die dpa-Pressedatenbank, Genios-Wirtschaftsdatenbanken oder statistische Datenbanken. Lehrer wollen für ihren Unterricht geeignete aktuelle Informationen schnell und direkt, und wenn möglich als sofort einsetzbare, ausgearbeitete Unterrichtseinheiten. Diesem Ziel kommen o.a. Datenbanken am ehesten nahe. Bei bibliographischen Datenbanken muß die Originalliteratur erst besorgt werden — häufig über die Fernleihe. Dann erst kann die Unterrichtsvorbereitung beginnen.

4. Lehrerausbildung

   Lehrer müssen nicht nur in das Gebiet der Information und Dokumentation eingearbeitet werden, sondern haben häufig auch Schwierigkeiten im Umgang mit der Hard- und Software.

Außerdem müssen Ziele und Absichten des Modellversuchs erläutert werden. Die Schulung der Lehrer dauerte in den Modellversuchen länger als geplant. An einem Planungsbeispiel aus dem Modellversuch MODIS soll der Zeitbedarf exemplarisch verdeutlicht werden:

- Einführung in die Handhabung von Computer und Modem(ca.6 Stunden)
- Einführung in die Grundlagen einer Datenbank (ca.4 Stunden)
- Einführung in die benutzte Kommunikationssoftware(ca.4 Stunden)
- Einführung in das Recherchieren.(ca. 8 Stunden)

5. Fehlende Unterrichtseinheiten

   Es fehlen Unterrichtseinheiten oder gedruckte Materialien, mit denen die Schüler an Beispielen die Online-Nutzung von Datenbanken lernen können und die in entsprechenden Lehrgängen eingesetzt werden könnten. Es gibt zwar Lehrgänge mit ausreichenden Material für die Ausbildung von Studenten(z.B.vom FIF-Projekt, Regensburg), aber nicht für Schüler. Deswegen ist auch beim Projekt FiSch vereinbart worden, ein Lehrer- und ein Schüler-Handbuch zu entwickeln, das erprobte und geteste curriculare Materialien enthalten soll. Diese befinden sich zur Zeit in Bearbeitung. Auch im Sparkassenverlag bemüht man sich um Unterrichtsmaterialien zu Datenbanken [Fr91]. Des weiteren fand eine erste, gut besuchte Gesprächsrunde zwischen BMFT und Schulbuchverlagen mit dem gleichen Thema auf der Didacta 1993 in Stuttgart statt.

6. Zu komplizierte Technik

   Die Handhabung der Telekommunikationseinrichtungen sowie der dazugehörigen Software erscheint vielen zu kompliziert. Hinzukommt das Erlernen einer oder sogar mehrerer Retrievalsprachen — ein Problem, das aber auch für professionelle Rechercheure existiert.

Zusammenfassung: Die Befragung der Lehrer in allen Projekten ist nur begrenzt aussagefähig, da der Nutzungszeitraum zu kurz war. Soll aber die Nachfrage nach externen, öffentlich angebotenen Fachinformationsdatenbanken in Schule und Ausbildung langfristig und nachhaltig gesteigert werden, müssen folgende Problembereiche diskutiert und gelöst werden:

- Spezialdatenbanken für Schulen
- Aus- und -weiterbildung der Lehrer
- Regelung der Kostenübernahme
- Beschaffung der Originalliteratur
- Entwicklung geeigneter Benutzeroberflächen
- Entwicklung von Lehrer- und Schülermaterialien

36.5 CD-ROM: eine Lösung für die Schule?

Neben dem Online-Angebot an Datenbanken werden verstärkt auch Datenbanken (oder Teilbestände aus diesen) auf CD-ROM angeboten. Wie fast jede neue Technologie wird die CD-ROM als neues Speichermedium mit Erwartungen bedacht, deren Realismus sich erst noch herausstellen muss. Insbesondere werden CD-ROM als Alternative zu Online-Datenbanken ins Gespräch gebracht, wenn es um den Schulbereich geht. Dabei wird meist nicht beachtet, daß es noch wenig CD-Laufwerke in Schulen gibt.

CD-ROMs bieten sowohl Vorteile gegenüber Online-Datenbanken als auch Nachteile.

Welches sind die Vorteile der CD-ROM:

- Die Informationen einer Datenbank auf CD-ROM sind suchbar wie in einer elektronischen Datenbank
- Die Kosten sind fest kalkulierbar; bel. Anzahl von Recherchen, Anfänger haben Zeit.
- Telekommunikationskosten fallen nicht an
- Schwierigkeiten technischer Art bei der Errichtung der Telekommunikationseinrichtungen entfallen.

Dies sind alles Vorteile, die für den Einsatz in Schule und Ausbildung sprechen. Gegenüber diesen Vorteilen scheinen die folgenden Nachteile für den schulischen Bereich keine gravierende Rolle zu spielen:

- CD-ROM eignet sich nicht für Datenbanken, die sehr gross sind.
- Umständliches Retrieval bei fächerübergreifenden Themen in mehreren Datenbanken
- CD-ROM kann nicht die Aktualisierungsfrequenz von Datenbanken erhalten

Sicherlich stellen Datenbanken auf CD-ROM eine Bereicherung des Angebots dar. Die CD-ROM wird nicht die Online-Recherche ersetzen. Beide Medien ergänzen sich und haben ihre Vor- und Nachteile. Für die Schule kann die Verbreitung der CD-ROMs bedeuten, daß ein neuer Impuls gegeben ist, über den Nutzen von Datenbanken unter weiteren Aspekten nachzudenken.

Literatur

[AFI] AFI-Arbeitskreis „Marketing für Datenbanken“ (Hrsg.): Vorteile durch Datenbanken. 27 Beispiele aus der Praxis, die überzeugen. Frankfurt: AFI-Arbeitsgemeinschaft Fachinformation, 1989 (2. überarbeitete Auflage)

[BMFT] Der Bundesminister für Forschung und Technologie: Fachinformationsprogramm der Bundesregierung 1990–1994.Bonn: Bundesministerium für Forschung und Technologie — Öffentlichkeitsarbeit, September 1990.

[Fr91] Freiberger, U. u. M. Michaelis: Simulationsprogramm pc-profi-Online. Benutzeranleitung. Stuttgart: Deutscher Sparkassenverlag 1991.

[Kö87] König, G.: Nutzen eines grossen Datenbankanbieters für Schule und Ausbildung. In: LOG IN 7 (1987) Nr. 5/6, S. 23–29.

[Ne87] Nein, K.: FiSch — Fachinformation in Schulen. In: LOG IN 7 (1987) Nr. 5/6, S. 8 u. 9.

[Sa92] Samulowitz,H.: Nutzung elektronischer Fachinformation in Schulen. Ermittlung und Analyse einschlägiger Projekte in der Bundesrepublik Deutschland sowie ausgewählter ausländischer Aktivitäten. Oberursel: Unveröffentlichtes Manuskript, August 1992. Erhältlich beim Projektträger Fachinformation, Dr.F.Walch, Dolivostr.15, Darmstadt.

[vL90] van Lück, W.: Datenbanken in Schule und Unterricht. Ziele und Beispiele aus dem Modellversuch „Datenbanken in Schule und Unterricht(MODIS)“. In: LOG IN 10 (1990) Heft 6, S. 61–66

Kapitel 37

Rolf Monnerjahn: Die Bedeutung von Lernsoftware in einem zeitgemäßen und traditionsgerechten Unterricht

Zusammenfassung

In einem wissenschaftlich begleiteten Schul(modell)versuch[1] (CuLaS-Computerunterstütztes Lernen an allgemeinbildenden Schulen, Rheinland-Pfalz) wurde über zweieinhalb Jahre hinweg untersucht, welche Leistungen der Einsatz von Lernsoftware zur Unterstützung eines anspruchsvollen Unterrichts bieten kann und welche Anforderungen dieser Einsatz an die Software selbst, aber auch an die Organisation und Vorbereitung des Unterrichts stellt. Dem Computer als Unterrichtsmedium wird häufig vorgeworfen, daß er die die Tradition der europäischen Pädagogik, von der Wirklichkeit auszugehen und den Schüler zu möglichst umfangreicher Selbsttätigkeit zu führen, aufhebe, ja umkehre. Daß dies nicht so sein muß, daß gute Software gerade dieser Tradition sich verpflichtet weiß, daß es in diesem Zusammenhang allerdings darauf ankommt, den Einsatz exakt zu definieren, versucht dieser Beitrag aufzuzeigen.

37.1 Zur Kritik am Computereinsatz vor dem Hintergrund der pädagogischen Tradition

„Nach meiner Meinung haben Computer und Fernsehen in der Pädagogik eine Wirkung, die zerstörerischer ist, als die der Atombombe." [Se92, S. 112]

Sätze wie dieser belegen, wie tiefgehend die Vorbehalte gegenüber dem Computer bei seinem Eindringen in die Schulstuben sind. Das Fortschreiten von Pädagogik und Unterricht stand stets im Spannungsfeld von Erziehungsziel und -prozeß, von Ausformung des Individuums und Anpassung an gesellschaftliche Normen, von Erfahrungslernen und Wortbelehrung, von Orientierung an der Sache und Ausrichtung auf Symbole, von induktiver und von deduktiver Methode. Zumindest seit der Renaissance haben pädagogische Reformer stets die Erziehungs- und Schulrealität zur Seite des Prozesses, der Individualität, der Erfahrung und des induktiven Vorgehens zu verschieben versucht.

Diese Tradition belegen (ausschnittsweise) die folgenden Zitate:

Comenius: „Indem wir dem von der Natur vorgezeichneten Wege folgen, finden wir, daß die Jugend leichter zu erziehen ist, wenn ... alles durch sinnliche Anschauung ... gelehrt wird." (Johan Amos Comenius, 1592-1670, Didactica magna, zitiert nach [Mu86, S. 122]).

Rousseau: „Gib deinem Zögling keinerlei Lehre in Worten: er soll seine Lehren nur durch die Erfahrung erhalten." „Wir legen den Worten zuviel Gewicht bei: mit unserer geschwätzigen Erziehung erzeugen wir nur Schwätzer. Ich hasse die Bücher; sie lehren nur von Dingen reden, von

[1] Eine ausführliche Darstellung der in diesem Beitrag angesprochenen Überlegungen und Untersuchungen ist enthalten in [Ri93].

denen man nichts weiß.“ „Setzt überhaupt niemals das Zeichen an die Stelle der Sache, außer es ist unmöglich, sie zu zeigen.“ (Jean Jaques Rousseau, 1712-1778, Emile oder über die Erziehung, zitiert nach [He55, S. 135]).

Pestalozzi fordert: „... daß die Anschauung das absolute Fundament aller Erkenntnis sei, ..., daß jede Erkenntnis von der Anschauung ausgehen und auf sie müsse zurückgeführt werden können.“ (Johann Heinrich Pestalozzi, 1746-1827, Wie Gertrud ihre Kinder lehrt, zitiert nach [He55, S. 229]).

Ellen Key: „Darin besteht nämlich der Mißgriff der modernen Schule, ihre Behauptungen fesselnd zu illustrieren, anstatt dem Kinde Zeit und Gelegenheit zu geben, seine Behauptungen selbst aufzustellen.“ (Ellen Key, 1849-1926, Die Schule der Zukunft, zitiert nach [Di63, S. 33]).

Kerschensteiner: „Gewiß, sie muß eine Lernschule sein, ... die nicht nur seiner (des Kindes A.d.V.) Rezeptivität, sondern auch seiner Produktivität, die nicht nur seiner passiven, sondern auch seiner aktiven Natur angepaßt ist. ... Sie muß eine Lernschule sein, in welcher man nicht nur durch Worte und Bücher, sondern vielmehr noch durch praktische Erfahrung lernt.“ [Ke08, S. 2]

Das Aufsuchen der Wirklichkeit ist immer unbequem, in der Regel teuer, ist weniger Alltag als das Verweilen in der Schulstube. Natürlich kann auch der Computer wie schon der Videoeinsatz zum Instrument fauler und läßlicher Bequemlichkeit werden. Das Lehrmittel ist der Kompromiß in dem Kampf der Schule um das Ideal unmittelbarer Erfahrung. Als solcher Kompromiß ist auch der Computereinsatz zu sehen: seine Gefahr liegt in einer zu weitgehenden Entfernung vom Ideal, im Vergessen der Wirklichkeit. Aber verwechseln wir den Begriff der Wirklichkeit nicht mit einer vordergründigen Auffassung von Dinglichkeit? Lernen sollte — wo immer möglich — ausgehen von und zurückgehen zu den Dingen. Aber die geistige Aneignung, die Auseinandersetzung mit den Dingen erfolgt nicht in der Außenwelt, sondern sie geschieht in der inneren Nachschöpfung der Welt, im Schaffen der Begriffe, im Nachbau ihrer Strukturen, im symbolischen Nachvollziehen ihrer Funktionalität und in der immer erneuten Überprüfung der Wirklichkeitsbezogenheit und Gültigkeit unserer nacherschaffenen begrifflichen Strukturen.

37.2 Der zeitgemäße Begriff des Lernens

Was ist denn das Lernen, das da unterstützt werden soll? Lernen ist nicht nur die direkte Begegnung mit dem Gegenstand. Davon sollte Lernen ausgehen, daran sollte Lernen anknüpfen. Aber es sollte fortschreiten zu dem, was in der neueren Kognitionswissenschaft als die Erzeugung mentaler Repräsentationen bezeichnet wird. [En92, S. 22] Piaget hat formuliert, daß Lernen die innere aktive Nachschöpfung der Außenwelt ist, und daß Verstehen Erfinden und Wiedererfinden heißt. Man muß hier das Wort „aktiv“ hervorheben: Wenn es uns nicht gelingt, mit dem Computer das Lernen aktiver zu machen, so daß jedes Kind aktiv wird, individuell aktiv wird, da wo seine Vorkenntnisse liegen, abgeholt wird und selbst lernt und Fortschritte erreicht, dann ist der Computer verfehlt eingesetzt. Andererseits ist Lernen dadurch gekennzeichnet, daß es ständig den Rahmen des vorhandenen Wissens überschreitet. „Menschliche Lernprozesse bewegen sich auf drei Ebenen:

- sie produzieren ständig weiteren Lernbedarf, bringen neue Fragen hervor, die niemals völlig antizipiert werden können,
- sie bewegen sich häufig in Dimensionen unartikulierten Wissens (‚tacit knowledge‘),
- sie sind abhängig von sozialer Bereitschaft und sozialen Qualitäten, d.h. von einer sozialkooperativen Einbettung der Lerntätigkeiten“.[OT90, S. 95]

Menschlich am Lernen ist, daß der Mensch sich selbst die Ziele setzt für das, was er lernen will, daß er aufgrund entwickelter Interessen gezielt Erfahrungen sucht. [Zi90, S. 18] Programme repräsentieren nur zu oft eine geschlossene Welt, die absolut den einmal in ihnen festgelegten Regeln gehorcht. Da muß eine Feststellung von Alan Kay nachdenklich machen: „Lernen läßt sich durch Widerspruch provozieren." [Kay91, S. 136] Gerade dann, wenn die Welt uns nicht so gegenübertritt, wie wir sie zu verstehen glauben, gerade dann setzt oft Lernen ein. Programme können Werkzeuge des Lernens sein. Sie sind gute Werkzeuge, wenn der Benutzer ihre Funktionen erweitern kann.

Um es noch einmal deutlich zu sagen: Wir erwarten die Unterstützung des Computers bei den Prozessen der Abbildung der Welt in das je individuelle Gehirn, bei der „Erfahrung", die über die rein körperlich-sinnliche Begegnung mit den Objekten unserer Wahrnehmung hinausgeht, bei jener inneren, aktiven Nachschöpfung der Außenwelt. Es ist dabei in jeder einzelnen Anwendung kritisch zu fragen, ob der Computereinsatz über die Möglichkeiten traditioneller Medien hinausgeht. Diese Frage muß sich auch an den Änderungen orientieren, die die Einführung neuer Medien meist unauffällig mit sich tragen. Denn: „Technologien sind nicht nur rein äußere Hilfen, sondern ebenso innerliche Umwandlungen des Bewußtseins". [KRK84, S. 24]

37.3 Die Leistungen von Medien

Die Sprache diente der unmittelbaren Kommunikation von Mensch zu Mensch zur Abstimmung gemeinsamer Ziele aber auch zur Mitteilung von Gefühlen. Sprache als Medium ist immer bezogen auf die Individualität des Sprechers, auf den Kontext der Situation, insbesondere darauf, wer angesprochen wird, und sie ist augenblicksbezogen, einmalig.

Schrift und Zeichnungen ermöglichen Mitteilungen über den Augenblick hinweg, mit ihnen wird Wissen unabhängig von der leiblichen Anwesenheit eines Autors vermittelbar. „Auch ist an den Buchstaben nicht mehr zu erkennen, wer angesprochen wird. Die gesprochene Sprache ist an keine Gegenwart gebunden. Reden ist immer ein Werben um Aufmerksamkeit, eine Auseinandersetzung mit Anwesenden. Erst in Bezug auf die Niederschrift kann der Redner zum Diktator werden, zum Autor ... Das Alphabet entreißt die Tradition den Musen ... Text kann Lehrstoff, Lernmittel, aber auch Mittel für Zwang werden". [Il84, S. 30–31]

Mit der Erfindung der Photographie und ihrer Verwendung als Medium wird Wissen über den dargestellten Gegenstand unabhängig von der Interpretation eines Zeichners oder Autors vermittelbar. Aber uns ist allen bewußt, wie sehr gerade das Photo mit seiner Suggestion von Authentizität zur manipulativen Information eingesetzt werden kann. Seine Einschränkung, die zusammen mit Text oder Sprache gerade die Manipulation ermöglicht, liegt darin, daß es das Objekt nur aus einer Blickrichtung und zu einem Zeitpunkt und nicht im Kontext einer Handlung oder Entwicklung zeigt. „Vor allem die Telegraphie und die Photographie ebneten den Weg für eine neue Definition der Information. Diese Information leugnete die Notwendigkeit von Zusammenhängen, sie kam ohne Kontext aus, sie propagierte die Unmittelbarkeit, wandte sich gegen historische Kontinuität und versprach Faszination statt Komplexität und Kohärenz". [Po92, S. 78]

Im Computer werden alle Medien integriert. Er ist das universelle Sammelinstrument für Daten, die Ton, Schrift, Bild und Film in codierter Form repräsentieren. Gleichzeitig aber kann er die Kataloge dieser Daten aufnehmen, wodurch der Zugriff auf Informationen, ihr Finden, Wiederfinden und damit ihre Verfügbarkeit auf eine bislang undenkbare Weise erleichtert wird. Darüberhinaus ist es möglich geworden, zu den Daten, die zunächst nur die Phänomene repräsentieren, strukturelle Beschreibungen hinzuzufügen, Darstellungen von Querverbindungen und Abhängigkeiten, so daß nicht nur Form und Dynamik von Objekten, sondern auch ihre Wechselwirkungen repräsentiert werden können. Werden dem Benutzer des Mediums Eingriffsmöglichkeiten auf diese Ebene der funktionalen Beschreibung eröffnet, so kann er Alternativen von Abläufen durchspielen, und er kann unterschiedliche Repräsentationsformen abrufen. Vom Betrachter des Mediums kann er zum Regisseur werden. Das Medium wird interaktiv. Es repräsentiert nicht mehr nur fertige Ergebnisse, sondern erlaubt auch den Prozeß ihrer Entstehung darzustellen. Aus dem zuvor Gesagten geht jedoch hervor, daß der Computer nicht alle Funktionen der traditionellen Medien übernehmen kann — sie behalten einen Eigenwert.

Doch zunächst gilt auch wahrscheinlich für diese Entwicklung, daß — wie immer beim Aufkommen neuer Technologien — die neuen Möglichkeiten erst nach und nach erkannt und genutzt werden, wobei für eine Übergangszeit das Neue nach alten Gewohnheiten gestaltet wird. Nur zu oft sind Computerprogramme lediglich das alte Medium im neuen Gewand, beispielsweise als „Buch mit Knopf“ in der Nachahmung des Programmierten Unterrichts der sechziger Jahre.

37.4 Beschreibung, Bewertung und Güte von Lernsoftware

Wenn Lernsoftware beschrieben und bewertet werden soll, so braucht man einen Bezugsrahmen, um sie einzuordnen. Das hier vorgestellte System geht von Leistungs- und Entwicklungsstufen aus (die in Wirklichkeit nicht isoliert übereinanderstehen — es gibt eher kontinuierliche Übergänge) und von den Einsatzzielen der Software: zum Üben, zum Experimentieren/Simulieren/Modellieren oder zum Erkunden. Die dargestellte Hierarchie allein beinhaltet noch keine vollständige Aussage über die Qualität eines hier eingeordneten Produkts. Programme werden weiter an Flexibilität und Effizienz gewinnen, wenn sie selbst „lernfähig“ werden sollten, wenn sie das repräsentierte Wissen selbst erweitern und verändern können. Erst dann wird — vielleicht — diskursives Lernen mit Computern möglich.

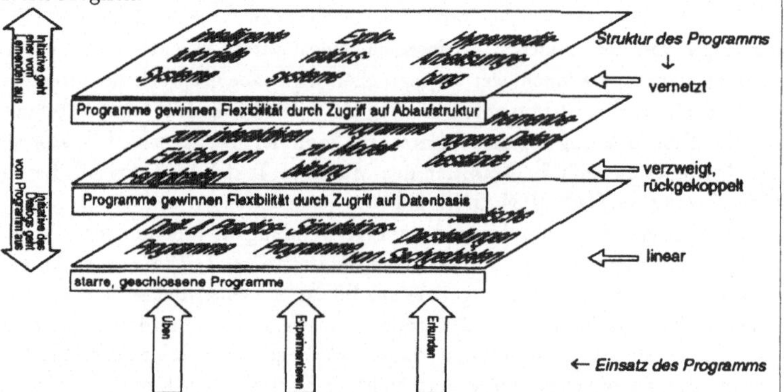

Abbildung 37.1: Kategorien und Entwicklungs-/Leistungsstufen von Lernsoftware

Die Begutachtung und Beurteilung von Unterrichtssoftware geht auf die — softwaretechnische Eignung ein und enthält die fachdidaktische Beschreibung, die fachdidaktische Bewertung und die mediendidaktische Bewertung. Aus den Kriterien zur mediendidaktischen Bewertung müssen zwei betont werden, die Interaktivität, die die Schlüsselrolle bei der Nutzung der eigentlich neuen Möglichkeiten dieses neuen Mediums innehat, und die Offenheit, die konstitutiv für Verständnis und Begriff eines zeitgemäßen Lernens ist.

Vom Erreichen der Standards an Bedienungsfreundlichkeit und -sicherheit wie bei anerkannten Textverarbeitungs- und Tabellenkalkulationsprogrammen ist man bei Lernsoftware noch weit entfernt. Die Projektgruppe im Modellversuch CuLaS hat über 180 Programme in Augenschein genommen, näher untersucht und zum großen Teil bewertet. Das Ergebnis ist in der Menge immer noch ernüchternd, die Aussagen aus Literatur und früheren Versuchen (CUM, SODIS), daß aus dem Angebot von Lernsoftware viel Spreu vom Weizen zu trennen ist, gilt nach wie vor. Im Hinblick auf einzelne Produkte ist das Ergebnis unserer Untersuchung jedoch ermutigend. Es kristallisieren sich Programme heraus, die vom Standard der Benutzeroberfläche her gesehen, keine „Ausbildung“ zu ihrer Bedienung mehr erfordern, also direkt ihre „Nutzlast“ weitergeben können, und die von den medialen Leistungen her tatsächlich über das Vermögen traditioneller Medien hinausgehen, im Ansatz bereits die Eingriffsmöglichkeiten eröffnen, die den Schüler zum Benutzer und Gestalter des Mediums machen. In der SODIS-Datenbank (Software Dokumentations- und Informationssystem) werden von 1290 bewerteten Programmen 86 als beispielhaft empfohlen (Stand: Mai 1993). Die wissenschaftliche Begleituntersuchung zu CuLaS hat in Protokollen zur Arbeit mit Cabri-Géomètre (Programm zum geometrischen Konstruieren) , einem Programm, das mittlerweile allgemein gelobt wird, immerhin noch zahlreiche „Stolpersteine" festgehalten, die programmimmanent das Lernen und Arbeiten mit diesem Programm erschweren. Es werden genannt: Probleme aufgrund uneinheitlicher Benutzerführung, Zumutungen bei der feinmotorischen Führung der Maus, Verständnisschwierigkeiten aufgrund unklarer Formulierungen (z.B. in Menüpunkten), Orientierungsschwierigkeiten aufgrund fehlender Pfadangaben u.a. [JAB92, S. 23].

37.5 Der Computer als Unterrichtsmedium

Welche Rolle also kann der Computer als Medium spielen, welche wird er spielen? Wenn er das Lernen verbessern soll, muß er unser heutiges Wissen über das Lernen (s.o.) umsetzen.

Der Computer kann das Informationsangebot durch Texte, Ton- und Bilddokumente, durch Graphiken und Animationen anreichern, dem Lernenden Möglichkeiten zum Wechsel der Lernwege, zur Bildung und Testung von Hypothesen und schließlich auch zur Einschätzung des eigenen Verstehensniveaus geben. „Unterrichtssoftware sollte also so gestaltet sein, daß sie zu aktiven und kreativen Handlungen herausfordert, indem sie z.B. interpretierende, denkende, entdeckende, klassifizierende, begriffsbildende, ordnende, strukturierende, umgestaltende, planende, produzierende, herstellende Tätigkeiten unterstützt, fördert und herausfordert" [Lu92, S. 59] „Die Verfügbarkeit solcher Programme ist sicher kein Garant für entdeckendes und forschendes Lernen. Sie können aber den Weg zu solchen Lernformen ermöglichen, nicht zuletzt, weil inzwischen den Lernenden vergleichbar leistungsfähige Instrumente, Methoden und Rechenkapazitäten zur Verfügung stehen wie den Forschenden" [We90, S. 7]. Dies ist eine faszinierende Feststellung, deren wirkliche Umsetzung für die Schule aber noch viel Arbeit erfordert. Wenn durch mächtige Werkzeuge die Differentialrechnung in der Sekundarstufe I technisch möglich wird, ist damit noch nicht gesagt, daß sie auch geistig möglich ist. Modellbildungssysteme wie „MODUS" stellen eine erste Annäherung dar. Schon die wissenschaftliche Begleituntersuchung zu „MODUS" [KM91, S. 256] hat gezeigt, wie bildhaft, konkret selbst Zehntkläßler noch denken, so daß selbst das Heruntertransformieren der Modellbeschreibung von einer mathematisch-formelhaften auf eine graphisch-symbolhafte Ebene die Schüler noch nicht zu wirklich selbsttätigem Modellbilden befähigt. „Eine grafische Repräsentation des Modells nahe an der ‚Wirklichkeit' unterstützt ... Lernen ... Systemausgaben sollten (mindestens wahlweise) bildhaft und nicht nur als wachsende Kurvendiagramme oder Tabellen dargestellt werden". [Go89, S. 102]

Es kann nicht davon ausgegangen werden, daß auch dann noch, wenn der Computer wirklich alltäglich geworden ist, Motivation von der bloßen Tatsache seiner Verfügbarkeit ausgeht. Motivation hat andere Quellen: Sie entspringt der Begegnung mit den Objekten der realen Welt und der Bedeutung, die diesen durch Mitschüler, Eltern, Lehrer, die Gesellschaft zugemessen wird. Motivation und Faszination durch Wissen entstehen, „sofern Schüler unmittelbar Berührung mit den fundamentalen Zusammenhängen des Lebens bekommen, so daß sie innerlich die richtigen Denkstrukturen zum Erfassen bedeutender Ideen ausbilden können. Dann lassen sich Medien aller Art dazu nutzen, die Lernerfahrung zu erweitern und zu bereichern, während sie zuvor nur Hindernisse auf dem Weg zur Sache selbst — zu geistigen Nahrung — waren" [Kay91, S. 136]. Dieses Medium trägt allerdings dazu bei, daß Motivation in den Lernphasen, wo dies bislang schwierig war, eher aufrechterhalten werden kann: beim Vertiefen und Üben.

37.6 Veränderungen des Unterrichts durch Computereinsatz

Die Schule hat als Ausgangslage zur Kenntnis zu nehmen, daß der Computer weitgehend für Schüler in der Freizeit zur Verfügung steht, und daß sich hierbei tiefgehende Unterschiede für Jungen und Mädchen ergeben, wie die wissenschaftliche Begleituntersuchung zum Modellversuch CuLaS ergeben hat. So besitzen allein 77,6 % aller befragten Jungen gegenüber 47,1 % der befragten Mädchen einen eigenen Computer (die Befragung umfaßte 1014 Schülerinnen und Schüler der Klassen 5-10).

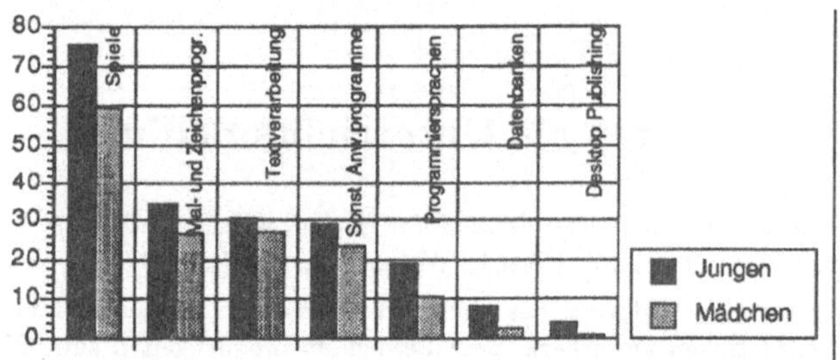

Abbildung 37.2: Art der Computernutzung in der Freizeit (%)

Der täglich für die Beschäftigung mit dem Computer eingesetzte Zeitaufwand wird teilweise als beträchtlich eingeschätzt.

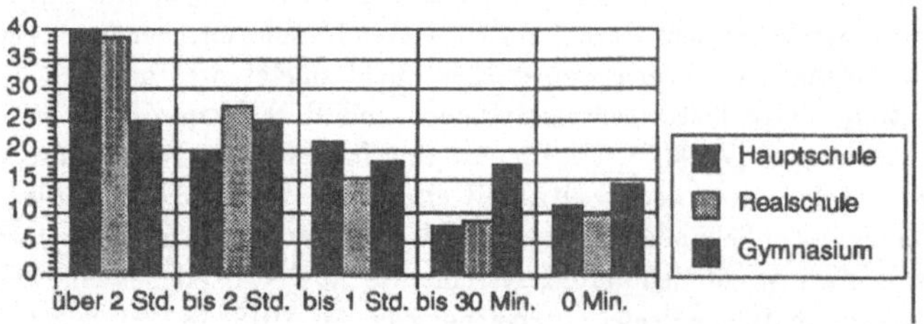

Abbildung 37.3: Täglicher Zeitaufwand für die Computerbeschäftigung (%)

Geschlechtspezifische Unterschiede wirken bis in die Leistung hinein, z. B. in dem im Rahmen von CuLaS untersuchten Geometrieprogramm, „sofern die Umsetzung der Aufgaben am Computer stattfindet. Bei Transferaufgaben, die eine Umsetzung mit ‚Papier und Bleistift' verlangen, verschwinden diese Unterschiede wieder." [JAB92, S. 24]

Weitere Unterschiede ergeben sich aus der Begabungsstruktur. Die CuLaS-Begleituntersuchung zum Einsatz eines Rechtschreibprogramms hat z.B. ergeben, daß der ‚Nettogewinn' bei Schülern der Hauptschule am größten ist, und daß bei der Schülergruppe der Hauptschule die Leistungsverbesserer in der Gruppe der ursprünglich ‚notenmäßig' schlechteren Schülerinnen und Schüler zu finden ist. [JAB92, S. 44]

Die Akzeptanz der eingesetzten Programme war ebenfalls schulartabhängig. Nach den Beobachtungen der Begleituntersuchung sahen Schülerinnen und Schüler Vorteile vor allem in der Arbeitserleichterung (Bequemlichkeit bei Eingabe und Korrektur), in der Abwechslung, in der Förderung des Verständnisses und in der Steigerung des Lernerfolgs. Nachteile wurden im Erlernen des Programmhandling, in der umständlichen Unterrichtsorganisation (Aufsuchen des Computerraums) und in der Dequalifizierung hinsichtlich traditioneller Techniken gesehen. Durchaus ambivalent wurde die Tatsache des Umgangs mit dem Computer gesehen. [JAB92, S. 45ff.] Gymnasiasten stellen höhere Ansprüche an Leistung von und Herausforderung durch Unterrichtssoftware. Für sie wird der Umgang mit einem bestimmten Programm schneller langweilig, „Maschen" werden eher erkannt. Vielleicht ist dies der Grund für die in vergangenen Untersuchungen berichtete geringere Effizienz von Unterrichtssoftware im Gymnasium. [Fr89] Jedenfalls werden aus den im Modellversuch CuLaS einbezogenen Gymnasien gute Ergebnisse in der Arbeit mit Programmen wie KOBESCH und CABRI-GÉOMÈTRE berichtet. Ein gutes Lernprogramm nimmt auch nicht unbedingt dem Schüler jede Anstrengung ab: „Es ist ... die Aufgabe einer wohldurchdachten Lernumgebung, Widerspruch zu provozieren, ja Unruhe zu stiften; sie muß eher kontrastierende Alternativen ins Spiel bringen als eine verabsolutierende Lehrmeinung ... und Leistungswillen als notwendig anerkennen." [Kay91, S. 138]

Für die Sonderschule gilt, daß ihren Schülern viele Lernvoraussetzungen der „Normalen" fehlen. Vor allem das Lesen- und Schreibenlernen ist für Lernbehinderte durch Mißerfolg häufig so negativ besetzt, daß die Schüler alles Schriftsprachliche total ablehnen. Hier stellt der Computer ein nicht negativ vorbesetztes Medium mit Möglichkeiten solch interessanter Gestaltung dar, daß über ihn ein neuer Zugang zum Schriftsprachlichen überhaupt erst möglich wird.

Was wird dem Lehrer, der Lehrerin beim Einsatz des Computers als Lehr- oder Lernmedium abverlangt? Beim Einsatz von Übungsprogrammen, explorativen Arbeitsumgebungen, Lernspielen usw. mag es für die Unterrichtszeit zu einer Entlastung kommen, die die Pädagogen zur Beobachtung ihrer Schüler, zu direkten Gesprächen mit ihnen, die sonst im Unterricht kaum möglich sind, nutzen können. Bei der Verwendung von Werkzeugen in der Bearbeitung von Arbeitsaufträgen, deren Ergebnisse direkt in den Unterricht zurückfließen sollen, werden sie in mindestens gleicher Weise gefordert wie im traditionellen Unterricht. Setzen sie den Computer zur Unterrichtsvorbereitung ein, so ist der Aufwand, sofern es sich um Einstellungen an Programmen (Freigabe/Sperren von Menüoptionen, Festsetzen von Schwierigkeitsgraden, Formulierung von Makros u.ä.) handelt, vertretbar und leistbar. Auf immer noch nicht absehbare Zeit muß man aber Abschied nehmen von der Vorstellung, Lehrer könnten zur Vorbereitung ihres Unterrichts eigene Produktionen, wie Präsentationen oder Animationen oder Übungssequenzen mit Hilfe von Autorensystemen selbst erstellen. Entsprechende Programme verlangen in ihrer Bedienung vertiefte Kenntnisse, und das Verhältnis Nutzungszeit zu Entwicklungszeit liegt bei Werten zwischen 1:200 und 1:1000. Die Arbeit von Lehrern liegt nicht in der Produktion von Medien, sondern in ihrer Auswahl, im Vorbereiten ihres Einsatzes und in der Kontrolle ihrer Verwendung und Auswertung durch Schüler.

Mit der Verwendung des Computers als Werkzeug für das Sammeln, das Manipulieren und die Präsentation von Informationen ändert sich in drastischer Weise die Rolle von Lehrerin und Lehrer. „Wenn Schüler ermutigt werden, den Computer wirksam zu gebrauchen, sind sie wahrscheinlich im Besitz von mehr oder anderem Wissen als der Lehrer; sie könnten durchaus in der Lage sein, Analysen und Synthesen, die unterschiedlich von den akzeptierten, immer noch gültigen Wahrheiten sind, herzustellen. Unter diesen Umständen ändert sich die Rolle des Lehrers von einer Quelle des Wissens und der Information zu einem Helfer, Leiter, Vermittler und sogar Lernendem. Nicht jeder ist vorbereitet oder in der Lage, solch eine Veränderung zu akzeptieren, aber all diese Dinge sind in größerem oder kleinerem Maße im Computer enthalten " [Tu88, S. 47].

Pädagogik und Computereinsatz, realitätsbezogener Unterricht und Lernen mit Programmen müssen keine unversöhnlichen Gegensätze sein, der Computer kann als Medium dazu helfen, den Unterricht enger zum Individuum, näher zum Prozeß, mehr zum deduktiven Erkennen und stärker zur Selbsttätigkeit zu rücken. Schließlich haben Computer „Nachteile wie andere Medien, doch bieten sie zugleich die Möglichkeit, den ihnen innewohnenden Schwächen entgegenzuwirken." [Kay91, S. 139]

Literatur

[Di63] Theo Dietrich, Die pädagogische Bewegung vom Kinde aus, Bad Heilbronn, 1963.

[En92] Andreas Engel, Vorstoß zu den Quellen der Intelligenz, in: GEO-Wissen, Sonderheft Intelligenz und Bewußtsein, Nr.3, 1992.

[Fr89] Karl Frey, Effekte der Computerbenutzung im Bildungswesen, in: Zeitschrift für Pädagogik, 35. Jahrgang, 1989.

[Go89] Peter Gorny, Software-ergonomische Umsetzung didaktischer Forderungen an interaktive Lernsysteme, in: Fischer, Mandl, Meynersen (Hrsg.), Interaktives Lernen mit neuen Medien — Möglichkeiten und Grenzen, Tübingen, 1989.

[He55] Heilmanns Quellenbuch der Pädagogik, Dortmund, 1955.

[Il84] Ivan Illich, Schule ins Museum — Phaidros und die Folgen, Bad-Heilbrunn, 1984.

[JAB92] Reinhold S. Jäger, Roland Arbinger, Maria Bannert, Urban Lissmann: Untersuchung des Softwareeinsatzes im Rahmen des Modellversuchs CULAS: Ergebnisse der wissenschaftlichen Begleitung, Landau, 1992.

[Kay91] Alan C. Kay, Neue Informationssysteme und Bildung, in: Spektrum der Wissenschaft, Heft 11/1991.

[Ke08] Georg Kerschensteiner, Die Schule der Zukunft eine Arbeitsschule, G.Stalling Verlag, Oldenburg, o.J. (1908).

[KM91] Eckhard Klieme, Ulla Maichle, Erprobung eines Systems zur Modellbildung und Simulation im Unterricht, in: Peter Gorny (Hrsg.), Informatik und Schule 1991, Berlin Heidelberg 1991.

[KRK84] Ruth Kriss-Rettenbeck und Ludwig Kuchenbuch: Einleitung zu: Ivan Illich, Schule ins Museum — Phaidros und die Folgen, Bad-Heilbrunn, 1984.

[Lu92] Willi van Lück, Hypermedia-Arbeitsumgebungen zum Lernen und Üben — Neue postliterale Medien, in: Gestaltung von Unterrichtssoftware, Werkstattbericht 1, Landesinstitut für Schule und Weiterbildung, Soest, 1992.

[Mu86] Udo Müllges, Quellen zur historischen Didaktik und Methodik, Mannheim/Wien/Zürich, 1986.

[OT90] Christoph Ohm, Werner von Treeck, „Arbeits- und organisationswissenschaftliche Aspekte des Einsatzes von Lernsoftware“, in: Zimmer, G. (Hrsg.), Interaktive Medien für die Aus- und Weiterbildung, Nürnberg 1990.

[Po92] Neil Postman, Das Technopol, Frankfurt, 1992.

[Ri93] Rissberger, Alfons (Hrsg.), Computerunterstütztes Lernen an allgemeinbildenden Schulen, Abschlußbericht des Modellversuchs CuLaS, Hase & Koehler Verlag, Mainz 1993.

[Se92] Waldemar Setzer, Computer in der Schule?, Stuttgart 1992.

[Tu88] Richard N. Tucker, Informationstechnologie im Schulbildungswesen der EG-Länder, in: Information und Beispiel, Bericht vom 6. Bundeskongreß der Bildstellen, Landesbildstelle Baden 1988.

[We90] Joachim Wedekind, Zum Zusammenhang didaktischer Konzepte und Programmgestaltung, in: W.Walser, J.Wedekind (Hrsg.), Workshop: Gestaltung interaktiver Lernprogramme, Arbeitsberichte Medienforschung 9, Deutsches Institut für Fernstudien, Tübingen 1990.

[Zi90] Gerhard Zimmer, Neue Lerntechnologien: Eine neue Strategie beruflicher Bildung, in: Zimmer, G. (Hrsg.), Interaktive Medien für die Aus- und Weiterbildung, Nürnberg 1990.

Kapitel 38

Wolfgang Tews: Computerunterstützte Selbstlernumgebung mit EDUCATION ONE: Satzgruppe des Pythagoras

Zusammenfassung

Dieser Beitrag beschreibt einige methodische und didaktische Grundsätze zur Erstellung computerunterstützter Selbstlernumgebungen mit dem Autorensystem EDUCATION ONE und deren Umsetzung am Beispiel einer Lernprogrammentwicklung aus dem Bereich der Mathematik.

38.1 Das Autorensystem EDUCATION ONE

EDUCATION ONE [1] ist ein Werkzeug zur Entwicklung computerunterstützter Selbstlernumgebungen. Das Autorensystem integriert u.a. die Visualisierung von Texten, die Erzeugung von Grafiken und Animationen und die Verwendung von Tonelementen. Bei Anwendung von Programmierkenntnissen ist es möglich, anspruchsvolle interaktive Lernprogramme zu erstellen. Die Interaktion bezieht sich nicht nur auf Lernzielkontrollen sondern auch auf Animationen.

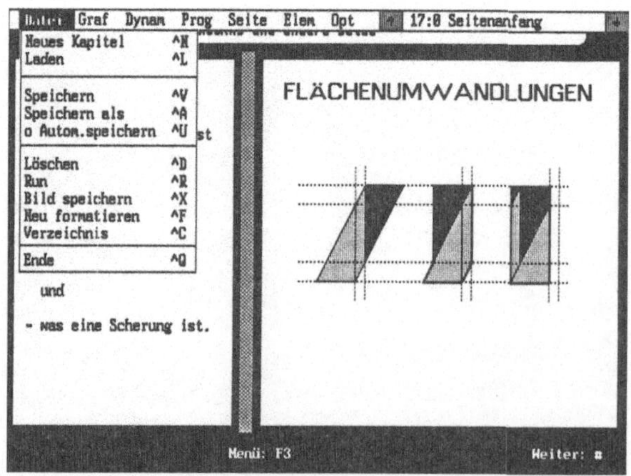

Abbildung 38.1: Bildschirmmaske der Benutzeroberfläche

Die Struktur des Autorensystems ist folgendermaßen zu charakterisieren:

Buch	umfaßt alle Kapitel (MS-DOS-Dateien) des Programms
Kapitel	entspricht einer MS-DOS-Datei (besteht aus Seiten)
Seiten	besteht aus manipulierbaren Elementen
Elemente	kleinste Gestaltungseinheit einer Seite.

EDUCATION ONE stellt folgende Elemente bereit:

- Texte
- Grafiken
- Animationen
- Töne
- Interaktionen
- Steuerbefehle
- Programmierbefehle.

Der Autor kann über Pull-Down-Menüs (s. Abb. 38.1) mausgesteuert auch ohne Programmierkenntnisse ein Lernprogramm erstellen.
Weiter bietet EDUCATION ONE folgende Möglichkeiten für den Autor:

- Manipulation aller oben erwähnten Elemente (z.B. Rotations- und Zoomeffekte, Farb- und Dynamisierungseffekte)
- Einbindung verschiedener Funktionsklassen (mathematische und numerische Funktionen, String- und Statusfunktionen)
- Zeichensatz-Editor zur Gestaltung eigener Schriften
- Einbindung externer Programme
- Erstellung einer individuellen Lernprogrammablaufstruktur
- Erstellung von Lernzielkontrollen unter Einbindung eines Zufallsgenerators, der die Auswahl von Fragen bzw. numerische Parameter ändert
- flexible Lernzielerfolgskontrollen durch ausgefeilte Antwortanalysemethoden
- externe Speicherung interner Daten zur Sicherung von Bearbeitungsstand und -erfolg.

Die Handhabung des Autorensystems ist denkbar einfach und gibt dem Autor eine sofortige Rückmeldung über seine Arbeit durch einfachen Wechsel in den Lernermodus.
Systemvoraussetzungen:

XT-/AT-kompatibler PC mit mindestens 640 kByte Hauptspeicher

Festplatte

Maus

MS-DOS ab 3.0

3,5" Diskettenlaufwerk

Farbgrafikkarte mit EGA-Auflösung und Farbmonitor

38.2 Konzeptentwicklung

Über die Arbeitsschritte zur Erstellung computerunterstützter Lernumgebungen gibt es ganze Reihe von Veröffentlichungen [2, 3, 4, 5]. In Tabelle 38.1 wird eine Übersicht der Arbeitsschritte gezeigt, um anzudeuten, an welcher Stelle sich der Autor bei der Erstellung des Programms zur Satzgruppe des PYTHAGORAS befindet (ENTWICKLUNG DER LERNEINHEITEN).

Die Entwicklung des Lernprogramms beginnt mit der Festlegung der Zielgruppe, der Lernziele und der Strukturierung des Lernkurses. In einer didaktischen Grobplanung sind Lernschritte, Übungseinheiten, Realisierungsmodelle und Lernzielkontrollen festzulegen. Der nächste Schritt ist die Gestaltung der Benutzeroberfläche (Screendesign). Die entsprechenden Grundsätze sind vielfach erprobt und hier knapp dargestellt:

- einheitlicher Bildschirmaufbau
- sparsame und zielgerichtete Farbgestaltung
- einheitliche Schriftart und -größe
- großzügiger Einsatz von Grafiken
- zweckgerichtete Anwendung von Animationen
- schnörkellose Präsentation der Inhalte.

Tabelle 38.1: Arbeitsschritte zur Erstellung von Lernprogrammen

Zweckmäßigerweise wird die gesamte Planung und Konzeption in einem Drehbuch festgehalten. Dieses Drehbuch beschreibt in standardisierter Form den Seitenaufbau und die Organisation des Lernkurses im Detail.

38.3 Projekt „PYTHAGORAS und andere Sätze“

Bei der Suche nach einem geeigneten Thema aus dem Bereich der Mathematik (Sekundarstufe I) fiel die Wahl auf die Satzgruppe des Pythagoras. Die in dieser Lerneinheit zu behandelnden Sätze (Kathetensatz, Pythagoras, Höhensatz) bieten zusammen mit der Behandlung der Flächenumwandlungen einen geeigneten Stoff, der mit dem Autorensystem umgesetzt werden kann. Farblich gestaltete Grafiken und der zielgerichtete Einsatz von Animationen sollten die Vorteile des Autorensystems EDUCATION ONE bei diesem Thema zur Geltung kommen lassen.

Die Zielgruppe für des Lernprogramms sind Schüler der 9. Klasse. Die Lernzieldefinition ergibt sich aus dem Rahmenplan: Der Lerner soll die drei Sätze der Satzgruppe des Pythagoras kennen und anwenden können. Durch Streckenlängen- und Flächeninhaltsberechnungen in ebenen und räumlichen Figuren (auch bei Variation der Seitenbezeichnungen und der Lage) soll ein Beitrag zur Entwicklung der Anschauung geleistet werden.

Zu Beginn des Lernkurses erhält der Lerner eine Einführung in die Handhabung der ihm zur Verfügung stehenden Funktionen (s. Abb.38.2).

Abbildung 38.3 gibt einen Überblick über den Inhalt des gesamten Lernkurses.

Dem Lerner wird im Hauptmenü zu jeder Zeit der jeweilige Bearbeitungsstand angezeigt, der auf Wunsch auch extern abgespeichert werden kann. Damit kann bei einem Neustart an der entsprechenden Stelle weitergearbeitet werden.

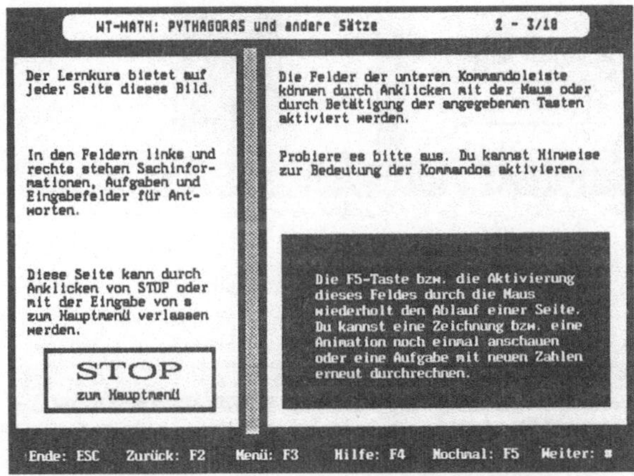

Abbildung 38.2: Optionen, die dem Lerner zur Verfügung stehen

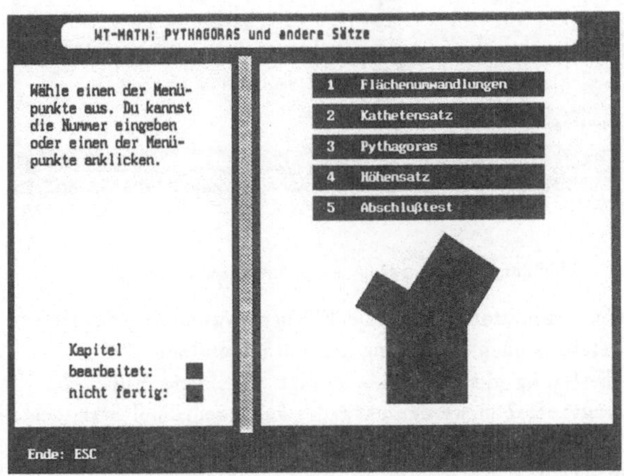

Abbildung 38.3: Hauptmenü PYTHAGORAS und andere Sätze“

Abbildung 38.4 zeigt den Aufbau einer Seite aus dem Kapitel Kathetensatz.

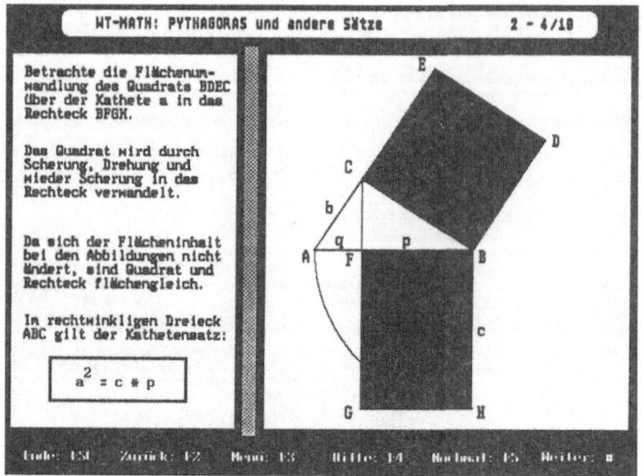

Abbildung 38.4: Hardcopy aus dem Kapitel „Kathetensatz"

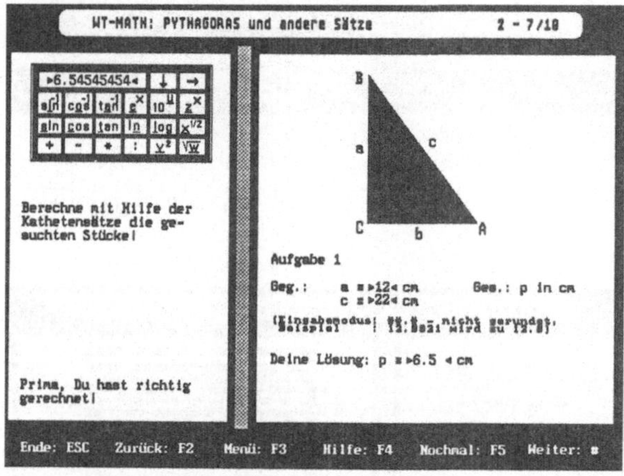

Abbildung 38.5: Hardcopy einer Aufgabenseite mit Rechner

Durch Einsatz von Animationen wird die Flächenumwandlung dynamisch demonstriert und führt so zu einer unterstützenden Herleitung des Kathetensatzes.

Die Phase der Festigung der Lernziele erfolgt über eine Fülle von Übungsaufgaben (s. Abb. 38.5). Die Übungsaufgaben werden entweder aus einem Pool bereitgestellt oder über einen Zufallsgenerator numerisch variiert, so daß bei einer wiederholten Bearbeitung des Kurses bzw. beim Aufruf der Option „NOCHMAL" nicht zweimal hintereinander dieselbe Aufgabe erscheint. Insbesondere wird damit gewährleistet, daß sich z.B. der Abschlußtest nie wiederholt. Damit wäre auch ein paralleler Einsatz in einer Lerngruppe möglich — jeder Schüler erhält seine eigenen Aufgaben.

Eine Auswertung des Abschlußtests erfolgt durch Protokollierung der Lösungen, der Fehlver-

```
PYTHAGORAS und andere Sätze                    MT-MATH
-------------------------------------------------------
                   Abschlusstest
-------------------------------------------------------
                    Datum    25.04. 1993
                     Name    Wolfgang Tews
   Maximale Punktezahl       24
Anzahl der Hilfeaufrufe      3
   Erzielte Punktezahl       19
                Prozent      79.1 %

              Kapitel 1      1  von 2 Punkten
              Kapitel 2      7  von 8 Punkten
              Kapitel 3      9  von 10 Punkten
              Kapitel 4      2  von 4 Punkten
```

Abbildung 38.6: Protokoll eines Abschlußtests

suche und der Hilfeaufrufe (s. Abb. 38.6). Der Lerner kann damit feststellen, welche Kapitel zu wiederholen sind.

Neben den Lerninhalten bietet der Lernkurs ein Lexikon an. In diesem Lexikon gibt es Sachhinweise zum Lerngegenstand aber auch die Möglichkeit, den Rechner (s. Abb. 38.5), der dem Lerner bei der Bearbeitung des Lernkurses zur Verfügung steht, kennenzulernen. Der Einsatz des Rechners erfolgt didaktisch gezielt. Es steht nur dann zur Verfügung, wenn schriftliches Rechnen verlangt wird. Lassen sich z.B. Aufgaben durch Kopfrechnen lösen, so wird der Rechner nicht bereitgestellt. Die Rechenergebnisse werden jeweils durch Tastendruck im verlangten Eingabemodus in die Eingabefelder gestellt, so daß der Lerner ohne Taschenrechner, Papier und Stift auskommt.

Zum Lernkurs, der als Runtimeversion auf einer Diskette abgelegt wird (die Installation auf Festplatte ist ebenfalls möglich), wird ein ausführliches Begleitmaterial geliefert. In diesem Begleitmaterial werden, der Intention des Lernkurses als Selbstlernumgebung entsprechend, keine Unterrichtsreihen vorgestellt, es erfolgt lediglich eine ausführliche Beschreibung des Inhalts des Lernkurses sowie eine Bedienungsanleitung.

Wie oben erwähnt, befindet sich das Projekt „Pythagoras" noch in der Entwicklungsphase. Erste Erfahrungen beim Einsatz des Lernprogramms lassen sich wie folgt angeben:

- lernschwache Schüler werden durch das Medium Computer motiviert
- Partnerarbeit am Computer erhöht die Lernbereitschaft
- die konsequente Lernzielorientierung wurde begrüßt
- die Übungsaufgaben wurden z.T. als sehr anspruchvoll eingestuft
- der implementierte Rechner wurde nicht eingesetzt
- die Benutzung von Papier und Stift parallel zum Computereinsatz wurde als selbstverständlich empfunden
- Kritik am Lernprogramm wurde eher von PC-Freaks als von PC-Neulingen geübt.

38.4 Zusammenfassung

Eine mit Hilfe des Autorensystems EDUCATION ONE entwickelte computerunterstützte Selbstlernumgebung zum Thema „Satzgruppe des Pythagoras“ wird vorgestellt. Ziel ist es, die Bedingungen, die an eine qualitativ hochentwickelte Lernsoftware zu stellen sind [6], zu erfüllen: ein hoher Grad didaktisch relevanter Interaktivität und eine starke Lernzielorientierung.

Literatur

[1] EDUCATION ONE — Autorensystem der Firma Siemens, Vertrieb: CBT-Verlag, München

[2] Steppi, H.: CBT — Computer Based Training: Planung, Design und Entwicklung interaktiver Lernprogramme, Klett-Verlag, Stuttgart, 1990

[3] Euler, D.: Die kommunikative (Ohn-)Macht des Computers. In: F. Setter u. W. Brauer (Hrsg.) Informatik und Schule 1989 (GI-Fachtagung, München 1989, p. 311, Springer-Verlag)

[4] Issing, L.J.: Mediendidaktische Aspekte der Entwicklung und Implementierung von Lernsoftware. In: G. Zimmer (Hrsg.). Interaktive Medien für die Aus und Weiterbildung. Nürnberg: BW Bildung und Wissen

[5] Haack, J. und L.J. Issing: Multimedia-Didaktik — State of the art. In: K. Dette (Hrsg.). Multimedia und Computeranwendungen in der Lehre. Berlin 1992, Springer-Verlag

[6] Behrendt, E. u. H. Kromrey: Lernen mit Medien am Arbeitsplatz — Empirische Ergebnisse aus vier Fallstudien. In: P. Gorny (Hrsg.). Informatik und Schule 1991 (GI-Fachtagung, Oldenburg 1991, p.167, Springer-Verlag)

Kapitel 39

Sabine Koch: Computerunterstütztes Lernen in der Sparkassenorganisation — Wohnungsbaufinanzierung und Aktienhandel einmal anders

„Nichts ist beständiger als der Wandel." — Dieses Schlagwort charakterisiert unsere heutige Situation besser denn je.

Lernen ist heute nicht mehr nach der Ausbildung abgeschlossen, sondern ein dynamischer Prozeß, der das ganze Leben anhält. Die Mitarbeiter in den Betrieben müssen mit den Entwicklungen Schritt halten, denn letztendlich ist die Qualifikation der Mitarbeiter maßgebend für den Markterfolg. Sich dem verändernden beruflichen Umfeld anzupassen und über verschiedene Positionen und Funktionen hinweg in unterschiedlichen Situationen Aufgaben zu bewältigen, ist heute und in Zukunft die Forderung an die Mitarbeiter.

Wir sind gewohnt, von Kindesbein an zu lernen. Wir müssen uns nicht Wissen selbst beschaffen, sondern werden ständig mit neuem Wissen konfrontiert, ob in der Schule, an der Uni, in der Ausbildung oder im Betrieb.Wir konsumieren Wissen. Lernen findet somit eher passiv statt. Um aber auch in Zukunft die wechselnden Anforderungen zu bewältigen, muß sich die Lerninitiative ändern. Die Lernenden müssen aktiver werden. Sie sollten in der Lage sein, selbständig, d.h. selbstverantwortlich zu lernen. In Zukunft sollte also eine Umkehr der Initiative gefördert werden. Dies ist nicht zuletzt auch aus Kostengründen notwendig, bedenkt man beispielsweise, daß allein die Sparkassenorganisation im Jahr mehr als eine Milliarde DM für die Aus- und Weiterbildung ihrer Mitarbeiter ausgibt.

39.1 Erfahrungen mit CUL in der Sparkassenorganisation

Der Deutsche Sparkassen- und Giroverband hat die Notwendigkeit erkannt, selbständiges Lernen zu fördern und Schulungsinstrumente entwickelt, um diese Zielsetzung zu unterstützen. U.a. gehört dazu auch das computerunterstützte Lernen (CUL).

Computerunterstütztes Lernen bedeutet in der einfachsten Definition „das Lernen mit dem Computer". Die Hardware stellt das Medium dar, die Software das Lernmaterial in Form von Lernprogrammen, wie sie in Abbildung 39.1 typologisiert werden.

In unserem Hause entstanden in Zusammenarbeit mit dem Deutschen Sparkassenverlag drei CUL-Programme, und zwar zwei Programme zum Thema Wohnungsbaufinanzierung „Beleihungswertermittlung I" und „II" und das Programm „Aktienhandel an der Wertpapierbörse". Die CUL-Programme zur Wohnungsbaufinanzierung richten sich in erster Linie an Mitarbeiterinnen und Mitarbeiter von Sparkassen, Landesbanken und Landesbausparkassen, die bereits eine Berufsausbildung als Bankkaufmann/frau oder eine vergleichbare Ausbildung abgeschlossen haben, sowie an Auszubildende, die an einer Vertiefung ihrer Kenntnisse interessiert sind. „Aktienhandel an der

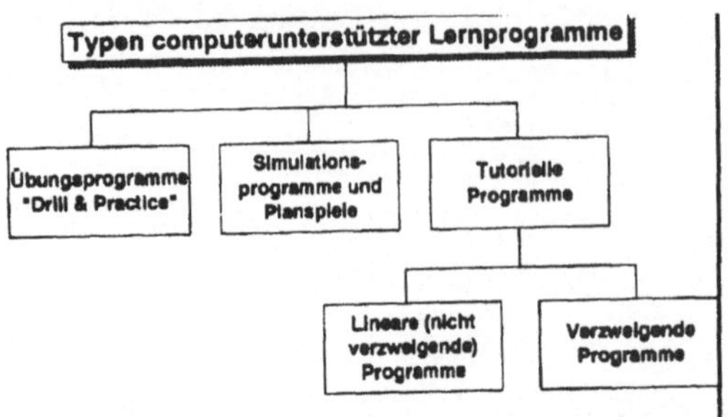

Abbildung 39.1: Typen computerunterstützter Lernprogramme

Werpapierbörse" beschäftigt sich mit der Theorie des Aktienhandels anhand eines Praxisfalls und mit der Abwicklung eines Wertpapierauftrages von der Entgegennahme bis zur Erfüllung. Der Kurs richtet sich in erster Linie an Auszubildende im Ausbildungsberuf „Bankkaufmann/frau".

Ein Auszubildender sagte mir einmal: „Ein Lernprogramm ist einmal etwas ganz anderes, Präsenzunterricht wurde bereits 12 Jahre in der Schule praktiziert und Bücher sind oft zu trocken".

Was meint er eigentlich damit, wenn er sagt, ein Lernprogramm ist einmal etwas ganz anderes? Wir haben daraufhin Lerndende befragt, nachdem sie die Programme bearbeitet hatten, was ihnen denn nun eigentlich an CUL gefällt. Dabei kamen wir zu folgenden Antworten:

Was gefällt Ihnen an CUL?

- **bildliche Darstellung und simuliertes Geschehen**
- **selbständiges Arbeiten**
- **aktives Lernen**
- **freie Themenauswahl**
- **eigenständige Lerngeschwindigkeit**

1. Die bildliche Darstellung und das simulierte Geschehen wurden positiv betont.

   Wir lernen nicht nur über Hören, sondern in besonderm Maße auch über visuelle Eindrücke. Ein Computerprogramm eröffnet uns die Chance, Inhalte sehr anschaulich zu visualisieren. In unseren CUL-Programmen werden Zusammenhänge grafisch dargestellt und Texte durch Bilder und Animationen ergänzt, was zu einer erhöhten Motivation beiträgt. Durch Simulation besteht die Möglichkeit, das Gelernte sofort anzuwenden und ohne Gefahren und Kosten zu testen. In unseren CUL-Programmen ist dies z.B. durch simulierte Formulareingaben realisiert oder durch ein Aktienspiel.

2. Gefallen findet auch das selbständige Arbeiten.

   Die Lernenden arbeiten relativ selbständig an ihren PC's. Für Berechnungen steht ein Taschenrechner zur Verfügung. In einem eingebauten Lexikon können die wichtigsten Fachbegriffe jederzeit am Bildschirm abgerufen werden. Mit Hilfe eines elektronischen Lesezeichens ist jede Stelle im CUL-Programm nach einer Unterbrechung wieder auffindbar. Ist ein Lehrer anwesend, so nimmt er eine andere Rolle ein: er wird zu einem individuellen Berater.

3. Hervorgehoben wurde außerdem das aktive Lernen.

   Die Lernenden müssen Tasten drücken und Aufgaben lösen, damit das Lernprogramm fortschreitet. Ein passives Aufnehmen von Wissen reicht nicht aus.

4. Gelobt wurde weiterhin die freie Themenauswahl.

   Alle drei CUL-Programme sind in einzelne Lektionen untergliedert, die jeweils noch einmal in verschiedene Themen unterteilt sind, vergleichbar mit einem Buch, das aus verschiedenen Kapiteln und Unterkapiteln besteht. Am Ende jeder Lektion erfolgt ein Test, durch den der Lernende seine vorhandenen Kenntnisse selbst überprüfen kann. Die CUL-Programme registrieren, bei welchen Themen der Lernende noch unsicher war und bieten auf Wunsch die Möglichkeit der Wiederholung dieser Themen.

   Je nach Vorkenntnissen und Interesse kann der Lernende individuell auswählen, welche Themen er bearbeiten möchte. Der eine möchte zuerst sein schon vorhandenes Wissen durch einen Lektionstest überprüfen, bevor er seine Lücken durch den Informationsteil schließt, der andere geht lieber chronologisch vor, indem er zuerst die Informationen durcharbeitet. Abschnitte, Übungen und Tests können beliebig oft wiederholt werden.

5. Positiv beurteilt wurde auch die eigenständige Lerngeschwindigkeit.

   Der Lernende bestimmt Zeitdauer, Lerntempo und Lernrhythmus selbst.

CUL hat auf der anderen Seite natürlich auch aus der Sicht der Lernenden Nachteile:

- **nach einiger Zeit Konzentrationsmängel**
- **keine Rückfragen bei Verständigungsproblemen**
- **Kommunikation mit Mitschülern = 0**

Diese Nachteile sind aber gerade die Vorteile der traditionellen Lehrmethoden. Fazit kann doch dann nur sein, daß sich CUL — zweckorientiert eingesetzt — ideal zu den anderen Methoden ergänzt. Auf diese Weise schließen sich Lücken und das Methodenangebot wird vielfältiger. Es darf nicht heißen ... entweder oder, sondern es muß heißen ... sowohl als auch.

39.2 Testergebnisse zu „Aktienhandel an der Wertpapierbörse"

Ich möchte Ihnen nun noch einige interessante Ergebnisse vorstellen, die sich aufgrund von Tests der Lernprogramme mit ca. 100 Auszubildenden in den Jahren 1991 und 1992 ergeben haben. Die Resultate können zwar nur Trends widerspiegeln aber ich glaube, daß sie trotzdem sehr überzeugend sind.

Die folgenden Daten beziehen sich auf das CUL-Programm „Aktienhandel an der Wertpapierbörse":

Der Einsatz von Grafik und Text wurde zum überwiegenden Teil als „genau richtig" beurteilt. Der Umfang des Textes wurde allerding z.T. als „zu viel" erachtet, was sicherlich auch von der Zielgruppe abhängt. Für uns heißt das, zukünftig darauf zu achten, noch mehr Inhalt in bildlicher Form darzustellen — jedenfalls für die Zielgruppe der Auszubildenden.

Der Informationsgehalt der Rückmeldungen des CUL-Programms, ein Hinweis auf die Interaktivität, wurde positiv bewertet.

Wir befragten die Auszubildenden auch nach ihrer Zufriedenheit mit dem Lernprogramm hinsichtlich des selbständigen Lernens und kamen hier zu sehr guten Ergebnissen, wie es sich auch schon durch die persönlichen Äußerungen abzeichnete.

Der Lernerfolg zeigt insgesamt ein positives Bild. Auffällig ist v.a., daß Auszubildende, die keine Vorerfahrung mit dem Aktienhandel hatten, genauso gut abschnitten, wie Auszubildende mit Vorerfahrung. CUL unterstützt folglich die Standardisierung des Wissens.

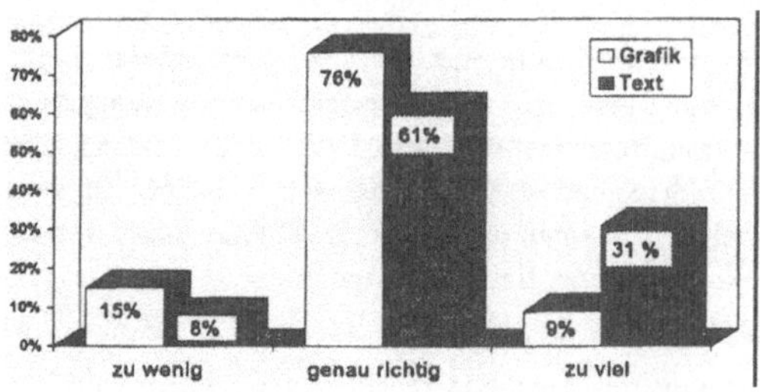

Abbildung 39.2: Einsatz von Grafik und Text

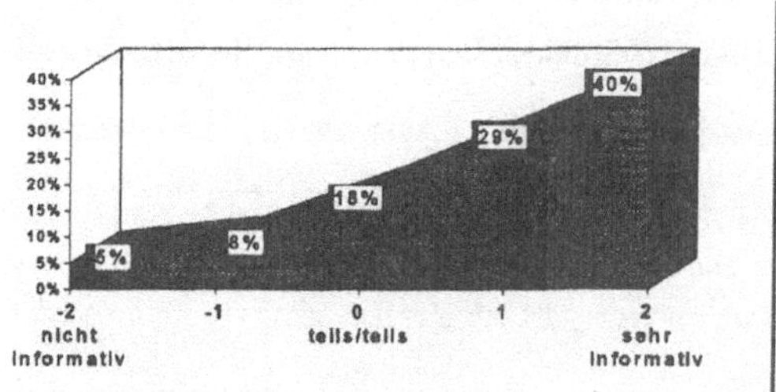

Abbildung 39.3: Informationsgehalt der Rückmeldungen

Uns interessierte nun auch, welche Lehrmethode die Befragten zur Erarbeitung des Themas Aktienhandel bevorzugen würden: den Unterricht, das Buch oder ein computerunterstütztes Lernprogramm.

Ganz klar lag diese Rangfolge mit 72 % vorne: CUL, Präsenzunterricht, Buch.

Gefolgt von: CUL, Buch, Präsenzunterricht.

Computerunterstütztes Lernen wurde also von 88 % der Befragten an erster Stelle genannt und niemand nannte CUL an letzter Stelle. Ein erfreuliches Ergebnis zugunsten CUL.

Die Auszubildenden nannten u.a. folgende Gründe, warum sie diese Rangordnung gewählt hatten:

- **Ein Lernprogramm ist informativ, unterhaltsam und individuell**
  Unterricht berücksichtigt eigene Lerngeschwindigkeit nur teilweise

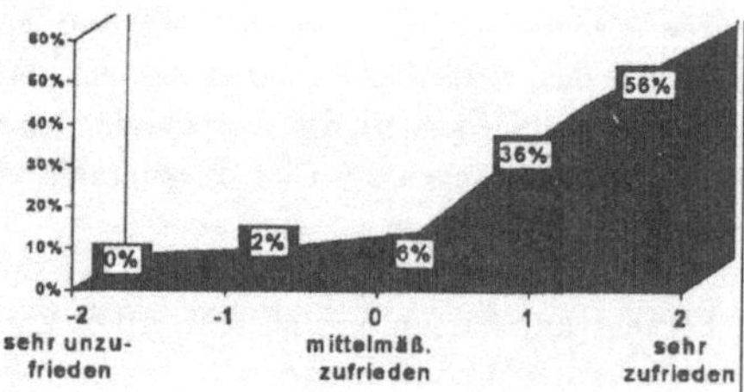

Abbildung 39.4: Beurteilung des Lernprogramms hinsichtlich selbständigen Lernens

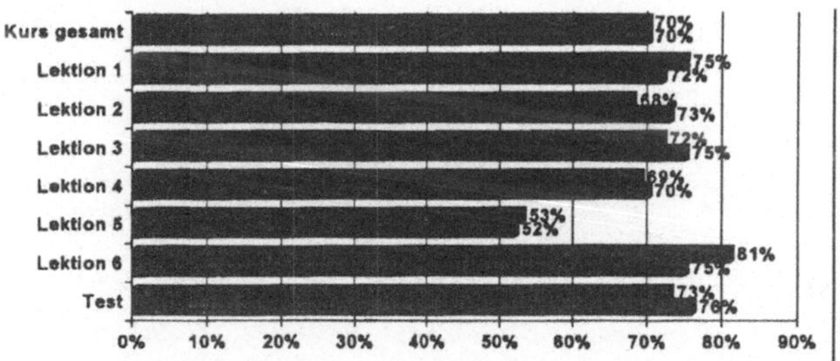

Abbildung 39.5: Lernerfolg

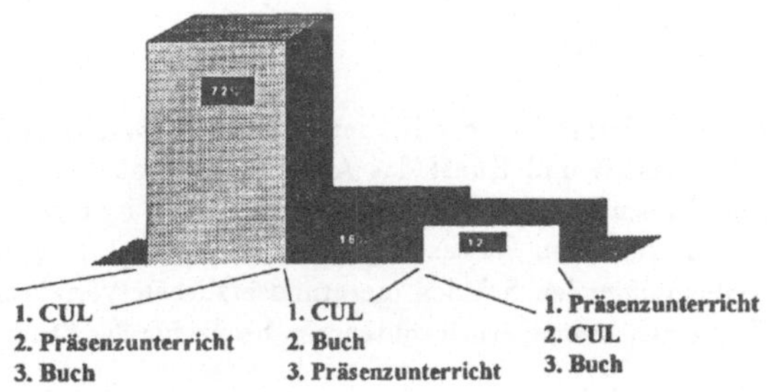

Abbildung 39.6: Präferierte Rangordnung

Buch ist zu trocken

- **Lernprogramm = ideal**

  Buch = zeitaufwendiger als Lernprogramm und demotivierend

  Unterricht: zu sehr vom Dozenten abhängig

Ich denke, diese Ergebnisse sprechen für sich.

Ich glaube, es gibt noch sehr viele weitere Themen innerhalb der Sparkassenorganisation, innerhalb des Kreditgewerbes oder innerhalb anderer Branchen, die sich einmal anders darstellen lassen.

Kapitel 40

Richard Sparrer: Wissensbasierte Systeme in der Schule

40.1 Vorbemerkung

Im Frühjahr 1991 machte die Firma Siemens Nixdorf AG dem Bayerischen Staatsministerium für Unterricht, Kultus, Wissenschaft und Kunst das Angebot, im Rahmen von Lehrerfortbildungsmaßnahmen das Thema ‚Wissensbasierte Systeme' aufzugreifen. Ausgangspunkt dieses Angebotes war der Wunsch, daß die zukünftigen Wissensingenieure (Knowledge Engineers) bereits während ihrer Schulzeit in allgemeinbildenden Schulen die grundsätzlichen Verfahren und Anwendungen von wissensbasierten Systemen kennenlernen sollten, um besser für das Studium bzw. Berufsleben vorbereitet zu sein.

Eine Arbeitsgruppe befaßte sich zunächst mit der Fragestellung, wie das zum Bereich der ‚Künstlichen Intelligenz' zählende Thema ‚Wissensbasierte Systeme' für Lehrerfortbildungsmaßnahmen aufbereitet werden kann, damit es in Gymnasien, Realschulen, Fach- und Berufsoberschulen von den Lehrkräften zukünftig im Unterricht behandelt werde. Ergebnis dieser Bemühungen waren drei Pilotlehrgänge und ein Bericht der Akademie für Lehrerfortbildung in Dillingen [10]. Der Bericht stellt die theoretischen und praktischen Inhalte zum Thema ‚Wissensbasierte Systeme in der Schule' vor. Das dazu mit der Expertensystemshell ‚Twaice' der Firma Siemens Nixdorf entwickelte Expertensystem ‚Kolibri' stellt ein praktisches Lehrbeispiel dar. Es handelt sich um ein Informations- und Beratungssystem für die gymnasiale Kollegstufe, das als schulnahes Beispiel die Möglichkeiten von wissensbasierten Systemen aufzeigen möchte.

40.2 Begriffsbestimmung

40.2.1 Expertensysteme gegenüber algorithmischer Programmierung

Expertensysteme sind rechnergestützte Entscheidungshilfsmittel, die mit Hilfe der Methoden der Künstlichen Intelligenz die fachliche Kompetenz von Experten (in Form von Sach- und Erfahrungswissen) speichern, um diese Kompetenz dann vervielfältigt und dezentralisiert ihrem Benutzer zur Verfügung zu stellen (S. E. Savory [7]). Die Logik eines Expertensystems ist prädikativ, von einer Zielsetzung ausgehend wird mit Hilfe der Auswertung von Faktenwissen und Regeln ein Lösungsweg dynamisch gesucht.

Die algorithmische Programmierung dagegen hat einen festgelegten Lösungsweg, der in einer prozeduralen Programmiersprache (Programmcode) formuliert wird, auch die enthaltene Logik ist prozedural. Daraus ergibt sich, daß sowohl das Problem als auch die Problemlösung eindeutig darstellbar sein müssen. Änderungen der Abläufe sind nur durch Veränderungen des Programmcodes möglich, was je nach vorliegendem Programmumfang mehr oder weniger aufwendig ist.

In Expertensystemen wird das Wissen eines Experten in Form von Fakten und Regeln niedergelegt. Der Benutzer des Expertensystems wird im Verlauf einer Konsultation vom System zu der vorliegenden Problemstellung befragt und das Expertensystem verwendet diese Angaben zusammen mit dem in ihm abgelegten Wissen zum Finden eines Lösungsweges. Der zeitliche Ablauf und die Reihenfolge der Auswertung der Fakten richtet sich nach der vorliegenden Wissensbasis und den Verarbeitungsregeln, wodurch bei jedem Ablauf für die jeweilige eingegebene Problemstellung vom Expertensystem der Lösungsweg neu bestimmt und ausgeführt wird. Daraus ergeben sich Vorteile für Expertensysteme gegenüber der konventionellen prozeduralen Programmierung z.B. in ‚diffusen' Anwendungsbereichen, die bisher als ungeeignet für den Einsatz von Computern galten. Diffuse Bereiche (z. B. medizinische Diagnostik, Entwurf von Schaltkreisen, Planen von Experimenten, spezielle Beratungsaufgaben) sind schlecht strukturierbar, anstatt einer einheitlichen Theorie enthalten sie sehr viel fragmentarisches, empirisches, heuristisches Wissens.

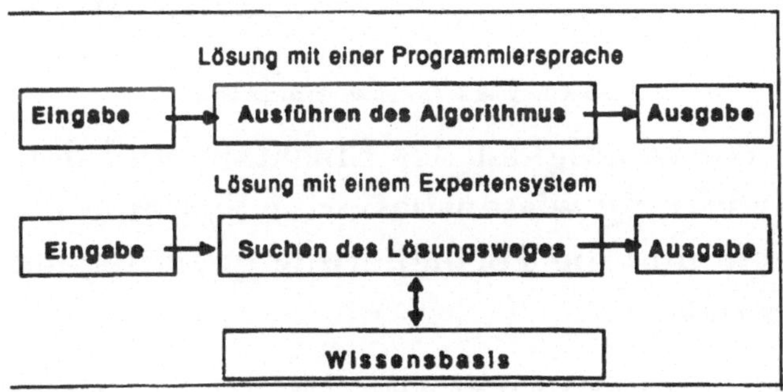

Abbildung 40.1: Vergleich von algorithmischer Problemlösung und Anwendung von Expertensystemen

40.2.2 Künstliche Intelligenz (KI)

Die Künstliche Intelligenz [engl. artificial intelligence (AI)] ist ein Forschungsgebiet der Informatik, in dem untersucht wird, wie man problemlösendes Verhalten des Menschen auf Computer übertragen kann. Der Begriff wurde von John Mc Carthy am MIT Ende der fünfziger Jahre geprägt.

40.2.3 Wissensbasierte Systeme

In diesen Expertensystemen steht das in einer Anwendung benötigte Wissen im Vordergrund und ist sauber getrennt vom davon unabhängigen Programmcode. Das Wissen ist dabei in einer problemadäquaten Form dargestellt, die eine große Ähnlichkeit mit der Darstellung des Wissens in der Realität hat. Das Wissen stammt dabei z.B. von Experten, die in einer Art Interview ihr Wissen preisgeben, oder von schon vorhandenen Wissensbanken.

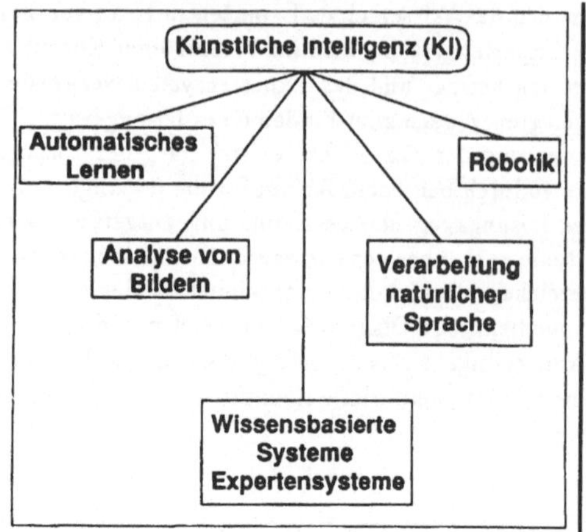

Abbildung 40.2: Grundlagenbereiche für KI

40.3 Die Notwendigkeit des Einsatzes und der Entwicklung wissensbasierter Systeme in der Schule und die Formulierung grundlegender Lernziele

Ein großes Problem unserer heutigen Gesellschaft und der Wirtschafts- und Wissenschaftsstrukturen ist die zunehmende Komplexität. Diese vernetzten Systeme, denen der Schüler in seiner Arbeitswelt später täglich begegnen wird, erfordern die Fähigkeit zu vernetztem Denken, das besonders gut durch wissensbasierte Systeme repräsentiert werden kann. Vernetztes Denken bedingt Fähigkeiten, die an solchen Systemen leicht erlernbar sind.

Vernetztes Denken erfordert das Denken in Objekten (objects) mit ihren Eigenschaften (attributes) und Zusammenhängen (rules). Komplizierte Systeme lassen sich wesentlich besser analysieren, wenn man die zugrundeliegenden Objekte erkennt und deren Eigenschaften herausarbeitet. Erst nach einer deutlichen Abgrenzung zwischen den Objekten und einer passenden Definition der Objekte kann das Wechselspiel zwischen diesen erarbeitet werden. Dadurch erhält das anfangs unüberschaubare komplexe System deutliche Strukturen und ist somit deutlich verständlicher. Die strenge Syntax bei Objektdefinition und Regelaufbau in wissensbasierten Systemen zwingt den Schüler zu gründlichem Nachdenken, um die Erfahrungswelt in ein von Syntax geprägtes System abzubilden.

Dieses Zerlegen eines komplexen Systems in überschaubare Einheiten läßt sich nur dann vertrauensvoll begründen, wenn der Schüler die Dynamik der Zusammenhänge zwischen den Objekten erleben kann. Durch das Verhalten seines aufgebauten Modellsystems wird dem Schüler offensichtlich, ob es zur Behandlung des vorgegebenen komplexen Systems geeignet war. Bei Änderungen an den Parametern zeigt sich durch das erwartete Verhalten des Systems unmittelbar die Güte des Modells. Wissensbasierte Systeme ermöglichen einen leichten Aufbau einer Regelstruktur mit ihren Objekten und über die eingebaute Inferenzmaschine — hier werden aufgrund der Vorgaben die nötigen Schlußfolgerungen gezogen — kann sehr schnell die Reaktion auf unterschiedliche Vorgaben beobachtet werden.

Die Behandlung komplexer Systeme zeigt, daß man mit algorithmischen Denkweisen allein nicht immer zum Ziel kommt. Der Schüler soll anhand wissensbasierter Systeme und ihrer Strukturen für ihn neue, heuristische Denkweisen zur Problemlösung kennenlernen.

In den letzten Jahren wird deutlich, daß die Zunahme des Wissens auf allen Forschungsgebieten in immer größeren Schritten erfolgt als es je erwartet wurde. Für den einzelnen Wissensuchenden wird es daher immer schwerer, sich in dieser Vielfalt und Menge zurecht zu finden. Außerdem besteht die Problematik, daß nicht alles Wissen an allen Stellen zugänglich ist oder nur mit großem finanziellen Aufwand zur Verfügung gestellt werden kann. Durch die Unzugänglichkeit und Unwissenheit über Lösungen von Problemen geht viel an Information verloren und es behindert damit den Arbeits- und Forschungsprozeß. Es ist daher unabdingbar, möglichst viel Wissen möglichst vielen Menschen auf einfache Art zugänglich zu machen. In wissensbasierten Systemen wird das Wissen von Experten durch Knowledge Engineering in Wissensbasen aufbereitet und auf EDV-Trägermedien verbreitet. Der Wissensuchende kann mittels Abfragetechniken (Konsultation) an einem Computer die vom Experten aufgebaute Wissensbasis verwenden, um Antworten auf seine Problemstellungen zu bekommen. Für die Schüler wird es daher bedeutend, einerseits kennenzulernen wie man Expertenwissen in ein wissensbasiertes System einbringt und anderseits zu erfahren, wie man sich eine vorhandene Wissensbasis zu Nutze macht.

Ein sinnvoller Einsatz der Expertensysteme erfordert neben der Fähigkeit mit den zur Verfügung stehenden Mitteln umzugehen ebenso eine Bewertung der vorgeschlagenen Lösungen. Nur eine objektive und kritische Abwägung zwischen dem eigenen Wissen, seinen Erwartungen an das Systemverhalten und dem schließlich vom System gelieferten Wissen führen zu brauchbaren und nutzbringenden Ergebnissen. Hinterfragen der Resultate und Befragen des Systems um Erklärungen stellen einen weiteren wichtigen Faktor im Entscheidungsprozeß für die Güte der Information dar. Der Schüler soll dabei lernen, die Möglichkeiten und Grenzen maschineller Wissensverarbeitung realistisch einzuschätzen und die daraus gewonnen Erkenntnisse zu begründen.

Zusammenfassend ergeben sich die folgenden grundlegenden Lernziele beim Einsatz von wissensbasierten Systemen in der Schule:

- Den Schülern soll die Notwendigkeit des Einsatzes von wissensbasierten Systemen aufgezeigt werden:
  - Vernetzte Systeme in der Gesellschaft erfordern vernetztes Denken, das besonders gut durch wissensbasierte Systeme repräsentiert werden kann.
  - Wissensbasierte Systeme machen Expertenwissen erreichbar und finanzierbar.
  - Durch wissensbasierte Systeme kann der Nicht-Experte mit für ihn unüberschaubarem und unsicherem Wissen umgehen.
  - Durch wissensbasierte Systeme werden die Grenzen herkömmlicher algorithmisch prozeduraler Methoden überwunden.
- Den Schülern soll das Denken in Objekten mit ihren Eigenschaften und Zusammenhängen aufgezeigt werden.
- Die Schüler sollen die Dynamik des wissensbasierten Systems erkennen und erleben.
- Es soll die Erfahrungswelt in ein von Syntax geprägtes System abgebildet werden. Dabei soll Expertenwissen über Knowledge Engineering im wissensbasierten System umgesetzt werden (Wissensrepräsentation).
- Den Schülern soll die Fähigkeit vermittelt werden, Arbeitsergebnisse zu erreichen und sie begründet darzustellen.
- Vom Schüler soll erkannt werden, daß ein komplexes System aus kleinen überschaubaren Komponenten besteht.

- Den Schülern soll klar werden, daß im Expertensystem fremdes Wissen nutzbar gemacht werden kann.
- Die Schüler sollen die Möglichkeiten und Grenzen maschineller Wissensverarbeitung realistisch einschätzen können.

Auch in der Literatur findet man z.B. in ‚Schwerpunkt Software-Unterrichtsmaterialien für Lehrkräfte und Ausbilder' die genannten Lernziele (Kästner W.[15]).

40.4 Die Expertensystem-Shell ‚Twaice' (Siemens Nixdorf)

40.4.1 Charakterisierung des Produktes

‚Twaice' ist ein Werkzeug zur Erstellung von Expertensystem-Anwendungen. Es verbindet unterschiedliche Arten der Wissensrepräsentation und verschiedene Inferenztechniken mit einer dialoggeführten Komponente zur Unterstützung der Wissenserfassung.

Dazu kommt eine objektorientierte Oberfläche, die auf die speziellen Belange des späteren Endbenutzers zugeschnitten werden kann. Weiterhin hat ‚Twaice' vordefinierte Schnittstellen zur Außenwelt, um die Integration der Expertensystem-Applikationen in die vorhandene EDV-Umgebung zu ermöglichen. Des weiteren ist die Induktionskomponente um eine natürlichsprachliche Textausgabe erweitert.

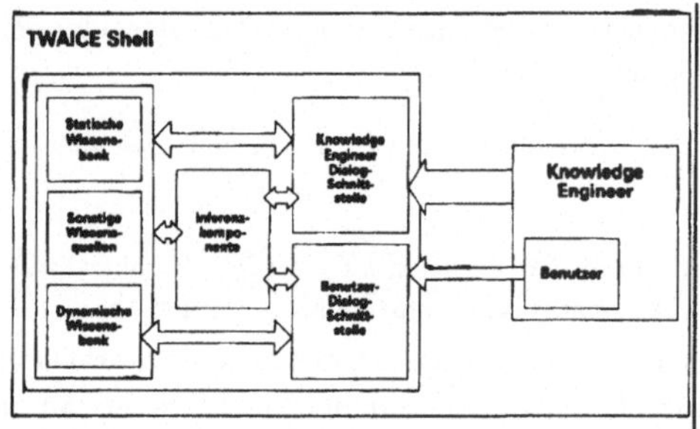

Abbildung 40.3: Die Struktur der Expertensystemshell ‚Twaice'

40.4.2 Programmbeschreibung

Wissensrepräsentation: ‚Twaice' bietet abgestufte Formen der Wissensrepräsentation. Dazu gehören die Frame-basierte Taxonomie, welche Wissen hierarchisch darstellt, die Regeln und die ereignisgesteuerte Bearbeitung des Kontroll- und Metawissens.

Inferenz-Mechanismen: Neben einer geeigneten Wissensrepräsentation ist der Einsatz einer Expertensystem-Shell noch abhängig von den verfügbaren Ableitungsmechanismen. Werkzeuge, die für eine Vielzahl unterschiedlicher Einsatzgebiete (Domänen) anwendbar sein sollen, müssen über mehrere Inferenzmechanismen verfügen, damit der Knowledge Engineer die für seine Anwendung optimale Strategie implementieren kann. ‚Twaice' bietet hier mehrere

Möglichkeiten und unterstützt regelbasierte Ableitungsmethoden (Vorwärts- und Rückwärtsverkettung), methodenbasierte Ableitungsstrategien (gesteuert durch Demons), hypothetisches Schließen (realisierbar über ‚Situationen') und ‚Truth Maintanance', d.h. konsistente Verwaltung der abgeleiteten Fakten.

Benutzeroberfläche: ‚Twaice' ist dialoggesteuert und verfügt über eine objektorientierte, zur Zeit aber nur alphanumerische, nicht grafische Oberfläche. ‚Twaice' stellt dem Knowledge Engineer Hilfsmittel zur Verfügung (Formulare, Menüleisten, Menüs, Hilfstexte etc.).

Knowledge-Engineering-Werkzeuge: ‚Twaice' bietet für die Unterstützung des Knowledge-Engineering-Prozesses außer einer umfangreichen Wissenserwerbskomponente und vielfältigen Debugging-Hilfsmitteln eine Induktionskomponente für Regeln und einen Konsistenzprüfer für die statische Wissensbank.

Integration: Integrierbarkeit und Kommunikationsfähigkeit mit vorhandenen Programmen und Datenbanken sind heute die wichtigsten Voraussetzungen für ein Expertensystemprojekt. ‚Twaice' bietet auch hier Möglichkeiten zur Erfüllung dieser Anforderungen. Dazu gehören der Anschluß an relationale Datenbanken ebenso wie die Anbindung von C oder Prolog-Prozeduren und die Kommunikation mit anderen Programmen.

40.5 Das Expertensystem ‚Kolibri' (Kollegstufen Beratungs- und Informationssystem)

40.5.1 Aufgabenstellung

Die Arbeitsgruppe hatte den Auftrag, ein Expertensystem zu entwickeln, das einen Schüler der 11. Jahrgangsstufe eines Gymnasiums bei der anstehenden Wahl seiner zukünftigen Kollegstufenkurse unterstützt.

40.5.2 Komponenten von Kolibri

Wissenserwerbskomponente: Die Bestimmungen der Wahlmöglichkeiten zum Kurssystem in der Kollegstufe des Bayerischen Gymnasiums, die in einer Broschüre des Staatsministeriums und in der Schulordnung für die Gymnasien in Bayern aufgeführt sind, und die persönlichen Daten des einzelnen Schülers bilden das statische Expertenwissen für eine Konsultation. Die Antworten eines Schülers auf die Befragung durch das System ergänzen mit dem dynamischen Fallwissen.

Interviewerkomponente: Unter der Berücksichtigung der statischen und dynamischen Wissensbank kann ‚Kolibri' gewünschte Kollegstufenkurse erfragen, nach Bedarf eine Liste erlaubter Kurse vorschlagen und immer die Zulässigkeit der getroffenen Wahl überprüfen. Eventuelle Zulassungsvoraussetzungen zu bestimmten Kollegstufenkursen werden am Bildschirm angezeigt.

Problemlösungskomponente: ‚Kolibri' geht schrittweise vor, legt also zuerst die Leistungskurse fest, dann die Abiturfächer und dann die übrigen Grundkurse aus dem Pflicht- und dem Wahlpflichtprogramm. Widerrufe sind jederzeit möglich.

Erklärungskomponente: Alle Entscheidungen des Systems werden von ihm natürlichsprachlich erklärt. Tiefergehendes Nachfragen ist in jeder Situation möglich, auch hier antwortet das System in natürlicher Sprache. Fachbegriffe werden in allen Einzelheiten mit Hilfe von Hypertext erläutert.

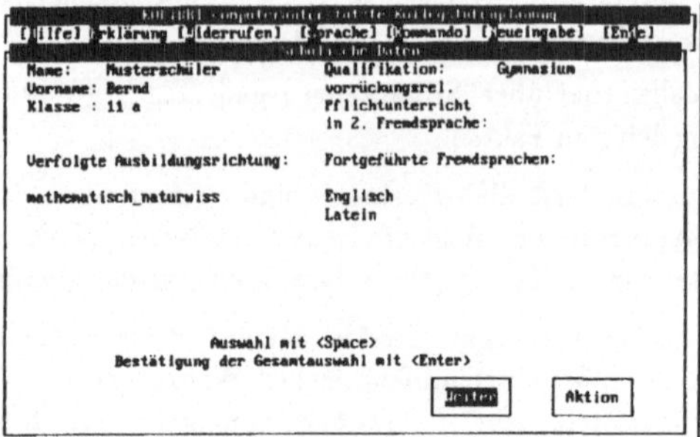

Abbildung 40.4: Abfrage der persönlichen Daten des Schülers

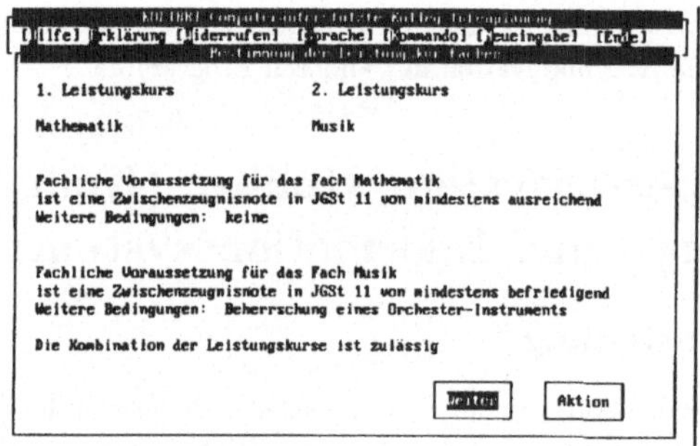

Abbildung 40.5: Belegung der Leistungskurse

Zwischen- und Endergebnisse: Jederzeit gibt ‚Kolibri' in einem Bildschirmformular das ermittelte persönliche Kursprogramm wieder, überprüft seine Zulässigkeit und druckt am Ende einer Befragung das Formblatt ‚Fächerwahl im Kursprogramm' aus.

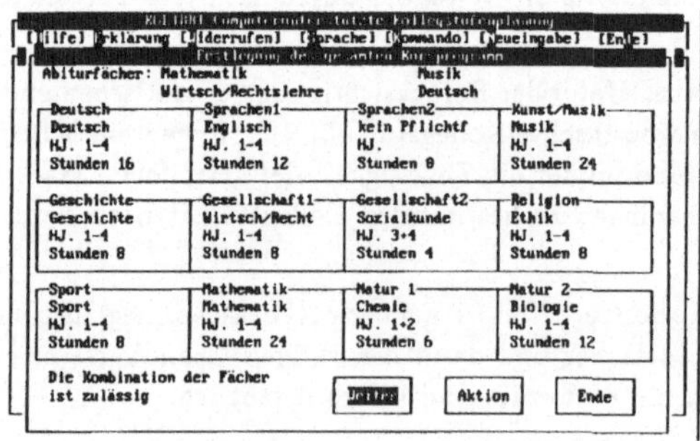

Abbildung 40.6: Das persönliche Kursprogramm des Schülers

40.6 Ausblick: Integration von ‚Kolibri' im Unterricht des Gymnasiums

‚Kolibri' kann besonders in Fach Informatik in der Kollegstufe als Unterrichtsgegenstand ein didaktisches Lehrbeispiel zur Gewinnung von Kenntnissen über wissensbasierte Systeme sein.[1] Die im Punkt 3 aufgeführten Lernziele können damit zum Teil damit abgedeckt werden. Die Schüler können angeregt werden, selbst kleinere Systeme zu entwickeln, die z.B. Transport-, Verkehrsleit- oder Umweltschutzprobleme zum Inhalt haben können. ‚Kolibri' kann aber auch tatsächlich als Beratungssystem für die zukünftigen Kollegstufenschüler eingesetzt werden.

Literatur

[•] **Fachbücher**

[1] Janson, Expertensystem und Turbo-Prolog — Der sichere Weg zum eigenen Programm, Franzis-Arbeitsbuch, München 1989

[2] P. Harmon, D. King, Expertensysteme in der Praxis, Oldenburg Verlag, München 1989

[3] D. Nebendahl, Expertensysteme (2 Bände), Verlag Siemens AG, 1990

[4] F. Puppe, Einführung in Expertensysteme, Springer-Verlag, Berlin 1988

[5] U. Reimer, Einführung in die Wissensrepräsentation, B. G. Teubner, Stuttgart 1991

[6] E. Rich, Kl — Einführung und Anwendung, McGraw-Hill, Hamburg 1988

[7] S. Savory, Grundlagen von Expertensystemen, Oldenburg Verlag, München 1990

[8] P. Schefe, Künstliche Intelligenz — Überblick und Grundlagen, BI Wissenschaftsverlag

[9] P. H. Winston, Künstliche Intelligenz, Addison Wesley, Bonn 1987

[10] Wissensbasierte Systeme in der Schule, Akademiebericht der Akademie für Lehrerfortbildung Dillingen, 1992

[•] **Populärwissenschaftliche Literatur**

[11] D. R. Hofstadter, Gödel, Escher, Bach — ein Endloses Geflochtenes Band, Klett-Cotta, Stuttgart 1985

[12] M. Minsky, Mentropolis, Klett-Cotta, Stuttgart 1990

[13] R. Penrose, Computerdenken — Die Debatte um Künstliche Intelligenz, Bewußtsein und die Gesetze der Physik, Spektrum der Wissenschaften, Heidelberg

[14] Computerwissen — Künstliche Intelligenz, Time-Life-Buch

[15] W. Kästner, Schwerpunkt ‚Software', Siemens Nixdorf Informationssysteme AG, München/Paderborn 1990

---

[1] Hard- und Softwarevoraussetzungen:

- PC mit 386 oder 486 Prozessor
- mindestens 8 MByte Arbeitsspeicher
- MS-DOS 3.20 oder neuer
- 10 MByte Plattenplatz
- Expertensystemshell ‚Twaice'

Kapitel 41

Christian Posthoff, Detlef Rätz, Michael Schlosser: Architektur eines wissensbasierten Lehrsystems für das Lernen aus Beispielen

41.1 Lernen aus Beispielen

Die Darstellung und Erläuterung von Fachinhalten anhand von Beispielen ist eine bewährte Lehrmethode, die in nahezu allen Lehrdisziplinen angewendet wird. Der Lernende soll durch die Präsentation von Beispielen befähigt werden, ein gleiches oder ähnliches Problem beim nächsten Mal besser oder leistungsfähiger zu lösen, seine Problemlösefähigkeit soll gesteigert werden [TS89].

Für uns ist die Thematik des „Lernens aus Beispielen" in doppeltem Sinne bedeutsam:

a) Das „Maschinelle Lernen" als ein Forschungsschwerpunkt der Künstlichen Intelligenz (KI) bedient sich u.a. der Methode des „Lernens aus Beispielen", um den Wissenserwerb für KI-Systeme zu realisieren. Es werden z.B. verschiedene Möglichkeiten der Benutzung von positiven und/oder negativen Beispielen untersucht.

   Ergebnis des Lernens aus Beispielen sind i.allg. Regeln oder regelähnliche Darstellungsformen (z.B. Entscheidungsbäume), die in mehreren Komponenten eines Lehrsystems benutzt werden können.

b) Durch den Einsatz von Computern als Lehrmittel liegt der Gedanke nahe, auch das klassische „Lernen aus Beispielen" im Unterrichtsprozeß durch den Einsatz von geeigneten Systemen zu unterstützen. Hierbei geht es primär um die Ausnutzung der Vorteile der Computertechnik bei der Präsentation von Beispielen, die wir in folgenden Kriterien sehen [PS92]:

   - schneller Zugriff auf eine Vielzahl von Beispielen,
   - Möglichkeit der Variation von Beispielen,
   - Fähigkeit zur Präsentation komplexer Beispiele,
   - Möglichkeit der Kombination verschiedener Zeichensysteme und Darstellungsformen (Text, Grafik, Animation) zur Präsentation der Beispiele,
   - Anpassung der Präsentationsform und des Präsentationsumfanges an die individuellen Bedürfnisse des Nutzers,
   - Simulation bzw. Darstellung virtueller Prozesse und Manipulation abstrakter Objekte einschließlich der Darstellung und Simulation der Konsequenzen,
   - Einsatz multimedialer Systeme zur Erhöhung der Präsentationsvielfalt.

Wir betrachten den Einsatz der Computertechnik unter o.g. Aspekten als eine sinnvolle Bereicherung der bereits zur Verfügung stehenden methodischen Mittel und Möglichkeiten zur Präsentation der Lehrinhalte.

Betrachten wir das Gebiet der Lehrsysteme vom Standpunkt der KI, so erscheint der Gedanke der Verbindung der unter a) und b) genannten Aspekte sehr interessant. Durch die Entwicklung von KI-Systemen, die sowohl maschinell Wissen (aus Beispielen, über den Nutzer) akquirieren als auch Beispiele transparent und didaktisch aufbereitet an den Lernenden präsentieren können, würden dem Lehrer (im weitesten Sinne des Wortes) komfortable Werkzeuge in die Hand gegeben, die sowohl im organisierten Unterricht als auch im Selbststudium eingesetzt werden können.

Perspektivisch sind durch den Einsatz der Methoden des Maschinellen Lernens Systeme denkbar, die anhand der Vorführung eines Beispiels durch einen Tutor sowohl das Fachwissen als auch das methodische Wissen aus der Vorführung entnehmen und akquirieren können.

41.2 Eine Systemarchitektur

An wissensbasierte Lehrsysteme wird eine Vielzahl von Forderungen gestellt. Die Entwicklung von Systemen, die allen aufgestellten Forderungen gerecht werden, erscheint unrealistisch. Es geht vielmehr darum, das Einsatzgebiet und das didaktische Ziel eines Lehrsystems einzugrenzen und das System funktional für diesen Bereich zu spezifizieren.

Aufbauend auf unsere bisherigen Erfahrungen wollen wir ein Systemkonzept vorstellen, das sich auf das Gebiet der Präsentation von Beispielen konzentriert und dem Anspruch auf Flexibilität und Offenheit gerecht wird:

- Flexibilität: Anpassung an den Lernenden [Gun87],
- Offenheit: System hat Werkzeugcharakter, Neuaufnahme von Beispielen ist möglich.

Als Beispieldomäne wurde das Gebiet der PROLOG-Programmierung ausgewählt, dem Lernenden soll anhand von Beispielprogrammen das Modell einer virtuellen PROLOG-Maschine vermittelt werden.

Für ein Lehrsystem (nach dieser Auffassung) soll folgende Spezifikation gültig sein:

- Das Lehrsystem soll die dem Nutzer präsentierten Beispiele selbst lösen können,
- Art, Umfang und Komplexität der Beispielpräsentation soll auf die Bedürfnisse des Nutzers abgestimmt sein,
- Der Nutzer soll dem System selbst gewählte Beispiele zur Erklärung übergeben können,
- Das System soll Lehrerfahrung sammeln — die initiale Lehrheuristik kann im Verlaufe des Lehrdialoges anhand der gewonnenen Erfahrungen modifiziert werden.

Zur Realisierung dieser scheinbar wenigen Forderungen sind verschiedene Systemkomponenten bereitzustellen. Wir benutzen zur Realisierung eines solchen Systems eine Systemarchitektur, die bereits an mehreren Prototypen erprobt wurde.

- Die Beispielerklärung erfolgt anhand der Abarbeitung einer Beispielaufgabe durch den systeminternen *Problemlöser.* In unserem konkreten Fall verwenden wir einen Meta-Interpreter für PROLOG, der durch eine Wissensbasis mit *Erklärungen* ergänzt wird.
- Die Anpassung der Beispielerklärung an die individuellen Kenntnisse des Nutzers erfordert mehrere Systemfunktionen:
  - Ermittlung des Nutzerwissens: Durch Fragen an den Nutzer wird ermittelt, welche Kenntnisse er über die Domäne besitzt. Anhand der Nutzerantworten wird eine Hypothese über das Nutzerwissen aufgestellt.

    Das System besitzt zur Realisierung dieser Funktion einen *Fragengenerator*, der aus einer Fragensammlung relevante Fragen auswählt und dem Nutzer präsentiert. Die

Antwortauswertung und *Diagnose* versucht evtl. vorhandene Fehler im Nutzerwissen zu klassifizieren.

– Nutzermodellierung: Die aus dem Frage-Antwort-Dialog erhaltenen Informationen werden im *Nutzermodell* gespeichert. Das Nutzermodell beinhaltet die aktuelle Hypothese über den Kenntnisstand des Nutzers und dient als Entscheidungsgrundlage zur Auswahl der nächsten Systemaktion (nächste Frage, neues Beispiel).

- Zur Verarbeitung von Beispielen, die sich der Nutzer selbst ausgewählt oder zusammengestellt hat, muß das System über entsprechende Eingabeschnittstellen verfügen, die eine problemlose Eingabe der Beispiele unterstützt. Der vielfach geäußerte Wunsch nach natürlichsprachlichen Schnittstellen ist durchaus gerechtfertigt, kann aber aus unserer Sicht nicht als „Allheilmittel" betrachtet werden. Anzustreben ist die Bereitstellung problem- und domänenspezifischer Editier- und Dialogmöglichkeiten [Rä92]. In unserer Anwendung wird dem Lernenden z.B. ein Programmeditor angeboten.

  Der Dialog zwischen System und Nutzer vollzieht sich natürlich nicht nur im Falle der Eingabe von Nutzerbeispielen, auch der gesamte Dialog im Verlauf der Systemnutzung muß sich über eine komfortable *Dialogschnittstelle* vollziehen, die dem Lernenden die Konzentration auf die Fachinhalte ermöglicht und nicht durch aufwendige Bedienaktionen vom ursprünglichen Lehrziel ablenkt.

- Die *Steuerung* des Gesamtablaufes wird durch eine Strategie übernommen, die sowohl die Einflußnahme eines Lehrers auf den Lehr-Lern-Prozeß nachbilden soll, als auch aus den aufgetretenen Situationen Erfahrungen für ähnliche Situationen sammeln muß. Entscheidungen trifft die Strategie anhand der Informationen im Nutzermodell. Zum „Sammeln" von Erfahrungen werden Methoden des maschinellen Lernens verwendet.

Die hier aufgeführten Systemkomponenten entsprechen den auch bei [Pup92] und [Lus92] aufgeführten Kernkomponenten wissensbasierter Lehrsysteme:

- Fachwissen (Wissensmodell),
- Nutzermodell (Tutandenmodell),
- Lehrwissen (Didaktikkomponente),
- Dialogschnittstelle (Benutzungsschnittstelle).

Die in der Abbildung 41.1 dargestellte Schalenstruktur der Systemkomponenten impliziert eine *Entwicklungsmethodik*, die einen schrittweisen Aufbau eines Lehrsystems gestattet. Ausgehend vom Kern können funktionsfähige Teilsysteme erarbeitet werden.

- 1.Stufe: erklärender Problemlöser,
- 2.Stufe: Frage-Antwort-Dialog auf Programmiererniveau (ungesteuert),
- 3.Stufe: funktionsfähiges Lehrsystem mit Nutzerschnittstelle.

Dieses Stufenkonzept ist für die Programmentwicklung bedeutsam, für den Nutzer (Lernenden) sind die Zwischenstufen nicht relevant.

41.3 Realisierungsansätze

41.3.1 Nutzermodellierung mit Ternärvektoren

Ausgehend von der Überlegung, daß die Menge der zu behandelnden Lehrziele endlich ist, kann das zu bearbeitende Lehrgebiet als Zustandsraum aufgefaß werden. Während der Lösung oder

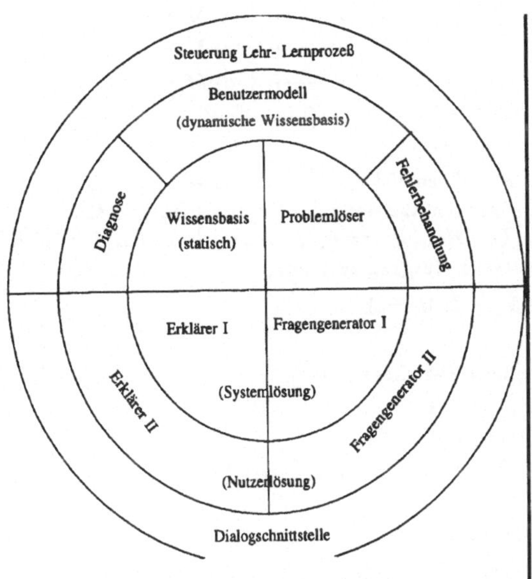

Abbildung 41.1: Schalenmodell

Bearbeitung von Beispielaufgaben durch den Lernenden vollzieht sich eine scheinbare Bewegung durch diesen Zustandsraum, da durch die Auseinandersetzung mit den Lehrinhalten eine sich ständig verändernde Relation zur Gesamtmenge der Lehrziele vorliegt (der Lernende kommt zu neuen Erkenntnissen, korrigiert Fehler in seinem Denken, verwirft evtl. vorhandene Muster, ... vgl. auch [Pup92]).
Das Lehrsystem muß über Mechanismen verfügen, die in der Lage sind, diese „Bewegung des Nutzers im Zustandsraum“ zu registrieren und zu modellieren.

Die Nutzerbeobachtung erfolgt über einen Frage-Antwort-Dialog. Die vom Lernenden eingegebenen Antworten werden als Indikator für seine (sich verändernden) Kenntnisqualitäten genutzt. Diesem Frage-Antwort-Dialog liegen relativ aufwendige Antwortauswertungen zugrunde. Aufgabe der Nutzermodellierung ist die Verwaltung und Aufbereitung dieser gewonnenen Erkenntnisse.

Die von uns verwendete Methode der Nutzermodellierung [Rä92] basiert auf einem mengentheoretischen Modell. M sei die Menge aller zu bearbeitenden Lehrziele. Zur Beschreibung der Kenntnisqualitäten benutzen wir drei Teilmengen:
M_1: Menge aller Lehrziele, deren Kenntnis der Nutzer im Dialog nachgewiesen hat,
M_2: Menge aller Lehrziele, deren Unkenntnis der Nutzer im Dialog nachgewiesen hat,
M_3: Menge aller Lehrziele, zu denen noch keine Aussage vorliegt,

(1) $M_1 \subseteq M; M_2 \subseteq M; M_3 \subseteq M.$

Folgende Festlegungen sind gültig:

(2) $M_1 \cap M_2 = \emptyset; M_2 \cap M_3 = \emptyset; M_1 \cap M_3 = \emptyset;$

(3) Falls $M_1 = M$, dann ist der Idealzielzustand erreicht.

Zur Darstellung dieses Mengenkonzeptes werden Ternärvektoren benutzt. Aufgrund von (2) läßt sich folgende Symbolik einführen ($x \in M$):

$$
\begin{aligned}
'1' &\longrightarrow \{x \in M_1\} \\
'0' &\longrightarrow \{x \in M_2\} \\
'-' &\longrightarrow \{x \in M_3\}
\end{aligned}
$$

Bei Verwendung eines k-stelligen Vektors (k = Kardinalität von M) kann mit einem Vektor eine Information zum aktuellen Kenntnisstand des Nutzers erfaßt werden.
Beispiel: $k = 5$; $M = \{Lehrziel_1, Lehrziel_2, Lehrziel_3, Lehrziel_4, Lehrziel_5\}$.
$[-,-,-,-,-]$ $\longrightarrow$ neutraler Ausgangszustand;
Bedeutung: $M_1 = \emptyset; M_2 = \emptyset; M_3 = M$;

$[1,0,-,-,-]$ $\longrightarrow$ beliebiger Zwischenzustand;
Bedeutung: $M_1 = \{Lehrziel_1\}$,
$M_2 = \{Lehrziel_2\}$,
$M_3 = \{Lehrziel_3, Lehrziel_4, Lehrziel_5\}$.

[1,1,1,1,1] $\longrightarrow$ Idealzielzustand.
Bedeutung: $M_1 = M; M_2 = \emptyset; M_3 = \emptyset$.

Die Realisierung erfolgte in PROLOG, die Darstellung der Vektoren wurde mit Listen vorgenommen.

Als Vorteile der dargestellten Methode der Benutzermodellierung lassen sich anführen:

- Domänenunabhängigkeit: Die Nutzermodellierung mit Hilfe von Ternärvektoren ist problemunabhängig und kann somit als universelles Werkzeug in Lehrsystemshells verwendet werden. Die in der Nutzermodellierung auf die Wertemenge $\{-,0,1\}$ abstrahierten Lehrziele können auf fast beliebige Domänenmodelle referenziert werden. Wie die Ausführungen zur Lehrstrategie zeigen werden, ist der Verwaltungsmechanismus unabhängig von der Anzahl und der Abhängigkeit der Lehrziele untereinander.
- Effektive Speicherung des aktuellen Zustandes.
- Die Erkenntnisgeschichte des Lernenden kann relativ einfach gespeichert werden.
- Abbruch und Fortsetzung des Dialoges sind möglich.
- Zyklen und Stagnation im Nutzerverhalten können sehr leicht erkannt werden.

Als nachteilig ist zu bemerken, daß durch diese einfache Modellierung das kognitive Modell des Lernenden über den Lehrstoff noch nicht befriedigend modelliert werden kann. Damit bietet das vorgestellte Nutzermodell nur eine eingeschränkte Aussagefähigkeit über die Kenntnisqualitäten des Nutzers. Es ist in die Klasse der Nutzermodelle nach der Überlagerungsmethode einzuordnen, da falsch repräsentiertes Nutzerwissen nicht modelliert und explizit behandelt wird.

41.3.2 Lehrstrategie

Die Steuerung des Lehr-Lern-Dialoges orientiert sich unmittelbar am Nutzermodell und einer abstrahierten Repräsentation des Domänenwissens. Analysen klassischer Unterrichtsprozesse lassen deutlich erkennen, daß eine lineare Anordnung der Lehrziele eines Kurses nicht hinreichend auf die individuellen Bedürfnisse verschiedener Lernender zugeschnitten ist. Die Darstellung der Lehrzielfolge in inhärent nebenläufigen Strukturen erscheint zwingend.

Wir benutzen zur Darstellung der Abhängigkeiten der Lehrziele eine Netzstruktur. Die Knoten des Netzes verkörpern jeweils ein Lehrziel, die Kanten des Netzes verweisen auf mögliche Lehrzielfolgen. Die Gewinnung derartiger Netzstrukturen kann beispielsweise durch Literaturanalyse oder subjektive Lehrerfahrung erfolgen.

Zur Reduzierung nichtdeterministischer Zustände beim Übergang zu einem neuen Lehrziel wurde eine Bewertung der Knoten und Kanten durchgeführt. Durch die Knotenbewertung kann dem Lehrziel eine relative Bedeutung zugesprochen werden, die Indikator für mehr oder weniger bevorzugte Lehrzielfolgen oder -übergänge ist.

Der Dialogbeginn erfolgt entweder durch ein Standardbeispiel oder durch ein vom Nutzer aus einer Auswahlmenge ausgewähltes Beispiel. Nach den ersten Frage-Antwort-Schritten verfügt das System bereits über Vermutungen über den Kenntnisstand des Lernenden.

41.3.3 Lernfähige Systemkomponenten

Die einzelnen Komponenten des Lehrsystems sind durch maschinelle Lernmethoden anzureichern.

- Fachwissen (Wissensmodul): Hierfür steht ein breites Spektrum von klassischen Methoden zur Regelgewinnung (wie z.B. Lehrbücher und Interviews) bis hin zu den unterschiedlichsten Methoden des Maschinellen Lernens zur Verfügung.
- Nutzermodell (Tutandenmodell) bzw. Lehrwissen (Didaktikkomponente): Neben dem Lernen aus Beispielen erscheinen auch Lernen durch Analogie und Fallbasiertes Schließen (Case-Based Reasoning) für den Wissenserwerb geeignet. Der Begriff der Ähnlichkeit, der dabei von entscheidender Bedeutung ist, muß der jeweiligen Systemkomponente entsprechend angepaßt werden.

Der logische Ansatz bildet eine einheitliche Darstellungsform für alle vorgesehenen maschinellen Lernmethoden. Konjunktive bzw. disjunktive Formen gestatten eine bequeme Regeldarstellung, die mit dem bisher benutzten Modell der Ternärvektoren verträglich ist. Darüberhinaus erlaubt der logische Ansatz die Möglichkeit unscharfer Betrachtungsweisen (unscharfe Mengen, unscharfe Logiken).

Literatur

[Gun87] R. Gunzenhäuser. Intelligente Lernsysteme aus der Sicht der Informatik. In *Workshop Intelligente Lernsysteme*, 1987.

[Lus92] M. Lusti. *Intelligente tutorielle Systeme*. Oldenbourg, München, 1992.

[PS92] Ch. Posthoff and S. Schubert. Wissensmodellierung für Intelligente Lernsysteme. In *PC-Einsatz in der Hochschulausbildung*, 1992.

[Pup92] F. Puppe. Intelligente Tutorsysteme. *Informatik Spektrum*, 15(4), 1992.

[Rä92] D. Rätz. *Anwendung von Mitteln und Methoden der Künstlichen Intelligenz zur Entwicklung wissensbasierter Lehrsysteme*. PhD thesis, TU Chemnitz, 1992.

[TS89] N.H.C. Thuy and P. Schnupp. *Wissensverarbeitung und Expertensysteme*. Oldenbourg, München, 1989.

Kapitel 42

Immo O. Kerner: Zu einer Didaktik der Informatik. Beitrag der Informatik zur Allgemeinbildung

Resumee

Es muß erkannt und vermittelt werden, daß informatische Prozesse viel älter und umfassender sind als es das Wissen um den Computer erscheinen lassen will. Informatik ist trotz der gegenwärtig engen Bindung an das Gerät „Computer" von einer „computer science" abzuheben. Gerade weil die Informatik in Verbindung mit dem Computer in der Problembewältigung als ungeheuer mächtig erscheint, muß in der Allgemeinbildung nicht nur auf die Gefahren des Mißbrauchs verwiesen werden sondern auch auf innewohnende natürliche Einsatzgrenzen. Diese Aufgaben in der Allgemeinbildung und darüber hinaus in verschiedenen Stufen der beruflichen Bildung verlangen nach einer „Didaktik der Informatik".

42.1 Einführung

Die Quellen der Wissenschaft Informatik sind alt und liegen in der Evolution des Lebens weit zurück, obwohl die Gemeinschaft aller Wissenschaften erst vor wenigen Jahrzehnten die Informatik etablierte. Das auslösende Moment dabei war die Erfindung des Computers. Diese Maschine stellt nämlich einen neuen Typ dar: Die informationsverarbeitende Maschine neben den existierenden Typen der energie- und der stoffverarbeitenden Maschinen. Der Einfluß auf die menschliche Gesellschaft erwies sich sehr bald als außerordentlich stark. Neben dem deutlichen Nutzen und Vorteilen muß auf Gefahren und Nachteile verwiesen werden. Die überraschende Leistungsstärke der Computer auf einem gänzlich neuen Gebiet und in der Wirkung zunächst nicht erwarteten hohem Maß, nämlich dem der intellektuellen Leistungen, führte zum Teil zu noch weiter übersteigerten Zukunftshoffnungen bzw. -befürchtungen. Es gilt für die Allgemeinbildung, sowohl Hoffnungen als auch Befürchtungen wissenschaftlich begründet zu begrenzen und das Verständnis für bewußt vorzunehmende notwendige Beschränkungen gegenüber dem rein technisch Machbaren zu entwickeln. Das muß in allen Bildungsbereichen und -stufen stattfinden, in denen Informatik eine Rolle spielt. Wie man sehen kann, also fast überall.

Wir stellen hier heraus und postulieren:

Informatik ist die Wissenschaft von der Verarbeitung der Informationen in Natur, Technik und Gesellschaft.

42.2 Historische Quellen

Die ursächlichen Quellen der Informatik sind mit der Entstehung des Alls oder doch mit der des Lebens verbunden. Dazu vergleiche man den nächsten Abschnitt. Hier wird lediglich und einschränkend auf die mit der menschlichen Geschichte (besser Vorgeschichte) verbundenen Quellen aufmerksam gemacht. Der Computer als auslösende Erfindung für das Entstehen der Wissenschaft Informatik hat selbstverständlich seine Vorgänger. Dabei wird nicht nur an mathematische oder rechentechnische Maschinen bzw. Geräte gedacht. Es geht um historische Maschinen im weitesten Sinn für informatische Prozesse, die ihrerseits natürlich zuvor schon existierten. Es sollen also Informationen oder Nachrichten übertragen, aufgenommen und verarbeitet werden. Dazu verwendete der frühe Mensch Licht-, Rauch- und Trommelsignale. Eine Codierung war erforderlich. Man wird schon früh auf Störungen dieser Kanäle und die zugehörige Problematik gestoßen sein. Körperlich dargestellte Informationen erforderten eine Schrift, sei diese nun zeichen-, silben- oder wortorientiert. Die verschiedenen Kulturkreise haben verschiedene Methoden favorisiert. Das von einer Gesellschaft oder einer Kultur angesammelte Wissen oder die erworbene Tradition in der Übereinkunft von Regeln oder Riten konnte schon bald kaum noch von Einzelpersonen lediglich mental bewahrt und durch mündliche Unterweisung weitergegeben werden. Schrift und Schriftträger mußten zu Bibliotheken, d.h. zu Speichern, zusammengefaßt werden, Schulen aller Niveaus wurden erforderlich. Diesem Umstand verdanken wir gegenwärtig unsere historischen Kenntnisse. Eine nur mental manifestierte Kultur geht unter, wenn ihre Träger untergehen. Es ist eine bis in die Gegenwart beobachtbare Tatsache, daß die in Auseinandersetzungen als Sieger hervorgehende Kultur nicht nur die unbelebten Kulturträger des Unterlegenen (Bücher, Dokumente, Schulwesen, Bau- und Kunstwerke) sondern auch die besonders an Informationen reichen Vertreter der Intelligenzschicht physisch vernichtet, zumindest in der Wirksamkeit stark einschränkt.

Die frühen Prototypen von Maschinen oder Methoden für einzelne Wissenschaften, die durch Weiterentwicklung zu einer besonderen auslösenden Erfindung führten, auf deren Basis dann die neue Wissenschaft entstand — besser sich von ihren Ursprüngen im Schoße anderer Gebiete löste —, kann man zum Beispiel auch für die Physik oder die Chemie erkennen:

Physik: Hebel, Rolle, schiefe Ebene;
Dampfmaschine, Verbrennungsmotor;
energiewandelnde Maschinen
Chemie: Färben, Garen, Gären, Heilmittel, Gifte;
Petrochemie, Pharmazie;
stoffwandelnde Maschinen

42.3 Informatik und Natur

Informationen werden in der lebenden Materie bereits auf sehr frühen Stufen oder Niveaus genetisch übertragen und verarbeitet. Die damit ermöglichte Vererbung mit Störungen einerseits und nachfolgende Auslese nach Evolutionsvorteilen führten zu höheren Entwicklungen: Schließlich von der Amöbe bis zum Menschen. Gewiß ist dieser Prozeß auch noch nicht beendet. Aber von einer gewissen Stufe setzt auch eine außergenetische Vererbung durch Belehren der jüngeren Generationen ein. Das ist auf alle Fälle schon vor der Menschwerdung im Tierreich zu beobachten. Ferner werden Informationen weitergegeben und verarbeitet in der Reviermarkierung, bei der Feindwarnung, beim Balz- oder Brutverhalten, bei der Futtersuche. Sehr eindrucksvoll ist der Informationstanz der Bienen zur Mitteilung über eine neu gefundene ergiebige Tracht.

Man kann oder könnte sogar überlegen, ob eine Informationsverarbeitung bereits in der unbelebten Natur überall dort zumindest stattfindet, wo Ordnungsprinzipien walten, wie beispielsweise im Kristallaufbau, wo sich stoffliche Trennungen statt einer immer stärker wirkenden Vermischung ergeben, wie beispielsweise bei der Herausbildung von Lagerstätten der Bodenschätze. Es sind die Prozesse mit einer Entropieabnahme. Oder auch dort, wo Regel- bzw. Steuerungsprozesse ablaufen. Dabei ist dann natürlich die Information an materielle oder energetische Träger gebunden. Aber das ist letztlich auch bei Computern der Fall.

42.4 Informatik und Technik

Die Informatik ist eng an das Gerät Computer gebunden, obwohl — wie bereits zu zeigen versucht wurde — vom Inhalt und vom Ursprung her eine derartige enge Bindung nicht notwendig ist. Die Kopplung Informatik : Computer ist derartig eng, daß in der Vorstellung der meisten Menschen fast eine Identifizierung gegeben ist. Die in der Schule zu vermittelnde Allgemeinbildung hat dieser Vorstellung unbedingt entgegen zu wirken. Leider sind aber Curricula oder Lehrpläne fast überall anders ausgelegt. Es wird von „Informations*technischer* Grundbildung ITG" gesprochen. Es wird die Mikroelektronik mit einem Gewicht versehen, daß der Eindruck entsteht, Mikroelektronik und Informatik sind ganz enge Verwandte — auch fast identisch. Es gibt sogar das Beispiel, daß mit der Einführung des elektronischen Taschenrechners in die Schule allen Ernstes behauptet wurde, nun hätte man auch die Informatik in die Schule eingeführt.

Man muß herausstellen, was das zentrale Wirkungsprinzip der Computer ist. Die Mikroelektronik ist es nicht, weil es ja schon Computer mit anderer technischer Basis gab: Relais oder Röhren oder Halbleiter größerer Abmessungen.

> Das Besondere an den informationsverarbeitenden Maschinen und ihr zentrales Wirkprinzip ist ihre *Programmierbarkeit.*

Dabei ergibt sich sofort eine rekursive Folgerung: Da Programme selbst Informationen darstellen, können Computer — und das hebt sie von allen anderen Arten von Maschinen ab — ihre Steuerinformationen selbst bearbeiten, d.h. transformieren und sogar weiter entwickeln. Deshalb ist auch ein Einblick — nicht etwa eine perfekte Ausbildung — in die Programmierung von höchstem allgemeinbildenden Wert. Das ist von ähnlichem Gewicht wie die allgemeinbildenden Kenntnisse, daß wir auf einer Erdkugel leben, die um die Sonne kreist, daß es einen Blutkreislauf gibt, daß sich die Gesellschaft in Arbeitnehmer und Arbeitgeber gliedert.

Informatische Denk- und Arbeitsweisen beim Lösen von Problemen sollten von der Natur her bekannt sein, wenn sie auch nicht von allen selbständig verwendet werden können. Die Prinzipien der imperativen Sequenz, der Zyklenformen, der Selektionen und der Substitutionen bis zur Iteration und Rekursion sind allgemeinbildende Bestandteile des Wissens.

Informatik in ihrer Anwendung, in ihrem Einsatz und auch in der Auswirkung in der Ingenieurtechnik (Roboter, Steuerung und Planung der Produktion, Überwachung von Prozessen) ist selbst ein weites Feld der Ausbildung. Da wir in einer industriellen Gesellschaft leben, gehört das unbedingt zur Allgemeinbildung. Die Informatik hat dafür gesorgt, daß eine „angebotsgesteuerte" Produktion sich wandeln kann in eine „nachfragesteuerte" [WEE]. Eine Massenproduktion mit vorbereitender oder nachfolgender Absatzwerbung ändert sich in kundenwunschgerechte Individualfertigung mit Kundenwunschanwerbung natürlich, was bei Autos beispielsweise bereits der Fall ist bez. einer gewissen Ausstattungsvariation.

42.5 Informatik und Gesellschaft

Gewisse Aspekte im Wechselspiel der Informatik und der Gesellschaft mußten bereits sowohl im Abschnitt zu den historischen Quellen als auch im Abschnitt zur Technik angesprochen werden. Aber natürlich ist in einer modernen Gesellschaft die Informationsverarbeitung ungeheuer vielfältig. Man spricht sogar von einer „Informations- und Kommunikationsgesellschaft". Viele Prozesse der gesellschaftlichen Steuerung (Verwaltung, Verkehr und Transport, Handel, Finanz- und Geldwirtschaft, Steuern und Versicherungen, Gesundheitswesen u.a.) laufen nur auf der Basis von Daten und deren automatischer Verarbeitung ab. Alle Bürger kommen damit täglich in Berührung. Das hat Einfluß auf viele Berufe. Es gibt zahlreiche neue Berufe. Andere sind verschwunden, viele haben sich im Inhalt gewandelt. Das Beschäftigungsspektrum der Menschen hat sich nachhaltig und bleibend verändert. Wie sich das alles vollzieht, wo Vorteile für die Menschen entstehen, wo sich Nachteile und Schaden ergeben können, wie dem entgegengewirkt werden kann und muß, das sind Bestandteile der Allgemeinbildung. Es kann dieser Zweig der gesellschaftlichen Auswirkungen der Informatik sogar als Unterrichtseinstieg benutzt werden. Das geschieht auch gern. Dabei werden die sog. „anwendungs- oder nutzerorientierten" Softwaresysteme den Schülern vorgeführt und diese erhalten eine gewisse Einführung bis zur Nutzungsbefähigung auf einem angemessenen Niveau. Es sind dies die Systeme der

Textverarbeitung

Tabellenkalkulation

Datei- oder Datenbankverwaltung

Graphikverarbeitung

oder sogar

integrierte Systeme.

Es muß aber darauf verwiesen werden, daß unabhängig vom bevorzugten Einstieg in einen Informatikunterricht

Algorithmisch-programmiertechnischer Aspekt

Anwendungs- oder nutzerorientierter Aspekt

Gesellschaftlicher Aspekt

sich in jedem Fall Übergänge zu den anderen Aspekten als möglich und auch notwendig erweisen.

42.6 Allmacht und Grenzen der Informatik

Es wurde bereits auf die weit verbreitete Ansicht von der Allmacht der Informatik bzw. der Computer in der Fähigkeit beim Problemlösen verwiesen: Wir werden eines Tages genügend schnelle mit genügend Speicher versehene Computer haben, daß wir die heute noch nicht bearbeitbaren Probleme knacken können! Es muß klar werden, daß diese Ansicht in zweierlei Hinsicht falsch ist:

1. Computer können nur Algorithmen verarbeiten, bzw. befolgen. Computer in einer ganz speziellen (gedanklichen abstrakten) Form, der Turing-Maschine, wurden geradezu zur Definition oder Präzisierung des Algorithmusbegriffes verwendet. Nun ist zwar der Algorithmus für das Lösen von Problemen ein außerordentlich starkes Hilfsmittel, aber es konnte bereits um 1930 von Kurt Gödel in Wien nachgewiesen werden, daß es algorithmisch unlösbare, man sagt „nicht entscheidbare", Probleme gibt. Gerade in der Informatik stößt man auf zahlreiche derartige Probleme. Es sind leider nicht etwa abseitige praktisch unwichtige Probleme, sondern fast immer solche von erheblicher Bedeutung. Also:

   Es gibt praktisch wichtige Probleme, die sich einer Bearbeitung durch Computer entziehen, da sie algorithmisch unentscheidbar sind.

2. Es ist klar, daß algorithmisch prinzipiell lösbare große Probleme mehr Arbeit erfordern als kleine. Auf welche Weise aber hängt der Arbeitsaufwand von der Problemgröße ab? Um diese Frage zu klären, muß man nur Maße schaffen, einerseits für die Problemgröße und andererseits für den Arbeitsaufwand. Dann kann man den Zusammenhang aufklären. Dabei stellen sich grob zwei Problemklassen heraus

Klasse P: Der Aufwand hängt „polynomial" von der Problemgröße ab. Vereinfacht kann man sagen „wie eine Potenzfunktion", also etwa wie eine Parabel bei quadratischer Abhängigkeit. Von dieser Art sind beispielsweise viele Sortieralgorithmen.

Klasse NP: Der Aufwand wächst mit der Problemgröße schlimmer als jede Potenzfunktion (er wächst exponentiell mit der Problemgröße wie eine Zinseszinsfunktion mit der Zeit). Leider sind auch diese Probleme gerade oft solche von immenser praktischer, wirtschaftlicher oder strategischer Bedeutung. Manchmal kann man bessere, nämlich polynomiale, Algorithmen finden. Aber es gibt eine besonders hartnäckige Problemgruppe, die „NP-vollständige" nennt man sie, die sich einer Lösung mit polynomialen Algorithmen widersetzen. Da nun Probleme mit exponentiellem Lösungsverhalten bereits bei relativ geringen Problemgrößen zu unvorstellbar großen Arbeitsanforderungen führen, sind sie praktisch unlösbar. Man kann den Anforderungen nicht genügen.

Es gibt algorithmisch zwar prinzipiell lösbare Probleme, die aber wegen eines ungünstigen Verhältnisses der Arbeitsaufwandsanforderungen praktisch nicht lösbar sind.

Da es praktisch bedeutsame Probleme sind, man also irgendeine Lösung braucht, beschränkt man sich auf Näherungslösungen.

Diese Aussagen sind von großer Bedeutung für die Allgemeinbildung. Lehrer wird es interessieren, daß das sogenannte *Stundenplanproblem* ein NP-vollständiges Problem ist. Alle angebotenen Stundenplanprogramme liefern nur mehr oder weniger gute Näherungslösungen. Fragen Sie doch einmal den Softwarevertreter danach und von welcher Güte die von seinem Produkt gebotene Näherung ist.

Es stellen sich also sehr sichtbare Grenzen der Einsatzmöglichkeiten der Computer und der Algorithmen heraus. Auf der anderen Seite muß in der Allgemeinbildung mit einer vermeintlichen Grenze der Algorithmierung aufgeräumt werden, die in der oft formulierten Weise nicht existiert. Es wird nach dem weit verbreiteten naiven Algorithmusbegriff behauptet, daß Computer immer und ewig nur das ausführen können, was der Mensch ihnen einprogrammiert hat. Dabei hat man aber nur den sogenannten *deterministischen* Algorithmus im Blick, bei dem in jedem Moment festgelegt wurde

WAS GETAN WERDEN SOLL
WOMIT ETWAS GETAN WERDEN SOLL
WIE ES WEITER GEHEN SOLL.

Sobald für auch nur eine dieser Fragen irgendwann im Ablauf des Algorithmus ein Zufallselement wirksam wird, liegt ein *nicht-deterministischer* Algorithmus vor, der durchaus erste primitive Merkmale einer Kreativität hat. Ein solcher Algorithmus tut mehr als der programmierende Mensch ihm befahl. Solche Algorithmen werden u.a. für „künstlerische" Produktionen in der Grafik oder der Musik kommerziell eingesetzt.

Es gibt ferner lernende Algorithmen, die einen Erfahrungsschatz ansammeln, den kein Mensch rein mental verwalten könnte. Auch diese Algorithmen leisten bald mehr als der Erstprogrammierer ihnen sagen konnte. In diesem Zweig befinden sich die sogenannten Expertensysteme aus dem Teilgebiet *Künstliche Intelligenz* der Informatik.

Es gibt Algorithmen, die Eigenschaften aufweisen, die über der Leistung des ursprünglichen Programmierers liegen.

42.7 Informatik in der Bildung

Die geschilderten allgemeinbildenden Aspekte der Informatik — und sie waren bei der im vorliegenden Beitrag gebotenen Kürze noch nicht einmal erschöpfend — machen eine Einordnung als selbständiges Fach in der allgemeinbildenden Schule notwendig. Alle führenden Industriestaaten sind diesem Gedanken gefolgt. Natürlich gibt es bei einem solchen Schritt auch immer retardierende Elemente. Neue Fächer wurden schon öfter in Schulsysteme eingeführt. Im Zeitraum von 1850 bis 1900 betraf das die Naturwissenschaften Physik und Chemie, abgesehen von ziemlich einschneidenden Strukturänderungen im Mathematikunterricht. Felix Klein setzte sich maßgeblich für die Einführung der Infinitesimalrechnung im gymnasialen Mathematikunterricht ein. Es wurde damit eine Abkehr von der Jahrtausende währenden Orientierung an der klassisch-griechischen Mathematik eingeleitet. Die Entwicklung der Industrie, aber vor allem die damit verbundene notwendige neue Auffassung eines Weltbildes für die Allgemeinbildung, forderte eine neue Art von gebildeten Bürgern. Ähnliche Verhältnisse liegen nun schon seit einigen Jahrzehnten für die Informatik vor. Gerade aufgeschlossene Mathematikdidaktiker haben sich in der jüngsten Vergangenheit um die Belange eines Informatikunterrichts bemüht und sich dafür eingesetzt (Gesellschaft für Didaktik des Mathematikunterrichts, GDM). Es ist leider nur wenig historisches Material über die Vorgehensweise, die Widerstände und deren Überwindung bei der Einführung der naturwissenschaftlichen Fächer bekannt. Gewiß könnte man daraus lernen. Natürlich ist die Stundentafel für die Schulen übervoll, natürlich will kein Fach Unterrichtstunden und damit Stoffanteile aufgeben. Offenbar muß der fordernde Informatiker in andere Fächer blicken und mit einsichtigen Fachdidaktikern ausloten, was ist unverzichtbares Gut der Allgemeinbildung, was ist als vorbereitend für eine Berufsbildung notwendig, was ist wissenschaftliche Überfrachtung?

In diesen Fragen kann ein Blick über Staatsgrenzen hilfreich sein. Man darf sich dabei nicht auf bestimmte Gruppen, etwa die Staaten der europäischen Gemeinschaft (EG), beschränken. Gerade in nicht zu diesem Verband gehörenden Staaten hat der Informatikunterricht der Schulen schon oft einen festen Platz. Dort wurden also die in Deutschland noch diskutierten Einwände bereits überwunden.

Der Fakultätentag Informatik hat eine Kommission zur Frage des Informatikunterrichts in der gymnasialen Oberstufe (Sekundarstufe II, also Klassen 11–13) und zur entsprechenden Lehrerausbildung eingesetzt. Diese hat gegenwärtig ihre Arbeit so gut wie abgeschlossen. Die von der stürmischen Entwicklung inhaltlich überholten Papiere der Bund-Länderkommission [BLK], sowie der Berufsorganisationen Gesellschaft für Informatik [GI] und Gesellschaft für Mathematisch-Naturwissenschaftlichen Unterricht [MNU] wurden fortgeschrieben. Natürlich hat der Fakultätentag Informatik in seiner universitären Orientierung vorrangig das Studium Informatik im Blickfeld. Dabei ist es seit Jahren höchst unbefriedigend, daß anders als bei vielen anderen Studiengebieten, bei denen die Schule für Grundkenntnisse gesorgt hat, die Informatikausbildung der Studienanfänger weitgehend beim Stand Null einzusetzen hat.

Unbefriedigend bleibt eine offensichtliche Lücke zwischen einer Grundbildung in Klassenstufe 7 und dann dem Informatikunterricht in der Sek. II. Auch die Abgänger der Real-, Haupt- oder Mittelschule mit 10 Schuljahren erhalten in den Ländern Deutschlands eine in vieler Hinsicht amputierte Informatik-Allgemeinbildung. Der Konsens zwischen den Bundesländern in dieser Frage könnte sehr verbessert werden. Der während dieser Tagung beratende Arbeitskreis „Schulinformatik" der GI (AK 7.1.2) diskutiert verschiedene neue Lehrplanentwürfe ausgewählter Bundesländer.

42.8 Didaktik der Informatik

Ein Informatikunterricht — in der Schule, aber auch in der beruflichen Bildung, im Studium und in der lebenslangen Weiterbildung — verlangt eine fachbezogene Didaktik. International und auch in Deutschland existieren für den Schulunterricht bereits erste Werke ([BAU] und [MOD] als Beispiele). Jedoch für andere Bildungsbereiche ist die Situation ernst. Dabei ist beispielsweise eine Didaktik für Fachinformatiker dringend notwendig. Man erkennt das an der oft mangelhaften didaktischen Qualität der Unterrichtsmaterialien für firmeninterne Weiterbildung, für Kunden- und Nutzerschulungen — sowohl auf dem Hardware- als auch auf dem Softwaresektor — und an den Manualen bzw. Handbüchern, welche Produkten beigegeben werden. Die Autoren sind oft ganz exzellente Fachinformatiker, selbst an der Entwicklung der beschriebenen Produkte beteiligt, haben aber einfach kein Gespür für die Erwartungshaltung in der Kunden- oder Nutzersituation. So werden unnötige (für den Nutzer unnötige) Details beschrieben, auf die der Entwickler mit Recht stolz sein kann. Anderes wird verschwiegen, weil der Fachinformatiker dies als Allgemeingut ansehen wird. Die Gliederung und der Aufbau folgen nicht den einfachsten didaktischen Regeln. Als Folge kann man beobachten, wie die umfangreichen Manuale kaum genutzt liegen bleiben. Hier könnten Hersteller reich von einer Didaktik der Informatik profitieren.

Es besteht auch größeres internationales Interesse an derartigen didaktischen Fragen. Der anläßlich dieser Tagung stattfindende Workshop zur Didaktik der Informatik soll ein erster Schritt in diese Richtung in Deutschland sein. Fortsetzungen sind geplant. Träger könnten die GI-Akademie (Sitz Bonn mit dem Tagungsort Schloß Dagstuhl), die Gesellschaft für Didaktik des Mathematikunterrichts (GDM) und die Gesellschaft für mathematisch-naturwissenschaftlichen Unterricht (MNU) aber auch andere sein. Die GDM und die MNU haben bereits seit Jahren auf ihren Jahresberatungen und in Untergruppen Bezug auf Belange des Informatik-Schulunterrichts genommen.

Literatur

[BAU] Rüdeger Baumann: Didaktik der Informatik; Ernt Klett Schulbuchverlag Stuttgart 1990

[BLK] Bund-Länderkommission der Kultusministerkonferenz: Gesamtkonzept der informationstechnischen Bildung; 1987

[GI] Gesellschaft für Informatik e.V.: Empfehlungen für einen Informatikunterricht und die entsprechende Lehrerausbildung; Bonn

[GRA] Klaus-Dieter Graf: Computer in der Schule 3; B.G. Teubner Stuttgart 1990

[KER] I.O. Kerner: Der Bildungskern der Informatik; in [GRA, S. 189–200]

[MNU] Gesellschaft für Mathematisch-Naturwissenschaftlichen Unterricht e.V.: Bad Honeff 1991

[MOD] Eckart Modrow: Zur Didaktik des Informatik-Unterrichts Bd.1; Ferd. Dümmlers Verlag Bonn 1991

[WEE] Tom J. van Weert: Informatik als Teil der Allgemeinbildung; Fachtagung „Informatik und Schule '93: Informatik als Schlüssel zur Qualifikation"; Koblenz 1993

Kapitel 43

Steffen Friedrich: Informatik-Didaktik in der Ausbildung — eine Voraussetzung zum Lehren von Informatik?

43.1 Ein schwieriger Weg der Informatik zum Schulfach

Betrachtet man die Entwicklung des Schulfaches Informatik, so hat es in seiner jungen Geschichte bereits Höhen und Tiefen erlebt und ist bis heute in der Diskussion um den geeigneten Platz im Rahmen der Allgemeinbildung. Dabei haben unterschiedliche schulpolitische Bedingungen diese Situation sicher beeinflußt, aber keinesfalls allein geprägt. Verdeutlichen wir uns die Wurzeln, die zu einer breiten Zustimmung zur Einführung eines Informatikunterrichts in den Schulen führten, so sind diese in verschiedenen Ebenen zu finden und nicht allein mit der Einordnung von Informations- und Kommunikationstechnologien als Schlüsseltechnologien erklärbar. Die einzelne Entwicklungsphasen wurden bereits verschiedentlich dargestellt und kommentiert[1] und machen deutlich, daß selbst die Einführung dieses Unterrichtsfaches an gewisse Rahmenbedingungen gebunden war und sich folglich zuerst in der Oberstufe der Gymnasien einen relativ festen Platz erworben hatte.

Vor allem bedingt durch Erwartungen aus der Sicht des Hochschulfaches wurden in dieser Zeit Curricula entwickelt und eingeführt, die ihre Nähe zur Wissenschaft Informatik und den dort bearbeitenden Teildisziplinen nicht verschweigen wollten, sich also als Umsetzung der in diesem Bereich akzeptierten Lehrstrategie auf das Schulniveau verstanden. Geprägt waren diese Überlegungen auch von einer etwas einseitigen Orientierung auf die Programmierung im engeren Sinne als eine Kulturtechnik. Ohne an dieser Stelle auf verschiedene didaktische Ansätze für einen Informatikunterricht näher einzugehen, spielten in diesen Konzepten Fragen der Algorithmierung und Programmentwicklung, neben dem Aufbau und der Wirkungsweise von Computern, eigentlich die zentrale Rolle. Das zeigt sich noch in der Gegenwart — sicher in unterschiedlichen Ausprägungen — in den Lehrplänen der einzelnen Bundesländer für die Abiturstufe, in verschiedenen Lehrbüchern und in Veröffentlichungen einschlägiger Zeitschriften.

Nachdem sich die Bund-Länder-Kommission bereits vor 5 bzw. 7 Jahren zur informationstechnischen Bildung geäußert hat, sind neue Überlegungen notwendig, um der veränderten Sicht auf diesem Zweig der Bildung in der allgemeinbildenden Schule zu entsprechen. Das steht keinesfalls im Widerspruch dazu, daß sich die Grundbildung gegenwärtig in der Phase ihrer breiten Einführung befindet. Wollen wir diesen Fragen nicht zurückbleiben, muß es zu einem durchgehenden Konzept der Computerbildung kommen, wobei Veränderungen in der S I bzw. S II, die sich aus der breiten Durchführung der Grundbildung ergeben, besonders interessieren.

Die angesprochene Zielrichtung führt dazu, daß ausgehend von einer Neubesinnung auf den Gegenstand informatischer Bildung in der Schule, einige aktuelle Fragen diskutiert und einer weiteren Klärung zugeführt werden könnten. Das betrifft eine Diskussion von Grundproblemen einer Informatikdidaktik in ihrem Wirken von der Grundbildung bis zum Informatikunterricht in der

[1] Diskussionen in LOGIN. Insbes. in: 11 (1991) 4, 6; 12 (1992) 1, 2; Schulcomputer-Jahrbuch, Metzler-Verlag, 1992

Sekundarstufe II ebenso, wie die Rahmenforderungen an eine Lehrerausbildung zur Informatik. Es ist von kaum ausgebildeten Informatiklehrern schließlich auch kein Innovationsschub in ihrem Fach zu erwarten. Sicherlich wirken sich auch andere Faktoren, wie z.B. die Gegenstandsbestimmung eines Schulfaches Informatik und die Herausbildung seiner Didaktik, gegenwärtig hemmend aus. Hier ist eine inhaltliche Aufarbeitung dringend geboten.

Die Ausgangspositionen stellen sich etwa in der folgenden Weise dar:

- Die informationstechnische Grundbildung ist in allen Bundesländern verpflichtender Bestandteil der Allgemeinbildung. Allerdings geschieht die Durchführung nach unterschiedlichen Konzepten und Modellen. Das eigenständige Fach Angewandte Informatik in den Mittelschulen Sachsens hat dieses Spektrum erweitert und strebt einen deutlicheren Informatikbezug an.
- Die informationstechnische Grundbildung hat sich an den Forderungen zur Allgemeinbildung orientiert und unterliegt der Gefahr, die Denk- und Arbeitsweisen des Faches Informatik ungenügend zu berücksichtigen. Die Überlegungen zu den unterschiedlichen Sichtweisen betreffen mehr andere Fächer und deren Gegenstand, weniger die fachlichen Anteile der Informatik.
- Der von einigen Informatikern getragene Systemansatz ist möglicherweise ein geeignetes didaktisches Konzept zur Vermittlung von informationstechnischer Grundbildung, muß aber auch dafür noch stärker ausgearbeitet werden. So steht nicht die Frage einer verschiedenen Sichten unterworfenen Reflexion allein im Zentrum, sondern es sind Wissens- und Könnenskomponenten, sowie die erzieherischen Wirkungen für die künftige beständige Durchsetzung einer solchen Grundbildung explizit zu formulieren.
- Nach einer Reihe von Modellversuchen haben vor allem Fortbildungskurse versucht, die Lehrer der verschiedenen Fächer auf diese Aufgabe vorzubereiten. Eine Weiterbildung mit definierten Abschlüssen konnte nicht durchgesetzt werden. Auch blieben die Auswirkungen der Grundbildung auf den Computereinsatz im Fachunterricht bisher wenig untersucht, weil die didaktische Vorbereitung in den Fächern nicht genügend ausgeprägt ist.
- Die Lehrerausbildung berücksichtigt diese Anforderungen — wenn überhaupt — nur im Zusammenhang mit dem Computereinsatz im Fach, weniger in einem direkten Bezug auf Aufgabenfelder in der Grundbildung. Die Qualifikation zum Erteilen von Grundbildung ist durch die verschiedenen Realisierungsmodelle nicht allgemeingültig beschreibbar.

Die Diskussion um den Platz der Informatik in der allgemeinbildenden Schule ist trotz oder gerade wegen des zur Zeit laufenden Informatikunterrichts aktueller denn je. Dabei stehen die Wünsche der Schüler und Eltern nicht immer in Einklang mit den Ansichten der Schuladministration. Es ist deshalb die Frage nach den grundlegenden Beiträgen der Informatik zur Allgemeinbildung genauer zu beleuchten, wobei von der Auffassung ausgegangen wird, daß sich Informatik in der Schule und Hochschule grundlegend unterscheiden müssen. Solange nur zeitlich versetzt ähnliche Inhalte geboten werden, wird es die Informatik immer schwer haben, sich als eigenständiges Fach zu etablieren.

Die Informatik muß sich, will sie als Schulfach Bestand haben, auf ihren eigenen Fachgegenstand beziehen und die dafür festzuschreibenden Inhalte herausarbeiten. Das sollten allerdings dann auch Themen sein, die dieser Disziplin unmittelbar entstammen oder deren Bildungswert ausmachen. Es besteht gegenwärtig eine gewisse Gefahr, daß das Unterrichtsfach Informatik eine Ersatzfunktion für Gegenstände erfüllen soll, die vielleicht besser in anderen Fächern anzusiedeln wären. So kann es keine allein tragfähige Richtung sein, unter Betonung einer starken Gesellschaftsorientierung, die doch mehr aus pragmatischen Gründen entstanden ist, eine neue Begründung dieses Faches zu versuchen. Das Anliegen eines jeden Unterrichtsfaches einen spezifischen Beitrag zu einigen gesellschaftlichen Aspekten der Allgemeinbildung zu leisten, gilt für die Informatik in gleicher Weise, wie auch für alle anderen Fächer.

Desweiteren sind es Aspekte der didaktisch-methodischen Gestaltung von Informatikbildung in verschiedenen Bildungsstufen, die die weiteren Überlegungen prägen sollten:

- Im Rahmen der Grundbildung ist in Deutschland ein fachübergreifender Ansatz weit verbreitet. Er führt mitunter zu einer Überbetonung gesellschaftlicher Ansprüche, die für andere Fächer teilweise schon selbstverständlich sind. Gerade die Informatik muß sich in diese Bildungsphase wieder stärker einbringen.
- Eine vertiefte informatische Bildung im Sekundarbereich I ist für die geistige Schulung der Schüler von grundlegender Bedeutung. Dabei geht es insbesondere um die Ausbildung von Denkweisen bei der Problemlösung sowie um die Nutzung von Computern und Programmierumgebungen als nützliches Werkzeug.
- Die informatische Bildung im Sekundarbereich II besteht am längsten und ist oft auch sehr eng an eine Programmierausbildung gebunden. Dabei verwischen gelegentlich die Unterschiede zwischen Schule und universitärer Ausbildung. Neben den Angeboten zu einer sinnvollen Spezialisierung ist die Bestimmung solcher Themen notwendig, die die Ausbildung in den anderen Fächern der gymnasialen Oberstufe flankieren und unterstützen. Hier sind fächerübergreifende Themen auf einem höheren Niveau vertiefend anzubieten.

Mit dem Blick auf wichtige Teilbereiche sowie auf unterschiedliche Schularten und Klassenstufen wird sich ein Unterrichtsfach Informatik einen eigenen festen Platz erst noch erstreiten müssen. Ein Erfolg wird davon abhängen, wie es gelingt, die Gegenstände der Informatik für die Allgemeinbildung aufzubereiten. Die damit verbundenen Erwartungen und Forderungen können sich nicht nur an Fachwissenschaftler und Schulpolitiker richten, sondern unterstreichen insbesondere Anliegen und Notwendigkeit der schnellen Ausarbeitung einer Fachdidaktik Informatik.

43.2 Didaktik der Informatik — mehr als eine Idee

Die Diskussionen um die Entwicklung einer Fachdidaktik sind nicht neu, häufig aber aus dem Stadium der Forderung wenig herausgekommen. Das ist ganz natürlich, solange Hochschulen und Universitäten kaum in der Lage sind, diesbezügliche Arbeiten zu betreiben und eine mit der entsprechenden Ausbildung gekoppelte Forschung aufzubauen. Unbestritten ist durchaus die grundsätzliche Position der Fachdidaktik als Vermittler zwischen fachlicher Basis und unterrichtlicher Realisierung. Obwohl man geneigt ist, das auf den Schulunterricht zu beschränken, können hier alle Situationen des Lehrens und Lernens von Informatik einbezogen werden. Gerade in einer Zeit, in der recht viele Formen von Weiterbildungen zu informatischen Themen existieren und auch manchmal unbeachtet jeglicher didaktischer Grundlagen ablaufen, scheint eine solche weite Sicht auf die Fachdidaktik Informatik sinnvoll. Auch für einen Kurs zur Einführung in ein Softwaresystem für eine bestimmte Berufsgruppe ist z.B. die Frage legitim, welche Begriffe und Aussagen aus der Fachwissenschaft auf welchem Niveau und mit welcher didaktischen Zielstellung den Teilnehmern vermittelt werden.

Vor allem mit der Begründung des Faches Informatik in der Schule sind didaktische und methodische Überlegungen entstanden, die für die Gestaltung eines niveauvollen Informatikunterrichts sehr hilfreich sind. Eine Ausarbeitung eines geschlossenen Konzeptes steht aus. Auf wesentliche Ursachen dafür weist bereits Baumann[2] hin, indem er die fehlende fachdidaktische Forschung, die tätigen Lehrer ohne Ausbildung und die Dynamik der Informationswissenschaften als Schwierigkeiten charakterisiert. Dabei wird deutlich, daß eine Lösung nur über die Ausbildung im Sinne eines Lehramts denkbar ist, die neben fachlichen auch fachdidaktische Elemente enthält und so notwendige Forschungen möglich macht. In kaum einem bestehenden Schulfach muß in einem

---

[2]Vgl. Baumann, Didaktik der Informatik, Klett-Verlag, 1990, S. 49.

größeren Umfang der Unterricht von Lehrern durchgeführt werden, die eine grundständige Ausbildung zu dem jeweiligen Fach nicht erhalten haben. Es geht in der Informatik eben nicht allein um die sichere Benutzung des jeweils aktuellen Programmsystems, sondern um jene fachliche Basis, deren Bestand in naher Zukunft nicht in Zweifel gezogen wird. Erst dann ist doch ein breiteres Verständnis für ein Informatik-Fundamentum[3] in der allgemeinbildenden Schule gegeben.

Natürlich bleiben die Kernpunkte noch offen und die Fragen zum Gegenstand einer Fachdidaktik Informatik sind nicht einmal präzise gestellt. Fest steht allerdings, daß die Themen und Aspekte, wie in den anderen Fächern auch, vor allem fachlich gestützt sein sollten. Keinesfalls ist dabei an eine Ausgrenzung gesellschaftlich relevanter Themen und schon gar nicht an das Aufgeben einer pädagogisch-didaktischen Orientierung der Allgemeinbildung[4] gedacht. Die Einführung des Faches Informatik muß aus dem Gegenstand des Faches, der wiederum selbst determiniert ist, selbst bildungspolitisch zu rechtfertigen sein. Sie kann aber nicht an momentan aktuellen Bezugspunkten festgemacht werden, die sich über die Zeit gerade auf dem Gebiet der Informationswissenschaften sehr schnell ändern. Es ist für die Behandlung physikalischer Gegenstände doch nicht allein wichtig, welche Resonanz sie gegenwärtig in der öffentlichen Meinung besitzen, sondern welche physikalischen Grundprinzipien damit vermittelt werden. Ähnliche Überlegungen ließen sich für die Mathematik, die anderen Naturwissenschaften und auch für die geisteswissenschaftlichen Fächer anstellen. Also steht mehr die Frage, die Grundprinzipien der Informatik zu beschreiben, die unabhängig von aktuellen Entwicklungen im Bereich der Hard- und Software Allgemeingut für den Absolventen der jeweiligen Schulart sein müßten. Das sind zum Beispiel

- Grundprinzipien des Aufbaus, des Funktionierens und der Wirkung von Maschinen zur Verarbeitung von Informationen;
- Strategien der Problemlösung mit Werkzeugen der Informatik und Betrachtung ihrer Möglichkeiten und Grenzen;
- Gesichtspunkte und Konsequenzen der Abstraktion und Modellbildung mit Mitteln der Informatik.

Im Vordergrund stehen also nicht die Fertigkeiten in der Benutzung eines bestimmten Softwareproduktes oder das Wissen um einzelne Sprachkonstrukte. Obgleich das sicher ebenso Bestandteil des Unterrichtes sein muß, wie Fertigkeiten zum Experimentieren in die Naturwissenschaften gehören oder die Arbeit mit dem Taschenrechner in den Mathematikunterricht. Anhand dieser Überlegungen wird deutlich, daß es primär um informatische Fragen und somit um die didaktisch sinnvolle Umsetzung notwendiger und aus der Informatik stammender Bildungsinhalte gehen soll. Inbesondere sind es die folgenden Aspekte:

- Eine Bestandsaufnahme zur Situation in der informationstechnischen Bildung i.w.S. scheint dringend geboten, damit die informationstechnische Grundbildung eine weiterführende informatische Bildung im Sinne des Faches Informatik verbessert und dieses Fach selbst zur Positionsbestimmung der Grundbildung beiträgt. Es muß überlegt werden, ob nach 7 Jahren BLK-Konzept und nach über 10 Jahren Informatikunterricht, die Forderungen zur Begründung der Bedeutsamkeit des Faches für die Allgemeinbildung nicht doch wieder neu zu stellen sind.
- Die zu diskutierenden Themen müssen einen engen Informatikbezug haben, immer mit dem Blick darauf, daß es das Schulfach Informatik gibt und geben soll. Die Forderungen und Wünsche an andere Fächer sind dabei eine wichtige Ergänzung, ersetzen aber nicht die Forderungen an die Informatik selbst. Das Ergebnis wird kein Katalog von Anforderungen

[3] Vgl. Claus, Anforderungen an den Informatikunterricht. In: Weiterentwicklung des Informatikunterrichts, HIBS, Wiesbaden, 1991, Heft 16.

[4] Vgl. Penon/Sack/Witten, Informationstechnik und Allgemeinbildung. In: LOGIN 12(1992)2, S. 28.

an im Rahmen einer Grundbildung beteiligte Fachdidaktiken liefern, sondern auf das Zielfach Informatik gerichtet werden und dort entsprechende Ansprüche anmelden.

- Die neuen Überlegungen sollten auch die Entscheidungen zur Informatik in der Sekundarstufe I förderlich unterstützen. Dazu scheinen einige Aktivitäten dringend geboten, da im Zuge möglicher Verringerungen der Stundenbelastung für die Schüler dieser Altersstufe wichtige Beiträge zur Allgemeinbildung seitens der Informatik erst recht nicht realisiert werden könnten. Eine Erhöhung des Niveaus in der S II bleibt dann mit der Zeit auf der Strecke, und die gegenwärtig schon nicht besonders günstige Situation wird auch nicht besser.
- Es muß der eigenständige Informatikfachanteil bewußt gemacht werden, um daraus Anforderungen an eine Lehrerausbildung besser zu begründen. Dabei sollte zwischen einer Ausbildung für künftige Informatik-Fachlehrer im Sinne eines Lehramts, den festen Bestandteilen zur Informatik beim Studium anderer Fächer und einer Informatik-Grundbildung für alle künftigen Lehrer aus fachlicher und fachdidaktischer Sicht unterschieden werden.

43.3 Konsequenzen für eine fachdidaktische Ausbildung

Eines ist inzwischen ziemlich sicher: Das Erlernen einer imperativen Programmiersprache allein kann nicht die Informatikbildung ausmachen. Hinzu kommen auf jeden Fall Fähigkeiten und Fertigkeiten in der informatischen Modellbildung und deren Diskussion oder auch Realisierung. Im Vordergrund stehen dabei die Verarbeitung von Informationen, insbesondere ihre Aufnahme, Darstellung und Weitergabe. Neue informatische Themen werden in nächster Zeit bei einer weiteren Ausbreitung der Kommunikation im Alltag auch schulrelevant. In diesem Umfeld müßten sich historische und gesellschaftliche Aspekte einordnen und nicht zum Gegenstand des Faches Informatik erklärt werden. Eine Fachdidaktik Informatik kann nur die der Fachwissenschaft eigenen Fragestellungen unter didaktischer Sicht für die Schule thematisieren und sollte ähnlich wie andere Fächer ihrem Gegenstand treu bleiben. Das heißt nicht, daß auch Möglichkeiten und Grenzen in diesem Fachgebiet beleuchtet werden, denn sie haben für die Allgemeinbildung zur Informatik durchaus eine große Bedeutung.

Aus der Sicht der gegenwärtigen Entwicklung des Informatikunterrichts wäre zur Erstellung geeigneter Ausbildungskonzepte den folgenden Fragen zuerst nachzugehen:

Die Diskussion um informatische Bildung reduziert sich mitunter auf Begründungsversuche für ein Schulfach Informatik. Dabei sollte es doch nicht nur um die Notwendigkeit eines Faches gehen, sondern viel mehr um dessen inhaltliche Charakteristik und didaktische Aufarbeitung.

Also: Was sind Grundbegriffe und Grundaussagen einer Schulinformatik?

Es ist nicht das Ziel des Informatikunterrichts, Spezialisten in Softwareentwicklung auszubilden. Bei der Wahl der Themen sollten Ausschnitte aus der Realität sinnvoll eingefangen werden und ein didaktischer Handlungsrahmen entstehen. Daß Informatikunterricht kein Programmierkurs ist, muß ebenso sichtbar werden, wie fundamentale Grundkategorien einer Allgemeinbildung zur Informatik.

Also: Welche didaktischen Grundformen des Unterrichts werden durch die Informatik besonders geprägt?

Die integrativen Konzepte der informationstechnischen Grundbildung neigen dazu, den Gegenstand der Informatik immer weiter zu verlassen. Man muß fast fordern, daß das Fach Informatik bei der Aufteilung der Inhalte für eine solche Grundbildung genügend beachtet wird und nicht nur durch die Benutzung eines Computers repräsentiert ist.

Also: Wie können Informatikinhalte in der Grundbildung und im Fachunterricht lebendig gehalten werden?

Ein fundierter Unterricht ist nur auf der Basis einer soliden Ausbildung und nicht allein durch

Fortbildung erreichbar. Ein Studiengang mit einem schulfachgemäßen Abschluß ist dem Stellenwert dieses Faches in den allgemeinbildenden und beruflichen Schulen förderlich.

Also: Welche Forderungen stehen an die künftige Aus- und Fortbildung von Informatiklehrern?

Die Forderungen an eine fachdidaktische Ausbildung erwachsen aus den dargestellten Auffassungen und bewegen sich in zwei Extremen. Zum einen wird in den Fertigkeiten der Computerbenutzung und auch der Programmierung das Nonplusultra des künftigen Fachlehrers gesehen und seine Qualifikation zum Unterrichten des Faches daran gemessen. Gerade in Weiterbildungen von Lehrern ist eine Betonung dieser praktischen Seite mitunter nicht im Gleichklang mit Informatikthemen und deren didaktischer Diskussion. Das führt dann zu den bekannten Ängsten vor sich verändernden Arbeitsumgebungen, Programmiersprachen oder Computerstandards. Auf der anderen Seite wird die Ausbildung übertheoretisiert, finden praktische Aspekte kaum Eingang in die Ausbildungsformen. Es ist gerade für Studierende im Lehramt wichtig, einen unmittelbaren Bezug zum Computer zu erleben, um so ein Gespür für die eigene Unterrichtspraxis zu entwickeln.

Sicher ist die Fachdidaktik nicht nur für künftige Lehrer ein Ausbildungsfach und demzufolge nur die Schulinformatik im Blickpunkt von Ausbildungskonzepten zu sehen. Eine Reihe ausgebildeter Informatiker werden in ihrem späteren Berufsleben im Rahmen verschiedener Weiterbildungsformen, bei der Erarbeitung von Softwaredokumentationen u.ä. sehr stark mit didaktischen Anforderungen konfrontiert. Das geschieht häufig mit wenig Einblicken in die Geheimnisse des Lehrens dieses Faches, um das Fach in Bezug auf die eine bestimmte Gruppe ansprechend vertreten zu können. Während für die Lehramtsstudenten mehr Fragen der Gegenstandsbestimmung des Schulfaches und deren praktische Realisierung eine größere Relevanz besitzen, sind es für Informatikstudenten vor allem Fragen der Kursgestaltung und der Arten des Lehrens vor einer Gruppe Erwachsener.

Unter dieser Sicht sind unterschiedliche Lehrangebote für diese beiden Studiengänge als Wahl- bzw. Pflichtlehrveranstaltungen entstanden:

(a) Studiengang: Informatik-Diplom

- Informatikbildung in Sachsen — neue Konzeptionen im Vergleich
- Informatikbildung in anderen europäischen Ländern in Schule und Hochschule
- Bildung als Zukunftsbewältigung — Anforderung an die Informatikausbildung der 90-er Jahre
- Aspekte einer Fachdidaktik Informatik
- Computer als Mittel beim Lehren und Lernen
- Didaktische Überlegungen zur Gestaltung von Aus- und Weiterbildung
- Grundlagen der Ausarbeitung von Lehr- und Arbeitsmaterialen
- Perspektiven in Aus- und Weiterbildung

(b) Studiengang: Informatik-Lehramt

- Überblick zu Zielen und Inhalten des Informatikunterrichts — Standpunkte und Konzeptionen im Vergleich
- Entwicklungstendenzen einer Fachdidaktik Informatik
- Sozialformen des Unterrichtens von Informatik in Mittelschule und Gymnasium
- Paradigmen der Informatikbildung
- Aspekte der methodischen Gestaltung von Informatikunterricht
- Computer als Mittel im Fachunterricht

Die dargestellten Schwerpunkte sollen einige Aspekte der beiden Ausbildungsrichtungen deutlich machen. Sie sollen unterstreichen, daß didaktische Themen zum Lehrangebot der Universität gehören und sich nicht auf Lehramtsstudiengänge beschränken dürfen. Das trifft besonders für jene Disziplinen zu, für die im beruflichen Leben ein hoher Weiterbildungsbedarf besteht. Auch künftige Betriebswirtschaftler oder Juristen oder ... könnten sich auf diesem Weg einige Grundlagen erwerben, deren Kenntnis (verbunden mit einzelnen Fertigkeiten) sich für die spätere Tätigkeit förderlich auswirken würde.

In der Informatik zeigt sich das in besonderer Weise, weil das Lehren in verschiedenen Kursen an die unmittelbare Nutzung des Computers gebunden ist. Das ist in der eigenen Ausbildung unterschiedlich erlebt worden. Sicherlich geht es vor allem darum, das eigene Fachgebiet ordentlich und solide zu vertreten. Aber es ist beispielsweise ebenso wichtig, sich auf die Zuhörer einzustellen, eine abwechslungsreiche Gestaltung zu planen, Begriffsbildungen und Aussageformulierungen unter didaktischen Gesichtspunkten vorzunehmen und vieles mehr. Im Rahmen des Lehramtsstudiums sollten gegenwärtig stärker die Bestimmung des Platzes der Informatik in der Allgemeinbildung, die Charakteristik des fachlichen Fundaments, einschließlich notwendiger didaktischer Überlegungen, die Grundprinzipien der Gestaltung von Informatikunterricht u.ä. beachtet werden. Interessant wären möglicherweise auch Lehrangebote oder Praktika, an denen sowohl Diplom- als auch Lehramtsstudenten teilnehmen.

Kapitel 44

Gabriele Lehmann: Methoden der Zielbestimmung für die Informatische Bildung

44.1 Einleitung

Das Motto der Tagung — *Informatik als Schlüssel zur Qualifikation* — veranlaßt mit Blick auf die Informatische Bildung an **allgemeinbildenden Schulen** zu einer Reihe von Fragen, beispielsweise:

(1) Was ist *Qualifikation*? Was ist der Unterschied zwischen *Qualifikation* und *Allgemeinbildung*?

Während der Begriff *Qualifikation* zielgerichtet ist und sofort die Frage: Qualifikation — wofür? impliziert, hat *Allgemeinbildung* als Prozeß — seit von Humboldt in der pädagogischen Diskussion — keinen finalen Aspekt. Die Unmöglichkeit, eindeutig und allgemein anerkannt festzulegen, was Allgemeinbildung ist, führt dazu, daß *Allgemeinbildung* mitunter in bildungspolitischen Schriften durch den Begriff *Qualifikation* ersetzt wird, [Kl90].

Eng verbunden mit Frage (1) ist die folgende:

(2) Welche Ziele hat die allgemeinbildende Schule überhaupt?

Eben weil sich der Begriff *Allgemeinbildung* nicht allgemeingültig fassen läßt, ist auch das Bestimmen von Zielen für die schulische Bildung schwierig. Es handelt sich hierbei um ein nichtformalisierbares Problem: Es kann kein sozialwissenschaftliches Instrumentarium zur Normsetzung einheitlicher Ziele, zur wissenschaftlichen Begründung von Werturteilen geben — im Sinne von Urteilen über das, was es wert ist, Bildungsgut zu sein und als solches vermittelt zu werden. Die Voraussetzung hierfür wäre ein Konsens bezüglich eines Zukunftsmodells für die Gesellschaft und eine Orientierung hieran bei der Zielbestimmung. Vermutlich würden selbst bei völliger Einigkeit über alle grundlegenden Ziele der Schule und bei einheitlichen Kriterien für ihre Bewertung nicht zwingend gleiche Ziele bestimmt werden. So ist lediglich eine zeitlich begrenzt geltende Beschreibung jener Persönlichkeitseigenschaften möglich, die als wünschenswert anzustreben sind, [Kl85] und andere.

Für die Schul-Informatik kommt hinzu, daß es keine gewachsenen Traditionen in der Vermittlung eines informatischen Bildungsgutes gibt.

Dennoch ist für die Bestimmung von Zielen eines Faches ein Konsens in dem, was Schule eigentlich will, unverzichtbar — und auch erreichbar:

Wenn auch mit unterschiedlicher Prägnanz und Schwerpunktsetzung, so unterscheiden sich die Beschreibungen von Allgemeinbildung, [Kl84, Kl91, Go88, Kl85, Cl86, vL89, Kl90, BH89], nicht in Grundsätzlichem. In allen Katalogen wird die Erziehung zur Bewältigung künftiger Lebenssituationen, zu Verantwortungsbereitschaft, zu Handlungsfähigkeit auf der Basis von Sachkompetenz, zu kritischem Hinterfragen gesellschaftlicher Erscheinungen, zu Kooperationsfähigkeit und zu Kreativität hervorgehoben. Daß die zahlreichen Beschreibungen mehr oder minder visionär sind, ist nur natürlich: Da es um die Zielbeschreibung eines Prozesses geht, der ein Bildungsideal zu realisieren versucht, werden **anzustrebende** Persönlichkeitseigenschaften formuliert.

Und letztlich ist zu fragen:

(3) Wann wird eine Disziplin — wie beispielsweise die Informatik — warum in der allgemeinbildenden Schule etabliert?

Die letztgenannte Frage läßt sich zur Grundfrage jeder Fachdidaktik erweitern: **Warum wird was wie vermittelt?** Sie spiegelt das Ziel-Inhalt-Methoden-Gefüge wider, in dem die Bestimmung von Zielen Vorrang haben muß. Erst die Klärung der Ziele kann zu Inhalten führen, mit deren Hilfe die Ziele zu realisieren sind.

Erkennt man an, daß die Vermittlung Informatischer Bildung ein von der Informatik mit geprägter pädagogischer Prozeß ist, so sind die Ziele der Informatischen Bildung sowohl aus Sicht der Informatik als auch aus Sicht der Pädagogik zu bestimmen. Ersteres mit dem Anliegen, den Schülerinnen und Schülern ein umfassendes und ausgewogenes Bild der Fachwissenschaft zu vermitteln. Letzteres, um zu sichern, daß der fachspezifische Beitrag auch der Ausbildung der als wünschenswert erkannten Persönlichkeitseigenschaften dient.

Bei der Zielbestimmung stehen jedoch die zwei Sichtweisen nicht nebeneinander, um am Ende zusammengeführt zu werden, sondern greifen ineinander, bedingen einander.

44.2 Bestimmung der Bildungsziele — aus Sicht der Pädagogik

Um Ziele bestimmen zu können, ist zunächst zu klären, was sich hinter den in der Pädagogik üblichen Begriffen wie *Bildungsziel, Unterrichtsziel, Lehrziel und Lernziel* verbirgt, die in der pädagogischen Literatur recht unterschiedlich verwendet werden.

Obwohl es wenig opportun zu sein scheint, der bestehenden Vielfalt der Deutungen eine weitere hinzuzufügen, werden im folgenden Begriffserläuterungen dafür in der Absicht zur Diskussion gestellt, Begriff und Begriffsinhalt weitestgehend in Übereinstimmung zu bringen.

Bildungsziele sind jene Ziele, die der Erfüllung des Bildungsauftrages der Schule dienen, sie bilden zusammen mit den pädagogischen Leitideen einen wesentlichen Inhalt der Richtlinien für die jeweilige Schulart.

Unterrichtsziele sind jene — fachlich geprägten — Bildungsziele, die in ihrer Gesamtheit und über alle Jahrgangsstufen hinweg den Beitrag eines Faches zur Allgemeinbildung beschreiben.

Dies impliziert, daß Unterrichtsziele nicht schulstufen-bezogen bestimmt werden können, wohl aber schulart-bezogen bestimmt werden müssen.

Lehrziele sind — im Wortsinn — jene Unterrichtsziele, die vom Lehrenden bei seiner Unterrichtsplanung gesetzt werden, indem er aus all den möglichen jene auswählt, die ihm zur Erfüllung des Lehrplans und unter Beachtung der Voraussetzungen seiner Schüler sinnvoll erscheinen.

Lernziele beschreiben das, was die Schülerin bzw. der Schüler lernen muß, um ein bestimmtes Unterrichtsziel zu erreichen. Lernziele sind damit, wenn auch vom Lehrenden festzulegen, durch ein Gerichtetsein auf den einzelnen Lernenden gekennzeichnet: Aufgrund der unterschiedlichen Voraussetzungen der Lernenden sind zur Erlangung des gleichen Unterichtszieles unterschiedliche Lernziele notwendig.

Die so beschriebenen Ziele bilden eine

Zielhierarchie

Bildungsziele ⟶ Richtlinien für die jeweilige Schulart

Unterrichtsziele ⟶ Rahmenplan
auf ein Fach und die Gesamtheit der Schüler bezogene verbindliche Vorgaben

Lehrziele für eine konkrete Klasse
vom Lehrenden ausgewählt

Lernziele für einzelne Schüler
vom Lehrenden durch Zuordnung von Tätigkeiten bestimmt

Nach dieser Zielhierachie sind also in einem ersten Schritt aus Sicht der Pädagogik die Bildungsziele für die einzelnen Schularten zu bestimmen. Ausgangspunkt hierfür können beispielsweise die „Aufgaben der allgemeinbildenden Schule" sein, wie sie von Bussmann und Heymann [BH89] beschrieben wurden:

1. Vorbereitung auf zukünftige Lebenssituationen
2. Stiftung von kultureller Kohärenz
3. Aufbau eines Weltbildes
4. Anleitung zum kritischen Vernunftgebrauch
5. Verantwortlicher Umgang mit den zu erwerbenden Kompetenzen
6. Stärkung des Schüler-Ichs

Diese sechs Aufgaben ergänzt Heymann [He89] noch um die

7. Förderung von Kreativität und Phantasie.

In einem weiteren Schritt sind dann die Unterrichtsziele zu bestimmen. Da diese **fachlich** geprägt sind, sollten auch Vertreter der Fachwissenschaft hier einen ersten Kanon aufstellen, der dann wiederum von Pädagogen, insbesondere von Fachdidaktikern, aufbereitet und in Form von Rahmenplänen materialisiert wird. Die Aufgabe der Informatiklehrerinnen und -lehrer ist es dann, aus diesen Unterrichtszielen Lehr- und Lernziele abzuleiten.

44.3 Bestimmung der Unterrichtsziele — aus Sicht der Informatik

Hier sind **Bedarfsprognosen** und **Expertenbefragungen** denkbare Methoden.

Zu den **Bedarfsprognosen.** Da zwischen Bildung und gesellschaftlichem Umfeld stets Wechselwirkungen bestehen, ist zu fragen: Welche Erwartungshaltung hat die Gesellschaft bezüglich des informatischen Wissens und Könnens der Heranwachsenden? Zahlreiche Publikationen beleuchten die sozialen und ethischen Implikationen der zunehmenden Verbreitung der Informations- und Kommunikationstechnik, [Co92], auch die Veränderungen in den beruflichen Qualifikationen wurden analysiert, [Do86, Do88, Do92]. Wenn auch derartige Bedarfsprognosen — sowohl speziell über den Bedarf an Informatikern als auch generell über den Bedarf an Berufstätigen, zu deren Tätigkeitsmerkmalen Computer-Grundkenntnisse gehören — mehr die berufsbildenden als die allgemeinbildenden Schulen betreffen, so lassen sich hieraus Aussagen ableiten, in welchem Maße künftige Lebenssituationen von der Informations- und Kommunikationstechnik geprägt sein werden.

Zu den **Expertenbefragungen.** Sicher wird eine Befragung von Vertretern der Wirtschaft oder von Informatikern an Universitäten nicht zu einer einheitlichen Meinung über die Unterrichtsziele führen. Dennoch findet sich — bei einer alle Teildisziplinen der Informatik erfassenden und ausreichend großen Population — ein nichtleerer Durchschnitt dessen, was an allgemeinbildenden Schulen vermittelt werden sollte, um den Schülerinnen und Schülern ein ausgewogenes und umfassendes Bild der Informatik zu vermitteln.

44.4 Aufbereitung der Unterrichtsziele — aus Sicht der Fachdidaktik

Aufgabe der Fachdidaktiker ist es dann, die Ergebnisse zu sammeln, zu sichten und aufzubereiten. Dabei ist auch darauf zu achten, daß weder die Kategorien *Ziel* und *Inhalt* verwechselt noch unrealistische, weil schulferne Forderungen aufgestellt werden. So ist eine kritische Analyse der Aussagen notwendig. Wenn beispielsweise von einem Vertreter der Wirtschaft unter der Überschrift „Welches Informatikwissen brauchen wir in Zukunft?" dem Erlernen einer Programmiersprache in der Schule ein sehr geringer Stellenwert beigemessen wird, so werden hier offenkundig *Ziel* und *Inhalt* gleichgesetzt: Der mögliche (und unverzichtbare) Inhalt *Erlernen einer Programmiersprache* dient dem Ziel, den Schülerinnen und Schülern Einblick in ein Programmierparadigma und darüberhinaus in das Wirkprinzip der Computer zu geben.

Auch die Forderung nach Konzentration der Bildungsbemühungen auf solche Fähigkeiten, die nicht in naher Zukunft „durch hinreichend intelligente Techniken substituiert werden können", [Me90], spiegelt zwar ein aus Sicht der Wirtschaft verständliches Effizienz-Denken wider, geht aber an den Aufgaben der allgemeinbildenden Schule vorbei, ja mehr noch: Es scheint sehr bedenklich, auf die Ausbildung von Fähigkeiten zu verzichten, nur weil sie demnächst von „intelligenter Technik" übernommen werden könn(t)en. Wenn nun gerade diese Fähigkeiten entscheidend zur Persönlichkeitsbildung beitragen, oder auch nur zu jenem Verständnis, **warum** die Technik hier den Menschen ersetzen kann?

Auch die Forderung, die Lehrpläne aller zwei bis drei Jahre zu überprüfen und gegebenfalls anzupassen, ist eine für die allgemeinbildende Schule unrealistische Forderung: Neue Lehrpläne allein führen noch nicht zu einer Veränderung der Ausbildung; sie müssen von den Lehrern angenommen werden, müssen sich in Nachfolge-Materialien niederschlagen, diese müssen — ebenso wie die Lehrpläne selbst — erprobt werden. Und all dies kostet Zeit. Nicht zuletzt aus solch pragmatischen Gründen müssen wertbeständige fundamentale Ideen der Informatik ausgefiltert und für die allgemeinbildende Schule aufbereitet werden.

Da Bildung nicht ausschließlich fachunterrichtlich zu vermitteln ist, muß für die Ergebnisse aus den Befragungen dann der Frage nachgegangen werden: Was muß davon im **Unterricht** behandelt werden? Eine mögliche Methode hierfür könnte die *Taxonomie von Zielen im kognitiven Bereich* von Bloom [Bl76] sein. Mit dieser Klassifizierung der Ziele geht der Begriff der *Operationalisierung* einher.

Dieser Begriff ist im Zusammenhang mit der Curriculumforschung zum Ende der 60-er Jahre entstanden. Ein Beispiel soll das Anliegen der Operationalisierung verdeutlichen: Statt einer sprachlich unbestimmten Formulierung wie

(1) Auswirkungen der Informations- und Kommunikationstechniken

wird folgende gewählt

(2) Die Auswirkungen der Informations- und Kommunikationstechniken (auf die Arbeitswelt, auf die Gesellschaft, auf den Einzelnen) beschreiben können; erklären können, wieso der Einsatz von Informations- und Kommunikationstechniken interessengebunden ist; Gründe nennen können, warum jeder Einzelne von dieser Technik betroffen ist.

Was ist durch diese Operationalisierung gewonnen?

Durch die Angabe von Tätigkeiten (beschreiben können, erklären können, Gründe nennen können) erfolgt ein Wechsel im Objekt der Beschreibung: Während bei (1) ein Thema genannt wird, gibt (2) erwartete Verhaltensweisen des Schülers wieder. Die Operationalisierung ermöglicht folglich die Beschreibung des angestrebten Endverhaltens der Lernenden. Durch die Operationalisierung wird die Zielbestimmung von der allgemeinen und abstrakten Formulierung auf die konkrete Verhaltensebene transportiert.

Die Taxonomie stellt insgesamt einen mehrstufigen „Entscheidungsprozeß über den Inhalt schulischer Zielsetzung" dar, [Me76, S. 232]: Zunächst wird ein Unterrichtsziel im hier verwendeten Sinne einem der folgenden drei Bereiche zugeordnet:

Psychomotorischer Bereich,

Affektiver Bereich (Aufmerksamwerden, Reagieren, Bewerten, Einordnen, Bestimmtsein durch Werte),

Kognitiver Bereich (Wissen, Verstehen, Anwendung, Analyse, Synthese, Bewertung).

Nach Aussage der Autoren der Taxonomie ist in letztgenanntem Bereich die klarste Beschreibung von Zielen in Form von Beschreibungen des Schülerverhaltens möglich.

Mit dieser Kategorisierung ist bereits ein zweiter Schritt beschrieben: Die Taxonomie innerhalb eines Bereichs ist hierarchisch: Jede ranghöhere Klasse schließt die rangniedrigeren ein.

Bereits innerhalb der Autorengruppe um Bloom sowie in der Diskussion mit anderen Pädagogen gab es kritische Äußerungen zu dieser Taxonomie, die sich beispielsweise gegen die Klassifizierung von Phänomenen wandten, die nicht beobachtbar sind. Die Taxonomie-Befürworter argumentierten damit, daß durch die Operationalisierung Verhalten beschrieben wird, das sehr wohl beobachtbar ist und zur Klassifikation genutzt werden kann. Einen weiteren Kritikpunkt, daß die Taxonomie eine Zersplitterung von pädagogischen Zielsetzungen zur Folge hat, erkannten die Autoren als sehr reale Gefahr an, versuchten ihr jedoch durch ein hohes Niveau der Allgemeinheit zu begegnen.

Ein aus der Expertenbefragung und unter Nutzung der Taxonomie aufbereiteter Zielkatalog kann dann mit anderen, beispielweise in Form von Lehrplänen bereits existierenden Zielkatalogen verglichen werden. Dieses Vorgehen will nicht Zielkataloge verschiedener Zeiten vergleichen, sondern vielmehr der Frage nachgehen: Welche Ziele finden sich in den historisch gewachsenen Katalogen ebenso wie in dem hier erstellten und lassen so den Schluß zu, daß sie für einen gewissen Zeithorizont wertbeständig sowohl bezüglich der Informatik als auch im pädagogischen Sinne sind?

Für den so entstandenen Zielkatalog wäre dann die Frage zu beantworten: Welche Inhalte sind geeignet, um die Ziele zu realisieren?

Da es denkbar ist, daß zum einen mit verschiedenen Inhalten gleiche Ziele, zum anderen aber auch mit gleichen Inhalten verschiedene Ziele zu realisieren sind, scheint es nützlich, die Inhalte in Form von Leitlinien zu bündeln, wie dies von verschiedenen Fachdidaktiken als Ordnungsprinzip für den Unterrichtsinhalt praktiziert wird. Dieses Vorgehen zur Kennzeichnung von Leitlinien ist vor allem dann angebracht, wenn sich die Informatische Bildung nicht mehr nur auf ein oder zwei Schuljahre in der Abiturstufe erstreckt, sondern von einer Grundbildung in der Sekundarstufe I bis hin zu einer vertiefenden informatischen Bildung in der gymnasialen Oberstufe reicht.

44.5 Methodenkritik

Obwohl das Bestimmen von konkreten Zielen kein logischer Ableitungsvorgang, sondern ein schöpferischer Prozeß, ein zielgerichtetes Suchen und Finden mit Umwegen und Irrwegen ist, gibt es seit Beginn der Curriculum-Diskussion zum Ende der 60-er Jahre immer wieder Versuche, „rationale und soweit wie möglich objektive Kriterien nicht nur an Erziehungsprozesse, sondern auch an die Auswahl und Funktion der Gegenstände zu legen, an denen gebildet wird", [Ro67]. Trotz der immer wieder betonter Unmöglichkeit gibt es — nun schon fast 25 Jahre lang — Versuche, allgemeine Zielkataloge aufzustellen und aus diesen fachspezifische abzuleiten.

Dennoch sind sowohl die Ableitung von Bildungszielen aus dem Begriff *Allgemeinbildung* als auch die aus der amerikanischen Testtheorie stammende Taxonomie von Zielen umstritten. Auch der Vergleich mit bestehenden Zielkatalogen birgt für sich genommen eine Gefahr, nämlich daß Rahmenpläne als Bestandswahrungsorgane aufgefaßt werden statt als Impulsgeber.

Bereits 1989 sah Peschke eine Ursache für eine „Krise des Informatikunterrichts in den neunziger Jahren" im geringen „Bestand von Bildungsmodellen der Informatik" [Pe89]. Diese findet einen Ausdruck in einigen der zahlreichen Publikationen zur Informatischen Bildung in der allgemeinbildenden Schule: Die ungenügend genau bestimmten Ziele schaffen Raum für die vom jeweiligen Autor verfochtenen Hobbies, für die dann mit „man könnte...", „man müßte..." plädiert wird, wie Kerner [Ke90] kritisiert — ohne zu begründen, **warum** bestimmte Inhalte in der zur Verfügung stehenden Zeit zu behandeln sind. Es scheint also dringend geboten, Ziele und Inhalte auszuwählen, die für einen gewissen Zeithorizont wertbeständig die Informatik in der Schule repräsentieren. Die hierfür zur Verfügung stehenden Methoden sind für sich genommen nicht befriedigend, in ihrer Kombination jedoch praktikabel — zumindest solange nicht bessere zur Verfügung stehen.

Literatur

[Bl76] Bloom, Benjamin S. (Hrsg.): Taxonomie von Lernzielen im kognitiven Bereich. Beltz Verlag Weinheim-Basel 1976.

[BH89] Bussmann, Werner; Heymann Hans-Werner: Computer und Allgemeinbildung. In: Computer als Herausforderung an Pädagogik und Gesellschaft, Hrsg. Deutsches Institut für Fernstudien an der Universität Tübingen, S. 73–99; Tübingen 1989.

[Cl86] Claus, Volker: Was sollte von der Informatik in der Schule vermittelt werden?. In: Informatik-Grundbildung in Schule und Beruf. Informatik-Fachberichte 129, Hrsg. von E. Putkamer, S. 2–7; Springer-Verlag Berlin 1986.

[Co92] Coy, Wolfgang, et al. (Hrsg.): Sichtweisen der Informatik. Vieweg Verlag, Braunschweig/Wiesbaden 1992.

[Do86] Dostal, Werner: Computerberufe — ein Überblick. LOG IN 6(1986)3, 12–16.

[Do88] Dostal, Werner: Berufe in der Informationstechnik. In: Handbuch der modernen Datenverarbeitung, Heft 143, S. 3–19; Forkel Verlag 1988.

[Do92] Dostal, Werner: Computer-Mischberufe — Bisherige Entwicklung und zukünftige Bedeutung. LOG IN 12(1992)2, 10–14.

[Go88] Gorny, Peter: Didaktische Ansätze für die informatische Allgemeinbildung im internationalen Vergleich. In: Tagungsband COMBI '88, S. 44–53, Leipzig 1988.

[He89] Heymann, Hans Werner: Allgemeinbildender Mathematikunterricht — was könnte das sein?. mathematik lehren (1989)33, 4–9.

[Ke90] Kerner, Immo O.: Der Bildungskern der Informatik. In: Computer in der Schule 3, Hrsg. Graf, K.-D., S. 189–200; B. G. Teubner Stuttgart 1990.

[Kl91] Klafki, Wolfgang: Neue Studien zur Bildungstheorie und Didaktik — Zeitgemäße Allgemeinbildung und kritisch-konservative Didaktik. Beltz Verlag Weinheim/Basel 1991.

[Kl90] Klemm, Klaus: Neue Allgemeinbildung — Die Anforderungen an die Schule 2000. Pädagogische Forschung 31(1990)3, 12–20.

[Kl85] Klemm, Klaus; Rolff, Hans-Günter; Tillmann, Klaus-Jürgen: Bildung für das Jahr 2000 — Bilanz der Reform, Zukunft der Schule. Rowohlt Verlag Reinbek bei Hamburg 1985.

[Kl84] Klingberg, Lothar: Einführung in die Allgemeine Didaktik. Volk und Wissen Berlin 1984.

[vL89] van Lück, Willi: ITG und Allgemeinbildung. LOG IN, Sonderheft 1989, 4–7.

[Me90] Meier, Markus: Anforderungen an die Informatikausbildung in den neunziger Jahren aus der Sicht der Wirtschaft. In: Beiträge zur Didaktik der Informatik, Hrsg. Cyranek; Forneck; Goorhuis. S. 55–73; Diesterweg — Sauerländer Frankfurt/M. 1990.

[Me76] Messner, Rudolf: Funktionen der Taxonomien für die Planung im Unterricht. Nachwort zu Bloom u. a.: Taxonomie von Lernzielen im kognitiven Bereich. S. 227–251; Beltz-Verlag Weinheim/Basel 1976.

[Pe89] Peschke, Rudolf: Die Krise des Informatikunterrichts in den neunziger Jahren. In: Informatik und Schule 1989. Informatik-Fachberichte 220, Hrsg. Stetter, Brauer. S. 89–98; Springer Verlag Berlin 1989.

[Ro67] Robinsohn, S. B.: Bildungsreform als Revision des Curriculum. Luchterhand-Verlag Neuwied 1967.

Verzeichnis der Autoren

Helmut Bähring, FernUniversität Hagen, FB Informatik, Lütkenheiderstraße 2, 58099 Hagen

Elin-Birgit Berndt, Neuer Weg 2a, 27616 Bokel-Kransmoor

Zdeněk Botek, Masaryk Universitet, Burešova 20, CR-60200 Brno

Dipl.-Math. Manfred Bundschuh, Sander Höhe 5, 51465 Bergisch Gladbach

Prof. Dipl.-Math. Werner Burhenne, FH Darmstadt, FB Informatik, Schöfferstraße 8b, 64295 Darmstadt

Prof. Dr. Friedrich Buttler, Institut für Arbeitsmarkt- und Berufsforschung, Regensburger Straße 104, 90478 Nürnberg

Werner Dostal, Institut für Arbeitsmarkt- und Berufsforschung, Regensburger Straße 104, 90478 Nürnberg

Prof. Dipl.-Phys. J. Freytag, FH Hamburg, FB E/I, Berliner Tor 3, 20099 Hamburg

Prof. Dr. Steffen Friedrich, TU Dresden, Fakultät Informatik, Mommsenstraße 13, 01069 Dresden

OStR Friedrich Gasper, Regino-Gymnasium Prüm, Theobald-Simon-Straße 13, 54634 Bitburg

Claudia Gembe, Softwarehaus von Frauen für Frauen und Mädchen eV, Hohenstaufenstraße 8, 60327 Frankfurt

Prof. Dr.-Ing. Peter Gorny, Carl von Ossietzky Universität Oldenburg, Fachbereich Informatik, 26111 Oldenburg

Dr. Hannes Gutzer, Landesinstitut für Lehrerfortbildung und Unterrichtsforschung, Riebeckplatz 9, 06110 Halle

Martina Hammel, Softwarehaus von Frauen für Frauen und Mädchen eV, Hohenstaufenstraße 8, 60327 Frankfurt

Dr. K.-H. Hansen, Institut für die Pädagogik der Naturwissenschaften Uni Kiel, Olshausenstraße 62, 24118 Kiel

Dr. Peter Heyderhoff, GMD, Bundeswettbewerb Informatik, Postfach 1240, 53757 Sankt Augustin 1

Bernhard Husch, Freie Universität Berlin, Zentralinstitut für Fachdidaktiken, Arbeitsbereich Lehrerfort- und -weiterbildung Informatik, Habelschwerdter Allee 45, 14195 Berlin

Dr. Günter Ihmels, Neues Feld 1, 27616 Bokel-Langenfelde

Dr. Stephan Karczewski, Hoechst AG, Computer-Lernzentrum, C 785, 65926 Frankfurt

Prof. Dr. Immo O. Kerner, Technische Universität Dresden, Institut für Softwaretechnik I, Mommsenstraße 13, 01069 Dresden

Dr. Herbert G. Klein, Institut für englische Philologie, Goßlerstraße 2–4, 14195 Berlin

Dipl.-Ing. Volkhard Klinger, TU Hamburg-Harburg, Technische Informatik 2, Harburger Schloßstraße 20, 21079 Hamburg

Sabine Koch, Deutsche Sparkassenakademie, Buschstraße 32, 53113 Bonn

Bernhard Koerber, Freie Universität Berlin, ZI für Fachdidaktiken, Informatik, Habelschwerdter Allee 45, 14195 Berlin

G. König, FIZ Karlsruhe, 76344 Eggenstein-Leopoldshafen 2

Helmut Kohorst, Landesinstitut für Schule und Weiterbildung, Paradieser Weg 64, Postf. 1754, 59494 Soest

Dipl.-Ing. (ETH/SIA) Peter Kradolfer, Schweizerische Fachstelle für Informationstechnologien SFIB, Erlachstrasse 21, CH-3000 Bern 9

Dr. Gabriele Lehmann, Niklotstraße 49, 18273 Güstrow

Fachseminarleiter StD Eberhard Lehmann, Geitnerweg 20c, 12209 Berlin

Willi van Lück, Landesinstitut für Schule und Weiterbildung, Postfach 1754, 59494 Soest

Dipl.-Volkswirt Dr. Viktor Lüpertz, Seminar für Schulpädagogik (Berufliche Schulen) Freiburg, Bergstraße 6, 79254 Oberried

Helmut Meschenmoser, Zentrum für audiovisuelle Medien — Landesbildstelle, Arbeitsgruppe Unterrichtssoftware, Wikingerufer 7, 10555 Berlin

Jürgen W. Meyer, TU Hamburg-Harburg, Technische Informatik 2, Harburger Schloßstraße 20, 21079 Hamburg

Ralf Monnerjahn, Basselscheider Straße 9, 56281 Emmelshausen

Dipl.-Ing. Matthias Müller, FernUniversität Hagen, FB Informatik, Lütkenheiderstraße 2, 58099 Hagen

Johann Penon, Senatsverwaltung für Schule, Berufsbildung und Sport — ZeBIS —, Landesbildstalle Berlin, Levetzowstraße 1–2, 10555 Berlin

Ingo-Rüdiger Peters, Freie Universität Berlin, ZI für Fachdidaktiken, Informatik, Habelschwerdter Allee 45, 14195 Berlin

Prof. Dipl.-Math. F. Pieper, FH Ulm, FB Informatik, Prittwitzstraße 10, 89075 Ulm

Prof. Dr. Christian Posthoff, TU Chemnitz, FB Informatik, Postfach 964, 091xx Chemnitz

Dr. Detlef Rätz, TU Chemnitz, FB Informatik, Postfach 964, 091xx Chemnitz

Dipl.-Ing. A. Rinkel, TU München, Lehrstuhl für Datenverarbeitung, Postfach 20 24 20, 80290 München

Dipl.-Math. Rupert Röder, Technologieberatungsstelle beim DGB Landesbezirk Rheinland-Pfalz (TBS) , Kaiserstraße 26–30, 55116 Mainz

Karl Sarnow, Gymnasium Großburgwedel, Wittenberger Straße 82, 30179 Hannover

Dipl.-Ing. Jörg Sauerbrey, TU München, Lehrstuhl für Datenverarbeitung, Postfach 20 24 20, 80290 München

Dipl.-Ing. H. Nikolaus Schaller, TU München, Lehrstuhl für Datenverarbeitung, Postfach 20 24 20, 80290 München 2

Dr. Michael Schlosser, TU Chemnitz, FB Informatik, Postfach 964, 091xx Chemnitz

Kurt Schneider, Universität Stuttgart, Institut für Informatik, Breitwiesenstraße 20/22, 70565 Stuttgart

OStR Josef Schöpper, Königin-Sophie-Straße 24, 53604 Bad Honnef

Prof. Dr. Renate Schulz-Zander, Inst.f. Schulentwicklungsforschung, Univ. Dortmund, Rheinlanddamm 199, 44139 Dortmund

Oberstudienrat Richard Sparrer, Goethe-Gymnasium Regensburg, Goethestraße 1, 93049 Regensburg

Dr. Rainer Stieglitz, Landesinstitut für Schule und Weiterbildung, Postfach 1754, 59494 Soest

Dipl.-Math. Hermann Stimm, Staatliches Leibniz-Gymnasium, Karolinenstraße 103, 67435 Neustadt an der Weinstraße

Dr. Wolfgang Tews, Paulsen-Gymnasium, Gritznerstraße 57, 12163 Berlin (Elisenstraße 5, 12169 Berlin)

Prof. Dr. Tom J. Van Weert, Katholieke Universiteit Nijmegen, Postbus 9010, NL-6500 GL Nijmegen

Wolfgang Weber, Landesinstitut für Schule und Weiterbildung, Paradieser Weg 64, Postf. 1754, 59494 Soest

Prof. Dr. Klaus Werner Wirtz, Fachhochschule Niederrhein, Fachbereich Wirtschaft, Webschulstraße 41–43, 41065 Mönchengladbach

Helmut Witten, Senatsverwaltung für Schule, Berufsbildung und Sport — ZeBIS —, Landesbildstalle Berlin, Levetzowstraße 1–2, 10555 Berlin